中村哲 *Nakamura Tetsu*

| 2002〜2019 | 下

中村哲 思索と行動

「ペシャワール会報」現地活動報告集成

ペシャワール会＝発行

ダラエヌールで掘削中の灌漑用井戸（02年4月）

米軍空爆下のカブールでの食糧配給（01年10月）

カブールの臨時診療所にて（02年2月）

灌漑用井戸から田畑への灌水を見守る（02年4月）

灌漑用水路の予定地を調査（03年2月）

崖上での測量（03年7月）

マルワリード用水路の起工式（03年3月）

連日、500名以上の作業員を動員して用水路の掘削が進む（03年5月）

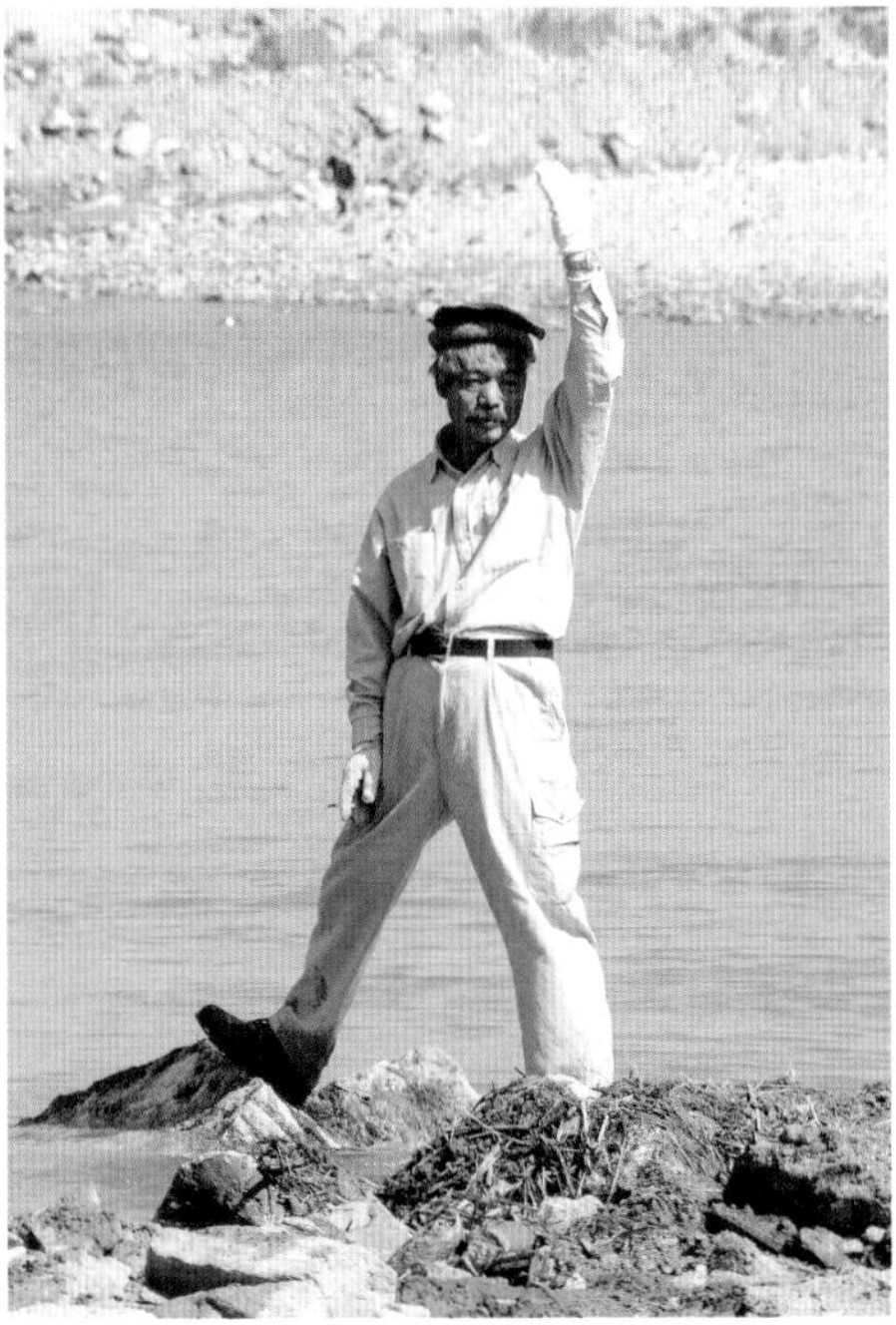

取水堰へと重機を誘導する（04年2月）

作業員は地元から多くを雇用（03年11月）

工事の合間にレントゲン写真を読影（03年12月）

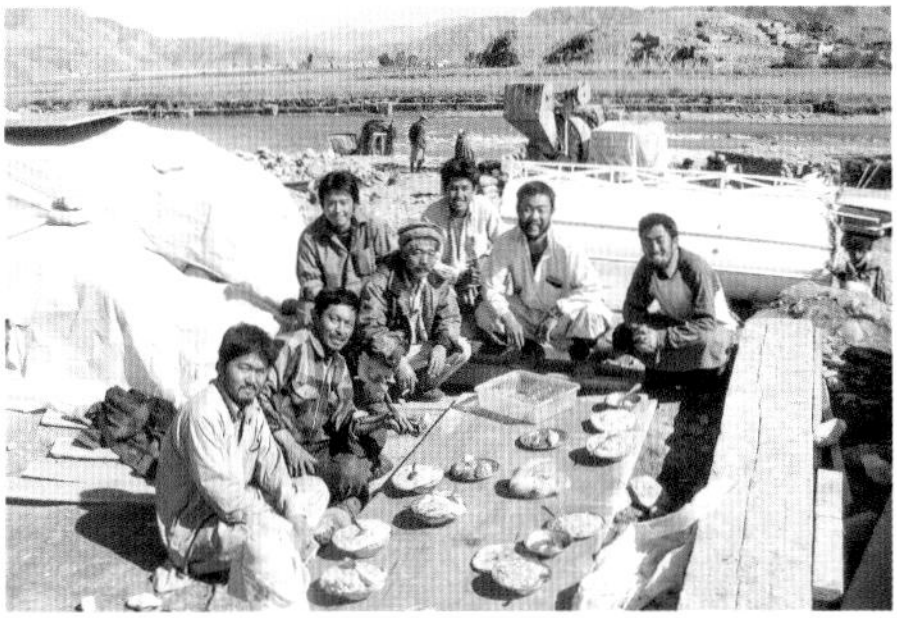

日本人ワーカーと現場で昼食（04年2月）

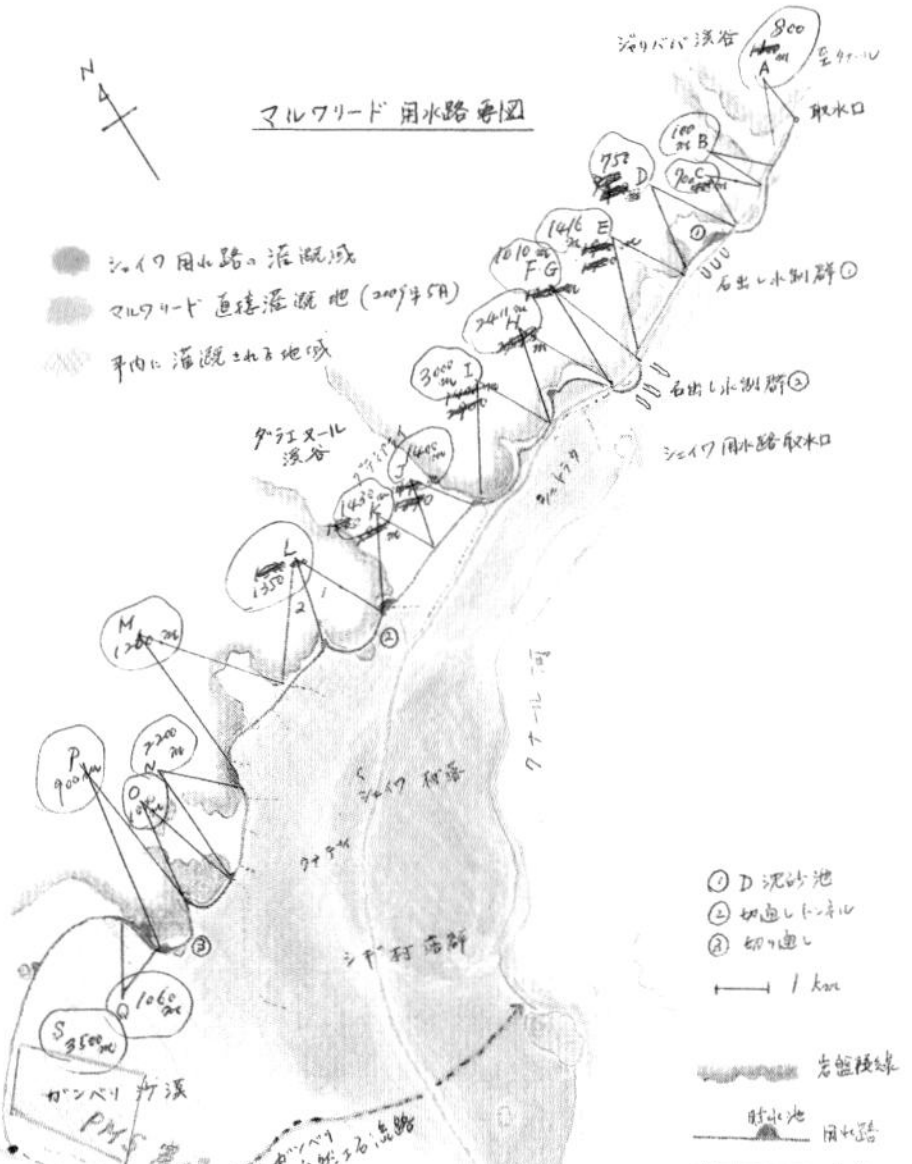

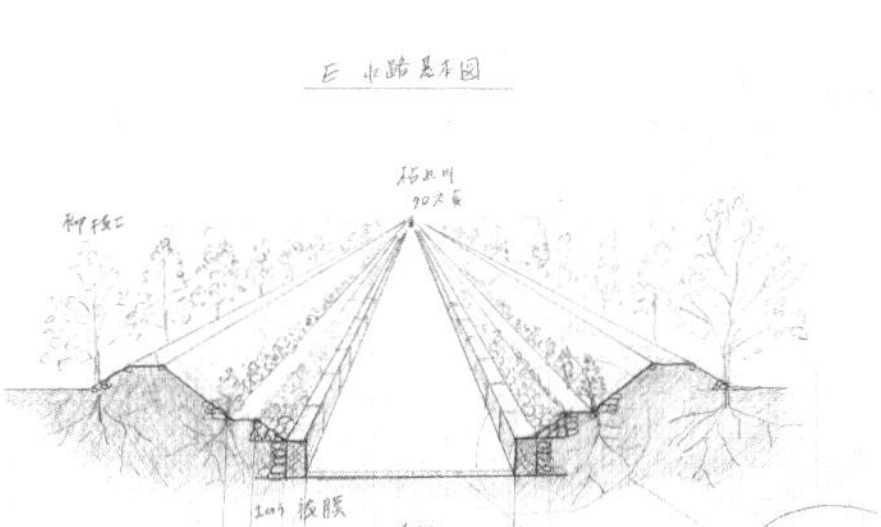

中村医師手描きのマルワリード用水路の概略図（左）と断面図

マルワリード取水堰の上で（04年3月）

酷寒のクナール河でダンプを誘導（04年3月）

造成が進むマルワリード用水路。斜め堰、取水門、下流（写真上方）へ伸びる主幹水路が見える（04年3月）

第2次通水の瞬間を笑顔で見守る（05年3月）

第1次通水前の試験通水（04年2月）

第2次通水以降は耕作地への灌水も始まった（05年3月）

スランプール平野の変化（上：05年8月／下：12年8月）　用水路A地区の変化（上：03年9月／下：09年4月）

マルワリード用水路がガンベリ沙漠に到達し、全線24.3㎞が開通（09年8月）

第1回沖縄平和賞の賞金を元に新築された沖縄平和診療所《ピース・クリニック》（旧ダラエピーチ診療所）の開所式（03年9月）

PMS基地病院の正門（06年3月）

ダラエヌール診療所で診療を待つ人々（08年5月）

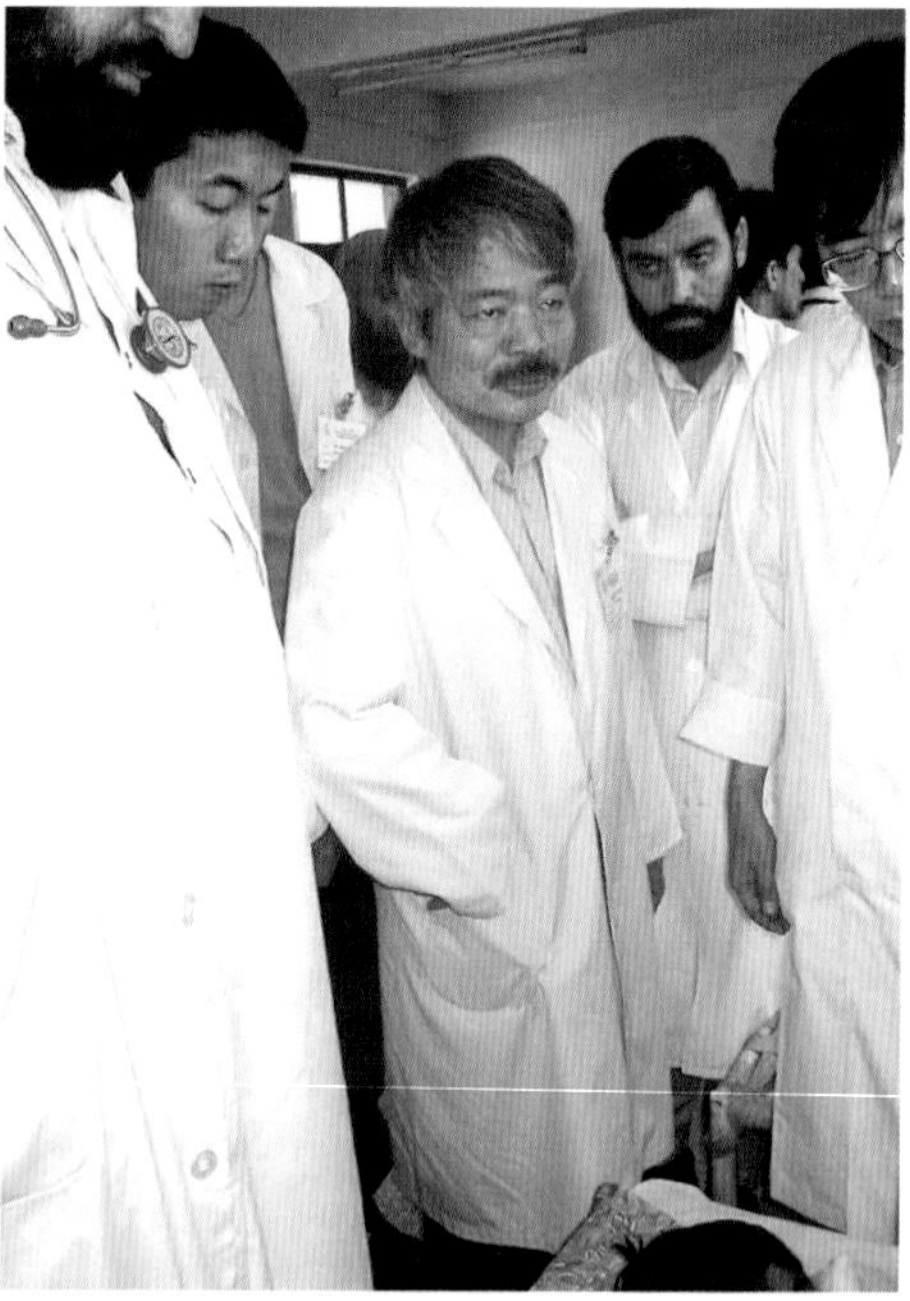

PMS基地病院での回診（02年4月）

マドラサでの授業風景。科目には国語・算数・理科なども含まれる（10年2月）

マドラサの生徒たちから花束のプレゼント（09年5月）

伊藤和也さんのご遺族が設立した「菜の花基金」で建てられたマドラサの寄宿舎（11年4月）

農村共同体の要として、用水路工事と併行して建設されたモスク（10年10月）

既存水路の復旧や改築・新造にも着手。建設が進むシェイワの取水口（07年12月）

ジャララバードのスタッフ宿舎で。河川工事は秋～春先が勝負。すっかり日焼けし、作業服姿が定着（08年3月）

PMSがカブール河に唯一建設したベスードI堰。洪水にも耐え堰板の損傷もなかった（12年4月）

シェイワ取水堰口の工事。重機に乗ってクナール河を渡る（08年2月）

中村哲　思索と行動

「ペシャワール会報」現地活動報告集成［下］2002〜2019

下巻刊行にあたって

ペシャワール会会長／Peace (Japan) Medical Services（平和医療団・日本）総院長　村上　優《まさる》

中村哲医師のアフガニスタンでの活動の中心が医療から水事業に移っていく契機は、二〇〇〇年の大干ばつによる人々の飢えと苦しみ、多数の幼児の死を目前にしたことでした。干ばつはアフガン人口の八〇%を占める農民の生きる術《すべ》を奪います。その結果、彼らの伝統的な生活様式と文化も失われてしまうのです。

中村医師は二〇〇二年に「緑の大地計画」を発表、農村復興を目指して用水路建設に邁進《まいしん》していきます。下巻には、中村医師の真骨頂と言っても過言ではない「行動力」が克明に記されています。また、干ばつの根源には地球環境問題、すなわち温暖化・気候変動があること、その原因は近代化、先進国の経済活動によるものだとの警鐘を鳴らしています。

下巻の冒頭に、二〇〇一年四月に刊行された『学び・未来・NGO――NGOに携わるとは何か』に、編者の若井晋医師より請われて中村医師が寄稿した「アフガン国境にて――近代への批判」を収録しました。現地活動十七年の経験と知見が簡潔にまとめられており、上巻と下巻をつなぐにふさわしい文章と思われたからです。

二〇一九年十二月四日まで、パキスタン北西辺境州（現カイバル・パクトゥンクワ州）とアフガニスタン東部という一隅から世界を照らし続けた中村医師の行動と予見に充ちた思索をお読みいただき、彼の希望を引き継いで活動しているペシャワール会をご支援くださいましたら、これ以上の喜びはありません。

二〇二四年三月吉日

目次

Ⅱ

Ⅲ

本文に出てくる主な土木・河川用語

かすみ堤《てい》　日本の伝統的な治水工法の一つ。下流側や後背地に人家のない場所に堤防の開口部を設け、外側に二重、三重の控え堤を設置。洪水時は外側に水を流出させ一時貯留し、その後はまた開口部から川に戻すことで洪水の流下を軽減させる。

空石《からいし》積み　コンクリートやモルタルを使わずに石だけで積む手法。逆に「練石《ねりいし》積み」ではコンクリート、モルタルを併用。

カレーズ　アジア西部など乾燥地帯にみられる水利施設。山麓部で掘られた地下水を長い地下水路によって灌漑地まで自然流下で導き利用する。

急勾配主幹用水路　主幹水路のうち、取水門から取り入れた河川水に含まれる土砂を堆積させることなく沈砂池に導くために勾配をつけた区間。

洪水吐き　洪水などの増水時に堰にかかる水圧を減殺させる設備。「余水吐き」も類似の機能。

サイフォン　用水路と洪水路等の交差点で用水路を埋設し、上下流の水位差によって水を流下させる構造物。用水路が河川、道路などを横断する際にも設けられる。

湿害　農作物が土壌の水分過多で受ける被害。

蛇籠《じゃかご》工（ふとん籠）　鉄線や竹で編んだ籠に大小の石を詰めたもの。主に用水路護岸に使用される。

主幹用水路　沈砂池で土砂が除かれた水を受益地まで導水する水路。

取水門　取水量や水路の水位を調節するための門（開閉機構あるいは調節機構を有する）。

植生工　堤防の法面などに植物を植えることにより浸食防止、自然環境の保全を図る工法。

シルト　粒径分類で、砂より小さく粘土より粗い土。現地土（ハウラ）はシルトで、乾かすとカチカチに固まるが流水には極めて弱い。

水制　河川の流れを制御するために、河岸から河の中心に向けて突き出して設ける工作物。流水を流れの中心に押しやったり、流れに対する抵抗となって河岸浸食を防止する。このうち巨石で築造したものを石出し水制と呼ぶ。

捨石《すていし》　堤防の根固めや堰《せき》の造成に用いたり、水勢を弱めるために水中に投げ入れる石。

聖牛《せいぎゅう》（牛枠《うしわく》）　伝統的河川工法の一つ。現地ではコンクリートを三角錐型に組み水制や護岸に使用。

堰《せ》き上がり　河川に堰やダムを設けると水位の上昇が上流や対岸に及ぶ現象。

堰高・堰長・堰幅　堰高は河床から堰天端《てんば》までの高さ。堰長は堰の上流から下流までの長さ。堰幅は堰の左岸から右岸までの幅。

堰板　取水門や土砂吐きにおいて、水量調節を行うために門柱に設置する板。

洗掘　流水により河岸または河床の土砂が洗い流されること。

ソイルセメント　地盤改良を目的に、現地土（ハウラ）にセメントを数％混ぜたもの。

送水門　沈砂池などに設けられる送水ゲート。

粗朶柵《そださく》工　砂州の流失を防ぐための工法。蛇籠の周囲に柳枝を括り付けた塊を埋設して使用。

調節池　主幹用水路の水を一旦貯留して分水させる役割および流量調整を行うための池。

沈砂池　流水中の土砂などを沈澱させて流れから除くための池。

土砂吐き（砂吐き）　取水堰の上流側に堆積した土砂を下流に排出するための設備。

斜め堰《ぜき》　堰体の全部あるいは一部の平面形状が斜めになった取水堰。越流幅を広くとり、上下流への傾斜も長くすることで堰体への負担を減じ、洗掘を抑える。さらに流れを河道の中心に集め対岸への影響を防ぐ。

二重堰板《せきいた》方式　水門を前後二列に配置し、それぞれの堰板間の貯水槽によって河側の堰板にかかる水圧を減殺して堰板が折れるのを防ぐ。

根固め工　堤防法面の脚部や護岸の基礎を洗掘から防護するもので様々な工法があるが、日本では消波ブロックによるものが多用されている。

法面《のりめん》　地面を削ったり盛り土してできる、断面が斜めになった部分。本書では主に河川や池の堤防の斜面部分を指す。

排水路　過剰な灌漑《かんがい》用水を河川に戻して灌漑地の湿害を防止するための水路。

半越流型水制　洪水（増水）時に河川水が越流する構造の水制。

ブランケット工　貯水池の堰体表法《えんたいおもてのり》を難透水性の材料で覆い、内部への浸透水を低減する工法。

水番《みずばん》・水主《みずぬし》　水番は水門を操作して水の配分を調整する伝統的な職業。現地では流域の有力者による恣意的な水の配分が危惧されたため、PMSが水主として公平な立場で水門を管理することとした。本書では水番の中でも有力な地位にある者を水主と表記している箇所もある。

遊水地　洪水を一時的に氾濫させ、洪水のピーク流量を減少させるために設けた区域。

ライニング工　水路底や隅角部をソイルセメントなどで覆う工法。

柳枝《りゅうし》工　柳を用いた植生工。用水路壁の保護に蛇籠工と併せて用いられる。

関連地図

■基地病院 ■診療所 ◉事務所

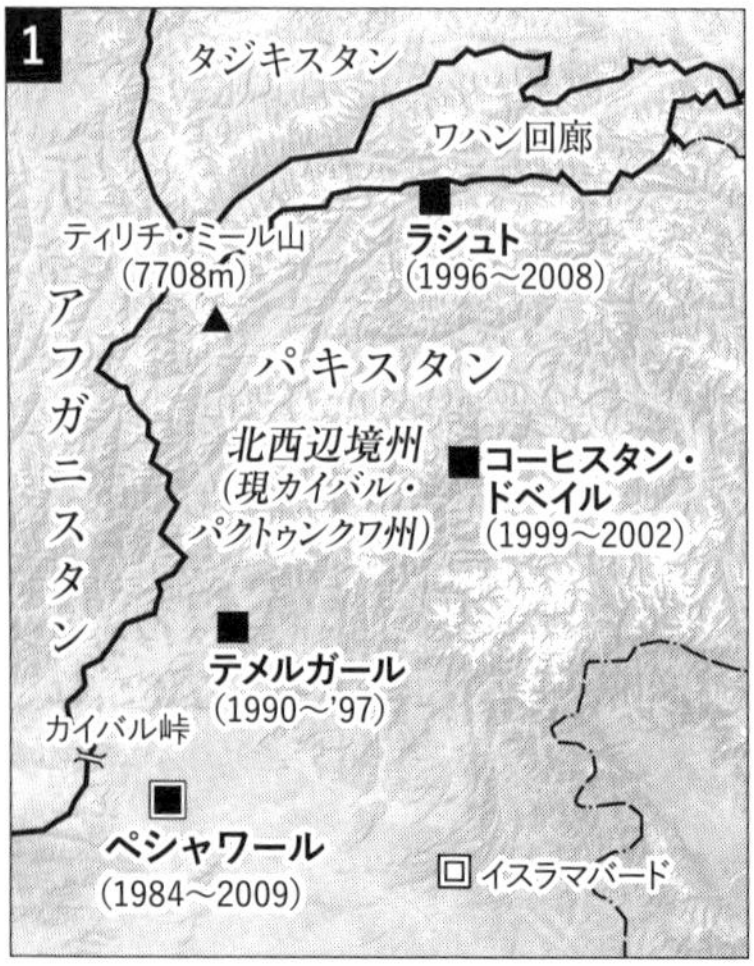
1
タジキスタン
ワハン回廊
ティリチ・ミール山
(7708m)
ラシュト
(1996〜2008)
アフガニスタン
パキスタン
北西辺境州
(現カイバル・パクトゥンクワ州)
コーヒスタン・ドベイル
(1999〜2002)
テメルガール
(1990〜'97)
カイバル峠
ペシャワール
(1984〜2009)
イスラマバード

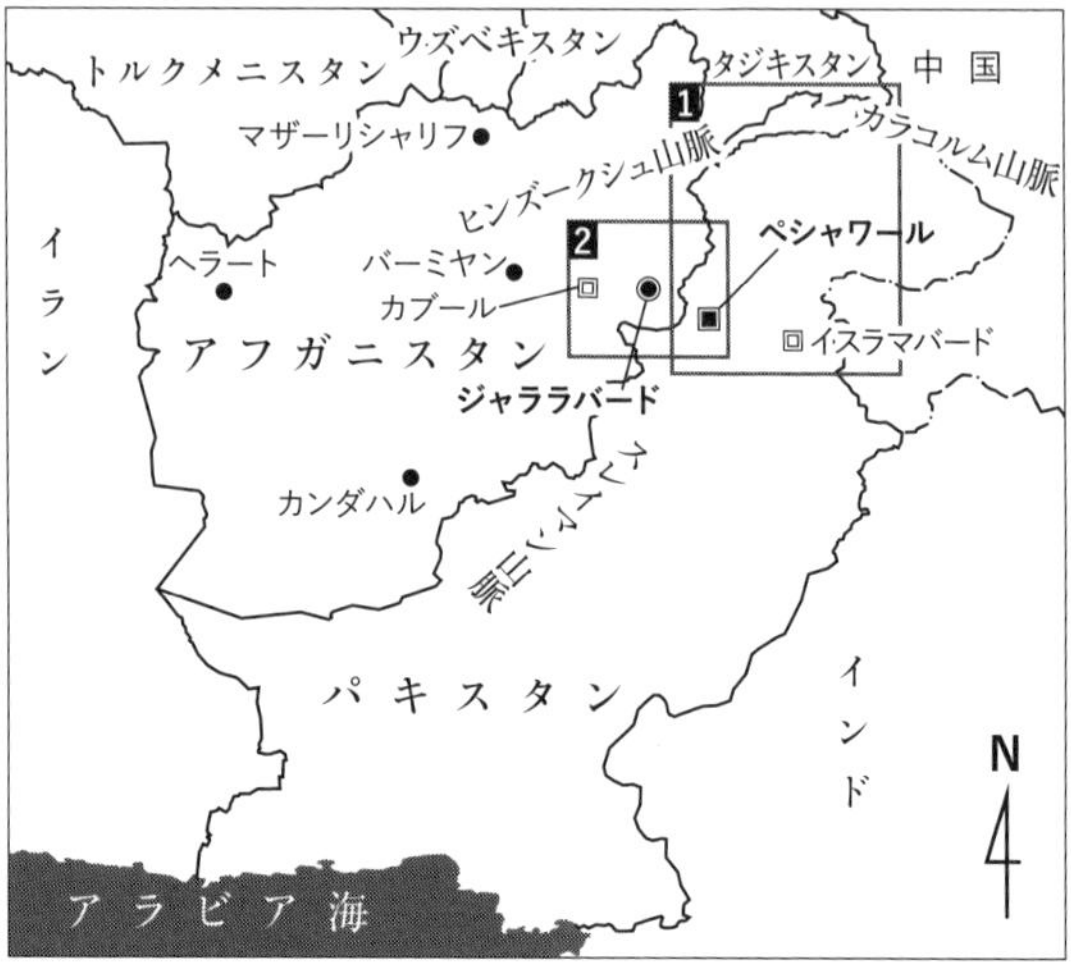
ウズベキスタン
トルクメニスタン
タジキスタン
中国
1
マザーリシャリフ
カラコルム山脈
ヒンズークシュ山脈
2
ペシャワール
イラン
ヘラート
バーミヤン
カブール
イスラマバード
アフガニスタン
ジャララバード
スレイマン山脈
カンダハル
パキスタン
インド
N
アラビア海

2
バグラン州
ケシュマンド山脈
パンジシェール州
ヌーリスタン州
クナール河
ワマ (1994〜2005)
ダラエピーチ
(1992〜2005)
パンジシェール河
ダラエヌール
(1991〜)
クナール州
カイバル・パクトゥンクワ州
ラグマン州
アサダバード郡
(チャガサライ)
シェイワ郡
(クズ・クナール郡)
ヌールガル郡
ハースクナール郡
ベスード郡
3
カブール
カブール河
マルワリード堰・取水口
ソルフロッド河
カマ郡
カブール州
ソルフロッド郡
ジャララバード (2001〜)
ホギャニ郡
チャプラハル郡
ロダト郡
ドルハム
ナンガラハル(ニングラハル)州
カイバル峠
コット郡
ローガル州
アチン郡
ペシャワール
(1984〜2009)
スピーンガール山脈
パクティア州
0
50km

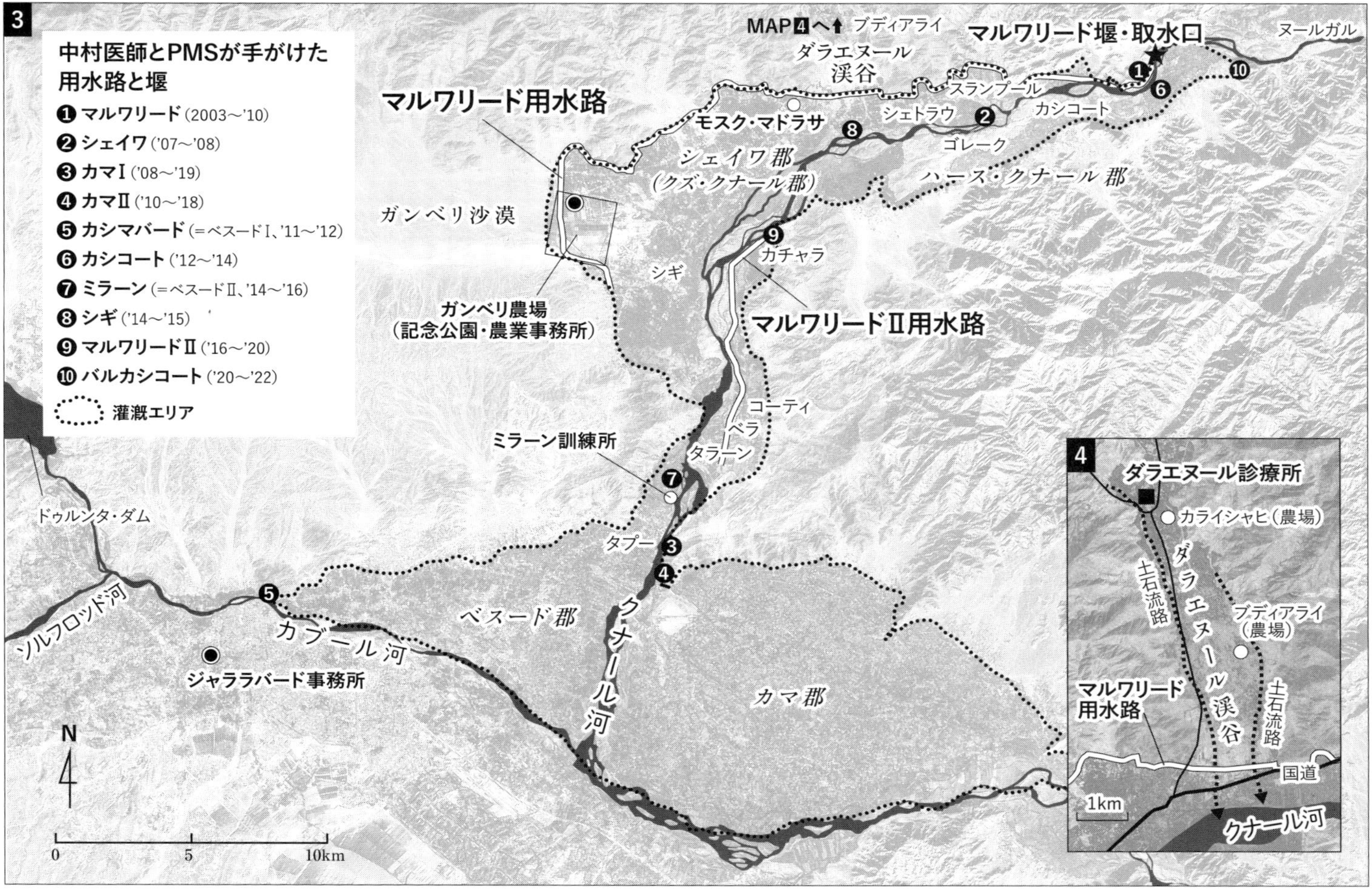
3
中村医師とPMSが手がけた用水路と堰
❶ マルワリード（2003〜'10）
❷ シェイワ（'07〜'08）
❸ カマⅠ（'08〜'19）
❹ カマⅡ（'10〜'18）
❺ カシマバード（＝ベスードⅠ、'11〜'12）
❻ カシコート（'12〜'14）
❼ ミラーン（＝ベスードⅡ、'14〜'16）
❽ シギ（'14〜'15）
❾ マルワリードⅡ（'16〜'20）
❿ バルカシコート（'20〜'22）
灌漑エリア
MAP4へ
ブディアライ
マルワリード堰・取水口
ヌールガル
ダラエヌール
渓谷
マルワリード用水路
スランプール
シェトラウ
カシコート
モスク・マドラサ
ゴレーク
シェイワ郡
（クズ・クナール郡）
ハース・クナール郡
ガンベリ沙漠
カチャラ
シギ
ガンベリ農場
（記念公園・農業事務所）
マルワリードⅡ用水路
コーティ
ベラ
タラーン
ミラーン訓練所
ドゥルンタ・ダム
タプー
ソルフロッド河
ベスード郡
クナール河
カブール河
ジャララバード事務所
カマ郡
N
0
5
10km
4
ダラエヌール診療所
カライシャヒ（農場）
土石流路
ダラエヌール渓谷
ブディアライ（農場）
マルワリード用水路
土石流路
国道
1km
クナール河

＊絵・杉山大二朗（元現地ワーカー）

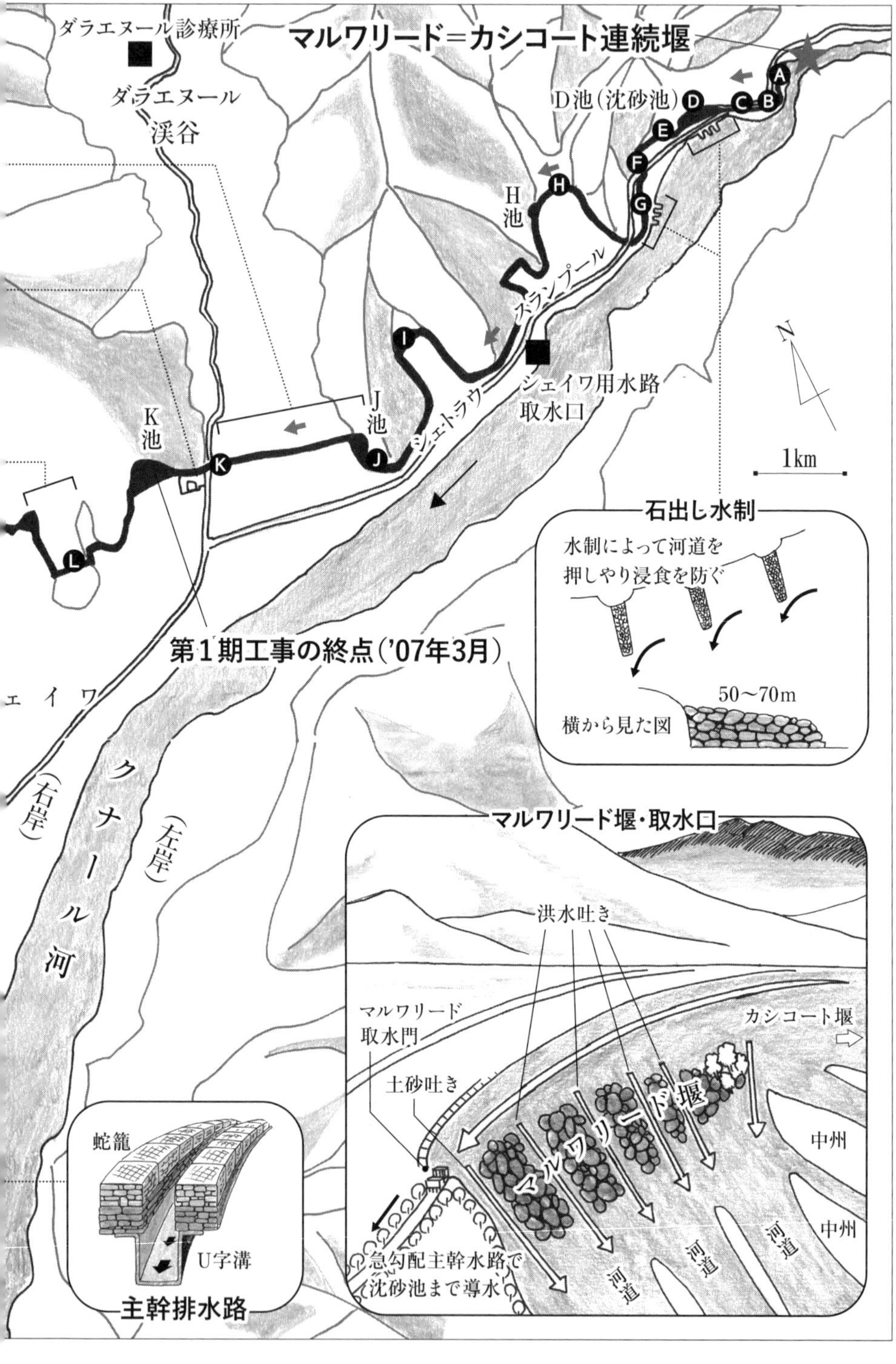
ダラエヌール診療所
ダラエヌール
渓谷
マルワリード＝カシコート連続堰
D池（沈砂池）
H
池
スランプール
シェイワ用水路
取水口
J
池
K
池
シェトラウ
N
1km
石出し水制
水制によって河道を
押しやり浸食を防ぐ
50〜70m
横から見た図
第1期工事の終点（'07年3月）
ェ イ ワ
（右岸）
クナール河
（左岸）
マルワリード堰・取水口
洪水吐き
マルワリード
取水門
カシコート堰
土砂吐き
マルワリード堰
中州
中州
河道
河道
河道
急勾配主幹水路で
沈砂池まで導水
蛇籠
U字溝
主幹排水路

マルワリード用水路略絵図

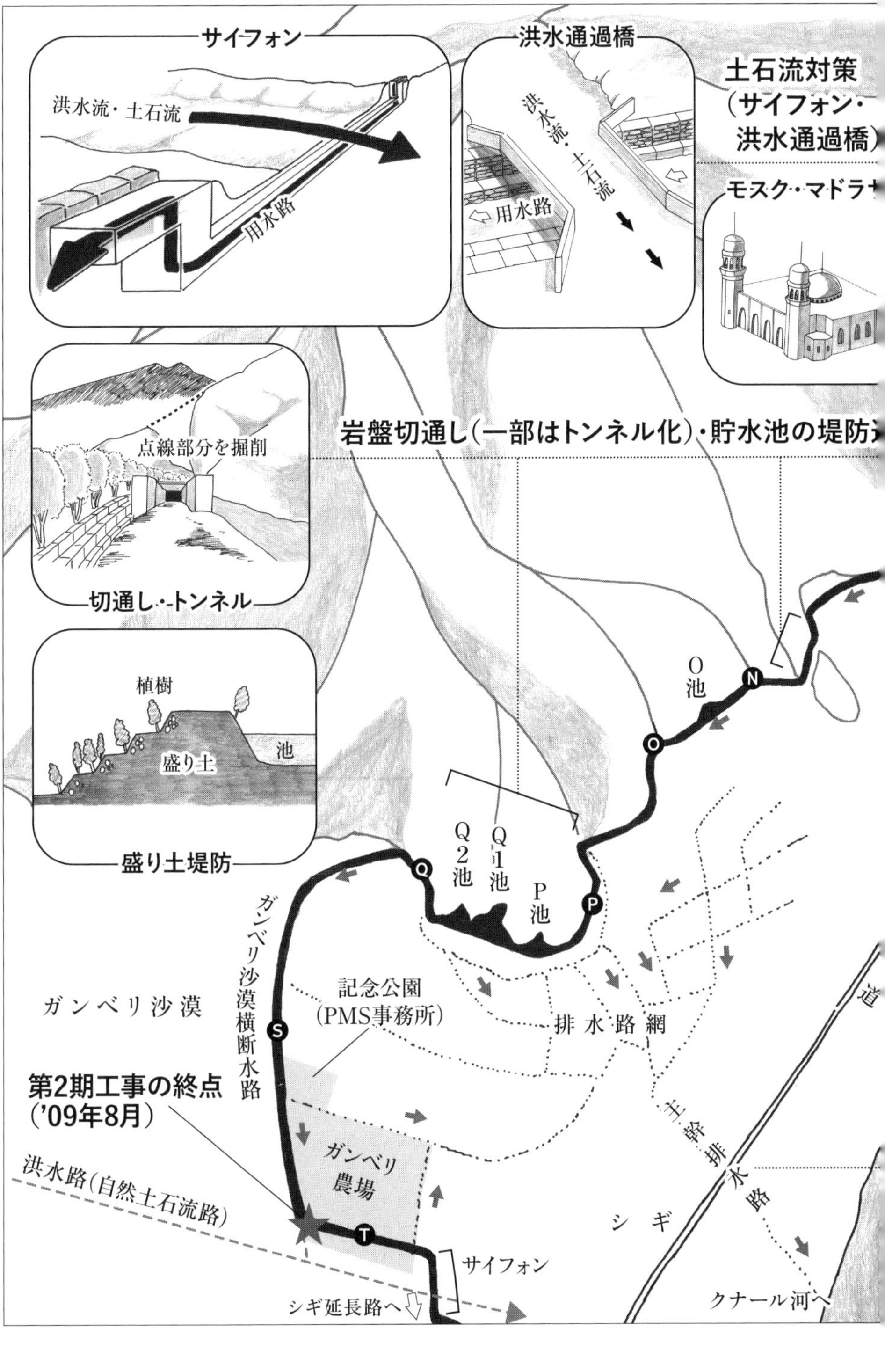

サイフォン
洪水流・土石流
用水路
洪水通過橋
洪水流・土石流
用水路
土石流対策
（サイフォン・
洪水通過橋）
モスク・マドラ
点線部分を掘削
切通し・トンネル
岩盤切通し（一部はトンネル化）・貯水池の堤防
植樹
池
盛り土
盛り土堤防
O池
N
O
Q2池
Q1池
P池
Q
P
記念公園
（PMS事務所）
ガンベリ沙漠
ガンベリ沙漠横断水路
排水路網
S
第2期工事の終点
（'09年8月）
ガンベリ農場
主幹排水路
道
洪水路（自然土石流路）
T
シギ
サイフォン
シギ延長路へ
クナール河へ

アフガン国境にて　――近代への批判

中村　哲

一　ハンセン病の根絶をめざして

私が現地（パキスタン・ペシャワール）に赴任したのは、アフガン戦争の最も激烈な時期であった。一九七九年十二月、旧ソ連軍十万人の侵攻以後、今なお内乱が尾を引いている。この間、二〇〇万の死者と六〇〇万人の難民を出し、ペシャワール周辺の北西辺境州に二七〇万の難民が一二〇ヵ所のキャンプに分散して置かれていた。

初期の主な協力は、北西辺境州（現カイバル・パクトゥンクワ州）（人口約一千万）に限定され、当時すでに登録されていた二四〇〇名（現在約七千名）のハンセン病患者の合併症治療センターの改善にあった。しかし、地理的にも歴史的にも、パキスタン北西辺境州はアフガニスタンと一体で、人々の往来が完全に自由である。二千㎞の国境は閉鎖できない。いくらパキスタン側で力を尽くしても、新手の患者がアフガニスタンから続々と現れる。両者の協力なしにコントロール計画は不可能である。こうして私たちも、医療の立場から自然に内戦に巻き込まれていった。

初めのうちは、難民キャンプを中心に活動していたが、事情がわかってくるにつれて、長期的な視野に立つ再編成が痛感された。第一に、難民は一時的な滞在者であり、内乱が下火になれば帰郷する。第二に、ハンセン病の多発地帯は同時に無医地区で、マラリア・赤痢・腸チフス・結核など他の重症感染症も多発する。第三に、これら無医地区が途方もない山岳地帯にあり、患者のほとんどは町に下りてくるバス賃さえないことである。これらの事実を考えると、本格的に事を構えるならば、難民帰還後をも射程に入れ、広大な山岳地域に拠点を設け、地域医療センターの役割を果たしながら、ハンセン病を諸々の感染症の一つとして早期発見・早期治療に努める以外に方策がないと判断したのである。

だが対象となる地域は、パミール高原から西南に伸びるヒンズークシ山脈北東部全体である。この険しい山岳地帯はあまりに広大で、登山隊でさえ滅多に入らない。おまけに内乱まで重なり、実施するなら相当の規模と長期にわたる活動を覚悟せねばならなかった。当時「難民救済」を掲げて多数の国際救援団体が欧米諸国から押し寄せていたが、いずれも数年間の短期プロジェクトであり、私たちの計画とはまるで事業のスタンスが異なっていた。

二　ペシャワール会の拡大

当時、「国際化」や「NGO」などという言葉すら聞かれなかった状態の中で、日本側「ペシャワール会」だけを補給の綱として、苦闘が開始された。日本の市民団体が独力でこの種の医療活動を達成した例はなかった。ペシャワールでスタッフの訓練に励んで内乱の下火になるのを待ち、他方で活動予定地での住民たちとの接触を始めた。一方、これに合わせて、日本側では「長期継続補給」を合言葉に必死の国内活動が続けられた。現在（二〇〇一年）、設備投資を含めると一億円前後の現地活動費（うち自己資金七〇%以上）に達し、うち九五%以上が現地に投入されるという、類例のないボランティア組織として成長するに至った。これは、私を含めてすべての事務作業、現地派遣が手弁当によって賄われ、組織維持費を極度に切り詰めた結果である。現在、会員数約四千名、殉職も厭《いと》わぬ献身的な現地の実戦部隊一五〇名はもちろん、補給を忍耐強く支える日本側の良心的協力の結晶である。計画は紆余《うよ》曲折を経ながらも、各国の撤退に逆らうように、着々と実施されて今日に至っている。

この経過の中で、日本からのワーカー派遣が痛感され、一九八八年以来、医師・看護婦・理学療法士・検査技師など、延べ二〇名を超える人員が現地で協力した。二〇〇一年現在、医師二名、看護婦一名、事務連絡員四名が常駐している。いずれも現地語を習得し、風土になじんだ粒ぞろいで、長期ベースの赴任である。長い者は十年を超える。とはいえ、日本からの人材確保は試行錯誤の連続であった。ペシャワールで最低限求められる公用言語だけで、パシュトゥ語、ペルシャ語、ウルドゥ語、英語と、四つある。それに加えて、中世さながらの気風、男女隔離の風習、割拠対立、テロの横行の中で、とくに女性ワーカーの苦労は並大抵のものではなかった。

私たちの場合、ワーカーの観察期間を約六ヵ月から一年とし、最終的に継続するかどうかを決めるパターンが定着している。もちろん、限定された分野での短期技術協力もあって、それはそれで実《じつ》をあげた。他の機関と異なるのは、この「観察期間」で、ワーカー本人の希望と現地の要求が一致すると思われるときに派遣を決めることである。それゆえ、なかには不本意に帰国を要求された気の毒な例もあったりした。徹底した現地主義である。二〇〇〇年夏、中央アジアを襲った未曾有《みぞう》の大旱《かん》ばつはアフガニスタンで最大の猛威を振るい、一二〇〇万人が被災、一〇〇万人が餓死に直面した。飲料水さえ枯渇して家畜が死亡、数十万人の遊牧民たちが壊滅、農民たちは次々と村を捨てて流民化した。現地国連機関の強い訴えにもかかわらず、国際社会は、タリバン政権の制裁決議で応えたのみである。私たちPMSは、ひとり東部の旱ばつ地帯に速やかに展開、七月以来三五〇の水源を確保、四八ヵ村、約三〇万人の農民の離村を必死でくい止めている。診療所のあるダラエ・ヌール渓谷では、伝統的水路（カレーズとも）の復旧で灌漑《かんがい》用水をも得て、一旦難民化した二万人を奇跡的に帰村せしめた。このような大規模かつ適切な緊急支援が私たちの手でできたのも、それまで長く住民たちとの信頼を築いてきたからである。

こうして事業経過だけを述べれば、いかにも日本側が一方的に現地に与え続けてきたように見えるが、決してそうではない。私たちがこの事業を通じて受け取ったものも少なくなかった。戦争と内乱、民族・宗教対立、貧困と飢餓、都市化と伝統社会の崩壊、アジア社会のありとあらゆる矛盾の集約ともいえるところで、私たちは下から「人間」を見つめ続けてきた。同時に、それまで意識しなかった戦争と平和、近代化の功罪、人間の幸せについて考え、「開発」や「進歩」を無条件に肯定する楽天的な信仰を揺さぶられた。その分だけ、私たちの視野が広がり、心豊かになったといえるかもしれない。

三　近代化による矛盾の縮図――ペシャワール

既述のように、現地の特殊性は、宏大な山岳地帯、割拠対立の気風、古代から現代までを包容する多様な生活様式にある。主要活動地域では、前近代的な独自の不文律による伝統的生活が今なお営まれている。主な言語だけで三〇以上、アーリアン系・モンゴル系・トルコ系諸民族が入り乱れる。さらに、アレキサンダーの東征、漢やサラセン帝国の侵入、モンゴリアによる征服、近代に至っては英露の抗争の舞台となり、幾多の歴史的荒波にもまれてきた。現在でも少数ながら、これら征服者たちの子孫が山奥で昔ながらの自給自足の生活を営んでいる。

険峻なヒンズークシ山脈を地理的条件として、古代から現代までが同居する希有《けう》な地域だといえよう。割拠対立をはらみながら、人々は異なる民族とのつきあい・共生の仕方を身につけている。ここには、私たちが明治維新以来身につけてきた科学技術の崇拝、近代化・進歩の楽天的な信仰、これらすべてを洗い流してくれる何かがあった。

一九七九年十二月、ソ連軍によるアフガニスタン侵攻に端を発した「アフガン戦争」はこの諸民族共存のバランスに重大な衝撃を与えた。戦争でたたき出された六〇〇万人の難民たちは、何らかの形で長期の現金生活を余儀なくされた。これは農山村出身者には苛酷な体験であった。内戦以前も出稼ぎによる現金収入がありはしたが、収入の多寡が基本的な食生活を脅《おびや》かすことはなかった。それが突然、生存さえカネによって制せられる体験を彼らは強いられたのである。

湾岸戦争（一九九一年一月）までに、各国救援団体は事実上撤退した。アフガニスタン国内では一九九二年四月に共産政権が倒れ、戦場は農村部から都市に移った。前後して農村部難民二〇〇万人が独力で帰り、郷土復興が自力で開始されたが、地域によっては「食べる作物」よりも「売れる作物」に熱が入った。たとえば、小麦の作付けの代わりに麻薬用のケシ栽培を行うと、約十倍の現金収入を得ることができる。その収入で農民が小麦を町で買うという希代《きたい》な現象さえ生じた。こうなると一部の者は楽ができるが、全体の農業生産力は低下する。それが農産物の高騰となって他の人々の生活を圧迫する。他方、「共に食べる農業」を支えてきた伝統的な相互扶助意識が色あせ、村落共同体そのものが分解し始めるという悪循環を生み出した。

主に農業に依拠してきた鍛冶屋・石工などの職人たちは失業し、「復興援助」によってふくれ上がったトラック台数は、ラクダやロバによる中小運送業を駆逐した。これらが人々の心に微妙な変化をもたらした。たとえば、かつて北西辺境州やアフガニスタンでは「客人歓待」は重要な不文律で、報酬ぬきのもてなし、よそ者への配慮があった。これが「目には目を、歯には歯を」という「復讐法」とともに、地域の治安を底辺から支えていた。自動車輸送網の及ぶところでは、人々はよそ者に対してだけでなく、互いに猜疑心《さいぎ》を向けて、牧歌的な共同体が崩れ始めている。カネ社会の浸透がこれを揺るがしたのである。

外国団体の援助がこれに拍車をかけた。世界的に説得力のある「教育プロジェクト」が象徴的である。「識字率の高さ＝文化的」という神話を私は信じない。問題はその中身である。私たちの考える教育は、おおむね都市生活向けのもので、近代的生産に適合する労働の質を提供するものである。たとえば、自然理解を深めるはずの「科学知識」は、逆に共同体を支える宗教意識を希薄にし、人々の絆を破壊するのに役立った。すべてはアッラー（神）の定めとする諦念、あるいは血縁の絆に拘束されることは、新知識を得た若者には耐えがたい。彼らは「農村の迷信と陋習《ろうしゅう》」をわらい、自由な空気を求めて都市に集中する。しかし、焼け跡の首都カブールはもちろん、パキスタン側の町々でも、彼らの労働を吸収するだけの容量がない。失業者の群がペシャワールにあふれ、貧困とスラム化が進行した。

十七年前に比べると、事情ははるかに悪くなっているように思える。

四　抵抗する伝統社会

一九九〇年頃からパキスタン側の辺境で頻発した新たな内乱の背景は共通していた。おおむね彼らは西欧の文物を否定し、復古主義と外国人排斥、とくに反米主義を主張する点で一致していた。世界で取りざたされたイスラム原理主義の土壌は、アフガニスタンとパキスタン北西辺境州の辺境では、こうして醸成されたといえる。

アフガン戦争そのものが、近代化への反動としての性格を帯びていた。今はなきソ連＝旧共産政権の政策は、その方法はともかく、日本・欧米の国民にとっては常識と呼べるもので、識字の普及、男女平等、農奴制の廃止など、誰もが納得しうるものである。しかし、中世的封建制度を支える宗教的風土を、権柄《けんぺい》ずくで払拭《ふっしょく》できると信じたところに誤算があった。宗教撲滅運動という過激な政策が大多数の農民を内乱に駆り立てた。

二〇年におよぶ内戦の引き金が性急な近代化政策であったにもかかわらず、難民援助で殺到した西側の支援も、この点では五十歩百歩であった。開発によって「改善」されたのは、近代火器の供与で、大量殺戮《さつりく》が効率的に行われたことだけであった。東西の先進国の「国際援助」が、寄ってたかってアフガニスタンの破壊に貢献したと述べても、現場の証言者として、決して誇張だとは思えない。

一九九四年、「タリバン」（神学生）という新原理主義勢力がアフガニスタンに勃興した。徹底したイスラム法による統治を掲げて、各地で旧勢力を一掃、二年という短期間で国土の三分の二を統一した。二〇年の内乱に疲れた人々は、各地で彼らを受け入れた。一九九六年九月、首都カブールを手中に収め、旧政権さえ躊躇《ちゅうちょ》したナジブラ元大統領の処刑を断行、旧習を復活させる政策が欧米側の反発を招いたが、これは過去のいきさつを見れば、納得できる。荒廃した民心を嘆き、「古き良き時代」への懐古、形骸化したイスラムへの反発が、これを支えたのである。

おわりに——共に生き、一隅《いちぐう》を照らす

ペシャワール会十七年の活動は、以上のような騒然たる現地情勢の中で行われた。私たちのモットーの一つは、「人の行きたがらぬ所に行け。人のしたがらぬ事をなせ」である。人が蝟集《いしゅう》する所ならば、誰もがすることなら、誰かがするであろう。各国の撤退に逆らうように、私たちは次々と初期の計画を実施していった。会のもう一つの特色と呼べるものは、特定の地域の具体的な問題に取り組み、決して「国際医療」の一般的な論議に埋没しないことである。「議論より実弾を」というのが方針だが、実際のところは、国内の会議などに出る時間的ゆとりがなく、次々と突きつけられる新たな難問に対応するのに追いまくられていた。現地情勢はどんなに説

明を尽くしても、日本でわかってもらえることが少なかった。たとえば私たちが国連の権威のなさやいい加減さについて述べると、たいていの日本人から反発された。また、ペシャワール会には私を含めて、当時のお手軽な「ボランティア」や「国際化」の時流に反発する者が少なくなく、多くを語りたくなかったのである。そのため、どうしても「孤高のＮＧＯ」という印象を与えやすかったのかもしれない。

私たちの関心は無論、現地の「健康」にある。一介の臨床医にとって重要なのは、患者が単に命をとりとめることだけではない。彼らが良き社会生活を送れるように配慮することでもある。それができなければ、わずかでも慰めを与えることである。しかし、問題はあまりに圧倒的であり、実際に私たちが成しえたのは、人々と苦楽を分かち合いながら、戦争と迫害に疲れた者にささやかなオアシスを提供できただけである。

近代化・民主化の名のもとに行われた蛮行、自国で喝采を浴びる国際援助の虚構、そしてそれらがもたらした破壊的作用については、すでにふれた。牧歌的な迷信は、別の科学的迷信に取って代わられ、それがまた別のつまずきを生んだ。カネ社会の浸透は人間の利己的欲望を拡大再生産し、伝統社会を容赦なく轢《ひ》きつぶした。それに対する反動もまた、同様な権力の力学にとらわれる限り、狭い見識を脱することができず、悲劇を増し加えた。

しかし、壮大なヒンズークシ山脈の麓で展開する悠々たる時の流れは、より大きな目でこれらの事象を眺めさせる。地球環境問題と開発＝経済成長とは、絶対に相容れない盾と矛である。人類が生物である以上、農村を捨て、都市化が無限大に進むことはありえない。カネがカネを生むバブル経済のフィクションは、資本の発生する貨幣経済の運命的な帰着である。資本は「市場」という妖怪に振りまわされ、健全な生産—供給体系がすでに破綻しかけている。やがて私たちが見るものは、不必要に生産された製品のごみの山と、薪以下に下落した札束と、都市の廃墟なのかもしれない。

それでもなお残るものとはいったい何であろう。実は、それこそが共に模索せねばならぬものであり、「人が人である限り失ってはならぬ共通のもの」を探る努力それ自体が、人々の狂気を鎮め、慰めと勇気を与えるものになるのではなかろうか。一見異質な文化、異なる宗教・風土に規定された外皮の奥に、共通の人間を発見すること、そしてその悩みや悲しみ、喜びや慰めを共有しようと相互理解に努力すること、こうした中に、平和と共生への道が隠されているような気がしてならない。実際、私たちの活動の最大の業績は、普段は相対立する現地の人々、アフガン人とパキスタン人、イスラム教徒とキリスト教徒、パターン〈パシュトゥン〉人と非パターン人、そのそれぞれが人工的な垣根を超えて協力し合える態勢を築きえたことではなかったかと思っている。それが国際協力かどうかは知らないが、私たちへの最大の見返りである。そして、それでよいのだと思っている。

（若井晋／三好亜矢子／生江明／池住義憲編『学び・未来・ＮＧＯ――ＮＧＯに携わるとは何か』二〇〇一年、新評論より転載）

＊若井晋医師は中村医師と同年齢、脳外科医で当時は東京大学医学部で国際地域保健を主宰していた。中村医師とはＪＯＣＳ（日本キリスト教海外医療協力会）での交流もあった。その後「若年性アルツハイマー病」を患い、その経過を妻の若井克子さんが『東大教授、若年性アルツハイマーになる』（講談社、二〇二二年）にまとめている。

〔凡例〕

一、下巻には、ペシャワール会報（以下「会報」）の七一号（二〇〇二年四月）から一四二号、ならびに中村哲医師逝去後の号外（いずれも二〇一九年十二月）に掲載された中村医師の文章を収録する。

一、活動の大まかな画期によって全体を七章に分け、各章扉には略年表を掲載した。

一、「会報」掲載当時の記述・表記を極力尊重し、誤植や明らかな誤記以外は修正しなかった。また、地名（カブール／カーブル、ニングラハル州／ナンガラハル州など）をはじめとした固有名詞の表記についても、長期間にわたる記録ゆえに変遷が見られるが、一部を除き統一はしなかった。

一、タイトル、小見出しについては編集部で整理した箇所もある。また、振り仮名を適宜施した。

一、「会報」掲載当時の写真や図版は、本文の内容に因むものを適宜再掲したが、紙幅の都合で割愛したものもある。

一、わかりづらいと思われる語句には〔　〕内に編集部による注を施した。同様に引用文の出典や解説を要する語句には「＊」印をつけ、各号の末尾に簡単な説明を記した。頻出する専門用語については用語集（11頁）を参照されたい。

一、ＵＮＨＣＲ、ＷＨＯなどの略称には著者による他の箇所での注記に従って、適宜（　）や〔　〕内に「国連難民高等弁務官事務所」、「世界保健機関」などの語を補った。時期により呼称が変わっている場合もある。

chapter

I

71号 (2002.4) ～79号 (2004.4)

2002 (56歳) **1月8日、中村医師と日本人スタッフ、01年9月以来初めてアフガニスタンに入国。前年のカブールに続き、東部の困窮地区の9千家族にも食糧を配布**

21日、アフガニスタン復興支援・東京会議が開催される。アフガニスタン暫定行政機構のカルザイ議長が来日

中村医師とPMS(ペシャワール会医療サービス)、「緑の大地・5ヵ年計画」を発表。東部ダラエヌールに試験農場として8千㎡の土地を借りる

3月、UNHCR(国連難民高等弁務官事務所)、アフガン難民の自主帰還支援計画を開始

PMS、カブールに女性の自立支援のための裁縫ワークショップを開設(6月に閉鎖)

アフガニスタンのザヒール・シャー元国王、29年ぶりに帰国

6月、ロヤ・ジルガ(国民大会議)が開催され、カルザイ議長が移行政権の大統領に就任

治安悪化のため、パキスタン北西部コーヒスタン診療所を閉鎖。アフガニスタンのジャララバードに事務所を設立

カブールに開設していた5ヵ所の臨時診療所を閉鎖

8月、中村医師/ペシャワール会、第1回沖縄平和賞を受賞。賞金はダラエピーチ診療所の移設新築費用に充て、同診療所を「オキナワ平和診療所《ピースクリニック》」と命名(03年9月に開所)

この年、ペシャワール会員が1万名を突破

2003 **2月、アフガニスタンのクナール州に築造する灌漑用水路「アーベ・マルワリード」(約13㎞)掘削計画を立案**

3月19日、マルワリード用水路の起工式

20日、イラク戦争始まる

23日、アフガンのラグマン州やカブールで反英米デモ、日章旗も焼かれる

6月、井戸が1千ヵ所を超える

8月、中村医師、ラモン・マグサイサイ賞(平和・国際理解部門)を受賞

11月、用水路建設の工事現場を米軍ヘリコプターが銃撃(誤射)

12月、イラクのフセイン元大統領を米軍が拘束

2004 **3月7日、マルワリード用水路、取水口工事を完了し、部分通水**

71号
2002・4

◎激動の二〇〇一年度を振り返って
破壊と援助の連鎖を排す

二〇〇一年度の概観

四年目に入ったアフガニスタンの大干ばつは、多少の積雪の増加によって、やや緩和の兆しが見られたが、本格的なものではない。半砂漠状態の地域では、依然として深刻な状態が続いている。PMS(ペシャワール会医療サービス)では、二〇〇〇年七月から必死の対策を続けてきたが、やっと東部をカバーするのが限界である。

皮肉にも、二〇〇一年十月の米英の空爆開始で、やっと惨状が認識されるようになったが、再び政治的関心の薄れと共に忘れ去られようとしている。現在、日本を筆頭に「アフガン復興」が進められようとしているものの、まだまだ調査段階が多く、実働していない。各国政府、各国NGO(非政府組織)共に、現在のところ存在を誇示するに留《とど》まっているようである。人々の間では失望感が広がっている。

タリバン政権崩壊後のアフガニスタンは無秩序に覆われ、事態は一九九二年の社会主義政権倒壊*直後に戻った。首都カブールだけが、かろうじて多国籍軍の存在で治安を維持している状態である。パキスタン政府、UNHCR(国連難民高等弁務官事務所)の協力で、確かにアフガン難民は帰郷し始めているが、現在の状態では帰っても職がなく、干ばつ被害の広がる農村地帯の国内避難民は数を増すばかりである。カブールに殺到した国際団体によって、異常な物価高騰が起き、庶民はますます苦境に立たされている。アフガン復興の中枢となるべき中産階級がペシャワールを動く気配は、今のところない。

タリバン政権の崩壊は、取り返しのつかぬ無秩序と、人々の苦境を生み出したといえる。「解放」されたのは、麻薬栽培の自由、餓死の自由、アフガン人が誇りを失う自由である。今後「アフガン問題」への関心は急速に薄れるが、国際社会は一連の出来事の根底から読み取れる地球規模の破局に気づいているとはいえない。将来、再び「アフガニスタン」が話題になるとき、自らの足許に及ぶ厄災を知ることになるだろう。

この中であればこそ、われわれはこれまでと少しも変わらず、事業を継続する。過去の破壊と援助の繰り返しを見てきた人々は、もはや外国人も政治家も信じない。ただ自らの生命を自らの手で守ることで必死であろう。ペシャワール会の歩みは、国際的関心の有無とは全く無関係である。

ひたすら現地の人々と共に笑い、人々と共に泣き、僅かでも希望を共にする存在である。文字通り国境を越え、まごころのこもった支援をいただいた日本や韓国の人々に感謝すると同時に、今後もその厚意を生かし、この事業によってわれわれ自身も希望を共にするものでありたい。

1. 医療事業

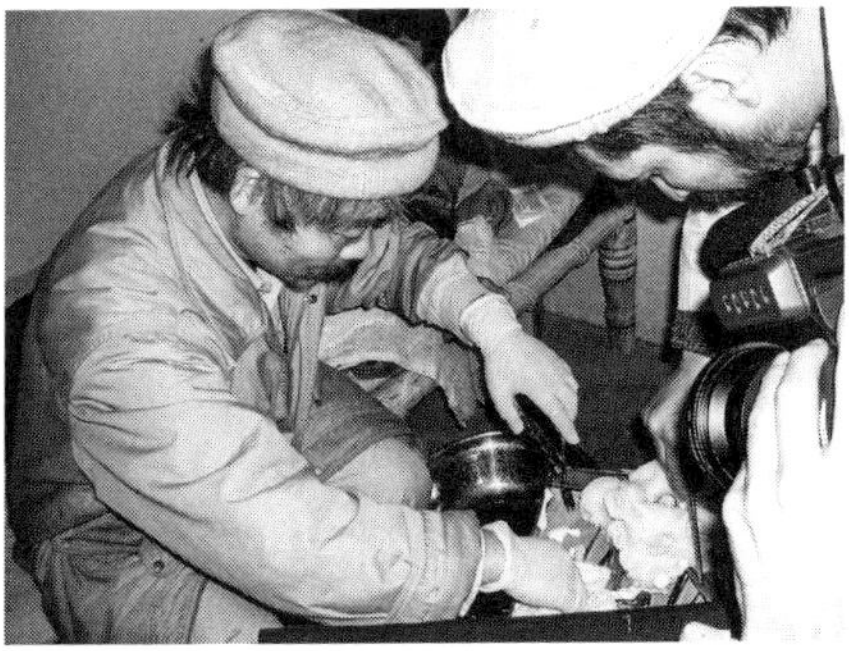
カブールの臨時診療所で診察中の中村医師（02年2月）

カブールの五診療所は、日本を初め、各国のNGOラッシュを想定して閉鎖を予定していたが、二〇〇二年四月十七日現在、少なくとも医療関係では、ほとんど見るべきものがなかった。ロシアの援助はいったん引き上げられたし、各国NGOもまた、そのプレゼンスを示すに留まっている。従って住民側がPMS診療所の閉鎖に強く反対し、当分PMSのカブール診療所を続けざるを得ない。

しかし、うちアフガン政府から請け負わされていた二つの公営診療所（ラフマンミナ、チェルストン地区）は、新政権の混乱でペシャワール会による人事管理が不可能になったので、四月十六日、当局にこれを「返還」する旨、通告した。その分をより貧困な地区（ダシュテバルチー、カルガ、カラエ・ザマーン・ハーン）に振り向けるほうがはるかに有意義だと思われる。

なお、古くからあるアフガン東部三診療所、ペシャワール基地病院、ラシュト診療所（パキスタン）は殆《ほとん》ど影響を受けずに続けられた。また、東部三診療所のうち、ヌーリスタン、ダラエ・ピーチは借家住まいの上、建物が老朽化して一部が地震で壊れ、移転を決定した。地区長老会（ジルガ）の決定で半恒久的な土地を提供され、四月十四日に鍬《くわ》入れ式が行われ、新建築が開始された。

PMS基地病院では、アフガン空爆の影響で日本からのボランティア志望者が増えた。現在、二名の医師が長期ワーカーを希望している。

二〇〇一年度（二〇〇一年四月から二〇〇二年二月、十一ヵ月間）の診療数は表1のとおり。

表1	総数	うちカブール5診療所	PMS基地病院
外来数	246,047	105,371	56,232
のべ外傷治療	17,231	4,114	10,643
入院	1,278	-	1,278
総診療数	264,556	109,485	68,153

診療総数二六万人以上、過去最大となったが、これはカブール診療所開設に

よる。

2. 水源確保事業

二〇〇一年十月から十二月まで、空爆で一時緩みが見られたが、〇二年一月に再開。さらに長期かつ大規模な事業を目指して進行中である。ただし、干ばつの収まる決定的な兆しなく、水欠乏はなお深刻である。いったん完成した井戸のうち、半数以上が再掘削をくりかえさねばならぬ状態である。

二〇〇二年四月七日現在の進捗情況は表2のとおり。

表2

	作業地数	水を得た井戸	復旧カレーズ
ダラエ・ヌール渓谷	125	76	36
ソルフロッド郡	323	296	–
ロダト郡	202	193	–
アチン郡	101	33	–
トルハム（カイバル峠）	2（ボーリング）	1	–
計	753	599	36

特に、灌漑《かんがい》用の井戸とカレーズ（伝統的な地下灌漑水路。11頁の用語集参照）の威力は絶大で、ダラエ・ヌール渓谷中流域の村々がこれによって推定二万人の離散を免れた。帰郷難民たちは安心して定住している。

今後も活動地は干ばつの最も甚だしいニングラハル州に限定、総数二千の井戸の完成を目指すと共に、灌漑用水の獲得にも重点を置く。ダラエ・ヌール渓谷でカレーズの恩恵の及ばなかった下流のブディアライ村では、なお半砂漠状態であるが、苦肉の策で始めた大口径灌漑井戸は（深さ）二〇mで豊富な水を得て成功、小麦やトウモロコシなら六～七ヘクタールを灌漑しうることが実証された。緊急に更に拡充している。

カラエ・ザマーン・ハーン臨時診療所（02年2月）

3. 食糧配給計画

「いのちの基金」**の発端となった本計画は、有志職員の献身的な作業で、空爆下で餓死迫るカブール市民と誤爆された東部農村に小麦粉約一八五〇トン、食用油約一七〇kℓを確実に配給し、約二四万人の市民が飢餓を免れた。タリバン政権が崩壊した後、急速に治安が悪化し、かつカブール市内の秩序が乱れ始めたので二〇〇二年二月十日に中止した。同時に一部を栄養失調の母子のみに各診療所（アフガン八診療所）で配給した。少なくともカブールについては餓死の危機が当面去ったと見て、以下の自立計画に切り替えた。

4. 女性のためのワークショップ（裁縫工房）

三月一日までに小規模な編成で態勢を整えた（訓練者八名、被訓練者十八名、ミシン八台）。ミシンは三ヵ月の訓練の後、被訓練者に供与される。なお試験段階であるが、今後、様子を見て一気に拡大、中規模の手工業工房を目指している。現在予定するのは、①衣類、②カーペット、③寝具などで、販路はカブール市内に求め、日本での販売を当てにしない。高騰した基本物価のダンピング（正当な価格に戻す意か）が別の目的である。

なお、被訓練者の女性たちに初歩的な読み書きと母子衛生の基本を教え、自立の一助にしている。

カブールでの食糧配給（02年1月）

5. 農業計画

ダラエ・ヌール渓谷をモデル地区とし、総合的なケアを集中し始めた。二月段階でPMS診療所の近くに約八千㎡の農地を借り受けて、試験農場を整えている。長い計画になるので、日本人職員若干名が常駐、乾燥に強い品種の作付け、土壌の改善などに力を尽くし、生産量をあげる。また、麻薬栽培に代わる換金作物の研究、農業を軽視せぬ教育、農具の改良、牧畜の奨励など、多岐に及び、地域社会と密にかかわる総合的なものである。

三月中旬から、経験豊富な農業指導員が入り、調査が進んでいる。まもなく常駐態勢をとり、今秋から本格化する。

6. ワーカー派遣事業

以上のように、事業が多岐にわたり、かつ大規模となってきたので、日本から積極的に人材を送って責任ある仕事を受け持たせざるを得ない。これは、①技術協力と②会計把握が主たる目的である。

（二〇〇二年度は）総勢二〇名以上のワーカーが一年以上の長期予定。これに伴って、ワーカーの送り出し態勢や責任分担の確認も、改善が求められる。

＊一九九二年四月、アフガニスタン反政府勢力が首都カブールを攻略。ナジブラ大統領失脚。社会主義政権が崩壊し、反政府党派間の戦闘が激化。

＊＊二〇〇一年九月十一日のアメリカ同時多発テロ事件後のアフガン空爆をうけ、カブールやアフガン東部の国内難民への食糧援助のために設立した基金。一年間で約九億四千万円の寄付が集まった。

72号

2002・7

◎カブールの全プロジェクトを撤収
復興援助の傲慢を思う
——二〇〇一年度現地事業報告

□二〇〇一年度を振り返って

「もう、これくらいで放置していただきたい」というのが、一言で述べ得る感想である。現在のアフガニスタンの状況は、大の大人が寄ってたかって、瀕死の幼な子を殴ったり撫でたりしているのに似ている。この一年間、私たちにとって成果と言えるものは、「情報化社会」が必ずしも正しい事実を知らせず、むしろ、世界中に錯覚をふりまいて、その結果、私たちが振り回されることになるのを身にしみて知ったことである。無理が通れば道理が引っ込む。世界を支配するのは、今やカネと暴力である。

架空の土俵でまともな論議が成り立たないが、敢えて今の楽観的な復興ムードに水を差したいのは、現在の援助の構図自身が、「先進国社会」の病理と、行き詰まりを映し出しているからである。

完成した井戸の水を飲む中村医師（02年4月）

現実が伝わりにくいのは理由がある。私たちが事実を素直に見る眼を失って、独善的な世界に住んでいるからだ。密閉された情報空間で、話題性のみに振り回され、虚像が実像と混同されるのは恐ろしい。空爆や対テロ戦争と同じ論理で、復興支援のシナリオがまかりとおる。「遅れて貧しい人々を助けたい。その進歩発達を阻んでいた『圧政』から解放され、自由と民主主義がもたらされようとしている。この復興に力を貸すのだ」というのが大方の考えだろう。しかし、これは完全な錯覚である。文明の名において、ひとつの国を外国人が破壊し、外国人が建設する。そこに一つの傲慢が潜んでいないだろうか。

昨年九月、米軍の空爆を「やむを得ない」と支持したのは、他ならぬ大多数の日本国民であった。戦争行為に反対することさえ、「政治的に偏っている」と取られ、脅迫まがいの「忠告」があったのは忘れがたい。以後私は、日本人であることの誇りを失ってしまった。「何のカンのと言ったって、米国を怒らせては都合が悪い」というのが共通した国民の合意のようであった。

だが、人として、して良い事と悪い事がある。人として失ってはならぬ誇りというものがある。日本は明らかに曲がり角にさしかかっている。日本の豊かさは国民の勤勉さだけによるのではない。日本経済が〔朝鮮戦争による〕戦争特需によって復興し、戦争特需によって富と繁栄を築いた事実を想起せざるを得ない。そして、富を得れば守らねばならなくなる。華美な生活もしたいが、命も惜しいという虫のよい話はない。殺戮《さつりく》行為を是認してまで華美な生活を守るのか、貧しくとも堂々と胸を張って生きるかの選択が迫られていたといえる。「対テロ戦争」は何を守るのか。少なくとも命を守るものではなさそうである。

未来を予測するのは、いくぶん怖ろしい。「アフガニスタン」は何かの終局の始まりを暗示している。それが何なのか、一介の医者が述べるには分際を越えるが、レミングの群の死の行進でないことを祈る。強調したいのは、世の流れから超然と、覚めた目で現実を見透《みとお》し、我々自身の行方を真剣に考える時期が到来したということである。時流に乗せられて「不安の運動」に身を委ねてはならない。私たちのささやかな活動に意味があるとすれば、世界の片隅で起きた出来事の真実を伝え、いのちへのいたわりを思い起こし、以《も》って吾が身を省みるよすがとすることであろう。

◻二〇〇一年度の概況

二〇〇一年度はペシャワール会が始まって十八年目、最も激しくゆれた年であった。昨年度報告〔上巻所収・68号〕で述べたように、アフガニスタンの未曾有《みぞう》の旱魃《かんばつ》は収まらず、国際社会の圧力でアフガニスタンは孤立していた。既に〇〇年五月、WHO（世界保健機関）は、繰り返し「アフガニスタン大旱魃」の危機を訴え、被災者一二〇〇万人、飢餓に直面する者四〇〇万人以上、餓死線上にある者一〇〇万人以上と発表していたが、国際的な注意を喚起できなかった。

二〇〇一年一月には、国際救援どころか、国連制裁が発動され、外国のプロジェクトは殆どが引き上げられた。飢餓難民が首都カブールにあふれ、旱魃地帯の農民たちは続々と村を放棄して難民化していた。東部の限られた地区ではあったが、私たちPMS（ペシャワール会医療サービス）は、砂漠化が進行する中、飲料水確保に全力を挙げ、かつ医療活動もかつてなく広大な地区をカバーせざるを得なかった。

政治的には、旧タリバン（イスラム神学生）政権が国土統一を進め、全土の九割を掌握、北部の戦闘地区を除けば、大旱魃にもかかわらず、過去最も治安が安定していた時期であった。北部の軍閥（マスード、ドスタムら）は、かろうじて外国の武器援助で命脈を保っていたのである。もともとタリバン勢力は東部・南部のパシュトー部族と親和性が強く、それもアフガン農村社会を基盤とするものであったから、西欧化した都市中産階級には受けが悪かった。だが、アフガニスタンの九割が農民か遊牧民であることを考えると、農民や都市貧困層の間では、さして嫌われていたわけではない。それどころか、タリバン政権の基盤は、各地域の伝統的自治組織ジルガ（長老会）による支持だったのである。かくて、報道と情報の偏りが「極悪非道の狂信的集団・タリバン」という虚像を作り上げ、「人権」活動家の格好の標的となった。

九月十一日のニューヨークのテロ事件によって国際社会は、衝撃のあまり、短絡的な「アフガン空爆＝タリバン殲《せん》滅《めつ》」という米英の軍事政策に引きずられた。この恐るべき情報統制による影響については言及しないが、結末は悲劇的であった。六千名の死傷者だけでなく、冬季に移動できぬために餓死に直面した者がどれだけいたか、ただその膨大な数に戦慄しながら想像をめぐらすのみである。

十一月にカブールが陥落すると、たちまち無政府状態が現出した。タリバンは秩序正しく短期間に姿を消した。逮捕されていた外国人ジャーナリストや宣教団体の者も、律儀にトルハム国境まで無事に送り返された。その規律は驚嘆すべきだった。その後ニュースを賑わせた派手な空爆や「掃討作戦」の成果のほどは分からない。カブールにはＩＳＡＦ（国際治安支援部隊）が進駐し、かろうじて点と線の治安を維持している。二〇〇二年一月東京で開かれた「アフガン復興会議」では、「自由とデモクラシーによって解放されたアフガンの再建」というシナリオが希望をふりまいたが、現実は安定から程遠いものであった。

パキスタンもまた、米英の圧力に屈し、辛くも国家分裂の危機を切り抜けたが、二〇〇二年五月、カシミール問題をめぐって、対インド関係が核戦争の危機を孕《はら》むまでに緊張した。パキスタン民衆の心情は宗教感情を背景にますます先鋭化していると云《い》えよう。アフガン国境のパシュトー人自治区では、米軍の直接軍事活動が拡大するにつれ、反米感情がますます高まっている。

これと同時に起きた「アフガン復興援助ラッシュ」が破壊的に作用して、庶民の生活を圧迫している。すなわち大方のＮＧＯがカブールに殺到し、異常な物価高騰を招いた上に、主にパキスタン側（ペシャワール）から半ば強制的に行われた「難民帰還計画」が六月十五日までに一〇〇万人に達したからである。彼らはもともと旱魃から逃れてきた出稼ぎ難民が殆どであったから、荒廃した故郷に帰れず、カブールなどの大都市にあふれた。この不自然で急激な人口増加が需要供給のバランスを一挙に壊し、物価高騰を招いた。ＵＮＨＣＲ（国連難民高等弁務官事務所）自身が、率直に「早すぎた難民帰還」を認めている。

六月十日に始まったロヤ・ジルガ（国民大会議）では、米英の推すカルザイ政権が認知されたと伝えられたが、事はそれほど簡単なものではない。米英の軍事プレゼンスが去れば、政権は確実に危うくなる。国軍が創設されれば、その国軍が反旗を翻すことも起りうる。現在のところ、戦に厭《あ》きたアフガン民衆は沈黙しているが、先行きの不透明さを皆が感じている。英軍でさえ撤退の兆しを見せている。アフガン復興はいばらの道だと言わざるを得ない。

　皮肉なことに、このめまぐるしい情勢変化で、ペシャワール会の活動は過去最大規模となった。即ち、二〇〇一年三月のカブール五診療所の開設、東部旱魃地帯での水源確保事業、緑化計画、そして空爆下の食糧配給計画と、文字通り死闘の連続であった。だが、復興援助ラッシュの影響と、地方の無政府状態で管理が困難となり、〇二年六月、カブールの全プロジェクトを撤収、東部地区に集中する方針に切り替えた。

回二〇〇一年度事業報告及び〇二年度の計画

1．医療事業

二〇〇一年一月の国連制裁発動で外国機関が引き上げ、旱魃避難民であふれるカブールは事実上巨大な無医地区と化した。同年三月、ペシャワール会＝ＰＭＳはタリバン政権と交渉してカブールに五ヵ所の診療所を異例の措置で開いた。タリバン政権崩壊後、ＮＧＯのラッシュを想定して〇二年三月閉鎖を予定していたが、少なくとも医療関係では、他にはほとんど見るべきものがなかった。従って住民側がＰＭＳ診療所の閉鎖に強く反対し、当分ＰＭＳのカブール診療所を続けざるを得なかった。六月十七日、諸外国団体のラッシュの中で正式に全診療所を閉鎖した。

　なお、古くからあるアフガン東部の三診療所、ペシャワールのＰＭＳ基地病院、ラシュト診療所（パキスタン・チトラール）は、空爆や政権交代の混乱に殆ど影響を受けずに続けられた。コーヒスタン診療所は情勢が不穏なため、二〇〇一年五月から中断し、〇二年四月に再開したが、再び治安が悪化して職員が負傷、六月一日に再度閉鎖した。今後同地に戻る予定はない。

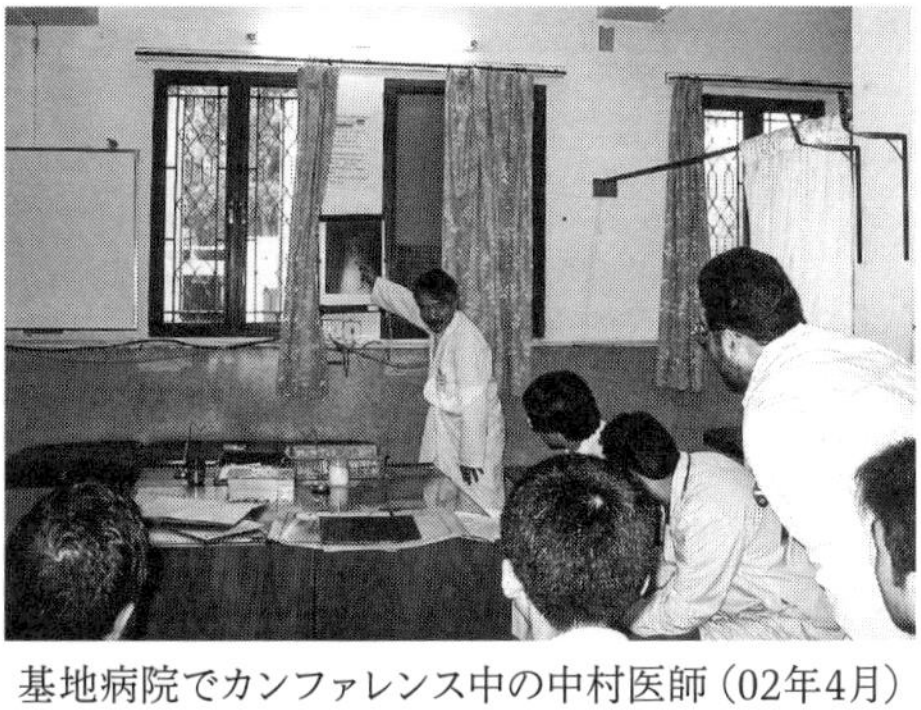

基地病院でカンファレンス中の中村医師（02年4月）

　ＰＭＳ基地病院では、アフガン空爆の影響で日本からの来客やボランティア志望者が増えたが、六月現在、新たに一名の日本人医師が長期ワーカーとして活動している。

●二〇〇一年度（〇一年四月から〇二年三月）の診療数は表1のとおり。

総診療数二九万九五八名（うち外来二六万七七六八名、のべ外傷治療二万一九一二名、入院治療一二七八名）である。異例の激務であったと言える。このうち、カブール五診療所が十一万八九一〇名で、増加の原因となっている。パキスタンのコーヒスタン診療所では、既述のように、数日の診療しか行われなかった。

医療活動もあまりに広域に拡散して管理が散漫となりやすいので、二〇〇二年度は既設の拠点診療所を強化して備える。現在、ワマ、ダラエ・ピーチ診療所の全面改築が行われている。

●ハンセン病および類似障害の診療

ハンセン病の外来受診者二二二名、入院治療を受けた者二一八名。手術件数五一、足装具二八六例、ギプスおよ

表2　検査件数（PMS基地病院）

血液一般	4,091
尿一般	4,248
便一般	3,271
抗酸菌検査	699
マラリア原虫	3,026
リーシュマニア原虫	140
一般生化学	2,563
レントゲン（単純）	5,308
心電図	1,507
腹部エコー	6,836
心エコー	515
病理	39
細菌学	291
内視鏡	21
その他	1,521

表1　2001年度 診療数

診療所	外来数	外傷治療数	入院数	総計
PMS基地病院（ペシャワール）	61,343	11,641	1,278	74,262
コーヒスタン診療所	237	63		300
チトラール・ラシュト診療所	4,926	705		5,631
ダラエ・ヌール診療所	35,900	2,125		38,025
ダラエ・ピーチ診療所	34,733	1,759		36,492
ヌーリスタン・ワマ診療所	16,264	1,074		17,338
【カブール臨時診療所】				
カラエ・ザマーン・ハーン	29,344	1,317		30,661
ダシュテバルチー	27,223	901		28,124
カルガ	23,661	747		24,408
ラフマン・ミナ	19,257	801		20,058
チェルストン	14,880	779		15,659
計	267,768	21,912	1,278	290,958

表3　検査件数（各診療所）

	血液	尿検査	検便	らい組織検査	マラリア・リーシュマニア	髄液検査等	抗酸菌	その他
コーヒスタン	13	26	15	0	6	0	10	0
ラシュト	6	24	28	0	8	0	0	0
ダラエ・ヌール	2,055	1,780	2,697	0	4,425	0	134	38
ダラエ・ピーチ	1,624	1,565	3,564	2	2,751	0	218	323
ワマ	932	904	1,868	53	2,281	0	215	24
カラエ・ザマーン・ハーン	2,206	1,961	2,288	0	5,395	0	151	258
ダシュテバルチー	1,674	1,738	2,770	13	1,634	0	155	167
カルガ	1,066	1,914	2,975	0	924	0	49	81
ラフマン・ミナ	547	354	1,156	0	780	0	0	67
チェルストン	491	364	600	0	172	0	0	0

びスプリント〈簡易な装具〉例一八七、拘縮《こうしゅく》防止のリハビリ例のべ七五八八件である。

●基地病院における検査件数は三万四〇七六件。内訳は表2の通り。

2. 水源確保事業

二〇〇〇年七月、最も旱魃被害の著しかったダラエ・ヌール渓谷に端を発した本事業は、空爆下でも休みなく続けられた。現在、さらに長期かつ大規模な事業を目指して進行中である。ただし、旱魃が本格的に収まる兆しがなく、水欠乏はいよいよ深刻である。いったん完成した井戸のうち、かなりが再掘削をくりかえしている。

アチン郡のPMS水源確保事業支所（02年7月）

二〇〇二年六月十二日現在の状態は表4のとおり。

今後も活動地は旱魃の最も甚だしいニングラハル州に限定、最終的に総数二千の井戸の完成を目指すと共に、灌漑《かんがい》用水の獲得にも重点を置く。なお、旱魃地帯での本作業は泥沼の様相を呈しており、管理が困難となりつつあるので、二〇〇二年度は、以下の目標を掲げている。

①帰還難民があふれるダラエ・ヌール中下流域に目標三〇〇基、上流域へは年月をかけて遡行《そこう》。

②同地域の砂漠化したブディアライ村（人口約一万）一千ヘクタールの灌漑を年内に予定。

③要衝トルハム国境（カイバル峠）のバザールの給水設備の完備。

④アチン郡約二〇〇基を八月中に完成。

⑤長期体制のための再編。ジャララバード事務所の確立。混乱すれば、躊躇《ちゅうちょ》せずダラエ・ヌールに拠点を移す。

3. 食糧配給計画

米軍による空爆でカブール市民の相当数が厳冬下で餓死に直面すると見た我々は、二〇〇一年十月、無謀な殺戮行為に反対

表4　水源確保事業

	作業数	水を得た井戸	復旧カレーズ
ダラエ・ヌール渓谷	135	74	32
ソルフロッド郡	323	306	–
ロダト郡	202	198	–
アチン郡	164	64	–
トルハム（カイバル峠）	2（ボーリング）	2	–
計	826	644	32

すると共に、大規模な食糧輸送を呼びかけた。予定の四五〇〇トンには達しなかったが、総計約一八〇〇トン、約二四万人分（二ヵ月分）の小麦粉と食用油を送り、市民たちに励ましを与えた。同年十一月のカブール陥落で、配給対象を東部へ逃げてくる避難民に移し、さらに活動を続けたが、北部同盟軍や軍閥による略奪が横行し始めて治安が悪化、〇二年二月十日に中止した。その後は栄養失調の母子に各診療所（アフガン八診療所）で残余の部分を配給、四月に完全に食糧配給を停止した。

4．女性自立のためのワークショップ（裁縫工房）

カブール陥落後、WFP（世界食糧計画）が大規模な配給を再開して、少なくともカブールでは飢餓の恐怖は遠のいた。しかし、寡婦や孤児が大量に発生、自活の道を絶たれた彼女らは、物乞い以外に食を得る手段がなく、カブールは女性の乞食たちであふれた。試みに自活の道を与えるため、小規模な編成で三月一日までに裁縫ワークショップの態勢を整えた（訓練者六名、被訓練者十八名）。手回しミシンは三ヵ月の訓練の後、被訓練者に供与することにし、日本からの管理陣の到着を待ち、様子を見て一気に拡大する予定であったが、法外な家賃、カブール診療所の全面閉鎖、布地の高騰などで行き詰まり、かつ類似のプロジェクトが他のNGOによって始められたので、第一期修了生を送り出したところで診療所と同時に閉鎖した（六月十七日）。思慮を欠く援助ラッシュの間接的影響と考えてさしつかえない。

5．農業計画

アフガン復興の要《かなめ》は、自給自足の農村の回復である。わがペシャワール会＝PMSは、ダラエ・ヌール渓谷をモデル地区とし、総合的なケアを一地域に集中する計画を立てた。同渓谷はPMSの医療活動が十年以上に及び、内戦をものともせず継続された経緯がある。住民との信頼の絆が強い。かつ、最も貧困な農村である上に、旱魃被害で一時は一万八千の難民を出したのである。

二月までに試験農場（約八千㎡）を準備し、既に専門家が入って二回の調査を完了した。長い計画になるので、日本人職員二名が常駐、乾燥に強い品種の作付け、土壌の改善などに力を尽くし、生産量をあげる。また、罌粟《ケシ》に代わる換金作物の研究、農業を軽視せぬ教育、農具の改良、牧畜の奨励など、多岐に及び、地域社会と密にかかわる総合的なものである。

二〇〇二年度は以下の計画実施を決定し、着々と準備が進められている。

(1)灌漑用水

水がなくては農業が出来ない。ダラエ・ヌール渓谷では既に二〇〇〇年七月から診療所付近でカレーズ（伝統的な地下灌漑水路（11頁の用語集参照）の復旧が手がけられ、〇二年六月現在、砂漠化した中流域では手がけた三八ヵ所中三二本が復旧、約一千家族（約一万名）がこれによって帰村できた（カライシャヒ村、アムラ村）。しかし最下流域のブディアライ村では、この恩恵に浴さず、苦肉の策で大口径（約五m）の灌漑用井戸が試掘された（〇一年六月）。〇二年一月に水を得て、現在豊富な水量を供給している。灌漑可能面積、約一〇〇ヘクタール、これを更に数を増し、十一月下旬までに計五ヵ所を完成する。現在、パキスタン側から強引な難民帰還計画で一万五〇〇〇名が砂漠の中を戻されている状態で、小麦の作付けに間に合うように作業が急がれている。

掘削中の灌漑用井戸に降りる中村医師（02年4月）

⑵農業計画

小麦、トウモロコシの二毛作が基本であるが、さらに収穫高を上げるために、土壌の改善、品種の選定の研究と実施が計画されている。場所によっては、ブドウ、茶などの換金作物を試みる。農業指導専門家として経験が豊富な高橋修氏が実見の後、現場指導する。

⑶畜産関係

互いに分離できないが、農作物の増産と畜産関係の仕事が併行して進められている。現在、大半の農家の牛が死ぬか売られている状態で、農民の生活は更に圧迫されている。しかし、石油を使う農機を避け、耕作も家畜が主流でなければならない。また、アフガニスタンでは多量の乳製品が消費されるために、乳牛が日常生活に欠かせない。このため、稲田（定重）氏の指導で、七年がかりで渓谷全体で最終的に乳牛八千頭の所有を計画し、品種の選定、飼料の確保、増産の方法、村の中での貸借関係など、細かな計画が立てられている。二〇〇二年度は、計五〇頭を入れて試み、徐々に増産する予定である。品種を選び、飼料の工夫をすれば、乳製品も五倍の収量を期待でき、栄養状態改善にも寄与するところが大きい。

6．ワーカー派遣事業

以上のように、事業が多岐にわたり、かつ大規模となってきたので、日本から積極的に人材を送って責任を持たせるようにしている。現在、表5のワーカーが二〇〇二年度に予定されている。総勢二〇名以上のワーカー、うち十五名が一年以上の長期予定。これに伴って、ワーカーの送り

表5　ワーカー・協力者

2001年度	2002年度予定者（1年以上）
◎医療	
藤田　看護部長	藤田　院長代理を兼任
仲地　医師	仲地　医師
則岡　医師	坂尾　検査技師
◎ワーカー宿舎	
山崎　ワーカー宿舎管理	山崎　ワーカー宿舎管理
川口　診療所管理兼務	川口　診療所管理兼務
◎水源	
蓮岡（総責任者）	蓮岡（8月までアチン郡担当）
目黒丞（ダラエ・ヌール責任者）	目黒丞（ダラエ・ヌール担当）
大月	大月（12月まで継続）
中牟田（ジャラランバード）	長嶋（ジャラランバード常駐）
石田	伊比（ジャラランバード常駐）
木村	馬場（ジャラランバード常駐予定）
	北沢（ジャラランバード常駐予定）
◎農業	
なし	稲田（畜産指導責任者）
	高橋（農業指導責任者）
	橋本（ダラエ・ヌール常駐）
	宮本（ダラエ・ヌール常駐）
◎会計	
中山（病院会計）	中山（PMS病院担当）
	長嶋（アフガン特別計画担当）
	目黒存（会計助手予定）

出し態勢の改善が求められている。

□今後の展開

二〇〇二年度の予定については、以上に述べたとおりである。しかし、以下の事態が今後の計画遂行上、決定的な要因となる。日本での楽観的報道とは異なって、現在の情勢は予断を許さない。

⑴アフガン人職員の越境が困難となった場合。

⑵地球温暖化が進み、数年後に相当な地域で永久的な砂漠化が明らかになった場合。

⑶米軍の介入が泥沼化した場合。

⑷ＩＳＡＦのカブール引き上げ、又は排外運動が高まる場合。

⑸軍閥割拠の無政府状態。

これらは、世界規模の政治経済動向と密着しているので、不可抗力である。一応の備えはしておかねばならない。

□PMSの現状

二〇〇二年六月二〇日現在、

●医療事業関係職員……一二三名。

パキスタン・プロジェクト六六名、アフガン・プロジェクト五二名、日本人ワーカー五名（うち医師二二名、看護三九名、検査十一名、薬局二名、ワークショップ二名ほか）。

●水関係臨時雇用職員……九八名、労働者約七〇〇名。

●農業・畜産関係……二名。日本人ワーカー六名。

非常事態に鑑《かんが》み、二〇〇二年四月、現地の指揮系統を以下のように再編した。

・ペシャワール会現地代表＝
PMS Executive Director（総院長）　中村 哲
・ＰＭＳ病院長代理＝藤田千代子

・PMS管理委員会＝イクラムラ事務長、ジア院長補佐、藤田看護部長
・ジャララバードPMS支部＝臨時管理委員会が全権をとる

⑴医療計画（全てPMS病院直轄）
⑵水計画（地域別に再編成、ジャララバードPMS支部事務所に統合）……責任者：臨時管理委員会
⑶農業・畜産計画（ダラエ・ヌール渓谷に限定して試行）……責任者：高橋、稲田

※1　医療計画は当面、既設の診療所に限定、診療所を基点に周辺へフィールドワークを行う。
※2　水計画は全て、PMS病院の指名する臨時管理委員会の指揮下に入り、地域別責任に改組した。ダラエ・ヌールだけは総合特別地区として、診療所内にダラエ・ヌール事務所を併設した。
※3　農業・畜産は日本人ワーカー二名がダラエ・ヌール常駐。十年計画。

73号 2002・10

戦禍の大地に緑と平和を取り戻す

――「緑の大地計画」試験栽培スタート

主力として頑張った現地スタッフ

みなさん、お元気ですか。

二週間前にアフガニスタンから帰り、この一年の出来事を振り返りながら、静かに今後のことを考えています。「今後のこと」と言っても、本質的にはこれまで通りなのですが、アフガン空爆以後のめまぐるしい内外の情勢に振りまわされ、めまいから立ち直りかけているところです。

ある程度予期していたとはいえ、昨年九月以後の動きは、私たちに能力以上の努力を強いてきました。まるで十年の時が流れたかのように思われます。本当にさまざまなことを改めて学ばされました。しかし、その多くはこれまで見聞きし、感じたことの再確認でありました。

世界には現実の虚像しか伝わらないこと、人間はどうしようもなく愚劣であって、自分の中で作り上げた小世界に基づいてしか生きてゆけないこと、傲慢と暴力、目先の豊

かさとカネが世界を破壊しつつあること。そして、この自己破壊的な愚かさが、今や最終局面に近づいていること……様々なことを心に巡らしました。

とはいえ、日本側ペシャワール会・現地側ＰＭＳ（ペシャワール会医療サービス）双方の奮闘は、これまでになく目覚しいものがありました。事務局は一桁異なる事務量をこなさねばならなかったし、現地は現地で、訪問者やワーカーが増加、仕事の質量共に膨大となり、多大の努力を強いることになりました。と言っても、決して日本人だけが活躍しているのではありません。損得を抜きに、時には身を危険にさらしながら行われたアフガン人とパキスタン人の協力、実は彼らが主力なのです。現地では、昨年にも増して拡大する長期事業に備え、大きな構造的な変化を経過しています。ここに「緑の大地計画」の一端を伝え、会員各位のご理解を得たいと存じます。

会員は三倍増、現地もテコ入れ

案の定、アフガン報道は次第に遠のきつつあります。あれだけ世界を騒がせ、よく観れば多くの知恵をもたらしたに違いない「アフガニスタン」は、未消化のまま、忘れ去られてゆくでありましょう。それでも、幸いなことに、ペシャワール会は多くの理解者を獲得して、現在会員一万一千名、募金は一年で十億円に迫り、次のステップを大きく踏み出しました。具体的には、「緑の大地計画」に着手し、問題解決の範を示すべく、今後十年を目処に歩み始めました。医療活動はこれまでどおり実施されますが、これに水源・農業が長期取組み事業として加わりました。

目立たないけれども重要な出来事として、人事刷新がありました。現地事業は、これまででさえ、私一人では到底、成り立ちませんでした。地域、分野共にさらに拡大したこの二年間は、特にそうでした。そこで今年四月から、ＰＭＳ病院長代理に、現地十二年の経歴をもつ藤田千代子看護長を戴き、誠実かつ勇敢なイクラムラ事務長、ジア副院長がこれを補佐する形で、現地ＰＭＳの要《かなめ》が固められました。ジャララバード水事業では、ややもすれば分離割拠しやすい弊風《へいふう》を克服して、臨時態勢から長期態勢へと脱皮しました。今春以来、嵐のような国際援助ラッシュがカブールに集中し、高給に惹かれてＰＭＳを去った職員は、医療関係二九名、水関係十六名に上りました。私たちとしては、これは人を見る良い機会だとして静観し、現在残った者でおもむろに態勢を立て直しています。この結果、ＰＭＳ職員は、医療関係一八〇名、水関係九五名に減りましたが、機能は充実しています。ジャララバード事務所は、七月より目黒（丞）を院長補佐とし、ディダール技師を技術的指揮者として、再編成されました。

日本人ワーカーも増員されました。一月からわずか十カ月の間に、十数名が来ています。ただし、慣れるのに時間がかかるので、一年以上を受け入れ、三ヵ月間は様子を観察して決めるという方式を徹底し、「ボランティア」という名前を廃止しました。世に流行る安直な印象を払拭《ふっしょく》するためです。

オキナワ平和診療所《ピースクリニック》

医療関係では、カブールの五つの臨時診療所を六月に閉鎖、アフガン東部に集中するようにしました。これは「援助ラッシュ」がカブールに殺到したこと、事業の拡散で疲弊したPMSを立て直すためでした。また、アフガン内診療所の新築にとりかかり、分けても現在米軍が集結しているクナール州のダラエ・ピーチでは、沖縄県民の厚意と共感を生かし、住民たちと協力、「オキナワ平和診療所《ピースクリニック》」（第一回沖縄平和賞の浄財が建築費にあてられる）として強化されようとしています。「江戸の仇《かたき》は長崎で」ではありませんが、彼らの暴力主義と前線で対峙することになります。土俵はこちらのものですから、邪魔さえなければ、遅くとも来春までに完成の見通しです。

飲料水の方は、最も旱魃《かんばつ》の被害が甚だしかったニングラハル州に限定、今も変わらずに作業が継続されています。九月三〇日現在、総作業地八五四、うち利用可能な水源を得たもの七七四、一見作業地数の伸びは鈍っていますが、内容は充実しており、最深七八mの手掘り井戸が記録を更新しました。しかも下がる一方の水位との戦い、カブールのNGOラッシュで人材が引き抜かれ、虎（米軍）の威を借る軍閥の脅迫、無政府状態の中です。加えて、例によって陰謀、内紛、裏切りと、一時はPMSのジャララバード事務所は分解のふちまで立たされました。しかし、ペシャワールPMS基地病院の大幅なテコ入れで、人事を全面刷新、改革を断行してよく立ち直り、必死の作業が続けられています。

農業用水の獲得へ「大井戸」に着手

さらに重要なのは灌漑《かんがい》用水の獲得です。最初に私たちの診療所が置かれたダラエ・ヌール渓谷では、これをモデル地区とし、旱魃被害で砂漠化した下流域を中心に、灌漑用水の確保、農業生産を上げる試みが始まりました。昨年すでに三〇のカレーズ（11頁の用語集参照）の再生によって、中流域の村々（約一万五千人）が辛うじて生き残ることができました。だが、下流の村（ソレジ村、ブディアライ村）は砂漠化のため壊滅、ほぼ無人化していたところ、約八千名の「帰還難民」が戻ってきました。いや、国際機関の早計な帰還計画によって「戻されてきた」という方が精確でしょう。この途方にくれる帰還難民に希望を与えたのが、我々の手がけた「大口径灌漑用井戸」です。昨年六月に着手していましたが、今年七月になってやっと給水を始めました。少し長くなりますが、説明が要ります。「灌漑用井戸」などと述べれば、おそらく大方の日本人は、大農園のボーリング井戸を想像されるでしょう。しかし、そんな大それた機材を搬入することも、維持することも難しい地域です。

私が途方にくれて思案していたのが一昨年の話。村から一㎞ほど向こうにクナール河という大河が流れています。村はこの川の水位から約三〇～四〇m高いところにあるので、川床の水が豊富なら強力な水圧がある筈だ。その深さまで掘り進めば、必ずや水を得るだろう。器械がなければ、手で掘って、人力で汲み上げればよい。専門家筋は笑うであろうが、それ以外にないなら、苦肉の策でやるべきだ。……との判断で始めたのでした。

しかし、ダラエ・ヌールに張りつけになる日本人担当者が居ず、この計画はしばらく私の夢に出るだけでした。そこに、一昨年十二月、現責任者の目黒が専従で来ました。しばらく放置して様子を見ていると、現場を取り仕切っていた現地出身のPMS職員・ヨセフと仲良くなり、案外地元によく溶け込みました（ちなみに、普通の日本人ワーカーなら、このあたりで頭が変になるのですが、彼は我流で現地のパシュトー語を覚え、任務を楽しくこなしていました。PMSは他のNGOと異なって、手取り足取りのガイダンスをしません。地元の言葉で言えば、「神の思し召しによって」目黒という人物が来たのです）。そこで、昨年六月、彼とヨセフの監督の下、思い切って開始させたのでした。

作業は空爆下も続けられ、昨年十月に水が出ました。だが、問題はいかに水深をとるかでした。飲料井戸の掘削に使う排水ポンプでは間に合いません。地面が現れる前に、すぐに水が溢れてくるので、掘り進めないのです。それほど水量が多かったのです。これを考えたのは、素人のヨセフでした。「大きなポンプが手に入らないなら、ポンプを四台か五台で、一度にやったら」との意見でしたが、自分を専門家と思っている人々は笑いました。しかし、目黒が彼を支持してポンプを調達し、四台を備えて一気に汲み出すことができ、掘り進みました。これで水深を十分にとることが出来たのです。

大井戸五基で八千名を養う

かくて苦心惨憺《さんたん》、出来上がったものが、直径五mの手掘り大井戸。深さ十八・七m、水位四・五m。要するに、井戸のお化けです。掘り出した土と巨岩で、要塞ができるほどの小山となりました。

「上空から見れば、おそらくミサイルの発射口か地下壕の入り口に見えるだろう、よく米軍が爆撃しなかったもんだ」

「いやなに、上手く井戸底の真ん中に命中すれば、巨礫《きょれき》粉砕の作業の手間が省けたかもしれないぞ」、などと冗談を言い合いました。

実際には、川床の水位に達する前に、上層の地下水脈に達したのですが、これは大成功でした。常時貯水量が三〇トン足らずですが、水の湧出する面積が一〇八㎡、汲んでも汲んでも湧き出してきます。排水をした直後に底に降り立つと、「岩清水」という言葉がぴったりの透明な水が、四方八方の巨岩の壁のすきまから流れ落ちています。上から見ると、これが「水の色」かと思える見事なコバルト・ブルーです。相当な水量であることは間違いなさそうです。結局、目黒と地元技師ディダールとの発案で、強力かつ石油消費の少ない単純構造のタービン・ポンプを取り付け、給水が始まりました。この一基の井戸で灌漑できる面積が約二〇ヘクタール（二〇町《ちょう》）、小麦やトウモロコシなどの乾燥に強い作物なら千数百人を養うことができます。

七月の給水開始以来、その成果のほどは目を

掘削が進む灌漑用井戸（02年5月）

資料　水源確保・作業地の推移

		ダラエ・ヌール渓谷			ソルフロッド郡	ロダト郡	カイバル峠	アチン郡	総作業地	うち利用可能水源			
		井戸	灌漑井戸	カレーズ						総数	井戸	カレーズ	(完成)
2000年	7月3日	10	-	-	-	-	-	-	10	-	-	-	-
	8月23日	15	-	19	30	-	-	-	64	29	13	16	3
	9月10日	15	-	19	113	-	-	-	147	-	-	-	-
	10月5日	18	-	25	204	-	-	-	247	-	-	-	-
	11月1日	35	-	28	229	-	-	-	292	-	-	-	-
	12月9日	35	-	30	284	-	-	-	349	204	177	27	78
2001年	1月9日	42	-	35	278	-	-	-	355	-	-	-	-
	2月4日	42	-	34	296	-	-	-	372	-	-	-	-
	3月10日	43	-	38	303	-	-	-	384	309	279	30	162
	4月7日	47	-	38	304	49	-	-	438	358	329	29	192
	5月20日	51	-	39	304	103	-	-	497	411	380	31	219
	6月10日	53	-	38	304	127	-	-	522	472	441	31	244
	7月5日	59	1	38	306	160	2	-	566	504	469	35	320
	8月9日	59	1	38	320	180	2	-	600	522	490	32	380
	9月9日	59	1	38	321	200	2	29	650	549	521	28	399
	11月16日	59	1	38	321	201	2	36	658	603	573	30	455
2002年	2月20日	81	1	38	323	202	2	52	699	558	530	28	429
	3月14日	-	1	-	-	-	-	-	731	578	550	28	-
	4月14日	86	1	38	323	202	2	117	769	642	606	36	411
	5月19日	94	1	38	322	202	2	144	803	648	612	36	473
	8月12日	103	2	38	322	202	2	174	843	709	672	37	-
	9月30日	117	5	38	320	202	2	170	854	774	741	33	676

耕地への灌水。子ども達も集まってきた(02年4月)

見張るものがありました。九月二〇日、私が訪れた頃には、三ヵ月前まで一木一草なかった干《ひ》割れた田畑に、見渡す緑が広がっているではありませんか。この季節は主に綿とトウモロコシが作付けされます。農業担当の橋本〔康範〕が診療所で試験農場の収穫祭を祝った後でしたが、なにしろ村人たちが絶望する中で得られた天からの贈り物です。焼きたてのトウモロコシの味は、また格別でした。

　すでに六月段階で私の指示に従って、目黒、ヨセフのコンビが他に四ヵ所、次の候補地を選定していました。これは、主食である小麦の作付けが十一月なので、何としてもそれに間に合うようにとの配慮でした。七月には第二号が水を出し、九月には第三号も完成間近でした。計五基あれば、優に八千名の村人を養える見通しです。かくて冬越しの準備はなりました。

「乳牛八千頭……最低七年かなあ」

　農業と共に、乳牛の導入が検討されていました。アフガニスタンは乳製品が日常的に食される国です。この日本側担当者が稲田〔定重〕、高橋〔修〕の両氏です。「長老」というのはまさにこういう方々を言うのでしょう。共に農業指導員として粘り強く実績を上げてきた方です。一年や二年は時間のうちに入らない。今年駄目なら来年、自然の理に適わねば長い目で見て結局ダメだ、というのが農業です。「ダラエ・ヌール渓谷に乳牛八千頭」と聞いて、「どれくらい（月日が）かかりますか」と尋ねると、「上手くいって最低七年かなあ。いや、それ以上」とのご返事、私も納得しました。

　思えば、牛もまた生物、餌が要るのは当然です。それが数年来の旱魃のため、九割が死滅、辛うじて生き残った牛は、死ぬ前に肉牛として売りとばされました。飼料の問題を無視して「牛を配るプロジェクト」だけ突出できないのです。実際、援助として配られた牛は、大半が売りとばされています。私たちは⑴先ず水を出す、⑵農業を可能にして飼料が出来るようにする、⑶これに見合うだけの乳牛を配布する、という方針で徐々に増産する計画でいます。といえば、「当たり前だ」と皆は言いますが、その当たり前でない「復興支援」が行われているので、私たちも困っています。

灌漑用水が整備されるという前提で、高橋、稲田氏が指示された準備は理に適ったものでした。先ず飼料を土地に合ったやり方で確保することです。それも、お金をかけず、誰にでも真似できる単純な方法でなければなりません。アフガニスタンでは冬の飼料に秋とれたトウモロコシの茎や葉を与えます。しかし、これは栄養価が極めて貧弱だそうです。そのため、乳牛は非常にやせ衰えていて、日本の牛の半分以下しか体重がないそうです。稲田さんの皮算用では、まともに飼育すれば四倍の乳がとれる。自給自足できるだけでなく、他地域に乳製品（チーズ、ヨーグルト）を売ることができると言います。これには私も飛びつきました。栄養失調で次々と死んでゆく子供たちを見てきたからです。

ダラエヌールの試験農場（02年7月）

現在、ペシャワール会＝ＰＭＳはこの地域に八千㎡の試験農場を持っており、食糧増産のための地味な取組みが行われています。ここでの課題のひとつが、冬の飼料の確保でした。ソルゴーという、トウモロコシに似た植物が植えられています。これを幾度か刈り取って、簡単なサイレージを行います。つまり、プラスチックのシートでくるんで、地中に入れます。これだけです。すると、何ヵ月かすると内部が醗酵し、牛にとって非常に栄養価の高い食物になるそうです。

自立した農村の回復を

こうして現在、ダラエ・ヌール渓谷では、医療から始まって、飲料水、食糧問題に至るまで総合的な取組みが始まりました。私たちは決して、「アフガニスタンを救援する」などと大きなことは言いません。その日その日を感謝して生きられる、平和な自給自足の農村の回復が望みです。今アフガニスタンでは、確かにカネやモノが不足しています。立派な校舎や病院もありません。自動車もないし、電気もありません。しかし、それが本当に不幸なのでしょうか。彼らが最も切実に望むのは、誰にも依存せぬ村々の回復です。鍬《くわ》も握っていない外国人が農業支援を行うことはできません。カネをばら撒いても、農産物は増えません。また、カネがないとできない農業は、現地にむいていません。さらに、教育の破綻しかけた国が教育支援をするなど、冗談にもほどがあります。現地のことわざに、「アフガニスタンではカネがなくとも食っていける」と言い、「アフガン人に半人前はいない」と言います。これが私たちの合言葉でもあります。精神はカネでは買えません。この独立不羈《ふき》の気風がアフガニスタンの屋台骨です。

目先の利にさとく、強い者には媚《こ》び、衆を頼んで弱い者に威丈高《いたけだか》になるのは、見苦しいことです。自分の身は針でつつかれても飛び上がるが、他人の身は槍で突き殺しても平気。かつて日本では、こういう者は嫌われました。でもこれが、今風の「国際社会」や「先進諸国」のようです。その武力の強大さは、刃物を持った狂人とでもいうべく、とうてい文明人の習うべき姿ではありません。交通や通信手段ばかりが発達しても、伝える中味のない社会は、所詮、浮き草のように漂うに過ぎません。巧みだが実のない空論や、付和雷同する幼稚な気風だけが、徒《いたずら》にはびこるだけです。最近、あるイスラム教国の首相が、「日本は我々の手本でなくなった。反面教師として注目するのみ」と断言しました。これは、真剣に受け止めるべき忠告だと思います。他人に映る自分の姿はなかなか気づかないものです。

めまぐるしい一年でしたが、かくも容易に世界中が欺かれるとは、思ってもみませんでした。「文明国」のお里が知れ、先がおよそ見えてきたようです。せめて私たちだけでも、騒々しくも軽々しい世の流れに惑わされず、しっかりと二本の足を大地につけ、黙々と歩み続けたいと思っています。

74号

2002・12

悲憤超え、希望を分かつ

――オキナワ平和診療所《ピースクリニック》、来春完成へ

緑の大地計画――三五万人の離村防ぐ

アフガン空爆とタリバン政権の崩壊から一年が経過した。何から述べてよいか分からない。ただ、テロ戦争と言う名の国家的暴力による、取り返しのつかぬ結末の中で、人々とおろおろするばかりである。アフガニスタンは過去最悪の状態となっている。

本年開かれた「アフガン復興支援・東京会議*」は、空爆と同様、その見直しを迫られている。帰還難民は十一月現在で一七〇万人と報ぜられたが、その大半が寒風の中で依然として餓死や凍死と隣り合わせに暮らしている。ＩＳＡＦ（国際治安支援部隊）はカーブルにだけとどまり、米軍は増派を余儀なくされ、新政府の整備も遅々として進まない。地方軍閥の抗争は、私たちペシャワール会＝ＰＭＳ（ペシャワール会医療サービス）の現地事業に多大の影響を与え、新情勢の中でさまざまな困難に直面している。

とはいえ、指をくわえて傍観している訳にはいかない。

「緑の大地計画」は、長期的な視野で継続されている。作業地は八八三カ所（十一月末現在）、年内に九〇〇を超える。これによって、約五〇カ村で三五万人が故郷につなぎとめられている。灌漑《かんがい》用井戸の建設、カレーズの再生は、ダラエ・ヌール渓谷で計二万人以上の人々の定住を可能にした。

崩壊する秩序の中で

医療面では、六月に復興援助ラッシュを見届けてカーブルから全面撤退し、東部の診療所に力を注いでいるが、苦戦を余儀なくされている。PMS診療所は非パシュトゥンの山岳民族が住む地域が多いが、軍閥同士の抗争によって、奥地まで秩序の弛緩が始まり、ジルガ（長老会）の統制が弱まっているからだ。

また、ペシャワールのPMS基地病院でも大量のアフガン人職員が他のNGO・国連事業に高給で引き抜かれ、奥地の診療所勤務は殆ど隔月になっている。その上、追い詰められた住民たちは気がたってきて、いざこざが絶えず、医療職員は安全性に不安を抱いている。十年前と同様、PMS連携の自衛団の組織化さえ考慮せざるを得ない状態である。

しかし、この悪条件にもかかわらず、古参のアフガン人医師を中心に、診療そのものは淡々と続けられている。さらに日本人ワーカー候補が次々と到着し始め、PMS基地病院の質の改善が行われようとしている。ダラエ・ピーチ渓谷のオキナワ平和診療所《ピースクリニック》は四月までに完成の見通しとなった。

農業計画は、年内に試行段階を経て、次の飛躍に備えようとしている。灌漑用水整備に伴う試験農場の地味な取組みは、やがて底力を地域に与えるだろう。

タリバンの立場に立たされた米軍

アフガン情勢は、いよいよ複雑である。諸外国がアフガン問題に消極的な態度をとり始め、米軍が自ら地方の治安維持と民政への関与に引きずり込まれている。UNHCR（国連難民高等弁務官事務所）は、「東京会議で過剰な期待を持たせて、膨大な難民帰還を誘ったが、後はどうなるのか」という批判的なコメントを発している。各国NGO、国連機

オキナワ平和診療所《ピースクリニック》の予定地で開かれた長老会（02年4月）

関は米軍の民政関与に批判的である。だが、肝心のアフガン民衆の声はどうなのか。実は彼らは、タリバンを受け入れた時と同様、「誰でもいいから平和にして食えるようになればよい」と考えている。「軍閥よりは外国軍の方がマシだ」という声が多くなっているのは事実である。誇り高い「耕す狼たち」も、それほど追い詰められているのだ。

一年前、ひとつの秩序を破壊した後に何が来るのか、国際世論の考えが余りに浅はかだったと言わざるを得ない。旱《かん》魃《ばつ》で逃げ出していた人々の突然の帰還で人口が増え、民心が著しく動揺し始めている。出稼ぎ失業者の群が突然村々に戻ってきたからである。そして、米軍の支援で力をつけた軍閥が、彼らに影響力を持っている。共産政権が崩壊した一九九二年の状態によく似ている。

事態を切実に感じる外国人は、おそらく前線の米兵たちだろう。彼らは一九九四年のタリバンの立場に立っていることに気づき始めている。ただタリバンと異なるのは、米兵が外国人の異教徒たちで、やがては去る行きずりの宿敵だということである。

復興ブームの帰結、薄れる親日感情

無責任な「報復爆撃」と「アフガン復興ブーム」の結末を、今こそ率直に見るべきである。今この火急の事態で、もはや敵・味方を問わない。官・民・軍を問わない。安全と生存を保障するものなら、「誰でもよい」のだ。明日の命も分からぬ者にとっては、「反米」や「親米」も、同様にうつろなスローガンに響く。

あれほど親日的だった一般庶民の間で、少しずつ日章旗の輝きも色あせ始めている。「アフガン復興支援・東京会議」への期待感の反動である。そして、心ある人々の思いをよそに、顔のない「国際的関心」は次の標的に足早に移ってゆく。国家は広告代理店ではない。日本もまた「東京会議」によって、無責任な「顔なし」ではあり得なくなった。事態を虚心に総括すべきである。

§

この間の激変を思うと、やり切れぬ思いにとらわれる。いったい我々はどこに向かおうとしているのか。いったい誰がこの責任を取るのか。悲憤を抱えることにも疲れた。確かに私たちが関われるのは、広大なアフガニスタンのごく僅かな地域である。それでも、このような情勢であればこそ、心ある人々の真心を集めて力とし、最後まで踏みとどまって事実を見つめ、変わらぬ希望を分かち合いたいと考えている。先は長い。

＊二〇〇二年一月、第一回会議が東京で開催、六一ヵ国、二二の国際機関が参加。以後も度々会議がもたれた。

75号

2003・4

実事業をもって平和に与《くみ》す

――アフガン東部で十五年計画の水利事業開始

本格的水利事業に着手

昨年の今頃は、明るい「アフガン復興」の話題で日本中が沸いていました。「アフガニスタンはそのうち、忘れ去られるだろう。だがペシャワール会の方針はこれまでも変わりなかったし、今後も変わらないだろう」と述べたのは、その頃だったと思います。

事実その通りになりました。話題性に振り回されて付和雷同、その後アフガニスタンがどうなったか、実情を知る日本人は少ないのではないでしょうか。ペシャワール会＝PMS〔ペシャワール会医療サービス〕は、昨年一月に「緑の大地計画」を発表、アフガニスタンの復興が「旱魃《かんばつ》対策＝自給自足」の農村の回復にあることを訴え続けてきました。これまで継続してきた、医療活動・飲料水源確保はそのままペースを落とさず、さらに灌漑《かんがい》用水の確保に力を尽くしています。この一年で、ほぼ将来事業の見通しが立ち、二〇〇三年二月、灌漑用水確保十五ヵ年計画が検討され、既に実施段階に入りました。

ここに会員・募金者の皆様に計画を明らかにし、ご理解を得たいと存じます。

二〇〇三年からの水利事業の概要

アフガニスタン東部、特にニングラハル州では今年も旱魃の収まる気配がない。絶対的な降雪量の減少に加え、巨大な貯水漕の役割を果たしてきた高山の雪が、温暖化で速やかに解け下り、保水力が著しく低下して旱魃被害を大きなものにしている。地下水位の減少も依然として続き、かなりの地域が砂漠化しつつある。

この傾向は海抜四千m級以下の山の麓で著しい。ニングラハル州は北にケシュマンド山脈、南にスピンガル山脈で挟まれた領域で、両山脈とも、四千数百m以下である。対照的に、ニングラハル州北部に隣接するクナール州では、六千、七千m級のヒンズークッシュ最高峰の雪解け水がクナール河を豊富に潤し、旱魃は生じていない。

PMSでは北部のダラエ・ヌール渓谷で、カレーズの再生と灌漑井戸の対策を施し、約二万名の住民の生存を可能にしてきたが、将来を考えれば、これにも限界がある。唯一の対策は、

一、豊富なクナール河水系の利用

二、春から夏に急速に流れ下る小河川の水の蓄積

これ以外に生き残る方策は考えられない。この事情を考慮し、今後ニングラハル州で以下の対策を実施する。

⑴クナール河（ヒンズークッシュ最高峰の雪に依存）右岸（「右岸」は下流に向かって右。「左岸」は同じく左）に用水路建設
⑵同左岸に用水路建設
⑶ダラエ・ヌール（ケシュマンド山系の雪に依存）中流域に井堰《いせき》、堤の建設
⑷ソルフロッド河（スピンガル山系の雪に依存）流域の井堰、溜池、堤
⑸ダラエ・ヌール地下水路（カレーズ（11頁の用語集参照））の補強
⑹灌漑井戸による地下水の利用

（以下の⑴〜⑹に対応）

なお、一年前に二〇〇万人と伝えられたパキスタンのアフガン難民のうち一七〇万人が帰還したと発表されたが、帰還計画は二〇〇三年一月を以《も》って一旦停止した。だが不思議な事に、依然として難民一八〇万人がパキスタンに居る（ＵＮＨＣＲ（国連難民高等弁務官事務所）発表）。これは主に、越冬できぬ難民が戻ってきたためで、将来とも、旱魃地帯の農村復興なしには、減ることはない。「政情不安」が理由で国際救援が本格化するのは、なお時間を要する。または来ないであろう。

今後、上記の対策を講ずる事で、少なくともアフガン東部数十万人の難民化を防止、または呼び戻す事が可能である。他に誰もやらなければ、手をつけうるものから早急に実施すべきである。

⑴クナール河右岸の用水路建設

①地域：ニングラハル州北部・クズクナール地方（ダラエ・ヌール渓谷最下流域、シェイワ郡）
②用水路の概要：クナール州南部のヌールガル（クナール河右岸）から側流をダラエ・ヌール下流域へ引き込む。全長十二・六㎞、幅三〜四ｍ。流量毎秒一・五トン
③耕作可能面積：最低約六〇〇町歩《ちょうぶ》（約六㎢）。五千家族（約五万人）以上が居住可能。
④施工期間：二〇〇三年三月から五年間
⑤実施段階は以下の通り。
・二〇〇三〜四年……主に現地の伝統工法で突貫作業、全長十二㎞を一挙に開通。
・二〇〇五年以後……三年をかけて、数㎞ずつ半永久的な水路に仕上げる。
⑥総工費は約一億二千万円（二〇〇三〜〇四年：約七六〇〇万円〈機材ら初期投資、職員増員〉、〇五年以後三年間。年間一二〇〇万円）

⑵クナール河左岸の用水路建設

用水路予定地の測量（03年4月）

①地域：ニングラハル州北部・ハースクナール地方

②用水路の概要：クナール河のヌールガル対岸から側流を引き込み、既存の水路と連結、安定的な灌漑用水の確保を図る。全長約二km以下、幅四m。

③耕作可能面積：合計約一五〇町歩。推定二万人が潤う。

④施工期間：二〇〇四年十二月から二年間

⑤総工費：約一五〇〇万円

(3)ダラエ・ヌール中流域の井堰、堤建設

①地域：ニングラハル州北部・ダラエ・ヌール地方

②用水施設の概要：急速な濁流の土石流を防ぎ、階段状に貯水して緩流とし、既存の小水路（ジューイ）の水流を安定的に確保、末端は堤として貯水。

・一番堰：幅上方二m、底部十m、高さ五m、堰幅五〇m、渓流長約八〇mに貯水。土石を防止、浚渫《しゅんせつ》作業を容易にする。

・二番堰：幅上方三m、底部十五m、高さ八m、堰幅五五m、渓流長約二〇〇mに貯水。

・三番堰：幅上方二m、底部八m、高さ約六m、堰幅七m、渓流長一五〇mを堰する。

・第二・第三ダムに水門を設け、溜池（堤）として貯水する。貯水を確認してから周辺に落葉樹の林を造成する。

③耕作可能面積：調査中。既存の小水路の安定供給と増加だけで、渓谷中流域の大半（約八〇〇家族）をカバーできる。

④施工期間：二〇〇三年八月から三年間、〇三年は一番、二番堰、〇四〜〇五年以内に三番堰。造林、傾斜を利用して果樹園、茶園の試み。その後の候補地は十分な調査、住民との協力によって決定。

⑤総工費：約二千万円（三年間）

(4)ソルフロッド川流域の治水事業（井堰、溜池、堤）

今後最大の取り組みとなるが、急がない。現在、米軍や地方軍閥の活動で、動きがつかない。かつ広大な領域なので、先ず測量、正確な地理を把握する。当分、若干名の測量班が調査。上記ダラエ・ヌール井堰での経験を蓄積して備える。「小規模・多数」を原則とし、村民が誰でも真似できるような方法を工夫。二年後を期して臥薪嘗胆《がしんしょうたん》、資金を蓄え、大攻勢に出る。五〇万人の自給自足を目指す。

(5)ダラエ・ヌール地下水路（カレーズ）の補強

急激な鉄砲水などの影響で内壁が剥落、使えなくなったものが増えている。より完璧で頑丈な壁面と天井の補強が重要。余力を以って、年間数ヵ所づつ手がける。

(6)灌漑井戸

既にダラエ・ヌール渓谷下流で手がけたもの五本、二〇〇三年四月中に全て完了。これによって年内に約二五～三〇町歩が灌漑された。新たに二ヵ所が選ばれ、続けて作業に入る。

現段階の進行状況

以上、計画(6)（灌概井戸）は成功裏に進行中。計画(1)（クナール河右岸水路）、計画(3)（ダラエ・ヌール井堰）は、十五年計画の第一弾として直ちに実施し、砂漠化した耕作地を緑化、難民化した農民を呼び戻すと共に、新たな開墾や牧草地を期待できる。これによって推定十万人前後の難民帰還と自給自足を目指している。ペシャワール会で過去最大の挑戦だと言える。

井堰は比較的小規模だが、近い将来のソルフロッド川治水のカギを握っている。かつ、植林などと組み合せて保水力、有機質の堆積を期待でき、今後の農業・畜産計画にも寄与する。経験を蓄積し、より大規模なソルフロッド川流域治水事業に備える。

こうして耕作可能にして村民が戻った後に、農業・医療関係の本格的な事業が可能で、その逆はない。計画(1)と(3)は、二月五日、正式にアフガン政府・東部地区開発省の許可を取得、内務省が治安を保証、既に具体的な立案、予定機材購入を終え、三月十九日、地区住民（長老会）代表、アフガン東部政府代表、ペシャワール会＝PMS首脳陣ら二〇〇名が列席、起工式が行われた。

用水路起工式での鍬入れ（03年3月）

飲料水源事業

二〇〇三年四月一日現在、総作業地九六五、うち八七五ヵ所で水利用が可能。三〇万人の離村が防止されていると推測される。しかし、水位の低下による涸れ井戸が続出、再生作業を含めると、仕事量は一年で倍増している。水の出た地域では帰郷者が増え、需要が更に増しているので、この面でも手を抜くことができない。

なお、一年八ヵ月を費やしたトルハム国境のボーリング井戸は一基が完成、二月八日、正式にアフガン政府企画省東部担当官に受け渡された。譲渡式にはPMS、アフガン政府、住民の各代表が集まり、「歴史的偉業だ」と皆で喜びあった。バザールへの給水は、アフガン政府と住民自治会が話して決定、住民が給水管を負担、PMSは技術援助だけして維持を任せる。第二号基も、四月中に同様の方式で譲渡される。

§

　以上が主な水源事業の状況ですが、医療団体が飲料水源事業に加えて、本格的な農業土木に乗り出すという、稀有な展開となりました。しかし、これは決して唐突な変身ではありません。実際、ダラエ・ヌール診療所では、井戸数の増加に反比例して、子供の下痢症や腸管感染症（腸チフス、赤痢、流行性肝炎）が著しく減少、診療所職員も驚くほどなのです。更に、栄養失調が病気の背景にあるので、農業生産を増やせば、必ずや良い健康状態を生み出す力になるでしょう。

政府に譲渡されたトルハムの井戸・給水塔（03年2月）

オキナワ平和診療所《ピースクリニック》

　ダラエ・ピーチの「オキナワ平和診療所《ピースクリニック》」の方は、モルタルを塗って乾くのを待つばかりとなりました。遅れの主な原因は、米軍の無意味な軍事活動で輸送などが滞ったことです。五月に移転できる見通しですが、壁の塗装などは乾く時間を長く置いたほうが良いので、七月か八月に記念式を予定しています。

　イラク攻撃の影響もあって、米兵はアサダバードというクナール州の州都にある基地の中でじっとしています。ほとんど地上を移動せず、車両の修理まで空中輸送で行なっていました。誰が襲撃するか分からないのです。近くの橋の真ん中に穴が開いているので、尋ねると何者かが地雷を仕掛け、米軍の通過するタイミングに爆破、米兵三名が死亡したとの事です。診療所付近でジープ四台に分乗した米兵とすれ違いましたが、みな二〇歳代の若者で、異様に色白でひ弱に見えました。おそらく、基地の中に閉じこもり、野外に出ることがないせいでしょう。空からの飛び道具でしか戦ができないのです。白兵戦などは問題にならぬくらい頼りなげに思いました。

　米軍が去れば、一日で現政権が崩壊すると皆信じています。最近の傾向は、米兵とその協力者だけに的が絞られて襲撃が活発化していることです。

私たちは、このような馬鹿げた戦争が実情を無視して正当化され、嵐のように駆け抜けた「アフガン復興ブーム」の結末に怒りを感じます。第一、旱魃で皆が難民化しているのに、この数年間、その実態に迫る報告は殆どなく、あげくが爆弾を落としたり、政治的な動きばかりが伝えられてきました。だまされてはいけません。アフガン復興は遠い夢のようです。

先日カブールの反米デモでは、日章旗が英米の国旗と共に焼かれました。あれほど親日的な国であったのに、戦争協力で日本は「米国のポチ公」との認識が広まりつつあります。「対テロ戦争」はテロリストを大量生産しました。そのツケが日本国民の頭上にのしかかることは時間の問題かもしれません。カネと暴力に頼り、人としての誇りやモラルを失った政治指導者たちが、戦争犯罪人として裁かれるのは歴史の鉄則です。

忍耐も限界に近づいています。喋ったり、批評するだけの時期はもはや過ぎました。負け犬の遠吠えでは事態は変わりません。平和はもっと積極的な力であるべきです。私たちは実事業を完遂し、人の命を守りぬき、理不尽な暴力主義と対決したいと考えています。

マルワリード用水路起工式挨拶

アサラーマレイコム。* お集まりの方々に挨拶申し上げます。

本日、こうして皆さんのための水路建設が始まることを嬉しく思います。この仕事が多くのアフガン人に幸せをもたらすことを祈ります。

水路の概要について説明いたします。

水路は、ジャリババ村からシェイワ郡まで全長十二km、三千ジェリブ（約六〇〇ヘクタール）の灌漑《かんがい》を目指します。これによる予想小麦生産高は約六千から九千トンを見込んでいます。すなわち、最低約五万名以上が生活できることになります。これを二～三年かけて完成いたします。

アフガニスタンは今最も困難な時を迎えています。旱魃《かんばつ》と内戦で人々は疲れきっています。新政府を作るのにも、もっと時間が必要です。

実際は、政治のことは少しも分かりません。私もまた外国人です。しかし、この地に二〇年近く居て、この目でいろんなことを見てきました。外国人が来ては去り、来ては去り、どんな「援助」をしたかです。その結末は、人々がよく知っています。

過去の経験から私が確信するのは、本当の支援とは、アフガン人のために実際に何が必要なのかを見て、彼ら自身のためになることを実行することです。

その一環として、この計画が今始まりました。私たちPMSの仕事は国連や政府援助のように大きくないかもしれませんが、これによって、自らの故郷が立ち直り、多くのアフガン人が幸せとなり、自らの生活ができ、自らの文化を保ち、誇りと独立を保ちうると、希望するものであります。

PMSはこのために支援し続けるでしょう。これが我々のジハード（聖戦）であります。

最後に、皆様のご協力とご助力に感謝申し上げます。

どうもありがとうございました。

アフガニスタン、ゼンダバード（万歳）！

＊アラビア語の挨拶の言葉。原義は「平安が皆様の上にありますように」。「こんにちは」と訳されることが多い。

76号
2003・7

◎井戸作業地は一千本を達成、用水路も掘削開始
病と争いの根幹に楔《くさび》を打つ
――二〇〇二年度現地事業報告

□二〇〇二年度を振り返って

私たちの現地活動は、いよいよ核心に迫ってきました。医療から飲み水へ、そして更に灌漑《かんがい》計画を進めて農業＝食糧増産へと発展しましたが、決して唐突な変身ではありません。旱魃《かんばつ》という追い詰められた状況で、病と抗争の背後には、清潔な飲み水と食糧の不足があるからです。

予想通り、「アフガン復興」のニュースは紙面から消え、事態は旧タリバン政権出現の一九九六年以前に戻りました。過去のどの時期よりも事態は悪化しています。正義という名の破壊と建設の論理が、大した根拠もなく、やすやすと世界に説得力を持ち、無数の人々が犠牲になったことを、目撃者として決して忘れないでしょう。

アフガン空爆に反対し、イラク占領に疑問をさしはさむことさえ、「中立性を欠く」と取る向きもありました。日本

全体が今、不気味な状態になっています。不戦の誓いも、平和の理想も、一挙に色褪《あ》せ、奇妙な暴力主義や威勢のよい集団的圧力が当然のように是認される世界になってしまいました。いずれ国民が冷静さを取り戻したとき、フィクションで塗り固めた「正義」は後悔と共に、必ず馬脚を現すでしょう。

アフガニスタン国民を救うものは、「民主的」政治改革や、目先の教育・経済投資ではありません。自国ですらできぬことを、どうして他国に強制できるでしょうか。地球規模で進行する「国際社会」の暴力化と温暖化という新事態に対処し、自ら活路を切り開くことが最大の課題の筈です。政治・軍事介入は論外だと言わねばなりません。

もはや議論や声明だけで済ますには、事は余りに重大です。平和への志向は、人為の小世界に欺かれず、いのちを尊び、実際行動で力を持つべきです。また、それを通して私たち自身を省みるべきです。一見権威のある「大人の現実論」にだまされてはなりません。そこに示されるものは、「注文の多い料理店」（宮沢賢治）です。見映えのよい舶来ものに福があると信じ、非現実の世界で恐怖するだけです。「国家百年の計」という深慮遠謀もなく、目先の繁栄を追う。姑息《こそく》な手段で危機感を煽《あお》り、外に矛盾を転化するのは、歴史的に使い古された方法です。

無実の人の殺戮《さつりく》を是認してまで守るべきものとはいったい何でありましょう。ひとつの時代の終末と転換期に当り、醒めた人々は、各分野で静かに次の模索を始めています。この殺伐な時代にあって、私たちの現地事業が多くの人々の慰めとなり、ひとつの灯火として存続することを願って止みません。

そうしてこそ「アフガニスタン」は、私たち日本人にとっても、豊かな知恵を約束してくれると信じています。

□二〇〇二年度の概況

パキスタン北西辺境州とアフガニスタンの情勢

二〇〇一年九月十一日の同時多発テロ事件で「アフガン空爆」が話題となり、ついで〇二年一月、「アフガン復興支援・東京会議」で日本中が沸いたが、私たちが訴え続けてきた大旱魃の様子は遂に真剣に伝えられることはなかった。

東京会議の意向を受けて、教育・女性問題などの援助が集中したが、実際は旱魃による生存の危機に多くのアフガン人が直面していた。報道されたのは、首都の一部の限られた動きであった。それが世界中に明るい復興ムードを演出し、次第にアフガン報道は紙面から消えた。だが、実際には何が起きていたのだろうか。

大部分の農村地帯や都市の貧困層にとっては、タリバン政権以前の無秩序が再来したに過ぎなかった。米国に擁立されたカルザイ新政権は山のような難題を抱えて発足したが、軍閥が各地に割拠、アフガン政府の威光はカブールに限定されているのが実情である。米軍は終始、安全な上空にとどまり、危険な地上戦を各地域の「反タリバン軍閥」に請け負わせた。このため、大量の武器と資金が各軍閥に流され、カルザイ政権を揺さぶっている。

現大統領や元国王*は米軍の特殊部隊に守られ、二〇〇二年秋から米軍が民政に関与、一般民衆は自立した「アフガン政権」が誕生したとは信じていない。行政機構の整備も進まず、政府内部でも実情を知る官僚は危機を感じている。援助資金の大半は国連やNGOを通して行われたから、政府が実際に受け取った額は三〇%前後にとどまり、月給五〇ドル前後の役人の給与さえまともに支払われなかった。国連・外国支援団体は稀ならず新政府の数倍もの高給で人材を雇用し、しかも復興支援がしばしば実情とかけ離れた外国人のアイデアで行われるので、彼らの存在は新政府にとっても大きな壁である。

他方米軍の駐留は月間十億ドル（二〇〇二年秋）、莫大な戦費を費やしているにも拘《かかわ》らず、「タリバン・アルカイダ討伐」は決して進んだとは言えない。東部・南部での米軍、外国団体襲撃は今や日常化し、さらに激化の兆しを見せている。特にパキスタン北西辺境州（人口一千万）では、〇二年十一月、住民の圧倒的支持で親タリバン州政府が誕生、公然と米軍の活動を非難し、隣接のアフガン東部（クナール州、ニングラハル州、パクティア州、ローガル州）で確実に不穏な情勢を生み出している。

アフガン東部は二四〇〇㎞の国境でパキスタン辺境地域と接している。二千万人のパシュトゥン諸部族は、国境を隔て血縁関係でつながっている。長大な国境の監視は不可能で、複雑に入り組んだ部族間の敵対・協力関係は読み取れない。その上、米軍の強引な「捜索方法」は多数の農民を巻き添えにし、相当な反感を買っている。今後、米軍とその同盟軍は政治的意図とは無関係に、報復の掟に長くさらされることになろう。ペシャワール、ジャララバード、カブールなどの至る所に「血縁のネットワーク」があり、政治的立場を超えて、強力な絆が水面下に存在する。それは、アルカイダも米軍も、ほとんど無関係である。タリバン協力者から米軍協力者まで、一農民から政府高官に至るまで、その絆が及ぶ。

いずれにしても、外国軍による力ずくの解決や性急な近代化は、少なくともアフガニスタンでは、事態をこじらせ、徒《いたずら》に憎悪を増している。彼らの文化を脅《おびや》かさず、見返りを望まぬ「生きるための支援」だけが、かえって安全保障である。現場の報道陣は、遅まきながら次第に事態を冷静に見つめ始めている。

以下が東部アフガンから見た最近の情勢の分析である。

1. 対日感情の変化

三月のイラク攻撃反対デモで、日章旗が星条旗、ユニオンジャックと並んで焼き捨てられた。このようなことは、親日感情の強いアフガニスタンでは考えられなかった。実際、現地事情を知る諸機関は、危機感を抱き始めている。従来中東で受けの良かったＩＳＡＦ（国際治安支援部隊）のドイツ軍兵士もカブールで殺害された。

2. 対テロ戦争＝タリバン討伐の泥沼化

東部、南部では米兵が安全に地上を移動できなくなっている。圧倒的多数民族であるパシュトゥン族が、少数民族に支配されるという現状は、力のバランス上でもいずれ破綻する。その上、危ない地上戦闘は地元軍閥に下請けさせるから、米軍自身が中央に帰属せぬ軍閥の存続を助けている。カルザイ政権は米軍がいる限り、国家統一ができない。しかし、米軍が去れば速やかに崩壊するという矛盾の中で延命している。二〇〇二年四月、「一年後撤退」を声明した米軍は、六月になって「地方展開」を主張し、ＮＡＴＯ（北大西洋条約機構）軍派遣拡大を図っている。

収拾のつかぬ事態は、誰の目にも明らかになっているが、一般民衆は生きることに精一杯である。しかし、少なくとも東部では、米軍の存在を快く思うものは、米軍協力者を含め、殆ど居ない。アフガンでもパキスタンでも、「圧倒的多数の反米的な民衆、一握りの親米政権」という図式が定着した。

3. 襲撃対象が他の国際機関に拡大

最近の顕著な動向は、遅々として進まぬ復興、貧困層のいっそうの困窮で、「『復興支援』の名でアフガン人が食いものにされている」という認識が底辺に広がり、攻撃的な形で現れていることである。攻撃対象は、米軍や駐留軍だけでなく外国ＮＧＯ、国際赤十字、国連組織に向けられ始めている。三月には国連職員が死亡、四月にはユニセフのジャララバード事務所が爆破された。テロは次第に組織化されている。

だが、これは決して一部過激勢力の跳ね上がり行為だと見ることはできない。一般に、攻撃される外国人たちは、現地と隔絶した高級クラブを作り、あまり現場を見ることがない。安全なオフィスにいて、現場の仕事を現地に下請けさせる構造は米軍と大差ない。

4. 帰還せぬ難民、Ｕターンする難民

昨年一月にパキスタンに二〇〇万人いた難民は、二〇〇二年三月から十二月まで一七〇万人が帰還したと報告された（ＵＮＨＣＲ（国連難民高等弁務官事務所）発表）。だが一八

〇万人が現在パキスタンにいて、「今年は帰る者が少ない」と述べている。すなわち、復興の成果が上がらず、ほとんどの帰還難民がUターンしてパキスタンへ戻ったのである。昨年の復興支援東京会議で皆が過剰な期待を持ったが、困窮が長引けば事態はさらに悪化する。

しかも、話題性が無くなると共に去る過去の外国支援を人々は骨身で知っている。実際にかなりのＮＧＯがイラクに移ったり、大幅な規模縮小を行なった。

それでも、農業、畜産、給水、灌漑等のプロジェクトに携わる人たちの中には、未曾有《みぞう》の旱魃に危機感を持つ者が増えている。国際人権委員会は、劣化ウラン弾、クラスター爆弾の犠牲者の調査にのりだし、少しずつ「対テロ戦争」の実態を明らかにしようとしている。

長期的に見ると、米軍はいずれ旧ソ連と同じ道をたどることになると思える。しかし、表層の政治的動きとは無関係に、人々の関心は「いかに耕し、いかに生き延びるか」という、平和な農村共同体の回復にあることは、肝に銘ずべきである。

米英が「アフガンを成功例に」イラクまで戦火を拡大し、「日本占領をモデルに」復興を図る。日本がこの虚偽と侮辱に甘んずるなら、自国の将来にも無関心でいる訳には行かない。私たちは「忘れ去られたアフガンの実情」を伝え続ける。

□二〇〇二年度事業報告

Ⅰ　ＰＭＳ（ペシャワール会医療サービス）の活動の概観

ペシャワール会は、二〇〇〇年夏から本格化した大旱魃を前に、旧タリバン政権崩壊による無秩序、農地の沙漠化が将来の活動の死命を制する事態と見て、旱魃対策に全力を注いできた。その一環として、最も離村・難民化の激しかったニングラハル州全体で主に飲料水源の確保に力を注いできたが、その努力は今でも続けられ、井戸の数は一千カ所に達した。

二〇〇一年十月、米英によるアフガン空爆、それに続く米軍と国際治安維持軍の進駐という異常事態の中で、困難が倍加したが、空爆下の食糧配給、「いのちの基金」呼びかけによって日本の支持・理解者が急増、より規模の大きな事業展開が可能となった。

医療分野では、二〇〇一年一月の国連制裁で無医地区と化した首都カブールに臨時診療所（五ヵ所）を開いていたが、〇二年六月に閉鎖、外国人の活動が及びにくい東部に集中した。カブールに援助ラッシュが押し寄せたためである。〇二年四月、既存の各診療所の全面新築、改築が始められ、政情不安で動揺する住民たちに「ＰＭＳは不動」との安堵を与えた。

用水路建設には連日数百名の地元住民が従事（03年6月）

現在、最も力を注いでいるのが灌漑用水の確保＝沙漠化した農地の回復である。ペシャワール会＝ＰＭＳでは、これまでもカレーズの再生、灌漑井戸を手がけてきたが、沙漠化が地球温暖化の結果であり、数世紀はおさまる見通しがないと想定し、長期的な「灌漑十五ヵ年計画」を打ち出した。

これに先立って二〇〇二年六月、ジャララバード支部を全面改組して備え、〇三年三月、大規模な用水路建設に着手した。ペシャワール会＝ＰＭＳとしては、過去最大の挑戦である。

灌漑計画と並行して、農業分野でも地味だが着実な取組みが進んでいる。乾燥に強い作物の研究、食糧増産、麻薬に代る換金作物の栽培などである。

これらの計画には、政治的立場を超えて多くのアフガン人たちが協力している。また、日本人ワーカーも増加し、二〇〇二年度は計二四名、特に灌漑・農業計画では、二〇代の日本人青年たちが前線で共に汗を流し、事業が進められている。

なお、「女性たちの困窮」がアフガン空爆当初、ブルカ（女性の覆衣）などの文化・教育問題に集中し、その生活苦は顧みられることがなかったので、ＰＭＳは二〇〇二年三月に裁縫ワークショップを開いて自活の道を与えようとしたが、これも援助ラッシュの混乱、類似のプロジェクトが競合する恐れが出て、六月に第一期生を送り出して引き上げた。

Ⅱ　PMSの現況

二〇〇三年三月三一日現在、ＰＭＳの構成は以下の如し。

●スタッフ

①医療関係

職員一一五名（うち日本人五名）：医師十八名、看護（助手）二二名、検査十三名、ワークショップ二名、薬局二名、レントゲン技師一名、事務十三名、運転手十三名、門衛十一名ほか。

②飲料水源・灌漑関係

職員一四八名（うち日本人八名）：事務十名、技師・見回り六二名、運転手七名、門衛九名、水路関係新規雇用四四名（内訳未定）、その他料理・掃除など雑務。作業員（一日平均）約三〇〇名。

③農業関係

職員五名（うち日本人二名）

表1　診療所／事務所

診療所／病院名	所在地	1日外来診療能力	病床
PMS基地病院（総本部）	パキスタン・ペシャワール	350名	70床
コーヒスタン診療所	パキスタン・ドベイル渓谷	治安悪化で閉鎖	
ラシュト診療所	パキスタン・チトラール	50名（冬季不在）	
ダラエ・ヌール診療所	アフガニスタン・ニングラハル州	150名	
ダラエ・ピーチ診療所（オキナワ平和診療所）	アフガニスタン・クナール州	150名	
ヌーリスタン（ワマ）診療所	アフガニスタン・ヌーリスタン州	100名	

※5ヵ所のカブール市内臨時診療所はいずれも02年6月19日閉鎖

支部事務所（水・農業関係）

PMSジャララバード支部事務所（ニングラハル州南部方面担当）

PMSダラエ・ヌール連絡事務所（ニングラハル州北部担当・PMS診療所に併設）

表2　2002年度 各診療所の治療数

	一般外来	ハンセン病	てんかん	結核	マラリア・リーシュマニア	外来総数	のべ外傷治療	入院		入院総数	診療総数
								ハンセン病	一般		
PMS基地病院	45,080	158	458	7	359	46,062	6,580	218	1,623	1,841	54,483
ラシュト	3,440	10	4	2	52	3,508					3,508
コーヒスタン	1,258	0	7	6	0	1,271	67	-	-	-	1,338
ダラエ・ヌール	30,608	0	183	0	3,781	34,572	1,572	-	-	-	36,144
ダラエ・ピーチ	28,142	4	75	0	2,462	30,683	1,330	-	-	-	32,013
ヌーリスタン	11,370	1	3	0	412	11,756	857	-	-	-	12,613
計	119,898	173	730	15	7,066	127,852	10,406	218	1,623	1,841	140,099
カブール臨時診療所（02年6月19日までに全て閉鎖）											
チェルストン＊1	1,102	0	0	0	12	1,114	38	-	-	-	1,152
ラフマンミナ＊1	1,916	0	0	0	13	1,929	129	-	-	-	2,058
カールガ＊2	4,832	0	0	0	22	4,854	110	-	-	-	4,964
ダシュテ・バルチー＊2	5,427	5	1	0	13	5,446	94	-	-	-	5,540
カラエ・ザマーンハーン＊2	4,075	1	0	0	27	4,103	157	-	-	-	4,260
計	17,352	6	1	0	87	17,446	528	-	-	-	17,974
総計	137,250	179	731	15	7,153	145,298	10,934	218	1,623	1,841	158,073

＊1＝4月のみ　＊2＝4、5月のみ

●診療施設・支部事務所（水・農業関係）……表1参照

Ⅲ　二〇〇二年度の事業報告

1．医療事業

二〇〇二年度は、総計一五万八〇七三名が診療を受けた。カブール診療所は六月十九日に閉鎖、東部各診療所を改築または新築して備えた。援助ラッシュの影響で、職員二九名が高給で他団体に引き抜かれてカブールに移り、人員不足で診療に大幅な支障を来たした。診療数は前年度の半数に落ち込み、検査技師もまともに送れぬことがあった。

大半のアフガン難民診療機関がカブールに移転したが、生活できずにUターンした難民たちがペシャワールに溢れている。このあおりで、ペシャワール（PMS）基地病院では、これらの難民患者が増加した。

なおハンセン病関係では、州政府の結核・ハンセン病局と協力関係が進ん

表4　各診療所の検査件数の内訳

	血液一般	尿	便	抗酸菌	マラリア・リーシュマニア	その他	検査計
PMS基地病院	3,106	2,931	2,373	776	2,489	16,693	28,158
ラシュト	0	0	0	0	0	0	0
コーヒスタン	0	0	0	0	0	0	0
ダラエ・ヌール	1,398	1,692	2,136	73	3,673	94	9,066
ダラエ・ピーチ	1,661	1,536	2,007	94	412	80	5,790
ヌーリスタン	529	517	859	17	348	27	2,297
計	6,694	6,676	7,375	960	6,922	16,684	45,311
カブール	血液一般	尿	便	抗酸菌	マラリア・リーシュマニア	その他	検査計
チェルストン	20	32	38	0	12	0	102
ラフマンミナ	113	30	40	0	15	0	198
カールガ	321	349	537	3	250	8	1,468
ダシュテ・バルチー	375	371	388	10	249	4	1,397
カラエ・ザマーンハーン	298	238	392	1	383	0	1,312
計	1,127	1,020	1,395	14	909	12	4,477
総計	7,821	7,696	8,770	974	7,831	16,696	49,788

表3 PMS基地病院検査内訳

血液	3,106
尿	2,931
便	2,373
らい菌塗抹検査	210
抗酸性桿菌	566
マラリア血液フィルム	2,404
リーシュマニア	85
生化学	2,335
レントゲン	4,496
心電図	1,172
腹部エコー	5,599
心エコー	517
病理	0
細菌	238
体液(脳脊髄液・腹水等)	56
他	1,411
内視鏡	659
小計	28,158

表5　水源確保・作業地の推移

		ダラエ・ヌール渓谷			ソルフロッド郡	ロダト郡	カイバル峠	アチン郡	総作業地	うち利用可能水源				
		井戸	灌漑井戸	カレーズ						総数	井戸	灌漑井戸	カレーズ	(完成)
2000年	7月3日	10	-	-	-	-	-	-	10	-	-	-	-	-
	12月9日	35	-	30	284	-	-	-	349	204	177	-	27	78
2001年	1月9日	42	-	35	278	-	-	-	355	-	-	-	-	-
	11月16日	59	1	38	321	201	2	36	658	604	573	1	30	455
2002年	2月20日	81	1	38	323	202	2	52	699	559	530	1	28	429
	12月16日	150	5	38	334	202	2	166	897	843	810	5	28	760
2003年	1月16日	151	5	38	341	202	2	166	905	823	790	5	28	785
	2月17日	162	5	38	346	202	2	166	921	831	798	5	28	795
	4月1日	178	5	38	368	202	2	166	959	875	842	5	28	848
	5月17日	192	5	38	378	202	2	166	983	909	876	5	28	873
	6月15日	200	5	38	387	202	2	166	1000	922	889	5	28	899

でいるが、最初の予想に反して、患者はPMS診療所を訪れないので、大幅な方針転換が痛感されている。また、パキスタン・ラシュト診療所は道路整備が進み、既に「辺境」とは言いがたくなったので、更に奥地に向かう方針が探られた。コーヒスタン診療所は治安の悪化と人員不足で、当分再開の見通しがない。

診療の詳細は表2～4を参照。

2. 水源事業

二〇〇二年度はジャララバード支部事務所を大幅に再編し、さらに診療所に併設してダラエ・ヌール支所を開き、農業計画と共に長期に備えた。

また、二〇〇三年春は例年よりも降雨が多く、一時の希望を持たせたが、旱魃は収まっていない。耕地の沙漠化、村落の荒廃は目に余るものがある。自給自足の村の復興が痛感され、〇三年三月、灌漑計画と飲料水源（井戸）計画を分離、「農業用水確保・十五ヵ年計画」を決定した（詳細は75号）。要約すれば、

⑴比較的低山（四千m級）の雪解け水に依存してきた地域に無数の溜池・井堰《いせき》で貯水
⑵高山（五千m級以上）から流れる大河川から水路を引いて、旱魃地帯を潤すことである。

A．井戸（飲料水源）

二〇〇三年六月現在の状態は表5の通り。作業地は六月十五日時点で一千ヵ所に達した。難民帰還によって水源のある村の人口が増加、加えて水位の下降が著しく、深さ九〇mに達する手掘り井戸も出現、一旦完成した半数以上の井戸が再掘削を余儀なくされた。しかし、大口径ボーリングも一部に投入し、我々の井戸掘り技術は現地で定評あるものとなった。

今後は、補給と組織化の力量に応じていつでも拡大できるものの、病院と同様、職員十九名が他の援助機関に引き抜かれ、ぎりぎりの状態で手を抜くことができない。

なお、アフガニスタンの最大の貿易拠点であるトルハム国境（カイバル峠）では、二〇〇一年六月に着工したボーリング井戸二基が、一年十ヵ月を費やして完成、〇三年三月、五月にそれぞれ一号井戸、二号井戸が正式にアフガン政府に譲渡された。住民とPMS側の負担で六月下旬までに給水管計三・五㎞を埋設、国境の公共機関、少なからぬ中小バザール商店、食堂などが潤うことになる。これはアフガン側国境で初の公共水源で、住民や政府関係者の喜びは大きかった。

B．灌漑計画

二〇〇二年度は、ダラエ・ヌール渓谷下流に大口径（直径四〜五m）の灌漑井戸五基を完成、合計三〇ヘクタールの耕作を可能にした。同地は中流域三八ヵ所のカレーズの水の恩恵に浴さなかったが、これによって数千人が帰農できた。

しかし、ニングラハル州北部（ダラエ・ヌール〈渓谷〉最下流域）は、耕地の荒廃が数千ヘクタールに及び、予想したよりもはるかに広大な地域が旱魃にさらされていることが判明した。急を要すると見た我々は、前述した用水路計画を二〇〇三年三月に開始、綿密な調査の末、水計画事業の有能な職員を配置、五月十一日に作業工程を最終決定して、予定総工費二億円をかけ、本格的な作業が始まった。

水路の概要は以下の通り〈65頁の略図参照〉。

①名称：アーベ・マルワリード（＝ペルシャ語で「真珠の水」の意）
②場所：クナール河右岸のジャリババ村からシェイワ郡まで計十六㎞
③川幅四〜五m、流水断面積：三・五㎡以上、水深：一m前後、両岸に植林
④流速**毎秒〇・七〜〇・八m、平均勾配〇・六〜〇・七／一千m、流下量：毎秒三・〇〜三・五トン

⑤灌漑予定面積（半沙漠化した耕作地）：一五〇〇ヘクタール
⑥予想生産高：小麦・トウモロコシ計約一万トン、生活可能人口：成人で約七万名（アフガン政府（によると）年間小麦消費基準＝一五二kg／人、小麦生産量ヘクタール当り三・五トン、トウモロコシ四・〇トン、コメ三・〇トン）
⑦中途部分の約七kmが岩盤沿いの掘削、暗渠《あんきょ》（トンネル）二一ヵ所、うち四ヵ所で道路を横切り、一ヵ所が水道橋。二重の水門と共に沈砂池を取水口に置く。

水路の殆どは地元の伝統的スタイルを改良したもので、現地で必要とされる農業土木技術のほぼ全てを網羅する。水位の下がる今冬に入口付近を堰して一挙に取水口を仕上げ、一旦通水を確認、その後数年を掛けて半永久的なものに仕上げる。従って来春から耕作が可能で、相当の難民の帰農を促すことができる。また、これによって、職員たちが経験をつみ、将来の十五ヵ年計画に備えることができる。

なお、調査を重ねれば重ねるほど、地元スタイルのものの方が、見映えのする近代的なコンクリート水路より優れ、維持・修復も容易であることを確認せざるを得なかった。掘削、土盛り、植林、石積み、巨岩の爆破などが大半の工事の要素である。六月十五日現在、ブルドーザー一日平均三・五台、爆破班二班一八〇名で約二kmの掘削を完了している。

作業地は良質の土、砂、岩石を産し、いずれも掘削・岩盤の爆破によって得られ、農民たち自身が優れた石積み技術を身につけている。アフガンの伝統的水路は、柳・桑の木を水路沿いに植え、その根が盛り土の土手を守る。私たちも基本的にこれを採用し、維持の困難なコンクリート建造物は極力避けている。

「蛇籠」の工房《ワークショップ》。鉄線を編む作業員（03年8月）

現在全ルートの地区割りを行い、チーム編成を三チームから十チーム（六〇〇名）、爆破班を二から五チームに増加、ある程度の簡単な機器を揃えれば、作業はさらにスピードアップする。また、十二月の取水口工事＝試験通水に向け、必要資材（蛇籠《じゃかご》三千個、聖牛《せいぎゅう》二〇〇個、コンクリート棒など）の現場生産、一万本以上の植林の準備が必死で行われている。

一方、将来性から言えば、井堰・溜池が最大の働きをすると思われるが、基本技術は現地に備わっている。ＰＭＳとしてはダラエ・ヌール中流域に石と土、植樹を基本として、二〇〇三年九月に最初の試みを行う。これは従来天然の雪に頼ってきた貯水を下流域で行い、今後数世紀は続くと言われる「地球温暖化」に対処するものである。成果が上がれば画期的で、自然の勢いで住民たち自身が広範囲で行うものと期待される（なお、今年の旱魃について一部に楽観的な見通しがあるが、これは今春の降雨量が例外的に多かったことだけを根拠とするもので、年々進行する夏の雪線（山頂に見える万年雪の下端）の上昇、氷河の崩落、小河川流域の沙漠化、春の鉄砲水・洪水の増加を総合すると、「温暖化による自然の貯水力低下」が根本的な問題だと我々は分析している）。

3. 農業関係事業

詳細は今後の農業担当者の報告に譲るが、二〇〇二年度の最大の成果は飼料生産に灯りが見えたことである。麻薬に代る換金作物で、茶の栽培の試みが粘り強く継続されている。試験農場（ダラエ・ヌール、約八千㎡）では以下が行われた。

サイレージによる飼料づくり（02年12月）

(1)畜産：ソルゴー、トウモロコシ等のサイレージ***技術の導入が、初めてダラエ・ヌール渓谷で行われた。これによって、搾乳量が五〇％増加したとの報告があった。アルファルファの優良種と原種（シャフタル）との比較など地味な取組みが進んでいる。

乳牛の優良種導入は、飼料生産の目途がつき、配布態勢を整えてからでないと拙速になると考えられ、予定の五〇頭導入を見送った。

(2)小麦、トウモロコシの品種による収量比較の研究が試験農場で行われた。

(3)麻薬に代る換金作物：アフガニスタンの緑茶の膨大な消費量から、有望と見て試行錯誤が続けられている。

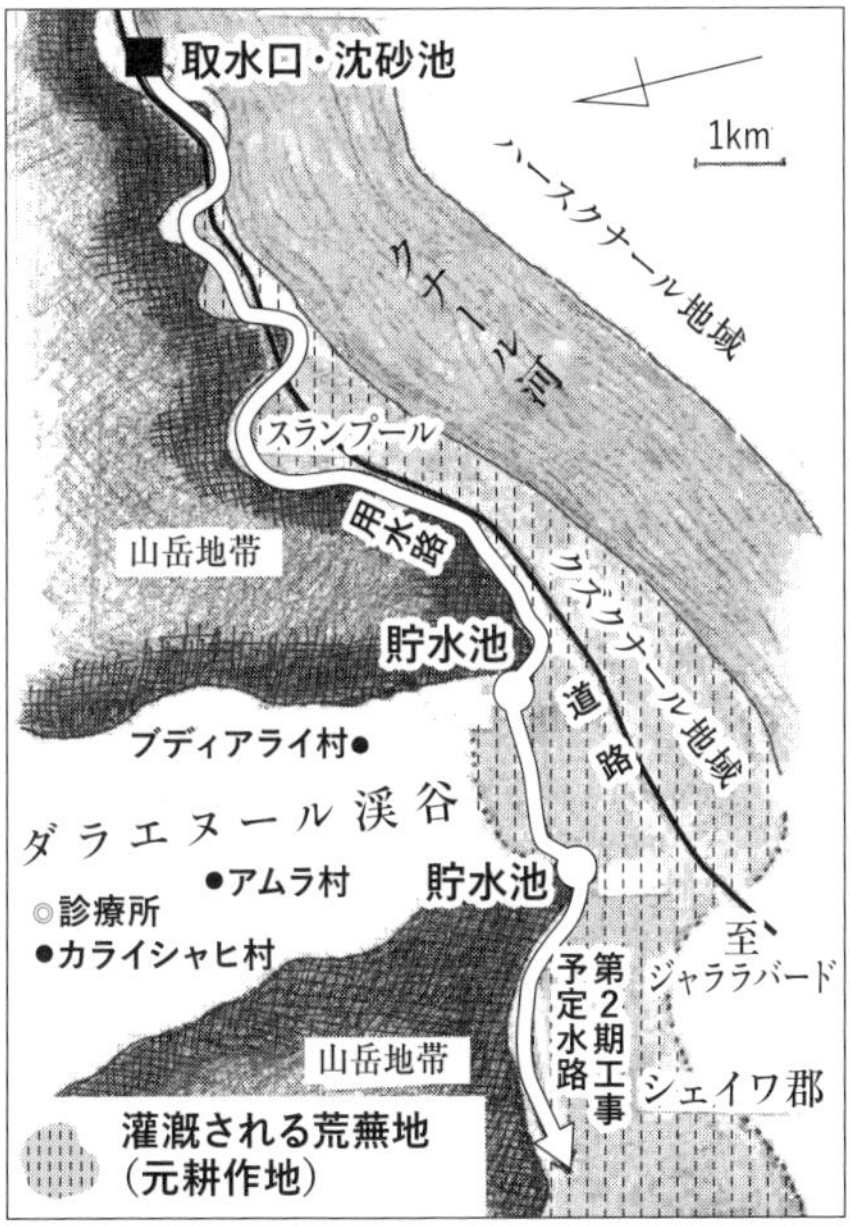

中村医師の下絵を元にした用水路の概略図

4．ワーカー派遣事業

二〇〇二年度は表6のワーカーが参加した。総数二五名、これまでにない数となり、若い層の参加、一年以上の長期の者が増えたことが特徴である。初期は混乱したが、徐々にワーカーの送り出し態勢、現地でのケアを整えようとしている。

一般に長期であるほど良いが、社会的事情で帰国せざるを得ないことも稀でなく、長期ワーカーの待遇も見直しが行われた。今後、「安心して何年でも働ける」態勢を作り、特に農業関係事業において、日本の青年たちが汗する労働の尊さを学び、日本に新風を吹き込むことが期待される。

表6

医療（PMS）		職種	派遣開始	現在
1	藤田千代子	院長代理・看護部長	91年9月～	継続中
2	藤野洋子	会計補佐	99年10月～	定期派遣
3	仲地省吾	医局長	02年2月～	継続中
4	中山博喜	会計担当	01年4月～	継続中
5	坂尾美知子	臨床検査技師	02年7月～	継続中
6	森本由美	看護師	02年11月～	03年2月まで
7	山崎悦子	スタッフハウス寮母	02年1月～	03年1月まで
8	則岡美保子	医師	02年4月～	02年5月まで
水源・農業計画				
9	蓮岡　修	水計画（旧）責任者	99年12月～	02年8月まで
10	目黒　丞	井戸計画責任者	00年12月～	継続中
11	大月啓介	連絡員	01年9月～	02年9月まで
12	川口拓真	会計担当	02年3月～	継続中
13	長嶋　透	土木技術顧問、3月まで会計	02年3月～	継続中
14	中牟田雅央	連絡員	02年3月～	02年6月まで
15	伊比寿志	連絡員	02年4月～	02年7月まで
16	橋本康範	農業計画責任者	02年6月～	継続中
17	目黒　存	ワーカー世話係	02年7月～	継続中
18	黒澤　力	会計担当	02年9月～	03年3月まで
19	馬場哲司	会計担当	02年9月～	継続中
20	宮路正仁	農業	02年11月～	継続中
21	近藤真一	井戸関係見回り	03年1月～	継続中
22	清宮伸太郎	水路関係	03年2月～	継続中
23	鈴木　学	水路・灌漑関係	03年3月～	継続中
24	稲田定重	畜産技術顧問	02年3月～	定期派遣
25	高橋　修	農業技術顧問	02年3月～	定期派遣
2002年度新人（6月現在）				
26	白井大悟	医師（PMS病院）	03年4月～	継続中
27	大越　猛	事務・連絡員（ジャララバード）	03年4月～	継続中

回二〇〇三年度事業計画

1．PMS基地病院

外来診療が手狭となり、二〇〇三年九月から拡張工事予定。また、アフガン（国内のPMSの）診療所に医師層のカブール流出で質の低下が見られるので、日本人医療ワーカーの応援を頼み、積極的に改善する。なお、米軍の軍事活動のため建設が遅れたが、「オキナワ平和《ピース》診療所《クリニック》」は〇三年九月に正式に落成する。

ハンセン病関係では、徐々にフィールドワークで北西辺境州政府の結核・らい担当局に協力、新患の早期治療を目指す。

2．飲料水源（井戸）

ニングラハル州での活動を従来規模で継続する。現在、ロダト郡、チャプラハル郡に拡大が計画されている。但し、水路建設に多くの技師が割かれているので、一時的に作業地拡大は鈍るが、十二月までに復する見通し。二〇〇三年度末までに、約一二〇〇ヵ所に達する見通し。

なお、トルハム（カイバル峠）のボーリング井戸は既に完成して政府に譲渡されたが、給水配管（合計三・五㎞）は六月下旬まで完了予定。着工から二年後にして、アフガン国境の人々と公共施設に水の恩恵が及ぶ。

完成間近のオキナワ平和診療所《ピースクリニック》（03年5月）

3. 灌漑計画

水路は二〇〇三年内に掘削を完了し、十二月に取水口部工事を終えて試験通水。〇四年二月から植樹が始まる。井堰の第一号は〇三年九月、ダラエ・ヌール中流域で初の試みがなされる。〇四年以後に始まるソルフロッド川流域の治水計画に備え、〇三年十月までに機材を備え、少人数のチームを編成する。

なお、「灌漑・十五ヵ年計画」のうち、クナール河左岸地域（ハース・クナール）は、ＭＡＤＥＲＡ（ＥＵと日本政府が出資する土木公団）が手をつけ始めたので、ＰＭＳとしては当分見合わせる。

4. 農業・畜産関係

水路も井戸も、自給自足の農村復興を目標にするものである。

飼料増産（ソルゴー、トウモロコシのサイレージ）を図った上で、乳牛の導入を考慮する。茶園の試みは、引き続き粘り強く行う。灌漑計画とも密接に関連してくるが、必要に応じて、気候条件の良い上流に試験農場を新たに考慮する。水路に伴う溜池の造成＝斜面を利用した果樹園・牧草地も計画されており、新たな展開が期待される。

＊最後の国王、ザヒール・シャーはイタリアに亡命後二〇〇二年四月に帰国。

＊＊流下量はマニングの式を用い、勾配や粗土係数、水深から得られる「流速」に規定される。中村が苦手な数学を克服し、理論値と実際値の違いをふまえて計画を立案する過程は『医者、用水路を拓く』に詳しい。

＊＊＊牧草や飼料作物などを密封し、発酵させることで、貯蔵性や栄養分を高める技術。またはその飼料。

77号
2003・10

平和を耕すPMS
――灌漑用水路は年内六km完了、「オキナワ平和診療所《ピースクリニック》」開所

九月二九日に一時帰国しました。八月下旬に北海道からマニラ*、福岡、ペシャワール、ジャラララバード、ダラエ・ヌール、再びペシャワール、カラチ、さらに引き返して、ジャラララバードへ戻り、ダラエ・ヌール、ダラエ・ピーチ、ワマの各診療所を回り、水路や灌漑《かんがい》井戸、飲料井戸の計画を再編成して来ました。まる一カ月、（マニラを除き）一カ所に二泊以上しないというすさまじい強行日程で、さすがにダウンしました。

しかし、いくつも嬉しいことがありました。現地の「緑の大地計画」は、多少見直しが必要なこともありますが、全体に成果はすばらしく、予想を超えるものがありました。

二千ヘクタール超を潤す用水路

規模として大きなものは、やはり用水路ですが、これは砂漠化した耕地が意外に広大で、これに合わせて川幅を思い切り大きくとり、二千ヘクタール以上の灌漑を目指すようにしました。最も難所である最初の六km区間はほぼ年内に掘削完了の見通しです。取水口の工事は、最も水位の下がる十二月を目指して、全力を挙げて準備されていました。伝統工法を大幅に取り入れているため、用水路の基本要素は、石と土と植林です。柳の木が水路保護の主役となるので、とりあえず約五千本の柳、その外側には同数の桑の木を植えます。数年後にはおそらく見事なグリーン・ベルトが、砂漠の中を延々十数km続くことを思うと、愉快でもあります。取水口には、大量の蛇籠《じゃかご》一五〇〇個が使われますが、これも既に生産を完了していました。

量産が進む「聖牛」の製作工房（03年9月）

オキナワ平和診療所《ピースクリニック》、十月より診療開始

診療の方では、ダラエ・ピーチの「オキナワ平和診療所《ピースクリニック》」が最大の懸案でしたが、同診療所のあるクナール州では米

軍への襲撃が最も活発なところです。国連や外国NGOが「危険地帯」に指定して寄りつかぬため、とりあえず日本人は小生単独で赴き、九月二二日に開所式を地元長老会と共に行いました。十月一日をもって移転、診療が開始されます。

また、これも大きな動きですが、縮小気味であったハンセン病診療を強化致します。最近、医師や看護師、検査技師が高給を求めて大量にカブールへ移転、医療スタッフが半減しました。その上、一般内科診療に比重が移りすぎ、障害を抱える患者のケアが薄くなっています。加えて、パキスタン政府の「難民完全閉め出し」が徹底してきてプロジェクトへの注文が厳しく、アフガン人職員が働きにくくなってきています。また近頃、診療よりも現体制維持の膨大な事務仕事に忙殺され、本末転倒になる兆しがあります。何事も程度というものがあります。今後の事態を見据え、組織維持の努力はそこそこにして、密なケアを障害患者に集中、いざとなれば基地病院の閉鎖・移転も辞さずとの強力な覚悟で臨みたいと考えています。

この一弾として、新任の外科医・柴田〔俊一〕医師を訓練のためカラチのセンターに送りました。

トルハム国境井戸、予想上回るニーズ

飲料水源は、着実に拡大、既に作業地は今年六月に一千ヵ所を超えて、さらに増えています。八月に始められたダラエ・ヌールの新たな灌漑井戸四ヵ所は、うち二ヵ所で水を出し、麦の作付けに間に合いそうです。これで、既存井戸を合わせ、砂漠化したブディアライ村の七割、九千名以上が生活可能になります。一方、国境の町トルハムでは、二基のボーリング井戸が思わぬ重要性をあらわし、一日六時間給水で全バザールの需要を満たしていました。完全な住民自治管理で、国境問題も絡んで、歴史的に画期的なことであったようです。通過する度に、住民たちが嬉しそうに挨拶します。少しずつ、造園や植林も進んでいて、三年前の渇水地獄が嘘のようです。最近では、水をパキスタン側に持ってゆく者もいるそうです。

援助騒ぎは屁のようなもの

しかし、何といっても今回の最大の希望は、農業関係でしょう。これは他でもなく、サツマイモの意外な成功です。見事な大きさだけでなく、土地の人々の嗜好に非常に合っていることが確認されたのです。担当の橋本〔康範〕君からの報告を待ちたいと思いますが、昨年のサイレージ〔67頁の注参照〕による飼料改善＝搾乳量の著しい増加に次ぐクリーンヒットです。いや、場合によっては満塁ホームランになる可能性があります。以前ペシャワールで試したことがありましたが、いずれも貧弱で、実はさほど期待されていなかった作物でした。やり方に問題があって、高橋〔修〕＝橋

試験農場で穫れたサツマイモ
（03年9月）

本コンビが日本式の畝《うね》で過剰灌《かん》水《すい》・過剰肥料を避けて適切な方法で行なったからです。やはり、専門家です。サツマイモはツルで簡単に増やせ、しかも水が少なくて済みますから、この大干ばつのさなか、広まれば大変な貢献になるはずです。

一昨年、拙著『医者 井戸を掘る』が話題になったことがあります。橋本君いわく、「さらに『医者 川を掘る』を綴った後、『医者 芋を掘る』の三部作にしてはどうか。緑の木陰の水路沿いで、焼きいも屋を開いてはどうか」と提案。小生答えていわく、「その際は、君に『青木昆陽**之介・芋の守《かみ》・橋本康範』の号を与える。用水路完成のあかつきはイモ数百石の禄高に封ずる。『医者 芋を掘る』の大団円は、芋を食って腹の張った我等が、おならを落としてスカッとする。即ち、全ての援助騒ぎは屁のようなものであったということを悟って、終わるのだ」。

かくて、ワーカーの間で楽しい話がはずみました。

§

アフガンの情勢は、日に日に緊迫しているように見えます。

来年六月の総選挙は今のところ、東部アフガンで見る限り机上の空論で、米兵への攻撃が次第に増加、相当数の外国軍の投入が計画されています。最近の趨勢《すうせい》は、復興支援に携わる多くの外国団体が、積極的に外国軍隊の地方展開を主張していることです。これは地元には奇妙に映ります。外国軍に守られてやる復興がいったいあり得るのかと思います。政治・軍事上の動きを見る限り、出口がないと言えるでしょう。しかし、暗い政治の動きとは無縁に、生きるのに必死、かつ共に汗を流すことによって、人を安堵させる平和な世界があります。

巌流島の決闘で、佐々木小次郎に対し、宮本武蔵は「汝、白刃をとって其《そ》の妙を尽くせ。吾は木戟《ぼくげき》を提げてその秘を顕《あら》わさん***」と述べたという有名な話があります。武蔵ほど偉くはありませんが、「汝、金と武力を駆使して勝手にやれ。対する吾らは、鋤《すき》と鍬《くわ》、水と植樹でその偉大な恵みを顕わそう」と述べたい心境であります。今後とも、ご支援を心からお願い申し上げます。

＊二〇〇三年八月、中村医師はラモン・マグサイサイ賞（平和・国際理解部門）を受賞。式典出席のためマニラを訪れた。

＊＊青木昆陽は江戸時代中期の儒学・蘭学者。享保の飢饉に際してサツマイモの栽培を幕府に上書し、後に「甘藷《かんしょ》先生」と称された。

＊＊＊北九州市小倉北区の手向《たむけ》山山頂にある宮本武蔵顕彰碑（小倉碑文）に刻まれた文言。

78号 2003・12

混乱の政情下、水利事業は総力戦へ

――用水路建設のべ五万人動員、取水口工事は今冬完了

用水路工事、雪解け前の正念場

みなさん、お元気でしょうか。冬に入った現地では、今ＰＭＳ（ペシャワール会医療サービス）の事業が最大の山場を迎えました。これまで、再々会報などを通じて報告してきた用水路の仕事が、正念場に入っているからです。

取水するクナール河は、インダス河の支流にあたり、河川敷の幅一km以上、とてつもない大河です。ヒンズークッシュ最高峰の連山の雪から解け出す水は、季節変動が激しく、夏と冬の水位差が三・五ｍを超えます。あと三カ月もすると、洪水のような雪解け水が押し寄せます。従って、今冬に取水口部を仕上げないと、工期を一年延ばすことになります。そこで、「この二、三カ月が我々の将来を決める」と宣言、六百数十名の作業員による人海戦術だけでなく、大型掘削機（ユンボ）四台、ダンプカー十二台、大型ローダー二台、コンクリート・ミキサー五台、トラクター十台以上と、これまでにない機械力を投入、取水口から二kmまでの地点に作業員がアリのように殺到、突貫作業が開始されました。

先ず主流を堰《せ》き止めて傍流を作り、川底を干して取水口部と水門の工事を行います。初めの二kmは相当な水量、毎秒約八～九トンを引き入れるので、水路両岸の洗掘《せんくつ》が起こらぬよう、万全の護岸工事を行わねばなりません。どの部分が遅れても失敗しますので、チーム分けを適切に行い、無駄なく短期間のうちに終えねばなりません。

小生も現場に張りつけになり、全てに優先、陣頭指揮をとっています。橋本〔康範〕君を初め、農業や水源事業にかかわる日本人十数名、一六〇名の現地職員、それをペシャワールのＰＭＳ基地病院が全面的に支えています。

取水口および最初の三kmだけで、護岸に使う蛇籠《じゃかご》が三千個以上、六六トンの針金が使用され、これも現場のワークショップが六月以来奮闘して生産を完了しました。五月以来の作業員はのべ五万人を突破、岩盤のダイナマ

掘削が進む用水路（03年9月）

イト爆破回数は六千回以上、現在一日一〇〇発の爆破が行われています。

文字通りの「総力戦」で、十数万人の旱魃《かんばつ》難民が帰農できるか否かの瀬戸際です。地元民もアフガン政府も固唾《かたず》を呑んで見守っています。

ここで私たちが採用したのは、現地の人々が独力でも維持できる伝統工法です。取水口とトンネルを除けば、全て石と土、植林で水路ができます。護岸のために使用する柳の木は、日本在住の或るアフガン人が寄付してくれ、約三万本が用意されます。

石を詰めた大量の蛇籠で護岸（03年12月）

相次ぐ難関——米ヘリが誤射

しかし、この非常時に限って、例によって様々な難関に遭遇いたします。

十一月二日には突然米軍ヘリ二機が旋回して機銃掃射を我々に加え、作業地の平和なムードが吹き飛ばされました（別掲資料）。取水口のあるクナール州には、現在米軍兵力が続々と集結、不穏な雰囲気です。

前後して北部のガズニ州でフランス人女性が殺害され、これに抗議する国連やＮＧＯが至る所で活動を停止しました。カンダハル州では日本のＪＩＣＡ（国際協力機構）の道路工事が妨害を受けたと聞きます。私たちの主な活動地であるニングラハル州でも、ＰＭＳ以外の動きは殆どないようです。

激流に巨石を投じて取水堰を造成（03年12月）

イラク参戦の影響か、対日感情にも陰りが見られます。職員の寝泊りするダラエ・ヌール診療所では、「日本人医療関係者を来させるな」と付近住民が抗議します。クナール州やヌーリスタン州の職員交替も次第に困難になっています。二年前の空爆下でも、こんなことは考えられなかったのです。

　これに心ない意地悪が加わります。作業地対岸で行われた外国NGOの工事の影響で水流が変化、激流が川沿いの国道を破壊、私たちの水路の一部に迫っています。これを守る余分な工事も、結局私たち自身が冬の間にやらねばならなくなりました。

「外国人が引き上げるこの時期に！」

　憤懣やるかたない職員一同を叱咤《しった》し、「議論のための議論は無用。ただ実行あるのみ。この際、全責任は中村がとる故、限られた期間内で各自の持分を果たすこと」と、全工程の指示を私が出すことにしました。臨戦態勢で張り詰めた空気がみなぎっていますが、みな意気軒昂です。

　でも、捨てる神あれば拾う神あり。日本人ワーカーの中には土木に明るい若者、飛び入りで駆けつけた石橋（忠明）さんが掘削機械の経験者、農業担当の橋本君がよく皆をまとめ、心強い限りです。また、カブール政府の「灌漑《かんがい》省」から「日本人技師を伴って説明せよ」と呼び出しをくらい、それまでジャララバード出張所から無体な要求をされ続けていたので、悪くすれば作業中止命令かと恐れて出頭しました。しかし意外にも「外国人が引き上げるこの時期に」と激賞され、進んで協力を申し出てくれました。

ついに日章旗も消し……

　今、殆どが農民たるアフガン人が欲するのは、食糧と平和な村々の回復です。東部アフガンは未曾有《みぞう》の旱魃で耕地が砂漠化し、大量の難民が発生しています。彼らが大都市に流れ、治安悪化の背景をなしていることを認めない者はいません。建設中の用水路は十数万人の帰農を促し、少なからず地域の平和に寄与するでしょう。

　にもかかわらず、このところ現地では、米軍に対してだけでなく、国連組織や国際赤十字、外国NGOへの襲撃事件が盛んに伝えられています。「アフガン人は恩知らずだ」と言って撤退した国際団体も少なくありません。

人海戦術で巨石を切り出す（03年8月）

　しかし、現地側が当惑するのは、そもそも「復興」が「破壊」とセットで行われ、それも外国人の満足が優先するからです。結局、軍事的干渉は取り返しのつかぬ結果を生みました。人々が生きるための無私の支援なら、どうして武力が必要でしょうか。そのような活動は皆こぞって守ってくれます。私たちは少なくとも地上で、一度も攻撃を受けたことがありません。ＰＭＳでは以前は歓迎された日章旗を消し、「政府とは無関係だ」と明言せざるを得ない事情に至りましたが、やはり日本人の誇りというものがあります。

平和とは消極的なものではありません。それは戦争以上に忍耐と努力、強さが要ります。「平和」は、私たちの祖先が血を流して得た結論の筈です。弱い者に拳を振り上げて絶叫するのは、人として卑怯かつ下品な行為です。ひとつの国が軍隊（自衛隊）を動かすことがどんな重大事なのか、おそらく、この愚かさと無関心は、近い将来、より大きなツケを払うことになるでしょう。「日本は既に米国の一州となった」と言われて是非もなく、尊敬されるどころか、攻撃の対象となるのは時間の問題でしょう。ひしひしと迫る破局の予感の中で、アフガニスタンの現状を見て、「この償いをどうしてくれる」と言いたいのが実感です。

それでも悲憤を抑え、「だからこそ自分たちが此処にいるのだ」と言い聞かせ、砂漠化した大地が緑化する幻を見ては、わが身を励ますこの頃であります。

資料１

二〇〇三年十一月二日に起きた
ＰＭＳ用水路建設現場への米軍ヘリ誤射事件

現地代表・中村哲医師による日本外務省への報告

日本外務省　アフガン担当関係者殿

前略

先日、「ペシャワール会の作業現場に米軍ヘリコプターが機銃掃射を加えた」という旨の報道が流されました。報道内容から誤解されうる点もありますので、以下現場の証言者として事実関係をお伝えし、今後の安全のため、参考に供したいと存じます。

事件は、十一月二日午前十時二五分（アフガン時間）頃、ＰＭＳ（ペシャワール会医療サービス）の灌漑《かんがい》用水路作業中、クナール州南部のジャリババ付近、ジャララバードから北東約三〇㎞、岩盤沿いの工事現場でありました。チャガサライ方面へ向かう米軍機らしきヘリコプター五機が現場上空を通過中、うち二機が突然超低空で旋回してきて機銃掃射を加えました。

ちょうど同時刻は、五月以来毎日、数十回の発破作業で掘削を進めている時間帯です。発破作業については、ジャララバード州政府、Planning Ministry〔計画省〕及び治安担当責任者に許可を得ており、ダイナマイトは信管でなく導火線式のものが許可されています。

攻撃地点はダイナマイトの爆破した場所で、小生を含む邦人三名、ＰＭＳの現場監督約二〇名、作業員約六〇〇名は爆破時間帯のため、一〇〇ｍ以上離れた所に退避して眺めていました。しかし、爆破班の職員は、不発弾を確認して再度、導火線着火に赴きますから、かなり近接した場所にいたはずです。驚いた彼らが、手ぬぐいを振り、作業であることを知らせると、ヘリコプターはそれ以上旋回して飛来せず、山向こうへ去りました。

報道ではあまり触れられませんでしたが、ご承知のように、ニングラハル州は今、耕地の砂漠化が深刻な場所のひとつであり、膨大な数の農民が難民化しております。このために都市に流入した彼らが困窮して、治安悪化の一因をなしていることは、よく知られているところであります。ＰＭＳでは、二千ヘクタール以上の灌漑で十万人が帰農できると推定しており、緊急性も考慮して、十六㎞の用水路建設に励んでおります。ペシャワール会としましては、政情や米軍の動きよりも、こちらの方に関心を集中し、何とか一年以内に工事を完成してアフガン復興に貢献したいと考えております。

岩盤の発破作業（03年10月）

なお、一部の報道で「カーブルの日本大使館へ通報した」との記述がありましたが、これは誤りです。事実確認をしてから知らせるつもりでいました。

安全性につきましては、連絡を密にして、最大の努力を払いたいと思います。しかし、少なくとも地上では、アフガン政府、住民、ペシャワール会が一体になって進めており、不偏不党を厳守し、アフガン政府関係者も激励すると同時に、治安当局や地域のジルガ（長老会）も安全を保障いたしております。

微力ながら、アフガン復興のために力を尽くす所存でございます。

以上をご連絡いたします。

平成十五年十一月十三日

ＰＭＳ（ペシャワール会医療サービス）総院長　中村哲

資料2

同事件　現地代表・中村哲医師による日本外務省への回答要望（ＦＡＸ）

外務省中東第二課アフガニスタン担当御中

いつもお世話になります。

私どもが十一月十三日に御報告しました件（十一月二日、アフガン・クナール州の灌漑用水路工事現場で、米軍ヘリコプター二機が機銃掃射）につき、米軍より回答があったと聞き及びました。本日の朝日新聞（西部本社版）によると、「現地の米国大使館のシドニー臨時大使が十七日、連合軍副司令官を伴って日本大使館を訪れ、調査結果を報告、謝罪した」とあります。

私どもと致しましても、今後の安全のために、米軍の回答を確認したいと存じます。

上記の件、文書にてお知らせいただければ幸いです。

二〇〇三年十一月二一日

ペシャワール会現地代表　中村哲

資料3

同事件につき米国大使館より日本外務省を通じてなされた報告

ペシャワール会現地代表　中村哲殿

平成十五年十一月二七日

アフガニスタン東部での米軍ヘリコプターによる銃撃事件に関する貴代表からの二一日付ＦＡＸでの御照会に関し、これまで外務省が行った申し入れ及びそれに対し米側よりなされた説明等につき御報告申し上げます。

十一月十二日、在アフガニスタン大使館藤井書記官より藤田ペシャワール病院院長代理及び福元広報責任者に対し本事件につき問い合わせ、また、十三日、貴代表より中東第二課に対し同日付ＦＡＸにて今次事件につき連絡を頂きました。

これを受け、十五日、当時カブールを訪問中の田中外務大臣政務官より、アフガニスタン移行政権シールザイ外務副大臣及び在アフガニスタン米国大使館シドニー臨時代理大使に対し、銃撃があったとすれば遺憾である旨述べると共に、事実関係の確認及び再発防止策の徹底を申し入れました。これに対し、シールザイ副大臣及びシドニー臨時代理大使より直ちに事実関係を究明したい旨応答がありました。

その後、十七日、シドニー臨時代理大使及び連合軍副司令官ククロー大佐より在アフガニスタン日本大使館高川臨時代理大使に対し下記の通り説明があり、併せ謝罪がなされました。右の概要については、十九日、在アフガニスタン大使館藤井書記官より藤田院長代理に御連絡差し上げております。

記

1．事実関係

⑴当該地点におけるペシャワール会の活動について移行政権より報告はなく、当時米国として右活動につき承知していなかった。本件調査も当初は日本ＮＧＯの人員及び車両に対する発砲事件として調査を行ったため、米軍の記録中に本件を発見することができなかったが、その後日本政府側からの更なる説明を受けて公式調査を行ったところ、十一月二日に当該地点で米軍ヘリコプターによる小規模な発砲が行われたことが判明した。

⑵同日、輸送ヘリコプター編隊四機（先頭に大型輸送ヘリ、次に中型輸送ヘリ、攻撃ヘリコプター二機が追随）が高度約二〇〇フィート（約七〇ｍ）で編隊飛行中、当該地点で先頭ヘリコプターが下方に水面の飛沫、泥土の飛散を認めた。無線で連絡を受けた二番機も右を確認し、ドアに据えられた機銃一丁より北側の地面の粉砕部と水流に向けて十〜二〇発の弾丸を発した。地上に攻撃者が認められず、反撃も無いことを確認して即時に射撃をやめた。

⑶護衛位置に付いていた攻撃型ヘリコプターは旋回し、現場を低空飛行して状況を確認したが、攻撃は一切せずに編隊に戻った。何《いず》れのヘリコプターも地上の人員や白いタオル等は視認していない。この地域における唯一の視認記録として残されているのは、山羊乃至《ないし》羊の群を連れ、ＲＰＧ（対戦車砲）を肩にかけて歩いている人間一名のみであった。

地元民も多数参加して進められた工事（03年6月）

2．米からの謝罪

今回の事件に関しお詫びしたい。また故意ではないことを強調したい。しかし米軍ヘリはほぼ毎日地上からの銃撃等の攻撃を受けており、また、戦闘で友人を失っているため非常に敏感になっている。今回は水飛沫や泥土の飛散が機関銃で低空ヘリを射撃するときに水面や地表に出来る痕跡に酷似していたため、警戒して射撃を行った（超低空で飛行する航空機に銃撃を加える場合、打ち始めの銃弾は最初に地面にあたることが多く、航空機の下方の水飛沫、泥土の飛散は機中からはあたかも攻撃のサインのように見えるとのこと）。

3．再発防止策

(1)十六日夜より当該地点にＲＯＺ（Restricted Overflight Zone（飛行制限域））を設定し低空飛行を制限することにした。今後米軍航空機が当該地点を低空で飛行することはない。

(2)コンピューター・システムに正確な地域の情報を入力し今回のような事故を防ぐため、できるだけの情報を日常的に知らせて頂きたい。特に爆発物の使用等は必ず連絡してほしい。また、この種の連絡は政府ルートの他に、ジャララバード米ＰＲＴ（地方復興チーム）司令部にも知らせて頂きたい。ＰＲＴには文民も含まれているので、必要に応じ積極的に接触してほしい。

外務省中東アフリカ局中東第二課長　相星　孝一

資料4

上報告につきペシャワール会側から再度なされた返答

外務省中東アフリカ局中東第二課長　相星　孝一殿

二〇〇三年十一月二八日（送付十二月五日）

ファクスにて文書を受け取りました。以下、ＰＭＳ（ペシャワール会医療サービス）側の返答をお伝えします。

記

1．事実関係で符合しないのは、旋回して確認して、視認したのは「ヤギや羊を連れ、対戦車砲を担いで歩いている人間一名だけだった」という点。現場は約二㎞にわたって六〇〇名以上の作業員、職員が居て、掘削機四台、大型ローダー一台などの重機、ダンプカー数台、トラクター十台以上があり、線状に伸びる水路が視認できないのは奇妙に思われる。「対戦車砲」を確認できるほどの精度ならば、この報告は現場のものとは思われない。

2. 誤爆や誤射が故意でないことは当然である。「毎日攻撃を受け、戦友を失った兵士が敏感になっている」というが、当方にも空爆や誤爆で親族を失った作業員・地域住民が少なからずいて、敏感になっていることにも思いを致して欲しい。

3. 「警戒して射撃した」というのも適切ではない。確認の上攻撃するのが常道である。

4. 再発防止については、ひとえに軍側の注意と責任ある行動による。ＰＭＳは現地の正式行政機関と日本大使館に報告しても、米軍機関とは一切接触することは考えていない。ジャララバード米ＰＲＴ司令部との接触は、「米軍協力者だ」と住民に誤認されて却って危険である。以上。

ＰＭＳ（ペシャワール会医療サービス）総院長
中村哲

79号 ― 2004・4

難工事乗り越え、用水路ついに通水

――用水路は取水口周辺の工事を完了、三月七日一部通水

「非常事態」を宣言

みなさん、お元気でしょうか。昨年十二月以来、殆ど水路建設現場につめていました。再々会報などでお伝えしたように、取水口と堰《せき》の工事が最大の山場を迎えていたからです。

クナール河はヒンズークッシュ山脈最大の川で、河川敷が一㎞以上、最高峰の連山の雪解け水を集め、春先に洪水のような水量が押し寄せます。川の水位が下がる冬季に取水口の工事を済ませないと、一年完成が遅れてしまいます。

このため、十一月末に「非常事態」を宣言、突貫工事らしきものに入りました。「らしきもの」というのは、万事が良くも悪くものんびりした現地で、「突貫工事」など見たことも聞いたこともない人々が多いからです。昨年夏以来、現地・日本側共に奔走して重機をそろえ、レンタルを含めると

掘削機（油圧ショベル・ユンボ）四台、ローダー二台、ダンプカー十二台などがフル回転、PMS（ペシャワール会医療サービス）としては、これまでにない機械力を投入、六〇〇名の作業員と共に、文字通り「決戦」態勢でありました。

小生が何年か毎《ごと》に「過去最大の挑戦」というせりふを述べてきたので、事務局の中には「またか」と思った方もあるかも知れませんが、今度ばかりは生きた心地がしませんでした。かつて十数年前、弾丸が飛び交う場面で仕事をしたこともありますが、今となっては大した苦労ではなかったように思われます。二〇〇一年の空爆下の食糧配給に劣らず、誇張なく、これほど緊迫した状況は生涯でありませんでした。

通水間近の取水口・取水堰（04年3月）

水路建設に従事した日本人ワーカー達（04年3月）

水路建設に携わった日本人ワーカー十六名、殆どが二〇代の若者たちです。強烈な陽射しと冷たい水の中で、現地の人々と一緒に、汗と泥にまみれて働きました。休日返上、朝は五時に起き、時には夜遅くまで、時には冷たい雨の中で必死の作業が続けられました。直接現場に赴く者はダラエヌール診療所に寝起きし、或《あ》る時は現場監督、或る時は先頭で働く作業員、または重機の運転手として、よくそれぞれの持ち場を守りました。この三カ月だけは医療・農業関係のワーカーたちも動員され、カーブルやカラチ、ラホールまで重機の購入に赴いたり、現場で働いたりしました。事務は事務で仕事量が膨大となり、会計、買い付け、事務所管理など、重責をよく果たしました。

アフガン人作業員たちもよく働きました。大半が旱魃《かんばつ》でやられた村の人たちだったので、「水が来る」という希望もあり、士気が高かったと言えます。また、農民たち自身が優れた石工であり、岸壁の石積みや蛇籠《じゃかご》（ふとん籠）の石詰めをたちまち習得し、石工不足の杞憂《きゆう》は苦もなく解消しました。蛇籠のワークショップで熟練工と言えるまでになったのも彼らでした。

一人の殉職者もなく

人々はどうしても華々しい場面だけに眼を向けがちですが、日本では考えられない不便さの中で、資機材の調達や行政との折衝、地元民との交渉、どれ一つとっても、ＰＭＳ全体の総力をあげた協力が必要でした。例えば、蛇籠生産に必要な針金の調達はパキスタンからの輸入に頼らねばなりません。これまで作られた約五千個の蛇籠に使われたワイヤが一〇〇トン以上、買い付けと輸送は全てペシャワールの基地病院が行いました。日本と同様、実に無数の協力が地下茎のように現場を支えていたことを強調したいと思います。それでも、診療はもちろん、井戸関係の仕事が大きな支障なく継続されたことは、奇跡に近く思われます。

ともあれ、三月七日、堰《せき》と取水口水門、貯水池造成、そこまで導水する二㎞の水路は一応の完成を見て通水確認、「非常事態」を解いて一つの区切りとしました。きっと現場で張りつめた気分が続いたからでしょう。三月中旬、一旦帰国して事務局で報告し終えた後、急に力が抜け、虚脱状態でぼんやりと何日も過ごしました。皆がそうでした。職員たちの一部が中途で現場を離れて続々と辞職しました。普段「技術者」を自負して立案に参加した者で、自然の出した答えで机上の空論があっさりと破れ、失意のうちに去った者もいます。小生は六kgの体重減少でしたが、誰もがやつれました。しかし、この張りつめた気合で、犠牲者を一人も出さなかったのではないかと思います（これ程の工事なら普通数名の殉職者が出ても不思議はないそうです）。

補修可能な伝統技術を模倣

特筆すべきは、この水路が決して小生の発案ではなく、先人たちが築いてきた伝統技術の模倣である点です。コンクリートは水門の一部と架橋に使われただけで、殆どが現地で維持可能な伝統的技術が用いられました。肝腎の堰は、基本的に筑後川本流にある山田の斜め堰（184頁の写真参照）が参考になりました。詳細は割愛しますが、結果的に驚くほど似た構造のものとなりました。水路は底面幅四m以上、上部幅六m以上、護岸は高さ一mの蛇籠を二段重ねて水路壁とし、この上に土嚢《どのう》を三段に積んでそ

仮通水の瞬間（04年3月）

完成した取水口に集まった作業員達（04年3月）

の隙間に沢山の柳を植えました。こうすれば、数年のうちに柳の根が水路をバスケットのように地下から包んで保護します。わずか二km区間に植樹された柳は、一万本を超えます。

水路は全長十四kmで、まだまだ先がありますが、今回の突貫工事で半分が出来たといえます。それは、現地で入手できる素材の使い方、重機の扱い、作業員の監督などに習熟し、土質や地形の理解を深め、人々の圧倒的な支持を得たからです。また、敢えて貯水池を水路に組み込んだのも、意味があります。流量の調節もありますが、日本で無数に見られる堤が現地で皆無に等しく、年々消えてゆく山の雪に代って今後重要な役割を果たすと確信されるからです。

あらゆる「正義」が白々しく……

着工を宣言してからちょうど一年、三月七日午後三時半、六〇〇名の作業員、重機の運転手、水路関係のＰＭＳ職員全員が取水口現場に集結し、喜びを共にしました。偶然通りかかったニングラハル州知事が駆けつけ、素直に我々ペシャワール会と日本への感謝と喜びを述べました。職員の中には元タリバーン兵も少なからずいたはずですが、命の前には新政府派も反政府派もありません。全ての数が無限大で割ればゼロになるように、どんなに人為の壁が厚くとも、圧倒的な自然の恵みの前では対立を解消する。平和のカギはここにある。そんなことを実感させた幕切れでした。昨年十一月の「米軍ヘリ銃撃事件」後、「水路現場飛行を避ける」という米軍側の約束にもかかわらず、今日もヘリコプターが、超低空でけたたましく頭上を過ぎて行きます。あらゆる「正義」が白々しく、何やら搭乗する米兵たちが哀れに思われてなりませんでした。

作業は三月十六日に再開、更に努力が必要ですが、これを支えてくれる日本の方々に報告すると共に、心から感謝します。

chapter

II

80号（2004.7）～91号（2007.4）

2004（58歳）

9月、中村医師、イーハトーブ賞を受賞

10月9日、アフガニスタン、大統領選挙が始まる（11月3日、カルザイ氏当選確定）

11月、アフガン政府が「飲料以外の地下水利用禁止」を布告

2005

1月、ダラエピーチ（オキナワ平和診療所《ピースクリニック》）とワマ診療所を地元行政に委譲

4月、マルワリード用水路、取水口から4.8㎞が完成し、第１次灌水開始

5月、コーラン冒瀆報道に対し、ジャララバードで反米デモ。カブールなど他の都市にも拡がる

6月、クナール河流域、30年に一度という大洪水に見舞われる

9月、アフガニスタン議会総選挙

10月、パキスタンで地震、死者5万人を超える

2006

3月、ジャララバード事務所、政府公用地に移転

4月、マルワリード用水路は10.2㎞に達し、第２次灌水を実現、沙漠化していた約500ヘクタールを回復、多くの農民が帰農

5月、ジャララバードで暴動、6月にはカブールでも

7～8月、土石流によりマルワリード用水路の取水口ほか半壊

7月、カルザイ大統領来日

パキスタン政府がアフガン難民の強制帰還計画を実行、難民キャンプの閉鎖、医療施設も活動停止の方針

2007

3月、マルワリード用水路の第１期13㎞が全線開通

4月、井戸が1500ヵ所を超える

80号 2004・7

◎帰還難民増加に備え、用水路は最難関の工事を開始
進まぬ復興、遠のくアフガン
――二〇〇三年度現地事業報告

□二〇〇三年度を振り返って

ペシャワール会が結成されたのが一九八三年九月、小生がペシャワールに着任したのが八四年五月、ちょうど二〇年が過ぎた。しかし、会が事実上ひとり立ちして歩み始めたのは、PMS（ペシャワール会医療サービス）の母体になる団体〔アフガン・レプロシー・サービス〕が八七年に出来てからであるから、満十五歳というのが正しかろう。「思えば遠くへきたもんだ*」というのが実感で、思いは語りつくせない。自分が生きて、こうして報告書を書いていることさえ、不思議である。

世の中には分からないことが多い。特に二〇〇〇年からの大旱魃《かんばつ》に次いで、〇一年の「9・11」とアフガン空爆の大騒ぎから、私たちが何気なく信じている多くのことが、案外錯覚や誤った認識に基づいていて、どうもインチキくさい世界に生きていることが肌身にしみて解ってきた。「9・11以後」という言葉をよく耳にする。確かに表層の現象を追えば、何かが突然変化したように思える。だが現地から見える光景は少し違う。世界と人間は何も変わっていない。人間の分限を超えた思い上がりと欲望とが、亡霊となって膨らみ、私たちにとり憑《つ》いているのだ。恐ろしいのは、「文明の正義」と称し、自省なくそれに踊らされ、簡単に殺し、嫉み、憎み、党派心を起し、傷つけあうことである。私たちの文明は人類の発生から続く野蛮の上に張る薄い氷の膜に過ぎない。ここ数年の凶暴な国際社会の動きは、それを実証した。今や「民主主義」ですら、戦争の正当化に使われるという、面妖《めんよう》な世の中になってしまった。

それでも、変わらぬ人の良心に私たちは耳を傾ける。それは「国際〇〇」でくくられる擬似的な普遍性ではない。いつの時代でも、どんな場所でも人を慰め、人を戒める事実である。我々は限られた時間で、限られた空間の中で生きてゆかざるを得ない。現地活動もそうで、「国際協力」でなく「地域協力」である。縁あって長くなり、大きくなったに過ぎない。時流に乗せられて、何かの享楽の手段や、一見権威ある声に惑わされてはならない。脚下照顧という。我々に欠けているのは「進歩」ではなく、人としての自省である。これがある限り、世界的な破局は恐れるに足りない。敵は我々の中にある。これが二〇年のささやかな結論である。

□二〇〇三年度の概況

二〇〇三年度はペシャワール会が始まって二一年目である。〇一年十月の米軍によるアフガン空爆、「対テロ戦争」という名の新たな軍事戦略は、「9・11以後」として世界中を揺さぶった。破壊と復興支援が対となり、その論理は「民主化」、「テロ防止策」として、先進諸国に説得力を持ち、イラク・パレスチナを初め、イスラム世界で猛威を振るった。事情を知る者が強く警告したように、対テロ戦争、武力による「民主化」は、テロリスト予備軍を大量生産した。復興支援で潤う一握りの都市中産階級をのぞけば、少なくとも東部アフガンで米軍と外国勢力の存在を快く思う者はほとんど居ない。

取水口から2㎞地点に造成中のD沈砂池（04年7月）

イラク占領の「手本」とされたアフガン問題は世界の関心から遠ざかった。明るい「復興」の報道の後、あたかも民主国家成立が着々と進んでいるかのような印象を残し、アフガニスタンは再び忘れ去られた。しかし、米軍や同盟軍への攻撃は後を絶たず、パキスタン北西辺境州自治区にアルカイダとタリバーン勢力が潜伏すると見た米軍は、二〇〇三年秋から大規模な作戦を展開した。だが、自治区住民は頑強に抵抗し、東部アフガン（クナール州、ニングラハル州、ローガル州、カンダハール州）の国境地帯は混乱している。

さらに、イラク侵攻・統治に忙殺される米軍は、功を焦って民政に関わり始め、一方で軍事的関与をＮＡＴＯ（北大西洋条約機構）諸国に求めつつ、他方国連と協力して八〇億ドルの巨費を投じて「二〇〇四年九月の総選挙実施」を演出しようとしている。地元民は「イギリスの悪知恵、アメリカの軍事力、日本のカネの三位一体だ」と陰で揶揄《やゆ》している。対日感情は今後、いっそう悪化するだろう。〇四年五月、現地のニュースで「日本軍（陸上自衛隊）をアフガン派遣」と報ぜられるや、一般民衆の間で不信感が一挙に広がった。ＰＭＳでは、自衛のため泣く泣く日章旗を塗りつぶし、緑の旗に変えた。これは日本人として屈辱的であった。〇三年十一月、ＰＭＳ水路工事現場で米軍ヘリが我々を襲撃したが、これはごく一例に過ぎない。現地では度重なる誤爆の犠牲者に加え、捕虜虐待、枯葉剤の散布などで外国人への敵意が潜行拡大している。

事態は選挙どころでないのが実態で、パキスタンだけで一六〇万人と言われる難民の困窮はほとんど改善されなかった。大半が飢餓に直面し、故郷から避難先へ舞い戻ったのである。世界に散発的に伝えられたのは、首都カーブルを初めとする大都市の現象と政治的動向だけであった。しかも支援の七割以上が国連・外国NGOを通して与えられたので、いくら米軍に擁立された政権とはいえ、アフガン政府は官吏の薄給さえ支払えず、カルザイ政権自ら援助機関を経由しない「直接の援助」を訴える有様であった。麻薬撲滅も、国軍創設も、武器回収計画も、思うように進んでいないのが現実である。

二〇〇〇年に本格化した大旱魃は四年目を迎えたが、いよいよ深刻化している。〇三年四月、WFP(世界食糧計画)は「三〇年ぶりの大豊作」を予告したが、わずかに雨が増えたのみで雨水に頼る小麦作はことごとく壊滅、予言は当たらなかった。逆に〇三年十二月から期待された高山の降雪量は異常に少なく、〇四年度の旱魃と砂漠化はさらに進行するものと思われる。事実、PMSが完成した井戸は次々と涸れ始め、地下水位の異常な低下が至る所で観察されている。国民の八割以上を占める農民たちの実情を考えると、「アフガン国家の破綻」は決して戦争や政治問題でなく、異常気象=砂漠化によってもたらされることは確実だと思われる。

しかも、この旱魃が突然現れたのではなく、十年以上をかけて徐々に悪化の一途をたどっていることを考えると、為政者も外国援助団体も、その深刻さに戦慄すべきであろう。国家を底辺から支えてきた農村の分解が促進され、飢えた流民が大都市にあふれる。彼らは決して明るい「アフガン復興」の話題に上らない。そして、アフガン社会のモラルを強固に支えてきた不文律、農村の掟が弛緩し、外国製の「民主化」が強要される。混乱は必至だと考えざるを得ない。彼らの生活安定以外に、治安の改善も、国家再建の道もないというのが我々の見方である。

PMSの活動概観

以上のような状況下で、PMSとしては医療に加えて二〇〇〇年夏以来、飲料水源の確保に奔走してきたが、〇三年六月までに一千カ所の完成を見た。しかし、農業以外に生活手段がない所では、たとい故郷に居ても生計が成り立たない。そこで、〇三年度は、農業用水の確保を本格化し、「緑の大地計画」の実施段階に入った。

これまでにもカレーズの再生、灌漑《かんがい》用井戸の掘削を手がけてきたが、二〇〇三年三月、全長十四㎞の用水路建設が着工した。〇四年三月現在、二㎞の難所を完成、さらに工事が進められている。

医療関係は、これまで通りの活動が継続されている。パキスタン最北端のラシュト、アフガン東部山岳地帯のダラエ・ヌール、ダラエ・ピーチ、ヌーリスタン(ワマ)の各診療所では十三年を経て、住民たちとの絆は不動のものとなった。現在の水源事業も農業計画も、その基盤の上に成り立っていることを忘れてはならない。ダラエ・ピーチ渓谷の「オキナワ平和診療所《ピースクリニック》」は、二〇〇三年九月に落成、十二月までに移転を完了した。

ダラエ・ヌールの試験農場では、乾燥に強い作物栽培の研究、茶などの換金作物の試みが継続されている。しかし、旱魃の悪影響は予想を上回り、思ったほどに事は進んでいない。今後も息の長い活動が必要である。

なお、日本人ワーカーが増員され、二〇代の青年層の働きが目立った。

□二〇〇三年度事業報告及び〇四年度の計画

1. 医療事業

二〇〇三年度は十六万三八九名が診療を受けた。ペシャワール基地病院、各診療所の実績は表1~3の通りである。ダラエ・ピーチ渓谷の「オキナワ平和診療所《ピースクリニック》」は、〇三年九月に落成したが、同時期に米軍の活動が活発となり、建設・移転が難航した。ワマ診療所も改築中、ラシュト診療所は増築中である。

PMS基地病院では、高給を求める医師、看護師、検査技師が大挙してカブールに移り、一時診療態勢が危機に陥った。その上、水路建設事業のための重機や資機材調達、急増した日本人ワーカーの世話に忙殺されて過重な負担となったものの、よく持ちこたえて従来規模の診療が継続されている。藤田〔千代子〕院長代理の指導下で、中山〔博喜〕会計担当、仲地〔省吾〕医局長、坂尾〔美知子〕検査技師らが長期に安定して働き始めたのは大きな成果であった。

二〇〇三年度（〇三年四月から〇四年三月）の診療数は表1のとおり。

検査件数は四万九七三三件で、内訳は表2、3の通り。

2. 飲料水源確保事業

二〇〇〇年七月、旱魃被害の著しかったダラエ・ヌール診療所付近に端を発した本事業は、空爆下でも休みなく続けられ、〇三年六月には作業地一千カ所

表1　2003年度 各診療所の診療数

	一般外来	ハンセン病	てんかん	結核	マラリア・リーシュマニア	外来総数	のべ外傷治療	入院		入院総数	診療総数
								ハンセン病	一般		
PMS病院	49,437	110	656	36	298	50,537	6,162	178	1,595	1,773	58,472
ラシュト	4,566	4	0	5	9	4,584	151				4,735
ダラエ・ヌール	40,632	12	219	2	1,815	42,680	1,409	-	-	-	44,089
ダラエ・ピーチ	32,548	3	76	0	2,873	35,500	1,652	-	-	-	37,152
ワマ	14,667	0	10	20	272	14,969	972	-	-	-	15,941
計	141,850	129	961	63	5,267	148,270	10,346	178	1,595	1,773	160,389

を超え、〇四年六月現在、一二〇〇カ所に迫った。ダラエ・ヌール下流域は、最も飲料水源に恵まれた地域となり、同地の腸管感染症は激減、住民のほとんどがパキスタンから戻った。トルハム（カイバル峠）は、給水設備をも整備、理想的な形で住民自治会の手で自主管理され、全バザール数百軒への給水が可能となった。三年前の水無し地獄を思うと今昔の感がある。

しかし、地下水位の低下、帰還難民の増加などで、他地域の水欠乏は至る所でいよいよ深刻である。今後は、最大の人口を抱える旱魃地帯、ソルフロッド郡やシェイワ郡北部、ダラエ・ヌール上流域に拡大する。かなりが再掘削をくりかえし、ボーリング掘削も増加している。

二〇〇四年六月現在の状態は以下のとおり（表４）。

今後も活動地は旱魃の最も甚だしいニングラハル州に限定、三年以内に総数二千以上の井戸の完成を目指す。しかし、一千本の井戸の全面管理を行えば、新規掘削が不可能に陥る。そこで、二〇〇三年度は完成井戸から次々と住民への受け渡しを始めた。維持は今後、村民の自主管理を進めさせ、ＰＭＳによる直接管理から「自主管理支援」の方針を採る。

なお、灌漑用井戸、カレーズ〔11頁の用語集参照〕は今後、用水路と共に「灌漑計画」の一つとして述べる。

表2　各診療所の検査件数の内訳

	血液一般	尿	便	抗酸性桿菌	マラリア・リーシュマニア	その他	検査計
PMS病院	3,491	2,956	2,256	638	2,353	16,710	28,404
ラシュト	0	0	0	0	0	0	0
ダラエ・ヌール	1,764	1,148	1,451	34	4,839	269	9,505
ダラエ・ピーチ	1,672	1,889	2,243	5	3,869	292	9,970
ワマ	412	381	632	0	207	222	1,854
計	7,339	6,374	6,582	677	11,268	17,493	49,733

表3　PMS基地病院検査数の内訳

血液	3,491	心電図	789
尿	2,956	超音波断層写真	5,014
便	2,256	心エコー	326
らい菌塗沫検査	184	細菌	114
抗酸性桿菌	638	体液（髄液・胸腹水等）	42
マラリア血液フィルム	2,227	他	1,751
リーシュマニア	126	内視鏡	1,127
生化学	2,502	病理組織検査	0
レントゲン	4,861	小計	28,404

表4　水源確保事業の現状

（ ）内は完成した井戸・修復したカレーズの数

	飲料井戸	灌漑井戸	カレーズ	計
ダラエ・ヌール	319（263）	11（9）	38（38）	368（310）
ソルフロッド郡	437（384）			437（384）
ロダト郡	223（202）			223（202）
カイバル峠	2（2）			2（2）
アチン郡	167（166）			167（166）
計	1148（1017）	11（9）	38（38）	1197（1064）

3. 灌漑事業

⑴カレーズ：これまでダラエ・ヌール中下流域で三八ヵ所の復旧を手がけ、何《いず》れも水を得ている。推定灌漑面積は約四〇〇～五〇〇ヘクタール。しかし、今年は水量の減少が著しく、しばらく観察を続ける。

⑵灌漑井戸：二〇〇一年六月に試掘した大口径の灌漑井戸は、一本当たり二五ヘクタール前後を灌漑できる。カレーズの恩恵に浴さなかったダラエ・ヌール渓谷下流域、ブディアライ村、ソレジ村では、〇三年度内に十一ヵ所を手がけ、うち九本が完成。全部で約二〇〇ヘクタール以上を潤した。今のところ著しい水位減少は見られていないが、次第に減少が予想され、かつ「地下水争い」も発生しつつあるので、急増せず、次に述べる大河川からの用水路を引いた後、再考する。

E工区に造成中の道路下トンネル（04年7月）

⑶用水路：詳細はこれまでの会報を参照。アフガン東部で最大の川、クナール河から水を引き、ニングラハル州北部の旱魃地帯（何れもダラエ・ヌールからの水系に頼っていた地域）、クズクナール地域全体、ブディアライ村最下流域、シェイワ郡北部の約二千数百ヘクタールを一挙に灌漑する計画である。全長十四km、予定流量が毎秒四～五トン、これによって小麦・トウモロコシの二毛作が可能になった場合、養い得る人口は、子供を含めると十万人を超える。

実際の着工は二〇〇三年五月十三日で、紆余《うよ》曲折の後、〇四年三月までに取水口から二kmを完成した。現在、最大の難所である次の三kmの工事に集中、ペシャワール基地病院の直轄で進められている。今夏中に完成すれば、クズクナール地域の約三分の二、約五〇〇ヘクタールが先に潤せる。

パキスタン北西辺境州に難民として逃れていた農家は、噂を頼って徐々に帰り始めた。現在、荒廃していた家屋が灌漑予定地に続々と復活している。この水利事業に携わる作業員は、二〇〇三年度だけで延べ約十四万人。大半が水の到来を待つ農民である。第一期工事十四kmは〇四年度内に完成予定。その後は改修を重ねて、三年以内にアフガン政府と地域住民自治会に譲渡する。

4. 農業計画

ダラエ・ヌールの試験農場では、様々な試みがなされて

サイレージで発酵させた飼料を食べる畜牛（02年12月）

いる。小麦、トウモロコシの二毛作が基本だが、二〇〇三年度はサツマイモが広がる期待を持たせた。さらに収穫高を上げるために、土壌の改善、品種の選定の研究と実施が地道に行われている。場所によっては、果樹、茶などの換金作物も試みられている。畜産の前段階でソルゴーなどの飼料のサイレージ（67頁の注参照）も奨励されようとしている。

しかし、用水路の突貫工事が二〇〇三年十二月に始まると、日本人ワーカーが駆り出されて行き届かず、現在立て直しが図られている。

5．ワーカー派遣事業

事業規模が拡大の一途をたどり、さらに積極的に人材が送られた。しかし、仕事に慣れるまで最低一年以上を要するので、「ボランティア」という名称を廃止、「ワーカー」と称し、任期を二年以上とした。今後は長期派遣者が増えるよう工夫する。専門家については数ヵ月毎《ごと》の定期派遣を

表5　現地派遣ワーカー

氏　名	職　種	派遣開始	現在
◎医療（PMS病院）			
1 藤田千代子	院長代理・看護部長	1991年9月	継続中
2 藤野洋子	会計補佐	1999年10月	定期派遣03年8月終了
3 中山博喜	会計担当	2001年4月	継続中
4 仲地省吾	医局長	2002年2月	継続中
5 M・T	連絡員	2002年7月	継続中
6 坂尾美知子	臨床検査技師	2002年7月	継続中
7 近藤真一	ダラエヌール薬局	2003年1月	継続中
8 白井大悟	医師	2003年4月	03年10月終了
9 紺野道寛	連絡員	2003年7月	継続中
10 柴田俊一	医師	2003年8月	03年12月終了
◎水源・農業計画（ジャララバード支部）			
11 目黒　丞	（旧）支部責任者	2000年12月	04年1月終了
12 川口拓真	支部会計担当	2002年3月	継続中
13 橋本康範	支部責任者	2002年6月	継続中
14 馬場哲司	支部会計担当	2002年9月	03年9月終了
15 宮路正仁	農業計画・井戸計画	2002年11月	継続中
16 清宮伸太郎	水路計画	2003年2月	04年2月終了
17 鈴木　学	水路計画	2003年3月	継続中
18 大越　猛	事務・井戸計画	2003年4月	04年4月終了
19 鈴木祐治	ダラエヌール診療所受付	2003年6月	継続中
20 伊藤和也	水路計画	2003年12月	継続中
21 本田潤一郎	事務	2004年1月	継続中
22 小宮秀章	水路計画	2003年9月	04年3月終了
23 高橋　修	農業技術顧問	2002年3月	定期派遣
24 長嶋　透	土木技術顧問	2002年3月	定期派遣03年9月終了
25 石橋忠明	土木技術顧問	2003年12月	定期派遣
◎2004年度新規ワーカー（6月末現在）			
26 前田裕之	診療放射線技師	2004年4月～5月	短期派遣
27 松永貴明	水路計画	2004年4月	継続中
28 進藤陽一郎	水路計画	2004年5月	継続中
29 神戸秀樹	水路計画	2004年5月	継続中
30 鬼木　稔	水路計画	2004年5月	継続中
31 紺野勝寛	土木技術顧問	2004年6月	短期派遣

行なっている。二〇〇三年度には表5のワーカーが送られた。なお、適性をみるための期間を三ヵ月とし、その上で任務を決定または帰国するのを原則としている。

□PMSの現状　（二〇〇四年六月現在）

◎医療事業関係職員：一二五名（パキスタン・プロジェクト六六名、アフガン・プロジェクト五二名、日本人ワーカー七名）、うち医師二二名、看護三九名、検査十一名、薬局二名、ワークショップ二名ほか。

・ペシャワール会現地代表、PMS総院長　中村　哲

・PMS病院長代理　藤田千代子

・PMS管理委員会　イクラムラ事務長　ジア副院長　藤田看護部長

◎水源事業職員：九八名、作業員約八〇〇名（うち用水路平均四八〇名）。

◎農業・畜産関係：二名。日本人ワーカー計九名。

◎医療／緑の大地計画とジャララバード支部の役割

⑴医療計画（PMS病院直轄）は当面、既設の以下の診療所に限定、診療所を基点に周辺へフィールドワーク〈巡回診療〉を行う。

①場所②カバーする人口③一日外来診療能力

・ラシュト診療所……①パキスタン・チトラール北端②約二万人③五〇名

・ダラエ・ヌール診療所……①アフガン・ニングラハル州②約七万人③一五〇名

・ダラエ・ピーチ診療所……①アフガン・クナール州②約十二万人③一五〇名

・ワマ診療所……①アフガン・ヌーリスタン州西部②約四万人③八〇名

⑵飲料水源事業はPMS病院の指名する管理委員会の指揮下。ダラエ・ヌールは総合特別地区として、診療所内にダラエ・ヌール事務所を併設。支部長はPMS総院長兼任。事務関係の補佐を橋本兼任。

⑶灌漑・用水路事業（PMS病院直轄、支部が協力）は当面、PMS総院長が直接指導、ジャララバード支部が協力。

⑷農業・畜産（ダラエ・ヌール渓谷に限定して試行）は日本人ワーカー二名がダラエ・ヌール常駐。二〇〇二年から十年計画。担当・橋本。

＊中原中也の詩「頑是ない歌」に想を得て福岡市出身の武田鉄矢率いる海援隊がヒットさせた曲のタイトル。

81号　2004・10

◎イーハトーブ賞受賞に寄せて

わが内なるゴーシュ

——愚直さが踏みとどまらせた現地

セロ弾きのゴーシュ

まず授賞式に出席できなかったことを深くお詫び申し上げます。現在アフガニスタンでは未曾有《みぞう》の旱魃《かんばつ》が更に進行し、数百万人が難民化していると言われています。この旱魃で数え切れぬ人々が飢餓に直面していました。実際、多くの人々が私の目前で命を落としました。

しかし、四年前の「アフガン空爆」以後、華々しい「復興支援」の掛け声にもかかわらず、徒《いたずら》に政治情勢や国際支援のみが話題となり、人々の本当の困窮はついに国際世論として伝わらなかったのです。そこで私たちとしては、国民の八割以上が農民であるアフガニスタンで、何とか現地の主食である小麦の植付け前に、多くの土地を潤そうと、一年半前から用水路建設に着工、今この挨拶を現場で書いています。小生が居ないと進まぬことが余りに多く、どうしてもここを離れられません。おそらく「ヒデリノトキハナミダヲナガシ／サムサノナツハオロオロアルキ」というくだりをご記憶の方ならば、理解いただけるかと、非礼をば省みず、書面で受賞の辞をお送りします。

小生が特別にこの賞を光栄に思うのには訳があります。

この土地で「なぜ二〇年も働いてきたのか。その原動力は何か」と、しばしば人に尋ねられます。人類愛というのも面映《おもは》ゆいし、道楽だと呼ぶのは余りに露悪的だし、自分にさしたる信念や宗教的信仰がある訳でもありません。よく分からないのです。でも返答に窮したときに思い出すのは、賢治の「セロ弾きのゴーシュ」の話です。セロの練習という、自分のやりたいことがあるのに、次々と動物たちが現れて邪魔をする。仕方なく相手しているうちに、とうとう演奏会の日になってしまう。てっきり楽長に叱られると思ったら、意外にも賞賛を受ける。

私の過去二〇年も同様でした。決して自らの信念を貫いたのではありません。専門医として腕を磨いたり、好きな昆虫観察や登山を続けたり、日本でやりたいことが沢山ありました。それに、現地に赴く機縁からして、登山や虫などへの興味でした。

天から人への問いかけ

幾年か過ぎ、様々な困難——日本では想像できぬ対立、異なる文化や風習、身の危険、時には日本側の無理解に遭遇し、幾度か現地を引き上げることを考えぬでもありませんでした。でも自分なきあと、目前のハンセン病患者や、旱魃にあえぐ人々はどうなるのか、という現実を突きつけられると、どうしても去ることが出来ないのです。無論、なす術《すべ》が全くなければ別ですが、多少の打つ手が残されておれば、まるで生乾きの雑巾でも絞るように、対処せざるを得ず、月日が流れていきました。自分の強さではなく、気弱さによってこそ、現地事業が拡大継続しているというのが真相であります。

岩盤によじ上って測量する中村医師（03年7月）

よくよく考えれば、どこに居ても、思い通りに事が運ぶ人生はありません。予期せぬことが多く、「こんな筈ではなかった」と思うことの方が普通です。賢治の描くゴーシュは、欠点や美点、醜さや気高さを併せ持つ普通の人が、いかに与えられた時間を生き抜くか、示唆に富んでいます。

遭遇する全ての状況が——古くさい言い回しをすれば——天から人への問いかけである。それに対する応答の連続が、即ち私たちの人生そのものである。その中で、これだけは人として最低限守るべきものは何か、伝えてくれるような気がします。それゆえ、ゴーシュの姿が自分と重なって仕方ありません。

私たちは、現地活動を決して流行りの「国際協力」だとは思っていません。地域協力とでも呼ぶ方が近いでしょう。天下国家を論ずるより、目前の状況に人としていかに応ずるかが関心事です。

世には偉業をなした人、才に長けた人はあまたおります。自分のごとき者が賞賛の的になるなら、他にも……と心底思います。しかし、この思いも「イーハトーブ」の世界を心に刻んだ者なら、「この中で、馬鹿で、まるでなってなくて、頭のつぶれたような奴が一番偉いんだ」（「どんぐりと山猫」）という言葉に慰められ、一人の普通の日本人として、素直に受賞を喜ぶものであります。

どうもありがとうございました。

◇本稿は二〇〇四年九月二一日、岩手県花巻市で行われた宮沢賢治学会イーハトーブ賞（主催：花巻市／選考：宮沢賢治イーハトーブセンター）授賞式において、欠席した中村医師に代わり福元満治広報担当理事（当時）によって代読されたものです。

82号 2004・12

悪化する治安と風紀、病院へ大きな余波

——灌漑用水路は五km地点を掘削中

荒れる民心、乱れる風紀

みなさん、お元気でしょうか。

ペシャワールもジャラライバードも、暑い夏が過ぎたと思ったら、たちまち寒い冬の到来です。夜は底冷えして、毛布が二枚要ります。

アフガニスタンは相変わらずで、九月頃から選挙だの何だのと、政治的なお祭り続き。一万三千名の米軍は去ることができず、特に用水路掘削現場では、毎日超低空で往来が激しくなっているようです。カーブルを初め、東部諸都市でも爆破事件が絶えません。

日本人が特別に誘拐の対象になっているという警告が来たり、外国NGOや国連機関の職員が外出を見合わせたり、何だか、ますます住み難《にく》くなったように思えます。かつての静かなペシャワールのたたずまいを思い出させたジャララバードも、車両と排気ガスであふれ、喧騒と不安全に包まれています。

決して皆がそうではありませんが、民心も変化し始め、露骨な拝金主義が浸透しています。私たちPMS（ペシャワール会医療サービス）の基地病院、診療所、ジャララバード事務所でも、多くの職員たちが高給を求めて去りました。時には、あからさまな賃上げ要求などがあります。

奇妙なのは、教育を受けた人々、都市の知識層にこの風潮が強く、享楽的かつ退廃的な風潮が同時に首都カーブルに蔓延《まんえん》していることです。「教育、教育って言っていたが、何を教えるんだろう」と、つい考えてしまいます。

「日本人は甘い」と思われがちですが、どっこい、こちらも一筋縄でゆかぬ頑固者。理不尽な要求に対しては、これまで、「どうせゼロから始めたのだから、全員解雇してでもまたやり直せ」との態度で臨んできました。現在、第二波の人事更迭《こうてつ》、事業内容の見直しが進みつつあり、「アフガン空爆」や「復興ブーム」以来、何だか荒らされた挙句《あげく》の後始末に追われているようで、楽しい気分になれません。おまけに、日本政府の政治的思惑で対日感情が悪化、事業に支障を来《きた》すとあっては、ふんだりけったりです。政治や権力というものが、ますます嫌になりました。

過去数年で最も酷《ひど》い旱魃《かんばつ》

ところで、アフガニスタンは異常気象つづき、水害の日

本とは逆に、河川の水量の激減がさらに進行しています。五年目に入った旱魃は、さすがに識者たちの注意を引き始めました。今年五月になり、やっとＷＦＰ（世界食糧計画）が、「今年は過去数年間のうち、最も厳しい旱魃で食糧生産が低下」と初めて危機を訴えました。最近、カーブルの新政権が「地下水利用の灌漑《かんがい》禁止」を全土に命じたのも、その表れです。私たちの飲料水源確保グループの井戸は一三〇〇本を超えましたが、その半数が「完成」の後に再び涸れ、再掘削をくりかえして得られたものです。

かくて、「アフガン問題」が、決して民主化や教育などでなく、実は人々の生命、人間の生存に関わるものであることが誰の目にも明らかになってきました。結局、「戦争どころではなかったのだ」と、心ある者なら考えるでしょう。

護岸に植えた柳も成長（04年12月）

復活し始めた村落

クナール河から引かれる用水路工事は、十二月現在、取水口から約五㎞まで進み、来年一月末までに第一期の灌漑が予定されています。約三〇〇ヘクタールを潤した後、最終地点のブディアライ村からシェイワ郡まで、さらに七㎞。約二千ヘクタールの農地回復を目指します。

これに合わせて、水路予定地沿いには続々と村落が復活し始めました。これまで掘った約二㎞の水辺には、柳で覆われた緑のベルトが確実に希望を伝えてくれるようです。冬に入り、大挙して山を下ってきた遊牧民たちと、しばらく植樹をめぐる攻防戦*です。水辺の柳は伊達に植えているのでなく、その根が護岸して水路を守るからです。これまで植えた一万五千本のうち、二五％ほどが根づきました。さらに二万本が今冬に植樹されます。

「希望は決して人の世界にはなく、自然の恵みにあるのだ」と、まるで隠者のように、背丈以上に成長した柳の林で、水と緑に心を和ませる今日この頃です。

＊羊やラクダは幼木を好物にしている。『医者、用水路を拓く』141頁に詳しい。

83号
２００５・４

◎灌漑用水路は第二次通水、ついに田畑への灌水開始
失望と希望のアフガン復興
――アフガン国内二診療所、政府へ委譲

「結局外国に利用されたのだ」

みなさん、お元気でしょうか。

「アフガニスタン」は、もう余りに話題性から遠ざかり、本当は何が起きているのか、知る人が案外少ないのではないでしょうか。四年前の「アフガン空爆」、そして「復興支援・東京会議」。自由とデモクラシーの到来、国際テログループを匿《かくま》う極悪非道のタリバンが倒れ、女性はブルカを脱ぎ、教育が受けられる。難民たちも帰り始め、着々と国家再建が進んでいる。……そんな錯覚を残したまま、再び、いや四度、アフガニスタンは忘れ去られつつあります。

そもそも、アフガニスタンでは特殊中の特殊地域とも言うべきカブールでの出来事が、あたかも全土で起きつつあるかのような報道が私たちを欺いてきました。米国は「アフガニスタンの成功例」に倣《なら》って、イラク侵略を強行して理不尽な戦争を正当化したし、日米同盟に呪縛される日本の政治家も、「断固としてテロと戦う」と繰り返しました。

おかげさまと言うべきか、以前は日本人であるが故に安全であった現地も、日本人であるが故に狙われる。復興支援とは名ばかりのプロジェクトが横行し、今や「ＮＧＯ」は国連や米軍と共に、軽蔑と攻撃の対象となるに至りました。

事実は、米軍は初めの一万二千名から一万五千名に増派され、「アルカイダ討伐」は今も続いています。テロ事件は大都市を中心に増えており、行政組織の整備はなかなか進みません。旱魃《かんばつ》は依然として猛威をふるい、職にありつけることを期待して戻った難民は都市にあふれ、不満が鬱積《うっせき》しています。

わが活動地の東部地域でも、相当数がパキスタン側に再難民化しています。人々の思いは、「結局、外国勢に利用され、不必要な戦争で虫けらのように扱われた」というのが普通の考えでありましょう。空爆による一万人以上の犠牲は、殆どが罪のない市民であり、その悲しみは、ついに世界に伝わることがなかったのです。

ダラエ・ピーチとワマ診療所、活動停止

小生が怒りをこらえて「復興」の結末を報告せざるを得ないのは、一九九一年以来、実に十五年間、手塩にかけて育

てた、山村部の二つの診療所が活動停止に追い込まれたことです。あの空爆中ですら、診療所は何事もなく職員の月例交替を実施し、休みなく活動を続けていました。それなのに何故停止したのか、説明が要ります。この現実そのものが、「復興」の実態の一端を伝えることになるでしょう。

これらの診療所は、ヌーリスタンという山奥の村とその下流ダラエ・ピーチ渓谷という何《いず》れも辺鄙《へんぴ》な場所にあり、十年以上、人々の唯一の医療機関として守られ、頼りにされてきました。活動できなくなった理由は、先ず米軍の「アルカイダ掃討作戦」が活発化し、これに住民（決してテロリストではない）が抵抗、交通の安全が保障されなくなったことです。更に、新行政の失策がありました。大半のNGOは現在、カブール市内に集中、首都に限定された活動を行なっています。一方、新政権もまた、権力の及ぶのは首都のみと言える状態。政府部内では、復興支援がNGOや国際機関を通して行われるので、いくら米国の擁立した政権とはいえ、国家事業ができず、外国団体に強く不満を持ちます。

だが不満を持っても、政府側に財源がない。勢い、カブール市内で政府と外国団体とが取引して、事業のスタイルが決定されることが多くなる。医療行政もそうで、とんでもない机上論が政策として横行することになります。

農村地帯に行きたがらぬNGOに批判が高まり、外国医療支援団体を地方別に振り分け、強制的に責任をもたせる方法が採用されました。その結果、ヌーリスタン・ワマ診療所、ダラエ・ピーチ診療所（オキナワ平和診療所《ピースクリニック》）はEU（欧州連合）に財源を頼るEMI（European Movement International、一九四八年設立のロビー団体）という組織が統括することになりました。つまり、私たちPMSがその傘下で、その規則に基づいて活動を行わねばなりません。ところが、規則が妥当であれば良いのですが、診療時間が九時から十二時まで、午後は休診、医療職員のローテーションによるPMS基地病院での訓練は認められぬことになりました。僻地《へきち》に集めにくい医師の利便性や、ひしめくNGOの割振りを机上で発案したものらしく、ただでさえ医療職員の流出に苦慮してきたPMSは致命的な打撃を受けることになりました。

患者はダラエ・ヌール診療所が対応

こうして、「一日中診療、急患なら夜でも診《み》る」というPMSの方針、「定期的に基地病院で訓練させて診療の質を維持する」態勢は不可能となりました。

しかし、ここは外国です。当方としては、誤っていると思っても、行政方針に抵抗はできません。小生の指示で、診療所とその設備を行政機関へ委譲したのは、今年一月のことでした。それに、「援助団体が米軍の武力に守られながら押し寄せるなら、存在意義も薄れる」との判断があったのです。

最後の交替チームが戻ってきたとき、心の中で泣きました。心ない軍事活動や外国団体の功名心、患者を思わぬご都合主義、これが「アフガン再建」なのかと、大切なものを踏みにじられた思いでした。気持ちは当の住民たちも同じでした。未だに、「ＰＭＳ診療所再開」の陳情が頻繁に届けられます。当方としては、「もし、再び無医地区にもどる事態があれば、考慮する。今は政府に逆らうわけにはいかない」としか答えられません。

その後、あれほど強気だった医療行政＝ＮＧＯは、ヌーリスタンに現れず、新設のダラエ・ピーチでも、まともな診療が行われていないことを知りました。背後に米軍の民生局が関与しており、銃剣に守られる事業は、「米軍の手先」としか映らぬからです。今はただ、本当の改善を祈るばかりです。ＰＭＳはアフガン内では、ダラエ・ヌール診療所を中心に同渓谷全地域を担当し、医療サービスを充実しながら、政情を見守る方針へと切り替えました。

今私たちが最も力を注ぐのは、人々が生きてゆけるようにすることです。六年目に入った大旱魃は、自給自足のアフガニスタンの食料自給率を六〇％以下に落としました。今年二月になって、やっと降雪と降雨の増加がみられ、人々は旱魃が和らぐ気配を感じています。しかし、せっかくの山の雪も、三月になって強烈な日差しが照りつけ始めると、日に日に薄くなっていきます。人々はため息をつきながら、山々を見上げています。

分水門やサイフォンがあるH地区。多数の作業員や重機を総動員しての作業（05年3月）

それもその筈、今回の大旱魃は、決して突然やってきたのではなく、十年以上前から、年毎《としごと》に減少する山の雪と中小河川の水量低下で、農地の砂漠化が徐々に進行してきたのを知っているからです。「カネはなくとも生きていけるが、雪がなくては生きられない」、これがアフガニスタンです。砂漠化は想像を越えるものがあり、九割が農民・遊牧民であるアフガニスタンに戦争以上の打撃を与えました。少なくとも、東部農村地帯での大量難民の発生は、実は旱魃だったのです。それが教育や政治問題にすりかえられたことに、人々は怒りを隠しません。

ついに灌漑《かんがい》を開始

さて、このような中で、私たちが「水源確保」を最大の事業とし、二年前から灌漑用水路に着手したことは、会報を通じて度々お知らせしてきました。

用水路は全長十四km、うち最難関である四・八km地点までを完成し、現在六km地点を仕上げつつあります。三月にいったん通水した後、決壊箇所を改修し、四月初め、第一弾の灌漑が開始されようとしていることを、喜びを以《もっ》て伝えたいと思います。

着工から二年目にして、文字通り心血を注いでここまでこぎつけました。作業規模は拡大の一途をたどり、二〇〇四年度は全精力をこれに集中しました。作業員が、多い時は七〇〇名を超え、重機も大量に投入、今年三月に稼動していた数は、ダンプカー三二台、掘削機（ユンボ）七台、ローダー五台、削岩機二台、ローラー四台です。岩盤の発破作業は、昨年春に三万発を超えたところで記録が途絶えていますが、おそらく今年度はそれをはるかに上回ります。

第2次通水の瞬間。近隣の子ども達も大勢集まってきた（05年3月）

詳しくは、次の会報でふれますが、物量の最大を投入したのが、G地点という岩盤周りの埋立作業でした。高さ十七m、底部幅四〇m、全長一・一kmに及ぶ長大なもので、一年八カ月の時間を要しました。これに大量植樹を加えて堅固なものにし、壮大な緑の丘を築き、転圧（ローラーなどを用いて土を締め固めること）を十分加えてから掘削、頂点の岩盤沿いに幅六mの水路を置きました。

この完成で、不可能と言われたクナール河からの灌水《かんすい》が現実化しました。砂漠化した大地がよみがえるのが時間の問題となりました。四月中に、クズクナールという地域の殆ど、推定四五〇ヘクタールに水が注がれます。砂漠化した無人の荒野に、次々と家が建てられ始め、人々が耕作の準備をしています。よみがえった村々に、子供たちの遊び声があふれ、水路の作業で見かける男たちが乾いた畑を整地しています。ウルドゥ語が通じるものが多いので、尋ねると、七、八年前に水が途絶えて、パキスタンに出稼ぎで住んでいたと言います。つまり難民たちは、水が来ると噂に聞いて故郷に戻ったのです！

この瞬間の笑顔のために、この二年間苦労してきたことを思えば、心温まり、嫌なことも、疲れも、消えてしまいます。

工事はまだまだ続きますが、会員の皆様の理解とご支援に感謝いたします。

84号
2005・6

第一弾五〇〇ヘクタールの灌漑始まる

――二〇〇四年度現地事業報告

□二〇〇四年度を振り返って

狂気の時代である。グローバリズムが国際暴力主義と結合して、面妖《めんよう》な世情になってしまった。だがアフガニスタンでは、今に始まったことではない。もう二〇年以上前の「ソ連軍侵攻」から現在の状態は先取りされていた。即ち、文明の普遍性と正義の名において、軍靴《ぐんか》が平和な農村を踏みにじり、無数の犠牲を生み出してきたからである。

滅びた「正義」に、別の「正義」がとって代わる。時には、「民主主義」や「平和」の仮面をかぶって戦争が正当化される。だが、その実態は、少なくともアフガニスタンでは明瞭である。私たちは、いとも簡単に市民社会だとか、市民運動だとかを語るが、途上国の一般大衆には先ずもって「市民権」がないことを報告しておきたい。何百万の人々が死亡しても、まるで「市民」のペットが死ぬよりも軽いことであるかの如く報ぜられる。そして、その報復があることを「国際社会」が漠然と恐れる。不安は現実化する。共通の敵意と不安を共有して世論が動くとき、恐るべき破局が待ち受けていることを知らねばならない。みな、だまされてはならない。このような「正義」が、そんなに長続きするものではない。

D地区にある沈砂池の3連水門（05年5月）

平和を語るに消極的な日本の民心を眺めるとき、漠然と「生活や身を守る戦争なら……」という無力感と不安が忍び込んでいるのを観る。戦後、日本の民心を正気に連れ戻してきたのは、吾々の先人たちの無数の血の犠牲、その記憶たる戦争体験であった。日本は加害者であり、同時に被害者でもあった。そして、その限りにおいて、日本は「平和」の発言者たり得たのである。今まさに、先人の犠牲の結実たる平和憲法の改正が、現実の虚像に基づいて大した抵抗もなく受け入れられようとしているのは、耐え難いことである。

「対テロ戦争」とは、実体のない亡霊との戦いである。こんなものに先人たちの死を無駄にし、私たちの子供たちを供えてはならない。平和は軍事力で達成できないことを私たちは見てきた。砂漠からよみがえった緑の大地に立つとき、文字通り地についた平和な感情に支配される。そして、この実感は座して得られたものではなく、命の尊さを共有しようとする努力の結実であることを知る。日本から遠いアフガニスタンの農村地帯にあって、本当の平和が実感できる幸せを感謝したい。

敵は吾々の内にある。

□二〇〇四年度の概況

1. 概況

二〇〇一年十月の米軍による「アフガン空爆」以後、翌年一月の復興支援東京会議で沸いたアフガニスタンは、すでに忘れ去られたように見える。この間、世界の耳目《じもく》は首都カブールの政局の動向にのみ注がれ、一見安定したかのような印象だけを残した。「アフガン復興」の結末は今でこそ、謙虚に総括されるべきである。

米軍による「アルカイダ討伐作戦」は、なお続いており、東部地域（クナール州、パクティア州、ザーブル州、ヌーリスタン州など）の戦闘はむしろ拡大している。米軍は初めの一万二千名から一万六千名に増強され、連日各地で米軍襲撃や爆破事件が絶えず、治安は明らかに悪化している。二〇〇四年九月、カルザイ政権が正式の選挙手続きを経て、新内閣を発足させたものの、権力の及ぶのは依然として点と線である。

五年目の旱魃《かんばつ》はやはり厳しく、農業国家たるアフガニスタンの食料自給率は六〇％以下に落ちた。故郷で暮らせぬ農民たちが、イラン・パキスタンから帰還した難民と共に、職のないまま大都市にあふれ、政情の不安定化に貢献している。ジャララバードでは、二〇〇五年五月、米兵による「コーラン冒瀆《ぼうとく》事件」が伝えられるや、街頭デモが半ば自然発生的に起き、学生二名が射殺された。このため、暴徒化した群集が国連や外国NGOの事務所を襲撃、一時東部の支援活動はマヒ状態に陥った。

1日700名以上の作業員が用水路建設に汗を流している（05年3月）

各地に飛び火した暴動は、追い詰められた住民たちの心情の一端を物語るものであった。大衆の多くが無言の支持を与えていたからだ。ア

第２次通水により、480ヘクタールへの本格的な灌漑が始まった（05年4月）

フガン空爆と復興ブーム以後の一連の動きは、必ずしも飢えた大衆の救済に役立ったとは言えない。一触即発の危機は、「銃剣に守られる復興支援」が続く限り、消滅しないことが浮き彫りにされた。

　国民の貧窮は至る所で矛盾を生み出した。米軍に擁立されるカルザイ新政権でさえ、「援助の大半が外国団体を通して与えられ、有効に活用されない」との強硬意見が主流となり、二〇〇四年九月、大幅な外国ＮＧＯの淘汰に乗り出したが、ＮＧＯを担当する経済省大臣が辞職する一幕もあった。

　二〇〇四年前半、アヘン生産は急増を続け、世界の麻薬の七割以上をアフガニスタン一国で占めるに至った。〇五年になって、六年ぶりに降雨・降雪が見られ、旱魃は和らぐ気配を見せている。しかし、長期的には、温暖化の過程の一休止期としか思われない。

　ＰＭＳ（ペシャワール会医療サービス）は、これまでと少しも変わらず、アフガン東部の活動を続けてきた。飲料水源（井戸）は一四〇〇ヵ所を超え、三五万人の離村をくい止め、「難民帰還」に貢献したとはいえ、砂漠化による農村の荒廃は目を覆うばかりであり、二〇〇四年度は全力を用水路建設に傾けた。

　病死の背景には不衛生と栄養失調があり、十分な食糧（農業生産）と清潔な飲料水こそが、健康と平和の基礎であり、国家再建の柱だという確信は、今後も変わらない。また、遠からず来る米軍の撤退による混乱を思えば、最優先を灌漑《かんがい》計画に置かざるを得なかったのである。二〇〇五年四月、用水路建設は着工から二年にして最難関の岩盤地帯（取水口部から四・八㎞）を突破し、五月二〇日、公式に「クズクナール地域四八〇ヘクタールの灌漑成功」を地方行政に伝えた。工事はにわかに進展し、六月九日現在、全長十四㎞中、工事の先端は十・四㎞に延ばされ、七㎞地点までの導水を確認した。

　しかし、活動の建て直しを余儀なくされることもあった。医療活動では、医師層の流出に悩まされ、かつ米軍の活動が奥地にまで及んで職員の安全が保たれなくなった。二〇〇五年一月、一九九二年以来続いたダラエ・ピーチ（オキナワ平和《ピース》診療所《クリニック》）、ワマ（ヌーリスタン）の二診療所を涙を呑んで行政側に譲渡、ＰＭＳのアフガン内診療所をダラエ・ヌール渓谷（人口五万）に絞った。飲料水源事業では、帰還難民の急増によって活動地が広大な地域に拡散、管理困難に陥って、現在態勢を立て直している。

　試験農場では、飼料生産でアルファルファが根づき、イモ類などで一定の成果が上がったが、成果を論ずるのはまだまだ先である。

表1　2004年度 各診療所の診療数と検査件数の内訳

国名	パキスタン		アフガニスタン		
地域名	ペシャワール	ラシュト	北東部山岳地帯		
病院・診療所名	PMS	ラシュト	ダラエ・ヌール	ダラエ・ピーチ	ワマ
外来患者総数	39,675	4,754	43,747	31,519	10,228
（内訳）　一般	38,662	4,745	40,765	29,596	9,877
ハンセン病	75	2	1	6	0
てんかん	699	1	261	90	10
結核	63	0	17	2	0
マラリア	176	6	2,703	1,825	341
入院患者総数	1,291	-	-	-	-
（内訳）　ハンセン病	169	-	-	-	-
ハンセン病以外	1,122	-	-	-	-
外傷治療総数	4,239	157	1,530	1,591	773
手術実施数	33	-	-	-	-
検査総数	24,568	2	7,282	7,291	355
（内訳）　血液一般	2,926		1,032	909	30
尿	2,865		1,215	1,343	65
便	1,904		1,125	1,478	112
抗酸性桿菌	293		0	76	0
マラリア・リーシュマニア	1,785	1	3,231	2,828	148
その他	14,795	1	679	657	0
リハビリテーション実施数	7,045	-	-	-	-
サンダル・ワークショップ実施総数	117	-	-	-	-

表2　PMS病院検査数の内訳

血液	2,926	心電図	768
尿	2,865	超音波断層写真	4,175
便	1904	心エコー	214
らい菌塗沫検査	113	細菌	0
抗酸性桿菌	293	体液（髄液・胸腹水等）	24
マラリア血液フィルム	1696	他	2,052
リーシュマニア	89	内視鏡	542
生化学	3,012	病理組織検査	0
レントゲン	3,895	小計	24,568

２．医療活動

　二〇〇四年度は、ダラエ・ピーチ診療所（オキナワ平和《ピース》診療所《クリニック》）、ワマ（ヌーリスタン）診療所の二つを失った。その顛末《てんまつ》は会報八三号に紹介したので繰り返さない。これが軍事活動＝復興支援の結末かと、病院職員一同が悲しみ、寒々とした気分にならざるを得なかった。だが、住民の陳情に応えて、「一時撤退」の姿勢を崩していない。長期的には、住民に必要とされる限り、戻るつもりである。

　パキスタンのラシュト診療所、アフガニスタンのダラエ・ヌール診療所はこれまで通り。特に唯一残されたアフガン側の診療所では、地域全体をＰＭＳ管轄とし、より質の高い診療充実を目指している。

　ペシャワールの基地病院は、数少ないアフガン難民の診療施設と

表3　水源確保事業の現状

( ) 内は完成した井戸・修復したカレーズの数（2005年3月26日現在）

	飲料井戸	灌漑井戸	カレーズ	計
ダラエ・ヌール	400（337）	11（9）	38（38）	449（384）
ソルフロッド郡	538（447）			538（447）
ロダト郡	256（225）			256（225）
カイバル峠	4（2）			4（2）
アチン郡	171（171）			171（171）
スタッフ用	20（17）			20（17）
その他	15（11）			15（11）
計	1404（1210）	11（9）	38（38）	1453（1257）

掘削中の飲料井戸（05年4月）

して、逆に重要性を増している。殆どの医療団体と医師層がカブールに移ったにもかかわらず、貧困な難民層は依然としてペシャワールにも多数存在する。また、ハンセン病の合併症をまともに診療できる施設が皆無の中、他病院と競合せぬよう、皮膚・神経疾患を重点的に診《み》られるよう配慮している。年度実績は表1、2の通り。

3. 飲料水源（井戸）事業

二〇〇五年三月末現在、作業地、利用可能な水源数は表3のとおり。しかし、この中にはトルハム国境のように、大きな給水塔を備えて数本で地域全体（約五千名以上）をまかなうものから、僅か数家族しか使えぬものまで、様々である。さらに、ダラエ・ヌールのブディアライ村のように人口の少ないところに密集したり、アチン郡のようにまばらに散在するなど、地域によってまちまちである。

二〇〇四年度はこの状態をいったん解消、数は少いが恩恵が多くの人々に及ぶよう、態勢立て直しの努力が開始された。

4. 農業関係

飼料生産で実が上がったと思えるものは、アルファルファの普及である。「シャフタル」という現地のもの（アルファルファ原種）よりも明らかに優れており、徐々に一般化している。サイレージ〔67頁の注参照〕の簡便法は、その効果判定に時間がかかりそうである。イモ類も一時期、期待を持たせたが、これも調理法など、現地の好みに合わせる努力が要る。

換金作物として有望な茶の栽培は、土壌の改良（弱アルカリ性土壌の中和）、日射量や湿度の調整で苦心しており、二〇〇四年度は試験農場をダラエ・ヌール渓谷上流、標高約二千mのウェーガル村に拡大、地道な努力が続けられている。

5. 用水路（真珠川《マルワリード》）事業

二〇〇三年度以来、最大の力を注いできた本事業は、着工から二年、〇四年度末になって、やっと本格的な展望が開けた。〇四年四月に始まった沈砂池（取水口から一・六km）造成は、一年がかりで完成、これによって夏の濁流を清水に変え、浚渫《しゅんせつ》の手間がかからぬ質の良い水を送れるようになった。

両岸に挿《さ》し木したコリヤナギの成長は予想以上で、時期の良かったものは、一年で四m以上成長、取水口から沈砂池まで緑のベルトが続いている。現在約六km地点まで、水路沿いに更に六万本が挿し木されて緑を伸ばそうとしている。

挿し木用の柳（05年5月）

また、現地の専門家をして「奇跡」と呼ばしめた高い岩崖《がんがい》周り（取水口から四～五km地点）の水路は、周囲一・一kmの長さにわたって、高さ十七m、幅四〇m以上を埋め立てて頂点を掘削、蛇籠《じゃかご》（ふとん籠）を両岸の骨格とし、PMS独自で開発した軽量セメント（現地の一般的な土である「ハウル」に二%前後のセメントを混ぜたもの）を岩石の隙間に流し込み、成功したものである。一般に盛り土上のセメント構造の水路は、ヒビが入ると隙間から漏水、泥土が流出して大きな決壊につながるが、使用した「軽量セメント」は、表面は一見モルタルに似ているが、土の性質を残しているので、小さな漏水があれば膨張した粘土塊となって隙間を詰める。一カ月間水を流し続けて観察、殆ど漏水しないことを確認し、二〇〇五年五月二〇日、公式に「クズクナール地域四八〇ヘクタール灌漑」をニングラハル州政府に報告した。

流量は予想をはるかに上回り、最大可能流量が毎秒八トン以上、その十%以下の分水量で、小麦やトウモロコシなら五〇〇ヘクタールを灌漑できることが実証された。損失水量を考えても、確実に数千ヘクタールの旱魃地帯を灌漑し得る。工事の速度は、一挙に加速された。二〇〇五年六月九日現在、工事の最先端は十・四km地点まで一気に伸び、七km地点までの通水を確認している。

6. ワーカー派遣事業

二〇〇四年度に送り出されたワーカーは表4の通り。二〇代の若者の活躍に、六〇歳前後の年長者が加わり、大きな成果を挙げている。

表4　現地派遣ワーカー

	氏　名	職　種	派遣開始	現在
◎医療（PMS病院）				
1	藤田千代子	院長代理・看護部長	1991年9月	継続中
2	中山博喜	会計担当	2001年4月	継続中
3	仲地省吾	医局長	2002年2月	05年2月終了
4	M・T	連絡員	2002年7月	04年10月終了
5	坂尾美知子	臨床検査技師	2002年7月	継続中
6	鈴木祐治	ペシャワール事務	2003年6月	継続中
7	紺野道寛	ダラエ・ヌール診療所薬局	2003年7月	継続中
◎水源・農業計画（ジャララバード支部）				
8	川口拓真	用水路	2002年3月	05年1月終了
9	橋本康範	農業計画	2002年6月	05年3月終了
10	宮路正仁	井戸担当	2002年11月	継続中
11	近藤真一	用水路	2003年1月	継続中
12	清宮伸太郎	用水路	2003年2月	04年2月終了
13	鈴木　学	用水路	2003年3月	05年3月終了
14	大越　猛	事務・連絡員	2003年4月	04年4月終了
15	伊藤和也	農業計画	2003年12月	継続中
16	本田潤一郎	用水路	2004年1月	継続中
17	松永貴明	支部会計	2004年4月	継続中
18	進藤陽一郎	農業計画	2004年5月	継続中
19	神戸秀樹	井戸担当	2004年5月	継続中
20	鬼木　稔	用水路	2004年5月	継続中
21	重住正幸	事務	2004年9月	継続中
22	西野大介	用水路	2004年9月	05年7月終了
23	杉山大二朗	用水路	2005年2月	継続中
24	村井光義	事務	2005年3月	継続中
◎定期・短期派遣者				
25	高橋　修	農業技術顧問	2002年3月	定期派遣
26	石橋忠明	用水路	2003年12月	短期派遣
27	紺野勝寛	機械整備	2004年6月	短期派遣
28	前田裕之	診療放射線技師	2004年4月	短期派遣
◎2005年度新規ワーカー（2005年7月初現在）				
29	芹澤誠治	井戸担当	2005年4月	継続中

□二〇〇五年度事業予定

(1)医療活動

ペシャワール基地病院はハンセン病および類似疾患、皮膚—神経疾患に重点を置いて改善し、診療の量よりも質を高める方針をとる。アフガン内のダラエ・ヌール診療所は、渓谷全体の人口をより充実して診療し、モデル・ケースとなるよう集中する。医師数は激減したが（八名）、活動地域の縮小があり、十分可能である。

(2)井戸事業

上半期は完成井戸の住民への譲渡＝自主管理を徹底して進め、下半期から公共性の高いもの（数少なく且《か》つ受益者の多いもの）を着実に積み上げてゆく。住民が独力で出来るものは手をつけない。

(3)灌漑事業

マルワリード（真珠）用水路の十km地点までの年内完成。ブディアライ村の暴れ川の治水。最終地点までの用地収用を確実に進める。

(4)農業関係

引き続き、茶の栽培の試み、家畜飼料などの研究を行う。

朗報　砂漠が水郷に！

小麦の収穫を前に、雨乞《ご》いしていた農民には青天《せいてん》の霹靂《へきれき》、突然背後を突くように大量の水が流れてきたので、大変な騒ぎと喜びに包まれていました。これまで、「Irrigation project（灌漑《かんがい》計画）」と称するNGOや国連の看板は多く目にしましたが、何《いず》れもポンプ小屋を設置するだけで、川の水を汲むにも八時間で一ジェリブ（約二千㎡）当り、一二〇ルピー要りました。ヘクタール当り六〇〇ルピーですから、いくら現金収入を得ても、維持費に消えてしまいます。また、農村女性にとって何が辛いかといえば、水汲みでした。彼女らの日課のひとつが川からの水汲みです。それが、家の前に水が来る。村人たちの喜びは想像できるでしょう。

試験農場での田植え（05年6月）

なお、天水と川水のポンプ汲み上げでかろうじて農耕していたのが、約八〇〇ジェリブ（一六〇ヘクタール）で、これも分水路の灌漑可能面積に入れています。

また、クズクナールの低地はシェイワ地域に連続しています。シェイワの中心部は旱魃《かんばつ》でも生き残るほど水が豊かですが、問題は冬のクナール河の水位です。取水部の改修を繰り返しても、多量の土の粒子を含む濁流が川を埋めてしまい、冬の取水が困難になります。そこで、この分水路をシェイワ盆地上流の水路網に連結すれば、秋と冬の水欠乏は解消します。いったい、どの程度の水量が必要か、調査を進める予定です。

シェイワ郡の山側は、最も旱魃がひどく、数千家族が難民化していると見られています。これについては、PMSの主水路が二年後に到着すると、大半は潤せると見ています。

水路工事はまだ半ばですが、PMSを支える日本側とアフガン側の並々ならぬ協力により、この事業がやっと第一弾の灌漑に至ったことを、感謝と喜びを以《も》って報告します。

●灌漑用水路建設工事の進捗状況（二〇〇五年四月現在）

最難関の四～五km区間（FとG地区）を無事突破、分水路とサイフォン（11頁の用語集参照）部を完成、四月五日に再確認して、翌日六日よりクズクナール方面、翌々日七日よりスランプール平原部へ灌漑を始めた。現在、水路はさらに延び、四月十五日現在、サイフォンから一三〇〇m地点を完成した。

85号　2005・9

◎三〇年に一度の洪水と集中豪雨
自然の恐ろしさも、恩恵も思い知りました

農地冠水の危機回避

みなさん、お元気でしょうか。

暑い夏も去り、水路現場はこれから本番に入ります。しかし、世界中で起きているように、現地も今年は異常気象続きでした。四月に事務局から訪問者が訪れたときは、この五年間になかった降雨や降雪があり、春の山々は美しい銀白の頂を青空にくっきりと浮かび上がらせました。「今年は旱魃《かんばつ》が和《やわ》らぐ」と誰もが期待していたのです。至る所にお花畑が現れ、これが本当に沙漠だったのだろうかと思いました。だが、これが恐るべき天災の予兆だとは誰も考えなかったのです。

六月中旬から気温がぐんぐん上がり始め、六月二三日、ジャララバードで摂氏五三度、観測記録を更新しました。せっかく降った雪が急速に解け始め、インダス河の支流の一つであるクナール河流域も、三〇年に一度という大洪水に見舞われました。

日々続けられる護岸林への水やり（05年7月）

私たちが建設中の用水路は、このクナール河から引く水です。川の水位が例年より一・五m以上増水、作業地沿いの村々だけで十数名が行方不明となり、上流で襲撃されて死亡した米兵十六名のうち、一人が水没した村で見つかりました。

私たちも命が縮む思いでした。取水口の水門は堰板《せきいた》方式で、平年の夏の最高水位より一・二m高くとっていました。それがたちまち越えられそうになり、あわてて水門を高くする緊急作業を行いました。もし濁流が水門を越えたり、激しい流水圧で破壊されると、とんでもないことになります。濁流で水路が壊れると、道路や村々は大変な被害を受けた上、私たちの計画は非難どころか、莫大な賠償を請求されて終わってしまいます。生きた心地がしませんでした。

幸い、ワーカーの鬼木〔稔〕さんが偶然、水門の改修工事をしていて、間一髪《かんいっぱつ》、堰板を増やし、危うく苦境を切り抜

けたのでした。その後、まさかと思っていた場所、地面の上に二〇m盛り土した地点で、下の村が水没して川の一部となってしまい、下からの洗掘《せんくつ》で八八mにわたって崩落しました。必死の作業で一週間後には復旧しましたが、折悪しく、四月の灌漑開始でやっと、砂漠化した地域に農作物の植え付けが行われたばかりです。これを枯らすと、信用をなくしてしまいます。さすがに慌てざるを得ませんでした。

水路決壊に「感謝」

九月に入り、今度は現地でも稀《まれ》だという局所的な集中豪雨で水路内が増水、造成中の土手に大きな決壊を起しました。非難があるかと思ったら、下手《しもて》の村人から感謝がきました。下流にシェイワという大きな農村地帯がありますが、ここを潤す既存水路の取水口が、六月の大洪水のとき三m以上土砂で埋まってしまい、復旧の見通しが立たぬまま、秋となって川の水位が下がり、取水が困難になって村人たちが途方に暮れていたのです。そこに、私たちの用水路からの余り水や、決壊による雨水が涸れたシェイワの水路へ流れ込み、息もたえだえのトウモロコシの枯死を防いだのでした。工事は中途ですが、数千ヘクタールを灌漑し得ることが図らずも実証され、泣くべきか笑うべきか、戸惑っています。

洗掘で崩落した、交通路を兼ねた堤防（05年6月）

　現在、私たちの用水路工事の先端は、八・五km地点を超えつつあり、報告ではいかにも順調のようですが、泣き笑いの連続です。改めて自然の恐ろしさも、恩恵も思い知りました。都合の良いところだけつまみ上げて、人間だけ恩恵を受けるわけには行かないのが自然です。自然とは利用すべきものでなく、和解して恵みを請い、同居すべきだという人の分限を弁《わきま》えるべきなのでしょう。「天は良い者の上にも、悪い者の上にも、雨を降らせられる」*という当然の事実を悟りました。私たちの仕事も、人間が決めた善悪の彼岸にあるのでしょう。水の恵みをひたすら天に祈り、川をにらむ今日この頃であります。

＊「マタイによる福音書」五章四三～四五節のイエスの言葉。「天の父は、悪い者の上にも良い者の上にも、太陽をのぼらせ、正しい者にも正しくない者にも、雨を降らせて下さる」。

86号 2005・12

◎用水路は九km地点、六〇〇ヘクタールの灌漑達成
甦る緑の大地

変わらぬ「アフガン問題」

みなさん、お元気でしょうか。

今年もいろんなことがありましたが、アフガニスタンは相変わらず、波乱含みです。

偶《たま》に日本に帰ると、「もう現地はおちついたんですか」と、よく訊かれます。私がびっくりして、「とんでもない。ますます悪くなっている」と答えると、相手も驚きます。「四年前までのタリバン政権時代のほうがマシだった」と言えば、もっと驚かれます。果ては「テロリストのシンパ」などと怪しまれても困るので、それ以上は話さなくなりました。世の話題は移ろいやすく、ニューヨークのテロ事件直後、あれほど官民上げて騒がれた大事なことも、まるで嘘のように水に流されてしまったようです。しかも、誤解や偏見を残したまま、漠然とした不安と危機感だけが残り、猛々しい防衛論や、平和憲法の改正論がもっともらしく横行するのを観るにつけ、寒々と致します。世の中には変えない方が良いものも沢山あり、やたらに改革すれば幸せになるとは思えません。

試験農場で採れた茶葉（05年10月）

さて現地では、米軍や外国駐屯軍への襲撃は増える、難民の数が減らない、治安は悪い、旱魃《かんばつ》は続く、対日感情は悪くなる、人々の暮らしはちっとも良くならない。事実を述べれば明るいことは少ないです。おまけに、今年は大洪水と地震が加わり、踏んだりけったりです。四年前、タリバン政権が崩壊して「アフガン復興」が話題になったとき、「アフガン問題は忘れ去られるだろう。しかし、われわれの方針はこれまで変わらなかったし、今後も変わらないだろう」と述べました。事実、パキスタン在住のアフガン難民の数は当時二〇〇万人、このうち百数十万人がその後一年で帰還したと伝えられたにもかかわらず、今年の報告では、「今なお三〇〇万人がいる」（UNHCR＝国連難民高等弁務官事務所）と、不思議な数が報告されています。

灌漑地では田畑の造成が進み、続々と民家が建ち始めた（05年11月）

「アフガン問題とは、政治や軍事問題でなく、パンと水の問題である」。アフガン空爆の折、私たちは声を大にして叫び続けてきましたが、遂に大きな問題としては知らされませんでした。旱魃は、明らかに年々悪化の兆しを見せています。国土の八割以上を占める農村地帯で、自給自足の村々が確実に消えてゆく。村に住めなくなった人々が職を求めて大都市にあふれ、さらにパキスタンに難民化する。この構図は少しも変わっていません。

実は「アフガン再建」はこれからなのです。しかし最早、議論に厭《あ》きました。この中で、「誠実に救援活動を継続するだけではダメだ」という意見も耳にします。確かに、現場にいて様々な現実を目の当たりにすれば、一種の焦燥《しょうそう》感と悲憤に駆られます。おそらく、「テロリスト」たちも、この現実から無数に生まれてきます。偏見のない報道や、「貧困キャンペーン」など、正しく現実を伝えることも大切でしょう。でも、せめて手の届く範囲くらいは力を尽くして周りを明るくすることは出来ます。私たちＰＭＳ（ペシャワール会医療サービス）は、無い知恵をふりしぼり、変わらずに活動を続けています。

六〇〇ヘクタールの灌漑を達成

今年の大きな出来事は、予定十四㎞の用水路のうち、九㎞地点までを仕上げ、五月までに六〇〇ヘクタールの灌漑を達成したことでした。起工式以来二年、それも予定送水量、毎秒八～十トンのうち、約八分の一の量で出来たので、数千ヘクタールの灌漑は現実の目標となりました。地元民、現地職員、日本からの有志が一体となり、文字通り泥まみれ、汗まみれで行われ、目前で砂漠化した田畑がよみがえってゆくのは、誰にとっても大きな喜びでした。

一草一木もなかった所に、生命が躍動する。帰ってきた難民たちの家々が水路沿いに建ち並び、子供たちや家畜が仲良く水浴びをし、主婦が洗濯をします。鳥やトンボが舞い、アメンボが水面を歩く。小魚が群れて泳ぎ、水辺には自然の水草と、四、五ｍ以上にも成長した柳並木が陽に映えて鮮やかです。

一同大いに励まされ、工事は急速に進展しました。植樹は水辺に柳の木約五万本以上、確実に根を下ろしています。

冬に向けて、今年はさらに桑の木が数千本、乾燥した斜面にオリーブの木が予定されています。土地を肥やすためにレンゲの野草化も試みられます。

対照的に、米軍のヘリコプターや装甲車がけたたましく通過するのも日常になってしまいました。学校や道路建設などの「復興資金」をめぐって、醜いことがたくさん起きていることも見聞きしました。暴力とカネが虚構を以《も》って世を圧する世界にあり、実のある自然の恩恵を以って対するのは、心ある者にとって一つの希望でもあります。「ぼんやり眺めればただの荒野、涙をもって眺めれば流民の群、気力をもって見れば竹槍」*（田中正造）ではありませんが、人災によって砂漠化した荒野の緑化を実現することによって日本の良心の気力を示し、事実を世に訴え続けたいと思っています。

みなさんの協力に感謝すると共に、事業の継続を願ってやみません。来年もどうぞよろしくお願いします。

＊田中正造（一八四一～一九一三）の言葉。「毒野も、ウカト見レバ普通の原野ナリ。涙ダヲ以テ見レバ地獄ノ餓鬼ノミ。気力ヲ以テ見レバ竹槍、臆病ヲ以テ見レバ疾病ノミ」（田中正造書簡　明治三四年十二月七日）

87号
2006・4

第二次灌水目前、現場には活気が漲《みなぎ》っています

用水路はブディアライ村に到達

今、用水路建設現場のアフガン人職員たちの間で、静かな気迫がみなぎっている。着工からまる三年、技師たちの殆《ほとん》どが辞職する中、残って黙々と働いて辛苦を共にした職員たちが、やっと今年度の目標地点に到達しようとしているからだ。

第一期工事十四㎞のうち十㎞地点で、用水路は目標のブディアライ村に入る。そうすると、旱魃《かんばつ》で砂漠化した大地の大半を潤すことになる。昨年度初め、二〇〇五年五月に四八〇町歩《ちょうぶ》〔約四・八㎢〕の第一次灌漑《かんがい》を達成し、まもなく第二次、数百町歩が更に加わることになる。それが一週間後に迫っているのである。

しかも、これまでと異なるのは、アフガン人職員自ら休日を返上して、一種の熱気が彼らを支配していることである。彼らが自ら進んで突貫工事に邁進《まいしん》する姿は今まで稀であった。

しかし今、作業員も職員もはつらつと仕事を進めている。

これには日本で余りに知られていない背景がある。現地で進行する大旱魃は半端なものではない。大部分が農民である難民は増えに増え続け、現在パキスタンには三〇〇万人が居ると発表されている。この数は二〇〇二年の「アフガニスタン復興支援ブーム」の時の二〇〇万人をはるかに超えている。政治現象や演出された「復興」をよそに、難民は増えているのだ。

ブディアライ村の試験農場で開かれた収穫祭(05年11月)

アフガン空爆以後、人々は苦々しい思いで、一連の出来事を眺めてきた。とくに復興支援で落ちる外貨に浴さない貧しい農民たちはそうである。昨年WFP（世界食糧計画）は、かつて一〇〇％に近かった食料自給率が六〇％を下回ると警告した。だが、今年の冬の降雨量は異常に少なく、旱魃はさらにひどくなると予想されている。食糧すらまともに生産できないのに、復興支援のカネだけがだぶつく。当然、諸物価が高騰し、治安悪化がこれに拍車をかける。加えてイスラム諸国の暗いニュースは、敬虔《けいけん》なイスラム教徒である現地の人々を気落ちさせる。

十数万人分の食糧生産を射程に

このような中で、「アフガン問題は先ずパンと水の問題である」と訴え続けてきた私たちPMS（ペシャワール会医療サービス）にとっても、用水路建設は要《かなめ》の事業であった。数え切れぬ苦労の末、広大な面積が灌漑に浴し、人々は沙漠が緑の耕地に変貌する姿を実際に目撃した。多くの難民たちが帰農したばかりではない。三年間関わり続けた職員たちもまた、この仕事に精神的なよりどころを見出したと言っても過言ではない。

これに嬉しいおまけがあった。建設中の用水路の下手《しもて》に、「シェイワ・カナール」という古い用水路がある。昔から二千町歩〈約二〇㎢〉の広大な耕地を潤してきた北部ニングラハル州最大のものだった。ところが、昨年夏の大洪水で取水口が破壊され、冬場の取水が困難になった。我々PMSが助力しても、やっと例年の水量の半分を確保できたのみで、小麦の生産に大打撃を与える寸前だった。そこに、私たちPMSのマルワリード（真珠）用水路の余水が流れ込み、例年並の小麦収穫を確保した。現在、同水路の約五〇％以上の水量が私たちの水路のものである。しかし吾が用水路の能力は、これだけを潤して、予定送水量の五分の一にも満たないので、図らずも「数千町歩の灌漑、十数万人分の食糧生産」が、決して夢でないことが実証された。

灌水目前、地元に活気

三月十五日、新たに通水した場所から灌漑ができる村の住民に「一週間で水を送る」と通告、残り一km地点に全ての作業員と重機が殺到した。作業員といっても殆どが周辺農民である。枯死寸前の小麦畑への灌水《かんすい》がどれほど重要かをみな知っている。今から一ヵ月の灌水が収穫の成否を決定する。彼らが再難民化するかどうかの瀬戸際なのである。みな固唾《かたず》をのんで見守り、たいていの人々は快く協力を申し出る。オンボロの重機と、埃《ほこり》まみれの作業員、一見粗野でみすぼらしくとも、吾が用水路建設班の一団は、すばらしく活気にあふれて頼もしい。

これまで灌水した約五〇〇町歩〔約五㎢〕は、既に一面の緑の畑で埋め尽くされ、水路沿いに植えた数万本の柳の新緑が陽に映えて美しい。日本から助っ人にかけつけた若者たちも、真っ黒に日焼けして別人のようにたくましく、現地に溶け込んでいる。

たまに日本のニュースを聞くと、現地と余りに対照的で、別世界のようだ。それが何なのか、深く考えたことはなかったが、作業現場にいると分かるような気がしている。造花と野草の相違のようだ。ここにはパソコンはおろか、電気もテレビもないが、逆に情報の洪水に惑わされることもない。人と人、人と自然の関係も、直接かつ単純である。こちらが胸を開けば相手も開く。争いも多いが、温かいふれあいがある。水の恵みをかみしめ、手を汚して土にふれる。一方、日本を見ると、僅かな出来事で一喜一憂、日本人はだんだん気短かで観念的となり、大らかさが減ってきたような気がしてならない。居るには居るが、住みにくくなっているのは事実である。自分を見つめたり、自己主張することで人は救われない。むしろ我執《がしゅう》を去ることで得るものが数多《あまた》あり、道が開けるような気がする。

ついにJ地区まで水が到達（06年3月）

とまれ、ここには、天の恵みの実感、誰もが共有できる希望、そして飾りのないむき出しの生死がある。

この仕事を支える日本の方々に感謝し、年度末の報告に代えさせていただきます。

88号
2006・6

悪化する情勢をよそに、用水路は一五〇〇ヘクタールの灌漑を達成
――二〇〇五年度現地事業報告

□二〇〇五年度を振り返って

「アフガン問題」は、知れば知るほど底が深い。旱魃《かんばつ》対策に奔走するようになってから、更にその思いを深くする。伝わらぬ実情に不満を覚えるだけではない。ここに至って、地球規模の環境の激変、「グローバリズム」の名の下に進行する、グロテスクなカネ社会の膨張と都市化、そしてその結末を既にして垣間見る気がする。この潮流が手っ取り早く富を求める欲望に支えられているとするなら、私たちは、先進諸国を動かす欲望の集積と対峙していることになる。そして、その一員たる自分自身とも対峙しているのだ。

侵される側の立場に立てば、暗い鬱憤《うっぷん》が湧いてこないこともない。国益の名の下に戦争が正当化され、現地の無数の犠牲は顧みられることがない。「自由とデモクラシー」でさえ、戦争合理化の小道具に変質してしまった。「人々の人権を守るために」と空爆で人々を殺す。果ては、「世界平和」のために戦争をするという。いったい何を、何から守るのか。こんな偽善と茶番が長続きするはずはない。

作業地の上空を盛んに米軍のヘリコプターが過ぎてゆく。時には威嚇するように頭上を旋回して射撃音が聞こえる。けたたましくも忙しいことだ。我々は地上をうごめくアリのように、ひたすら水路を掘り続ける。彼らは殺すために空を飛び、我々は生きるために地面を掘る。彼らはいかめしい重装備、我々は埃《ほこり》だらけのシャツ一枚だ。彼らは暗く、我々は楽天的である。彼らは死を恐れ、我々は与えられた生に感謝する。彼らは臆病で、我々は自若《じじゃく》としている。同じヒトでありながら、この断絶は何であろう。

彼らに分からぬ幸せと喜びが、地上にはある。乾いた大地で水を得て、狂喜する者の気持ちを我々は知っている。自ら汗して、収穫を得る喜びがある。家族と共に、わずかな食べ物を分かつ感謝がある。沙漠が緑野に変ずる奇跡を見て、天の恵みを実感できるのは、我々の役得だ。水辺で遊ぶ子供たちの笑顔に、はちきれるような生命の躍動を読み取れるのは、我々の特権だ。そして、これらが平和の基礎である。

元来人に備えられた恵みの事実を知る限り、時代の破局は恐れるに足りない。天に叛《そむ》き人を欺く虚構は、必ず自壊するだろう。平和とは、単なる理念や理想ではない。それ

用水路で水浴びする子ども達（06年7月）

は、戦争以上に積極的な活力であり、我々を慰める実体である。私たちはこの確信を以《も》って、今日も作業現場で汗を流す。

今年度も、平和を願う人々の意を体《てい》し、荒野を緑野に変えることを以って日本の良心の気力を示したいと思います。現地事業はいよいよ佳境に入ってきました。ご支援に心から感謝したいと思います。

□二〇〇五年度の概況

ペシャワール会の活動は二二年を経過した。振り返ると、二〇〇〇年以降の六年間は、大旱魃、9・11、空爆、米軍進駐、復興支援ブームと、どの時期よりもめまぐるしかった。人々の往来が増え、カーブルを見る限り、華美な風俗が目立ち、携帯電話が普及し、大都市は交通ラッシュが目立つようになった。だが、アフガニスタンの政情は安定とは程遠い。「アフガン復興」の結末は、「銃剣に守られる平和があり得ない」ことを実証するかのように、混乱を年毎《としごと》に増している。

東部のジャララバードでもパキスタンから戻って住み着く人々が目立つようになった。しかし、都市に流入した旱魃避難民と同様、高物価が生活を追い詰め、かつてなく治安が悪化している。UNHCR（国連難民高等弁務官事務所）は、「アフガン復興」が始まって一年後の二〇〇三年二月、「パキスタン在住のアフガン難民二〇〇万人中、一四〇万を帰した」と発表した。だが、実数は少しも減っていない。〇五年秋、パキスタン政府は「アフガン難民・三〇〇万人」を訴え、悲鳴を上げている。都市貧困層の大半は、「アフガン復興」の恩恵に浴していない。

他方、戦火は拡大している。殊《こと》にアフガン東部（クナール州、ザーブル州、パクティア州）では、年を追って空爆が増しており、軍事力の増強が図られている。アフガン進駐の米軍は、二〇〇二年の一万二千名から、今や一万八千名、加えて英軍が四千名を増派、NATO（北大西洋条約機構）軍増強が検討されている。〇五年は、それまでカーブルに留《とど》まっていたISAF（国際治安支援部隊）が東部地区に展開、カナダ軍などに少なからぬ死傷者が出ている。

学校やモスクなどへの誤爆が相次ぎ、学童や市民の犠牲者も絶えない。これら一連の事態に対する人々の反応は、ジャララバードの暴動（二〇〇五年五月）、カーブルの市街戦もどきの暴動（〇六年六月）にまで発展、戒厳令に近い布告が出された。人々は「米軍撤退は遠からず」と感じ始めている。〇五年十月、米軍当局は「五年後に撤退」との見方を示したが、先行きは不透明である。

一方、大旱魃はなおも進行中である。二〇〇五年春の降雨・降雪は一時的な希望を持たせたが、六月の異常気温で逆に大洪水を招き、河川が氾濫《はんらん》、食糧生産に更に打撃を与えた。〇六年冬は異常な少雨に見舞われ、止《とど》まることのない旱魃に人々は強い不安を抱いている。危機感を抱いたアフガン政府は、「国民の半数がまともな食糧を得ることができない」と訴えて「貯水池」を奨励する布告を出したが、外国諸団体は殆どが首都カーブルに集中、農村の沙漠化は大きな国際問題としては取り上げられなかった。〇六年は史上最悪の旱魃になる可能性がある。

かくて、追い詰められた人々の心情が自然と暴力的な反抗に傾いてゆくことは、想像に難くない。タリバーン勢力の活発化は、このような民心を背景にしている。

この情勢の中で、我々の活動は、「まずパンと水」を求め、旱魃対策に全力が注がれた。マルワリード（真珠）と名づけられた用水路建設は、二〇〇五年四月になって取水口から四・八kmが完成、第一次灌水《かんすい》が始められた。〇六年四月には十・二kmに達し、第二次灌水を実現、沙漠化して放置された計五〇〇町歩《ちょうぶ》（約五〇〇ヘクタール（約五km²））を回復、多くの難民たちが帰農した。わが用水路で直接灌漑《かんがい》に浴する面積は〇六年五月現在、五五〇町歩、冬の渇水期に他の水路に余水を送り、加えて約一千町歩の小麦の枯死を防いだ。

これによって、住民たちの信頼を獲得した我々は、戦火と反米感情の広がる中、絶対的な安全を手にしたと言える。実際、用水路工事現場付近で外国人誘拐と襲撃が頻発する中、何事もなかったかのように着々と仕事が進められている。

井戸事業は、地下水の枯渇と同時に、内部の綱紀の弛《ゆる》みで伸び悩んでいたが、二〇〇五年度に全井戸事業を一時撤

沙漠から耕地へと甦ったスランプール平野
（上＝03年2月／下＝06年3月）

収し、建て直しが図られた。ジャララバードの新事務局態勢で、将来に向けて確実な礎石が置かれた。家賃の高騰、水事業の大規模化、長期的取り組みを考慮し、新政府から一万㎡の土地を得て、基地オフィスを移転した。今後、公共性の高いところに集中し、着実な歩みが予想される。

医療事業は、二〇〇五年一月に米軍の活動でクナール州奥地の二診療所（ダラエ・ピーチ、ヌーリスタン・ワマ）を現地行政に移譲したが、悪条件の中、ダラエ・ヌール診療所（ニングラハル州）、ラシュト診療所（パキスタン北部国境）を維持している。

□二〇〇五年度事業報告及び〇六年度の計画

1. 医療事業

二〇〇五年度のペシャワール基地病院、各診療所の主要実績は表1の通り。用水路工事の進展に伴って医療以外の仕事が増え、かつ医療職の人材流出が続く悪条件の中を、持ちこたえている。しかし、重機などの機材、修理を始め、かなりの資材をパキスタン側に依存する状態で、PMS（ペシャワール会医療サービス）基地病院の存在は不可欠である。〇四年度にアフガニスタン・クナール州の二つの診療所を移譲したものの、ハンセン病を中心とする診療は継続されている。

・総診療数九万二三〇一名（うち外来八万六〇〇五名、のべ外傷治療五一七八名、入院治療一一一八名）である。

・ハンセン病および類似障害の診療……ハンセン病の外来受診者七六名、入院治療

表1　2005年度 各診療所の診療数と検査件数の内訳

国名	パキスタン		アフガニスタン
地域名	ペシャワール	ラシュト	北東部山岳地帯
病院・診療所名	PMS	ラシュト	ダラエ・ヌール
外来患者総数	36,906	4,378	44,721
（内訳）一般	35,978	4,331	42,517
ハンセン病	76	2	0
てんかん	547	7	297
結核	231	0	1
マラリア	74	38	1,906
入院患者総数	1,118	-	-
（内訳）ハンセン病	141	-	-
ハンセン病以外	977	-	-
外傷治療総数	3,662	146	1,370
手術実施数	2	-	-
検査総数	21,004	-	7,290
（内訳）血液一般	3,103	-	816
尿	3,185	-	1,275
便	2,018	-	1,188
抗酸性桿菌	356	-	77
マラリア・リーシュマニア	1,622	-	3,443
その他	10,720	-	491
リハビリテーション実施数	7,322	-	-
サンダル・ワークショップ実施総数	35	-	-

表2　PMS基地病院検査数の内訳

血液	3,103	心電図	646
尿	3,185	超音波断層写真	2,562
便	2018	心エコー	63
らい菌塗沫検査	99	細菌	0
抗酸性桿菌	356	体液（髄液・胸腹水等）	10
マラリア血液フィルム	1542	他	1,778
リーシュマニア	80	内視鏡	311
生化学	1,863	病理組織検査	0
レントゲン	3,388	小計	21,004

を受けた者一四一名。
・基地病院における検査件数は二万一〇〇四件で、内訳は表2の通り。

2. 飲料水源確保事業

二〇〇〇年七月、旱魃被害の著しかったダラエ・ヌール診療所付近に端《たん》を発した本事業は、〇三年六月には井戸一千本を超え、〇六年五月現在、一四〇〇本を超えた。この中には灌漑用井戸十一、カレーズ三八本が含まれる。ダラエ・ヌール下流域は、見違えるほど緑がよみがえっている。

表3　水源確保事業の現状

( ) 内は完成した井戸・修復したカレーズの数（2006年4月15日現在。第I期井戸事業は同日を以て完了し、4月16日より第II期井戸事業を開始）

	飲料井戸	灌漑井戸	カレーズ	計
ダラエ・ヌール	395 (263)	11 (11)	38 (38)	444 (312)
ソルフロッド郡	542 (542)			542 (542)
ロダト郡	263 (263)			263 (263)
カイバル峠	4 (4)			4 (4)
アチン郡	171 (171)			171 (171)
スタッフ用	20 (20)			20 (20)
その他	17 (17)			17 (17)
計	1412 (1280)	11 (11)	38 (38)	1461 (1329)

だが、ニングラハル州全体で見ると、地下水位は下がり続けており、再掘削したものが大半である。全域で一四〇〇本の維持補修に当たるのは不可能となった。これは住民の自立を損なうだけでなく、予算上でも泥沼状態に陥った。このため、アチン郡で採用した「即時譲渡、住民自主管理」を進めてきたが、職員が利害関係に巻き込まれ、動きがつかなくなっていた。そこで、新方針を採り、「全水源を住民に譲渡、いったん井戸掘り事業を解散。その後に再開して公共性の高い場所に集中すること」が断行された。

二〇〇五年度は、ジャララバード事務所の新態勢を整えつつ、ほぼ全ての譲渡を完了、全井戸事業を停止した。職員も数名を残して次の段階に備えた。少なからぬ職員たちが過去の業績とPMSの名声の上にあぐらをかき、これに個人的な利害が絡んできたので、弊風《へいふう》を一新して出直す必要もあった。懸案は、やっと実行に移され、〇六年度に「再出発」となる。〇五年度の実績は表3の通り。作業地が増えていないのは、以上の事情による。

ジャララバード新事務所の開所式（06年3月）

3. 灌漑事業

これまで会報で再三述べてきたので、詳細は過去の報告を参照されたい。

二〇〇五年四月、岩盤周りの難所（四・五km地点）を越え、念願の第一次灌水《かんすい》が始められた。〇三年三月着工から

ダンプカーを誘導する中村医師（06年2月）

二年である。年度末には十・二km地点まで完成、〇六年四月、第二次灌水でブディアライ村下流域を部分的に潤せた。これによって、過去の旱魃で無人の荒野となっていた田畑、約五〇〇ヘクタールを年度内に回復、緑野を取り戻した。〇六年五月現在、灌水の面積は正確には以下の通り。

⑴過去の旱魃で沙漠化していた耕地……約四八〇ヘクタール
⑵元来の沙漠が耕地となった地域……約五〇ヘクタール
⑶冬の取水が困難となった他の用水路への供給……推定約一千ヘクタール以上

⑴と⑵は、何《いず》れもニングラハル州シェイワ郡クズ・クナール地方。⑶は既存の地域最大の二千ヘクタール以上を潤す「シェイワ用水路」への給水。大洪水で取水口が埋まり、浚《しゅん》渫《せつ》困難で冬の取水量が半分以上低下していた。ＰＭＳも努力したが完全復旧が不可能と判断、我々のマルワリード用水路から余水を送って回復したものである。

なお、過去の会報で述べてきた「第一期工事・全長十四km」を「全長十三km」に訂正する。これは主に、ルートの短縮と測量誤差による。

二〇〇五年度は、以上の主水路の延長と共に、分水路の整備、大洪水・集中豪雨による決壊部の復旧工事、取水口の改修が重なり、大きな努力が払われた。

マルワリード用水路は、二〇〇六年度中に残るブディアライ村二・七kmを完成し、〇七年度から始まる第二期工事七kmを以《も》って完了する予定である。これによって、ニングラハル州北部の穀倉地帯は往時の農業生産を完全に回復した上、新たな耕作地を加えることになる。

また二〇〇六年度は、ブディアライ村上流（ダラエ・ヌール渓谷）に貯水池を多数設ける予定。アフガニスタン全土で最も犠牲になっているのは、比較的低い（四千m以下）山の雪に依存してきた所（中小河川流域）である。大河川からの取水はむしろ例外的で、こちらの方が広域にわたる旱魃対策のモデルとなると信ぜられる。

付け加えると、初めから無人地帯であったと思えた荒野も、帰農した住民の話から、十年、二〇年、三〇年前から、次第に増加していたことが分かった。中小河川の水量減少と農地の沙漠化が、相当前から徐々に進行していたことが分かる。場所によっては、ダウード政権時代（一九七三～七八）以前からのものもあり、少なくともアフガン東部農村では、旱魃が難民化の主因であったと推測される。

4．農業計画（農業チームによる詳細な報告あり）*

ダラエ・ヌール試験農場では、二〇〇五年度の成果は以下のとおり。

(1)アルファルファは、現地の原種（シャフタル）より優れていることが認められ、広がる勢いを見せている。

(2)日本米：元来日本人ワーカー用に作ったところ、単位収穫量が優れ、周辺農家が興味を示している。インディカ種（長粒米）からジャポニカ種（短粒米）に一変したスワト（パキスタン）の例もあるので、拡がる可能性は否定できない。

(3)サツマイモ：昨年に続き、普及の勢いを見せている。

(4)茶の栽培：上流のウェーガル村に移してから、周辺農家に配った苗が大きくなり、希望が持てるようになった。

その他、ソバなども試みられたが、現地の人々の好みや食文化の問題もあり、なお手探りだと言える。二〇〇六年度は新たな試みはない。これまでの継続で、地道な研究が続けられる。

カライシャヒ村の試験農場（06年3月）

5．ワーカー派遣事業

用水路工事が拡大して、更に働く人材が求められる。任務期間を最低二年としてから、やや安定してきたが、増員と共に長期滞在者が必要なことが痛感されている。また、絶対的な医師不足は続いており、これも日本人医師を希望している。

二〇〇五年度被派遣者は表4の通り。

6．その他

ジャララバード水対策事務所は、長期体制を築くべく、二〇〇六年三月、借家から政府公用地へ移転した。設計・施工は全て自前で行い、一万㎡の敷地に、これまでバラバラになっていた資機材置き場も集め、管理が容易となった。

*同号の会報に、試験農場の担当ワーカー伊藤和也、進藤陽一郎、高橋修の各氏による報告（「農業計画報告　実り多かったこの一年――飼料・食用作物ともに着実な成果」）が掲載されている。

表4　現地派遣ワーカー

氏名	職種	派遣開始	現在
◎医療（PMS病院）			
1 藤田千代子	院長代理・看護部長	1991年9月	継続中
2 中山博喜	会計担当	2001年4月	継続中
3 坂尾美知子	臨床検査技師	2002年7月	継続中
4 紺野道寛	ダラエ・ヌール診療所受付薬局	2003年7月	継続中
5 村井光義	会計	2005年3月	継続中
6 河本定子	薬局	2005年9月	継続中
◎灌漑用水路建設計画・農業計画			
7 宮路正仁	井戸担当	2002年11月	05年10月終了
8 近藤真一	用水路	2003年1月	継続中
9 鈴木祐治	用水路	2003年6月	05年9月終了
10 伊藤和也	農業	2003年12月	継続中
11 本田潤一郎	用水路	2004年1月	継続中
12 松永貴明	支部会計	2004年4月	継続中
13 進藤陽一郎	農業	2004年5月	継続中
14 神戸秀樹	用水路	2004年5月	06年5月終了
15 鬼木　稔	用水路	2004年5月	継続中
16 重住正幸	事務	2004年9月	05年9月終了
17 西野大介	用水路	2004年9月	05年7月終了
18 杉山大二朗	事務	2005年2月	継続中
19 芹澤誠治	事務	2005年4月	継続中
20 横山尚佑	用水路	2005年9月	継続中
◎定期・短期派遣者			
25 高橋　修	農業顧問	2002年3月	定期
26 石橋忠明	用水路	2003年12月	定期
27 鳴神　浩	医師	2005年9月	短期派遣
◎2005年度新規ワーカー（2005年7月初現在）			
24 竹内英允	PMS病院	2006年4月	継続中
25 木藪健児	用水路	2006年5月	継続中
26 荒野一夫	炊事担当	2006年6月	継続中

89号

2006・9

戦争以上の忍耐と努力

——天・地・人の壮大な構図の中で実感

混乱の背景に旱魃

みなさん、お元気でしょうか。

今年も熱い夏が過ぎ、やっと山場を越したところです。アフガニスタン南部では、タリバーン勢力の大攻勢が始まり、既に面の実効支配が一部に実現したと報ぜられています。これまで首都カーブルを出なかったISAF（国際治安支援部隊）が米軍の要請で展開、激戦が続いているそうです。九月初め「二〇〇名のタリバーン兵を殺害、英国部隊をはじめ、NATO（北大西洋条約機構）軍に二〇名の戦死」とのニュースが流されました。

その直後に、他ならぬアフガン政府が、「犠牲者の多くが一般市民だ」と報道、情勢は混沌としています。カーブルやジャララバードの大都市でも外国軍に対する襲撃が頻発するようになっています。「見えない敵」に対して、外国軍は兵力の増強を図り、英軍四千名を筆頭に、オーストラリアやNATO加盟諸国から増派が続けられています。

　現政府の中にも変化があり、法務省が旧タリバーン政権のイスラム法を事実上復活、名指しを避けながら「外国による干渉」にいらだちの声も聞かれます。世界の非合法麻薬の九三%がアフガニスタンで生産されていると国連も憂慮、WFP（世界食糧計画）は国民の半数が餓《う》えに直面すると訴えています。

　アフガニスタンは過去最悪の事態に直面していますが、これは私たちが以前から訴えてきたことの帰結であると言えるでしょう。混乱の背景に史上最悪の大旱魃《かんばつ》があり、人々が追い詰められている事実があります。これが意外に報《しら》されていないのです。

　このため、PMS（ペシャワール会医療サービス）としては、東部の旱魃対策に全力を注ぎ、少しでも飢餓を緩和し、自給自足できる平和な農村の回復を目指してきました。

土石流に襲われる

　しかし、灌漑《かんがい》用水路計画も災難続きでした。今年四月、十km地点に達した用水路は計一五〇〇ヘクタールを潤し、さらに進展していますが、七月二四日、取水口を猛烈な土石流が襲い、埋めつぶされてしまいました。これは米軍下請けの道路会社が自然の涸れ川の流路を無視して、その上に施設を建設したためです。取水口はジャリババ渓谷の下流に相当し、上流で雨が降ると、激しい流れが水路を襲います。このため、私たちは「涸れ川橋*」で自然の流れを導いていました。

土石流に襲われた取水口（06年7月）

　現在、水路の上流地方、クナール州やヌーリスタン地方で農民の反抗が広がり、米軍の活動が活発になっています。このため、補給線の確保に猛スピードで道路舗装が進められています。当方の警告にもかかわらず、おそらく、ゆとりがなかったものと思われます。
「復旧に一年かかる」との噂が流され、せっかく回復した農地を耕す人々は落胆しました。「日本人が作り、米国が壊した」とささやかれ、道路会社を警備していたアフガン人の兵隊さえ反感を隠しませんでした。

蛇籠の護岸びくともせず

　季節はコメやトウモロコシの熟成期に入っています。いま水が涸れると、秋の収穫は大打撃を受けます。七月二九日現場に戻った小生は、「先ず、水を通せ！　本格的な改修は稲刈り後だ」と指令する一方、米軍当局者と交渉、地形を説明して自然の流路を確保するように求めました。

「You are too optimistic!（君らは甘い！）この微妙な時期に、水路の水が途絶えると、食い詰めた住民がどう思うか。今まで何度も誘拐、襲撃を受けた君たちなら分かるだろう。住民たちの反応次第で、我々は引き上げを検討する。君らが住民と対応することになろう。雨季は九月まで続く。土石流は明日再びくるかも知れぬ。急いでいただきたい」

実際、これほどの強硬な態度に出ないと、米軍民生局と下請けは動かないのです。普段威圧的な当局者は、少し神妙に見えました。偶然か、この交渉直後に再び雨が降り、慌てた会社はこちらの指示に従って自然流路の修復工事を始めました。

しかし、この土石流災害は図らずも水路の強靭さを実証したのでした。一見派手に壊されたのは、取水口周りの門番小屋や手すりなどの付け足した部分で、柳の根に守られた蛇籠《じゃかご》の護岸はびくともしませんでした。将来の予定取水量毎秒八トンを得るには、幅六mの流路の水深を一・三m以上にしなければなりません。現在の固定水深が約〇・五m、果たして水路壁が耐え得るか、多少の不安がありました。

ところが、急激な土石流は大量の水を水路にあふれさせ、取水口から一・五㎞まで何と水深三mの洪水が流下しました。当然、水は水路の土手を越え、かつて脆弱《ぜいじゃく》だった部分からクナール河の方へ流れ出しました。でも過去二年間の改修を重ねた決壊部は補強の結果、全く無傷だったのです。

浚渫《しゅんせつ》の手間に時間がかかると見て、水門を全開させ、水圧で強引に土砂を流させ、待ち構えた重機をフル稼働して流れてくる大きな砂利をすくい上げました。こうして、七月三〇日には灌漑が再開、秋の収穫を諦めていた農民たちは狂喜しました。

再び土石流――多くの民家が流失

でも甘かったのは米軍当局だけではありませんでした。今年は異例の少雨で、私たちも油断していました。水路工事の先端、ブディアライ村は大渓谷ダラエ・ヌールの下流に当たります。この渓谷の規模は、取水口近くのジャリババ渓谷の数百倍は優にあります。三月以来、一滴も雨が降らず、油断した私たちは自然の暴れ川の猛威を忘れていました。取水口の復旧直後、急いで計画変更を行おうとした矢先、ダラエ・ヌール渓谷上流に降雨があり、八月四日、大量の土砂を含んだ水が工事先端五〇〇mを埋めつぶしました。

更に八月十五日、畳一枚もあるような巨石を転がしながら、再び濁流が押し寄せ、水圧が道路をめくりあげて破壊、中流域では二〇〇年前にできたモスクが流失、多くの民家が濁流に飲み込まれました。新設の分水路は危機一髪でした。設計と方針を大幅に修正し、胆《きも》の冷える思いがしましたが、こ

造成中の分水路（06年9月）

れはよい経験になりました。自然は恵みももたらしますが、人間が自然の掟を忘れると、無言で激しい警告を送ってきます。

それでも、渇水に悩むシェイワ、シギの両既存用水路へ送る分水路を八月末までに完成、十㎞地点の新設水門が開かれ、シギ用水路への送水が始められました。渇水地獄と戦火の拡大、この殺伐たる世界の中で、せめてものオアシスです。とはいえ、安全と平和は歩いて来ない、戦争以上の忍耐と努力、自然との共存の知恵が要ることを、天・地・人の壮大な構図の中で実感させられた熱い夏でありました。

作業は今もなお続けられています。日本にあって私たちの事業を支えて下さる方々に感謝し、いっそうの御理解を賜りたいと存じます。

＊普段は水が流れていないが大雨になると洪水流が流れ下る「涸れ川」への対策として設置した構造物。用水路の上に架けた橋の上を通過させ、本川（クナール河）に戻す。洪水通過橋とも。

先入観を克服していかに虚心になりうるか

――『丸腰のボランティア』＊（まえがき）

この度、現地に派遣された日本人ワーカーたちの報告を世に出すことになりました。

活動が二二年を超え、現地アフガニスタンやパキスタンの情勢、これをとりまく国際情勢と日本自身もずいぶん変わりました。「海外援助」の考え方や規模も今昔の感があります。つまり、海外に赴いて支援する側と、支援を受け取る側の双方の意識が変わってきたといえます。

活動を始めた頃に比べると、海外支援が大きなグローバリズムの一環として世界の辺境の地まで浸透し、途上国が近代化の嵐に根こそぎさらされるようになったのも、否定できない事実のように思えます。地域の文化や固有の生活様式も、大都市を中心に失われつつあります。決して支援する側に悪意や下心があるとは限りません。文明の便利さを提供することが絶対悪でもありません。

問題は、私たちが良しとするものが、必ずしも相手にとって良いとは限らないという事実です。かつて「互恵平等」

マルワリード用水路通水直前の突貫工事に励む日本人ワーカー達（04年3月）

ということばが援助の基本姿勢とされていました。これが大は国家間援助、小は個人の善意の支援に至るまで、ひとつの基調をなしていたのです。支援する側も概《おおむ》ね素朴な動機で動いていたような気がします。たとい利権がらみの不正や、ひんしゅくを買う援助があったとしても、相手の要望に応える形で支援が行われていました。

今、国際支援の全体的な色調を眺めるとき、途上国の立場よりも先進国が支援内容の是非善悪を決めてしまう傾向が強くなってきたような気がしてなりません。

このような流れを考えるとき、私たちの現地活動は、グローバル化という時流に抗して行われてきたことを思います。といっても、私たちに確乎《かっこ》とした援助哲学がある訳ではありません。強いて言えば、現地で遭遇する困った人々を見捨ててはおれなかったこと、現地の文化や価値観を尊重し、泣き笑いを共にしてきたことにあります。

現地に赴いたワーカーたちは、様々な動機でやってきました。青年らしく志を高くして何かを遂げることに情熱を傾ける者、日本で満たされず「青い鳥」を求めて来る者、若い日の思い出作りで参加した者、日本の社会になじめない者、半ば興味本位としか思えない者、「国際援助」の美名に惹かれる者、本当に様々でした。

でも、私は動機を問わないことにしていました。誰がどんな良い働きをするか、やってみないことには分からないからです。また、いわゆる「使える、使えない」という能力そのものだけを評価することもありませんでした。その人が、いかに誠実に任務と関わり、自分の先入観を克服していかに虚心になりうるか、日本人としてのまごころと心意気、素朴な人情を買ったのです。

こうして何十名もの人々が現地で働きました。彼らの働きがなければ、現地事業は成り立ちませんでした。特にアフガニスタンの診療所が立ち上げられた一九九二年以降は、そうでした。私がペシャワールを離れることが多くなり、私ひとりの力だけでは基地病院を維持することが難しくなったからです。

さらに二〇〇〇年以降、大旱魃《かんばつ》に苦しむアフガン東部で「農村復興（緑の大地計画）」に主力が注がれるようになると、井戸事業、試験農場、用水路建設に多くの青年たちがやってきました。その頃までには、私のほうも歳をとってきて、親子ほど離れた世代のワーカーたちが主力となっていきました。今では、ジャララバードというアフガン東部の町で、常に十数名の「子供たち」に囲まれ、大家族制の中で暮らしているようで、なかなか楽しいものです。

実際に大地と自然に触れる農業や土木の作業は、日本で体験する若者が少なくなっています。また、どうしても「便利」に慣れすぎた都市社会では、「頭で知ってはいるが、自分の体で覚える機会がない」ため、観念的な考えに流されやすくなります。数十年前まであった大家族制や地域社会的絆を知らぬ者は、「孤独な群衆**」の一人として、自分だけの観念の世界に閉じこもりがちです。しかし彼らが口をそろえて述べるのは、「現地に来て初めて人の情と絆にふれた」、「汗を流して働く嬉しさを知った」ということです。

大量の蛇籠で造成した取水口で（04年2月）

もちろん、どんな人でも個性や癖がありますから、常に和気藹々《あいあい》というわけではありません。アフガニスタンもパキスタンも、文化事情がずいぶん日本と違い、これまた現地でしか体験できぬ人間関係の確執にも巻き込まれます。初めは物珍しさも手伝って、「日本にはない良さ」を賞賛しますが、ある時期を経ると嫌気がさしてくることが多いようです。それも過ぎると、実は美点も欠点も表裏一体で、その人や土地をそのものとして受け容れることが出来るようになります。そうして日本では得がたい人間のあり方、自然とのつきあい方を知り、帰っていった者も少なくありません。

これは、私たちペシャワール会の方針が、「現地と一体となり、苦楽を共にする」ことにあり、「議論や会議だけで事業は成り立たぬ」という、徹底した現場主義を貫いてきたからではないかと思います。実事業というのはすべて同じでしょうが、水理学を学び、設計図を描いただけでは、井戸や用水路は掘れません。農学書を理解しても収穫はできません。当方としては、いきなり現場に投げ入れて、日本の常識を破ることから始めます。また、大怪我にならぬ程度の失敗には目をつぶります。最近の日本は、「若気の至り」を許さぬ気風で、若者たちが萎縮しているように感ぜられるからです。

こうして任務を終えて帰国しても、現地で学んだ「技術」は日本で役立ちません。英語ならともかく、パシュトゥー語やペルシャ語を覚えても、評価はされません。しかし、

中村医師の指示を仰ぐ（04年9月）

「人にとって何か大切なもの」を心のどこかにとどめる、そのことが何よりもかけがえのない収穫だと思います。

このワーカーたちの記録は、彼ら自身の変化してゆく貴重な軌跡を示すものです。全く事情の異なる異文化に放り出され、悲喜劇と泣き笑いを繰り返し、自分とは異質なものに触れた驚きと戸惑いの記録でもあります。

私のこれまでの報告書だけでは理解できぬ、現地事業の最前線の一端を窺い、私たちの事業が多くの人々の関りと協力で成り立っていることを知るよすがとしていただければ幸いです。

＊『丸腰のボランティア　すべて現場から学んだ』（ペシャワール会日本人ワーカー著／中村哲編）は二〇〇六年、石風社刊。

＊＊アメリカの社会学者リースマンが比較社会学、精神分析学などを駆使して豊かな社会とそこに生きる人間像を著した著作のタイトル。中村は同書を所蔵。

90号
２００６・12

いのちを尊ぶ気持ちに国境はない
――今冬の作付けを決する緊急送水に目途

過去最低の水位

お元気でしょうか。

今、アフガニスタン全体で深刻な旱魃《かんばつ》が一般化していることは、度々訴えてきました。それが、更に悪化し続けている事実はあまり知られていません。私たちの用水路があるクナール河でも、晩秋から過去最低の水位を記録しました。

農民たちは不安に脅えています。取水口の底よりも川の水位が下がると、当然水が入ってきません。このため、クナール河沿いの他の地域では、既に十月、稲の熟成期に必要な水がなく、多くの地域でコメやトウモロコシの収穫ができませんでした。その上、間もなく主食である小麦の作付け期にさしかかっています。川の水位は、通年よりも約一m下降、膨大な畑が渇水で春の収穫を期待できなくなります。

私たちの「真珠川《マルワリード》」用水路のやや下流に、数百年間、広大な農地を潤してきた古い水路が二つあります。シェイワ用水路、シギ用水路と呼ばれ、ニングラハル州北部で併せて約一万町歩《ちょうぶ》（一万ヘクタール〔約一〇〇㎢〕）、旱魃のさなかにあっても安定した穀倉地帯を成してきました。そこが壊滅の危機に瀕しているというのですから、相当危うい状態です。

この中にあって、私たちは作業を急ぎ、できる限りの水を他の用水路にも供給できるよう、日夜努力が続けられています。十km地点から分水路二・五kmを大急ぎで完成、これによって、ブディアライ村下流域の約五〇〇ヘクタール以上、これまでの灌漑《かんがい》面積を加えると、最低一千町歩が直接私たちの水で潤うことになります。夏の土石流の浚渫《しゅんせつ》もやっと完了、取水口の改修が山場を迎えています。

通水は「生死の分かれ目」

十一月二二日、分水路の試験通水が行われ、多少の補修と延長を加えれば、一週間後には送水できる見通しとなりました。取水口では大規模な改修で、少なくとも冬の渇水期は他の用水路に十分量が送水可能となりました。人々の喜び方は尋常ではありません。クナール河の低水位で、多くの農家が絶望的な気持ちに陥っていたからです。これで春の収穫を期待して、希望をもって冬を越せます。かれらが、「ありがとう、ありがとう」を連発するのは、決してお世辞ではありません。命拾いに近いものがあるのです。職員や作業員たちも、顔を輝かせ、はつらつと仕事を進めています。

主水路は、現在最も難しいダラエ・ヌール渓谷下流域を横切りつつあります。同渓谷は、途方もない土石流が夏に多発する場所です。今冬に計約三〇〇mのサイフォン（11頁の用語集ならびに左写真参照）を完成せねば、最後の三kmを通過できません。十月に「突貫工事態勢」を指示、文字通り「やるか、やられるか」の緊迫感の中で必死の作業が進行中です。

私はと言えば、この数週間、マルワリード用水路の取水口に張りつき、ともかく大量の送水を可能にするよう、ない知恵をふりしぼり、相変わらず水との戦いを続けています。何十万人分かの小麦収穫が、取水堰《ぜき》にかかっていると思えば、まさに多くの人々の生死の分かれ目、真剣にならざるを得ません。

地中を潜るサイフォンの造成（06年12月）

人海戦術のブディアライ村横断部工事(06年12月)

民心つかめぬ外国軍

もう三年間以上、川と睨《にら》めっこをしていると、不思議なもので、あれだけ格闘した流水に対して、敵愾《てきがい》心よりも親近感を覚えるようになります。晩秋の大河は澄み切った空の青を映し、急流の水が真っ白なしぶきを上げ、「まだ性懲《しょうこ》りもなく、付き合うのか」と苦笑いしているようにも思えます。堰の長さ二五〇m、幅四〇m、敷かれた巨石群は壮観ですが、自然にとってはちっぽけな人の知恵に見えます。白鯨を追うエイハブ船長（メルヴィル『白鯨』の主人公）の心境であります。

一方、アフガニスタンの政情は、大きく動き始めました。人々は「外国に擁立された政権は続かない」と信じており、ここ東部アフガンでも、民心は日一日と外国軍に対する敵意があらわになっているようです。長くPMS（ペシャワール会医療サービス）の水路工事を阻んできた米軍傘下の道路工事会社は、さんざん襲撃に会い、来年一月に引き上げを決定しました。モスクや学校の爆撃で「テロリスト」が掃討できるはずがありません。それに、報道される「タリバーン兵」とは、たいていが農民そのものです。四万人の外国兵は、公称一万人の「タリバーン兵」と戦っているのではなく、「四万人の外国兵対二千万人アフガン農民」と考えた方が正確でしょう。

試験農場で育った日本米の稲刈り（06年9月）

ともあれ、いのちを尊び、愛しむ気持ちに国境はありません。私たちが安全に戦乱の地で働けるのは、このためです。飢えた農民たちにとって、「国際支援」も、「テロ掃討作戦」も、空《うつ》ろに思えます。上空をけたたましく通過する米軍ヘリが、何だか面白くない茶番劇のように感ぜられます。

対照的に、人々と乾いた大地が緑を取り戻す喜びを分かつのは、楽しいものです。多くの日本の人々の善意に感謝し、着実に「緑の大地計画」が進んでいることを伝えたいと思います。良い年をお迎えください。

91号
2007・4

四年越しの悲願、用水路第一期十三km、遂に完成
——三月十五日、通水の祝典を挙行

最難関のブディアライ村を攻略

二〇〇七年三月十五日、わずか二五mの水路区間に六〇名の作業員が殺到した。ブディアライ村を通過し、四年の歳月をかけ、第一期十三kmの水路が開通するのである。現場は興奮と活気にあふれていた。

ブディアライ村は第一期工事の最難関と目されていた。二・五kmは、これまでの工事からすれば決して長い距離ではない。しかし、長大なダラエ・ヌール渓谷を下る土石流は想像を超えるものがあり、皆半信半疑だったのである。〔奥行〕約五〇km以上の渓谷は、標高差が三千m以上、一雨降れば、タタミの大きさの巨石さえ簡単に転がしてしまう。そこで私たちは、激流の通過する主な河道四カ所（計三〇〇m）にサイフォンを設置、二・二kmの開水路〔上面が開放されて蓋《ふた》がない水路〕の両岸は全て二段の蛇籠《じゃかご》工を施し、堅牢な構造をめざした。谷を横断するから、もちろん橋梁や小さな水道橋が多数必要となり、水路工事始まって以来の支出と努力を覚悟していた。

集中豪雨は、春分の日を境として頻発するようになる。そこで、「三月二〇日までに全ての主要工事を完了」と檄《げき》を飛ばし、薄氷を踏む思いでこの数カ月間を過ごしてきた。サイフォンで長いものは一二〇m、せっかく出来かけても、一発の豪雨で崩れ去るのは昨夏に体験ずみである。昨年十月以来、「春分の日まで」を合言葉に、皆必死になって働いた。その結末を今目前にしようとしていたのである。

第1期工事の終点となるK区への通水（07年3月）

土石流対策に蛇籠一六〇〇トン

この一年の困難はこれだけではなかった。昨年七月に取水口を土石流が襲い、大規模な浚渫《しゅんせつ》・改修工事を迫られた。ブディアライ村通過を遅らせてはならないので、私が単独で任に当たり、クナール河の水位が下がる十月以来、四カ

月をかけて決行、正月にはブディアライ村で指揮を執《と》る予定であった。取水堰《ぜき》の工事そのものは、度重なる改修を避けるため、長さ二二〇m、幅五〇mにわたって巨石を並べ、主要河道の全面的な堰き上げに成功、洪水に十分耐えるものとなった。と述べるのは簡単だが、案外工夫が要った。片側から斜めに突き出す堰《せ》は、水制〈11頁の用語集参照〉と同様、先端に深掘れを生じる。すると堰き上げの水位が下がって低水位の冬の取水が足りなくなって、毎年改修を求められる。この状態では、第一期工事は画竜点睛《がりょうてんせい》を欠く。

対岸は余りに遠いし、対岸の護岸は巨石運搬を大量に必要とする。クレーン車など夢のような話である。そこで計画したのは、「移動島方式」という奇想天外な方法であった。

堰の先端に貯石場を設け、ダンプカーにして八〇〇台分を集めて広場を作った。そこに掘削機、ローダー、ダンプカー各一台が動けるスペースを確保、次いで先端を堰から切り離して島にする。取り残された重機が、取水口側の島のふちを削っては対岸側を広げる。そうして、水底に巨石を敷き詰めながら対岸へ到着するのである。数十mを渡るのは容易でないから、一日の作業が終わると筏《いかだ》で行き来した。対岸へ到着したのは三週目のことであった。

着いたのは良かったが、今度は石材が不足して護岸工事ができない。更に次の策は蛇籠の応用である。籠と作業員を筏で運ばせ、川原の玉石《たまいし》をローダーとダンプが集積、一列に並べられた蛇籠の天井部だけを開けておき、掘削機が玉石をすくって入れる。いっぱいになると、作業員が待ち構えて天井を閉める。こうして、堰対岸の洗掘が予想される箇所一面に蛇籠を絨毯《じゅうたん》のように敷き詰め、各蛇籠を連結すると、全体が岩盤のようになってびくともしない。水から遠い部分にはコンクリートを流し込む。更に川砂利で覆って仕上げとした。ひと夏過ぎれば、何でもない玉砂利の川岸に見えるはずである。しかし、中身は八〇〇個の蛇籠(約一六〇〇トン)が一塊《ひとかたまり》になった不動の板である。

野暮ったい方法なので、専門家が見れば大笑いするだろうが、他に名案がなかった。だが、丸い巨石を敷き詰める

寒風に耐えながら護岸用の蛇籠の設置作業に奮闘する中村医師(07年1月)

捨石工《すていしこう》、玉石を詰めた蛇籠工、これらの激流に対する強靭さは実証済みで、これで堰の致命的な欠陥が克服できたと確信している。これは、四年越しの悲願だった。真冬の川べりは凍りつくような寒風にさらされる。私には「年寄りの冷や水」そのもので、その後ひどい風邪にかかったが、作業員たちは一言も不平を漏らさず、黙々と働いた。

外国NGOの堰造成で洗掘

だが次に待っていたのは、四・八㎞地点で起きた水路決壊の危機である。取水口の「大工事」が一段落しようとしていた矢先の十二月二五日、同地点で約十五mが崩落した。この程度の決壊には誰も驚かなくなっていて、対処方法をたちまち会得、年を追って水路は安定しつつあった。不審に思ったのは、最も川の水位が下がる時期のできごとだったからである。

修復工事を見回りに出かけて慄然とした。真夏の洪水ならともかく、真冬の乾期にクナール河の分流が決壊した水路の足元を洗っている。同地点は二〇〇五年三月に開通した難所で、垂直にそそり立つ岩盤ぞいに長さ約一二〇〇m、高さ十二～十七m、幅五〇mを盛り土して作られたものである。地盤が軟らかいため、一年半をかけて徐々に荷重を増し、ほぼ安定したと信じていた。何と、その盛り土の直下を急流が洗い崩している。

原因は人為的なもので、取水口から約一千m下流の対岸に設けられた堰のためであった。四年前の夏、某外国NGOが、左岸側の主流を堰き止めて、右岸側の分流に流す工事をした（67頁＝76号参照）。目的はよく分からない。その後、私たちの水路が走る右岸側が年々洗掘され、国道や耕作地が次々と濁流に消えていった。私たちのマルワリード用水路は、取水口から四・八㎞地点までを道路と共にクナール河ぞいを流れる。このため、着工から現在まで、護岸工事の連続であった。実際、総工費の半分以上が「水路保護」に使用されたと言っても、決して誇張ではない。

しかし、恨みがましいことを述べても水は流れない。正月明け早々から、再び水との格闘が始まった。同三・六～四・八㎞地点は、造成された盛り土上の水路で、全体が湿地帯の上にある。四年前着工したときは、クナール河の河岸が水路から約五〇〇m離れていた。それが、年毎《としごと》に近づき、眼下に見る急流が二〇mの至近距離に迫っていて、増水期の四月に大規模な決壊が起きるのは、火を見るよりも明らかだった。

方針は二つ、①先ず近づいてくる河道を元の位置に押し返すこと、②盛り土直下の浸透水を処理し、地盤の軟化＝地滑りの危険を極小に抑えることである。それも二ヵ月以内の期限つきである。第一期工事完成を直前に、さすがに肝《きも》が冷えた。過去、怖い目には何度も出会った。しかし、これほどの事はなかった。

護岸工事と土石流対策はこれまで手がけてきたが、一・二kmに及ぶ湿地帯の対処は初めてである。いくら多忙だったとはいえ、この事態を予測しなかった粗雑な計画に思いを馳せ、目の前が真っ暗になった。所詮、素人だったのだ。工事完遂を夢見て連日突貫工事に忙しい職員たちを見ると、言葉に出す勇気が湧かず、まる一日呆然としていた。また、話したとて、いたずらに不安をかき立て、小田原評定《ひょうじょう》を招くばかりだ。

だが座して待つなら、確実に第一期工事は失敗する。総工費十億円は夢と潰《つい》え、数千町歩《ちょうぶ》の田畑は再び砂漠化し、ペシャワール会も解散に追い込まれるだろう。一か八かでも、ここは積極的な手を打つべきだ。己の無知と非力さ加減はよく分かった。しかし、相手のことはよく調べていない。先ずは調査である。

「これならいける」

そこで行なったのは、これまでの護岸工事のときと同様、付近の小高い丘に登って地図を作成することであった。川幅一kmのクナール河はあまりに大きく、河岸で眺めていても全貌がつかめない。また、アフガニスタンの詳細な地図は入手困難である上、河川敷の河道は常に変動する。高いところから見ると渇水期の河道と砂州を一望できる。同時に、記録に収めてきた二万枚の現場写真と同地域の状態を照合、過去の河道の変遷を確認するのである。

石出し水制による護岸（06年12月）

すると、河道が近づけば近づくほど、盛り土の部分決壊と干《ひ》割れの頻度が増えている。地盤軟化を促す浸透水の多くは、直接、最寄りの川の砂礫《されき》層をくぐってくることが分かった。これならいける。河道を遠ざけるだけで十分の効果があると読めた。少なくとも石出し水制〔11頁の用語集ならびに右写真参照〕による護岸と河道変更は成功してきた。長さ一三〇mの水制三基が三〇〇mごとに置かれ、迫り来る分流を遠ざける工事が始まった。

湿地帯処理については、日本で土木関係者にも相談、目の粗い砂で透水層を敷き（サンドマット工法）、さらに砂利を厚めに置いて重機やダンプカーの交通路を確保、その上で排水路を掘削した。更に軟化した盛り土の下段に腹付けして、新たな盛り土を厚く加えた。日本側の事務局には「緊急予算」を頼み込み、一時はダンプカー四五台、ローダー七台、掘削機十台が稼動していた。河道の変化による対岸への被害を避けるために、湾曲して襲ってくる主流を分割して処理した。一日一日が綱渡りのようで生きた心地がしなかったが、詳細は割愛する。

　一月十二日に工事が始まって四〇日目、クナール河が増水を始める頃、逆に湿地帯の水が引き始め、河道は三年前の位置に戻った。全作業日数四八日、取水口改修から五ヵ月間を経過していた。やっとブディアライ村の作業現場で指揮を執れるようになった三月初め、アフガン人や日本人職員の必死の努力で、計三〇〇ｍの長大なサイフォンが既に完成しており、先は見えていた。第一期工事完成は確実と判断、三月十五日に水を流して確認、職員の間だけでささやかな内祝いを行なった。当日働いた作業員四〇〇名も集まり、喜びを分かち合った。工事を始めてまる四年である。特に、この半年が十年を経たように思われた。私の喜びがひとしおであった事は、言うまでもない。

改修後の取水堰
（上＝07年2月／下＝07年3月の増水時）

荒れ地に緑がよみがえる奇跡

　この四年間で、工事に従事していた技師や現場監督は三分の一に減り、労苦を共にしてきたのは、主に周辺農民たちであった。彼ら自身が有能な石工であり、蛇籠工であり、優れた水の観察者だったことは知られて良い。この工事で

沙漠から耕地へと甦ったスランプール平野
（上＝05年7月／下＝07年4月）

13㎞に及ぶ第１期工事の最終地点（07年3月）

事故による重傷四名（頭蓋骨骨折一、手足の骨折三）、死者は作業中の心筋梗塞一名、事故死は一人も出さなかった。

　今や吾が「マルワリード用水路」は総延長十三㎞、一日最大送水量五〇万トン、既に砂漠化から回復して耕作できるようになった田畑が一五〇〇町歩（約十五㎢）、渇水時に送水できる耕地は約六千町歩、第二期工事によって潤し得る灌漑面積が推定五千町歩以上、ニングラハル州北部の農民たちの守護神となった。一木一草もなかった荒地に緑がよみがえる奇跡を見た者は、ひとしおの感慨を以《も》って、生きる恵みに感謝するだろう。

　折からトルハム国境では、自爆攻撃で錯乱した米兵が群集に乱射、十八名の市民が死亡したとの報が伝えられていた。四方八方が敵に見えたらしい。人々の方でも怒りが爆発、直ちに一千名の反米デモが荒れた。雪解けと共に活発化する武装勢力に備え、欧米軍は四万数千名の兵力に膨れ上がっており、アフガニスタンの農村部が「危険地帯」なのだと言う。確かに、外国兵が居るところは危険だ。最近、彼らの横暴さが目に余るようになっている。先日、米軍の装甲車の車列からいきなりワインのビンが投げつけられ、フロントガラスが大破、私の運転手は頭部に重傷をおって死ぬところだった。最近、主婦がジャララバード近郊で、やはり酒ビンを投げつけられて死亡している。戦争は狂気を呼び、狂気が戦争を拡大する。それだけではない。今年は降雨がやや多かったとはいえ、年毎に進行する乾燥化は収まりそうにない。人々の窮迫感は日毎に高まっている。

第１期工事完工の祝典に集った人々（07年3月）

　このような中であればこそ、完成した「マルワリード用水路」は、逃げ場を失った多くの人々に希望を与え続けるだろう。「アフガニスタン」は日本で忘れ去られたが、私たちの共有した労苦と喜びの結晶は、人々の命の営みが続く限り記憶されるだろう。

　三月十五日、水路沿いの無数のヤナギがいっせいに芽吹き始め、水路完成を祝福した。

chapter

III

92号 (2007.6) ～103号 (2010.4)

2007 (61歳)	**4月、用水路事業、第2期工事を開始**
	アフガン難民の強制帰還政策のあおりを受け、パキスタン政府からPMSに対し「診療内容の改善命令」（事実上の閉鎖要求）が出される
	カブールやトルハム国境で反米デモ
	8月、カブール河沿いにある既存のベスード堰の復旧工事に協力
	9月、欧米軍とタリバン勢力の戦闘が激化。日本外務省は邦人退避を勧告
	アフガン東部では7月から雨が降らず、大凶作が確実視されていた
	12月、パキスタンのブットー元首相、暗殺される
	既存のシェイワ堰の復旧および取水門新設工事に着手（08年3月完了）
2008	**3月、モスクとマドラサ（地域の文化センター、寺子屋）建設に着工**
	8月、パキスタンのムシャラフ大統領辞任
	8月26日、ワーカーの伊藤和也さん、武装勢力の襲撃を受け逝去
	9月、パキスタンのラシュト診療所を閉鎖、地元行政に譲渡
	米国の投資銀行リーマン・ブラザーズが経営破綻し世界的金融危機が発生
	9月～11月5日、治安悪化のため、日本人ワーカーは全員帰国
	11月、ダラエヌールの試験農場を閉鎖
	5日、中村医師、参議院外交防衛委員会で陳述
	12月、カマ堰の建設開始（翌年1月28日に仮工事完了）。井戸事業を水路事業に統合
2009	3月、アメリカ軍増派、ISAF（国際治安支援部隊）12万人へ
	7月、マルワリード用水路はガンベリ沙漠横断路の工事を完了。試験農場をガンベリに移す
	PMS基地病院を旧職員有志の後継団体に譲渡。現地活動の中心はアフガニスタンのジャララバードに移る
	8月3日、マルワリード用水路約24.3kmが開通
	9～11月、アフガニスタン大統領選挙。カルザイ氏再選される
2010	**1月、PMS（Peshawar－kai (Japan) Medical Services）の名称をPeace (Japan)Medical Services＝平和医療団・日本に改称**
	2月8日、マルワリード用水路完工式。モスク、マドラサ譲渡式
	3月、マルワリード用水路、新たに約1.3kmが開通（全長約25.5km）
	カマ堰・取水口建設により、約7千ヘクタールの農地が回復

92号

2007・6

◎用水路は第二期六・八kmの工事を開始

守るべき人間としての営み

――二〇〇六年度現地事業報告

□二〇〇六年度を振り返って

皆さん、お元気でしょうか。

いつもの暑い暑い夏がやってきました。この一年をふりかえると、随分と多くのことがありました。政情も、事業も、何から報告していいか分かりませんが、今年度は報告書をきちんとまとめるゆとりがなく、細かな点は次の会報で補いたいと存じます。

§

ペシャワール会の現地活動は、今年六月を以《もっ》て、二四年目に入った。毎年、報告書を書こうとすれば、「激動」だの、「流動的情勢」だのという表現がやたらに多い。気がつくと、動いていたのは周りの方で、私たちが努力してきたのは、いつも出発点に帰ることであった。換言すれば、時代遅れになったということだ。また、国際的でもない。知るのは九州とアフガン東部だけである。それでも難儀しているのだから、優れて地域的な骨董品だと云《い》える。この四年間、用水路工事で河との戦いを通じて、特にそう思った。

だが骨董品といえども、バカにはできない。日本の古い水利施設を見ていると、過去は現在を知る無尽蔵の宝庫である。真似て良くないこともあるが、徒《いたずら》に進歩や改革を繰り返して失うことも多い。何だか目まぐるしくなるばかりで、本来私たちが持っていた寛容さ、律儀さ、自然との同居の知恵、人間らしさが退化しているようにさえ思われる。「テロとの戦い」に拳を振り上げ、殺戮《さつりく》を繰り返すことが「進歩」だとは思わない。景気回復で貧富の差を増し、華美と精神の貧困が蔓延《まんえん》することが「改革」だとは信じない。この進歩改革の妖怪が、普遍的な真理のごとく、「世界の骨董国・アフガニスタン」に来襲して多くの血を流し、人々を追い詰めたのである。

戦を語り、政情を語ることにも疲れてきた。時代の流れに乗るのは、なおさら疲れる。変わらぬものは変わらないし、虚構は一時的に力を振るっても、長くは続かないからだ。

異国の人々がやってきて、改革を叫んでは血が流れ、評論と虚偽がはびこり、そして去ってゆく。しかし、確たる事実は、彼らが何を守ろうとしているのか不明だが、我々には守るべき人間としての営みがあることである。敢えて信念らしきものがあるとすれば、これに尽きる。私たちの活動をささえるものは、それ以上でもそれ以下でもない。
二〇〇七年度も、なおさら変わらず、仕事を続けて行きたい。

回二〇〇六年度の概況

二〇〇六年度は、戦火の拡大で始まり、アフガン難民の強制帰還の動きで締めくくられた。反政府勢力の勢いは増しており、〇七年六月現在、増強を続ける欧米軍兵力は四万数千名、アフガン復興が始まった〇二年の一万二千に比べ、約三倍以上である。主に東部・南部で戦闘が激しく、クナール、パクティア、パクティカ、カンダハル、ザーブル、ヘラートなどの各州を併せると、毎日数十名から数百名が死亡している。

現在、我々にとって最も危険なのはカーブル市内で、欧米軍に近寄るのは危険である。最近の傾向は、欧米軍およびび（その協力者と取られ得る）諸外国ＮＧＯに反政府側の攻撃が集中しており、組織化された動きが目立つようになった。権力闘争だけでなく、麻薬に絡む犯罪、急激な欧化政策に反発する勢力、貧困層の急増に伴う強盗、部族間の反目、これらが一体となって治安は悪化の一途をたどっている。

二〇〇六年は、これにパキスタン側の大きな動きが加わり、情勢が更に混沌としてきた。ペシャワールで爆破事件が相次ぐようになり、国境ではアフガン軍とパキスタン軍が衝突、〔パキスタン〕北西辺境州全体が、アフガニスタンと共に揺らいでいる。この背景は、

一、アフガン難民の強制帰還措置。パキスタン政府は、十年以上前から進めてきた「帰還計画」を一挙に実行、北西辺境州の全難民キャンプを閉鎖、難民を対象にした教育・医療施設も活動停止させようとしている。三〇〇万人といわれるアフガン難民の中でも、貧困層が大部分で、二〇〇〇年以降に発生した大旱魃《かんばつ》で逃れた「出稼ぎ難民」が多い。帰還しても生活が保障されない状態である。

二、それまでタブー視されてきた北西辺境州「部族自治区」に、米軍と協力してパキスタン国軍が兵を進め、自治区住民が反旗を翻したこと。二〇〇六年秋、バジョワルでは、「テロリスト攻撃」と称する米国による誤爆でモスクが空爆され、八〇名の死者を出した。このような事件は珍しくなくなっている。

三、米軍に協力する政権に対して、パキスタンの一般庶民に反感が拡大していること。二〇〇六年には政権の膝元

用水路近隣の子ども達（07年4月）

第２期工事の着工式（07年4月）

であるパンジャーブ州で暴動があり、政府を震撼させた。

我々の事業も、この動きに振り回された。ことに、「難民強制帰還政策」が性急に進められた余波を受け、「難民診療機関」と目されるＰＭＳ（ペシャワール会医療サービス）基地病院も、閉鎖に追い込まれる可能性が出てきた。二〇〇七年四月、ＰＭＳの現地法人としての問題や医師・看護師の資格問題を問いただす文書が、期限付きでパキスタン政府から突然出され、現在善後策の処理に追いまくられている（詳細は次号で報告）。

しかし、医療事業を除けば、アフガン内の「緑の大地計画」は大きく進展した。「マルワリード（真珠）用水路」は第一期十三kmの工事を完了、第二期六・八kmの工事が着工された。井戸事業では、二〇〇七年四月に一五〇〇カ所を突破した。農業計画では、主食のひとつであるコメの作付け、飼料の改善など地道な努力が続けられている。しかし、〇六年度の用水路第一期工事は、二年分の精力と予算をつぎ込んで行われた総力戦であったが、〇七年度に起き得る大混乱と旱魃の進行を念頭に強行したものである。今後、不測の事態を考慮しながら動かざるを得ない状態が続くと思われる。

□二〇〇六年度事業報告及び〇七年度の計画

1．医療事業

先述の政情の変化を直接受けて、活動がやりにくくなった。それでも、二〇〇六年度はＰＭＳ基地病院を中心に、ラ

表1　2006年度 各診療所の診療数と検査件数の内訳

国名	パキスタン		アフガニスタン
地域名	ペシャワール	ラシュト	北東部山岳地帯
病院・診療所名	PMS	ラシュト	ダラエ・ヌール
外来患者総数	38,927	5,464	39,459
（内訳）一般	37,829	5,444	37,470
ハンセン病	38	0	0
てんかん	689	12	299
結核	241	1	0
マラリア	130	7	1,690
入院患者総数	900	−	−
（内訳）ハンセン病	111	−	−
ハンセン病以外	789	−	−
外傷治療総数	3,451	223	1,123
手術実施数	7	−	−
検査総数	17,848	−	4,669
（内訳）血液一般	2,476	−	239
尿	2,915	−	694
便	1,652	−	714
抗酸性桿菌	381	−	1
マラリア・リーシュマニア	1,688	−	2,839
その他	8,736	−	182
リハビリテーション実施数	4,937	−	−
サンダル・ワークショップ実施総数	15	−	−

シュト診療所、ダラエヌール診療所で八万九五四七名（うち外来数八万三八五〇名、のべ外傷治療数四七九七名、入院治療数九〇〇名他）が診療された（表1）。〇七年五月に出されたパキスタン政府からの要求は、事実上閉鎖を要求するもので、アフガン人医療関係者の活動が封ぜられるものであった。この背景には、米国からの圧力を受けるパキスタンの苦悩がある。性急な「強制帰還」、難民福祉事業の廃止は、リスクの高い賭けである。アフガン政府にとっても、行き場のない貧困層を抱えることは、大きな爆薬庫を抱えることになった。同じ行政でも、北西辺境州と中央政府との間には、大きな温度差がある。今後どうなるか分からないが、困るのは患者たちであって、粘り強く対処してゆきたい。

表2　PMS病院検査数の内訳

血液	2,476	心電図	478
尿	2,915	超音波断層写真	1,901
便	1,652	心エコー	0
らい菌塗沫検査	98	細菌	0
抗酸性桿菌	381	体液（髄液・胸腹水等）	5
マラリア血液フィルム	1,590	その他	1,559
リーシュマニア	98	内視鏡	167
生化学	1,648	病理組織検査	0
レントゲン	2,880	小計	17,848

2. 水源事業

①用水路建設

二〇〇三年三月に着工した全長十三㎞の用水路は、〇七年三月、四年の歳月をかけて第一期工事を完了した。連続して第二期六・八㎞の工事に入り、早ければ一年、遅くとも二年以内に完了する。

二〇〇六年度は、翌年夏に予測された戦火の拡大、旱魃の進行を念頭に、強行軍で進められた。土石流の谷ダラエヌール渓谷（幅）二・五㎞の通過だけでなく、取水口の最終的な大改修、河道の変化で崩壊に瀕した四～五㎞地点の湿地帯処理、一・三㎞地点の護岸と、三つの大規模工事を併行して短期間に終えた。

最大許容送水量は毎秒四～五トン（一日約五〇万トン）、今やマルワリード用水路は直接灌漑《かんがい》地（沙漠化から回復）が約九〇〇町歩《ちょうぶ》（約九㎢）以上、冬の渇水期に送水できる既存の隣接用水路の面積を加えると、数千町歩になる。多くの旱魃難民が帰農し、廃墟となった村々が復活した。今後、第二期工事が進展するに従い、直接灌漑される地域は飛躍的に拡大してゆくと思われる。

K地区の分水路通水の瞬間（07年5月）

用水路は大幅に日本の伝統技術が取り入れられ

すっかり根づいた護岸の柳（07年4月）

た。全区間にわたって柳《りゅう》枝《し》工と蛇《じゃ》籠《かご》工で造成され、十一の水門、七つのサイフォン、水路沿いの植樹が十二万五千本、三つの貯水池を擁する堂々たるものとなった。四回の夏を経て、土石流、洪水、土砂崩れによる決壊に何回も遭遇、工事の半分以上が「水路保護」に費やされ、河との戦いでもあった。ニングラハル州北部農村の守護神として長く機能するだろう。

重要な点は、建設の主力が周辺農民であったことである。四年間でのべ三八万人が働き、六〇〇トンのワイヤーで蛇籠一万六千個を生産・使用したのも彼らであった。水路が必要とされる限り、現地の彼ら自身で改修できる。

これが可能になったのは、過去三年をかけて培ってきた現地・日本人職員たちの実戦的経験、作業員であった周辺農民の労働力の質の向上、そしてこれを物心共に支え続けてきた日本側の並々ならぬ努力である。水路第一期工事の詳細は表4－1～4－8に譲る。

②井戸事業

二〇〇七年四月に飲料水源は一五〇〇ヵ所を超えた。しかし、地下水位の下降は依然として続いており、今後も努力が必要である。〇六年度で特筆すべきは、トルハム国境の四基目のボーリング井戸が完成、渇水地獄は解消しつつある。しかし、他地域では水源事業が始まった頃よりもひどい状態が続いている。

表3　第2期井戸事業の現状（'07年5月31日現在）

（）内は完成した井戸・修復したカレーズの数

	飲料井戸	灌漑井戸	カレーズ	計
ダラエ・ヌール	7(7)	0	0	7(7)
ソルフロッド郡	14(12)	0	0	14(12)
ロダト郡	3(3)	0	0	3(3)
カイバル峠	14(14)	0	0	14(14)
アチン郡	2(2)	0	0	2(2)
スタッフ用	1(0)	0	0	1(0)
その他	1(1)	0	0	1(1)
計	42(39)	0	0	42(39)

二〇〇六年度は、主に用水路沿い、公共性の高い場所を選んで仕事が進められた。

今後、井戸事業は継続されるが、用水路事業と一体となり、ため池の造成、汲み上げ用水路などの事業も進めることになる。

3. 農業計画

二〇〇六年度は、サツマイモの普及、冬の飼料の確保、日本米の導入などで大きな努力が払われた。茶の生産も、栽培地をダラエヌール渓谷高地に移してから希望が見え始め

表4-1　用水路第1期工事の概要

水路の名称：マルワリード用水路（Marwarid Canal. Marwaridはペルシャ語で「真珠」の意）

全長：13.0㎞

場所：アフガニスタン国クナール州ジャリババからナンガルハル州シェイワ郡ブディアライ村まで

平均傾斜：0.00069

標高差（落差）：9.1m（取水口633.5m，ブディアライ村末端624.4m）

取水量：4.5～5.5m^3/秒（限界最大量6.0m^3）

推定損失水量：30%（浸透損失20%、無効水10%）

灌漑給水能力：4～5m^3/秒（500,000m^3/日）

推定灌漑可能面積※：約9,700ヘクタール（約9,700町歩）

※既に灌漑している耕地と給水量から算出。土壌の保水性、作付けの相違で、日本の基準とは必ずしも一致しない。

水路沿い植樹総数：125,500本

設計・施工者：PMS（ペシャワール会医療サービス）

工期（第1期工事）：2003年3月19日～2007年3月31日

4-2　各工区別概要（流量・工種など）

部位	長さ (m)	開水路幅 (底部～上部)	平均傾斜	通常流量 5.0m^3/秒の時				コンクリート構造物				工種と主な付帯工事
区域				水深 (m)	流積 (m^3)	流速 (m/秒)	流量 (m^3/秒)	橋	水道	サイフォン	水門	
A	800	4.0～5.0m	0.00125	0.84	3.53	1.4	5.00	1			1	砂礫層の掘削、蛇籠工と柳枝工で護岸、土石流に対して横断暗渠
B	100											岩盤掘削
C	700							1				一部埋立・岩盤掘削の上、蛇籠工と柳枝工で護岸（一部空石積み）
D	750	10.0～15.0m	0.00045	0.63	6.28	0.8	5.00				1	築堤による沈砂池造成、護岸は空石積み・柳枝工、流量調節水門、水路部は岩盤掘削
E	1,416	6.0～10.0m	0.00070	0.81	4.85	1.0	5.00	2	1			ローム層の掘削、蛇籠工・柳枝工で護岸、ソイルセメント・ライニング、涸れ川横断に水道橋、暗渠各1
F	610	5.5～10.0m	0.00080	0.74	4.05	1.2	5.00	1				崖沿いに盛り土して掘削、蛇籠工と柳枝工で護岸、ソイルセメント・ライニング、滲出水処理の工事
G	400		0.00080							1	1	
H	2,411	6.0～10.0m	0.00034	0.85～0.93	6.0～6.6	0.9～1.0	5.00	2			2	単純掘削、空石積みで護岸、湾曲部土手は練石積みで造成、土石流に対して末端に遊水地設置
I	3,000		0.00045	0.67～0.71	4.7～5.0	1.1～1.3	5.00			1	1	土手の造成、水路内と外壁共に空石積み、ソイルセメント・ライニング、土石流に対してサイフォン（30m）
J	1,400	5.5～6.5m	0.00104	0.76	4.1	1.2	5.00	1	2	2	1	砂礫層の掘削、ソイルセメント・ライニング、蛇籠工・柳枝工で護岸、土石流に対してサイフォン部4箇所（計300m）
K	1,430							2	2	3	2	
計	13,017							10	5	7	9	

4-3 水門の概要

場所（区域）	目的	方式	サイズ（水門幅・個数）	通常通過流量（㎥/秒）	備考
取水口	取水量調整	手動・堰板式	幅1500㎜×3	4.5〜5.5	
D	流量調節と浚渫	手動・堰板式	幅2000㎜×4	4.5〜5.5	浚渫用1（緊急排水量：毎秒15㎥以上）
G	灌漑路へ分水	手動スライド式	幅600㎜×1	0.2〜0.3	G分水路の水量調節
H1	灌漑路へ分水	手動スライド式	幅600㎜×1	0.1〜0.2	H1分水路の水量調節
H2①	流量調節	手動スライド式	幅1500㎜×2	4.5〜5.5	同時に橋としても使用
H2②	灌漑路へ分水	手動スライド式	幅600㎜×1	0.1〜0.2	渇水期にシェイワ用水路に給水（1.5〜2.0㎥/秒）
I2	灌漑路へ分水	手動スライド式	幅700㎜×1	0.1〜0.3	I2分水路の水量調節
J1①	流量調節	手動スライド式	幅1500㎜×3	4.5〜5.5	
J1②	分水及び排水	手動スライド式	幅500㎜×2	0.2〜0.3	J分水路の水量調節、シギ水路への送水
K①	緊急排水	手動スライド式	幅1500㎜×1	-	全開で水深1m：5.0、水深1.5m：8.4
K②	灌漑路へ分水	手動スライド式	幅500㎜×1	0.1〜0.2	

4-4 サイフォンの概要

場所（区域）	横断地	長さ（m）	管径（㎜）	流積（㎡）	傾斜	最大許容流量（㎥/秒）
G	4.8㎞地点の道路	10	1800×2000	3.6	0.01250	20.4
I	8.6㎞地点の谷	20	1800×2000	3.6	0.00500	12.9
J①	10.3㎞地点の道路	30	1800×2000	3.6	0.00500	12.9
J②	10.9㎞地点の河道（ダラエヌール）	120	1800×2000	3.6	0.00250	9.1
K①	11.6㎞地点の河道（ダラエヌール）	120	1800×2000	3.6	0.00333	10.5
K②	11.7㎞地点の河道（ダラエヌール）	30	1800×2000	3.6	0.00333	10.5
K③	11.8㎞地点の河道（ダラエヌール）	30	1800×2000	3.6	0.00333	10.5

4-5 クナール河の護岸・堤防工事など

場所	構造物	長さ	幅	工種の概要
取水口	堰	220m	50m	巨石による河道全体の堰き上げ、対岸の護岸工事
C	護岸	160m	法面下部10m 以上	洗掘防止対策、捨石工及び蛇籠工
D	護岸	300m	-	洗掘防止策、捨石工による石出し水制3基（各70m）を設置、河道中心を道路から約75m 遠ざけて護岸
FG	盛土	1,000m	上段15m, 下段65m	高さ12〜17m、緩速戴荷、サンドマット工法で湿地帯の上に盛り土して交通性を確保、透水層を遠ざけて排水
FG	護岸	-	-	洗掘防止策、長さ100〜140m の石出し水制3基を設置、水路に迫ってくる河道を200〜400m 遠ざけて護岸

4-6 造成分水路

場所	長さ（m）	最大許容流量（㎥/秒）	推定灌漑面積（ha）	排水先	村の名前
G分水路	2,500	0.3	300	シェイワ水路	スランプール、カンデイ、シェトラウ、ブディアライの一部
H1分水路	500	0.3	70	シェイワ水路	スランプール
H2分水路	400	1.5〜2.0	180	シェイワ水路	スランプール、ブディアライの一部
I2分水路	300	0.3	50	シェイワ水路	
J分水路	3,000	0.3	200	シェイワ水路	ブディアライ村下流
K分水路	400	0.3	100	シェイワ水路	ブディアライ村下流
計	7,100		900		

4-7 植樹数（2007年3月現在）

樹木	場所	目的	本数
コリヤナギ	全開水路内壁、盛土法尻	①用水路護岸の強化、②法止め工	116,050
クワ	盛土法尻	法止め工	4,625
オリーブ	盛土法尻	法止め工	2,000
ユーカリ	土石流の谷	土石流の緩流化（保護樹林）	2,251
アンズ	D沈砂池周辺	果樹園造成	600
計			125,526

4-8 その他の付帯設備

場所	種類	長さ(m)	幅(m)	許容流量(m^3/秒)	摘要
A	橋	8	16	−	ジャリババ渓谷の土石流対策で設けた暗渠
C	橋	8	8	−	交通路(国道)
D	溜池	約330	約350	−	沈砂池、および水量の安定化と調整
E	水道橋	15	内径2.9	1.75	涸れ川の谷を横断
E	橋	8	10	−	交通路(国道)
H	橋	10	17	−	交通路
H	遊水地	200	30〜80	−	浅い池と窪地、谷の上流側に樹林帯で土石流の緩流化
K	橋	8	7	−	交通路
K	橋	8	7	−	交通路
JK	水道橋	20	内径0.5	0.32	建設される前にあった灌漑用小水路のマルワリード水路横断。4ヵ所に設置
K	池	400	150-200	−	水量調整、K分水路へ灌漑

表5 現地派遣ワーカー

	氏名	職種	派遣開始	現在
◎医療(PMS病院)				
1	藤田千代子	院長代理・看護部長	1991年9月	継続中
2	坂尾美知子	臨床検査技師	2002年7月	継続中
3	紺野道寛	ダラエヌール診療所	2003年7月	06年9月終了
4	杉山大二朗	事務	2005年2月	継続中
5	村井光義	会計	2005年3月	継続中
6	河本定子	薬局	2005年9月	継続中
7	竹内英允	ダラエヌール診療所	2006年4月	継続中
◎灌漑用水路建設計画・農業計画				
8	近藤真一	用水路	2003年1月	継続中
9	伊藤和也	農業	2003年12月	継続中
10	本田潤一郎	用水路	2004年1月	継続中
11	松永貴明	用水路	2004年4月	継続中
12	進藤陽一郎	農業	2004年5月	継続中
13	神戸秀樹	用水路	2004年5月	06年5月終了
14	鬼木 稔	用水路	2004年5月	継続中
15	芹澤誠治	事務	2005年4月	継続中
16	横山尚佑	用水路	2005年9月	継続中
17	木藪健児	用水路	2006年5月	07年5月終了
18	荒野一夫	炊事担当	2006年6月	07年3月終了
19	蓮岡 修	用水路	2006年8月	07年6月終了
20	西 和泉	支部会計	2006年9月	07年6月終了
21	長橋 努	用水路	2006年12月	07年5月終了
22	神代大輔	用水路	2007年2月	継続中
23	西山浩司	炊事担当	2007年3月	継続中
24	山口敦史	用水路	2007年3月	継続中
◎定期・短期派遣者				
25	高橋 修	農業顧問	2002年3月	定期
26	石橋忠明	用水路	2003年12月	定期
◎2007年度新規ワーカー				
27	佐々木啓泰	用水路	2007年4月	継続中
28	梅本霊邦	用水路	2007年5月	継続中
29	石橋周一	用水路	2007年5月	継続中
30	西野恭平	医師	2007年5月	継続中

ている。詳細は、農業担当者の報告に譲る。*

4. ワーカー派遣

表5のワーカーが事業に参加した。今後は長期継続を考え、一定人員を育成しつつ、派遣することが求められている。しかし、他方で情勢が流動的ななか、特に医療事業で困難が続いている。

5. 二〇〇七年度計画

用水路は第二期工事を出来るだけ早期に完了する。他の事業も基本的にこれまでの仕事の連続である。医療事業については、現在計画を立て得る状態ではない。

＊同号の紙面に、農業担当ワーカーの伊藤和也、進藤陽一郎、高橋修の各氏による報告（「二〇〇六年度農業計画報告　地域農家に試験成果を普及する段階へ」）が掲載されている。

93号 ２００７・10

診療の拠点をアフガニスタンに

——ＰＭＳ基地病院は十一月までに全面移転

パキスタン中央政府による突然の「改善」命令

みなさん、お元気でしょうか。

アフガニスタン、パキスタン共に大きな動きが予想以上に急速に進んでいます。

先の年度報告で医療活動の危機を訴えましたが、その後の経過をお伝えします。

既に年度報告（92号）で触れたように、ＰＭＳ（ペシャワール会医療サービス）は一九八六年、難民救援団体としてパキスタン政府に登録され、当時無視されていたアフガン人のハンセン病患者の診療から出発、その後アフガニスタン山村部の無医地区診療モデルを作ることを目指して活動を続けてきました。

一九九八年四月、このために恒久的な基地病院をペシャワールに建設、パキスタン政府に認められた難民支援の国際団体であると同時に、北西辺境州政府に認可された団体（社会福祉法人）として二重の地位を得ました。これは、半永久的なハンセン病専門施設を置き、長い年月を要する同病の患者のケアを目指したものでありました。

ペシャワールのPMS基地病院（07年8月）

また、「いずれ難民機関のステータスは消滅するので、地域の医療機関として根を下ろしたがよい」とのパキスタン政府高官の勧めに従ったものでありました。私たちは、「これで現地に土着化して活動できる」と信じ、完璧に合法性を遵守《じゅんしゅ》してきた積りでいました。

しかし、今年になってアフガン難民強制帰還の動きが始まると、突然「診療内容の改善命令」が（パキスタン）中央政府から出されました。「正規の看護師がいない。州政府への二重登録は違法である。州政府認可なら外国からの運営費を使えず、管理者はパキスタン人でなければならない」というものでした。

調べてみると、確かに法的には改善命令は正しいものでした。ただ、解《げ》せないのは、それなら何故九年前にそれを知らせなかったかということです。また、ハンセン病に対する医療関係者の偏見が強く、パキスタン人の医療者は就職したがりません。それに、ハンセン病の合併症は、整形外科、形成外科、眼科、皮膚科、神経科と、総合的なケアを要するので、特別な訓練が必要です。やむなく、自前で診療要員を育て上げ、現在に至っています。

そこで、合法性を得るために、資格のあるパキスタン国籍の看護師、医師などを雇用し、「基準」を満たす努力を続けました。だが今度は、日本人ワーカーのビザ取得が困難になりました。ひどい場合は、二週間しか滞在が許されず、出入国を繰り返していると診療ができないのです。それでも患者のために不便を凌いできましたが、ひとつ「改善」を達成すると、また次の「改善点」が要求されます。こうして役所との対応に忙殺され、とても診療ができる状態ではなくなりつつありました。

ついに万策尽き、疲れ果てた当方は、「改善命令が事実上の閉鎖要求であり、難民強制帰還に伴う国家方針」であることを悟り、拠点をアフガニスタンに移して実質的な診療に力を注ぐべきだとの結論に至りました。だがアフガン側でも、実現不可能な紙上の「改善要求」が多く、一時は最後の拠点であったダラエヌール診療所の閉鎖も考えたほどです。

しかし、心ある人は行政の中にもいます。(アフガニスタン)ニングラハル州保健省、カーブルの中央政府保健省大臣は私たちの過去の活動を知っており、熱烈なPMS支持者でした。アフガン撤収・ダラエヌール診療所閉鎖に猛反対しました。結局、彼らの好意によって合法性を獲得、ジャララバードに医療活動の拠点を移し、診療所継続が保証される見通しが立ったのでした。もともとハンセン病患者の大半はアフガニスタンの東部在住者/出身者が圧倒的に多いこと、パキスタン国籍者でも実質的に国境を自在に越えることを考えると、これ以外の選択は考えられなかったのです。こうして、私たちPMSは、その名称にもかかわらず、拠点ペシャワールを空けてジャララバードに移ることになりました。

政変の兆しと凶作

それでも、アフガニスタンの現状は、前途多難です。九月二〇日現在、アフガニスタン南部・東部・北部の各州で、戦闘は激しくなっています。欧米軍は増派されて五万人以上の大兵力となり、他方「タリバーン勢力」の面の実効支配は、徐々に、かつ確実に首都カーブルを包囲しつつあるように思われます。日本外務省は、既に七月段階で「渡航延期」を勧告し、さらに「真にやむを得ない事情で首都カーブル、ジャララバード、ヘラート、マザリ・シャリフ及びバーミアンの五都市に残留せざるを得ない場合を除き、直ちに退避するよう強く勧告します（九月十六日）」と、危険を訴えました。

毎日数百名の単位でアフガン人たちが命を落としています。公式の発表では「NATO軍、○○名のタリバーン兵殺害」と報道されますが、大半の犠牲者は普通の農民や市民たちです。国際赤十字委員会は、「犠牲者の半分以上が無関係の人々だ」とし、活動を「緊急態勢」に切り替えました。米国に擁立されたはずのカルザイ大統領自ら、「アフガン人の命が軽視されている」と訴え、外国軍に自重を促し、タリバーン勢力と水面下で話し合いが進められていると伝えられます。

この急速な戦闘激化とアフガン人一般市民を巻き込む犠牲増加の背景は、

1．危険な地上戦をANA（アフガン国軍）に主に請け負わせ、欧米軍による攻撃が主として空から安易に行われるため、周囲を巻き込みやすい。

2．タリバーン勢力と一般パシュトゥン農民と区別がつかず、単に支持者である非戦闘員も「タリバーン兵」と誤認される。

3．理由もなく殺害された者の肉親が、政治とは無関係に「報復」に外国軍を攻撃したり、タリバーン勢力を幇助《ほうじょ》したりで、悪循環を作っている。

4．タリバーン勢力の主力がパシュトゥン農民そのもので、土着性が強い。必ずしも「イスラム過激派」とは限らない。「国際テロ組織」とは無関係に、「外国人に荒らされた郷土の防衛」という動機が強い。

5．首都の華美な風俗と貧困層の状態との余りの格差、外国兵の横暴、強盗、殺人事件が増える中で、旧タリバーン政権による治安の良さを懐かしむ声が強くなっている。

などがあげられますが、報道されない最も重要な事態は、今年の大凶作です。アフガン東部では七月から雨が一滴も降らず、異常気温上昇で春先に洪水が頻発、残雪が消えています。このため、中小河川流域の耕地は全滅に近く、カーブル河、クナール河のような大河川でも、八月段階で平年の十一月から十二月なみの水量です。水源であるヒンズークッシュ山脈で、もう解けて下る雪がないのです。このため、作業場周辺の広大な農地も、危機に瀕しました。河の水位が下がったため、コメやトウモロコシの全滅がささやかれました。まだ残暑がある時期にこれほど河の水が減ったのは、過去なかったそうです。用水路建設班がジャララバードに隣接するベスード村（約二千～三千町歩《ちょうぶ》〈約二〇～三〇㎢〉）の二つの取水口を復旧しましたが、シェイワ郡一帯（約二千町歩）は復旧が不可能、PMSのマルワリード用水路に一〇〇％頼る状態となりました。おかげでニングラハル州北部は安定しましたが、これはアフガニスタンで例外的な幸運例だといわざるを得ません。

国際協力や国際貢献がこれだけ議論されているのに、小さな用水路さえ修復する助けもないのです。人々は追い詰められた心情に陥っています。

現在、マルワリード用水路については、来年四月に全長二〇㎞を完成して一挙に数千町歩を潤し、十万人の人々が暮らせるよう必死の突貫作業が継続されています。

治安悪化への対策

他方隣国パキスタンでは、内戦前夜を思わせる状態が続いています。行政の混乱だけでなく、既述のアフガン難民強制送還による影響もあり、ペシャワールでは暗殺、爆破事件が頻発するようになりました。八月下旬、パキスタン・アフガニスタン両国の政情の緊迫化に伴い、わがPMSも「非常事態」と認識、以下の当面の方針が打ち出されました。

1．懸案のPMS基地病院は、ジャララバードに十一月までに全面移転する。約十年間機能した基地病院は捨てがたいが、アフガン側で再興を図る。まずダラエヌール診療所を充実、ハンセン病等の診療設備を長期的視野で建設。

2．マルワリード用水路は、突貫工事態勢を敷く。二年分の予算を投じても、第二期七㎞を来春にまで完成、数千町歩灌漑《かんがい》を実現すべく全力を尽くす。パキスタンから強制帰還させられる難民の大半がニングラハル州にとどまり、州やカーブル政府にとっても大きな圧力になっている。その負担を軽減すれば、少なくとも同州北部の混乱を避けうる。

3．安全対策には万全を期すが、都市部は我々にとって危険になりつつある。日本政府の動き次第では、我々の安全に甚大な影響を及ぼす。欧米軍への協力姿勢が打ち出されれば、独自の現地情報と判断に基づき、日本人ワーカーを段階的にアフガニスタンから退去させる。危機管理の自衛対策をとる。

4．「海外からの安全情報」は、しばしば現実と異なるので軽挙妄動しない。指示があるまで粛々と任務を継続し、日本人ワーカーが退去しても基本的な事業に中断なきよう、作業工程、事業規模等を考慮する。地元農民や地元医師の手でも続けられる態勢をとる。一朝事《いっちょうこと》あれば、思い切った方策をとる。

「先ず、何をしたらいけないか」

政情と「国際世論」を見る限り、「むなしい」の一語です。もう放っておいて欲しい、そう思います。六年前の「アフガン報復爆撃」と「アフガン復興ブーム」のとき、誰が現在の状態を予想したでしょうか。欧米諸国の軍事介入、「対テロ戦争」の結末は既に結論が出たと言えるでしょう。武力介入は、良き何物も、もたらしませんでした。アフガン民衆の現状を抜きに進む先進諸国の論議に、忍耐も限界に近づきつつあります。

よく「日本だけが何もしないで良いのか。国際的な孤児になる」ということを耳にします。だが、今熟考すべきは、「先ず、何をしたらいけないか」です。「徳は孤ならず、必ず隣あり」*と言います。目先の利を離れ、和を唱えて孤立するなら、それは「名誉ある孤立」であり、世界の人々の良心に力強く訴え、真に国民を守る力、平和への国際貢献となるでありましょう。その時、私たちはアジア民衆の友であり、平和日本の国民であることに、胸を張ることができるでしょう。

民衆の半分が飢えている状態を放置して、「国際協調」も「対テロ戦争」も、うつろに響きます。よく語られる「国際社会」には、少なくともアフガン民衆が含まれていないことを知りました。しかし、このような中でこそ、私たちは最後の一瞬まで事業完遂を目指し、平和が戦争に勝る力であることを実証したいと思います。皆様のご理解とご協力を切にお願い申し上げます。

＊論語「里仁」にある孔子の言葉。

94号 ── 2007・12

迫り来る大凶作

──基地病院移転は半年延期、既存水路の救済が焦眉《しょうび》

基地病院移転は半年延期に

みなさん、お元気でしょうか。

パキスタン、アフガニスタン共に、現地は混乱の修羅場が遠からず予測され、必死の作業が続けられています。

先ずパキスタン・ペシャワール側では、先日からＰＭＳ（ペシャワール会医療サービス）基地病院の移転が問題になり、会員の皆様から心配の声が多く寄せられています。その後の経過をお知らせします。結論から言えば、移転は半年延期されました。これは、パキスタン政情の大混乱で行政機能が円滑に動かぬようになったこと、アフガン難民強制送還の動きがＵＮＨＣＲ（国連難民高等弁務官事務所）に牽《けん》制《せい》されたことにあります。また性急な移転は現在ＰＭＳにとっても不利が多く、動きがつかぬことがあります。当方としては十分な準備期間を取らねば、アフガン側でも診療が

できぬ状態にあります。西野〔恭平〕医師、藤田〔千代子〕看護師、アフガン人古参職員のジア医師らを中心に、じっくりと情勢を読み、移転と新体制の建設が着実に進められようとしています。

パキスタン北西辺境州では、先月のワジリスタンでの大規模な反乱の後、今度はスワト渓谷で反乱の火の手が上がって国軍兵士二〇〇名以上が捕虜となり、タリバーン勢力の支配下に入りました。十一月二四日現在、米軍に後押しされたパキスタン国軍一万数千人が同渓谷を包囲、大規模な軍事作戦が計画されていると伝えられています。

一方、アフガニスタン側では、南部・東部諸州を中心にタリバーン勢力の面の実効支配地が既に全土の半分を超え、首都が着実に包囲されていると伝えられ、欧米軍との間で戦闘規模が拡大しています。おそらく米国の擁立する現政府は、タリバーン勢力との妥協なしに存続することは不可能です。首都カーブルの人口は五〇〇万人を超え、大半がその日の食にこと欠く避難民だと見られます。一部区域の華美な風俗と余りに対照的、革命前夜を想起させ、一触即発の状態に誰もが不安を感じています。

次々と涸れる既存水路

この背景をなす大きな出来事は、外国軍の無用な軍事行動と共に、今年七月から東部では雨が一滴も降らず、記録的な川の異常低水位が続いていることです。クナール河沿いでは、既に八月から初冬並みの水位となり、チャガサライからジャララバードに至るまで殆どの取水口が干上がりました。この結果、川沿いの村々は既にコメ、トウモロコシの収穫が全滅、冬小麦も危うく、大凶作が確実視されています。

灌漑《かんがい》省によれば、私たちの建設したマルワリード用水路（通称Japan Canal）のみが生き残り、現在これだけでシェイワ、シギの全域（推定約二五〇〇町歩《ちょうぶ》〔約二五㎢〕）を奇跡的に潤している状態です。かつて安定した水供給で知られたジャララバード郊外のベスード用水路（推定約三千町歩）も涸れ、住民たちの間に絶望的な雰囲気が広がりました。

私たちの用水路は第二期工事を急ぎ、十一月末までに三・二㎞地点（N１区域＝取水口から十六・三㎞）を完成、シギに大量送水を可能にしようとしています。これと併行してベスード用水路の取水工事を住民と一体になって進めています。間もなくベスード用水路が復活する見通しです。直ちに連続して、シェイワ用水路の斜め堰《ぜき》と取水門の建設、対岸のカシコート村用水路の復活が手がけられます。

堰《せ》き上げ工事に必要な石材の大量輸送態勢を整え、来春予想される大混乱を前に、空前の規模で計画が動き始めました。河と戦ってきたこれまでの経験を生かし、「ともかく各村の食料自給を絶やさぬよう、各村の農民と一体化し、手がけうる全ての取水口復旧に全力を尽くせ。二年分の予算を使っても構わない」と異例の方針を指示しました。かつて水路工事に携わった元日本人ワーカーたち、鈴木祐治、鈴木学、紺野道寛、石橋忠明らも非常招集で続々と現地入りを始めました。試験農場の進藤陽一郎も十二月から救援に駆けつけます。

進まぬ復興、不毛な議論

遅々として進まぬ復興、実のない内外の議論、外国軍の横暴に対して、もはや忍耐は限界を超えました。これは緊急事態であり、吾々の戦であります。いたずらに農民を殺《さつ》戮《りく》する外国軍の「対テロ戦争」と対決し、一人でも多くの命を守る戦いであります。

もちろん日本人ワーカーたちの安全には極力配慮し、ギリギリまで留《とど》まって私たちの「命を守る平和の戦い」を完遂し、日本人の心意気を示したいと存じます。日本にあって、平和を祈り、命が脅かされる現地の実情に心痛める多くの良心、その絶大な支援に衷心から感謝申し上げます。

どうぞ、寒風の中で餓《う》えに苦しむ多くの人々のため、彼らと命運を共にするＰＭＳの現地職員のため、お祈り下さい。

よきクリスマスと正月をお迎え下さい。

95号

２００８・４

マルワリード用水路はガンベリ沙漠へ到達

——地域復興の要《かなめ》、マドラサ建設に協力

右肩下がりに悪化する旱魃

みなさん、お元気でしょうか。

現地情勢は、アフガニスタン、パキスタン共に、まさに修羅場です。空爆、暗殺、反乱、一〇〇年に一度といわれる大旱魃《かんばつ》と飢饉、外国軍の横暴、麻薬、強制送還しても減らない難民、述べれば暗い話ばかりです。かつて、「東洋平和のためならば、何で命が惜しかろう」〈露営の歌〉という軍歌がありました。日本中で六〇年以上前に歌われました。現在、ここで進行していることは、その拡大版に過ぎません。「世界平和のために」、戦争しようというのです。ただし違うのは、自分の命は惜しいらしく、上空から爆弾を落としたり、未熟な軍隊が恐怖でやみくもに攻撃するので、罪のない犠牲者が増えるばかりです。

政情を語るのは疲れますので、少し元気の出るできごとを伝えましょう。

アフガン大旱魃については常々お伝えしている通りで、今年も最悪です。毎年「最悪だ」を連発していますが、誇張ではなく本当です。つまり、年々常に右肩下がりで進行しているということです。自給自足の農業国で、食料自給率は過去最低、おそらく半分以下に落ちていると関係筋は述べています。今年は特にひどく、東部アフガニスタンで小麦の作付けができぬ農家が多く、食糧は数ヵ月で二倍の値段となりました。私たちは、農業生産の向上がなければアフガン復興はあり得ないと訴えてきました。WFP（世界食糧計画）も、危機を訴えています。今冬は餓死、凍死が各地で発生、分かっているだけで数千人規模に達しています。

用水路完成を急いでいるのは、このためでもあります。その上、治安悪化でいつ「邦人退去」の指示が出るやも知れず、「二年分の予算をつぎ込んでも第二期工事、八・五（第一期工事との総計二一・五）kmを完成せよ」と、こちらも空前の規模で突貫工事を進めています。うち三・五（総計十六・五）km地点までは既に灌漑《かんがい》が始まり、間もなく五・八（総計十八・八）kmが完成します。工事の先端は標的であったガンベリ沙漠に達しました。

死のガンベリ沙漠

この広大な沙漠は、幅五km、長さ二十数kmに及び、ニングラハル州とラグマン州の境にあります。旅人が度々死亡するので有名で、現地のことわざで「ガンベリのように喉がからからだ」といいます。十八年前、わがPMS（ペシャワール会医療サービス）の職員が殉職した場所でもあります。ここに水が注がれますと、最低でも二千町歩《ちょうぶ》（約二〇km²）を潤すことになります。折から、パキスタン政府の強制送還政策で、ジャララバード周辺は満足な食さえ満たされぬ帰還難民であふれています。

このような状態の中で、難民生活から突然、以前よりも豊かな水に恵まれる住民の喜びはたとえようがありません。「ガンベリの水」は象徴的な響きを与えるでしょう。東部アフガンで恐れられた沙漠が豊かな田園地帯になることを、想像してください。

今冬の渇水は、各地域に大被害を与えました。クナール河沿いの取水口は、軒並み水が絶え、「一ヵ村でも、二ヵ村でも、ともかく生存を可能に」と、分水路の整備や昔からある取水口の改修も積極的に進めています。

最大の工事はベスード用水路（三千町歩）の復活、シェイワ取水口の全面改修です。特にシェイワ用水路（二千町歩）は、現在一〇〇％をPMSのマルワリード用水路（Japan Canal）に依存しており、将来私たちの用水路がガンベリ沙漠を潤し始めると、既存の用水路へは十分な送水ができなくなります。これまでの五年間の経験と技術の粋を集め、既存の用水路にも長期間使用できる頑丈な堰《せき》と取水口が間

既存のシェイワ用水路改修に着手（08年1月）

もなく完成します。既にわがマルワリード用水路から送られる豊かな水量で、農業生産が倍増しましたが、それ以上の恩恵を被ることになります。年々進行する取水量の減少で、末端の分水路には水が行き渡らなかったからです。

誤解される「マドラサ」

さて、どうしても付け加えなくてはならないのが、「マドラサ」の建設で、現在シェイワ郡に用水路と並行して作られています。マドラサについては、少し説明が要ります。通常、「イスラム神学校」と訳され、「タリバーンの温床」として理解され、外国軍は支援どころか空爆の対象としたほどです。一昨年、国境付近で「八〇名のタリバーンを殺した」と米軍の発表がありました。何のことはない。死んだのは、全て年端《としは》もゆかぬ子供たちでした。住民たちの憤激に、後に「誤爆だ」とされましたが、日本では報道で取り上げられませんでした。

実態は、西側筋の伝えるものとかなり異なります。マドラサは、地域共同体の中心と言えるもので、これなしにイスラム社会は成り立ちません。イスラム僧を育成するだけでなく、図書館や寮を備え、恵まれない孤児や貧困家庭の子供に教育の機会を与えます。アフガニスタンがこれほどひどい状態なのに、いわゆる「ストリート・チルドレン」が少ない理由の一つがマドラサの存在でしょう。

また、マドラサはモスクを併設し、「ジュンマ・プレイヤー（金曜礼拝）」に、地域全体の家長らが集まります。地域にとって大切な知らせや協議、敵との和解などは、ここで行われます。何も「テロリストの温床」ではなく、政治性がある訳ではありません。ここで学ぶ学童を「タリブ（神学生）」と呼び、複数形が「タリバーン」です。コーランの学習だけでなく、地理や数学などの一般教科も教えます。つまり、地域の文化センターであり、恵まれぬ子供たちの福祉機関であり、人々が協力する場所であり、地域を束ねる要《かなめ》なのです。運営は地域あげて行い、時々アフガン政府からの援助があるといいます。

その重要性がどれほど人々にとって大きいか、改めて認識を新たにしました。昨年、用水路の第一期工事十三㎞が開通したとき、近くに一万四千㎡の大きな空き地がありました。マドラサの建設予定地だそうです。村人に尋ねると、「作りたいが、この貧困な状態で誰もできない。国際支援団体は、マドラサとモスクの建設だけは援助項目から外している」との話でした。州の教育大臣は、「マドラサなくして地域の安定はない。共同体に不可欠の要素なのに、政治勢力の『タリバーン』という名前だけが誤解を与え、誰も協力したがらない」と溜息をつきました。

「これで自由になった！」

幸い、当方は水路工事の真っ最中、資機材は豊富にあったので、「誰も怖がって作らないなら、当方が建設だけ、ついでにしましょう」と申し出ました。ジャララバードの町には、物乞いをする子供が増え、一千名以上の孤児たちがいると言います。その子たちを吸収できる福祉機能に注目したからです。

ところが驚きました。住民たちも地方政府も、沙漠化した土地に水が注がれた時以上に、喜んだのです。着工式には近隣の村長たちが顔をそろえ、中には「これで自由になった！」と叫ぶ長老たちもいました。はて、「自由とデモクラシー」の「自由」とは何だろうと、考えさせられました。彼らには宗教心の篤さと共に、伝統や文化に対する強い誇りがあります。それが否定されるような動きに、抑圧感を覚えていたのでしょう。

図らずも、サウジアラビアを除けば、外国人によるマドラサの建設支援は初めてだそうで、大きな朗報としてアフガン東部一帯で話題となりました。「マドラサは公徳心を教える。これでぐれた若者やならず者が減る」という人もいました。「やはり、日本だけは分かってくれる。兵隊も送らない」と、日本国に対する大きな賞賛、悪い気はしませんでした。眉をひそめた西側の国際団体もあったでしょうが、アフガン人の殆どが狂喜したのです。

モスク、マドラサの着工式（07年12月）

「人はパンのみにて生きる者に非ず《あら》＊」単なる理想や教説ではありません。かつて謙虚に天命に帰した日本人のはしくれとして、人間の事実を知ったのは幸いでした。

仕事は山場を迎えています。日本にあって物心共に祈りと希望を以《も》って協力してくださる皆さんに感謝します。

＊旧約聖書「申命記」八章三節のモーセの言葉をイエスが引用（「マタイによる福音書」四章四節）した。

96号　2008・6

◎第三期工事は「沙漠緑化」と「農地開拓」

自立定着村の創設に向けて

――二〇〇七年度現地事業報告

□二〇〇七年度の概況

無政府状態の拡大

二〇〇七年度は、一九八八年のソ連軍撤退、二〇〇一年のアフガン空爆に次いで、過去最も変動の激しい時期であった。欧米軍が約七万名に増派されて戦火は泥沼状態となった。アフガニスタンのほぼ全土で政府の威光は地に落ち、無政府状態が急速に広がった（〇八年初頭に発表された米情報部の報告でさえ「政府支配地区三〇％」としている）。農村部で外国軍とその協力者が安全でいられる地域は、もはや消滅しつつある。アフガン東部では、米軍の協力者として振舞ってきたパシャイ民族*系の軍閥たちも、タリバーン勢力と妥協の道を探っているといわれる。多くの地域で、行政の末端にタリバーン勢力の参加なしに秩序が保たれなくなっている。派手なふれこみで行われた「対テロ戦争」は莫大な浪費の挙句《あげく》、その破綻は誰の目にも明らかになったと言えよう。餓《う》えた膨大な人々の群れは、もはや沈黙しなくなってきている。破局は目前に迫っていると言ってよい。

パキスタンに波及する混乱

混乱はパキスタン政府をも揺るがせた。米国の忠僕として「テロリスト掃討」を進めたムシャラフ政権は、全国民の怨嗟《えんさ》の的となり、ブットー女史（元首相）の暗殺、各地の暴動と反乱の後、政権から退いた。アフガニスタンと隣接する北西辺境州とペシャワールでは、事態はより深刻であった。二〇〇七年夏、ワジリスタンに次いで、スワトやコハート地方で大規模な反乱が起きた。〇八年一月、ペシャワール近郊で、政府も手をつけなかった一大麻薬組織がタリバーン系の組織によって壊滅させられ、多くの人々に歓迎された。無政府状態は政府や米軍ではなく、地域住民の支持を得るイスラム主義勢力の手によって収拾される勢いを見せている。ペシャワール市内は平穏を保っているが、郊外は既にタリバーン勢力とその同調者によって実効支配されていることは知られてよい。

米軍はアルカイダ勢力によるものと断じ、直接兵力を進めることをほのめかしているが、その信憑性《しんぴょう》は薄いと思える。アフガニスタン、パキスタン共にアラブ系団体に対する不信感が強く、民衆の間では、「アルカイダと米国の連携プレー」という噂まで横行している。過去、欧米におけるテロ実行犯は、ほとんどが先進国社会で育ったアラブ系のエリート層であり、欧米社会の病理こそがテロの温床だと識者たちは述べ、国際主義のアルカイダと徹底した土着主義のタリバーン勢力とでは、かなり性質が異なることを指摘している。二千万人のパシュトゥン民族を抹殺せぬ限り、タリバーン運動は消滅しない。いずれにしても、アフガン人やパキスタン人にとっては、迷惑な話だといわざるを得ない。この大混乱が「対テロ戦争」の産物だからだ。

アフガン難民キャンプが次々に閉鎖

パキスタン政府の「アフガン難民強制帰還」が本格化したのも、外圧によると言われる。難民キャンプが「テロリストの温床」とみなされて次々と閉鎖され、二〇〇七年四月にペシャワールのカッチャガレイ・キャンプが完全に撤去され、数万家族が路頭に迷うことになった。続いて、シャムシャトゥなど、貧困層が集まるキャンプが閉鎖されつつある。この影響をまともに受けたのが主に東部アフガン地域で、着のみ着のまま沙漠地帯に放り出された人々の集団が目立っている。カーブルでの復興劇をよそに、東部・南部のパシュトゥン人の地域は、無政府状態にさらに拍車をかけ、パキスタンに隣接するパクティア、パクティカ、ザーブル、ニングラハル、クナールらの諸州では、飢えた数百万の民衆の怒りが暴発寸前だと誰もが見ている。冬季、カーブルを中心に発生した数万人の凍死者は、主にこれらの人々であった。

旱魃の進行と「国際社会」の無知

アフガニスタンの民衆にとって、政情以上に脅威なのは、大旱魃《かんばつ》による食糧不足である。既に二〇〇六年の段階で「食料自給率六〇％以下（ＷＦＰ＝世界食糧計画）」とされたが、農地の沙漠化は目を覆うものがあり、〇七年秋、東部アフガンではコメやトウモロコシの収穫はさらに壊滅的な打撃を受けた。これに世界的な食糧危機が重なり、イランやパキスタンからの小麦輸入が一時停止した。主食である小麦価格は二倍以上の高値を維持しており、カルザイ大統領自ら「国民の半分が飢えている」と訴えたが、欧米側は徒《いたずら》に軍事力強化を図るに終始し、真剣な取り組みがなされたとは言えない。この食糧不足が容易に暴動に発展し、収拾のつかぬ事態になることは十分予測される。首都を大混乱におとしいれるのは困難ではない。しかし、農村を基盤とするタリバーン側も、現在のところ混乱を望まず、「外国軍とその同調者だけを標的とする」と宣言、自重していると思われる。一方、欧米軍のＰＲＴ（地方復興チーム）の実態は、軍事活動を円滑にするための宣撫《せんぶ》工作に近いもの

難民キャンプの青空学級（07年12月）

で、民衆は反感を抱いている。国連組織さえその「手先」としてしばしば住民から襲撃され、面の世界で展開する実態は、日本で理解されているものとはかけ離れている。

特に二〇〇八年になって、〔米国の〕ライス国務長官が「ＩＳＡＦ（国際治安支援部隊）は戦闘部隊であるべきだ」と明言、主力のＮＡＴＯ〔北大西洋条約機構〕軍に積極的に参加してきた国々の中にも、軍事力による収拾に懐疑的な声が広がり始めている。また、ことさらイスラム教を冒瀆《ぼうとく》するような欧米側の動きには、宗教的偏見を感ぜざるを得ない。モスクやマドラサ（伝統的な寺子屋）を平気で空爆するのが日常茶飯事となり、米軍がコーランを標的に射撃訓練したり、反対を押し切ってデンマークでムハンマドを揶揄《やゆ》する出版物を刊行したりで、激しい反感を買っている（四月、カーブル市内の官邸の前でカルザイ大統領暗殺未遂事件、五月、イスラマバードのデンマーク大使館が爆破され、外国兵への襲撃と死亡は、過去六年間で最高に達することは確実視されている）。

民衆の間で餓死と凍死が相次ぐ中、一部には華美な風俗が人々の慣習を無視して横行、これまでになく欧米人への敵意が高まっている。首都カーブルを一歩離れると、パシュトゥン人を中心に、全土でイスラム主義勢力への支持が圧倒的であることは知られてよい。

対日感情の動き

日本国内で議論が沸騰した「インド洋での後方支援＝給油活動」は、幸いほとんど現地で知られておらず、「最大の民生支援国」であることが政府・反政府を問わず、好感を持って迎えられていた。在日アフガン大使も、日本が（アフガンの国土に）兵力を送らぬことを望むと述べている。このことが私たちにとって大きな安全になっていたのは疑いがない。しかし、六月になって「日本軍（Japanese Troop）派遣検討」**の報が伝えられるや、身辺に危機を感ずるようになった。余りに現状を知らぬ軽率な政治的判断だったと言わざるを得ない。日本が兵力を派遣すれば、わがＰＭＳ（ペシャワール会医療サービス）は邦人ワーカーの生命を守るために、活動を一時停止する。これまで、少なくともアフガン東部で親日感情をつないできた糸が切れると、自衛隊はもちろん、邦人が攻撃にさらされよう。私たちはアフガン人が「故郷を荒らす日本兵」を攻撃するのを止めることができない。悲しむべきことだが、これが冷厳な現実である。この末期の段階で軍事行動に協力する愚かさの帰結を、身にしみて知ることになろう。

ＰＭＳ現地活動への影響

わが現地活動も、このような政情と食糧危機に大きく振り回された。これほど難問が重なった年も珍しい。列挙すると、

一、食糧価格の急激な高騰で、この一年で五回の昇給をくりかえして対処したが、職員たちの中には、一ヵ月の給与で半月しか家族を養えぬ者も少なからず、その生活保障が問題となってきた。

二、要人・外国人拉致が多発し、二〇〇八年三月以来、カイバル峠のトルハム国境通過がパキスタン・アフガン両政府によって禁止され、ペシャワールのＰＭＳ基地病院とジャララバード支部との連絡が途絶えがちとなり、管理態勢が次第に困難になってきた。

三、先進国のシステムを性急に導入しようと、アフガン社会の伝統を無視した「診療所改善命令」が出され、一時はアフガンのダラエヌール診療所が危機に瀕した。パキスタンの北端ラシュト診療所も活動を停止した。

四、ペシャワールを本拠とするＰＭＳ病院は、「難民救済団体」として合法性を得ていたため、パキスタン政府の定めた期間（二〇〇九年十二月までに難民を帰す）内に、ジャララバード側へ移転を迫られている。

五、日本人ワーカーのビザ発給をパキスタン政府が制限するようになり、著しく業務に支障を来たし、ワーカーの受け入れが困難になっている。

六、アフガン国内の治安悪化に対する「危機対策」を自力で講ぜねばならなくなった（これまで農村部住民の信頼関係に基づいて、その保護に頼ってきたが、日本政府の動き次第では、その保証もなくなる）。

◎二〇〇七年度の現地活動の概要

しかし、この中にあっても、事業そのものは粘り強く継続された。医療事業はＰＭＳ基地病院、ダラエヌール診療所共に多大の労力を払って患者の診療が継続された。一時早期移転を迫られたペシャワール病院本部（ＰＭＳ基地病院のこと）は、活動許可を与えられ、一年半後の移転を目指して、診療の質の向上に努力が傾けられている。

用水路事業は、二〇〇七年四月に第一期十三㎞を完成、連続して第二期八・六㎞の突貫工事態勢に入った。〇八年春に大混乱が起こると予測し、ペシャワール会の基金すべてを費やして、早期完成が指示された。工事は驚異的な速さで進展、〇八年現在、うち五・五（総延長十八・五）㎞を完成、工事先端は最終地点二一・五㎞に近づいている。

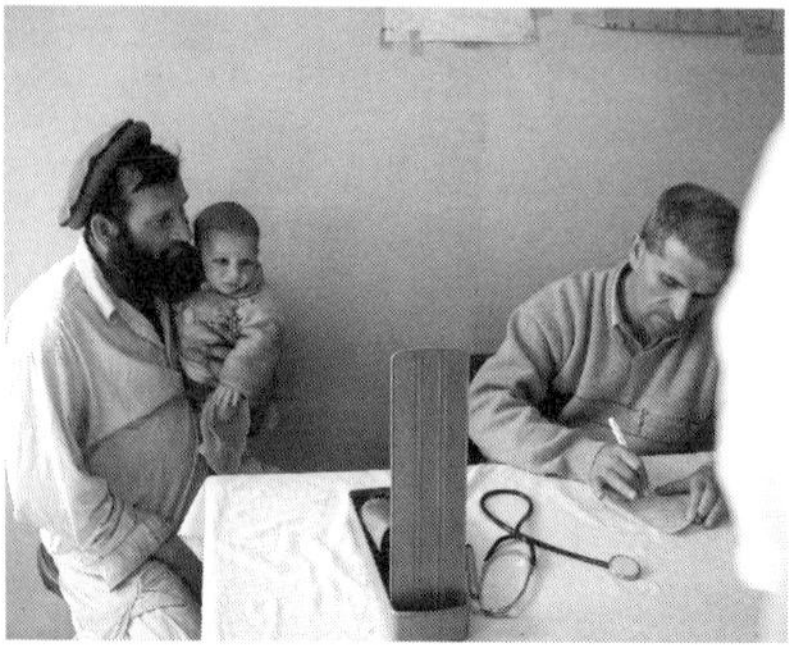
ダラエヌール診療所での診察風景（08年3月）

農業関係では、五年間の地道な成果が上がりつつあり、サツマイモの普及、悲願の茶の生産の見通しが立ってきている。また、地域共同体復興の要《かなめ》ともいうべき「マドラサ」の建設に着工した。

東部アフガンから外国人の姿が消えたが、私たちは日本人ワーカーの安全に万全を期し、地方政府内の好意と、住民たちの保護で仕事の継続が可能となっている。「無政府状態」とはいえ、地方農村共同体の秩序はまだ保たれており、政治的中立を掲げる限り、党派を超えて保護されている状態といえる。

1．医療事業

政情の変化を受けて、活動が大幅に制限された。アフガン側ではペシャワールからの外国人の陸路交通が禁止され、連絡が途絶えがちになった。また、「乳幼児死亡率を下げる」として、矢継ぎ早に出されたアフガン保健省の方策は、分娩室の設置を求めるなど、家庭出産が普通である山村の診療所に合わず、多少の混乱があった。それでも、ダラエヌール診療所は西野〔恭平〕医師らの常駐によって、著しく改善された。二〇〇七年度はペシャワールのPMS基地病院を中心に、ダラエヌール診療所で二万七二六三名が診療された（表1、2）。

一方、PMS基地病院は、二〇〇七年五月にパキスタン政府から出された事実上の閉鎖要求で、一時混乱したが、結局「二〇〇九年十二月に難民を完全に帰すまで存続し得る」という許可を得た。余裕を与えられて、現在ジャララバードへの移転が少しずつ準備されている。しかし、一時取りざたされたように、決して閉鎖ではないことを強調したい。

表1　2007年度　各診療所の診療数と検査件数

国名	パキスタン		アフガニスタン
地域名	ペシャワール	ラシュト	北東部山岳地帯
病院・診療所名	PMS	ラシュト	ダラエヌール
外来患者総数	33,691	1,985	27,263
【内訳】　一般	32,620	1,983	26,258
ハンセン病	74	1	0
てんかん	528	0	230
結核	167	0	0
マラリア	302	1	775
入院患者総数	995	0	-
【内訳】　ハンセン病	98	0	-
ハンセン病以外	897	0	-
外傷治療総数	3,471	82	1,165
手術実施数	0	0	-
検査総数	15,391	0	1,056
【内訳】　血液一般	2,810	0	94
尿	2,828	0	136
便	2,126	0	101
抗酸性桿菌	408	0	8
マラリア・リーシュマニア	1,487	0	716
その他	5,732	0	1
リハビリテーション実施総数	5,029	0	-
サンダル・ワークショップ販売総数	9	0	-

表2　PMS病院検査数の内訳

血液	2,810
尿	2,828
便	2,126
らい菌塗沫検査	114
抗酸性桿菌	408
マラリア血液フィルム	1,409
リーシュマニア	78
生化学	1,303
レントゲン	675
心電図	205
超音波断層写真	1,131
病理組織検査	26
体液（髄液・胸腹水等）	10
他	2,268
小計	15,391

東部アフガンとパキスタン・北西辺境州は事実上一体であって、患者たちは簡単に国境を越えてやってくる。少なくともハンセン病患者診療については、日本が自衛隊を派遣せぬ限り、考えられているほど大きな影響が出ることはない。

2．水源事業

①水路建設

二〇〇三年三月に着工した全長十三kmの用水路は、〇七年四月、四年の歳月をかけて第一期工事を完了した。第二期は六・八kmから八・六kmに延長され、直ちに工事が始まった。既に無政府状態で治安当局からしばしば警告があり、〇八年に日本人ワーカーを退去させざるを得ない事態を想定、「いのちの基金」（29頁の注参照）全てをはたいても敢行すべく、これまでにない大掛かりな工事が急ピッチで進められた。

しかし、第二期工事ルートも予想以上の難所が多く、切り通しトンネル、三つの貯水池造成、土石流の渓谷通過、大がかりな岩盤巻き上げ工事など、多大な努力が払われた。予定した年度内完成は実現できなかったが、二〇〇八年五月現在、五・八（総延長十八・八）km地点までを完成、灌水《かんすい》が始まった。工事先端は予定の二一・五km、最終目的地の「ガンベリ沙漠」に達した。〇八年秋までに完成することは確実になった。この結果、広大な面積（約一五〇〇町歩《ちょうぶ》（約十五km²））がマルワリード用水路（Japan Canal）の直接灌漑《かんがい》に浴し、数ヵ月後に沙漠に灌水が始まると計三千町歩が耕作地となる。

二〇〇七年秋から冬にかけて、東部アフガニスタンは異常な川の低水位、少雨に襲われた。東部一帯はコメとトウモロコシの収穫が壊滅に近かった。ジャララバード北部の最大の農村、シェイワ郡とベスード郡を潤す用水路の取水も困難となり、一時は危機的な状況であった。シェイワでは自然河道の回復と堅牢な取水堰《ぜき》の建設が行われ、ベスードでは大掛かりな堰《せ》き上げ工事が行われた。この結果、他地域で飢饉が

L地区の切り通しトンネル（07年10月）

シェイワ取水口の通水式（08年3月）

進行する中、両者で計四五〇〇町歩がかろうじて救われ、平年より二五%増の小麦収量を得た。

第二期工事の概要は表3に譲る。

②井戸事業

二〇〇七年四月に飲料水源は一五五〇ヵ所を超えた。しかし、水路沿いを除けば、地下水位の下降は依然として続いており、楽観はできない。

新たな試みはマルワリード用水路からの汲み上げポンプなど、地表水の有効利用に希望をつないで仕事が進められた。

3. 農業関係

五年を経たダラエヌールの試験農場は、地味ではあるが着実な成果を上げた。サツマイモの普及は勢いづき、確実に人々の間に浸透している。日本米の導入は意外な結果を生み、収量が現地米より五〇%増産できることが実証されたが、地元と異なる脱穀技術の導入などに大きな努力が払われた。パキスタン・スワト地方で過去に日本米が定着した例もあるので、大いに希望が持たれる。

アフガニスタンは緑茶の最大消費国にもかかわらず、全て輸入である。ケシに代わる有望な換金作物として、試行錯誤が繰り返されてきた。二〇〇六年から栽培地をダラエヌール渓谷の高地に移してから希望が見え始め、〇七年度は初の小規模な「出荷」が行われた。特筆すべきは、試験農場よりも近辺の農家に配布したものの方が活着率良好とのことである。今後はアフガン高地沿いに自然に拡大することが期待される。詳細は、農業担当者の報告***に譲る。

二〇〇八年度は次に述べる日本人ワーカーを取りまく情勢のため、規模縮小はやむを得ない。しかし、仮に一時的な空白期間が生じても、一旦受け入れられたものが如何《いか》に存続、拡大するかを観る良い機会にもなり得る。〇八年度、農業班の主力は、後述の自立定着村の開拓事業に移り、大がかりな植林と共に、食糧生産の向上を本格化、水路事業と事実上一体化される。

4. ワーカー派遣

以下のワーカーが事業に参加した（表4）。二〇〇七年度は、〇八年春以降に生じ得る政情の混乱を想定、積極的なワーカー募集は行わなかった。〇八年度は特にジャララバード常駐の日本人ワーカーを段階的に減らし、速やかな退避ができるよう配慮する。九月までに用水路に多かったワーカーを半減し、年内に用水路関係は私とアフガン人だけで回せる態勢を目指している。大がかりな食糧暴動と略奪の発生や農村地帯の戦場化、日本の陸上自衛隊派遣の決定があれば、速やかに全員を退去させる。

5．その他

シェイワ郡に復活した農村では、多くの帰還難民で人口が増加、地域の要《かなめ》となるマドラサが農村共同体の復活に

ダラエヌールの農場で田植えを手伝う子ども達
（08年7月）

表3　用水路第2期工事の概要

①水路の名称：マルワリード用水路（Marwarid Canal、Marwaridはペルシャ語で「真珠」の意。通称Japan Canal）
②全長：8.6㎞
③場所：アフガニスタン国内ナンガルハル州シェイワ郡ブディアライ村から同郡シギ村まで
⑤平均傾斜：0.00073
⑥標高差（落差）：6.3m（K池貯水池末端624.30m、シギ村ガンベリ沙漠618.00m）
⑦予定流量：3.0～5.0m^3/秒（限界最大量6.0m^3）
⑧推定損失水量：30%（浸透損失20%、無効水10%）
⑨灌漑給水能力：2.5～4.5m^3/秒（400,000m^3/日）
⑩推定灌漑可能面積：約5,000ヘクタール（約5000町歩）
※すでに灌漑している耕地と給水量から算出。土壌の保水性、作付けの相違で、日本の基準とは必ずしも一致しない。
⑪水路沿い植樹総数：約10万本
⑫設計・施工者：PMS（ペシャワール会医療サービス）
⑬工期（第2期工事）：2007年4月～2009年3月

区域	長さ（m）	開水路幅（底部～上部）	平均傾斜	水路1.0m時の流速と流量		コンクリート構造物				工種と主な付帯工事
				流速（m/秒）	流量（m^3/秒）	橋	切り通し	サイフォン	水門	
L	1,350	4.5～10.0m	0.001	1.32	6.6	1	1	1	2	岩盤掘削と盛り土による造成。切り通し：長さ約90m、鉄筋コンクリートで掩蔽、トンネル化
M	1,260	6.0m	0.001	1.46	7.3	1		1	3	M貯水池：長さ約450m、土手の長さ20m、幅50mで4段分割。土石流は緩流化して摂水
N	2,190	6.0m	0.001	1.37	8.2	1			1	扇状地約1.5㎞の横断
O	1,000	4.5～10.0m	0.001	1.26	7.6			3	1	O貯水池：長さ約200m。完成
P	950	5.0m	0.001	1.16	6.5		1		1	急峻な崖地の長い切り通し。約500m。工事中
Q	1,850	6.0m	0.001	（未定）	（未定）				1	工事中。崖沿いの土手造成。コンクリート構造物は完成
計	8,600					3	2	5	9	

表4　ワーカー派遣事業

◎医療

1	藤田千代子	院長代理・看護部長	91年9月	継続中
2	坂尾美知子	臨床検査技師	02年7月	継続中
3	杉山大二朗	ダラエヌール診療所薬局受付	05年2月	継続中
4	村井光義	会計	05年3月	継続中
5	河本定子	薬局	05年9月	継続中
6	西野恭平	ダラエヌール診療所医師	07年5月	継続中
7	宇都宮雄高	看護師	08年2月	継続中

◎灌漑用水路建設計画・農業計画

8	近藤真一	用水路	03年1月	継続中
9	伊藤和也	農業	03年12月	継続中
10	本田潤一郎	用水路	04年1月	07年12月終了
11	松永貴明	用水路	04年4月	継続中
12	進藤陽一郎	農業	04年5月	継続中
13	鬼木　稔	用水路	04年5月	07年12月終了
14	芹澤誠治	事務	05年4月	08年5月終了
15	横山尚佑	用水路	05年9月	07年11月終了
16	木藪健児	用水路	06年5月	07年5月終了
17	蓮岡　修	用水路	06年8月	07年6月終了
18	西　和泉	支部会計	06年9月	07年6月終了
19	長橋　努	用水路	06年12月	07年5月終了
20	竹内英允	事務	06年4月	08年4月終了
21	神代大輔	支部会計	07年2月	継続中
22	西山浩司	事務・炊事担当	07年3月	07年8月終了
23	山口敦史	用水路	07年3月	継続中
24	佐々木啓泰	用水路	07年4月	継続中
25	梅本霊邦	用水路	07年5月	07年11月終了
26	石橋周一	用水路	07年5月	08年4月終了
27	藤澤文武	用水路	07年7月	継続中
28	山中正義	事務	08年2月	継続中

◎定期・短期派遣者

29	高橋　修	農業顧問	02年3月	定期
30	石橋忠明	用水路	03年12月	定期
31	紺野道寛	用水路	03年7月	短期
32	鈴木　学	用水路	03年3月	短期
33	鈴木祐治	用水路	03年6月	短期

不可欠となった。このため、地元農民とニングラハル州政府の懇請を入れ、二〇〇七年十二月鍬入れ式を行い、本格的工事が〇八年三月から始まった。〇八年度には六〇〇名を収容できるモスク、四〇〇名の学童が学べる校舎を完成する予定。ジャララバードにあふれる戦争孤児たちも、ここで多数を吸収、教育の機会を与え得る。寮は時間と予算の関係で、〇九年度に予定している。マドラサの運営は、地域あげて住民たちの手で行われる。

□二〇〇八年度計画

事業は基本的にこれまでの連続であるが、新しいものとして「自立定着村」がある。

用水路は第二期工事二一・五km地点までを八月中に完成予定、その後は難工事が無くなり、人力とトラクター程度で工事可能な第三期工事に入る。第三期工事は事実上、「沙漠緑化」と「農地開拓」である。このため、幅一〇〇m以上、長さ二・五kmの砂防林造成を同時に進めている。食糧危機が当面去らぬことを想定、PMS職員や用水路建設に長く従事した熟練作業員（＝沙漠化で生計手段を失った近隣農民）を定住させ、「水路関係の職能集団の村」として自給自足、今後の水路保全に当たらせる計画を実現する。農業班も、これまでの経験をここで大々的に生かすことができる。

また、アフガニスタンが現状のまま推移すれば、現金給与はいずれ意味を持たなくなり、食料自給で生活を保障する以外に方法がなくなる。外国人が去った後も、用水路の保全

マドラサの建設現場（08年5月）

は何世代もかけて地元住民自らの手で行われるものであるから、これが水・農業計画の最後で不可欠の仕上げとなる。

全体に二〇〇八年度は、日本人ワーカーの不在で、事業の一時的縮小または停止はやむを得ない。事は長期的視野で実施されるべきで、一時の騒乱状態が去れば、再開される。とはいえ、日本が軍事的関与（ＩＳＡＦ＝国際治安支援部隊への参加）せず、早く外国軍が去って平和が戻ることを祈るばかりである。

□二〇〇七年度をふりかえって

早いもので、二〇〇八年度を以《も》って私たちの現地活動は、四分の一世紀を経ることになる。二五年間が夢のようである。この間、さまざまな出来事に遭遇した挙句《あげく》、遠い日本とアフガニスタンとが、現在のような形でつながるとは夢にも思っていなかった。古い社会体制の打破を叫んだ都市青年層がソ連軍の干渉を招き、その反動を育成した米国自身が今、同様な「国際正義」を掲げて泥沼の戦争に手を焼いている。かつて一万二千名の兵力は七万名に迫り、「対テロ戦争」は末期的な段階であると言えよう。

激変を被ったのは日本も同じである。

二五年前、平和教育が叫ばれ、太平洋戦争の戦火をくぐった世代がまだ社会の中堅にいた。日本の文化や伝統、日本人としての誇り、平和国家として再生する意気込み——もうそれは幾分錆《さび》ついてはいたが、一つの時代の精神的気流をなしていた。私たちはそれに従って歩めば、それで大過はないと信じていた。だが、現在を見渡すと今昔の感がある。進歩だの改革だのの言葉が横行するうちに、とんでもなく不自由で窮屈な世界になったとさえ思われる。

図らずもアフガニスタンでの体験を通して、これだけ通信・交通手段が発展しながら、情報コントロールが可能なことを思い知らされた。その時代の錯覚の中で生きざるを得ないのは、いつの世でも同じなのだ。つかの間の平和は、戦争と戦争の間の小春日和であったにすぎない。人々は昔と変わらず、騙《だま》されやすい。「大衆は愚かである。同じことを述べて信じ込ませることだ」と述べたのは確かヒトラーであったが、哀しいかな、事実である。愚かな戦を積極的にでも消極的にでも受け入れる世情に対し、いささかでも逆らうことに世間は冷淡である。平和の声は細りがちである。

しかし、これほど大規模な形で虚偽が根を張る時代もなかった。その結果か、一つの閉塞感が世界を支配している。世界を立て続けに襲う天変地異、世界規模の金融破綻、食糧不足が人為の錯覚を揺さぶり、人々に「不安の運動」を起こす。まぎれもなく、私たちは時代の大きな転換点を生きている。だがアフガニスタンで得た体験は、逆に私たちを楽天的にする。人間にとって絶対に必要なものは多くない。様々な評論と情報を組み合わせて、戦争の正当化が横行するが、一つの事実だけは明白である。「国際協力」と称する外国軍が何を守るのか不明だが、我々には守るべき人間としての営みがあることである。

二〇〇八年度もこの視座を失わず、心ある人々と力を合わせ、活動を積み重ねてゆきたい。

*ヌーリスタン州周辺に暮らす半農半牧の小部族。『ダラエ・ヌールへの道』92頁以下参照。

**日本政府は（インド洋での後方支援＝給油活動中止に伴い）六月から自衛隊派遣を検討したが、断念。

***同号の会報に、農業担当ワーカーの伊藤和也、進藤陽一郎、山口敦史、高橋修の各氏による報告（「二〇〇七年度農業計画報告 地域に広がり始めた試験農場の成果――飼料・食用作物ともに着実な成果」）が掲載されている。

現地ワーカー 伊藤和也さん追悼号

寡黙な実践以《も》って伝えた「平和」

――2008・9

◎伊藤和也さんは二〇〇八年八月二六日、武装勢力により拉致、現地スタッフや地元民による懸命の捜索も空しく帰らぬ人となった。

故・伊藤和也くんは、二〇〇三年十二月、大旱魃《かんばつ》によって流民のあふれるアフガニスタンで、当時ペシャワール会が始めた「緑の大地計画」に参加、用水路建設を数ヵ月手伝った後、試験農場を担当、約五年間にわたって地道な活動を行なってきました。

アフガンの村に溶けこみ、アフガン農民の一人になりきって、全ての人々に愛されました。次第に砂漠化してゆく大地、餓死と隣り合わせにある農民たちの状態に胸を痛め、文字通り、人々と苦楽を共にしました。頑固とも言えるほど、ひたむきで誠実に働く姿は、彼に接する全ての農民に信頼感を与えました。

しかし、去る八月二六日、不幸にして心ない凶弾に倒れ、異国の地で人生を閉じました。享年三一歳、余りに短い命ではありましたが、充実した一生であったと思います。

寡黙で愚痴一つこぼさず、村人たちの生活を思いやり、必死で汗を流す姿は、多くの者に温かい励ましを与えました。

和也くんは、決して言葉ではなく、その平和な生き方によって、その一生を以《も》って、困った人々の心に明るさを灯してきました。

成し遂げた業績も数々ありますが、何よりも、彼の、この生き方こそが、私たちへの最大の贈りもの*であります。

平和とは戦争以上の力であります。戦争以上の忍耐と努力が要ります。和也くんは、それを愚直なまでに守りました。

彼は私に代わって、そして、全ての平和を愛する人々に代わって、死んだのであります。

昨今、世界を覆う暴力主義——それが個人的なものであれ正義という名の政治的・国家的なものであれ——和也くんを倒した暴力主義こそが私たちの敵であります。そして、その敵は、私たちの心中に潜んでいます。今必要なのは憎しみの共有ではありません。

憤りと悲しみを友好と平和への意志に変え、今後も力を尽くすことを誓い、天にある和也くんの霊が安からんことを心から祈ります。

平成二〇年九月一日

ペシャワール会現地代表　中村　哲

＊中村医師が現地に赴任するワーカーの必読書とした『後世への最大遺物』（内村鑑三）の結語を受けて追悼している。

97号

2008・10

「緑の楽園」、実現への最終工区へ
——故・伊藤和也氏と農業計画の成果が沙漠を緑に

日本人は撤退、用水路は二〇㎞を通過

みなさん、お元気でしょうか。

去る八月二六日の凶弾に倒れた伊藤和也さんの事件以来、ずいぶんと心配された方も多いかと思います。また、秋に予定されていた報告会が各地で中止となりましたこと、主催者と会員の方々に深くお詫び申し上げます。

九月中にアフガニスタンに留《とど》まっていたワーカーが全員帰国し、十月にはパキスタン・ペシャワールからも全て居なくなります。これは、二〇〇七年度報告〔96号〕で述べた通りで、年内の日本人ワーカー一時引上げの時期が早まったからです。理由は伊藤さんの事件だけでなく、八月以降、予想以上に悪化する治安を考慮してのことでした。

といっても、ペシャワールの基地病院を除けば、事業が停滞している訳ではありません。用水路は最後の難関であ

共に働いた日本人ワーカーと。左から２人目が伊藤和也さん（04年1月）

る二〇㎞地点を通過し、同地点から延ばされた分水路によって、これまで水の届かなかった乾燥地帯、千数百ヘクタールが間もなく潤されます。

故・伊藤和也君がかかわっていた試験農場は、十一月に一区切りをつけ、その成果を元に、新たに開墾される広大な農地で大々的に活かされることになります。医療面では、ペシャワールとその周辺がアフガン以上に危険になったので、しばらく病院の規模縮小が行われます。当面は、ハンセン病患者の診療拠点をアフガン側のジャララバードに移さざるを得ないかも知れません。しかし、これも年度計画で述べた通りで、みなさんのご理解を賜りたいと存じます。

伝えられないアフガンの死

「医療団体」が診療規模を縮小してまで、なぜ水利事業と農業振興に心血を注いでいるのか、不可解に思われることがしばしばあります。日本では理解し難いかもしれませんが、清潔な飲料水と十分な食糧さえあれば、多くの命が救えるからです。アフガンでは乳幼児の死亡原因の大部分が栄養失調、赤痢などの下痢症で、要するに水がないからです。かつて豊かだった農村地帯は沙漠化で見る影もありません。

病気だけではありません。パキスタンの難民三〇〇万人、アフガン国内で一〇〇万人以上と云《い》われる国内避難民は、殆どが農村地帯で生活できなくなった人々です。これに戦争という人災が加えられます。日本では、外国兵の死亡はよく伝えられますが、罪のないアフガン人の、「誤爆」による犠牲は偶《たま》にしか伝えられません。一人の外国兵の死の背景には、一〇〇を倍するアフガン人の殺戮《さつりく》があることに、思いを致すべきかと思います。日本からアフガン情勢をめぐる論評をよく耳にします。しかし、現地に居る小生から言わせれば、殆ど空虚に響きます。「自分の国もまともに治められないのに、国際貢献だのと天下国家の議論はもうよい。空爆下のアフガン人の命はどうなるのか」と言いたい所です。ましてや、伊藤くんの死を「反テロ戦争」などという政治の具に使う発言を聞けば憤死の思いです。暴力は暴力によって倒されるという鉄則を信じ、今は沈黙したく、人命の尊重には実事業の完遂を以《もっ》て応えたいと思います。

絶対的な食糧欠乏

アフガン東部は、今パキスタンから送還された難民であふれています。着の身着のまま沙漠に放り出されたような集団を、あちこちで見かけます。訊けば、パキスタンだけでなく、アフガン国内の避難民も膨大です。

問題は絶対的な食糧欠乏です。小麦価格はうなぎ上り、パキスタン国内だけでも、パンジャブ州で小麦二〇kgが四〇〇ルピー、ペシャワールで八〇〇ルピーと約二倍、さらにアフガンのジャララバードでは三倍の一二〇〇ルピーです。間もなく冬が到来します。働く術《すべ》もなく沙漠に放り出されている人々、戦争で村を追い出された人々、彼らはどうやって生き延びたらよいのでしょう。

本当は戦争どころではないのです。

「危険情報」や「危機管理」という言葉は、現地の人々にはありません。逃げろといっても逃げる所がないのです。「窮鼠《きゅうそ》猫をかむ」と言います。もう追い詰められた人々が我慢している時期は過ぎました。最近は女性や子供による「自爆テロ」までが、急増しているそうです。大抵は外国軍の空爆で肉親を失った家族で、復讐社会では当然考えられることです。子供を爆撃で失った親の気持ち、バラバラに飛散した親の死体を集める子供の心情を思い浮かべてください。米軍に擁立されたカルザイ大統領でさえ、「これ以上アフガン人市民を犠牲にするな」と激しく外国軍を非難したそうです。「〇〇村の空爆で市民が〇〇名死んだ」とか、「隣のパキスタンで〇〇村が戦闘状態に入った」とか、「無人機がテロリストの居る村を攻撃して〇〇名の婦女子が死んだ」とか、このところ連日、やり切れぬニュースばかりです。

最終地点ガンベリ沙漠の測量を完了

ともあれ、暗ければこそ明かりを灯す価値があります。このような事情の中でこそ、アフガン東部の限られた地域ではありますが、私たちは言葉ではなく、実のある行為と実績を以て、平和の何たるかを実証するでありましょう。理念や信念の問題ではありません。目前で展開する事態に対し、いかに人間らしくかかわるかの問題であります。

ガンベリ沙漠を行く遊牧民達（08年7月）

わがジャパン用水路（マルワリード用水路）では、このところ帰農する旧難民が増え、緑が勢いよく広がっています。作業現場では毎日、五〇〇名を超える農民たちが必死で働いています。最終目標地点である、ガンベリ沙漠の横断測量を完了し、ルートが決まりました。その幅約三km、熱砂に煽《あお》られ、容赦なく照りつける陽光、限りなく広がる沙漠、茶褐色の山肌と紺碧《こんぺき》の空、その彼方に蜃気楼のように緑の楽園を想像するのも嬉しいことです。日本人ワーカーが全て去り、多少寂しいですが、「少なくとも、ここには希望がある」という確信、いや確信というよりは喜びが、小生の役得であります。皆が去った分だけ忙しくなったものの、オンボロ重機の唸り、シャベルをふるって汗を流す人々の気迫、威勢のよい喧嘩まで、何やら頼もしさを覚えるこの頃であります。

日本にあって平和を願う人々と祈りをあわせ、志半ばに逝った伊藤くんの分まで、存分に力を尽くしたいと思います。

平和こそ追悼、事業の継続を誓います
――現地追悼集会での弔辞

まず、ダラエヌール、シェイワ、シギの全ての人々が伊藤くんの捜索活動や遺体搬送に協力し、そして今日、こうして多くの方々が哀悼の意を表して下さることに、心からの感謝を申し上げます。

伊藤くんの遺徳については、多くの方々が様々に生前のことを述べられたので、私がくどくどと申すことは無用かと存じます。ダラエヌールの小さな子供やご婦人方に至るまで、悲しみを表し、私たちPMSへの同情と感謝を改めていただいたことは、悲しみの中にあっても、光栄という他、ありません。

伊藤くんを殺したのはアフガン人ではありません。人間ではありません。今やアフガニスタンを蝕む暴力であります。政治的なものであれ、物取り強盗であれ、心ない暴力によって彼は殺されました。

不幸にして世の中には、伊藤くんの死を政治目的に利用しようとする者もいます。また、アフガニスタンという国の文化を知らず、PMSと皆さんとの交誼《こうぎ》を知らず、様々な噂や論評が横行いたします。その中には聞くに堪えない無理解、戦争肯定が少なからずあります。そうして生まれる武力干渉が、現在のアフガニスタンの混乱を招いてきました。このことを否定する者は、今日集まられた方々の中には居ないと思います。私たちはもう、戦争に疲れました。

私たちPMSは、極力アフガンの文化を尊重し、アフガン人がアフガンのふるさとで、アフガンのやり方で生活ができるように、平和なやり方で、事業を進めてきました。繰り返しますが、「平和に」です。戦争と暴力主義は、無知と

臆病から生まれ、解決にはなりません。
いったい、イスラム教徒であることが罪悪でしょうか。アフガン人が自らの掟に従って生きることが悪いことでしょうか。私はキリスト教徒であります。しかし、だからとて、ただの一度としてアフガン人から偏見を持たれたことはありません。良いことは誰にとっても良いことで、悪いことは誰にとっても悪いことであります。現に、このようにして全てのクズクナールの人々が集い、異教徒である伊藤くんの死を悼んでいるではありませんか。心ない者はどこにも居ます。今回の事件でアフガン人と日本人との間に亀裂があってはなりません。

伊藤和也さんの追悼式で合掌する中村医師（08年9月）

　アフガン人も日本人も、親として、人としての悲しみに、国境はありません。命の尊さに国境はありません。「困ったときの友こそ、真の友だ」といいます。今アフガニスタンは史上最悪のときを経ようとしつつあります。五〇〇万人以上の人々が飢餓に直面し、無用な戦争で多くの罪のない人々が命を落としています。

　かつて六〇年前、日本もまた、戦争で、国土が廃墟となりました。二〇〇万の兵士と、一〇〇万人の市民が死に、アジアの近隣諸国にはそれ以上の惨禍をもたらしました。私も、生まれた直後の様子をよく覚えております。外国人はいつでも逃げることができます。しかし、この廃墟と化した土地にしがみついて生きなければならぬアフガン人は、どこにも逃げ場所がありません。

　であればこそ、私たちＰＭＳは、変わらずに事業を継続して、皆さんと苦楽を共に致したいと思います。それがまた、伊藤くんへの追悼であり、過去の戦争で死んだ人々の鎮魂であります。皆さんの協力と要望がある限り、ＰＭＳの活動を止むことなく継続することを誓い、弔辞と致します。

二〇〇八年九月九日

アフガニスタン・シェイワにて
ペシャワール会現地代表・中村哲

（葬儀は、現地時間午前九時からシェイワに建設中のマドラサ敷地内に約八〇〇人が参列。各村の有力者らが弔辞を読み上げ、祈りを捧げました。村人との結束はより深くなりました）

98号 2008・12

終末を思わせる今こそ二五年の成果を

――用水路第三期工事とともに沙漠の植樹と寺子屋建設に着手

戦争・旱魃・冬将軍…それでも人々は明るく

みなさん、お元気でしょうか。日本は師走のただ中で慌しい時期かと思います。こちらも、十二月六日にイーデ・クルバーン（犠牲祭）を控え、ちょっぴり師走の雰囲気を味わえます。アフガン中の家庭で親族が集まり、最大の祝日です。旧約聖書〔創世記〕に出てくるイスラエル民族の始祖イブラヒーム（アブラハム）が、最愛の息子イサクを神の命に従って、生贄《いけにえ》に捧げようとした故事があります。神は実は彼の忠誠を試したのであって、結局、イサクを捧げることを止《や》めさせ、代わりに羊を屠《ほふ》らせたというものです。

この日ばかりは皆着飾り、年始回りに似た挨拶を交わす行事があり、羊を屠って貧者への施しをします。メッカ巡礼、信心を守る勇者になるのが勧められるのもこの時です。イスラム教徒ではない小生も、御馳走にありつけます。

最近、アフガン全土とパキスタン北西辺境州が無政府状態となり、連日欧米軍の空爆で多数の人々が死に、それに対抗する外国人襲撃が日常化しています。毎回の報告になりますが、これに加えて大旱魃《かんばつ》の進行です。東部で最も豊かな穀倉地帯であったスピンガル山麓は、今やほぼ完全に沙漠化し、鬼気迫るものがあります。農民たちは、やむなく職を求めて町に下りて来ますが、失業者を吸収する程のゆとりがありません。多くの人が出稼ぎ難民として国外（主にパキスタンとイラン）に出たり、報酬を求めて仕方なく国軍や警察に入る者、米軍関係の仕事に就く者、さらには反乱勢力に入る者が後を絶ちません。

追い討ちをかけるのが冬将軍です。ジャララバードにも突然冬がやってきました。十一月二〇日、初雪が降りました。ダラエヌールから見上げるケシュマンド山脈が真っ白な雪をいただいています。普段なら人々は、白雪を見て小躍りします。しかし、とどまる所を知らぬ河川の水位の低下、地下水位の下降が、人々の間に絶望的な雰囲気を拡大しています。何かの終末さえ感じさせます。

私たちの作業現場（クズクナール地方）は、今や数少ない残されたオアシス地帯となるに至りました。水路工事を始めた頃でさえ、こんなに周囲がひどくなるとは、夢にも思っていなかったのです。二〇〇〇年に始めたPMS〔ペシャワール会医療サービス〕飲料水源確保事業、約一五〇〇の井戸のうち、今半分以上が涸れ、農地に至っては、壊滅状態です。この冬をどうやって生き延びるか、人々は必死なのです。時々日本のニュースが届きますが、遠い遠いお伽《とぎ》の世界のように思えます。

事件だけを羅列すれば、暗いことばかりですが、現地に居れば不思議と、悲愴な気分が湧いてきません。周りが余りに楽天的だからです。空腹を抱えたイード（祝日）であっても、暗い顔がほとんど見られないのです。いや普段よりもいっそう楽しそうに、祝日を迎えます。まるで何事もなかったかのように、羊を売買する市が立ち、貧富や貴賤を問わず、無一物のテント生活者から富豪に至るまで、それぞれの家の事情に応じて準備に余念がありません。

沙漠開墾を射程に第三期工事間もなく開始

肝心の事業の方は、八月の事件以後、日本人ワーカーの退去によって、一時的に大きな影響を受けました。特に、ペシャワールのPMS基地病院は打撃を受けました。しかし、医療関係を除けば、アフガン人職員百数十名、作業員四〇〇名、はつらつと仕事を進めています。

用水路は間もなく第二期工事を終えて、ガンベリ沙漠横断の第三期工事が始まります。十一月には既に分水路が沙漠の一部を潤し始め、人々は驚喜しました。第三期工事は事実上、農業計画と一体化した開墾事業です。これに備え、沙漠の砂防林の植樹が始まりました。幅一〇〇m、延々三㎞に及んで十五万本が植えられます。マドラサ（伝統的な寺子屋）の建設も、「来春開校」を地域に伝え、イードと共に、「良き知らせ」となりました。ここでは、信心は食物と同じように人々の糧《かて》なのです。

今年も目まぐるしい年となり、多くの出来事がありました。詳しくは上半期の年度報告〔次頁〕をご覧ください。おそらく、来夏は今年を上回る混乱が予測されますが、事業に時あり、助けるに時あり、*今を除いて役に立つ機会はないでありましょう。おそらく今冬がPMSの史上最大規模の挑戦、かつ用水路事業の最終段階となります。

今年の餓死・凍死者は数十万人を超えると噂されています。暗ければこそ明かりを灯し、寒ければこそ暖をとる価値があります。全ての人を助けるのは不可能ですが、せめて目前にある人々の生命を保障し、以《もっ》て平和の何たるかを証したいと存じます。

日本にあって祈りをあわせ、変わらぬ温かい関心を抱いてくれる皆さんに、心から感謝します。良いクリスマスとお正月をお迎えください。

平成二〇年十二月　ジャララバードにて

＊旧約聖書（口語訳）「伝道の書」三章を踏まえた表現か。

◎二〇〇八年度上半期報告
用水路・農村復興事業は最終段階
――マドラサは来春開校予定

1. 医療関係とワーカーの帰国

①PMS基地病院（パキスタン・ペシャワール）

七月以来、ペシャワールの治安が急速に悪化。伊藤君の事件（八月二六日）の前後から、それまで既に北西辺境州全体に蔓延《まんえん》していた反政府諸派の活動が活発化、同時に欧米軍の越境爆撃が激しくなった。病院周辺でも警察に対する襲撃が日常化し、要人と外国人の拉致事件が多発した。郊外は完全に無政府状態で、この状態が続けば北西辺境州全体が内戦の渦に間もなく巻き込まれる。

このため、女性ワーカー二名を九月中に帰国させ、十月末までに、村井〔光義〕、杉山〔大二朗〕、藤田〔千代子〕の三名を残務整理に残して、全員が引き上げた。残る三名も十一月五日までに帰国した。アフガン人職員十三名がジャララバード側へ転出、それまで会計など重要な役を果たしてきたパキスタン人キリスト教徒職員らも三名が辞職、これまでの病院機能は事実上マヒ状態に陥った。

既に管理不可能になっていたラシュト診療所（チトラール）は、九月、正式に閉鎖されて人員を整理、パキスタン州政府のBHU（マスツジ地方診療所）に譲渡された。

この態勢で残し得るのは、外来機能のみと判断し、現在パキスタン人医師二名、看護師六名、薬局二名、検査二名で、辛うじて外来診療だけが行われている。当面この態勢を続けるが、主力であったアフガン人医療職員が去りつつある現在、質の低下は否めない。

「日本人ワーカーが戻れるまで続けて、いずれ復興」という意見もあろうが、余りに悪条件が重なっている。仮に日本人ぬきで一般診療が続けられても、ハンセン病と類似障害の診療が等閑視されるのは明らかである。そうなると、ペシャワールに林立する一般病院と競合して存在することが、どれほどの意義があるか疑問で、もはや初志が失われる。いずれ思い切った処置が必要とされよう（③参照）。

②ダラエヌール診療所

新政府の方針で、家庭出産が通常の農村部で分娩室設置の要請をするなど、無体な要求が多々あったが、何とか折り合いをつけ継続されている。ペシャワールの基地病院にいたアフガン人医療職員の転入で、機能的に強化されることが期待される。

③ハンセン病診療機能の見通し

いずれ立て直しが図られる。ペシャワールは上述のように余りに悪条件が多いので、ジャララバード側で現在準備が進められている。来年の最大懸案のひとつとなる。

2. マルワリード用水路

六月三〇日にダラエヌール渓谷で記録的な土石流が発生、同渓谷を横断する主水路を約四〇〇mにわたって埋めつぶし、一二〇mのサイフォン管を閉塞、逆流が水路上流内約一kmに及んだ。一時は絶望的と思われたが、盛り土水路の一部を切り崩して排水し、難を避けた。これによって工期が遅れたものの、工事の際に不注意で自然土石流路を閉塞していたことが判明、浚渫《しゅんせつ》作業と共に、抜本的な大改修が二カ月をかけて行われた。

また、今夏は局所的な集中豪雨が各所で起き、災害予防対策に重点がおかれた。結論的には、大土石流はサイフォンまたは幅の大きな橋で水路上を通過させ、岩盤沿いの中小規模のものは水路内に取り込むのが最適である。このため、設計を大幅に見直し、貯水池・遊水地を増やし、防災林の造成を各所で行なった。中小の土石流路はいったん緩流化して取り込む方式を採用、有効性を確認した。これで長期使用に耐え得るものとなった。

なお、昨年度に築造されたシェイワ取水口と関連河道の回復は、夏の洪水と冬の渇水に耐えうることを確認、同用水路の村々は安定した。ベスード用水路の取水口も二度目の改修を行い、農業用水の安定供給が行われている。

今年の河川の異常低水位は、長老たちも経験したことのないもので、アチン郡、ロダト郡、ソルフロッド郡、ツァプラハル郡など、かつてアフガン東部で豊かな穀倉地帯をなしていたスピンガル山麓は軒並み沙漠化し、鬼気迫るものがある。

十一月末現在、水路工事の進行状況と成果は以下のとおり。

①主水路P区間（取水口から約十九・五km地点）が難工事の挙句《あげく》に十一月中に完成、次いでQ区間（約一km）が十二月中に完成予定。Q区間は実際には大貯水池の連続となり、集中豪雨対策を兼ねている。

復旧中のベスード堰。住民に協力して巨礫を運び、堰き上げを行う（08年7月）

②K分水路（シェイワ第二分水路）：計約一・八kmが七月初旬に完成、約六〇〇町歩《ちょうぶ》（約六km²）が回復した。

③O分水路（シギ分水路）：約一・六kmが十一月二〇日に完成、推定約五〇〇～六〇〇町歩が新たに灌漑《かんがい》に浴する。同地はガ

難工事となった岩盤沿いのP地区（08年10月）

ンベリ沙漠の末端に当たり、シギ村の生産力は倍増する。更に分水路延長が進められている。

④マルワリード用水路の取水口改修：最終工事から二年を経て安定しているが、将来予測される異常低水位に備え、十一月十五日から十二月二日まで最後の改修工事を終えた。

⑤第三期工事のガンベリ沙漠横断水路は、十月最終測量を完了、ルートを決定した。二〇〇八年十二月から着工する。主水路の長さ二・八km、分水路を張り巡らせて千数百町歩の開墾を可能とする（次頁表参照）。

3. 農業

十二月に農業計画はいったん中断予定であったが、担当の伊藤和也氏が八月二六日に武装した四人組に襲われて死亡、予定を早めて関係者を帰国させ、十一月十五日を以《もっ》て五年半続いたダラエヌール農業試験場を閉鎖した。

図面を見ながら指示を出す中村医師（08年12月）

次に述べる「自立定着村」が今後、PMSの農業事業と灌漑事業とを一体化して継続される。これまでの主な成果は、茶の栽培の可能性を実証したこと、サツマイモの普及事業、日本米の導入による収量の増加、簡単なサイレージ（67頁の注参照）の普及や燕麦《えんばく》による冬の飼料増産の試み、ソルゴーやアルファルファの普及など、多岐にわたる。

4. 自立定着村

来春にも灌水《かんすい》が可能となるガンベリ沙漠地帯での開拓事業である。これによって灌漑・農業事業を事実上統合し、かつ最後の仕上げとなる。また用水路の維持・補修は、世代から世代へと受け継がれるもので、きわめて長期のケアを要する。訓練された作業員や職員を定住させ、一種の職能集団を置かねば二十数kmに及ぶ水路保全は不可能だと思える。

二〇〇三年に始まった用水路建設・農業事業の最終的な

段階であり、二五年の総仕上げだと考えてもよい。
①二〇〇八年十一月までに約三五〇町歩の農業予定地を確保、現在境界をめぐらし、職員を優先して開拓農家をPMS内部で募っている。
②十一月三〇日、二〇〇所帯（約二千人）の居住区（T地区：Q地区末端より二・八km地点、取水口から二三・三km地点）を決定、隔壁の工事が開始された。
③砂防林なしにガンベリ沙漠の開拓はできない。そこで、現地固有種のガズ、ユーカリなど、乾燥に強い高木を約十五万本、幅五〇〜一〇〇m、長さ二・五kmにわたって植樹する。七月から育苗を始めて準備、十一月三〇日、植樹が開始された。

5. その他

①マドラサ（寺子屋）建設：再々会報で述べてきたように、アフガン農村共同体はマドラサなしに成り立たない。建設中のマドラサは、併設のモスクで六〇〇人以上の礼拝ができ、学校で六〇〇名の学童たちが学べる。地域のもめごとの解決にも不可欠で、人口が急増したクズクナール全域を束ねる地域の中心となる。本格的な工事は三月に始まったが、九月までに基礎及び床面工事を完了、十月から壁面工事が急速に進んでいる。

ガンベリ沙漠に植樹する苗木（08年12月）

表　第3期工事概要

場所：アフガニスタン国ニングラハル州シギ地方：ガンベリ沙漠
工期：2008年12月〜 2009年6月
工事区間の長さ：2.8km
工事区間の名称：S区間（1.5km）、T区間（1.3km）
流量：最大毎秒2.5トン（1日約20万トン）
受益面積：約1500町歩
用水路の工種：蛇籠工、柳枝工（水路沿い挿し木、約2万本）
工事の内容：
1. 主水路：2.8km
2. 予定分水路：10カ所、計10km
3. PMS開墾地の整地作業（面積：350町歩）
4. 農作業員の簡易宿泊施設（150所帯）
5. コンクリート構造物 ：サイフォン（20m）×1、橋×5
6. 樹林帯（防風・防砂林）：ユーカリ、ガズ、ビエラ　幅50m、長さ2.5km、約15万本※

※ガズは、アフガニスタンの乾燥地で植林されるマツに似た高木。ビエラは乾燥に強い低木で荒地に自生するもの。

建設中のモスクの手水場（08年12月）

天井の仕上げが十二月に始まり、来年一月から内装の段階に入る。二〇〇九年三月に開校する。これによって、ジャララバードにあふれる孤児たちや極貧の家庭の子弟たちにも、教育の機会が与えられることになる。

②帰国した日本人ワーカーのうち、松永〔貴明〕が十一月二五日ジャララバードに戻り、会計・事務作業の整理に当たっている。

③クナール河の対岸も渇水が深刻である。特にジャララバード近郊でベスード郡に並んで大きなカマ地域（約四千町歩）は、冬小麦の生育が絶望的だと見られている。今のところＰＭＳは静観しているが、他団体やアフガン政府の動きがなければ直ちに取水口の緊急補修にのりだす予定である。

99号
２００９・４

広がる耕地、希望集める開拓村

――瀬戸際での既存水路復旧が奏功、総灌漑地は約一万四千ヘクタールに

二〇〇九年一～三月の灌漑計画の報告（三月十八日現在）

1. マルワリード用水路（主水路）

①第二期工事は、設計変更と第三期工事の前倒し施工のため、全長を以下に変更

・旧計画：第二期八・六km、第三期二・八km（ガンベリ沙漠横断路）

・新計画：第二期計七・八km（旧ルートを短縮）、第三期三・五km（ガンベリ沙漠横断路）

以上で総延長二四・三kmとなり、四月中に完了予定。

②以上のうち、工事の最も難航した岩盤周り十九～二〇km地点（Ｐ区域）を二月二八日までに、二〇・四km地点（Ｑ１区域）を三月十六日までに完成、通水した。現在、沙漠まで約四五〇ｍに迫り、ガンベリ沙漠横断を同時進行

で進めている。沙漠横断路は全長三五〇〇ｍのうち一一〇〇ｍ地点を通過中、六〇〇〇ｍまで蛇籠《じゃかご》の護岸を完成した。

2．灌漑分水路の整備（シギ第二分水路の完成）

第二期工事のルートはほぼ全てが沙漠化した地帯であり、延長される毎《ごと》に荒野が耕作地と化し、急速に緑野が広がっている。特に主水路の十九㎞地点の辺りは、シギ村（シギ＝「砂」の意）に隣接するガンベリ沙漠南部に相当する。シギ用水路の水が届かず、農地開発が昔から困難な地域であった。また、他地域から流民同様に定住した者は、かろうじて天水に頼る農耕で、生産力は乏しかった。

シギ村の住民を動員しての浚渫（09年4月）

ＰＭＳ〔ペシャワール会医療サービス〕にとっても、この地域の灌漑は、スランプールやダラエヌール下流域と同様、大きな悲願となっていた。このため、Ｏ分水門（十八・八㎞地点）を全面改修（二〇〇八年十一月十日完了）して送水量を増し、同年十月から五ヵ月をかけ、二月末までに全長二・四㎞が開通した。砂地の上の水路造成を可能にしたのは、近隣農民たちの手作業による人海戦術である。

これによって、クナール州からの窮民五〇家族（約六〇〇名）が自給自足の生活ができるようになり、同じく人口増加と渇水に悩み始めていたシギ村が耕地を飛躍的に拡大した。新たに開墾される面積は約二千ジェリブ（五〇〇町《ちょう》歩《ぶ》〔約五㎢〕）である。三月十八日現在、水路網の整備が村民たちによって行われている。これは最近の一例で、第二期工区は二年目にして、至る所で、耕地が確実に広がっている。

3．カマ取水口の完成

「カマ郡」はジャララバード市の対岸にあり、人口十七万人、耕地面積七千ヘクタールの広大な農村地帯である。スピンガル山麓が壊滅した現在、ナンガルハル州では最大の食糧生産地となっている。ここでも渇水は深刻な状態をもたらし、二〇〇八年十一月、ついに取水が困難となった。折しも、小麦をまいた直後で、農民たちは絶望的な状態に陥った。それまでに建設されていた三つの取水口が何《いず》れも機能せず、資金を出し合って取水堰《ぜき》造成を試みていたが、堰先端の著しい深掘れのために用水がほとんど乗らなくなっていた。

二〇〇八年十二月十四日、ＰＭＳはこれまで蓄積した技術の総力を集めて、取水口建設に乗り出した。緊急事態と

異例の速さで進められたカマ堰の工事（09年1月）

見て異例の速さで建設が進み、〇九年一月二八日に竣工した。堰は長さ一八〇m、幅二〇mで、これまでと同じ捨石《すていし》（巨石）による斜め堰。水門は堰板《せきいた》方式で幅一五五センチを三連設置、砂吐き、余水吐きを設けて土砂流入を防いでいる。

なお、二月二六日までに主な旧取水口をも復活させ、カマ地域の問題は一応落着した。三月以降二度の洪水に見舞われたが影響なく、安定した水量（毎秒四・五トン、一日量三八万トン）を送り続けている。

この五年間で、ＰＭＳの水利事業で潤された耕地・新開地は以下のとおりである。

・マルワリード用水路による直接灌漑
　→二二〇〇ヘクタール（二〇〇三～〇九年）
・シェイワ取水口建設による灌漑
　→一三〇〇ヘクタール（二〇〇七～〇八年）
・ベスード取水口建設による灌漑
　→三千ヘクタール（二〇〇六～〇八年）
・カマ取水口建設による灌漑
　→七千ヘクタール（二〇〇八～〇九年）
総計　一万三五〇〇ヘクタール

4. 自立定着村の建設

昨年秋に着工していた境界壁の設置は二〇〇九年二月末までに完了、約二〇〇〇ヘクタールの開墾地を確保した。上《かみ》手《て》はマルワリード用水路の末端（二四km地点）に相当し、地質は調査によって十分農耕に適していることが確認されている。これに伴ってＰＭＳの「農業計画」は、正式に水路・灌漑計画に統合された。

また、開拓農民の居住地も確保、二〇〇九年二月までに一二〇家族（約一二〇〇名）の定着をめざして、住居の基礎が築かれた。建設はなおも進行中で、一五〇家族（約一五〇〇名）の定住を予定している。水路の到達する四月を目途に、これまで働いてきた水路職員を中心に募集を始める。

十戸を一単位とし、現在各単位ごとに井戸を設置している。従来の「井戸計画」を廃し、ここに医療を除く全ての活動が「農業・灌漑計画」として実質的に統合された。この小さな村が、いずれ長年にわたってマルワリード用水路の保全に当たる役割を担い、自給を兼ねた「大きな試験農場」として機能することになる。ここまで沙漠化と戦争によって追い詰められたアフガン農村が、復活し得る一つの道を提示することにもなろう。
日本側の支援の力にも増して、飢えと貧窮があふれる中、生活の道を自ら切り拓こうとする気迫と希望が、職員たちを支えているのは確かである。

5. 湿害対策とPMSによる用水路の管理

灌漑地の拡大に伴って、ようやく「湿害」が問題になってきた。一般にオアシス的な灌漑に頼るアフガン農村では、水の取込みが主な関心事で、本格的な湿害対策は真剣に意識されたことがなかった。また、集落ごとに利害が対立し、元来村全体の調整役を果たしていた伝統的な「長老会」の拘束力が弱まっている。長老会の存在に半ば寄りかかっていた地方行政機構も、それに代わる組織的な権力を行使できない状態である。

掘削中のガンベリ沙漠横断水路（09年1月）

三月十二日、バラバラの陳情をしているシェイワ郡の各集落の長、行政側との話合いが行われた。その結果、地方行政側と住民代表との間で非難の応酬となり、両者の溝が深まった。住民側は地方に落ちる「復興援助資金」が役人と請負会社の懐《ふところ》に落ちることをなじり、行政側は頑《かたく》なに反発して警察権力の行使をちらつかせた。

住民側にも言い分がある。ベスードの堰が好例である。二月下旬、PMSが三年をかけて築いた斜め堰がPRT〈米軍主導の地方復興チーム〉の介入により、二週間でダメになった。これは多額の援助資金が下りる段階で、行政の役人、請負が見かけの実績を急いだためで、ベスードのクナール河方面の水量調節は、不必要な堰《せ》き上げで困難となり、対岸の洗掘を起こす。このままでは再び冬の取水が困難となろう。

PMSは中立を固持していたが、ここに至って「無政府状態＝無秩序」が身近にあることを知った。それまで長老会の庇護で機能していた「水番制度」〈11頁の用語集参照〉の崩壊は、特に零細農民たちの生活に打撃を与える。その後、既存の村落、他地域からの新しい移住者、十六年ぶりに復活した各村、地方行政など、各勢力の間に入り、PMS自らが地域一帯の水量調節を行うことで合意が成立した。地方軍閥の影響は注意深く排除された。

三月十日からカマ用水路、三月十五日からシェイワ用水路を直接管轄下に置き、マルワリード用水路の分水量を調整、湿害を激減させた。この方式は自立定着村計画の実現で継続が保証され得ると、ＰＭＳ首脳部は考えている。異論はあろうが、今の状態でこれ以外に方策がないのが実態である。吾々が攻撃されるとすれば、外国軍を含む「混乱を欲する政治勢力」による。住民はもはや争いを望まない。この一部始終を見てきた水路職員たちは、いつとはなく、ガンベリ横断水路の脇にあった小さな丘を「アマン・ゴンディ（平和の丘）」と呼ぶようになった。

6. 植林計画

二〇〇九年は大規模な植林計画が大きな柱の一つとなっている。ガンベリ沙漠三・五kmに幅五〇～一〇〇mにわたって砂防林造成が計画され、〇九年二月までに全ての植林を完了、現在灌水《かんすい》が続けられている。砂防林の主力は「ガズ」と呼ばれる高木で、乾燥に非常に強く、現地では普通に見られる種類。作業範囲は水路沿い全長二五kmに及び、作業員一二〇名、一切ポンプを使わぬ手作業である。

ガンベリ沙漠での植樹式（09年1月）

三年を経た第一期工区や土石流の防災林は殆どが活着していて、作業は後半七kmに集中している。二〇〇九年一月から三月十七日現在まで新たに植えられた数は以下のとおり。ユーカリなどの外来種を減らし、土着種が増えている。結論は、この地域の気候風土になじんで生き延びてきた種が最も確実である。

ガズ	一万二千本
ユーカリ	一〇〇
クワ	二千
ビエラ	二〇〇
オリーブ	一五〇
ヤナギ	膨大で不明（推定三～四万本）

7. マドラサの建設

二〇〇九年二月末までに学校部分とモスクの天井建設が開始された。教室・モスク共に三月末日までに落成予定。竣工祝いは一ヵ月延期、四月からは清掃、隔壁の修繕工事が始まる。近い将来、このマドラサがナンガルハル州北部農村地帯の中心、精神的なまとめ役として、機能することになる。

ここも人力が主力で、現在、一二〇名の作業員が働いている。

灌漑用水路完成間近特別号

2009・5

ここにこそ動かぬ平和がある

――用水路は現地活動二五年の記念碑

五月、ガンベリ沙漠に酷暑の夏が到来した。めまいを起こすような強烈な陽射しにあぶられ、目つぶしの砂嵐に吹かれながらも、黙々と作業する一団がある。作業員六六〇名、職員六〇名、ダンプカー二五台、掘削機八台、ローダー六台、トラクター二〇台が広大な沙漠の中でうごめく。その様《さま》は、さながら巣作りに励むアリの群である。

ガンベリ沙漠はアフガニスタン東部のジャララバードから十五㎞北にあり、その幅五㎞、長さ二〇㎞、ニングラハルとラグマンとの州境に当たる。厳しい自然条件のために交通路としては不向きで、古来多くの旅人たちを葬ってきた。この沙漠が、六年前着工したPMS（ペシャワール会医療サービス）のマルワリード用水路の終点である。現地のことわざに、「ガンベリのように喉が渇く」と云《い》われるほど、乾燥した荒地として有名だ。初めの頃、ここが緑の楽園になるとは誰も信じなかった。だが、この六年間、用水路は、難工事を重ねながら全長二〇㎞までを完成、約二五〇〇ヘクタール以上が潤されて緑を回復した。残る四㎞が、このガンベリ沙漠沿いの岩盤地帯と沙漠横断路である。この完成が目前に迫っている。

工事は昨年十一月から続けられていたが、予想以上の難所となった。沙漠の熱風はアフガン人にとっても尋常ではない。「夏前までに完成」が合言葉だったのに、これまでの工事の後始末、マドラサ建設、他の取水口の建設、湿地帯処理、地方政府や米軍・軍閥との折衝、例年にない雨天続きなどで、大幅に遅れていた。「夏は働けない」と皆思ったが、この機を逃しては仕上がらない。気力と希望にすがりながらの挑戦となった。

建設のいきさつ

PMSの「マルワリード用水路」が実行に移されたのは、二〇〇三年三月十九日、米軍のイラク侵攻の前日であった。当時、ジャララバード周辺は空前の規模で農村の沙漠化が進行していた。かつてこの一帯はアフガン東部で豊かな穀倉地帯として聞こえていたが、一九九九年から旱魃《かんばつ》が次第にひどくなり、廃村が広がっていった。農民たちは続々と村を離れ、多くはパキスタン北西辺境州へ難民として流れていった。折悪しく前後して、旧タリバン政権と英米との衝突が起きた。九八年、ジャララバードは米国の巡航ミサイルの攻撃にさらされ、〇一年に「ニューヨーク・同時多発テロ」が起きると直ちに激しい空爆にさらされた。その後の政治的混乱は激しくなるばかりで出口が見えないが、世界の耳目は徒《いたずら》に政情に集中し、人々の本当の困窮は伝わることがなかった。

　アフガン人の大半が自給自足の農民である。米軍の進駐に続いて「アフガン復興」が話題となったが、農村地帯が恩恵に浴することは少なかった。ＰＭＳは既に二〇〇〇年から医療だけでなく、飲料水源（井戸・カレーズ）の確保にのりだしていたが、飢餓と難民化が後を絶たぬ状態で、より抜本的な「農村復興事業」へと傾斜していった。用水路計画が始まったのは自然な成り行きであったのかもしれない。当時、誰も手をつけなかったからである。

適正技術の習得——人と自然との間

　初め、手さぐりの時期が続いた。一介の医師にとって、農業土木の分野は余りに縁遠いものであった。また、仮に現代日本の技術を駆使できても、現在の用水路ができたかどうか疑問である。単純な手作業を多く盛りこみ、現地で維持補修が可能なものでなければならない。このヒントを与えてくれたのは、現地と日本の古い水利施設であった。両者の類似点は、当然のことながら機械を使わず、人力に頼る方法である。特に、直《じか》に自然と向き合う河川からの取水技術、自然の猛威から身を守る術である。

朝倉市の山田堰（右奥が取水口〜用水路）

　このため、河床の堰《せ》き上げ、護岸、土石流・鉄砲水対策、防風対策など、自然との格闘に明け暮れる中、基本的考えは昔のものを踏襲することになった。意図的に真似たのではなく、限られた技術力と物量の中で、どうあがいても、それ以外の方法をとれなかったのである。取水堰は福岡県の筑後川沿いにある山田堰がモデルとなり、改良を年々加えてＰＭＳ独自の方法が確立された。護岸法では蛇籠《じゃかご》工法や石出し水制〔11頁の用語集参照〕を駆使して洪水・決壊被害を乗り切った。貯水池も自宅近辺の堤《つつみ》を模倣したものである。もちろん、石や土の性状、地形を考慮し、かなり計算されたものであるが、結論は吾々の知恵は古人に及ばないということであった。完成しつつある吾がマルワリード用水路は、日本人の御先祖さまに負うところが大きい、と告白せねばならない。

　六年をふりかえると、自然は決して過剰な要求をしない。「過酷な自然」とは、人間側が欲望の分だけ言うのであって、自然を意のままに操作しようとする昨今の風潮は思いあがりである。インダス河の支流、クナール河は簡単に制御できるものではない。殊《こと》に取水口の建設は、人為と自然の危うい接点であり、「少しばかりお恵み下さい」という姿勢がなければとても成功するものではなかった。「遊水地」や護岸法の着想もそうで、古人は自然を制御するのではなく、同居する知恵を生かしたのである。

人里を守る

二四㎞の水路は、単に水を送って三千町歩《ちょうぶ》（約三〇㎢）の農地を確保しているだけではない。水路自身が山麓地帯の人里の守り役になっている。水路は、ヒンズークッシュ山脈の支脈・ケシュマンド山系の南麓を岩盤沿いに走る。当然多数の谷を横切り、崖地沿いに建設される。それは、とりもなおさず、二四㎞全域にわたって上流の降雨を引き受けねばならぬということである。アフガニスタンの茶褐色の山肌は、殆んど植生がなく、保水性に乏しい。乾燥地といえども、きまぐれな集中豪雨の規模は甚だ大きいもので、ごく短時間に襲う鉄砲水にしばしば泣かされた。

しかし、吾々が泣く分だけ、人里は安泰になる。かつては脅威であった鉄砲水や洪水が、ことごとく水路内に流れ込むからだ。そこで途中から着想を変え、岩盤沿いや小さな谷程度の雨水は積極的に水路内にとりこむ設計となった。もちろんダラエヌールなど超弩級《どきゅう》の谷はサイフォンでくぐらせるが、大抵はとりこむ。貯水池がやたらに多く、全体にゆとりのある幅をとっているのは、このためである。また土石流の谷では植林に努め、猛烈な勢いで下る流水の速度を落とそうとした。ガンベリ沙漠では日本の海岸と同じように、五㎞にわたる防風・防砂林を造成した。

水路が守るのは洪水ばかりでなく、里の人間関係がある。例えば、水争いで殺傷沙汰が絶えなかった村同士の歴史的な和解も、マルワリード用水路によってもたらされた。「衣食足って礼節を知る」というのは本当である。また、作業員は全て近隣農民であったから、彼らに落ちる日当もバカにはならない。この六年間で延べ五五万人が作業に従事した。シェイワ郡では作業に携わらなかった壮青年を捜す方が難しいと言われる。不幸にして水路の恩恵に浴さなかった村では、賃金収入で生活が保障されてきた例もある。こういった村では、作業員が半ば熟練工となっていて、蛇籠の製作、鉄筋の裁断、水路やマドラサ建設に欠かせぬ人員を補給し続けてきた。その経験を生かして他地域に出稼ぎに行ける者もいる。「用水路事業がないとのっくの昔に難民化していた」と口をそろえる。

百姓が作った水路

取り込まれた水は、用水路を通して人里を潤す。この用水路の大半が蛇籠工と柳枝《りゅうし》工で成り立っており、土、石、木が主な要素である。伝統技術に負うところが大きいと先に

蛇籠と柳枝工による護岸（Ｅ地区、06年1月）

述べたが、当然、作業員であるアフガン農民が日常から身につけている技術が活躍した。掘削機などの機械力は入っているが、最終仕上げは必ず手作業に拠った。特に石垣や蛇籠組みなど、石を扱う仕事はそうである。彼らは有能な石工でもあるのだ。また、水は農民にとって生命線でもあるから、その観察力は侮《あなど》れない。理屈を言っても彼らは信用せず、ただ「本当に水が来た」という事実だけが説得力を持つ。灌漑事業とは、農耕と同じく、徹底した経験実学である。

初めの頃居た「技術者」と自称するものは全て去り、残るは近隣農民、教師、ムッラー（イスラム僧）、医療関係などの職員であった。彼らが現場監督として年ごとに経験を重ね、「自覚しない技術者」として、指示された工程を一枚の「絵図面」で理解し、忠実に施工できるようになった。「エンジニアなしに、百姓である自分たちが造った」というのが作業員や職員たちの誇りになっている。ＰＭＳが自信を持って「将来の水路保全」を述べるのは、彼らがいつでも速やかに動けるという経験、人々の水路への愛着が背後にあるからだ。

マドラサと自立定着村の建設

マルワリード用水路建設事業は、全長二四㎞の完成を以《も》って、一つの区切りとなる。しかし、これは吾々の事業の終わりではない。「出産が終わる」と述べるのが正確である。現在、この用水路によって生活を立てる者は十五万人を下らない。更に増え続けるだろう。

ＰＭＳが着手したマドラサ建設と、自立定着村そのものが、私たちの願いを象徴している。マドラサはアフガン人の生きる土俵を提供する伝統や文化の要《かなめ》である。地域の人々が生きる精神的なよりどころなしに、単に「生存する」ということは絵空事に近い。どんな人間でも、自分が育った宇宙がある。それは、善悪や美醜のものさしを提供するだけではない。同時に、人知が超えてはならぬ神聖な普遍性を戴いている。「どんな悪人でも許され、どんな善人でも裁かれる」という逆説的な自然の事実が隠されている。それ故にこそ、人はその前で謙虚になり、自由を感じ、人間らしい感性を保つことができる。用水路はまさに、地域はもちろん、これを支える日本側の人々の謙虚な祈りにも支えられて、実現したのである。

かつて日本でも、大きな水路事業が完成したとき、必ず祠《ほこら》を設け、天の恵みに感謝し、無事を祈願した。日本とアフガニスタン、自分はこの二つの異なる世界の間で、一つの輝きを垣間見た気がする。確かに血なまぐさい出来事や、利害の絡むどろどろした争いも絶えなかったが、それは決してこの輝きを損なうものではない。

自立定着村の方は、やがて潤されるガンベリ沙漠の開墾地（約二〇〇ヘクタール）に設けられる。用水路建設に携わった農民や職員を自活させ、かつ経験を生かして水路維持を子々孫々まで行われるようにするためだ。また、これまでの「ダラエヌール試験農場」を継ぐものでもあり、ここに医療から出発し農業生産活動に至った、私たちのひとつの帰結点がある。人は自然の一部であり、自然を離れては生きてゆけない。

以上のように、「協力事業」といっても、吾々は他人さまを「助けてやる」ために水路事業を行なったのではない。また、別に何かの思想や信念があったわけではない。そこで自分たちをも支える何かを見出したからである。その何かを語ることはやめよう。それは、言葉を刻みだした瞬間から人為の加工品であることを免れぬ何ものかだからである。

ともあれ、マルワリード用水路は、現地活動二五年の「記念碑」だと言える。そこに込められた様々な思いと出来事をつづるのは自分の能力を超える。ただ、この命の流れが、絶えることなく続き、建設にかかわった全ての人々に心和むものを与えることを祈る。変転する殺伐な世界にあって、ここにこそ動かぬ平和がある。

100号　2009・7

国境や政治・宗教を超えた結実
――二〇〇八年度現地事業報告

□二〇〇八年度を振り返って

ペシャワール・ミッション病院のらい病棟に赴任したのは、確か一九八四年五月二六日だったと記憶している。

あのとき、二五年後に自分がアフガニスタンにいて、用水路を掘っているなどということは夢にも考えなかった。かつてアフガニスタンを闊歩《かっぽ》したソ連軍の姿も今はなく、代わりに米軍が支配者として力をふるっている。様々な出来事があり、様々な出会いと別れがあり、様々な死と生き様があった。敵も増えたが味方も増えた。責任も年の数だけ重くなってきた。波瀾万丈も、ここまでくると日常になってしまった。

二五年前、ペシャワールでさえ、日本との通信は専《もっぱ》ら手紙が頼りで、早くても一週間かかった。電話は三分もつながれば幸運で、滅多に使うことはなかった。それはそれで、何とかなっていたのである。今はどうだろう。電話どころか、現場の映像さえ瞬時に送れる。情報の伝達は飛躍的に進歩した。悪いことではない。

だが、それで人間が利口になった訳ではない。気が短く、関心が転々と移ろいやすくなっただけのことである。現地の人々の実情は相変わらず伝わりにくいし、世界中が力に屈しやすい実情は変わらない。謀略と戦争は続き、罪のない人々が大勢殺され、数百万人単位で新たな難民が発生し続ける。まことしやかな評論が横行し、幼稚な手段で人はだまされる。世界中が何かにとり憑《つ》かれた様《よう》に、「テロの脅威」を語り、そのテロの巣窟をアフガニスタンだと思いこまされている。

はっきりしているのは、こんなフィクションは長続きせず、力は力によって倒されるという鉄則である。現在アフガニスタンとペシャワールで起きている事態は、世界的な破局の入り口にすぎない。疑わなかった足元の土台が揺らぐとき、世界は再びアフガニスタンを思い出すだろう。

幸か不幸か、同じく変わらないのがわれわれの現地活動である。医療活動から用水路建設まで、ずいぶん変わったではないかと言われればその通りだ。しかし、精神は器ではない。人間にとって何が必要かを追い求めてきた点は、少しも変わらない。困窮にある人々と泣き笑いを共にし続けてきたという事が大切なのである。

おかげで自分たちもずいぶん楽天的になった。人のことばは運命的に虚構を抱えている。美しい理念、何かの使命感や信念などという代物に縛られるのは不自由だ。アフガン農村の人々と苦楽を共にし、人為に信を置かなくなった分だけ、恵まれた二五年間だったと思っている。

やはり二四kmの水路が完成しつつあるのが、一番うれしい。多くの人々の生命と生活を保障し、自然の恵みを証し、日本人もアフガン人も一体となり、国境や政治・宗教を超えた結実を、言葉によらず、直《じか》に示してくれる。そして、それを支える良心が日本や現地にあるという事実が、いっそう楽天的にしてくれる。

水路の完成は節目ではあるが、今後も変わらずに仕事が続くことを祈る。それがまた、伊藤和也君、そしてこのアフガンの騒乱で犠牲になった多くの人々を弔う道でもあろうと信じている。

□二〇〇八年度の概況

パキスタン北西辺境州の争乱と無政府状態のアフガニスタン

二〇〇八年度は、前年度の混乱がさらに拡大、とくに地方に於いて政府は事実上権力を失った。米国の方針転換に一縷《いちる》の望みを託していた人々は、より大きく、より複雑な情勢悪化に戸惑っている。外国軍がうちだした「新戦略」とは、反政府勢力の分裂工作と謀略で、これまで死角になっていたパキスタン北西辺境州への積極的な戦火拡大であった。

反政府勢力の一部に米軍から巨額の資金と武器が流されていると現地の人々は信じている。実際、パキスタンの国境地帯、バジョワル自治区では、住民退去勧告が出される数ヵ月前に、米軍が「自衛のため」三万丁のライフルを配布している。

この結果、各派が入り乱れて抗争が激化し、かつて「タリバーン」と呼ばれた勢力は、殆んど見わけがつかなくなっているといってよい。他方で無人機による国境地帯の爆撃が頻度を増し、パキスタン側は多大の迷惑をこうむっている。犠牲者は殆んど民間人である。

二〇〇八年夏、既に「住民退去勧告」が出されたバジョワル自治区を皮切りに、国境地域の人々は続々と避難民と化した。〇九年六月現在、その数は三〇〇万人以上だと発表されている。

一連の流れを眺めれば、この混乱は明らかに意図的に作り出されたものだ。一例をあげれば、二〇〇九年春、ペシャワール近郊で起きたモスクの爆破事件がある。「自爆テロ」と発表されたが、目撃した職員たちは、間違いなく爆撃の跡だと証言している。その他、タリバーン勢力が嫌うビデオ店や女学校の爆破・襲撃は、どこまでがタリバーンで、どこまでが謀略なのか分からなくなっている。敗戦後の日本で起きた三鷹事件や松川事件*を思わせる。かなりのものが外国軍の謀略だと現地の人々は考えている。

誰がどんな画策をしたのか、推測の域を出ないが、動かせぬ事実は、反乱があるから外国軍が進駐したのではなく、外国軍が進駐してから混乱が広がったことだ。これはいくら強調しても過ぎることはない。いったい、「テロリスト」とは誰なのか。テロリストを相手に大軍を繰り出すことが対策なのか。本当にアフガニスタンが「テロとの戦いの主戦場」なのか。人々は懐疑的であると同時に、膨大な犠牲に疲れ切っており、あらゆる武力干渉に敵意を抱いていることを肝に銘ずるべきである。欧米軍は敵を混乱させるのに成功したかもしれないが、より大きな破局を準備したとも言えよう。

この動きの中で、二〇〇八年八月、日本人職員・伊藤和也君の殺害事件が起き、アフガン人職員に対する脅迫が続いているが、混乱に乗じた強盗・殺人、身代金目当ての誘拐が増える中、真相は明らかではない。

アフガニスタンと隣接する北西辺境州とペシャワールでは、事態はより深刻である。二〇〇七年夏に始まる自治区の反乱は、他地域にも拡大し、パキスタン国家解体にもつながりかねない勢いを見せている。「対話路線」を掲げて権力の座についた現パキスタン政府は、米軍と反乱軍との間で揺れ、結局、大規模な出血を強要された。ワジリスタンに次いで、スワトやコハートなど、至る所で市街戦が展開し、ペシャワールは戦火を避けて避難する人々の群れで溢れている。〇九年四月、その数は二〇〇万人とされたが、六月現在、「最低三〇〇万人」と発表された。

アフガン復興と国際社会——PRTの実態

民衆にとって、政情以上に脅威なのは、食糧不足である。二〇〇六年の段階で「食料自給率六〇％以下」（WFP＝世界食糧計画発表）とされたが、欧米側は徒《いたずら》に軍事力強化を図ることに終始した。欧米軍のPRT（地方復興チーム）の実態は、軍事活動を円滑にするための宣撫《せんぶ》工作と言えるもので、少なくともPMS（ペシャワール会医療サービス）の活動するニングラハル州では、弊害が目立っている。実態は日本で知らされているものとかけ離れている。良心的な国際団体は、軍事活動に巻き込まれる危険性を強く訴えているが、その声が届いているとは言えない。

　PRTは二〇〇二年、米軍によって作られた。「米軍民政局」と言えるもので、初めの頃、診療所で薬品を配ったり、ワクチン接種を行うのは欧米軍兵士の役目であったが、最近は方針転換し、直接矢面に立たなくなっている。ニングラハル州ではUSエイド（アメリカ国際開発局）が資金供与団体となり、地域復興に必要と思われるプロジェクトを地方政府を通して支援している。問題は、立案の段階で調査を十分に進めず、書類審査が中心となっていることである。米軍の中にも良心的な者はいるが、結局、政府の役人と現地請負師との山分けとなり、実《じつ》があがらない。政府内の実力者たちは、しばしば軍閥と関係があったり、自ら請負会社を抱えていることもある。

　PMSが行なっている水利施設現場にもPRTの影が現れ始めている。二〇〇九年二月、「養魚池計画」でマルワリード用水路の溜池（D池）を借りたいとの申し出があった。しかし、PRT側が指定した溜池は重要な沈砂池で、水量調節に欠かせぬ場所である。猛反対の末、住民たちの圧力を背景にこれを拒否した。その後、怪電話や脅迫めいた噂が流されたが、棚上げになったまま現在に至っている。

　ある取水口改修現場では、ボロボロになったコーランが数冊、ずだ袋の中から見つかった。穴があいていたり、無造作にちぎられていた。現地では大変なことである。作業員が周辺の土くれもていねいに拾い集め、モスクで「供養」を行なった。本当のことは分からないが、これも「PRTの仕業《しわざ》」ということになった。これは一例にすぎないが、PRTと欧米軍の活動は、住民たちの間で同一視されているのは事実である。

PMSの現地活動への影響

　このような情勢の中で、われわれの活動も大きく制約を受けた。

一、ペシャワールの無政府状態で、カイバル峠の往来が困難となり、PMS基地病院の運営管理が事実上不可能となった。PMSの主力はジャララバードで孤立していると言える。予測していたことではあったが、これほど急激な変化はかつてないことであった。ペシャワールを本拠地とするPMS基地病院が、「難民救済団体」として合法性を得ていたため、パキスタン政府の定めた期間（二〇〇九年十二月まで）内に、ジャララバード側へ移転を迫られていた。しかし、北西辺境州は内乱そのものであり、アフガン難民どころではなくなってきたというのが真相で、速やかな対応が要求された。

二、脅迫や外国団体職員の拉致が多発、二〇〇八年九月から、地元警察や住民と協力して自警団を作り、職員を守る態勢を敷いている。伊藤和也君の事件は大きな波紋を呼び、九月日本人ワーカーの漸次引き上げとなった。報道が与えた印象ほど危険な治安状態ではなかったが、このために職場が一時混乱した。

三、大都市を離れると殆んど中央の権力が届かず、地域共同体との絆が更に大きな比重を占めるようになっている。地方行政機構の中には軍閥の影響力が強く、時には直接軍閥と交渉せざるを得ない局面もある。また、ニングラハル州北部全域にわたる水利施設の管理は、現政府の状態では無理であり、PMSが全面的に協力態勢を敷かざるを得ない事態である。

□二〇〇八年度の現地活動の概要

波瀾は多かったが、事業は継続された。医療事業はPMS基地病院が危機に瀕する一方、アフガン側のダラエヌール診療所は安定してきた。

用水路事業は、ペシャワール会始まって以来、最大の工事となった。二〇〇七年三月に第一期十三kmを完成、連続して第二期工事に入っていた。近づく破局を想定、相当な努力で進められた。しかし、第一期工事を上回る難所の連続で、かつ他地域の取水口改修などをしながらの工事であったので、難航を余儀なくされた。しかし、二〇〇九年六月十五日、最後の難所を越えてガンベリ沙漠に到着、灌水《かんすい》が始まった。工事は間もなく二四・三km全工程を完了する。

農業関係では、日本人ワーカー引き上げで中断していたが、ガンベリ沙漠に二五〇ヘクタールの土地を確保、間もなく開墾が始まる。これまでの試験農園の成果がここで生かされることになる。マドラサ（伝統的な寺子屋）の建設は、二〇〇八年四月に着手され、〇九年六月、主要工事を殆ど終えた。

井戸事業は、二〇〇八年十二月、廃止された。これは、ガンベリ沙漠の開拓団住居（約一二〇〇人、一二〇戸）の建設を急いだためで、自立定着村の構想に統合されたものである。

1. 医療事業

ペシャワールのPMS基地病院が困難な事情を抱える中、ダラエヌール診療所はアフガン人医療職員の帰還で、かえって充実した。二〇〇八年度はPMS基地病院を中心に、ダラエヌール診療所と併せ、延べ七万三一四九人が診療された（表1、2）。

一方ペシャワールの病院は、二〇〇七年四月にパキスタン政府から出された事実上の閉鎖要求以後、結局「二〇〇九年十二月に難民を完全に帰すまで存続し得る」という許可を得ていた。しかし、PMS周辺をとりまく情勢は厳しい。〇九年度のうちに大きな動きが求められる。緊急に求められているのはハンセン病診療の場である。現在、ジャララバードに小さな診療所を設置する計画が進められている。少なくとも患者診療については、患者たちが国境を意識しているとは思えず、考えられるほど大きな影響が出ることはない。

2. 水源確保事業

(1)用水路建設

二〇〇三年三月に着工した用水路は、二〇〇七年四月、四年の歳月をかけて第一期工事十三kmを完了した。第二期は八・六kmから最終的に十一・三kmに延長され、工事は最終地点にさしかかっている（全長二四・三km）。これは、諸般の情勢から、早期完成を目指し、ガンベリ沙漠横断の第

表1　2008年度 各診療所の診療数と検査件数

診療所	パキスタン		アフガニスタン
地域名	ペシャワール	ラシュト	北東部山岳地帯
病院・診療所名	PMS	ラシュト	ダラエヌール
外来患者総数	29,205	0	36,978
【内訳】　一般	28,543	0	35,522
ハンセン病	35	0	0
てんかん	80	0	509
結核	64	0	17
マラリア	483	0	930
入院患者総数	489	0	-
【内訳】　ハンセン病	59	0	-
ハンセン病以外	430	0	-
外傷治療総数	3,849	0	2,628
手術実施数	1	0	-
検査総数	12,658	0	1,314
【内訳】　血液一般	2,908	0	41
尿	2,463	0	16
便	1,986	0	36
抗酸性桿菌	434	0	162
マラリア・リーシュマニア	1,460	0	1,059
その他	3,407	0	0
リハビリテーション実施総数	4,605	0	-
サンダル・ワークショップ販売総数	8	0	-

表2　PMS病院検査数の内訳

血液	2,908
尿	2,463
便	1,986
らい菌塗沫検査	54
抗酸性桿菌	434
マラリア血液フィルム	1,382
リーシュマニア	78
生化学	905
レントゲン	0
心電図	83
超音波断層写真	788
心エコー	0
病理組織検査	0
細菌	0
体液（髄液・胸腹水等）	4
他	1,573
内視鏡	0
小計	12,658

三期工事を全て第二期工事に含めたためである。

二〇〇九年六月、最難関の二〇～二一km地点を突破、沙漠横断路三・五kmのうち、一・二kmまで開通させた。全工程二四・三kmを終え、開通を宣言するのは七月中旬となる。なお、終点はガンベリの自然土石流路（普段は涸れ川）に落とされ、急流をなしてクナール河に戻る。これで塩類の蓄積は相当防ぎ得る。

第二期工事、特に二〇〇八年度で特徴的だったのは、水路が延長される度に灌漑地が増し、分水路の整備、発生する湿地帯の処理を行いつつの作業だったこと、防災対策に集中したことである。この結果、この一年間だけでも約二千ヘクタールを潤し、最終的にマルワリード用水路は約三千ヘクタールの農地に水を供給する。

現在、各村では帰農する者が続々と増え、閑散とした半沙漠地域に再び活気が戻ってきている。最低十五万人がこの用水路で命をつなぐことになる。その大半が難民としてパキスタンに逃れていた者たちで、昨今のパキスタン内戦を思うと今昔の感がする。

「防災対策」は先の特別号〈183頁〉で多少述べたが、マルワリード用水路は二四・三km全長にわたって、山麓地帯の土石流の防波堤ともなっている。岩盤周りと谷の横断が主要ルートであり、鉄砲水や土石流を緩やかな流れに変えて水路内に取り込み、それを下流側へ流す設計になっている。このため崖地ぞいに四つの大きな溜池を造成、植林を積極的に行なった。殊《こと》に最後の岩盤地帯一・二kmは、堤の高さ十数mの大小の溜池が連続し、この築堤に膨大な労力をかけた。

また、ガンベリ沙漠は砂嵐が襲うので、約五kmにわたる防砂林を造成している。死の沙漠に生きものたちの棲《す》みかと人里が生まれるのが目前に迫っている。

◎湿害対策と分水路

既存水路と新水路との間には、当然湿害が発生する。このため、二〇〇九年三月から六月まで、放置されていた広大な湿害地の排水設備を復活させ、以後湿害の問題はなくなった。分水路は、この六年間で十・三kmが整備された。

通水前後のK池（上＝07年3月／下＝09年3月）

◎植樹

植樹の目的は、①水路工事の一部である柳枝《りゅうし》工、②土手の保護、③土石流の緩流化、④防風・防砂林の造成で、約二〇万本が植えられた。木の成長は早く、第一期工事の地帯は水路沿いに並木道が伸びている。植樹なしに水路の保全は考えられない。

◎他の用水路の取水口建設

最近の気候変動は、アフガニスタン全土で大きな影響を与えている。即ち、雪解けと洪水が早めに訪れ、最も農業用水が要る時期に、渇水期が始まるのである。マルワリード用水路があるクナール河沿いでは、増水のピークが五月下旬から六月上旬に集中、その後急激に河の水位が下降する。このため、大河川沿いの耕地もまた、大きな被害を受けている。

われわれが初め手本としたシェイワ用水路は、二〇〇五年から深刻となり、一時は完全に水が途絶えた。その他の隣接する用水路も同様で、ＰＭＳが取水堰《ぜき》の方法を会得すると、次々と支援が行われた。〇八年は、各地域で取水口建設が行われた。

ベスード用水路　二〇〇七年〜〇九年
シェイワ用水路　二〇〇八年
カマ用水路　二〇〇九年

それぞれの灌漑《かんがい》面積は、ベスード三千、シェイワ一二〇〇、カマ七千ヘクタールである。

われわれの用水路建設は、隣接地域にも恩恵を及ぼし、ニングラハル州北部農村地帯で沙漠化を免れた地域は一万ヘクタール（一〇〇㎢）を優に超える。殊《こと》にカマ郡では、二〇〇九年夏の作付けの六割以上が米であり、同地域始まって以来だと言われる。

カマ堰の第1取水門（09年3月）

一般に取水堰の建設は膨大な石材を必要とするが、資機材と労働力は全てマルワリード用水路の建設費に含まれている。紙面を借りて会員・支援者の方々に明らかにしておきたい。この地域がＰＭＳの独壇場となったのは、われわれが優れているからではない。それほど旱魃《かんばつ》問題に関心が薄く、他にやるものがいなかったのである。

水は人々の生命線である。「もし、ニングラハル州北部農村が壊滅していれば、ジャララバードもまた、失業者と避難民で溢れ、カンダハルと同様に血なまぐさい騒乱の渦中に投げ込まれたであろう」とは、事実を知る住民たちの実感である。誰でもよい。国際支援の関心がつまらぬ政治的駆け引きや、無益な戦争を離れ、人々の生活と生命に向くことを期待する。

⑵井戸事業

二〇〇七年四月に飲料水源は一五五〇ヵ所を超えたが、〇八年は学校、モスクなどの公共施設だけに絞り、〇八年十二月、井戸事業を水路事業に統合した。これは、次に述べる自立定着村建設が急がれるためで、新たな村の飲料水源に集中している。〇九年六月現在、十八ヵ所のボーリング井戸がガンベリ沙漠に建設された。

また、同沙漠の岩盤地帯の水路沿いには、浸透水（湧水）を利用して清潔な飲料水源を得る試みが行われようとしている。

3. 農業関係

二〇〇八年八月二六日の伊藤和也君の事件で、日本人ワーカーの退去は早まったが、共に働いた農民たちが作業を継続している。間もなく大がかりな開拓事業が始まると、それまでの成果を大々的に生かすことができよう。食糧生産の向上を本格化、水路事業と事実上一体化されようとしている（六年間の農業事業については、この秋、高橋修氏の編集による詳細な「報告集」が石風社より刊行される〔二〇一〇年、『アフガン農業支援奮闘記』として刊行〕）。

4. ワーカー派遣

二〇〇八年度は、表3のワーカーが事業に参加した。不幸にして伊藤和也君を失ったことは、悔やんでも悔やみきれないが、心からご冥福を祈りたい。予想できなかったのは、ペシャワール側の急速な情勢悪化で、〇八年十月までに、ジャララバード、ペシャワール共に全員が現場を離れた（その後松永（貴明）、村井（光義）が会計処理のため、藤田看護師がペシャワール病院問題のため、短期派遣された）。

マドラサのお披露目式。子ども達から花束を受け取る中村医師（09年5月）

5. マドラサ建設

マドラサはアフガン農村共同体の要《かなめ》である。二〇〇七年十二月鍬《くわ》入れ式を行い、本格的工事が〇八年三月から始まった。〇九年六月現在、校舎（教室十二、図書室一、教員室二）及びモスク（八〇〇名収容）の主要工事を

モスクの建設現場を訪れた中村医師（09年4月）

終え、内装の段階である（マドラサの備品購入費として、伊藤君のご両親から「伊藤和也アフガン菜の花基金」が寄せられた）。

設計と施工はPMSが全て行なった。二〇〇九年九月に正式に開校する。

6. 自立定着村の建設

水路建設事業は小さな民間団体にとっては、大きな仕事であったが、二〇〇九年七月を以って完了する。しかし、これで終わるわけではない。十五万人が生活する用水路の保全は、世代から世代へ、長い年月がかかる。マルワリード用水路建設の主役は近隣農民であり、改修の実《じつ》を心得ている。幸いと言うべきか、不幸にもと言うべきか、水路の恩恵に浴さなかった人々は、まる六年間現場監督や作業員を務めてきた。

彼らをガンベリ沙漠開拓に充てて自活させ、かつ水路保全の役を担ってもらうという構想である。出来あがる直前のマルワリード用水路には、彼らの強い愛着がある。これまでと同様、その送る水で、文字通り生活の糧《かて》を得るなら、喜んで役に就くだろう。

これは二〇〇七年度からの構想で、〇八年十二月、水路開通の見通しが立つや、直ちに居住地の建設が開始された。

表3　2008年度に活動したワーカー

◎医療

1	藤田千代子	院長代理・看護部長	1991年9月	継続中
2	坂尾美知子	臨床検査技師	2002年7月	08年9月終了
3	杉山大二朗	ダラエヌール診療所薬局受付	2005年2月	継続中(待機)
4	村井光義	会計	2005年3月	継続中(短期)
5	河本定子	薬局	2005年9月	08年9月終了
6	西野恭平	ダラエヌール診療所医師	2007年5月	08年10月終了
7	宇都宮雄高	看護師	2008年2月	08年10月終了

◎灌漑用水路建設計画・農業計画

8	近藤真一	用水路	2003年1月	08年5月終了
9	伊藤和也	農業	2003年12月	08年8月殉職
10	松永貴明	用水路	2004年4月	継続中(短期)
11	進藤陽一郎	農業	2004年5月	08年9月終了
12	芹澤誠治	事務	2005年4月	08年5月終了
13	竹内英允	事務	2006年4月	08年4月終了
14	神代大輔	支部会計	2007年2月	08年9月終了
15	山口敦史	用水路	2007年3月	08年9月終了
16	佐々木啓泰	用水路	2007年4月	08年8月終了
17	石橋周一	用水路	2007年5月	08年4月終了
18	藤澤文武	用水路	2007年7月	08年9月終了
19	山中正義	事務	2008年2月	08年9月終了

◎定期・短期派遣者

20	高橋　修	農業顧問	2002年3月	定期
21	石橋忠明	用水路	2007年11月	09年2月終了
22	紺野道寛	用水路	2007年11月	08年9月終了
23	鈴木　学	用水路	2007年12月	08年4月終了
24	鈴木祐二	用水路	2007年12月	08年4月終了

マドラサの外装工事（09年6月）

現在一一八家族、約一二〇〇名分の住居を建設中である。募集は水路が開通してから行い、早ければ一部の土地にトウモロコシの作付けが開始される。

なお、開拓地は二五〇ヘクタールを確保、ダラエヌール試験農場の実戦版と考えて差し支えない。現在、漠々たる荒野であるが、これが緑の田園に変わるのを疑う職員はいない。

7．二〇〇九年度の計画

事業は基本的にこれまでの連続で、目新しいものはない。年度報告に述べた。医療面ではハンセン病診療の場の確保が懸案で、水路事業は自立定着村の確立が大きな目標である。

＊一九四九年に起きた列車転覆事件。当初、国鉄労組員などの犯行とされ、レッドパージに伴う謀略説が流れたが真相は不明のまま。

＊＊カンダハルはアフガニスタン南部の主要都市でタリバン運動の発祥地。二〇〇七年五月十三日、当時のタリバンの最高司令官がアフガニスタン政府軍やＮＡＴＯ・米連合軍との戦闘で殺害された。

101号 2009・10

用水路に「開通」はあっても「完成」はありません

——突如襲う集中豪雨との激闘、里人《さとびと》との軋轢《あつれき》

記録的な集中豪雨、用水路を襲う

みなさん、お元気ですか。去る八月三日の「用水路開通」の朗報を送った後、八月中旬に一時帰国し、九月二八日に現地に戻りました。この間、日本も大きな政権交代があり、「アフガン復興」が大きく取り上げられていました。しかし、議論に関わるいとまもなく、大急ぎで戻りました。

東部アフガニスタンでは、五月以来まる三ヵ月、雨が降りませんでしたが、突然、広範な地域が集中豪雨に見舞われました。記録的な豪雨は、八月二九日、九月十五日、九月二四日と三波に及びました。このため、新設したガンベリ沙漠横断水路は砂で埋まり、あちこちで溢水《いっすい》、土手崩壊の危険にさらされたのです。

地図〔12頁〕を見てください。私たちの働いているニングラハル州は、南にそびえるスピンガル山脈と北にあるケシ

ユマンド山脈（いずれも三千m以上）に挟まれた山麓にあります。ここに西からカブール河の本流、北からクナール河が流れ込んで合流します。この山麓地帯は、かつて豊かな有数の穀倉地帯を成していました。でも、近年急速に沙漠化し、見る影もありません。今回、普段ならごく狭い地域に集中する豪雨が、この全域を襲いました。沙漠化した地域に雨が降るのはよいと思われましょうが、そうではありません。保水力を失った土地に突如豪雨が襲うと、水は勢いを増し、洪水となって人家を流し、畑を土砂で埋め潰してしまいます。

治水の大切さと現実

私たちの主な活動は、この両山麓地帯での飲料水源の確保、大河川からの取水による農地の拡大です。その最大の仕事がマルワリード用水路です。再々述べたように、同用水路はクナール河から岩盤を這うように伸び、ガンベリ沙漠まで二四・三km、その後自然土石流路を下って再び本流に戻ります。

従って、用水路は全線にわたって谷あり崖あり、難工事でありました。中でも、集中豪雨には泣かされます。日本でも八ッ場《やんば》・川辺川ダムをめぐって治水のあり方が問題になっていましたが*、ここも例外ではありません。

ただ、違うのは、予算が極端に少ないこと、行政がほとんど関与しないことです。急務である農業用水の確保は、貧しい農民自身の手によらざるを得ないのが実情です。私たちPMS（ペシャワール会医療サービス）が敢えてこの問題に手をつけたのは、このためです。誰も本気でやれないのです。やりたくとも、日本政府の水利事業の予算を見るだけで絶望的になります。

ガンベリ沙漠の用水路終点への通水。水は自然土石流路（涸れ川）に落ち、下流を潤しながらクナール河に戻っていく（09年8月）

自然との同居の知恵

さて、用水路に「開通」はあっても、「完成」はありません。それは絶えず維持補修を必要とするからです。おまけに、気まぐれに襲う自然災害は予測不可能で、被害を受けてから初めて抜本的な大改修を行うことが少なくありません。これを繰り返しながら六年半以上、年々水路は安定してきました。でも限られた予算では、自ずと採用される方法が決まってきます。具体的には、①鉄砲水の緩流化、②

遊水地の設置、③速やかな排水の工夫、です。水は堰《せ》き止めるのでなく、穏やかに流れてもらうのです。

①は、岩石などの障害物と共に、幾重にも植林して、保水力を増し、流速を落とすことです。植樹チームを強化して大がかりな林の造成に取りかかっています。②は、洪水路を完全に閉塞せず、できる限り人工的な護岸をせず、住民に居住地を作らせないことです。また、流路に大きな溜池を置けば、被害を著しく減らせます。③は、自然の河にもどる流路を大きく確保することです。

難しい話ではありません。少し自然に興味のある方なら、何でもない山間部の村落を想像されるでしょう。日本人の先祖たちが営々と森を築き、段々畑というダムを兼ねる水田を拓き、溜池を置いて渇水に備え、洪水の来る所には住まず、慎ましく水の恵みを享受した、そのことなのです。

荒ぶる川の流れには、天を祀《まつ》って無事を祈りました。もちろん、祈るだけで厄災を免れるわけではありませんが、そこには長い時を経て得た自然との同居の知恵、その恩恵への感謝がありました。

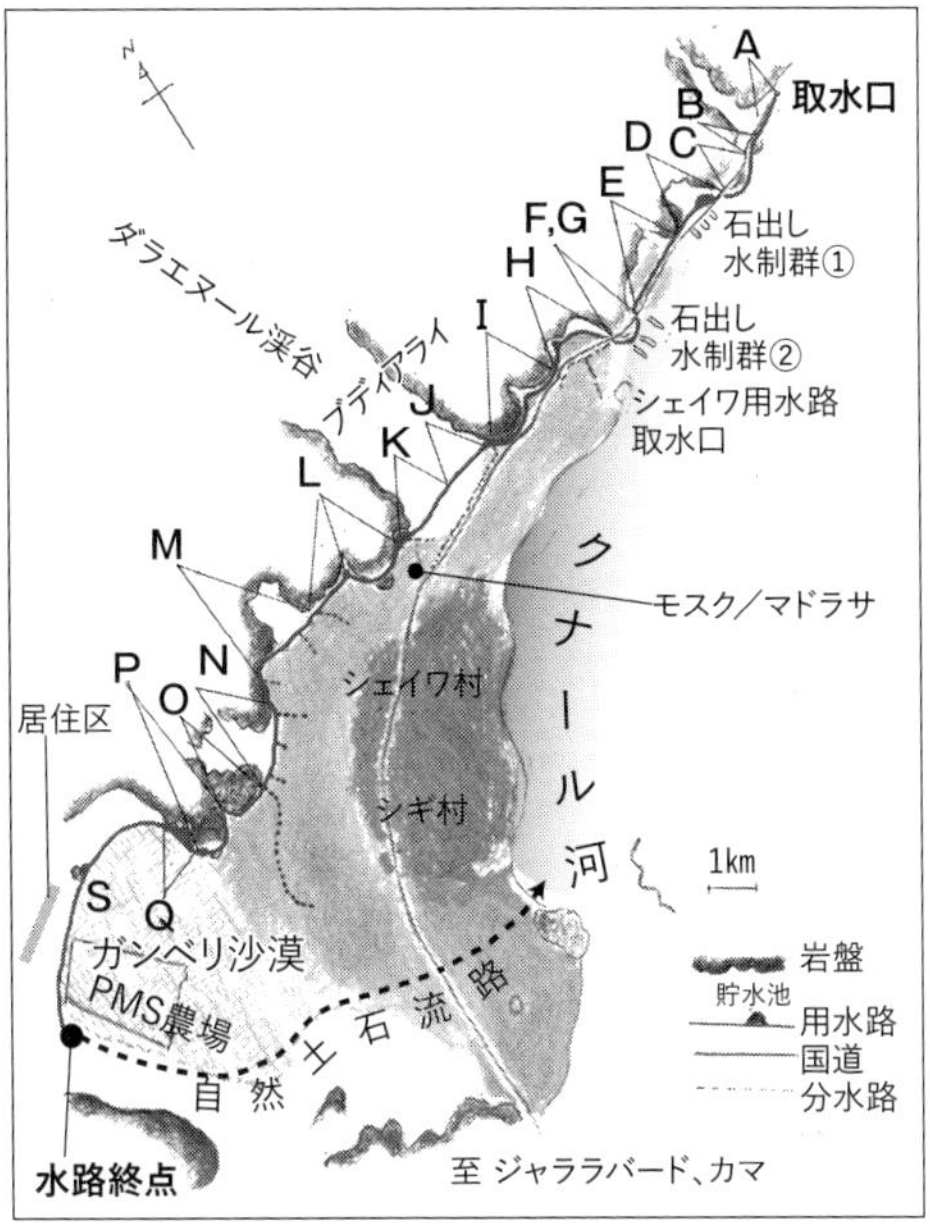

中村医師の下絵をもとにした用水路の概略図

水をめぐる抗争と対策

とはいえ、小生の帰還と共に、現地では再び自然との激闘が始まりました。これに里人《さとびと》たちとの軋轢《あつれき》が加わります。

堤防補修を重ねるP地区の貯水池（09年3月）

村々の利害の調整も大きな仕事です。人は業《ごう》なもので、つい身内の利害で固まってしまいます。水不足のときは水争い、水が増えれば文字通りの我田引水、今度は湿害の発生です。

ＰＭＳでは地域全体の取水量の調整、高低差を考慮した各分水路の見直し、排水路の造成を大規模に実施しています。独立不羈《ふき》の農民たちは、いかなる権力にもなびきませんが、生命線である水を律する私たちには協力的です。このために、PMSを「陰の領主」という向きもあります。水がいかに人々の和を左右するかの証左でもあります。

人と人の間で

「自立定着村」の方は着々と耕地の整備が進んでいます。先ずは比較的平らな一〇〇ヘクタールほどを開墾し、今年十一月の小麦の作付を実現します。これには実は切実な事情があります。食糧価格の高騰が職員たちを苦しめていて、いくら給与を上げても、追いつきません。昨年は世界的な小麦不足のあおりで危機的な状態でしたが、アフガニスタンでは依然として絶対的な食糧不足が続いています。給与の殆んどが食糧に消えてしまいます。そこで、来年度からはPMS自身の自給自足を目指し、食糧を現物給付する計画を立てています。アフガン人職員全てが農民だと言ってよく、いざとなれば医療職員でさえ耕作を厭《いと》いません。計画が実現すれば、一千名を擁する村となり、単に水路の保全だけではなく、自活・自衛できるようになります。

このため開拓農家の住宅整備も進んでおり、皆の話では小生が「初代村長」になるのだそうです。悪い気はしません。日本で見放されたあかつきには、ここを拠点に平和で豊かな世界を夢見ることができます。

しかし、人里も一筋縄ではいきません。私たちの沙漠横断水路は隣のラグマン州とニングラハル州との境界に当たります。今年四月、ラグマン州山岳地帯の住民が大挙して押しかけ、既に定着している住民たちと水路をはさんで対峙、銃口を向けあって一触即発の事態となりました。地方軍閥内部の抗争が絡んでいるようでしたが、ラグマン州でも旱魃《かんばつ》が深刻らしく、開通した水路の噂を聞きつけてやってきたのです。

PMSとしても、折角の開拓地を失うわけにはいきません。外交策を講じて積極的に仲介しました。沙漠の中にある丘を公共地とし、「アマン・ゴンデイ（平和の丘）」と命名、開拓団の居住地を中立地帯にすることで落ち着きました。

ところが、今度は米軍PRT（地方復興チーム）との衝突がありました。水量調節の要《かなめ》である沈砂池を養魚池に転用するというのです。そうすると、水量調節が不可能になります。PMSは即座に拒否し、代わりの池を勧めました。しかし、かなり強引な態度だったのです。結局、住民の圧力を背景に退けましたが、一時は「取りたいなら力づくで取ればよい。諸君の強大な武力に抗し得る者はいないではないか。但し、混乱の責任は君らに取ってもらう」と、蛇籠《じゃかご》のバリケードを高く築いて対決、緊迫しました。このいきさつで分かったのは、PRTに配属される将校が殆んど実情を知らされぬまま、「復興だからいい」と信じていることでした。人々はそうでなく、軍事活動の一つと見なしています。このことは興味があるので、また別の折に紹介しましょう。

昨年、私たちの仲間の伊藤和也くんを失いました。しかし、敢えて報告の中では触れないことにします。人の言葉はあまりに貧しく、美談と対の底意地の悪い論評も同根です。彼をそのままに受け入れない奇妙な風潮が、彼の生死を侮辱し、現実から遊離するように思われるからです。どんな人の生命も尊く、かけがえのないものです。平和を観念に閉じ込めてはなりません。

平和を語るのはたやすいけれど、実現するには戦争以上に忍耐と努力が要ります。現場は血まみれ汗まみれ。人の世界は塵まみれ。それでも示される一つの道があります。それに忠実な限り、大きくは過《あやま》たないでしょう。

会員のみなさんの辛抱強いお支えに心から感謝します。

平成二一年十月二日　　ジャラランバードにて

＊八ッ場ダムは群馬県・利根川支流の吾妻《あがつま》川に建設された多目的ダムで、二〇二〇年四月運用開始。川辺川ダムは熊本県・球磨川水系の川辺川に計画され、現在も完成に至っていない。いずれも様々な問題から半世紀以上にわたって難航・長期化。

102号　2009・12

一万四千ヘクタールの〝オアシス〟
――ＰＭＳはピース・ジャパン・メディカル・サービスに改称

ＰＭＳ基地病院を譲渡

みなさん、いかがお過ごしですか。

十一月初めに帰国していましたが、まもなく現地に戻ります。

この一年、現地でも様々な出来事がありました。パキスタン北西辺境州の内乱状態、アフガン反政府勢力の活発化が米国・ＮＡＴＯ（北大西洋条約機構）軍の増派でさらにひどくなり、欧米軍の侵攻以来、治安は最悪となりました。外国軍の死者も過去最悪を記録しています。

十月に行われた大統領選挙による混乱に続き、十二月、燃え盛る火に油を注ぐように、英米軍の大量増派が決定され、アフガン情勢は危機的な転機を迎えようとしています。紛れもなく、ひとつの破局が始まったと言えそうです。

私たちの現地活動も、それに翻弄され続けながら今日に至っています。二〇〇九年を振り返ると、大変めまぐるしいものがありました。医療活動が戦火によって後退しました。市街戦と爆破事件が日常化する中で日本人スタッフの渡航が不可能となり、肝腎の基地であったPMS（ペシャワール会医療サービス）病院が七月、地元団体に譲渡されました。これは二年半前から予想したことでしたが（146頁＝93号参照）、これほど急速な転回とは思いませんでした。地元団体を構成しているのは旧職員の有志たちで、北西辺境州の戦乱で発生した二〇〇万人の避難民があふれる中、とどまって活動を続けています。

なお、一年半前からカイバル峠は外国人の誘拐、欧米軍への襲撃が日常化、ペシャワール〜ジャララバード間の交通は現在、地元民でも危険となりました。

この結果、現地活動の中心がジャララバードに移りました。ペシャワール会は、拠点とするペシャワールにあってアフガニスタン・パキスタン両国にまたがる活動でしたが、両翼の一つを失ったことになります。今後、活動はアフガニスタンだけに限定されることになります。かつて、カブールの臨時診療所を入れると十一ヵ所あったものが、ダラエヌール診療所を残すのみとなったのです。それも戦火によることを思えば、内心穏やかでないものがあります。

現地PMSの名称変更

戦争の惨めさは、膨大な死者を出すだけではありません。敵意を煽《あお》る風潮が、時には意図的に、偏見と対立を助長します。米軍のパキスタンへの戦火拡大は、これまであったアフガン人とパキスタン人との反目を助長し、今度は「ペシャワール」の名がアフガン政府側から偏見の目で見られ、パキスタン側ではアフガン人追い出しに拍車をかけました。「PMS」の名は、東部アフガンの人々にとって広く親しまれてきましたが、職員が身分証明書の提示を求められ、拘引されることがまれでなくなってきました。中央からやって来た警官や外国兵が、「ペシャワール」という名前だけで、怪しいと見るのです。このため、職員百数十名の安全を考え、現地活動組織の名称変更を余儀なくされました。二〇一〇年から、PMSはPeshawar-kai (Japan) Medical Servicesから、Peace (Japan) Medical Services へと変わります。しかし、地域住民の間では「PMS」のままで、殆ど変化ありません。また日本のペシャワール会の名称変更はありません。

今が一番の正念場

この中にあって、去る八月、マルワリード用水路二四・三㎞の開通は、明るい壮挙として伝えられました。日本・現地一体となり、多大のエネルギーが費やされました。加えて、念願のマドラサ建設も大詰めを迎えています。

一連の報道で、「ペシャワール会も遂に撤退するのか」という印象が広がりましたが、実は今が一番の正念場だと訴えたかったのです。当方の予想では、おそらく来春から大きな動きが始まり、渡航や送金ができない事態を想定し、おそらくこの二六年で最大規模の仕上げ作業を、全力で完了しようとしています。

開通した用水路は、その後の維持を可能にするため、様々な付帯工事が残っているし、湿害対策のための長大な排水路、開墾地の分水路などが整備されないと、とても「工事完成」とは言えません。これらを二〇一〇年二月までに完了し、不測の事態に備えるのです。

農業チームの成果生かす

犠牲になった伊藤和也くんの関わった試験農場は、ダラエヌール渓谷下流域の沙漠化が迫り、まもなく耕作ができない状態になりつつあります。そこで、開墾中のガンベリ沙漠に移し、いずれ二〇〇ヘクタールを確保、開拓農家の自給自足を目指すと共に、より大規模な形で農業チームの成果を生かす予定です。数々の試行錯誤で得たものを、今度は実際に流通機構にのせ、より実際的な市場での反応を調べることができるようになります。その意味で、水路の行き着く沙漠の開墾は、重要です。

早々とその明るい可能性を確信させたのは、四月段階で同沙漠に到着した第一弾の分水路の水でした。約二五〇ヘクタールで住民たちがスイカを植え、今や一大産地となり、ジャララバードからカブールの市場を総なめにしたのは、先に報告したとおりです（西日本新聞での連載「アフガンの地で」（〇九年七月三一日朝刊、後に『希望の一滴』に収録）で報告）。このとき活躍したスイカの種が、何と日本から輸入されたものでした。沙漠の開墾に大きな希望を与えた出来事でした。

マドラサの開校、取水堰の改修も継続

マドラサ（モスク付属学校）の方は、九月から六〇〇名の学童が通学しています。モスクの内外装と運動場の整備を行い、二月に地元へ譲渡式を行います。これは水と同様にアフガン農村に不可欠なもので、ともすれば流血の衝突を招く民族や部族の対立を避け、地域共同体の要《かなめ》となり、ジャララバードの街にあふれる孤児たちや普通学校に行けない貧しい子弟たちに教育の場を提供します。

完成目前のモスクとマドラサ（09年11月）

ＰＭＳの手がけたマルワリード用水路以外の、近隣地域の取水堰《ぜき》の最終的な改修も行う計画です

マドラサから下校する子ども達（09年11月）

（取水堰は通常数年をかけ、改修をくりかえして安定します。冬の低水位期でないと、河の工事ができないのです）。現在、マルワリード用水路とシェイワ用水路併せて三五〇〇町歩《ちょうぶ》（約三五㎢）、ベスード郡三五〇〇町歩、カマ郡七千町歩、合計一万四千町歩が沙漠化をまぬがれ、六〇万の農民たちの生活を可能にしています。これも何とか守らねばなりません。

人々は三〇年を超える戦乱、そして進行し続ける大旱魃《かんばつ》に疲れ切っています。いわゆる国際社会の間で、「アフガニスタン」は何度も忘れ去られてきました。「外国に荒らされ続けた」との思いが人々の中に広がっています。「食べられなくなった自給自足の農民たち」が都市に流れ、職がなく放置される中、皆が夢見るのは、水の流れる故郷で耕して食を満たし、家族と一緒に平和に暮らすことです。それ以上の望みを抱く人は少ないでしょう。そして、その最低限の望みは、人間ならば誰でも共有できる世界中の願いでもあります。

「三万人の兵力増派」に、二・五兆円が使われる一方で、数百万人の罪のない飢えた人々がさまよう。外国がつぎこむ国際貢献のお金が増える度に、一部の人々だけに華美と贅沢がはびこり、巷《ちまた》には流血と飢餓が広がる。こんな世界は異常です。

私たちの支援は決して大きなものではありません。しかし、貧しい人々がやっと帰農できた総計約一万四千ヘクタールの貴重なオアシスです。ナンガラハル州北部六〇万人の農民たちの生命がかかっています。

足音高く近づく暗雲を目前に、なんとか彼らの生命と生活を保障し、「平和」の何たるかを突きつけたいと思います。ここ数カ月間が私たちの築き上げてきたものの総仕上げであり、こころない戦争に、不動の良心を対置するものであります。

内外ともに暗い世相であればこそ、敢《あ》えて人としての明るい希望を分かちたいと思います。ことはこの数カ月間の最後の大工事にかかっています。会員の皆さんのこれまでの御厚意に心から感謝し、さらに御協力を切にお願い申し上げます。

良いクリスマスとお正月をお迎えください。

二〇〇九年十二月

103号
2010・4

二五・五km完工、開拓作業に着手
——用水路完工式、モスク・マドラサ譲渡式挙行

くり返された豪雨対策

みなさん、お元気でしょうか。

お陰さまで去る二月八日、「用水路完工式」が無事終了し、後始末と次の段階に入っています。冬が去り、水路沿いに植えたヤナギやクワの木の新緑が鮮やかです。冬の雨季が止み、晴間が多くなった空からは、夏を思わせる陽射しが厳しく照りつけます。遊牧民たちは少しずつ、北の方へと移動し始めています。

至る所で小麦畑が青々と広がり、用水路沿いの大地は緑のじゅうたんが敷かれたようです。さしものガンベリ沙漠も、私たちの祈りが通じたのか、人里の匂いがしてきました。難攻不落だった沙漠の岩盤周り（P・Q区域、約二km）は、二度の記録的な土石流を経過、四度目の改修工事を終えました。この地帯は、短時間の急激な集中豪雨に耐えられるよう、貯水池が沢山造られました。用水路中で最も大きな池が連なっています。

ガンベリ沙漠に人が住めなかったのは、単に水がないだけではなく、気まぐれに襲う洪水だったのです。しかも、〔用水路は〕自然地面から十八m以上の高さの崖を通すので、狭い蛇行路なら、一撃で流されてしまいます。そこで、狭い降雨流域なら貯水池にとりこむよう設計しています。といっても、池底の地盤が砂質なので、大がかりな漏水処置をこの一年間、くりかえし行いました。ダメ押しは、昨年九月、「数十年に一度」という集中豪雨がガンベリ沙漠だけでなく、用水路全域を襲いました。一部で落石や土砂の堆積が起きましたが、ガンベリ沙漠を除けば、殆んど無傷に近いものでした。

紛争鎮めた洪水

天災は人の罪ではありませんが、人の過ちを自覚させることがあります。

用水路完工式。モスクとマドラサの譲渡式も行われた（10年2月）

洪水は土地問題の解決に大きく寄与しました。それまで、水路が開通したばかりのガンベリ沙漠は、土地争奪

戦が華やかで、かなり殺伐たる様相を呈していました。同じく水不足に悩む隣のラグマン州から人々が押し寄せ、地元の村と対立し、地元は地元で内部抗争が絶えませんでした。境界線を勝手に引いて、時には工事の妨げになりました。この背景に軍閥の存在があり、一触即発の、肝を冷やすような出来事も稀《まれ》ではありませんでした。

でも、「所有権」とは、人の間の約束事です。水は水自身の理で流れます。大洪水は、語らずして紛争を鎮めました。人が引いた境界線をきれいさっぱりと流し去り、砂で埋めてしまいました。以後、軍閥からの威嚇、讒言《ざんげん》の横行はピタリと止みました。

自然は喋りません。また、悪人や善人も区別しません。良い行いをしていると思っていても、同じように報いを受けます。私たちとて例外でなく、間違った工事をすれば、せっかく造った水路を黙って破壊されます。昨秋、ガンベリ沙漠横断水路のうち、三分の一、約一・二kmが砂で埋まり、大がかりな改修工事と設計の見直しを求められました。そのため工期が延びたものの、こうして、用水路は年を経るごとに安定してゆきます。

静かに涙ぐむ職員たち

本日（三月九日）、シギ村乾燥地に送水するため、新たに加えられた一・三kmが開通し、最終的な総延長二五・五km、

シギ地区への通水の瞬間（10年3月）

一日送水量四〇万トンの用水路が完全に成りました。職員たちは、「遂に完成！」と歓声を張り上げることなく、目前に流れる水を眺めながら、静かに涙ぐんでいました。それは、七年間の苦闘を通じて、意のままにならぬことが余りに多く、ただただ感謝の気持ちにうたれたからです。自分たちが頑張ったのは事実ですが、「人の意を超えて祝福された」という実感に近いものだったと思います。

かくてシェイワ郡三千ヘクタール（約九〇〇万坪）を潤すマルワリード用水路工事は、二週間後に実質的な終止符が打たれます。開墾作業も決して容易ではありませんが、努力の分だけ結果が見える作業です。

現在、〔ガンベリ沙漠では〕大小の砂丘をならし、約二五ヘクタールが灌漑《かんがい》に浴しています。新たな試験農場は合計約一八〇ヘクタール（約五五万坪）ですが、開拓作業が今後数年間、大きな仕事になります。これまで、用水路沿いでたちまち緑が広がったのは、沙漠化した「かつての農地」だったからです。ガンベリ沙漠は全くの新開地で、相当の

努力が要ります。

期待の新・試験農場

中断していた試験農場は、この沙漠で再開されます。麦まきの時期を逃したので、とりあえず菜種とシャフタル（アルファルファ原種）を植え、まもなく緑のじゅうたんになります。三月中にスイカ、落花生、野菜類を植え、六月にトウモロコシ、水稲などの穀類が主力になります。

また、養蜂のため、ビエラという甘い蜜を含む乾燥地の灌木《かんぼく》が大量に植えられます。また、アフガン農村が薪を使う生活を変えることはないので、砂防林とは別に、燃料用にガズという松に似た木で林を作ります。岩盤地帯にできた大池では、マスの養魚も計画されています。全て水の恵みにより、「こんなに色んなことができるのか」と、当のアフガン人職員自身が驚き、希望を膨らませています。一昨年亡くなった伊藤くんの石碑を、新農場のよく見える場所に置きました。

あまり話題になりませんでしたが、ニングラハル州カマ郡（人口三〇万人、耕地七千ヘクタール）を潤す二つの取水堰工事も仕上げ段階に入っています。足掛け三年の大工事でしたが、これも三月中に工事を終了、現在続々と人々が帰農しています。このことは、また別の機会に紹介いたします。

この十年間、水の大切さを訴え続けてきました。だが今、どうしても先進国の人々に伝わりにくい、壁のようなものを感じています。騒々しい戦争は不要です。誰が勝とうと、興味がなくなりました。私たちの事業が平和への一里塚となり、自然との関係を問い直し、人が生きる上で何が大切なのかを知る日が来ることを祈ります。

これまでの御協力に感謝し、新たな事業の展開に変わらぬ御理解をお願い申し上げます。

平成二二年三月十日　ジャララバードにて

長い努力の結果、あなた方の手でできたのです

――マルワリード用水路完工式挨拶

みなさん、今日は嬉しい日です。

ＰＭＳの活動の歴史の中で、二つの最大の仕事が成し遂げられようとしているからです。先ずは、このマドラサの完成です。これは二年前に着工し、やっとモスクと学校ができました。

もうひとつは七年前から手掛けてきたマルワリード用水路が開通したことです。これによって、多くの人たち（推定十五万人以上）が自分の村に戻って、元の平和な暮らしができるようになりました。簡単に水路の説明をします。

・第一期工事　二〇〇三～〇七年（四年間）
・第二期工事　二〇〇七～一六年予定（二〇一〇年全行程開通、その後付帯工事や保全）
・長さ　二五・五㎞（クナール州ジャリババからニングラハル州ガンベリ沙漠）
・灌漑《かんがい》面積　約三千ヘクタール（一万五千ジェリブ）、シェイワ郡の七割をカバー
・最大送水量　夏：毎秒四・五トン（一日四〇万トン）
冬：毎秒三・五トン（一日三〇万トン）

アフガニスタンはかつては豊かな農業で支えられていました。しかし、この数十年次第にひどくなる旱魃《かんばつ》で、多くの村人がパキスタンやカブールなどに難民として逃げていきました。私たちPMSは、もともと医療団体で、アフガン難民救済を仕事にしていました。二五年以上前の事です。十八年前にダラエヌール診療所が開かれ、以後アフガニスタンが主な活動地となりました。

しかし、二〇〇〇年夏にアフガニスタン全体がひどい旱魃に襲われました。水がなければ、人間は生きてゆけません。PMSは医療団体ですが、水の豊かな村々の復興こそ、難民化を防ぐことだと思いました。先ずは、皆が、自分の故郷で、家族と一緒に安心して暮らせることです。それで飲み水の確保（井戸やカレーズ）と十分な農業用水が人々の生きる基礎だということを知りました。マルワリード用水路は、こうした長い努力の結果として生まれたのです。

マドラサも同じです。人々が生きる文化と宗教なしにアフガニスタンは成り立ちません。

二年前、水以上に大切なマドラサが財政的な問題で行きづまっていると知り、PMSはみなさんの願いを入れて着工したのです。

今日、こうしてマドラサと用水路の完成を祝えることは、嬉しい限りです。

また、ダラエヌール自身が水不足に立ち至り、PMSの試験農場もガンベリ沙漠に移されます。

用水路の仕事が始まったとき、この一帯は沙漠になっていました。でも、努力すればできることがあります。私たちは財政や技術を確かに日本に頼っていますが、このモスクも用水路も、この土地のアフガン人たちが自分の手で、自分たちのために汗を流してできたものです。これが偉大なことなのです。

平和は私たちの努力で勝ち取るものであって、外国による戦は解決になりません。

平和が早くアフガニスタンに戻り、私たちの事業が見本となって、全てのアフガン人が安心して暮らして行ける日を祈ります。

今日は本当におめでとうございます。

（二〇一〇年二月八日　於・マドラサ中庭）

ガンベリ農場で飼育中の乳牛（14年9月）

ガンベリ農場で初の水稲の田植え（10年6月）

ガンベリ農場で収穫したサトウキビから黒砂糖をつくる（14年12月）

砂嵐の来襲で一夜にして埋めつぶされたガンベリの給水路。防砂林が成長した後は改善した（11年3月）

ガンベリ沙漠の開拓地を望む「平和ヶ丘」で。防砂・防風用に植えられた樹林帯も順調に成長（12年7月）

改修工事を繰り返し強固になったカマII堰の通水式。中村医師自ら遮水壁を開放（18年1月）

温暖化に伴う大洪水が頻発。濁流にのみ込まれたカマII堰の取水口（10年7月）

これまで得た知見を集大成し、山田堰に形状、機能が最も類似したものとなったカマI堰（19年2月）

流域住民によるカマII用水路の浚渫（17年12月）

職員たちと工事現場の見回り（15年10月）

大量の蛇籠と巨石で造成中のミラーン堰（15年11月）

マルワリード用水路対岸住民との困難な経緯を経て
建設されたカシコート用水路の通水式（13年5月）

建設中のマルワリードⅡ用水路（17年1月）

マルワリード＝カシコート連続堰（14年4月）

ミラーン堰完工式典。「アフガン人自らの手で、自らの方法で、自らの命のために力を尽くす、そのことが偉大なのだ」と強調した中村医師（16年10月）

ガンベリ～クナール河を結ぶ主幹排水路起工式。職員、流域住民とともに祈りを捧げる（16年3月）

ミラーン訓練所での講義風景（18年4月）

シギ村での主幹排水路掘削工事（16年11月）

タハール州、バグラン州などアフガニスタン北部から来た研修生と（19年4月）

「PMS方式」の灌漑技術普及の拠点として2017年に建設されたミラーン訓練所（18年4月）

PMSジア副院長を伴って帰国し、深刻な干ばつを訴える中村医師（ペシャワール会事務局、18年11月）

ガンベリ農場で初めてのハチミツの収蜜（19年4月）

現地スタッフと共に山田堰を視察（17年4月）

麦の穂がたわわに実ったガンベリ農場（15年4月）

↑急勾配主幹用水路および主幹用水路　急勾配主幹用水路は、取水門から取り入れた河川水に含まれる土砂を用水路に堆積させることなく沈砂池に導く。主幹用水路は、沈砂池で土砂が除かれた水を受益地まで導水。水路壁は蛇籠工と柳枝工で護岸。

↑主幹排水路　必要量以外の水は、すみやかに主幹排水路を通じて河川に戻し、湿害を防止するとともに、本川下流の水利用に配慮する。

↓沈砂池（調整池）

取水した河川水に含まれる土砂を堆積させるとともに、堆積土砂の排砂および送水量を調節。

↑貯水池　山岳部からの洪水や土石流から主幹用水路を守る。乾燥地における保水力確保で、植生の生育に寄与する。

↑洪水対策工　堤防は、受益地や宅地および河川沿いの主幹用水路等を洪水から守る。石出し水制は、堤防や河岸の洗掘を防止するとともに、河道固定の役割を果たす。

PMS方式の主な灌漑施設と役割

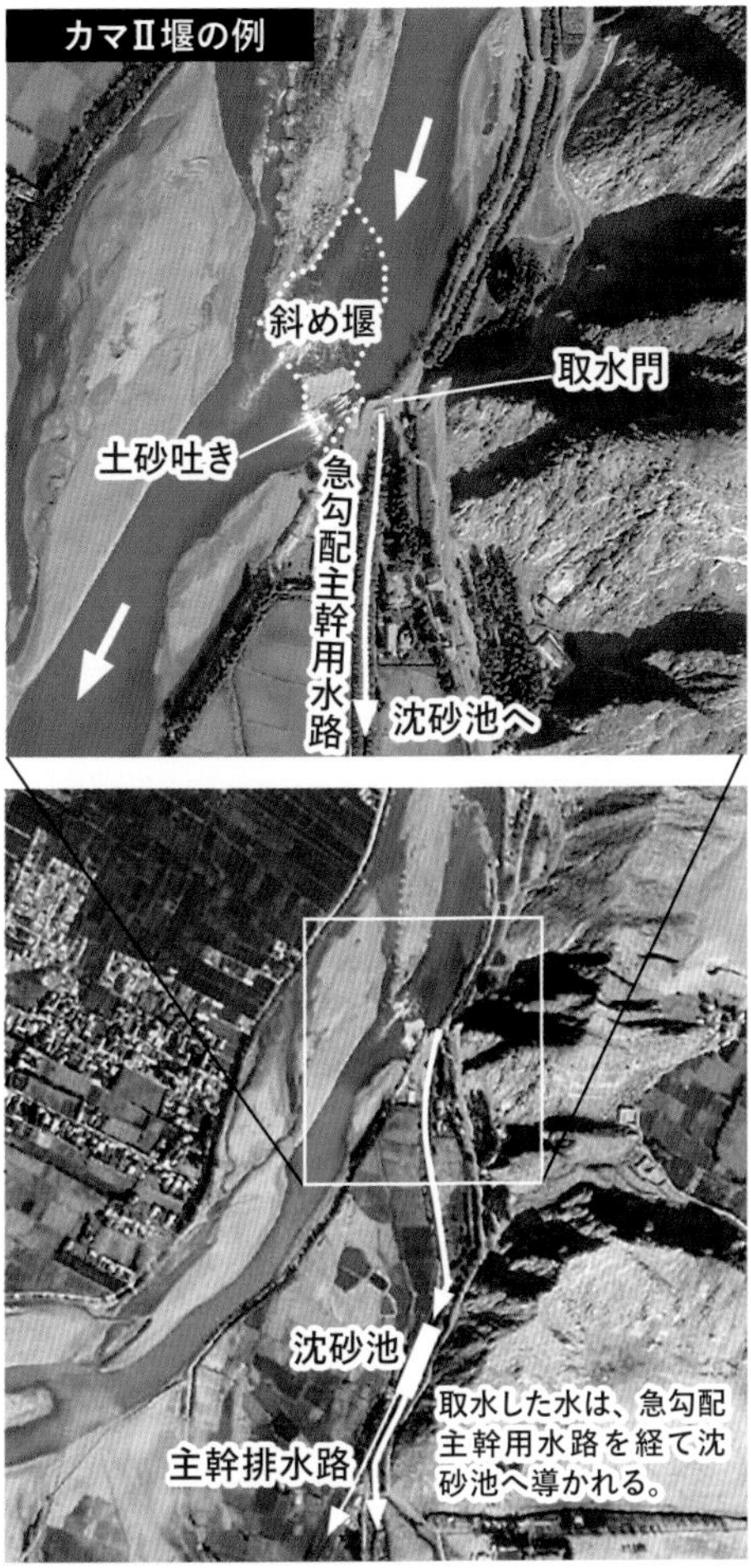

↑**取水門**　取水堰で堰上げた水を主幹用水路に取り込むとともに、取水量調整を行う。堰板は、水門の前後に2列設置し、貯水槽をつくる。河側下段堰板にかかる水圧を減殺し、堰板が折れることを防ぐ。

↑**土砂吐き**　取水堰の一部として設置され、取水門への土砂の流入を防ぐ。

↑**斜め堰（カマⅠ堰）**　河川を横断的に堰上げて上流側の水位を上昇させ、渇水期の取水を容易にする。堰を斜めに延ばすことで堰が壊れにくくなる。

↑**粗朶柵《そださく》工**　蛇籠を連結した正方形の重石を埋設、四辺に柳枝を密に括りつけ砂州一面を覆い、洪水時の砂州流失を防ぐ。

長引く戦乱で疲れたアフガン人が少しでも憩えるようにと、中村医師が造ったガンベリ公園。色とりどりの花が咲き誇る（16年4月）

ガンベリを望む「平和ヶ丘」にて（19年4月）

chapter

IV

104号（2010.7）～113号（2012.10）

2010（64歳）
3月、マドラサ寮建設に着工
4月、パキスタンの北西辺境州がカイバル・パクトゥンクワ州に改称
7〜8月、アフガニスタン、パキスタンを未曾有の大洪水が襲う（被災者2千万人）。
被害の大きかったカマ堰・取水口の改修・新設に乗り出す
8月、中村医師、内閣府首相官邸で開かれた「アフガニスタン支援検討会議」に出席
9月、アフガニスタン議会選挙
10月、JICA（国際協力機構）との共同事業の契約成立。カシコート地区自治会と和解、同地域の復興を決定
11月、ベスードⅠ（カシマバード）堰・取水口の本格的改修・新設工事に着手

2011
1月、カマⅡ取水口で試験通水成功
3月11日、東日本大震災（死者・行方不明者など2万人以上）、福島原発事故
4月、カマ堰・取水口の改修・新設工事完工の式典
マドラサ寮落成（5月に譲渡式）
5月、パキスタンで米軍が国際テロ組織アル・カーイダのオサマ・ビン・ラディン被疑者を殺害
ガンベリの試験農場が砂嵐で壊滅状態となる
9月、タリバンとの和平交渉役を務めていた、アフガニスタンのラバニ前大統領、暗殺される
10月、ベスードⅠ堰開通（12年3月完工）

2012
2月、カシコート堰・取水口起工式
米軍ヘリが野外で学習中の女子児童に機銃掃射、十数名が重軽傷を負う
4月、シギ地域の安定灌漑を目指し、マルワリード用水路の延長（分水）路建設工事開始（13年6月に開通）
記録的な洪水がジャララバードを襲う
9月、マルワリード用水路の一斉浚渫を実施
10月、マルワリード=カシコート連続堰着工

104号

2010・7

◎マルワリード用水路全線開通

地元農民の生存を懸けた働きと日本の良心の証

——二〇〇九年度現地事業報告

□二〇〇九年度を振り返って

七年の歳月をかけたマルワリード用水路の開通は、ペシャワール会始まって以来の壮挙であった。総工費十五億円は全て日本の良心的な人々の寄付によると同時に、地元農民も、文字通り生存をかけ、必死で働いた。その気魄《きはく》が、三五〇〇ヘクタールの農地を回復し、十五万人以上の帰農を促した。摂氏五〇度を超える沙漠の熱風、米軍や軍閥の妨害を跳ね返し、自ら生きる道を開いたのである。

折から「国際社会」は、兵力増派をくり返し、無用な殺《さつ》戮《りく》と報復の応酬で泥沼に陥った。無人機で反政府勢力の指導者を家族ぐるみ殺し、村ぐるみ焼き払うやり方は、もはや修復しがたい不信と敵意で眺められている。

欧米軍は道義の上で既に破れ去った。列強のアジア分割から百数十年、暴力的支配の後始末もまた、むき出しの暴力によって血塗られている。暴力が暴力に倒されるのは、歴史の鉄則である。この状態が長く続くとは思えない。はっきりしているのは、吾々は何かの破局——自明としてきた国際秩序、価値観、経済活動等、全てが問い直される時代のただ中を、生きているということだ。

現在開拓が進むガンベリ沙漠には、興味深い伝説がある。数百年前、ここは緑豊かな大村落があったという。ケシュマンド山脈から下る雪解け水、雨水が常に小さな川をなし、現在のシギ村は繁栄していた。

だが神は人間を試された。年々水が減った時、人々は和せず、わずかな水をめぐって村々が分裂、流血の抗争となった。その結果、おびただしい人々が死に、村は沙漠の中に消えた——この話は今でもシギ村の人々の間で語り継がれている。

栄枯盛衰は世の常である。しかし、人もまた、自然の一部である。天の恵みを忘れ、天から与えられた相互扶助と和の心を失い、人為の世界を誇り、驕慢《きょうまん》に至れば、自ら造り上げた迷路に陥って自滅する。これは他人事ではない。

現地活動は今後も継続される。吾々は次の世代に何を残そうとするのか。漠々たる熱風の中に消えていった人の営みを思うとき、蜃気楼のように自分たちの行き着く先を考える。ライフルや戦車、無差別の殺戮、愚かな人間たちの血の乱舞も、分を忘れた富貴の夢も、飾られた人の言葉もまた、幻である。

沙漠が緑野に変わろうとする今、木々が生い茂り、羊たちが水辺で憩い、果物がたわわに実り、生きとし生けるものが和して暮らせること、これが確たる恵みの証しである。世界の片隅ではあっても、このような事実が目前で見られることに感謝する。

二〇一〇年度も変わらず力を尽くしていきたい。

□二〇〇九年度の概況

米軍増派と治安悪化

二〇〇九年は、米国＝オバマ政権の方針で欧米軍の増派が更に進められ、混乱がいっそう深まった。初期兵力（二〇〇一年）の一万二千名から十万名となり、実に十倍に膨れ上がった。犠牲者は過去最悪を記録している。最近の顕著な傾向は、これまで比較的平穏であった北部で軍事衝突が活発になり、パキスタン北西部および隣接するアフガン東部・南部で、米軍の無人機空爆が頻発するようになったことである。

二〇一〇年二月からＩＳＡＦ（国際治安支援部隊）は「タリバン掃討大作戦」と称して、南部パシュトゥン部族への攻勢を強めた。しかし、一般住民とタリバン兵を区別するのは不可能である。殺戮されたのは殆どが普通の農民・市民であったと噂されている。

パキスタン北西辺境州の争乱

アフガンのＩＳＡＦと呼応して、パキスタン領内では、パキスタン国軍が米軍と協力、国境地帯に歩を進めた。部族自治区で修羅場を現出し、おびただしい犠牲者を出している。二〇〇九年六月、一時ペシャワールは逃れてくる避難民であふれ、その数は三〇〇万人と発表された。

さらに、外国軍の戦死者を減らすため、地上移動が制限され、地元軍が矢面に立たされるようになり、空爆の手段に無人機が使われることが多くなった。「テロリスト指導者の殺害」とは、居住地を確認して家ごと、時にはモスクや学校ごと葬り去るロケット弾攻撃である。このため、罪のない村民の死亡が急増した。理由なく肉親を殺されたものは復讐を誓い、今や反政府勢力は自爆兵の供給に困らなくなっている。

アフガン、パキスタン両国で政府の威信が失墜、強盗や誘拐などの犯罪が日常化して、治安は乱れに乱れている。パキスタンの北西辺境州では「パシュトゥン民族分離独立」の気運が高まり、二〇一〇年春、州名を「カイバル・パクトゥンクワ」と改称した。現在、改称は民心をなだめるための段階にとどまっているが、これまで平穏であったパンジャブ州に混乱が飛び火し、先行きは極めて不安定である。パキスタン軍内部でも、意見の対立があると噂されている。

延命したが不安定な政権

カーブルのカルザイ政権は、二〇〇九年九月、型通りの「総選挙」が実施されて延命したが、旧北部同盟系の軍閥が国軍や警察に影響力を保っており、秩序を確立するのは容易ではない。カルザイ新政権は、「汚職の一掃」と「タリバン勢力との和解」を掲げて登場したものの、頑強な抵抗は全土で収まる気配がない。タリバン強硬派は、外国軍の完全撤退を交渉の前提とする姿勢を崩していない。一〇年六月、ピース・ジルガ（平和・長老会議）が開かれたが、米国とタリバンの双方から圧力がかかった。

ロシア、イラン、中国、インドらの周辺大国の思惑も絡み、事態はいよいよ複雑怪奇である。

食糧危機と農村の荒廃

民衆にとって、戦争より脅威なのは、食糧不足である。すでに二〇〇六年、ＷＦＰ（世界食糧計画）は、「食料自給率六〇％以下」と発表、危機を訴えた。自給自足の農村の窮迫は、膨大な避難民を出し続けている。〔パキスタン〕北西辺境州からの輸入が一時途絶えた〇八年、穀物物価の高騰が二倍、三倍に及び、人々の生活を圧迫した。現在タジキスタン方面からの小麦輸入で辛うじて危機を切り抜けているが、渇水による農地の荒廃は依然として拡大し続けている。欧米軍は徒《いたずら》に軍事力強化を図るのみで、復興を著しく遅らせている。欧米軍の民政支援を標榜するＰＲＴ（地域復興支援チーム）の実態は、軍事活動を円滑にするための工作だと考えて差し支えない。ＰＭＳ（平和医療団・日本《ピース・ジャパン・メディカル・サービス》）の活動するニングラハル州では、有力者にカネをばらまき、ＰＲＴの弊害が目立っている。

良心的な活動をする団体も少なくないが、ややもすれば外国軍の活動と同一視され、危険である。外国人責任者が現場を見る機会が著しく制限され、実のある事業遂行が困難になってきている。

場当たり的な復興支援が招く混乱

また、政府行政の中枢は若い欧米留学組で占められ、アフガン庶民の実情を知らず、徒に先進諸国のシステムを導入し、およそ不可能な規則が横行している。家庭出産が普通の農村部で診療所に分娩室を設置させたり、公認会計士もいないのに会計監査報告を要求したり、実際の事業が停滞しがちになっている。国家再建は長期的視野で、時間をかけて行うべきものである。表層的で性急な近代化プランは却って混乱を招く。これは外国側にも問題があり、アフガン人の都合より、援助側の場当たり的な注文と対応が生み出す弊害だとも云《い》えよう。もはや外国軍の存在は多くのアフガン人の怨嗟《えんさ》の的となっている。

他方で、アフガン国民の死命を制する旱魃《かんばつ》による農地の荒廃は、国際的な話題に上らぬ現実がある。灌漑《かんがい》・水利施設の整備に長い期間を要するのは確かだが、それを最重要課題だと認識する者が少ない。三〇年以上の内戦と外国軍の占領に人々は疲れ果てている。

華美な市街地の繁栄も、基地経済、援助経済というべきで、底の浅いものである。これは外貨に支えられた不安定なもので、アフガン戦争（ソ連軍侵攻）（一九七九～八九）末期のペシャワールの状態に酷似している。自国の産業育成への投資は、中国などの周辺大国が主で、復興援助資金のかなりがドバイに流出していると言われている。

現地活動への影響

昨年度のPMSとPRT＝米軍筋との確執は報告したとおりである（181頁＝99号、190頁＝100号、200頁＝101号参照）。吾々の活動にも大きな影響が出ている。

一、ペシャワールの無政府状態で、PMS病院の運営が不可能に陥り、二〇〇九年七月、地元団体に譲渡した。この団体はPMS病院のイクラムラ元事務長を筆頭に旧職員有志で構成され、〇九年十二月まで運営資金をペシャワール会が支え、その後独立して運営されている。

二、警察の綱紀弛緩、軍閥や犯罪者の横行で、アフガン人職員も危険にさらされ、自衛手段を講ぜざるを得なくなった。現在、地域の行政組織やジルガ（地域長老会）と協力、外国軍を立ち入らせず、作業地域に自前の警備隊を配置している。ただし、アフガン農村はもともと兵農未分化な社会で、日本で考えられるほど異常な事態ではない。

三、混乱の隙間を縫って地方軍閥の横暴が目立っている。彼らは暗殺を駆使して恫喝《どうかつ》するが、背後に米軍があり、人々は沈黙を余儀なくされている。一種の恐怖政治だと言える。政府の要人は、自国軍や警察が信じられず、滅多に外出せず、外国の警備会社に頼るありさまである。一方、PMSは「絶対中立」を掲げ、いかなる政治勢力とも距離を置き、粘り強い個別交渉で対応してきた。アフガン人同士の抗争に対しては、これを「内輪もめ」とし、一方に肩入れせぬ方針を貫いてきた。意図的な事業妨害がない限り、吾々は実力行使をしない。PMSに忠誠を誓う六〇〇名の作業員の存在と、用水路沿いの住民の協力が、外国軍や軍閥への無言の圧力となっている。

◎二〇〇九年度の現地活動の概要

このような情勢の中でも、現地を逃れる術《すべ》のない民衆は、生活し続けねばならない。旱魃は依然として深刻で、事業は現地・日本双方の総力を挙げて継続された。

医療事業はＰＭＳ基地病院を戦乱で失い、パキスタン側の活動は全て停止、本部をジャララバードに移してダラエヌール診療所を残すのみとなった。

　また、二〇一〇年一月、旧称ＰＭＳ（ペシャワール会医療サービス）をＰＭＳ（Peace (Japan) Medical Services＝平和医療団・日本）と改めた。これは、反パキスタン感情の強い中央政権下で、職員がペシャワールという名前だけで拘引されたり、事業の進行に支障をきたす事態が頻発するため、職員を守る措置として行われたものであった。

　用水路事業は、二〇〇九年八月、全線二四・三㎞を開通、更に残余の難工事を完了し、一〇年二月八日、マドラサ・モスクの落成と共に、「開通式」が行われた。

　井戸事業は、二〇〇八年十二月に廃止、〇九年からは用水路沿いの学校やモスクなどの公共施設だけに少数が掘られた。これは、この情勢下で作業地の分散管理が不可能であり、ガンベリ沙漠の開拓団住居の建設を急いだためである。

　二〇〇八年に一時中断していたダラエヌールの試験農場は、用水路開通と共にガンベリ沙漠に移され、現在開墾事業が進められている。農業と用水路事業は現実に不可分だが、全体として、用水路建設から農業復興へ大きな転換が行われつつある。

1. 医療事業

◎基地病院譲渡

ペシャワールのＰＭＳ病院は、一九九八年四月、「恒久的な活動基地」と定めて困難の中で建設された。その後の展開――山間部診療所の維持、飲料水源確保、空爆下の食糧配給、用水路事業などは、同病院の存在なしに考えられない。

　しかし、二〇〇七年頃から次第に情勢が悪化、爆破・誘拐事件と米軍の越境爆撃が急速に日常化する中、二〇〇九年七月、遂に地元団体への譲渡を決定した。この背景には、パキスタン側のアフガン難民強制帰還政策に加え、米軍とパキスタン軍の「テロ掃討作戦」拡大があった。一時は一週間の滞在許可しか貰えず、日本人職員は何度もカイバル峠を越えてジャララバードのパキスタン領事館とを往来した。周辺地域では、しばしば市街戦が展開、まともな診療ができない上、身の危険が迫ったと判断、十一年三カ月間の歴史的な役割を終えた。日本には伝わらなかったが、あの情勢下で継続されたのは奇跡的だったというべきである。

　それでも、残るパキスタン人職員たちの士気は高く、イクラムラ事務長ら有志の必死の努力で現地組織（Town Medical Services）を結成、無事に委譲を終えた。二〇〇九年、裕福な市民たちがペシャワールを空けて次々と逃亡する中、留《とど》まった職員たちの覚悟は称賛に値する。〇九年十二月まで、ペシャワール会が運営費を出し、一〇年一月から、完全に自主運営態勢となった。

これによって、ＰＭＳの活動はアフガニスタン一国に限定され、ダラエヌール診療所を守るのみとなった。ハンセン病診療が中断し、患者たちは行き場を失った。このため、特に東部アフガンから来る患者のために、小さな診療施設をジャララバードに置く予定であったが、用水路工事に忙殺され、二〇〇九年度中は手がつけられなかった。

二〇〇九年度は、ダラエヌール診療所で約四万名が診療された（表１）。

2．水源事業

◎マルワリード用水路開通

用水路建設は再々述べてきた通りである。二〇〇九年八月三日、全長二四・三kmが開通した。さらに残余工事、特に二kmに及ぶ岩盤周りの築堤工事が難航を極めた。築堤の高さ平均十四m、幅平均一五〇mをガンベリ沙漠へ連続させ、約一千ヘクタールの新たな農地確保を実現した。

二〇〇九年九月の大洪水の経験で更に補強、改修工事が繰り返され、用水路工事中で最大の物量を投入した。内法《うちのり》のブランケット工（11頁の用語集参照）、外法《そとのり》の浸透水処理工事を併せると、使用された土石量は六〇万m³以上で、二年をかけ、一〇年三月、工事を完了した。この結果、集中豪雨被害を制し、人里は守られた。

沙漠横断路は、耕地となる土地の高低を考慮して更に一・三kmを加え、最終的に二五・五kmに延長され、現在、排水路と灌漑路網が巡らされている。二〇一〇年二月八日、州政府知事や長老を招き、開通式が挙行された。

表１　2009年度 各診療所の診療数と検査件数

国名	パキスタン		アフガニスタン
地域名	ペシャワール	チトラール	ニングラハル
施設名	PMS	ラシュト	ダラエヌール
外来患者総数	19,531		39,694
【内訳】　一般	18,743	−	37,510
ハンセン病	18	−	0
てんかん	11	−	523
結核	83	−	403
マラリア	676	−	1,258
入院患者総数	14	−	−
【内訳】　ハンセン病	13	−	−
ハンセン病以外	1	−	−
外傷治療総数	1,158	−	2,237
手術実施数	0	−	−
検査総数	4,884	−	1,748
【内訳】　血液一般	1,590	−	0
尿	855	−	22
便	329	−	36
らい菌塗沫検査	14	−	−
抗酸性桿菌	143	−	449
マラリア	529	−	1,211
リーシュマニア	50	−	30
生化学	227	−	−
病理組織検査	0	−	−
体液（髄液・胸腹水等）	0	−	−
その他	624	−	−
レントゲン	79	−	−
心電図	15	−	−
超音波検査	429	−	−
心エコー	0	−	−
サンダル・ワークショップ供給	0	−	−

注：①ＰＭＳは９ヵ月間の実績
　②ラシュト診療所は治安情勢の悪化のため診療活動停止

全線開通の直前まで続いた突貫工事（09年8月）

◎湿害対策と排水路

二〇〇九年三月から継続されていた湿害対策は、既存の排水路の拡張・延長工事が手作業で続けられている。主要排水路は浚渫《しゅんせつ》路*と橋を建設しながら約十五kmが完成、分岐路が更に網の目のように張り巡らされている。作業はなお続行中だが、回復した農地は約四五〇ヘクタールに上り、百数十家族の農民が帰還した。ここに既存村落が復活した。

干上がった広大な旧沼地は水稲の作付けに適しており、二〇一〇年度中に更に農道整備・架橋・灌漑水道等の工事を進める。

また、取水量の調節は当分PMSが自ら行う。今後増え続ける耕作地に必要な量を観察、水の配分を決定する。これは、もともと現地で、水門による取水量を決める慣習がなかったためで、二〇一〇年度はPMS主導で水管理体制を確立する。

◎植樹

植樹の目的は、①水路工事の一部である柳枝《りゅうし》工、②土手の法面《のりめん》保護、③土石流の緩流化、④防風・防砂林の造成であるが、二〇〇九年度は、さらに十万本が植えられた。別表3－8のように全体で約三〇万本が植えられた。第一期工事（十三km）地帯は既に水遣《や》りの手間がなくなり、ほぼ活着した。

二〇一〇年度秋から、柑橘《かんきつ》類、ブドウ、ザクロなどの果樹園造成が始まる。植樹チームは後述の農業チームと、年度内に一体化する予定である。

◎カマ用水路の取水口建設

最近の気候変動は、アフガニスタン全土で大きな影響を与えている。即ち、雪解けと洪水が早めに訪れ、最も農業用水が要る時期に、渇水が始まる。大河川クナール河沿いの村落は、大きな被害を受けている。

カマ郡は面積七千ヘクタール、スピンガル山麓のソルフロッドが壊滅した現在、ニングラハル州最大の穀倉地帯となっている。同郡の農業生産高はジャララバードの穀物価格を決定すると言われている。

二〇〇八年十二月に着工した第一取水堰《ぜき》は一〇年三月、第三次改修を終えて安定している。

二〇〇九年度、マルワリード用水路建設と並行して行われた取水堰の建設は、カマ郡の第二取水口である。この結果、一〇年三月までに、カマ郡全域、約七千ヘクタールの農地が完全に回復した。現在、帰農した者を含め三〇万人と言われている。一〇年二月九日、カマ郡長老会、アフガン下院からPMSに感謝状が贈られた。

しかし、今後最低三年間の観察、小規模な改修は欠かせない。

なお、二〇〇三年三月から一〇年二月まで、用水路に関わる事故は、死亡五名、重症五名である。内訳は以下の通り。死亡（重機運転手の誘拐殺人一名、子供の水路内の溺死事故三名、熱中症が原因と思われる心筋梗塞一名）。重症（頭蓋骨骨折一名、内臓破裂一名、四肢骨折三名）である。作業中の事故死は出さなかった。これらの人々の冥福と重症者の早期回復を心から祈りたい。

カマ堰と二つの取水門（10年3月）

3. 農業関係

ダラエヌール渓谷の試験農場は、徐々に進行する渇水でいずれ荒廃する。二〇〇八年冬から中断していた農業事業は、〇九年八月、ガンベリ沙漠横断水路が開通すると同時に、（ガンベリの新開地で）再開された。

最終的に計二〇〇ヘクタールが割り当てられ、少しづつ農地を拡大している。二〇〇九年度は、とりあえず二二ヘクタールが耕作可能となった。しかし、農業チームの主な作業は、現在のところ開墾と水路網の整備である。灌漑工事と農作業は分離できない。

二〇〇九年度は、スイカ、ピーナツ、菜種、野菜類を植え、主力は開拓作業に従事している。当分、用水路建設班と一体になり、一〇年度中に再編成が行われる。後述の自立定着村構想と併行して、作付け、農作業の分担、収穫物の分配体制を決める。本格的な農場の生産は、まだまだ時間をかけねばならない。

ガンベリ沙漠横断路の開通式（10年2月）

また、沙漠の土質は灌水《かんすい》によって劇的に変化するので、今しばらくの観察は欠かせない。

現在、スイカの収穫期

ガンベリ農場。スイカの苗の植えつけ（10年4月）

で、約二・五ヘクタールの土地で品種の比較研究が行われている。

今夏、水稲は数ヘクタールにとどめ、二〇一〇年秋に一〇〇ヘクタールを目標に開墾、小麦の生産を本格化させる（表3―10）。

その他、養蜂、畜産、養魚なども計画されているが、先ずは農地整備を優先する。

現場では、全ての作業員が農民である。二〇一〇年度は、彼らの勘と経験に任せ、現地種を中心とし、増産を図る予定である。最低五年をかけ、試行錯誤を重ね、モデル農場を確実に実現する。

4. ワーカー派遣

二〇〇九年度は、表2のワーカーが事業に参加した。情勢を慎重に見ながら、主に事務・会計関係で定期的にジャララバード市内に滞在させた。中村を除き、当分は現場作業に邦人ワーカーを派遣しない。

表2　2009年度に活動したワーカー

1	藤田千代子	看護師・現地連絡員	1990年9月	継続中
2	松永貴明	事務・現地連絡員	2004年4月	継続中
3	杉山大二朗	事務・現地連絡員	2005年2月	継続中
4	村井光義	事務・現地連絡員	2005年3月	継続中

5. モスク、マドラサ建設

モスク、マドラサ（モスク付属学校）はアフガン農村共同体の要《かなめ》である。二〇〇七年十二月鍬《くわ》入れ式の後に整地作業を始め、建設工事が〇八年三月から行われた。一〇年二月七日、モスク（七〇〇名収容）、マドラサを完成、地元宗教指導者に引き渡された。

設計と施工はPMSが全て行なった。モスク、マドラサは地域の中心的存在で、復活したシェイワ郡十五万人農民を束ねる精神的な核である。二〇一〇年三月から遠隔地の学童、両親を失った貧しい児童のための寮建設に着工した。寮建設資金は、故伊藤和也くんの両親の設立された「伊藤和也菜の花基金」の御厚意で全額まかなわれる。紙面を借りて、現地農民の心情を代表し、心から感謝の意を表したい。一〇年秋に落成予定である。

マドラサについては、欧米諸国でとかくの論議がある。しかし、アフガン農村共同体はモスクと付属マドラサの存在なしに成り立たない。欧米諸国が誤解するような過激派の温床ではない。しかも、地域住民や他のイスラム教国からの自発的寄進で運営されている。市中にあふれる戦災孤児、物乞いをする少年たちに教育の機会を与え得るのは、伝統的なマドラサに優るものはないと思える。

学校では宗教教育だけでなく、数学、英語、科学などの一般教科も教えられる。現在六〇〇名の学童が学んでいるが、建築は三階建てまで可能で、必要に応じて学童数を将来増やせるように設計してある。

6．自立定着村の建設

用水路は常に維持補修が必要である。このため、ガンベリ沙漠の新開地のうち、約二〇〇ヘクタールの試験農場に熟練した作業員を定着・自活させ、彼らに水路保全の任を与える計画である。

ガンベリ沙漠の防砂林も順調に成長（10年6月）

約八〇家族（一千名）の村を目指しているが、二〇〇九年度は、水路本体の工事が難航、所有地をめぐる争いで、家屋の建造は中断している。

しかし、開墾地の拡大と共に、入居者を徐々に増やす方針である。また、行政側との十分な協議が必要で徐々に進める方針に切り替えた。沙漠の開墾が容易ではなく、周辺の村との協力がなければ安心して住める状態ではない。二kmに及ぶ住宅群が、軍閥の狙うところとなり得るので、開墾地の拡大と並行して増やし、急がぬが良いとの判断である。二〇一〇年は、試験例として十家族前後を考えている。

安全に暮らせる居住環境は、砂防林の成長、治安の安定、開墾地の整備、政府との合意等が不可欠である。既に、蛇《じゃ》籠《かご》・RCCパイプ〔鉄筋コンクリート製の土管〕・どぶ板等の生産、鉄筋加工、育苗場等、必要なワークショップは、集中して管理できるようになったものの、家屋の建設は四家族分のみである。

回二〇一〇年度の計画

年度報告に述べた通り。農地開拓、用水路保全、排水路整備、浸透水処理、植樹、果樹園造成等、まだまだ手が抜けない状態である。農業計画はまだ準備段階だと言えよう。医療面ではハンセン病診療の場の確保が遅れているが、政情の変化を考慮し、急がない。

＊浚渫の手間をできるだけ省くため、コンクリート粘土を利用したU字溝などの工夫をした。

表3-1　用水路の概要

水路の名称	マルワリード用水路（Marwarid Canal, Marwaridはペルシャ語で「真珠」の意）
全長	約25.5㎞　（第1期：13.0㎞、第2期：12.5 ㎞）
場所	アフガニスタン国クナール州ジャリババからナンガラハル州シェイワ郡ブディアライ村を経て、同郡シギ村ガンベリ沙漠まで
平均傾斜	0.00073
標高差（落差）	17.2m（ジャリババ取水口633.5 m, ブディアライ村624.4 m, ガンベリ沙漠末端616.3 m）
取水量	4.5〜5.5 ㎥/秒（限界最大量6.0㎥）
推定損失水量	30%（浸透損失20%、無効水10%）、但し無効水は主にD沈砂池の余水で、クナール河に排出、季節により変動
灌漑給水能力	3.0〜4.5㎥/秒（1日25〜40万トン）
推定灌漑可能面積	約9,700ヘクタール（約9,700町歩＝小麦作付け）、約3,000ヘクタール※（約3,000町歩＝水稲作付け）※既に灌漑している耕地と給水量から算出。土壌の保水性、作付けの相違で、日本の基準とは必ずしも一致しない。
水路沿い植樹総数	318,326本（2009年12月現在）、うち第1期128,150本／第2期190,176本
設計・施工者	PMS（Peace（Japan）Medical Services）　協力：日本土木技師会有志
工期	第1期工事：（竣工）2003年3月19日〜2007年4月30日、第2期工事：（建設中）2007年5月1日〜2016年4月30日予定、ただし開通は2010年3月
総工費（03〜09年度）	14,332,366米ドル＝約15億円　（既存の用水路カマ、シェイワ、ベスードの取水口建設費を含む）

3-2　各工区別概要（　　の部分は2009年1月1日〜12月31日の実績を示す）

●第1期工事

区域	長さ(m)	開水路幅（底部〜上部）	平均傾斜	最大可能流量 5.0 ㎥/秒の時 水深(m)	流積(㎡)	流速(m/秒)	流速(m/秒)	コンクリート構造物 橋	水道	サイフォン	水門	貯水池	工種と主な付帯工事
A	800	4.0〜5.0 m	0.00125	0.84	3.53	1.4	5.00	1			1		砂礫層の掘削、蛇籠工と柳枝工で護岸、土石流に対して横断暗渠
B	100												岩盤掘削
C	700							1					一部埋立・岩盤掘削の上、蛇籠工と柳枝工で護岸（一部空石積み）
D	750	10.0〜15.0m	0.00045	0.63	6.28	0.8	5.00				1	1	築堤による沈砂池造成、護岸は空石積み・柳枝工、流量調節水門、水路部は岩盤掘削
E	1,416	6.0〜10.0 m	0.00070	0.81	4.85	1.0	5.00	2	1				ローム層の掘削、蛇籠工・柳枝工で護岸、ソイルセメント・ライニング、涸れ川横断に水道橋、暗渠各1
F	610	5.5〜10.0 m	0.00080	0.74	4.05	1.2	5.00	1					崖沿いに盛土して掘削、蛇籠工と柳枝工で護岸、ソイルセメント・ライニング、滲出水処理の工事
G	400									1	1		
H	2,411	6.0〜10.0 m	0.00034	0.85〜0.93	6.0〜6.6	0.9〜1.0	5.00	2			3	2	単純掘削、空石積みで護岸、湾曲部土手は練石積みで造成、土石流に対して末端に遊水地設置
I	3,000		0.00045	0.67〜0.71	4.7〜5.0	1.1〜1.3	5.00			1	1		土手の造成、水路内と外壁共に空石積み、ソイルセメント・ライニング、土石流に対してサイフォン（30m）
J	1,400	5.5〜6.5 m	0.00104	0.76	3.72	1.3	5.00	1	2	2	3	1	砂礫層の掘削、ソイルセメント・ライニング、蛇籠工・柳枝工で護岸、土石流に対してサイフォン部5箇所（計330m）
K	1,430							2	2	3	3	1	
計	13,017							10	5	7	13	5	

●第2期工事

L	1,350	4.5〜10.0 m	0.0007	0.83	4.1	0.80	5.0	1		1	2	1	岩盤掘削と盛り土による造成。切り通し：長さ約90m、鉄筋コンクリートで掩蔽、トンネル化
M	1,260	6.0 m	0.0008	0.70	4.2	1.20	5.0	1		1	4	1	M貯水池：長さ約450m、土手の高さ20m、幅100mで4〜6段分割。土石流は緩流化して摂水

N	2,200	6.0 m	0.0006	0.73	4.2	1.20	5.0	1		3	3	1	扇状地約1.5kmの横断
O	1,000	5.0m以上	0.0007	0.76	4.6	1.10	5.0				2	1	O貯水池：長さ約200m。土石流は緩流化して摂水
P	900	4.0m以上	0.0007	0.70	3.8	1.20	5.0					1	急峻な崖地の長い切り通し
Q	1,060	5.0m以上	0.0007	調査中			5.0	1			1	2	崖沿いの溜池の連続。高い堤防の連続。ブランケット工とドレーン工、浸透水処理設備
S	3,500	5.0 m	0.0006	0.84	4.2	1.20	5.0	5			6	1	砂層とシルト層の掘削。両岸の蛇籠・柳枝工。09年8月3日、構造物の工事を残し開通
T	1,250	3.5 m	0.0016	調査中				3			2		砂層の上に玉砂利層を敷き、ソイルセメント・ライニング
計	12,520m							12	0	5	20	8	
総計	25,537m												
湿地帯とガンベリ沙漠の排水路								5	1	0	0	0	
全水路計								27	6	12	33	13	

3-3　水門の概要

●第１期工事

場所	目的	方式	サイズ（水門幅・個数）	通常通過流量（㎥/秒）	備考
取水口	取水量調整	手動・堰板式	幅1400㎜×3	4.5~5.5	取水
D区域	流量調節と浚渫	手動・堰板式	幅2000㎜×4	4.5~5.5	浚渫用1（緊急排水量；毎秒15㎥以上）
G区域	灌漑路へ分水	手動スライド式	幅600㎜×1	0.2~0.3	G分水路の水量調節
H1区域	灌漑路へ分水	手動スライド式	幅600㎜×1	0.1~0.2	H1分水路の水量調節
H2区域①	流量調節	手動スライド式	幅1500㎜×2	4.5~5.5	同時に橋としても使用
H2区域②	灌漑路へ分水	手動スライド式	幅600㎜×1	0.1~0.2	渇水期にシェイワ用水路に給水（1.5~2.0㎥/秒）
I2区域	灌漑路へ分水	手動スライド式	幅700㎜×1	0.1~0.3	I2分水路の水量調節
J1区域①	流量調節	手動スライド式	幅1500㎜×3	4.5~5.5	J分水路とシギ用水路への水量調節
J1区域②	灌漑路へ分水	手動スライド式	幅500㎜×1	0.2~0.3	J分水路の水量調節
J1区域③	シギ水路へ給水	手動スライド式	幅500㎜×1	0.2~0.4	渇水期にシギ用水路へ送水
K3区域①	緊急排水	手動スライド式	幅1500㎜×1	－	全開で水深1mで毎秒5.0トン、1.5mで毎秒8.4トン排水
K区域②	灌漑路へ分水	手動スライド式	幅500㎜×1	0.1~0.2	シェイワ沙漠化農地への送水

●第２期工事

場所	目的	方式	サイズ（水門幅・個数）	通常通過流量（㎥/秒）	備考
K貯水池	流量調節	手動スライド式	幅1600㎜×2	4.5~5.5	ダラエ・ヌール渓谷・集中豪雨時の流量調整
L1区域	灌漑路へ分水	手動スライド式	幅500㎜×1	0.1~0.2	シェイワ沙漠化農地への送水
L2区域	灌漑路へ分水	手動スライド式	幅500㎜×1	0.1~0.2	シェイワ沙漠化農地への送水
M1区域①	灌漑路へ分水	手動スライド式	幅500㎜×1	0.1~0.2	シェイワ郡新開地の農業用水
M1区域②	灌漑路へ分水	手動スライド式	幅500㎜×1	0.1~0.2	シェイワ郡新開地の農業用水
M1区域③	灌漑路へ分水	手動スライド式	幅500㎜×1	0.1~0.2	シェイワ郡新開地の農業用水
M2区域	流量調節	手動スライド式	幅1600㎜×2	4.5~5.5	集中豪雨時の流量調整
N1区域	灌漑路へ分水	手動スライド式	幅500㎜×1	0.1~0.2	シェイワ郡クナデイ村の農業用水
N2区域	緊急排水	手動スライド式	幅1500㎜×1	0.1~0.2	シェイワ郡クナデイ村の農業用水
N3区域	緊急排水	手動スライド式	幅1500㎜×1	0.1~0.2	シェイワ郡新開地の農業用水
O区域①	流量調節	手動スライド式	幅1600㎜×2	3.5~4.5	
O区域②	灌漑路へ分水	手動スライド式	幅1500㎜×1	0.5~3.0	シギ村沙漠地帯への大量送水
Q区域	流量調節・緊急排水	手動スライド式	幅1600㎜×2	3.5~4.0	流量調節（集中豪雨対策）
S区域①	流量調節・緊急排水	手動スライド式	幅1600㎜×3	3.5~4.0	ガンベリ沙漠への送水、集中豪雨対策
S区域②	灌漑路へ分水	手動スライド式	幅1600㎜×1	0.2~0.3	ガンベリ沙漠の灌漑と流量調節
S区域③	灌漑路へ分水	手動スライド式	幅1600㎜×2	3.5~4.0	ガンベリ沙漠の灌漑
S区域④	灌漑路へ分水	手動スライド式	幅1000㎜×1	0.2~0.3	ガンベリ沙漠の灌漑
S区域⑤	流量調節と灌漑	手動スライド式	幅1600㎜×3	0.2~0.3	ガンベリ沙漠の灌漑と流量調節
S区域⑥	流量調節と灌漑	手動スライド式	幅1600㎜×3	2.0~3.5	ガンベリ沙漠の灌漑と流量調節
T区域①	流量調節と灌漑	手動堰板式	幅1600㎜×2	2.0~3.5	ガンベリ沙漠の灌漑と流量調節
T区域②	流量調節と灌漑	手動堰板式	幅1600㎜×2	2.0~3.5	ガンベリ沙漠の灌漑と流量調節

3-4　サイフォンの概要

●第１期工事

場所	横断地	長さ(m)	管径(mm)	流積(㎡)	傾斜	最大許容流量(㎥/秒)
G区域	4.8km地点の道路	10	1800×2000	3.6	0.01250	20.4
I区域	8.6km地点の谷	20	1800×2000	3.6	0.00500	12.9
J区域①	10.3km地点の道路	30	1800×2000	3.6	0.00500	12.9
J区域②	10.9km地点の河道（ダラエヌール）	120	1800×2000	3.6	0.00250	9.1
K区域①	11.6km地点の河道（ダラエヌール）	120	1800×2000	3.6	0.00333	10.5
K区域②	11.7km地点の河道（ダラエヌール）	30	1800×2000	3.6	0.00333	10.5
K区域③	11.8km地点の河道（ダラエヌール）	30	1800×2000	3.6	0.00333	10.5
●第２期工事						
L区②	16.4km地点の土石流路	30	1600×1800	2.9	0.00500	9.8
N区①	16.6km地点の土石流路	30	1600×1800	2.9	0.00500	9.8
N区③	17.7km地点の土石流路	40	1600×1800	2.9	0.00500	9.8

3-5　クナール河の護岸・堤防工事など

場所	構造物	長さ	幅	工種の概要
取水口	取水堰	220m	50m	巨石による河道全体の堰き上げ、対岸の護岸工事
C区	護岸	160m	法面下部10m以上	洗掘防止対策、捨石工及び蛇籠工
D区	護岸	300m	-	水路横の道路洗掘防止対策、捨石工による石出し水制3基（各70m）を設置、河道中心を道路から約75m遠ざけて護岸
FG区	盛土	1,000m	上段15m, 下段65m	高さ12~17m、緩速戴荷、サンドマット工法で湿地帯の上に盛り土して交通性を確保、透水層を遠ざけて排水
FG区	護岸	-	-	洗掘防止と河道変更、長さ100~140mの石出し水制3基を設置、水路に迫ってくる河道を200~400m遠ざけて護岸

3-6　造成主要分水路（稲作が確実な面積）

●第１期工事

場所	長さ(m)	最大許容流量(㎥/秒)	推定灌漑面積(ha)	排水先	村の地名
G分水路①	2,500	0.40	360	シェイワ水路	スランプール、カンデイ、シェトラウ、ブディアライの一部
G分水路②	300	0.50	120	シェイワ水路	シェイワ郡シェトラウ村
H1分水路	500	0.30	80	シェイワ水路	スランプール
H2分水路	400	1.5~2.0	80	シェイワ水路	スランプール、ブディアライの一部
I2分水路	300	0.30	40	G分水路	スランプール、ブディアライの一部
J分水路①	3,000	0.35	250	シェイワ水路	ブディアライ村下流
J分水路②		2.00	（不明）	シギ水路	シギ村全体
K分水路①	400	0.20	50	シェイワ水路	シェイワ上流
計	7,400		980		

●第２期工事

K分水路②	600	0.3	200	シェイワ水路	シェイワ郡高地
L1分水路	10	0.2	20	シェイワ水路	シェイワ郡高地
L2分水路	50	0.2	10	シェイワ水路	シェイワ郡高地
M1分水路	100	0.2	30	シェイワ水路	シェイワ郡高地
M2分水路	100	0.2	30	シェイワ水路	シェイワ郡高地
N1分水路	500	0.3	100	シェイワ水路	シェイワ郡高地（クナデイ村）
N2分水路	10	0.5~1.5	120	シェイワ水路	シェイワ郡高地（クナデイ村）
N3分水路	10	0.5~2.0	150	シェイワ水路	クナデイ村とシギ村高地開墾地
O分水路	1,600	0.5~2.0	300	シギ水路	シギ村高地開墾地
S1分水路	250	調査中	180	ガンベリ水路	ガンベリ沙漠
沙漠分水路	3,100	調査中	600	ガンベリ水路	ガンベリ沙漠
開墾地分水路	3,000	調査中	200	自然土石流	ガンベリ沙漠
計	9,330		1,940		
分水路総計	16,730		2,920		
造成中の排水路	主排水路計 12.5km		(-)	クナール河	ガンベリ沙漠からシギ村、シェイワ村を貫通

3-7 その他の付帯設備

●第１期工事

	種類	長さ(m)	幅(m)	許容流量(㎥/秒)	摘要
A区	橋	8m	16m	−	ジャリババ渓谷の土石流対策で設けた暗渠
C区	橋	8m	8m	−	交通路（国道）
D区	貯水池	約330m	約200m	−	沈砂池、および水量の安定化と調整
E区	水道橋	20m	内径2.9m	10.05	涸れ川の谷を横断
E区	橋	8m	10m	−	交通路（国道）
H区	橋	10m	17m	−	交通路
H区	遊水地	180m	30~80m	−	浅い池と窪地、谷の上流側に樹林帯で土石流の緩流化
K区	橋	8m	7m	−	交通路
K区	橋	8m	7m	−	交通路
JK区	水道橋	20m	内径0.5m	0.58	建設される前にあった灌漑用小水路のマルワリード水路横断。４カ所に設置
K区	溜池	330m	100m	−	水量の安定化と調整

●第２期工事

L区	トンネル	90m	3.5m	10.0 以上	約120m岩盤を切り通し、鉄筋コンクリート暗渠を埋設
	貯水池	50m	30m	−	水量の安定化と調整
M区	橋	8m	8m	−	交通路
	貯水池	450m	約100m	−	水量の安定化と調整および土石流対策
N区	橋	8m	8m	−	交通路
O区	橋	8m	5m	−	交通路
	貯水池	60m	50m	−	水量の安定化と調整および土石流対策
P区	貯水池	120m	100m	−	水量の安定化と調整および土石流対策
Q区	貯水池	360m	280m	−	水量の安定化と調整および土石流対策
	貯水池	180m	120m	−	水量の安定化と調整および土石流対策
	橋	7m	7m	−	交通路
S区	貯水池	50m	50m	−	水量の安定化と調整および土石流対策
	橋	7m	7m	−	交通路
	橋	7m	7m	−	交通路
	橋	7m	7m	−	交通路
T区	橋	7m	7m	−	交通路
	橋	7m	7m	−	交通路

3-8 植樹数

●第１期工事　（単位／本）

樹木	植樹場所	目的	本数
ヤナギ	全開水路内壁、盛土法尻	①用水路護岸の強化②法止め工	116,050
クワ	盛土法尻	法止め工	7,000
オリーブ	盛土法尻	法止め工	2,000
ユーカリ	土石流の谷	土石流の緩流化（保護樹林）	2,500
アンズ	D沈砂池周辺	果樹園造成	600

●第２期工事

樹木	植樹場所	目的	2009年6月迄	09年12月迄	合計
ヤナギ	全開水路内壁	用水路護岸	76,380	21,000	97,380
クワ	盛土法尻	法止め工	5,664	2,914	8,578
オリーブ	盛土法尻	法止め工	420	420	840
ユーカリ	土石流の谷	土石流の緩流化（保護樹林）	6,239	5,239	11,478
ガズ	沙漠地帯	防砂林	43,200	300	43,500
ビエラ	盛土法尻	法止め工・養蜂用	300	28,100	28,400
計			132,203	57,973	190,176
総計			318,326		

3-9　主要コンクリート構造物と分水路・貯水池

	第1期工事	第2期工事	計
架橋	10	17	27ヵ所
水門	13	20	33ヵ所
水道橋	5	1	6ヵ所
貯水池	5	8	13ヵ所
トンネル水道		1	1ヵ所
サイフォン	7	5	12ヵ所
造成分水路	7,400	9,330	16,730m

3-10　PMS試験農場・作付け予定（2010年3月現在）

栽培種	作付面積（2010）	播種〜収穫	開始予定	備考
シャフタル（アルファルファ原種）	25ha	11月〜3月	2010年	緑肥として使用
菜種	25ha	11月〜3月	2010年	緑肥として使用
スイカ	8ha	2月〜6月	2010年	アフガン種、日本種、パキスタン種等の品質・収量の比較研究
水稲（コメ）	20ha	6月〜10月	2010年	短粒米、長粒米の収量比較ら最適種と収量増産法の研究
トウモロコシ	40ha	5月〜10月	2010年	アフガン種のうち、耕作条件による収量増産の研究
小麦	100ha	11月〜4月	2010年	収量増産、脱穀技術の研究
サツマイモ	5ha	2月〜10月	2010年	日本種の増産、調理法の研究
茶	1ha		2010年	湿潤な貯水池周辺で引き続き試作
ビエラ（biera）	3ha		2010年	アフガン産のもので、養蜂を試みる
柑橘類	2ha		2010年	ガンベリ沙漠での最適種の研究

105号　2010・9

旱魃の中、一〇〇年に一度の大洪水
——今秋より取水口の大改修

世紀の大洪水

みなさん、お元気でしょうか。八月初旬に帰国してから五週間、やっと現地に戻る直前です。既に報ぜられたように、今年の夏、アフガニスタン、パキスタンは未曾有《みぞう》の大洪水に襲われました。そのため、ぎりぎりまで予定を延期し、後ろ髪を引かれるように帰国、現地との連絡を絶やさず、今秋・今冬の大規模な改修計画を立てていました。

マルワリード用水路の開通が成り、「今後は農業計画＝ガンベリ沙漠開拓が主な仕事になる」と信じていた矢先でした。帰国直前の七月二七日に降り始めた雨は、断続的な集中豪雨を伴い、厚い雨雲が幾日も留《とど》まって梅雨のような状態でした。乾燥地ですから、初日は皆喜びました。しかし、例年と違うのです。

アフガンには雨季が二度あり、冬季と夏季にやってきます。このうち、土地を潤して農業の支えとなるのが冬の雨です。梅雨のような小雨日が多く、小麦を育てるだけでなく、高山に雪を降らせ、万年雪を絶えず補充していきます。「アフガニスタンではカネがなくとも暮らせるが、雪がなければ生きられない」という諺《ことわざ》をいつも紹介しますが、この積雪が夏に解けだして河沿いに豊かな実りを約束してくれるのです。白い山の雪は巨大な貯水槽の役目を果たし、恵みの象徴です。近年の温暖化で、この雪が一気に解けて洪水と渇水が同居し、農地の沙漠化が急速に拡大していることは訴え続けてきた通りです。

対照的に夏の雨は、局地的な集中豪雨が大半で、恵みより被害の方が多いように思われます。しかし、普通は夕立に近い通り雨で、長雨にはなりません。

ところが、今年は違っていました。インド洋に発する夏のモンスーンが巨大化して北上、カラコルム・ヒンズークッシュ山脈の北部と東部に大量の降雨を起こしました。インダス河の流域は、ことごとく大洪水となり、厚い雨雲が去りません。

私たちが関わってきたクナール河やカーブル河も例外ではありませんでした。降雨二日目から河の水位がぐんぐん上がり始めました。マルワリード用水路の取水口では、二〇〇五年の最高水位を一ｍも上回り、激流が襲いかかりました。幸い五年の歳月をかけた改修の成果で難を免れましたが、恐るべき水勢です。頑丈な堰《せき》は残ったものの、対岸の広大な中州が七月二十九日、一挙に洗い流されて消えてしまいました。

守られたマルワリード用水路

二五㎞の用水路内でも、至る所で鉄砲水に遭遇、特に新しくできた場所の決壊が危ぶまれましたが、殆ど無傷でした。大きな貯水池をいくつも作ったのが幸いして、水害を起こしませんでした。特に、ガンベリ沙漠の岩盤周りにある通称「Ｑ２大池」の決壊は悪夢で、流入する水量は並みのものではありません。普段なら三〇センチ（水門付近）の水深で流れるのが、最高八〇センチに達しました。実に三万五千トンが一日で貯留したことになります。このため、各区の排水門を緊急に開放しましたが、排水路網の整備が役立ち、水害は起きませんでした。目立たず二年間積み重ねられてきた努力が真価を発揮したのです。用水路に頼る三千ヘクタールの農地は守られました。私たちのガンベリ試験農場の田畑も影響なく、

マルワリード用水路で最大のＱ２貯水池（10年7月）

水田の稲が青々と育っています。

穀倉地・カマ郡の被害

他の取水口のうち、シェイワ用水路は完璧に守られていました。最も被害を受けたのはカマ取水口です。カマ郡は面積七千ヘクタール、人口三〇万、ニングラハル州で最大の耕地と人口を抱えています。「カマ郡の豊作・不作がジャララバードの穀物価格を決める」と言われるほどです。しかし、ここでも渇水による沙漠化が進み、歴代の政権の手によって多くの取り組みが行われたものの、成果が上がりませんでした。このため、一時は人口が半減したと云《い》われています。最も多くのアフガン難民を出したのも、この地域でした。「カマの取水口は絶対に成功しない」というジンクスができ上っていたのです。

さて、ここに二〇〇八年十二月にPMS（平和医療団《ピース・ジャパン・メディカル》・日本《・サービス》）が着手した二つの取水口があります。仮工事に近いものでしたが、一時は全カマ郡を潤し、多くの避難民たち（約十万人）が帰農しました。PMSがマルワリード用水路で日本の堰の技術を会得、その成果が確かめられると、次々と他の取水口に応用されていきました。なかでも、カマ郡の取水堰建設は最大のものだったのです。

この貴重な取水口が、今回の大洪水で相当な被害を受けました。第一取水口では、急上昇した河の水位が土手を越えて流入、主幹用水路（11頁の用語集参照）を土砂が埋めつぶしてしまいました。

第二取水口は、七月三〇日、仮工事中の水門を破壊して濁流が滔々《とうとう》と流れ込み、手のつけられぬ状態となりました。カマ郡村落の一部も浸水しましたが、七月三一日、PMSが突貫工事を開始、水路内に流入した洪水路を切り崩し、辛うじて犠牲を避けました。

濁流に飲み込まれたカマ第２取水口（10年7月）

しかし、対岸のベスード郡低地は浸水が激しく、多くの村落が孤立しました。周辺の地域を入れると、約八〇名が犠牲になったと報ぜられました。その後も断続的に豪雨が襲い、水がようやく引き始めたのは八月中旬のことでした。クナール河は、北部九州に匹敵する流域面積があります（クナール河の流域面積は約二万六千㎢）。ヒンズークッシュ山脈東部・北部全域の降雨が一度に起これば、恐るべき状態になることを、身を以《も》って知りました。

大洪水下の空爆

それでも、アフガニスタンの被害はパキスタンに比べると小さなものでした。その後の報道は胸を痛めることばかりでした。日を追って発表される犠牲者の数が増え、「パキスタン全体で被災者二千万人、死亡確認一五〇〇名、建国以来の犠牲」と伝えられました。

しかし、最大の打撃を受けたペシャワール付近、東部アフガン、カイバル・パクトゥンクワ州（旧北西辺境州）は、天災に加えて人災です。こともあろうに、米軍の空爆が休むことなく続けられ、「危険地帯」とされて救援の手が届かない状態が続いています。ある地域では、遺体を収容しているところを爆撃され、罪のない村民二十数名が即死、多くの負傷者を出しました。こうして、復讐を誓う者たちが日々激増していきます。欧米軍は道義的に既に敗北しました。

洪水後、ジャララバードで米軍のタンクが爆破され、黒煙が上がった（10年7月）

数百年に一度とも言われる大洪水に対して、私たちは人の無力さを覚えるだけでなく、天災さえ利用して殺戮《さつりく》をほしいままにする精神の荒廃、力に屈して弱者の立場に立てぬ臆病と無関心の蔓延《まんえん》を見ます。同じことが欧米諸国で起きたら、連日の大騒ぎとなったことでしょう。

同じ頃、コレラ大流行の危険が迫り、わがダラエヌール診療所でも死亡者が発生、現在まで約二〇〇名が治療されています。アフガン東部とパキスタン北西部で大流行するのは確実と見られています。昨年日本で「新型インフルエンザ」騒ぎがありました。その時を思い浮かべ、格差は仕方ないとは思っても、何だか悲しくなります。

複数の取水口を改修、護岸も強化

さて、今秋から私たちは大きな挑戦に乗り出します。「数百年は使える用水路」と豪語しても、取水口と取水堰は自然の猛威に充分に耐えるものでなければなりません。また、今回のような大出水の際、対岸の被害を増すものであってはなりません。そこで、

①マルワリード取水堰・水門の全面改修
②カマ第一取水門補修
③カマ第二取水口の全面改修
④カマ第二用水路・主幹一㎞建設
⑤カマ対岸の護岸工事一・八㎞
⑥ベスード取水堰（カブール河）建設

以上を二、三年をかけて実行します。ガンベリ沙漠の農

地開墾は、もちろんPMSの手で営々と続けられますが、先ずは取水を万全にするのが先決です。このため、①、②についてはPMSの単独事業とし、他については、地域行政に協力、抜本的な解決に乗り出しました。しかも、工事は河の水かさが下がる時期を狙って一挙に進めねばなりません。

§

本当は明るい話題、「八年がかりで引いた水、沙漠で秋の実り」を伝えたかったのですが、次回お伝えします。未曾有の大洪水の後始末で、しばらく河から離れられません。一般に大河川の工事は物量が必要で、マルワリード用水路でも予算の半分近くが河周りの工事に充てられました。自然と人為との危うい接点が取水堰と護岸です。相当な努力と協力が欠かせません。

今回の災いを福に転ずべく、同農村地帯で生活する六〇万農民の生存を懸け、文字通り死力を尽くしたいと思います。平和は戦争よりも努力が要ります。遠からず外国軍は疲弊して去り、アフガンの話題も遠のくでしょう。しかし、そこで暮らす人々はどこにも行き場がありません。どんな戦争熱も、憎悪をあおるヒステリックな政治宣伝も、私たちにはあまりに縁遠いものです。ひたすら豊かで平和な緑野を夢見て、汗を流すだけです。

変わらぬ温かいご支援、ご関心に感謝いたします。

アフガン東部における水事情と灌漑の重要性

アフガン難民と旱魃――PMSの試みから

PMS《ピース・ジャパン・メディカル・サービス》（平和医療団・日本）は、元来医療団体であったが、二〇〇〇年夏以降に顕在化した大旱魃《かんばつ》に遭遇し、水利事業に勢力を注いできた。〇八年まで井戸・カレーズ（地下水路）など、一六〇〇ヵ所の飲料水源を確保し、〇三年からは農業用水路の建設に努力を傾注してきた。これによって数十万人の帰農を実現し、今も活動は続けられている。しかし、非政府組織としての限界も痛感している。

PMSでは、復活した村落の調査によって、マルワリード用水路灌漑《かんがい》域で十五～二〇万人、カマ郡の灌漑路復活で十万人以上が帰農したことを確認している。その殆《ほとん》どは、パキスタンで難民生活をしていた者たちであった。

すなわち、少なくとも東部アフガンでは、戦乱や政治的迫害を避けて逃れた者も少なくなかったが、難民の大半が国際機関の指摘する「環境難民」であったことを裏付けている。このことは、WFP（世界食糧計画）やUNHCR（国連難民高等弁務官事務所）ら、国連機関の信頼できる調査と一致している。戦乱の与えた影響は、唯《ただ》に政治的混乱や国民の死傷にとどまらず、国家機関に依らざるを得ない水利工事が等閑視されがちであったことも、難民発生や治安悪化と無縁ではないと思われる。

荒廃する農地、減少する食料自給

中小河川に頼る農地の荒廃は、三千~四千m級の万年雪の減少と密接に関係しており、用水路流域の調査によって三〇年以上前から徐々に進行してきたことが確認されている。アフガンの伝統的灌漑法、カレーズは地下水を利用するものであるが、地下水位もまた下がり続けており、吾々の作業地で二〇〇〇年八月から現在まで、十年間で平均約十~十六m低下している。かつて豊かな穀倉地帯であったニングラハル州・スピンガル山麓の村落は、この十年でことごとく廃村に帰した。

ガンベリ農場での田植え（10年6月）

WFPは、二〇〇六年、アフガニスタンの食料自給が六〇パーセントを割ったと警告している。一昨年から続く世界的な穀物生産不足は、更に苦境を強いる状態となっている。

国家的規模の支援の必要性

水利・灌漑施設の整備は、確かに長い年月を要するが、国民の八割以上を占める農民たちの死命を制する問題である。PMSが八年をかけて数十万の農民たちの生活を保障して地域の安定に寄与したとはいえ、これはニングラハル州のごく一部のできごとにすぎない。

国家再建は短兵急《たんぺいきゅう》にはできない。時間をかけ、広範囲に実施されるべきである。吾々非政府団体の限界はここにあり、願わくばPMSのモデル的な試みが、然るべき国家機関の手によって大規模に実施されることを望むものである。

灌漑事業の可能性と日本の役割

乾燥化と気候変動が問題にされてはいるが、ヒンズークッシュ山脈の降雨・降雪の絶対量が極端に減ったわけではない。完全ではなくとも、以下のアプローチで臨めば、かなりの農地回復ができると思われる。少なくとも試みる価値はある。

①中小河川の緩流化（多数の中小貯水池の建設、洪水路

ガンベリ農場で収穫したスイカ（10年6月）

の植林等）による保水力の増強

②大河川からの取水（中小規模の堰《せき》と用水路建設）

なお、夏のクナール河の流量は毎秒一千～一五〇〇トン、このうち三千ヘクタールを潤す必要量は毎秒四～六トン程度である。しかも再び河に戻す排水路を置けば、たとい多数の取水口を整備しても、下流に及ぼす影響は殆んど無視できるものと思われる。

アフガン農村は山間部でオアシス的な農業が営まれ、基本的に循環型自給自足の共同体であり、農業生産の大前提は灌漑である。水を制する者が根底から地域を制する。「水は生命線だ」とは、アフガン人なら全て、政府・反政府を問わず、知識人から一農民に至るまで、自明の認識がある。日本がこの面で大きく寄与すれば、食料自給率を飛躍的に上げ、必ずや多くの国民の生命を保障し、以《も》ってアフガン社会安定の強力な柱を提供できるものと確信する。

更に、年々増大する気候変動、洪水と渇水の極端な同居は、アフガニスタンとその下流、パキスタンを貫くインダス河流域全体の問題の一部でもある。環境問題＝人と自然との関わりについて、日本が一つの先鞭をつける意義は、測り知れない。都市空間と農村地帯との共存もまた、水問題に依拠していると述べても過言ではない。

規模が違うとはいえ、アフガンと日本の河川は多くの共通点がある。河川の勾配が急で、夏冬の水位差が大きいことである。これに対して、わが国では昔から多大の努力が払われてきた。旧くは古代から現代に至るまで、営々と培われてきた豊富な経験と技術がある。これを生かすことの国際的な意味と日本の存在感は、今後も増加するであろう地球環境の激変の中で、決して小さくはないと思われる。現地ＰＭＳとしては、政府による灌漑計画の実施に全面的な協力を惜しまない。官と民、それぞれが相補い合いながら実施すべき日本の課題だと考えている。

◇この文章は二〇一〇年八月三一日、内閣府首相官邸で開かれた「アフガニスタン支援検討会議」に国際協力機構（ＪＩＣＡ）や現地で活動する他のＮＧＯとともに出席した中村医師が席上提出したものです。

106号 2010・12

大洪水の後始末はこの春までが勝負です

――同時進行の大工事と自然の恵み

大洪水の爪痕――急務の取水口復旧

みなさん、お元気でしょうか。

アフガニスタンは間もなく冬に入ります。河の水位が急に下がり始め、例年のことながら、あちこちの取水堰《ぜき》の補修が必要な季節です。今年はまた特別です。

去る七、八月にアフガニスタンとパキスタンを襲った「世紀の大洪水」は、あちこちに爪痕を残しました。災害直後は大きなニュースとして伝えられましたが、本当の後始末はこれからなのです。

私たちはアフガン東部・クナール河沿いで用水路工事を進めてきましたが、冬になって河川敷が見え始め、改めて洪水の凄まじさに驚いています。PMS〔平和医療団・日本〕《ピース・ジャパン・メディカル・サービス》が手掛けた全ての取水堰が影響を受けました。

開通して多くの農民たちに恩恵を与えてきたマルワリード用水路の取水口も、対岸中州が流されてしまい、充分な取水が困難になっています。最低水位になる厳冬期を待って一挙に改修せねば、灌漑《かんがい》域三千ヘクタールの小麦が壊滅してしまいます。

この他にも、シェイワ、ベスード、カマの各取水口も一時は水が途切れました。九月から復旧工事を始めたものの、青息吐息です。特に東部ニングラハル州で最大の穀倉地帯、カマ郡の二つの取水口は、仮工事に近い状態でしたが、対岸の村落と同様、水路そのものが水没するほど激しいものでした。

地元の悲願、カマ取水口を新設・増強

カマの広大な耕地、七千ヘクタールを潤す取水堰は二つあり、うち第二取水堰が全体の七〇パーセントを受け持っています。PMSが二〇〇八年十二月に仮工事を始めると、続々と帰農する者が増え、カマは往時の繁栄を取り戻したかのように見えました。PMSも、数年がかりで完成する積りでいました。それが洪水の影響を相当受けて新設を余儀なくされ、取水堰改修、水門と主幹水路一㎞の新設、対岸の護岸（約四㎞）の建設に追われています。この辺りは、ちょうど北部ヒンズークッシュ山脈から来るクナール河が本流のカーブル河に合流する場所に当たります。といっても、北部九州に匹敵する流域面積〔クナール河の流域面積は約二万六千㎢〕ですから、暴れだすと手がつけられません。昔

新造中のカマ第２取水口（10年10月）

から氾濫原《はんらんげん》として有名で、歴代のアフガン政府が手を焼いてきた場所だそうです。

「カマ取水口建設は不可能」というジンクスがあり、その完成は長い間住民たちの悲願となっていました。今回地方行政とも協力し、本格的な新設に乗り出したのです。

さらに対岸ベスード側の護岸工事をも同時に進めないと、住民が不安がります。こちらの方も相当な洪水被害を受け、多くの村々が水没しました。クナール河の主流がベスード側に年々移動していて、今夏の大洪水で岸辺が、幅数十m、長さ四kmにわたって破壊されました。

このままでは、来夏に数百ヘクタールの農地と家々が押し流されてしまいます。ＰＭＳとしては、異例の決断で直ちに工事を始めました。

過去最大規模の精力を投入

かくて、洪水被害の影響は、私たちを三正面、四正面の仕事に直面させることになりました。ワーカーＯＢの方々も駈けつけてくれ、ＰＭＳを支えるペシャワール会も、必死の国内活動を続けています。

カマ側の護岸工事が外国の支援で行われていましたが、それが元来遊水地であったところを囲い、対岸ベスード側に洪水を押しやったと思われます。このことを住民たちはよく知っていて、直ちに対岸同士の話し合いとなりました。世界中「対岸」は不仲です。両者を円《まる》く治めるためには、やはり行政がしっかりしていなくてはなりません（そのことも勘定に入れてやりかけの護岸工事をＰＭＳが引き受けるつもりでしたが、さすがに大洪水は予測できませんでした）。

しかし、「二月下旬まで」という自然が決める時間制限には逆らいようがなく、見切り発車となりました。おそらく今冬が、ＰＭＳとしては過去最大規模の仕事となるでしょう。

毎年、「最大規模」が繰り返されますが、要するに仕事が年々大きくなるということです。最近気づいたのは、話ばかりが多くて、誰も本格的に実行する者がいなかったということです。

〝死の谷〟ガンベリは着々と緑化

でも、暗いことばかりではありません。「ガンベリ沙漠開拓」は着々と進んでおり、今年は三〇ヘクタールに小麦畑が出現しました。周辺農家を入れると、一〇〇ヘクタールを超えていると思います。沙漠の面影は少しずつ消え、緑が広がっています。アフガン人は根っからの農民である上、小麦が主食ですから、職員・作業員がみな立ち止まり、うっとりと眺めます。昔日本でも見られた若麦の鮮やかな緑の絨毯《じゅうたん》は、苦労しただけ美しく輝いて見えます。

かつての「死の谷」は、今や生命の躍動する場所となりました。鳥や昆虫たちの姿が増えました。牧畜や養蜂も、来年から始まります。大きな貯水池では、養魚も計画されています。遊牧民たちのメッカともなり、続々と羊の群が集まってきます。

この光景は、どんな言葉にも優り、「平和」の何たるかについて、実感を与えてくれるようです。緑の絨毯の背景には茶褐色の岩山がそびえています。地球の歴史を刻む荒々しい岩肌は、自然の前には人の営みがいかに小さいかを示しているようです。

蝸牛角上《かぎゅうかくじょう》、何事をか争う
石火光中《せっかこうちゅう》、この身を寄す*
(カタツムリの角のようにちっぽけな世界で、何を人間たちはいがみ争い合うのか。火打石の火花のように短い時間を生きているのだ)

昔の詩人の言葉ですが、ここでは実感です。人に許された僅かな時をおろそかにせず、平和と相互扶助で生かされていることを思い、何だか豊かな気分に浸れるのでした。政治と宗教を超え、平和を願う気持ちは何処《いずこ》も同じです。

猛々しい「対テロ戦争」も、ここでは作為的に思えます。私たちは怯えなくてもいいものに怯え、人に与えられた恵みを忘れがちです。武力で立つ者は、必ず武力で倒されます。もうとっくの昔に、戦争に関心がなくなりました。政治的に正しいかどうかは問題ではありません。ここでは日々の糧《かて》と天の恵みに感謝できることが、もっと大切なことのように思えます。

確かに厳しい局面ではありますが、皆さんの支えと祈り、生死を分ける水の恵み、人々の平和への願い、良心的なアフガン人の協力等によって本事業が成り立っていることを思い、励みとしております。このような仕事に携われることに感謝し、併せてご協力を引き続きお願い申し上げます。

良きお正月をお迎え下さい。

＊荘子「則陽篇」にある故事を用いた、白居易の七言絶句の前半。

107号 2011・4

自然の定めの中で人が生き延びる術《すべ》
――カマ第二取水口通水、ベスード護岸四km

みなさん、お元気ですか。

大震災の様子がアフガニスタンでも逐次《ちくじ》報道されていますが、みな日本がいったいどうなるのか、不安と同情を隠しません。日本の震災犠牲者に対して一般のアフガン人の同情が並みのものでないことは、彼らの表情で分かります。悲しみと悔やみの声を張り上げるでもなく、まるでわが子を失って茫然としているような、そんな悲しい眼差しで語ります。

遠いアフガニスタンと日本。しかし、その遠さにもかかわらず、それだけの想像力を働かせられるのが不思議な気がします。過去、多くの肉親を失い、ひどい難民生活を余儀なくされ、累々たる屍《しかばね》の山を見てきた者は寡黙です。大げさな表現や通りいっぺんのお悔やみの言葉、巧みな議論や政治の話が、いかに虚しいかを知っているからです。

それでも、仕方なく日々の営みに追われるのは何処も同じで、働いて家族を養い、食べてゆかねばなりません。常々、ほとんどのアフガン人の願いは、「三度のご飯、故郷での平和な暮しだけだ」と述べてきましたが、日本の現状を遠くから見ていると今や他人事ではなく、複雑な思いがしております。

「現地から見た大震災」を述べようかとも思いましたが、小生も大方のアフガン人と同様、何もことばが浮かびません。ここはいつも通り、こちらの仕事の経過をありのままに伝え、励みにしていただきたいと思います。

カマ取水堰の完成

さて、カマ用水路についてはこれまで詳しく述べてきましたが、去る三月二一日に事実上竣工しました。三月三〇日に、地元の人々が吾々《われわれ》ＰＭＳ〔平和医療団・日本《ピース・ジャパン・メディカル・サービス》〕を招き、内祝いが行われました。みな震災のことを気にして、派手な催しを避けましたが、嬉しさに溢れていました。公の発表は行政側の都合で延期され、四月初旬に式典が行われます。アフガンでも日本でも暗いニュースが続く中、「カマ取水堰《ぜき》完成」は、少なくともアフガン東北部では、圧倒的な希望を与えるものでありました。それだけでなく、私たちが過去八年間、試行錯誤を重ねて得た努力の、頂点と云《い》えるものだったのです。

難関カマ取水口と干ばつ

カマ郡は人口三〇万人、耕作地が七千ヘクタール、東部アフガニスタンの一大穀倉地帯です。かつてジャララバードの南に広がるスピンガル山脈の麓が、アフガンで最も豊かな農業地帯を成していました。アフガンの生命線は水です。豊かな農業国を支えていたのは、高山の万年雪でした。冬の積雪が絶えず万年雪を補充し、夏に少しづつ解ける雪がこの一帯を潤していたのです。その万年雪が、近年、次第に減ってゆき、スピンガル山麓は六十数年前から、波状的な大干ばつに襲われました。

長老たちの記憶に新しいのは一九七〇年代に襲ったもので、ダウード政権（一九七三〜七八年）の頃でした。この時は国家的な規模で対策が講ぜられ、難局を切り抜けました。実際、私たちが古い水利施設を見ていると、この時期に作られたり、改修されたりしたものが非常に多いのです。

だがこの頃を境にして、パキスタンへ多くの者が出稼ぎ難民として逃れゆくようになりました。おそらく、人口増加と農地の乾燥化が、主に中小河川流域で、徐々に進んでいたのではないかと思われます（前後してクーデターによる王政打倒（一九七三年）、続く政情混乱、ソ連軍侵攻（一九七九年）が起きます。隣国では第二次インド＝パキスタン戦争（一九六五年、第三次は七一年）があり、両国とも混乱の尾を引いています）。

しかし、二〇〇〇年に顕在化した干ばつは、ダウード政権時代のものを遥かに上回る規模でした。WHO（世界保健機関）を初めとする国際機関の訴えにもかかわらず、国際社会は逆に援助を引き上げたのです。* その後の経過については、ここで繰り返す必要はないでしょう。戦乱はますますひどくなり、人々の生活は更に悪くなりました。

干ばつもひどくなっています。かつて栄えたジャララバード周辺農村はことごとく壊滅に陥りました。地下水位が下がり続け、廃村が広がっていきました。その上、乾燥化と並んで、大きな洪水が起こりやすくなりました。

これは、温暖化のためで、巨大な貯水槽だった高山の雪があっという間に解けてしまい、洪水が過ぎると今度は著しい乾燥状態になってしまいます。その状態が年々激しくなってきています。

四〇年前のダウード時代は、今よりは恵まれていました。東西の国際援助合戦があり、政権自体も、農業によって国を興して自存する、独立の気概に満ちていました。カマの取水口は、このダウード時代、旧ソ連の援助で建設が試みられたようです。しかし、クナール河の猛威は、直ぐにこの大規模な工事を台無しにしてしまいました。

クナール河はインダス河の支流で、ヒンズークッシュ山脈東部から水を集めます。地元民は、この河を「レワネイ・スィンド（狂った河）」と呼びます。その流域面積は北部九州ほどあり（クナール河の流域面積は約二万六千㎢）、一大急流河川です。問題は、取水門や水路の構造ではなく、取水堰にありました。夏の激流が、取水門から伸ばした堰《せ》き上げの突堤を、いとも簡単に流し去ってしまうのです。

ソ連を皮切りに、その後歴代政権が改修をくり返してきましたが、どれも成功しませんでした。理由の一端はこの災害に対する無関心にありましたが、技術的なことも大きな点でした。ロシアや欧米諸国のように平野が多い国と、アフガニスタンのような山の国とでは川の状態が違います。水門や水路がいくら立派でも、取水堰が不適当であれば、激しい流れで崩されるだけでなく、河の深さや形を変えてしまい、冬の水が取り込めなくなってしまいます。

こうして悪循環をくり返しながら、カマ地方は次第に荒れた土地になっていきました。生活できなくなった農民たちは、次々とパキスタンに「出稼ぎ難民」として逃れ、一時は人口が半減したと言われています。カマ取水口建設は、ナンガラハル州全体の、最大の悲願となっていきました。

PMSの試行錯誤と日本の治水技術

一方、私たちPMSでは、二〇〇三年に全長二五・五kmのマルワリード用水路建設に着手していました。だが、私たちもまた「取水技術」の壁に突き当たっていました。

ダムを作るような大工事を行えば、取水は簡単にできるでしょう。でも、そんな資金はないし、仮に出来たとしても、お手本にはなりません。それに、ダム建設が弊害を伴うことも少なくありません。そんな大げさなものでなく、アフガニスタンのどこでも、誰でも、多少の資金と工夫で出来るものが理想的です。

解決は意外なところにヒントがありました。近世・中世日本の古い水利施設です。当然全て自然の素材を使い、手作りで作られたものです。セメントやレンガ、重機やダンプカーがふんだんに使える私たちPMSは、恵まれているはずです。更に急流河川が多いのも、アフガニスタンとよく似ています。PMSが日本の伝統工法に頼ったのは、決して偶然ではありませんでした。

取水口と堰について云えば、福岡県朝倉市の山田堰〈184頁写真参照〉が大きな手本となりました。筑後川もクナール河も、規模こそ違え、ずいぶんと暴れ川です。調べれば調べるほど、これ以外に方法がないと思いました。しかし、ダンプカーや簡単な重機があるとはいえ、初めに考えたほど生易しいものではなく、マルワリード用水路の場合、六年の改修をくり返しながら実現しました。その成功の経験が難関のカマで生かされました。

カマには二つの取水口があり、第一取水口が三カ村・人口五万、一五〇〇ヘクタールを潤し、第二が五十数カ村・人口二五万、五五〇〇ヘクタールを潤します。

問題は最大の第二取水堰にかかる夏の激しい流れを、いかに和らげるかでした。このため採用したのが河を分割して処置することです。この点で、（筑後川の）山田・大石堰等、江戸時代に確立された「斜め堰」もまた、更に遡《さかのぼ》る時代にヒントを得ています。武田信玄らが行なった「河道分割処理」の技術が、明らかにその源流だと言えるでしょう。これは、手に負えない河の水をいくつかに小分けして、それぞれを処理するものです。

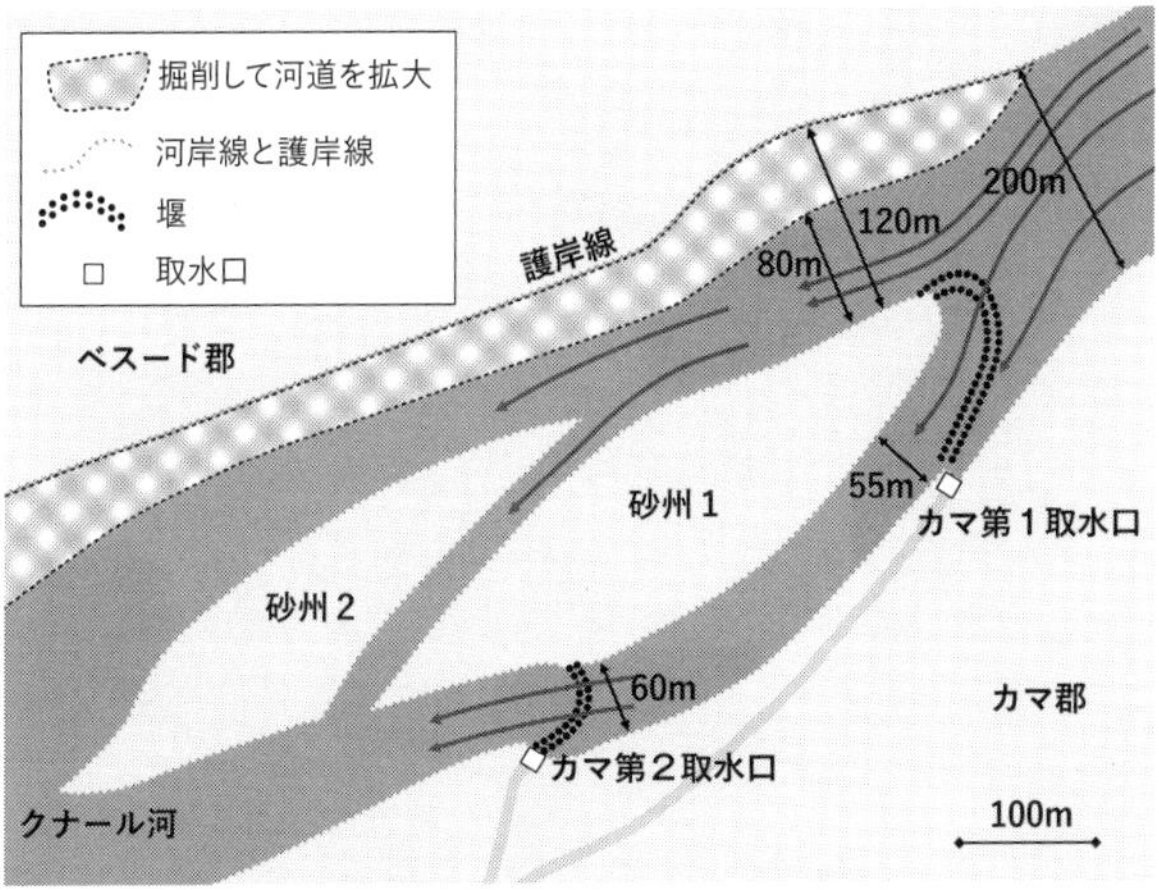

カマ第1,第２堰の河道分割の模式図

弧を描くように造成中のカマ第1取水堰（11年1月）

カマ取水口では、上流側の第一堰を乗り越える水量を約半分以下に落として、分流の一つとし、それがそのまま第二堰を越えるように設計しました。実際の方法は、河の中にある島（砂州）を利用して流れを二分、取水口側と島の間を締め切って堰とし、越流水量を調整して、対岸側の流れとバランスを取るのです。

この場合、堰《せ》き上がり（11頁の用語集参照）によって対岸に被害が及ばぬよう、もう一つの分流も幅と傾斜を調整します。つまり、工事で余分に発生する水で洪水が起こらぬように流すことです。

筑後川の斜め堰の場合も、同様な方法が採られています。今は古い図面でしか窺えませんが、「河床の全面堰き上げ」と云っても、厳密には「複数の堰の並列」という方が正しく、実際には「取水用の堰」「舟通し」と、いくつかに分かれています。特に筑後川では、幕府天領の日田（大分県）から大川（福岡県）まで舟運が盛んで、「舟通し」という分流なしに幕府から許可は下りなかったはずです。さらに、それでも洪水を防げない場合は、「遊水地」に溢れさせる設計になっています（この点で現在の山田堰は、過去の構造と多少異なっていると思えます）。つまり、危ないところには初

灌漑地では麦などが大豊作となった（11年4月）

めから人を住まわせず、自然の都合を優先しています。
　かくてカマ取水口は二〇〇八年十二月に着工、翌〇九年一月末に仮工事を完了、先に述べた河道分割処理、斜め堰造成を行い、年間の変化を見ていました。取水口と取水堰は、洪水にも渇水にも耐えうるものでなくてはならず、なるべく長い期間の観察を必要とするからです。
　自然の変化は一年間眺めただけでは分かりません。予測できぬ変化が沢山あり、そのつど適切な手を打たねば大変なことになるからです。例えば、河の水位一つとっても、そうです。数百年に一度の洪水と言っても、それは過去の出来事から推測した確率の数字であって、それに安住はできません。「二〇〇年に一度」が明日かも知れないし、二〇〇年後かも知れない。まるで博打のようにあやふやな基準で私たちは生きていないでしょうか。
「治水」という言葉は、英訳できません。おそらく、自然観が違うからです。和英辞典ではflood controlと出ていますが、どうも響きが違う。推測ですが、昔の日本人は自然を畏怖の対象にしても、制御したり征服すべきものとは考えなかった。治水にしても、「元来人間が立ち入れない天の聖域がある。触れたら罰が当たるけれども、触れないと生きられない」という、危うい矛盾の限界を意識していたと思われます。その謙虚さの余韻を、「治水」という言葉が含んでいるような気がしています。だから、工事責任者は必ず神仏に祈り、人柱《ひとばしら》となることも辞さなかったのでしょう。最近になってよく分かるようになりました。

大洪水とJICA委託事業

河川工事の期間は限られています。水位が下がる晩秋から早春までで、間に合わないと一年待たねばなりません。二〇〇九年夏が無事に過ぎ、同年十一月から翌二月まで多少の改修を施し、第二堰の水門・水路改修だけをやれば何とかなると信じ込んでいました。一〇年夏、この思い込みが微塵に砕けました。大洪水の到来です。七月三〇日、長老たちの昔話や岩盤の水の痕跡などを基にして、安全レベルを決めていたのに、それを易々と乗り越える濁流が第二カマ用水路の中に流れ込み、対岸のベスード郡も襲いました。

　現在までアフガンでは、取水量を川際で調整する方式は一般的でなく、いったん取り込んだ過剰な水を村に着く前に川に捨てる方式です。流入した水は異常な量で、排水施設の機能を超え、あわやカマ下流域が水没寸前となりました。必死の突貫工事で余水吐きの直前で、用水路土手を切り崩し、危機一髪で難を逃れました。

この一週間前に偶然、現場視察に来ていたのが、JICA（国際協力機構）アフガン所長でした。ともかく公的な立場の人で現場を実見して、技術者として理解した日本人は、同所長が最初でした。現場を重視する者は、どんな立場の人でも実際的です。PMSが逼迫《ひっぱく》した財政で完成を目指していることを知ると、復興支援の一環で協力がありうることを知らせてくれました。厚意をありがたく思いました。

「これまで募金だけでやってきたからこそ、自由に実のある仕事が出来てきた。これからも方針を変えないが、河川工事は改修を重ねるうえ、膨大な物量が要る。PMSは確かに壮大な挑戦を行なってきたが、全アフガンに展開するのは不可能だ。将来を見据え、良心的な人となら誰とでも協力すべきだ。美談ではなく、困ったアフガン人が一人でも多く助かることが主眼であり、日本人としての節《せつ》と気概を共にすべきだ」と思いました。

こうして最大の残余工事、カマ第二堰と取水門、主幹水路一㎞を「委託事業」として実施できる期待が高まっていました。そこに大洪水だったのです。

八月十四日に第三波の洪水がひき始めるのを待ち、直後に交通路敷設を開始、秋の工事の準備に取り掛かりました。これまで財政の心配で秋冬の限られた工期の準備が遅れ、苦杯をなめたことが一度ではありませんでした。

それに今回は、大洪水の被害が既設のマルワリード用水路の至る所に及んでいました。取水堰が壊れ、土石流の横断箇所の至る所で大小の決壊が起きていました。PMSが手掛けたシェイワ取水口では河道が変化して取水困難となりました。開拓中のガンベリ沙漠では、猛烈な鉄砲水で異常な水量が排水路を下り、排水施設の見直しと全面改修が求められていたのです。

技術の粋、職員の気概

こうして、二〇一〇年夏に開始されたPMSの仕事は、過去二八年の現地活動で最大規模となりました。年度内に完成せねばならぬ主な河川工事は以下の通りでした。

・二つのカマ取水堰・主幹用水路の完成
・対岸ベスード郡の護岸四㎞
・マルワリード取水堰の復旧
・ダラエヌール土石流路の浚渫《しゅんせつ》
・シェイワ取水堰の河道回復
・ガンベリ沙漠開拓・排水路全面改修
・ガンベリ隣接の湿害地処理の拡大

日本側のペシャワール会は腹をくくり、募金活動に全力を挙げました。万一の、公的資金を返却せねばならぬ事態も想定、底を尽きかけた財政回復が最大の課題となっていました。

一方アフガン側のＰＭＳでは、住民たちの期待を一身に背負い、作業の効率化に力が注がれました。組織の思い切った簡素化、勤倹節約を掲げ、「日本の善意を無駄にするな」が合言葉となり、ジャララバード事務所の非常態勢が敷かれました。

いったい半年でこれだけの事が出来るのだろうか。誰もがそう考えましたが、六〇万農民の命運がＰＭＳに懸かっており、事業放棄は論外でありました。やらねば組織解体も辞さずとの背水の陣でした。こうなれば、もはや国家的事業です。おまけに治安が悪化の一途をたどる中、一民間団体たるＰＭＳが手掛けることに疑義をはさむ意見さえ日本側から出され、哀しく思うこともないではありませんでした。これは少数意見ではありましたが、無政府状態で国家の手が既に及ばなくなり、多くの人々が飢餓に直面している事情は、日本で正確な理解を得るのが困難だったのです。

しかし、勝算がなかった訳ではありません。初秋までにカマ工事現場の交通路敷設、予測される機械力の算出と貸出業者との契約、住民対策、石材の採取・輸送、施工順序の立案など、準備を周到に行い、クナール河の水の低下を見ると同時に、先ずは比較的小規模な工事から始めました。要は、作業地の分散を極力避け、機械力と労働力を集中的に運用することです。

仕事のピークを真冬の最も水位が下がる時期に設定し、最大の物量を要するベスード護岸とカマ取水施設建設工事を短期決戦で片づけ、増水期でもできることは後回しで考えました。相手が人間なら取引もできますが、自然と交渉することはできないのです。

職員たちの士気の高さ、八年間実戦で鍛えた技術が大きな原動力となりました。二〇〇三年にマルワリード用水路建設が始まった頃に比べると、コンクリート打設、鉄筋作業、蛇籠《じゃかご》生産と設置作業、植樹、盛り土などの手作業、ダンプや重機の誘導、水盛《みずも》りによる測量（水の入った透明なホースで離れた二点間の地盤の高さの差を測る、昔の水準測量法）、あらゆる面で熟練工の域に達していた五〇〇名の作業員が居ました。特に〇八年八月に日本人ワーカーが一時全員引き揚げた後、強い責任感を持つようになり、おそらくどこを見渡しても、これほど強力な建設集団はないと思われました。レンタル重機の運転手たちも、長年ＰＭＳの工事に従事してきた者がほとんどで、私たちのやり方を熟知していました。

こうして、二〇一〇年十二月から三ヵ月間、手持ち重機を合わせると、ダンプカー五四台、掘削機十一台、ローダー八台、削岩機二台、舗装用ローラー三台が常時稼働、作業員も全体で六〇〇名を超え、必死の作業が敢行されました。

カマ取水施設、ベスード護岸、ガンベリ沙漠開拓、マルワリード取水堰改修、排水路整備が同時進行で回転していたのは殆ど奇跡的と思えました。

しかし、さすがに四〇㎞にわたる戦線の監督は出来ません。旧ワーカーの鈴木学がカマ第二取水施設に張り付いて指揮を執り、ジャララバード事務所会計で村井光義が奮闘しました。彼らが居なければ、この半年を無事に過ごせなかったでしょう。初めは現場に多くの日本人を置くつもりでしたが、情勢がこの二、三年でずいぶん変わっており、異なった事情が分かるまで時間がかかります。邦人派遣のマイナス面を危惧し、少数に絞りました。身辺保護は、決して武装警護をつけることだけではありません。敵を作らぬこと、毅然たる完全中立を厳守すること、そして誰が見ても良い結果を生むことです。そのために費やされる水面下のエネルギーは膨大なものがあったのです。

住民たちの熱意

住民たちの協力はぜひ述べておかねばなりません。特にカマ長老会の決定が威力を発揮しました。カマ郡はパシュトゥン民族のモハマンド部族で占められ、地縁・血縁が強固です。無政府状態のアフガン農村で最大の秩序を担うのが地域の長老会です。

農村秩序は、この十年間、特に大都市周辺で、欧米軍の買収工作と武力威嚇、軍閥の跋扈《ばっこ》などで緩みが目立っていましたが、カマ郡は例外的でした。「ひと冬分の小麦収穫を潰してもよいから完成していただきたい」と申し出ました。

通水したカマ第2取水口（11年1月）

飢餓線上にある貧しい農民が多い中で、この決定は容易ではなかったと思います。当方もその熱意を汲み、作業にさらに熱が入りました。結局、昨年完成していた第一取水堰が健在で、あまり水が要らない小麦栽培に影響は出ませんでしたが、住民と一体になった協力が大きな推進力になったことは言うまでもありません。

カマ取水堰完成の意義

ローマは一日にして成らず。その通りだと思います。長い地味な積み重ねの過去の上に、現在があるのだと思いました。紛れもなくPMS活動の頂点がこの半年間に集約され、力を発揮しました。

「カマ取水堰完成」は奇跡的な壮挙として地元で報ぜられ

ましたが、実は奇跡ではありません。健全な人間の感性が組織され、共感が共感を呼び、今回の成功につながったのだと思います。言葉ではなく、確かに厳在する良心が行動を以《も》って動き出すとき、語らずとも訴えかける何ものかがあるのでしょう。

二〇一一年一月十五日、懸案のカマ第二取水口で試験通水が成功し、これにてカマ全体への送水可能量は一日一〇〇万トン、全域が救われました。難民化していた十五万人もの人々が続々と帰農し、安定した食物が保障されました。世代から世代にわたる長い悲願の実現を目前に、皆が喜びをかみしめています。

対岸のベスード護岸四㎞も三月十九日、冬の基礎工事を間一髪で終え、浸水の危険はひとまず去り、同時に夏の洪水対策（護岸のかさあげ）に取り組んでいます。一方、別部隊はガンベリ排水施設に集中し、最後の洪水対策が行われています。なお、危うい場面もありましたが、重傷と死亡者は出しませんでした。

最後に、この取水口の最も重要な意義は、沙漠化という避けることのできない自然の定めの中で、人が生き延びる新たな術《すべ》を提示したことにあるのではないかと思います。これまで一般に行われてきた取水技術が最近の気候変動に追いつけず、そのため食糧生産が低下しています。アフガニスタンは戦争では滅びませんが、渇水によって滅び得るでしょう。だからと言って、手をこまねいて眺めるべきでしょうか。人は生きることを許されているし、相応《ふさわ》しい恵みも与えられています。私たちの活動が、人間と自然の関係を問い直し、人の分に応じた自然の恵みを顕《あら》わし、望みを分かち合えることを祈り、感謝を以って長い報告を終えたいと思います。

§

日本から衝撃的な大震災のニュースが伝えられたのは、このような作業のただ中でした。その後、膨大な犠牲者が明らかとなり、原発事故が連日アフガニスタンでも報道されています。

今は多くを語ることばがありません。しかし、私たちの現地活動から見えるものもあります。どんなに時代や地域が異なっても、人間の変わらぬものは変わらない。その事実をかみしめながら、人々の無事と復興を心から祈っております。

＊一九九八年、ケニアとタンザニアでの米国大使館爆破事件に対する報復として、関与したテロ組織の拠点とされるアフガニスタンのジャララバード近郊とスーダンの施設を米国が巡航ミサイルで攻撃。翌九九年～二〇〇一年にかけて国連がタリバン政権に対し経済制裁を発動。

東日本大震災で被災された方々へ

現地に戻った直後の三月十一日、悲報を聞きました。心よりお見舞い申しあげます。

大震災の悲劇は連日アフガニスタンでも報ぜられ、職員・作業員ともども、わが事のように悼《いた》み、日本に同情を寄せてくれました。皆よく震災の模様を熟知していて、こちらが驚くほどでした。モスクでは「新年の祝日（アフガンでは春分の日が元旦）でも、めでたいと言うな」と自ら喪に服するような説教が行われ、地域長老会や行政の役人も次々と弔意を伝えに来ました。義援金を募ろうとした職員も居ました。しかし、どうしたら良いのでしょう。「今はただ日本の人々の無事を祈り、動揺せずに目前の責任を完遂せよ」としか伝えようがありませんでした。

その後も日増しに地震の規模と犠牲の大きさが明らかとなり、これからどうなるのか、日本に全面的に頼るＰＭＳ内でも、次第に不安と動揺が広がってゆきました。

しかし、自然は頓着しません。雪解けが始まり濁流が押し寄せ始めた中です。間もなく河の工事ができなくなります。現場作業の手を緩める訳にはいきません。異常な緊張感で連日突貫工事を続け、増水の始まる中、三月十九日、危機一髪で中心河道の掘削、河道分割を終えました。普段なら無事に冬季の工事を終えた喜び、苦労話のひとつも伝えたいところですが、大震災に比べれば、大したことでもないような気がしています。でも、改めて思ったのは、人の命は数や国籍ではなく、目前の困窮した人々に思いを致して手をさしのべること、そのことで当方も救われるということです。

現地では外国軍の横暴が目に余り、一種の終末的な感情さえ抱かせます。建設したマドラサの脇でわざと派手な演習をして威嚇したり、空爆で罪のない人々を的にしたりします。それでも、逃げる場所のない多くのアフガン人は、黙々と働き、その日一日を無事に過ごせたことに感謝します。その彼らが心からの同情を以《も》って日本を眺めていることが、ことのほか温かく感ぜられます。

日本もたいへんだとは思いますが、頑張ってください。どうぞ皆さんもお元気で。

108号
2011・7

人間と自然との関係が大きく浮き彫りにされた一年間
――二〇一〇年度現地事業報告

◎二〇一〇年度を振り返って

二〇一一年度を以《もっ》て、現地活動は二九年目、ペシャワール会は三〇年目を迎える。この間、様々なできごとがあったが、ここまで来るとは想像できなかった。

十年前に旱魃《かんばつ》と飢餓に遭遇して以来の劇的な展開が、現在の局面に私たちを導いてきた。

そして奇しくも、現地は大洪水、日本は大震災に見舞われ、人間と自然との関係が大きく浮き彫りにされた一年間であった。

ペシャワール会の支持者の多くが大震災被災地へ救援に駆けつけ、労苦を共にしようとしたのは、決して偶然ではない。目を凝《こ》らせば、日本でも現地でも、等質の問題が横たわっているからだ。人為が自然を制することはできない。人は自然の懐《ふところ》の中で身を寄せ合って生きている。人間もまた自然の一部なのだ。

言葉で自然は欺かれない。自然の前で政治的な茶番は見苦しい。利を得るために手段を選ばず、暴力と巧言でなりふり構わず貪《むさぼ》る時代は先が見えた。

ここ現地でも、米軍撤退が取りざたされる。だがもう興味がなくなった。暴力は暴力で倒され、茶番で始まったものは茶番で終わる。そして世の関心が去るとき、結局は自分たちで後始末をせざるを得ないのは、これまでと同じことだ。

吾々は何を後世に残そうとするのか。どんな生物でも、子孫の生存に力を尽くして死ぬ。

自らの安逸のためだけに、それも架空の富や権勢や名利のために、人が欺き合い、殺戮《さつりく》し合うのは、もう沢山だ。わずかな安楽のおこぼれに浴するために、時世におもねることはない。それが虚無感と自傷他害に至る自滅の元である。

吾々の良心的協力が、立場を超え、国境を超えて躍動しているのは、自然の理に適っているからだ。己が何のために生きているかと問うことは徒労である。人は人のために働いて支え合い、人のために死ぬ。そこに生じる喜怒哀楽に翻弄されながらも、結局はそれ以上でもそれ以下でもない。だが自然の理に根差しているなら、人は空理を離れ、無限の豊かな世界を見出すことができる。そこで裏切られることはない。

現地事業は見世物ではない。人間の実態に迫る生きるための努力である。報告を借りて、温かい関心をいただいた人々に心からの謝意を表し、この事業に携わる現地の人々の汗と労苦に思いを致していただければ幸いである。

二〇一一年度も変わらずに力を尽くしていきたい。

□二〇一〇年度の概況

過去最悪の治安

二〇〇九年に行われた欧米軍増派は、いっそうの治安悪化をもたらした。二〇一〇年は外国兵への襲撃だけでなく、ほとんど無意味とも言える軍事作戦が多くの市民を殺傷した。外国兵・一般市民の死亡は過去最悪の記録を更新した。

一般住民とタリバン兵を区別するのは不可能である。殺戮されたのは殆《ほとん》どが普通の農民・市民であったと噂されている。外国軍は十二万人に膨れ上がり、初期の十倍以上となったが、混乱も比例して増えた。軍事介入は、おびただしい犠牲者と取り返しのつかぬ混乱をもたらしたと言えよう。

無秩序が農村部まで拡大し、多くの地域で住民同士の紛争が頻発した。この紛争の背景には、「米軍撤退」をめぐって、外国勢力や犯罪グループの暗躍があるとも、軍閥内部の抗争だとも伝えられている。

憶測の真偽は、地域により事例によって異なる。だが確実なのは外国軍と中央政府が騒乱を収拾する力を失ったことである。無人機による爆撃の多発も最近の顕著な傾向で、主としてパキスタン国境沿いの村落で、日々多くの人々が命を奪われ続けている。

農村部の混乱

PMS（平和医療団・日本）《ピース・ジャパン・メディカル・サービス》の作業地・北部ナンガラハル州は比較的安定しているが、クナール州境付近でISAF（国際治安支援部隊）に対する襲撃が活発となり、マルワリード用水路も取水口から五km地点まで、職員さえ立ち入りにくい状態に陥った。ダラエヌール渓谷では、勢力を張る軍閥が分裂抗争、村々と対立している。

民心もこれに伴って動揺、PMS診療所の土地を提供していた人の親族が暗殺され、地域間の抗争と共に、外国軍に対する敵意が一層深まり、爆発寸前となった。二〇一一年四月、ダラエヌールの村落同士の対立でANSO（アフガンNGO安全事務所。二〇一一年に創設された国際NGOの安全機関）から撤退の打診があった。

同様な敵対関係が東部アフガン一帯で広く起こり始め、農村を律してきた不文律が内部から大きく崩れようとしている。これを加速したのが「復興支援」の名で与えられた有力者への買収工作で、貧困層の間では公然の秘密となっている。地域長老会の権威が消滅すれば、収拾のつかぬ事態になるおそれがある。

パキスタン北西部の情勢は複雑怪奇

二〇一一年五月一日、米軍の単独行動でオサマ・ビンラディン氏が殺害されると、パキスタン側で「主権侵害」の声が上がり、大規模な抗議運動が展開された。アフガン側では大勢に影響なかったものの、外国軍への軽蔑と敵意がいっそう深まった。パキスタン国境沿いでは最大の勢力を誇る武装勢力が出没し、同時に米軍側の無人機攻撃による犠牲者を連日出し続けている。ペシャワールの治安は再び著しく悪化した。情勢はいよいよ複雑怪奇、かつ大規模な動きである。

〔アフガニスタンの〕カルザイ政権は「タリバン勢力との和解」を掲げ、米軍の撤退期限に合わせるように二〇一四年に退陣することを表明、もはや終局にさしかかったことを印象づけた。しかし、撤退後に生じる事態は誰も予測できず、人々の間で不安が蔓延《まんえん》している。

一方、パキスタン―アフガニスタン両国の歩み寄りは経済関係で見られ始め、アフガン側の農産物、希少金属、手工芸品等の輸出に便宜を図る協定が二〇一一年五月、再発効した。また、〔アフガニスタン〕東部で圧倒的に強いパキスタン・ルピーの流通は止めることができず、両国を切り離すのは不可能である。長い外国軍の駐留は、基地経済、援助経済とも言える依存体質を作っており、今後も進行し続けると思われる旱魃《かんばつ》＝農業生産低下と相俟《あいま》って、貧困層の間に行き詰まり感が拡大、先行きを更に不透明にしている。

ＰＭＳ事業と大洪水の影響

二〇一〇年七月に発生した空前の大洪水は、パキスタンほど甚大な被害を与えなかったが、東部アフガンのクナール河沿いで猛威を振るった。約一〇〇名が死亡と伝えられ、吾々の灌漑《かんがい》事業にも大きな影響を及ぼした。洪水が取水堰《ぜき》などを破壊し、異例の集中豪雨と鉄砲水が連日山麓で発生、用水路の至る所で改修工事を余儀なくされた（後述）。

ＰＭＳのダラエヌール診療所は変わらずに続けられたが、同渓谷にある村落同士の対立で、活動を拡大できずにいる。唯一残ったダラエヌール診療所は、間もなく二〇周年を迎えるが、既述の治安悪化を受けてＡＮＳＯから、活動引き上げの打診があった。だが、医療職員は動揺せず、診療を継続している。

大洪水のあおりを受け、二〇一〇年度で最大の仕事となったのが水利事業、特にクナール河流域の河川工事である。これは建設されたマルワリード用水路の改修、既設取水施設の大規模改修、護岸工事、懸案のカマ取水設備（堰および取水門、主幹水路）が含まれ、ＰＭＳとしては過去最大の物量投入を余儀なくされた。

ここに至り、ＪＩＣＡ（国際協力機構）共同事業としてカマ第二取水口（以降、カマ第一、第二の取水設備をカマⅠ、カマⅡと表記）・主幹水路の再建設、対岸ベスード郡の護岸工事が実施され、ＰＭＳが財政的な窮地をしのげたのは天佑であった。この結果、予定された工事は遅滞なく行われ、ジャララバード北部一万四千ヘクタール、六〇万農民の生活を保障する見通しが確実になった。

特にカマ取水口・堰建設の成功は大きな希望とインパクトを地域に与えた。

東日本大震災の影響でＰＭＳの財政枯渇が予測されると、直ちに緊縮態勢が実施された。

ペシャワール会からの補給が極端に減少すると、これまでのような自在な動きが封ぜられる。今後もＪＩＣＡなどとの良心的協力は継続されるが、文字通り「共同事業」であって、立案から設計・施工まで一貫して動けるＰＭＳの独立性と自由さが前提である。多少規模を縮小しても、ＰＭＳ独自の判断で計画実施できるものでなければならない。

一方、現在が最も吾々の支援を必要としている時期である――およそこのような中での苦しい判断であった。

回二〇一〇年度の現地活動の概要

1. 医療事業

二〇一一年四月、ダラエヌール診療所付近に混乱が及び始めると、ＡＮＳＯから「撤退打診」があった。私の一存で決めるわけにもいかないので、勤務する医療職員にはかると、「今患者を助けねば、いつ助けられるのか。数あった医療機関は活動を事実上引き上げ、誰が患者を診《み》るのか」と、一致した意見が強く述べられた。

職員たちにしてみれば、現在以上の混乱期に診療活動を開始し、誰からも撤退を強いられることがなかった。それに、彼ら自身が故郷に愛着を持つ地元民である。二〇年の間には、何度も危機的事態に遭遇し、診療活動だけで二名の殉職者さえ出したが、話題にならなかっただけだ。勧告を謝絶したのは、当然の心情であったろう。

ダラエヌール診療所はアフガン内で最初に設立された基地であり、間もなく二〇周年を迎える。他の診療所が戦乱で次々と閉鎖される中、最終拠点として活動が継続された。二〇一〇年度の診療内容は別表の通り（表１）。

表１ 2010年度 診療数と検査件数

国名	アフガニスタン
施設名	ダラエヌール
外来患者総数	41,848
【内訳】　一般	38,749
ハンセン病	0
てんかん	427
結核	370
マラリア	2,302
外傷治療総数	2,727
入院患者総数	–
検査総数	7,939
【内訳】血液一般	588
尿	1,498
便	2,005
らい菌塗沫検査	0
抗酸性桿菌	308
マラリア	3,095
リーシュマニア	366
その他	79
心電図	–
超音波検査	–

2. 灌漑事業／JICAとの共同事業

既述のように、大洪水によって多くの場所で改修工事が必要となり、中でも河川工事が大きな比重を占めた。二〇一〇年九月に立てた計画は以下の通り。これを二年がかりで実施しようとするものであった。

①マルワリード取水堰・水門の全面改修
②カマI取水門補修・堰の全面改修
③カマII取水口の建設
④カマII用水路・主幹一km建設
⑤カマ用水路対岸の護岸工事
⑥ベスードI取水堰（カブール河）建設
⑦シェイワ取水堰の河道回復工事
⑧ダラエヌール土石流路の護岸工事
⑨ガンベリ沙漠開拓地の給排水路建設

このうち、③④⑤⑥を「JICA共同事業」とし、急を要するカマ用水路に集中、ベスードI取水口は二〇一一年度実施とした。共同事業は、「JICAが現地PMSに委託」という形をとったが、PMSにとって初めての例だった。二〇一〇年十月に契約が成り、十一月から動き始めた。

しかし、河川工事は夏の準備期間で成否が決まる。実際には、交通路敷設、石材等の輸送、再調査に基づく最終設計等は八月に始まっており、十月には基礎工事に取り掛かっていた。一般に河川工事は、最も理解されにくい仕事のひとつで、不確定要素が余りに多い。

しかも、川の水位が下がる十一月から翌二月までの短期に一挙に済ませなくてはならぬ時間的制約がある。財政的裏付けを得て夏の準備工事に着手できたのが成功につながった。

◎カマ用水路・取水口・取水堰

カマ用水路はPMSが二〇〇八年に仮工事として堰の工事を毎年くりかえして来たから、立案・設計は容易であった。だが、実際の施工となると別で、巨大河川を相手に周到な準備が必要であった。昨夏の大洪水は一〇〇年に一度の規模とされ、この想定に基づいて計画が立てられていた。では、二〇〇年、三〇〇年に一度の場合は、どうなのか。「想定外はいつでも起きる」と想定するのが、自然に対する人間の節度である。近年自然災害を確率の問題にすり替えて安心する傾向があるが、それは大切な目安ではあり得ても、煎じ詰めればまじないか賭博の世界と大差ない。

だがこれが護岸工事と共に、堰を作る際、最も苦慮される点である。洪水にも耐え、渇水期でも取水できるものとは、人間側の虫のよい考えであり、まさに人為と自然の危うい接点なのだ。堰に限って言えば、まさかの時、人里が崩れるよりは、堰が崩れる方がよい。また、人里と河とは思い切って離し、遊水地等の遊びを作ることである。

ここでも、筑後川の斜め堰の方法が採用されたが、成功したと見られたマルワリード取水堰も洪水で破壊され、新たな工夫を加えねばならなかった。

また、カマ取水口は過去半世紀、「誰も成功しない」とされ、肥沃な穀倉地帯・カマ郡七千ヘクタールは、年々荒蕪《こうぶ》地が増えていた。人口三〇万のカマは、土地の荒廃で半分が難民化していたといわれる。

この主因は年々進行するクナール河の水位変動にあった。近年の気候変化に伴い、ヒンズークッシュ山脈の雪解けが初夏に急激に起き、冬季には逆に渇水に陥る。洪水と水欠乏が同居する、夏冬の極端な水位差である。

この状態で堰《せ》き上げの高さが非常に重要になる。冬の作付けを守ろうと高くすれば、夏の洪水の危険を増す。夏の洪水を避けようと低くすれば、冬の取水ができない。

この問題については、急流河川の多い日本では、近世に完成した技術があった。それが斜め堰である。基本は越流水深（堰を越える川の水位と堰の天端《てんば》の高さの差）を必要最低限に抑え、そのために越流幅をできるだけ広くとることである。

だが、マルワリード堰が壊されると、さらに入念に検討された。カマ取水堰の場合、夏の越流幅を五〇〇m以上とした。このため、中州全体を堰の連続とし、中州の洗掘防止策を徹底した（237頁の図ならびに写真参照）。

また、クナール河の夏の水はおびただしい土砂を含み、取水口をしばしば埋めてしまう。このために設けられるのが「砂吐き」、「余水吐き」である。これでも土砂堆積は防ぎ得ないので、下流側で「沈砂池」に導き、スライド式水門で底水を排出し、堰板《せきいた》式水門で上水《うわみず》を水路に送る。

また、取水堰と同様、取水門の幅を思い切って浅く広くとることも大切である。このため、カマⅡ取水口は異例の幅となり、大きな水門となったが、後の改修の手間を考えると最も安全かつ効率的だ。これに流水圧を減らす二重の堰板列とした（次頁写真ならびに11頁の用語集、グラビア参照）。

◎カマ取水口完成の意義と農村復興

かくて気候変動に応じる取水技術は、カマⅡ取水口を以てほぼ完成した形になったと思える。この意味は少なくないことを強調したい。「農業復興」と言っても、水あっての話である。灌漑なくして農業なく、用水路なくして灌漑なく、取水堰なくして用水路はない。現地の旧来の方法が近年の気候変動に対処できず、結果、農業生産のジリ貧の低下を招いてきた。カネはいつか無くなるが、水に潤される土地は、営々と生産を続けることができる。

カマ取水口完成はナンガラハル州の長い悲願であった。PMSとしては、おそらく多くの人々が見学に来るカマの堰にモデル的なものを作っておけば、取水技術は自ずと広がり、農業生産増加につながっていくと期待したのである。

二〇一一年四月十五日、正式に行政当局に通知され、シェルザイ州知事自ら開通のテープを切った。夏の一日送水量は約一〇五万トン、冬は約四〇万トン、十二分な水量である。

この陰には、窮した農民たちの結束があり、カマ長老会の「ひと冬分の小麦をつぶしても完成」という決定が、大きな支えとなったことは述べておかねばならない。

◎取水口対岸・ベスード護岸

このカマ堰の対岸は、大洪水で数百ヘクタールが冠水した所である。堰の建設で洪水時の水位も当然高くなるので、同時に施工した。

初め、カマⅠ・Ⅱ主幹水路沿い対岸、約二㎞を予定していたが、十一月の低水位期になって、驚くべき事態が判明した。ベスード郡全体が、下流に向かって低い盆地で、クナール河はその高い位置をかすめるように流れる天井川のようになっている。工事予定区間の一七〇〇m地点で、湾曲して同盆地へ進入する大きな分流が主流と化し、低地に向かって滔々と流れていた。洪水でなくとも夏季に大被害を及ぼすのは明らかであった。

そこで急遽《きゅうきょ》予定工事区間を延長、全体を三五〇〇mとし、進入路の閉塞、河道中心線の掘削を図った。ベスード側分流と主流との間にかすみ堤《てい》（不連続堤防）（11頁の用語集参照）を設けて分流へ注ぐ水量を減らし、ベスード側では防御線を思い切って河から遠ざけて堤防を置き、低位置に石出し水制七基を設置した。

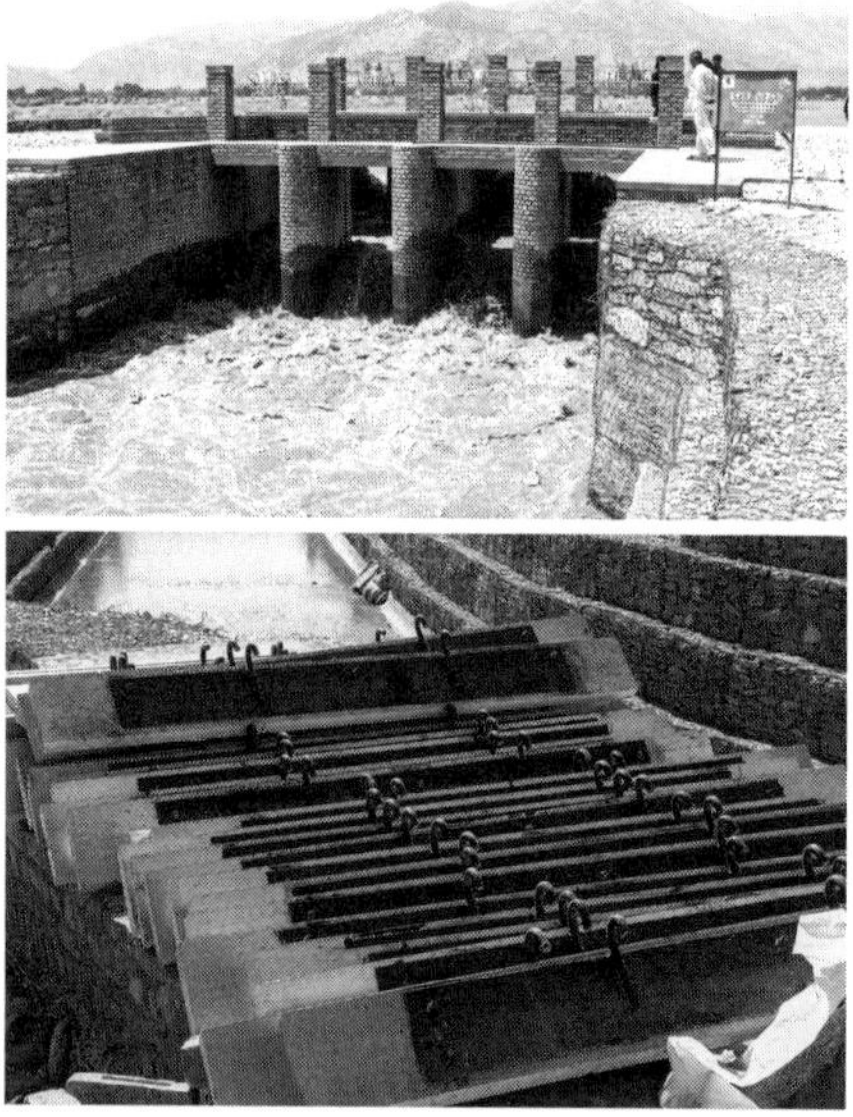

カマⅡ取水門。４門×前後２列の堰板から階段状に水が落ちる。下は杉を用いた堰板（11年4月）

こうして取りあえず危機を脱し、河道中心へ流れを集め、低い分流に注ぐ水量は調整された。増水後、大きな被害はなく、堤防上部の天端工事はなお続けられている。連続堤防の一八〇〇m地点までは専《もっぱ》ら巨礫《きょれき》による捨石《すていし》工を採用し、堤防高約六～八mを築き、川底を深くすると共に、川幅を約五〇m拡大した。

増水期の六月二〇日現在、水面から天端までの高さ四～五m以上、冬の低水位との差は約一m以下、昨年程度の洪水なら大過は想定しにくい。万一冠水しても、広い畑が遊水地と化し、悲劇的な事態は避け得る。現在、川沿いに植樹を進めている。

◎マルワリード用水路の復旧作業

大洪水は用水路沿いにも集中豪雨を伴い、マルワリード用水路全線、十数ヵ所で土砂流入、決壊が起きた。中でも取水口近傍のジャリババ渓谷からすさまじい量の土砂が流入し、沈砂池を埋めつぶした。

最大の被害は取水堰の被害である。堰そのものは破壊されなかったが、堰を渡した大きな中州が流失した。これによって水位が下がり、洪水流入は起きなかったものの、十一月には用水路流域に深刻な渇水状態をもたらし、ガンベリ沙漠開拓も中断した。

洪水から村を守ったベスードの堤防（11年4月）

二〇一〇年十二月から復旧工事を始め、一一年一月までに必要水位を回復した。河道を分割して礫石《れきいし》で中州を復元、蛇籠《じゃかご》を埋設して急流に耐えるようにした。対岸カシコート村の指導者が作業を妨害したため、中断しているが、今秋まで待つ以外に方法はない。

妨害とは重機の拿捕《だほ》で、自分の村の護岸工事を要求したものだったが、ＰＭＳはゆとりがなく拒否、重機を奪還して中州から引き上げた。

浚渫《しゅんせつ》工事は必要最低限だけを行い、これも二〇一一年度に持ちこされた。

◎その他の河川工事

シェイワ取水口では洪水流入は水門から五センチを超えるだけで、大きな被害はなかった。しかし、河道が砂利で埋まり、十月になって水が途切れた。幅二〇〇ｍ、長さ約八〇〇ｍを掘削して河道回復を図り、急場をしのいだが、本工事は次年度に持ちこされた。

ダラエヌール渓谷下流、用水路サイフォンが埋設される土石流路は、激しい流れで水があふれる寸前となった。川幅を広くすると共に、中心部を掘削して深くし、両岸堤防を約六〇〇ｍにわたって高くした。

3. 農業関係

二〇一〇年度、約四五ヘクタールが開墾され、初の水稲栽培が三ヘクタールで行われた。

小麦栽培が約三五ヘクタールで収穫を得た。

しかし、この間、ガンベリ沙漠でも集中豪雨による鉄砲水が襲い、洪水排水路の建設が改めて痛感された。

一方、クナール河―シギ村から掘り進んできた排水路網は、ガンベリ下流のクナデイ、カラテク村の湿害を一掃し、中小のものを入れると、計三五～四〇㎞に及んだ。

湿地処理は一応全ての耕作地を回復しているが、排水路主幹が狭く、将来的にガンベリの全ての水が通過することを考えると、十分な排水能力があるとは言えない。とくに急激な鉄砲水は、湿害を増す恐れがある。ガンベリ沙漠は、表面は砂であるが、一～三m地下に厚い粘土質の地層がある。思ったより保水性がよいのはこのためで、灌漑が進むと一部は湿地化する。

洪水対策だけでなく、灌漑＝分水路敷設に伴う浸透水貯留を防ぐため、主要排水路の建設、計約十二㎞を進めた。二〇一一年度中に完成予定。

二回の夏を越した新開地は、熱風と砂塵にさらされ、収穫に影響が出ることが分かってきた。ことに二〇一一年五月初旬から六月中旬まで五週間、猛烈な砂嵐が連日襲い、約二〇ヘクタールを除いてことごとく砂に埋めつぶされた。一部には砂丘が出現し、改めてその猛威を知った。概《おおむ》ね防風林の成長していない場所で被害が多く、砂嵐の季節が去るのを待って、植樹に全力を上げる。なお、これによって、一一年度の水稲植付は中止、小麦まきの季節までアルファルファ、落花生、大豆等の豆類やトウモロコシを主に植えて緑肥とする予定。

二〇一一年度は、植林・給排水路の整備が中心で、本格的な農業生産活動は行えないのが実情である。なお、用水路開削以来、総植樹数は八〇万本、年内に一〇〇万本に達する。

4．ワーカー派遣

二〇一〇年度は、表2のワーカーが事業に参加した。余りに多い作業地を抱え、一人では不可能と考え、数名を呼び寄せたが、治安悪化とケアのゆとりのなさを考慮し、現場は慣れた鈴木学一名にしぼった。事務・会計関係では、杉山〔大二朗〕・村井〔光義〕が定期的にジャララバード市内に滞在した。一一年度は、現場＝中村、会計＝村井の二名とし、リスクを減らす。

なお、日本国内から通信だけで進め得る仕事は少なからずあるが、事業の性質上、現場での監督・指導なしに河川工事も医療活動も進まないことは理解いただきたい。また、会計も同様である。

日本側ではペシャワール会がボランティアの良さを生かして募金・報告活動を行い、現地側ではPMSが実事業を進めるのが本来の姿かと思われる。ど

表2　2010年度現地派遣ワーカー

1	杉山大二朗	農業事務・現地連絡員	2005年2月～11年3月
2	村井光義	会計事務・現地連絡員	2005年3月～
3	石橋忠明	用水路	2010年9月～11月
4	手島利治	用水路	2010年9月～10月
5	鈴木　学	用水路	2010年10月～11年2月

ちらが先という問題ではない。どちらが倒れても事業は分解する。実戦部隊と後方支援との違いで、ＰＭＳはボランティア団体ではない。職員百数十名、作業員四〇〇名の生活・生命、そして何よりも現地数十万農民に責任を負う事業体である。事業の挫折は、彼らが路頭に迷うことを意味する。

両者が協力せねば成り立たないのは言うまでもない。だが、目の前の仕事に忙殺されて流転する現地事情に理解が及ばぬことがある。

今後、日本の協力者の厚意に報いるためにも、事業展開を正確に伝える工夫が欠かせない。

5. マドラサ寮建設

二〇〇七年十二月鍬入れ式の後に整地作業を始め、建設工事が〇八年三月から行われた。一〇年二月七日、モスク（七〇〇名収容）、マドラサ（モスク付属学校、生徒数六〇〇名）を完成していたが、遠方から来る子弟、孤児や貧困家庭の子供にも教育機会を与える。

そのためにマドラサ寮（寄宿舎、一八〇名）の建設が痛感されていた。寮建設は二〇一〇年三月に始められ、翌一一年四月三〇日に竣工、五月一日に譲渡式を行なった。これはワーカー・故伊藤和也くんのご両親（伊藤和也アフガン菜の花基金）によって建設資金が寄贈された。大洪水によって工期が延びたが、何とか譲渡までこぎつけた。マドラサは行政上、宗教省から教育省に管理が移され、登録で多少の混乱があったが、ジア医師が奔走して合法手続きを完了、これを機に正式登録にこぎつけた。教師の人数を安定して確保できるようになり、マドラサ側も懸案を解決できた。

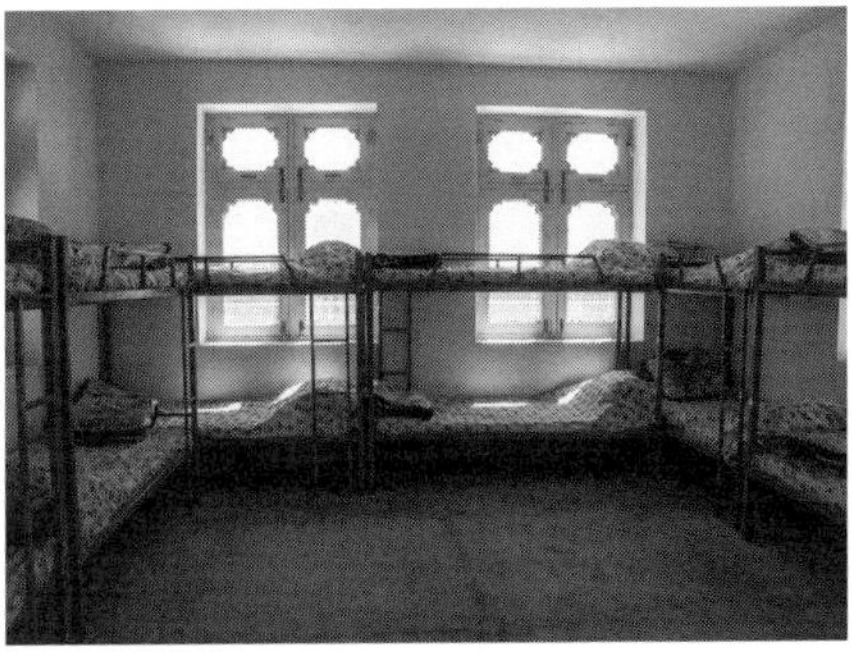

マドラサの寄宿舎（11年4月）

設計と施工はＰＭＳが全て行なった。今後同モスクとマドラサが要《かなめ》となって地域安定に寄与することは計り知れず、物心両面で支えて下さった方々に、現地農民に代わり、心から謝意を表する。

6. 自立定着村の建設

現在の政情と社会不安の中で、入居は当分、進めない。情勢が落ち着くまで数年間、開拓作業を続けながら、自然に住民たちとのよい関係が熟するのを待つべきだとの判断である。

だが村共同体は建物ではなく、共に生きてゆくための、人間同士のきずなである。現在職員たちがガンベリ沙漠で共に汗を流すことが、地域への愛着を共有する不可欠の要素だとご理解いただきたい。焦ることはないとの判断である。

□二〇一一年度の計画

年度報告に述べた通り。農地開拓、用水路保全、排水路整備、植樹（とくに防風防砂林）等、基本的にこれまでの継続である。農業計画はまだ準備段階だと言えよう。

医療面ではハンセン病診療の場の確保が遅れているが、政情の変化を考慮し、急がない。

ダラエヌール診療所は、二〇年を経て建物が老朽化しており、諸般の事情で建て替えが必要になってきている。二〇一一年度に時期を決め、一一年度末から一二年度初めに改築を予定している。

ＪＩＣＡ共同事業については、ベスード郡のカブール河取水口建設が最大の仕事となる。ベスード郡については、過去数年間、主要取水口を全て手がけてきたが、何《いず》れも仮工事で終わってきた。

ベスード灌漑がＰＭＳの手で成れば、北部ジャララバード全域をカバーするのが確実になり、良い「地域安定復興モデル」が完成すると期待される。

109号

2011・10

死の沙漠は緑の楽園に

――河川工事も沙漠開拓も佳境に

河川工事の季節

みなさん、お元気でしょうか。今や現地は「冬の陣」を前に、てんてこ舞いです。再び多忙な河川工事の季節が巡ってきました。クナール河の水位がぐんと下がり、渇水期の河川敷が現れ始めました。これまでの工事の結果が目前に突きつけられます。概《おおむ》ね昨年度の護岸・取水堰《ぜき》工事は成功で、多くの人々が恩恵に浴したのはこれまでの報告通りです。

しかし、一筋縄ではいきません。昨年の工事の後始末に加え、今年はベスードＩ堰の完成を期し、大規模な仕事が始まろうとしています。同取水堰で生活する農民は約十万人、二千数百ヘクタールを潤します（ＰＭＳ〔平和医療団《ピース・ジャパン・メディカル》・日本《・サービス》〕がカバーしようとする農地一万四千ヘクタール、六〇万農民のうち、約六分の一）。実際にはＰＭＳが二〇〇六年から仮工事で一時しのぎをくり返してきましたが、今回は数百年使える堅牢なものを作ろうという訳です。六月から交通路敷設、工事期間中の一時灌漑《かんがい》路の造成を行い、十月を期して本工事に突入いたします。

一方、ガンベリ沙漠開拓は佳境に入り、今春の砂嵐対策の砂防林造成、湿害処理の排水路網整備が休むことなく続けられています。灌漑は、単に水を送って大地を潤せば済むものでなく、取水から排水まで、一貫した工事が求められます。脚光を浴びませんが、実は排水路工事は数十㎞に及び、今後も努力が続けられます。用水路沿いと開拓地に植えられた木は八〇万本を超えました。

みなさんが日常目にする何でもない田畑も山林も、長い長い年月をかけ、日本人の先祖たちが築いた血と汗の成果であることに気づきます。それを経済発展の名の下に、いとも簡単に反故《ほご》にし、荒れるにまかせては、バチ当たりというものです。単に「儲かる・儲からない」という低レベルでの話ではありません。幾多の渇水、洪水、飢饉をくり返し、治水・治山は、日本人の生きる根拠を提供し、自然との同居の知恵を育んできました。

大自然の壮大なドラマ

さて、現場での役得の一つは、大自然の壮大なドラマが身近に実感されることです。河は生きており、文字通り生々《せいせい》流転《るてん》、長い地球の歴史を刻み続けているようです。毎年述べる「河川工事」など、けし粒のように小さなものだといつも思います。

仕事上、地勢を詳しく観察しますが、知れば知るほど、気の遠くなる自然史に思いが行きます。インド亜大陸とユーラシア大陸がぶつかって盛り上がり、ヒンズークッシュ、カラコルム、ヒマラヤ山脈ができ、この山々を氷河が削り、降雪と降雨が谷をえぐり、無数の河川を作ります。くり返す洪水で土砂が流されて平野ができ、その平野を大河川が貫いて、はるかインド洋に流れ注ぎます。インド洋からはモンスーンが押し寄せて雨を降らせ、西からはアフリカ＝中央アジアに連続して乾燥化が押し寄せる――その隙間の瞬時に私たちは生かされています。

農業が営める沖積層《ちゅうせきそう》は、その歴史約一万年、四六億年の地球史では、「ごく最近のもの」だそうです。数十万年ごとに来る氷河期のはざまのうち、現在は第四間氷期《かんぴょうき》と呼ばれ、最近取りざたされる「温暖化」は、この自然周期とは無関係で、産業革命以後、化石燃料を大量使用し始めた時期と一致するそうです。

数十億年かけ、植物の光合成で大気の炭素が地下に収まって酸素が増え、生物が住める絶妙な環境が築かれた。近代の経済活動は、それを瞬時に打ち壊してしまった。自然が地下に眠らせたものを人工的に呼び覚まし、応分の報いを受けたということです。恐ろしい話ですが、科学が立証ずみなのに、何故か大きな倫理・自然観として人の意識に反映されない。ここに問題があるような気がしてなりません。

原子力に至っては、亡国的という以上に反生物的。他生物も巻き込む無理心中としか思えない――化石燃料から放射性物質に至るまで、組織された人の業欲《ごうよく》は恐ろしいと思いました。

いかにその日の糧を得るか

ここアフガンで毎日戦争の犠牲を聞かぬ日はありません。だが、大きな目で見ると、自然の摂理から遊離して、傷つけ殺し合いながら、ひたすら自滅の道を驀進《ばくしん》する恐怖の戯画が、見えるような気がします。

それでも、人はその日の営みを続けなければなりません。だが問題はここでは単純、いかにその日の糧《かて》を得るかです。生きるため、ひたすら水を引き、木を植えて緑を増やし、営々と田畑と林を作る。言葉にすればそれだけのことですが、これが過《あやま》たぬ人の営みであり、全ての人が協力すべきことであり、郷土の安全の基礎だと思います。

ガンベリ沙漠に続々と集まる遊牧の群、すくすくと成長する木々の緑、水を求めて虫や魚や鳥たちが集まり、人が住み着き、この生命の饗宴に参加する。かつて避けられた死の沙漠は、確実に緑の楽園に変化しています。奇跡でも魔術でもありません。「想定外」は悪いことばかりでもありません。実のところ、これほどの変化は、工事を進めたPMSでさえ予測しませんでした。ここには理屈ぬきに訴える平和があり、心和むものを皆が共有できます。これが希望をかき立てる自然からのメッセージなのでしょう。水と緑は人を落ち着かせます。おそらく自然に根ざす本能的な郷愁だからです。人為の過信から自然への回帰！ 新時代への萌芽を、ここに見ることができます。

野の花の育つのを見よ。栄華を極めたソロモンも、その一輪の装いに及《し》かざりき（汝らへの恵み、既に備えてあり）*――ここでは実感です。二千年前の知恵と倫理に、近代は遥かに及びません。

朽ち果てる富に振り回されるのは自滅の元。毎日、自然と格闘しながらも、分け隔てない恩恵を知り、遠い故郷に哀しい思いを馳せるこの頃であります。

末尾になりましたが、日本が大変な時であるにもかかわらず、この事業を変わりなく支え続けて下さる、その温かい共感と志に心から感謝し、さらに力を尽くしたいと思います。

ジャララバードにて

＊新約聖書「マタイによる福音書」六章二八節以下のイエスの言葉（「ルカによる福音書」にも）。

◎緊急報告

ケシュマンド山系に記録的集中豪雨

――ジャリババ渓谷からの洪水・土石流が用水路を破壊、緊急工事を開始。ベスード取水口は安全を確認

ゲリラ集中豪雨がケシュマンド山麓一帯を襲いました。最後の夏季モンスーンですが、この時期は異例です。十月に入っても日中の気温三五℃以上、蒸し暑い日が続いていました。

降雨は高地を中心に十月四日夜半に始まり、洪水路の氾《はん》濫《らん》が四日夜から翌五日早朝にかけて始まりました。ダラエヌール、ラグマン共に激しく、マルワリード用水路沿いも、至る所で危険にさらされました。ジャリババ渓谷のものが最大級、取水口から五〇〇m地点が派手に破壊され、用水路は途絶えています。

同地点の洪水通過路は、拡張が痛感されていて、二〇〇六年、〇八年、一〇年と、大量の土砂が流れ込み、沈砂池が埋まっていたのです。昨年、本格改修を予定、洪水通過路の幅十五mを四〇m以上にする予定でありました。復旧工事はすでに始まっていますが、シェイワ堰河道回復などを一時中断、十月八日から機械力を集中し、最後の改修のつもりでやります。この時期を逃すと、麦まき時期となり、工事ができないでしょう。

洪水で破壊されたマルワリード用水路。桑の木はなぎ倒されたが、柳は折れていない（11年10月）

工事中のベスードI取水口も一部冠水しました。しかし、岩盤背後の防御位置と構造物の高さが適切であることが分かり、却って正しい設計が確認されました。

工事に相当な影響を避けられませんが、いつもの話。何とかやります。人も自然もずいぶんと穏やかではなく、うまい話はありません。ベスードからジャリババまで四五㎞、作業地の分散を避けたつもりでしたが、全て「想定外」。自然相手に短気は損気。かなり忍耐力が要ります。だが相当な物量も要るので、よろしくご協力願います。

平成二三年十月五日　記

110号 2011・12

人と和し、自然と和することは武力に勝る力
――平和とは理念でなく、生死の問題

河との激闘の日々

みなさん、お元気でしょうか。つかの間の帰国でしたが、再び河との激闘の日々です。

嬉しいことに、これまでPMS〔平和医療団・日本《ピース・ジャパン・メディカル・サービス》〕が手がけた取水堰《ぜき》・用水路等の灌漑《かんがい》事業が、少しずつ各方面の支持を得るようになり、「自分の村にも」という陳情が殺到しています。

新たに着手したベスードI取水堰工事は、去る十月三〇日に事実上開通、多くの人々が喜びをかみしめました。これによって、農地約二千数百ヘクタールの安定した灌漑が保障され、約十万人の農民が洪水と渇水に怯えなくて済むようになるからです。

近年の気候変動で河川の水位差が極端に変動し、従来の取水方式ではもう対処しきれず、多くの地域で耕地の沙漠化が進んでいることは再々お伝えした通りです。

かつて一〇〇%に近い食料自給を誇っていた農業国は、壊滅的な打撃を受け、今や食糧の半分を外国に頼っています。アフガン人にとって、この数字は絶望的です。殆どが自給自足に近い農民と遊牧民の国で、食料自給が半分ということは、人口の半分（約二千万人）の生存する空間が失われたということです。このままではアフガニスタンは、戦争ではなく干ばつによって滅びるでしょう。

日本に伝わるのは戦争や政治の話題ばかりで、この大きな厄災が伝わらぬもどかしさがあります。PMSとしては、全力をあげて対処し、過去十年間、医療と併行して灌漑事業に取り組んできました。この結果、ナンガラハル州北部農村地帯、ベスード、カマ、シェイワの三つの郡（耕地計一万四千ヘクタール）で農民六〇万人の生活を守ろうとしています。計画が完全に成ると、このモデルが更に拡がり、東部アフガン農村の多くが救われることも、決して夢ではなくなります。「人間と自然との同居」は、ここでは死活問題です。

とは言っても、私たちが相手にするインダス河の支流はあまりに巨大で、まだまだ力不足を感じています。

自然の理《ことわり》に従う

ベスードI取水堰と同時に、カマ郡対岸の護岸工事三・五㎞が今冬に完成します。護岸は一年二カ月に及ぶ大工事

になりましたが、ベスード郡の三分の一、約一千ヘクタールの安全が守られます。これには石出し水制、かすみ堤《てい》（11頁の用語集参照）など、日本の伝統治水技術が大活躍し、見事に大河の激流を制しました。「自然は征服が不可能で、人が自然の理に従い、与えられた恵みを見出す努力をすべきだ」という優れた自然観が、その根底にあります。実際、水路や護岸沿いに植えられた柳並木は壮観で、道行く人は足を止めて美しさに見とれ、心を和ませます。

ベスードⅠ堰の通水を見守る作業員達（11年10月）

先日、甲府の武田信玄の治水事業にふれる機会に恵まれました。筑後川の山田堰と同じく、数百年の時を超えて、胸に迫るものがありました。先人たちの知恵と努力、幾多の試行錯誤、自然との関わり方——営々と築かれてきた成果の延長線上に、私たちの存在があることを改めて知りました。そこで育まれてきた自然観や文化、人の温もり、助け合い、美しい国土が、深く関っています。それは「経済成長」やお金の多寡《たか》では、決して計れない尊いものです。

砂嵐にむけ植樹大攻勢

一方、ガンベリ沙漠の開拓は、休むことなく続けられています。今秋の突然の集中豪雨は、マルワリード用水路を一時途絶えさせ、忘れかけていた沙漠化の恐怖を思い起こさせました。こちらの方は、超突貫工事で二週間で復旧して開通、現在洪水通過路の拡張工事が続けられています。

五月の砂嵐で壊滅した試験農場は、並々ならぬ努力で復活し、三五ヘクタールで小麦の作付けが行われました。来年の目標は、単なる量産ではなく、サツマイモの普及、アルファルファの野草化、果樹園の造成、養蜂の試みなど、バラエティに富んで楽しいものになっています。

しかし、砂嵐対策が最大の仕事で、今冬は植樹大攻勢。防風林を倍増し、水やりのための給水塔を建設、灌水《かんすい》路を張り巡らせています。

かつて忌避された死の荒野が豊かな草地を生み、遊牧の群が続々と集まってきます。この光景の中に「平和」があります。

人と和し、自然と和することは、武力に勝る力です。だがそれは、戦争以上に忍耐と努力が要るでしょう。実際、十

遊牧の家畜から作物や植樹を守り、一方で糞を集めるため、緩やかな岸辺を造成中（11年4月）

年間鍛えぬいてきたわが作業員・職員六〇〇名は、気力と技術において、どんな軍勢にも勝る実戦部隊です。平和とは理念ではなく、ここでは生死の問題です。

寒風に震え、飢餓に直面する人々が求めるのは、猛々しい戦でも、気の利いた政治論でもありません。

近頃、「そんな危ない所でなぜ」と、よく尋ねられます。PMSは、何も好んで国外で冒険をしているのではありません。一〇〇％の安全は、何もしないことでしょう。暗ければこそ明かりを灯し、寒ければこそ火をたく価値があります。今を置いて、いつ「助け」があるでしょう。

みなさんの変わらぬご理解に感謝し、この事業を継続すべく、いっそうのご支援を心からお願い申し上げます。

良いクリスマスと正月をお迎え下さい。

111号
2012・4

因縁のカシコートで取水堰準備工事を開始
――人の温かさこそが、かろうじて世界の破局を防ぐ

みなさんお元気ですか。

今冬はアフガニスタンでも例年になく冷え、豪雪が高地を襲いました。餓死や凍死の噂が絶えず、血なまぐさい戦が終末を思わせる状態を醸《かも》し出しています。

私たちは相変わらず、川沿いの工事です。まるで冷凍庫の中のような仕事で、寒風や冷雨にさらされ、鼻水を垂らしながらの毎日です。それでも、堰《せき》の造成で灌漑《かんがい》が成り、人々の笑顔を垣間見るのは、嬉しいものです。昨年末のベスードI堰（人口十万、二千町歩《ちょうぶ》〔約二〇㎢〕）に次いで、去る三月初めベスード郡のタプー地域（人口三万、約五〇〇町歩）の灌漑が成りました。何《いず》れもJICA（国際協力機構）の共同事業の一環で進められていましたが、洪水と渇水による生活不安は甚だしいものがあったのです。

しかし、これによってPMS〔平和医療団・日本《ピース・ジャパン・メディカル・サービス》〕の取水技術は完成度の高いものとなりました。斜め堰と堰板《せきいた》を駆

使した方式は、ようやく地域灌漑関係者の間で認められるようになり、努力は更に続けられます。

カシコートとの不思議な因縁

現在の最大の関心は、何と言ってもカシコート地域の復活です。これまでしばしば触れてきましたが、同地とは不思議な因縁があります。古い会員の方なら、一九九三年の悪性マラリア大流行をご記憶でしょうか。あの時も、ソ連軍撤退に伴って大量の難民帰還があり、国際支援から見放された状態だったと思います。当時爆発的に悪性マラリアが広がり、多くの子供やお年寄りが犠牲になりました。

最も死亡者の多かった地域の一つがカシコートでした。十八年前、二千名分の治療薬を携え、しらみつぶしに村々を回りました。でも同地域で最後の村に着いたとき、手元に残ったのは、僅か五〇名分の治療薬だったのです。誰も死にたくはありません。普通ならパニック状態が起こります。実際、発足したばかりのダラエヌール診療所では、診察の順番を争う住民たちと一触即発、かなり緊迫しました。

しかし、カシコートでは事情が違っていました。村会の指導者に話すと、重症者のみ五〇名を選抜し、治療を受けさせたのです。その時彼らが述べた言葉が忘れられませんでした。

「こんな所に誰も来やしない。おそらく、あなた方が最初で最後でしょう。わしらは神を恨むほど不信心者ではありません」と、深く感謝の意を伝えたのです。この「最後の村」が、何と私たちが取水堰の準備工事をしているサルバンド村だったのです。

サルバンドとは、パシュトゥ語で「取水口」という意味です。カシコート地域は二〇㎞に及ぶ川沿いの長大な地帯で、〔既存の〕主幹水路の始まるのが同村です。これが年々荒れ果て、ただでさえ貧しい村々は、食にも事欠き、半分以上がパキスタン側に難民化したと言われています。

マルワリード取水堰とカシコートの位置関係（04年3月撮影）

更に伝えたい因縁は、同村がPMSマルワリード取水堰の対岸だということです。対岸同士の確執はこれまで伝えてきた通りですが、昨年一月一日、大洪水で傷んだ堰の改修の最中、突然工事中のダンプや重機が拿捕《だほ》される事件がありました（251頁＝108号参照）。これは、カシコート側の主幹水路も洪水で流失し、同地域に壊滅的な打撃を与えていたからです。思い余った住民が、「せめてこんな時くらい、多少の助けを」と、強訴《ごうそ》に及んだものでした。

当方としては、マルワリード用水路流域やカマ郡の工事の真っ最中、手が回らない状態でした。昨年十月になり、カシコート長老会が異例の謝罪を行い、救いの手を求めました。それほど追いつめられていたということです。

ＰＭＳとしてもマルワリード用水路保全のためには、堰対岸の協力が欠かせません。

それだけでなく、元来、このような地域こそが支援の対象となるべきです。窮した住民たちは、やむを得ず傭兵《ようへい》となり、危険な前線に立たされます。健全な生活ではありません。

道義的な意味でも、カシコートを活動の最重要地帯と位置づけ、十月に和解し、工事を決定しました。実際、ペシャワール会の支える「緑の大地計画」でカシコートは筆頭に挙げられており、ここに画竜点睛《がりょうてんせい》ともいうべき計画が始動しました。

難攻不落のクナール河

しかし、話は美談でも、実際の工事となると別です。これがまた、今までにない難攻不落の地形、戦の方がよほど楽だったと、正直ひそかに思いました。

相手は巨大な暴れ川です。大洪水の爪痕が生々しく、取水堰予定地から約一五〇〇ｍは、洪水で破壊され、河道が大きく村に進入しています。主要河道の変更や護岸工事なしに、堰の建設は不可能です。相当大がかりな難工事を覚悟せねばなりませんでした。それも迫りくる増水期前に主な工事を終えないと、秋に予定した取水堰・主幹水路の工事は流れてしまいます。相当に緊迫しました。

河は、敵対や和睦《わぼく》もない代わりに、容赦もしません。嘘もない代わりに、人の言葉が通じません。それ自身の理によって動きます。要するに、人間界の都合と全く無関係な世界を相手にするということです。

特に取水堰は、自然と人為との危うい接点です。いったん取り込んだ水なら、かなり意のままに利用することができます。でも河の水は、そうはいきません。古今東西、人が様々に工夫を凝《こ》らし、一定の必要水量を得るべく、営々たる努力が重ねられてきました。

かつて為政者の関心は治水でありました。それは元来、「人が立ち入れない領域であっても、触れなければ生きられない」という真剣な意味を帯びていたと思われます。人柱を立て、神仏に祈ったのも、そのような事情からでしょう。

異例の州政府協力

カシコート堰・用水路の起工式（12年2月）

二月七日、州政府、住民代表、ＰＭＳの三者が集まり、起工式が行われました。これも異例づくめで、反政府勢力の出没する辺境に州の首脳が列席するのは初めてでした（普通なら暗殺を恐れて出てきません）。この背景には、ＰＭＳの水利事業の重要性が知られ始めたこと、政府・反政府という政治地図を超えて、アフガン人内部で何かが動き始めたということがあります。

建設的仕事を介して人々が和する助けとなるなら、ＰＭＳとしても喜ぶべきことでありました。この日は、式場から五〇〇ｍほど離れた山腹で米軍の空爆演習が派手にありました。住民を威嚇しているのです。みな眉をひそめて「危険な演技」に怒りを隠しませんでした。その中での式典は、何か象徴的なものがあるように思えました。

サルバンド村の銃撃と青空教室

二月十五日、「危険な演技」は度を超え、女子学童に米軍ヘリが機銃掃射を加える事件が発生しました。作業現場から遠くないところに学校があり、百数十名の女子生徒は、まだ教室がなく、野外で黒板を囲んで学んでいます。

ヘリコプターは超低空で飛来し、子供に襲いかかりました。十数名が重軽傷（うち重症六名）、機銃弾が「教室」の石垣を跳ね、その破片で負傷したものです。折から外国兵による「コーラン焼却事件」で、アフガン中が騒然としていました。

ＰＭＳ側は直ちにケガ人の救援活動を行いました。その際に、学校の教師や父兄たちが、女子学童のための教室建設を懇請しました。

この状態で野外の学習は危険です。青空教室が悪い訳ではありませんが、木陰もない岩石沙漠、厳寒酷暑の中、まともな学習ができるとは思えません。その上、機銃掃射の餌食となるとあっては、たまったものではありません。ＰＭＳ側は大いに同情し、用水路工事が山を越える時点で、女子教室の建設を約束しました。

サルバンド村側は表面上沈黙し、善後策が話し合われています。これによって、ＰＭＳを除き、カシコートに外国人が入れなくなりました。

こうした事件はアフガン中で日常的に起きています。堪忍袋の緒が切れたアフガン人将兵が外国兵を銃撃したり、狂った外国兵が民間人を殺したりする事件が相次いでいます。

かくて、あらゆる意味でPMS最後といえる、大きな挑戦が始まりました。折しも、アフガン空爆に次ぐ復興ブームから十年、見渡せば、外国人の姿が周辺から再び消えました。戦は秩序を乱し、建設的な支援を困難にしてしまいました。

§

しかし、平和とは、この中でこそ輝くべきです。それは積極的な力であると共に、戦争以上の忍耐と努力が要ります。

最近、古参の職員たちが、しみじみと語ります。

「あれから十年、わしらはちっとも変わらないのに、周りは忙しいこった」

河が変わらず流れるように、私たちの仕事も続きます。血なまぐさいニュースが多いですが、この中にあっても、人々の幸せを願い、少しでも良心的に生きようとする者も少なくありません。そうした人の温かさこそが、かろうじて世界の破局を防ぎ、私たちをつないでいるのだと、最近考えます。

日本自身が困難に直面しているにもかかわらず、変わらぬお支えに感謝し、私たちの活動が明るい希望を共有できるよう、力を尽くしたいと思います。

平成二四年三月　ジャラララバードにて

112号

2012・7

自然とは人の命運をも支配する摂理

――二〇一一年度現地事業報告

◎二〇一一年度を振り返って

ペシャワール会の結成が一九八三年九月、現地活動の開始が翌年五月、「アフガニスタン」は日本から遠い存在だった。当時、アフガン戦争（一九七九―八九）とソ連軍撤退が一時的に世界を沸かせ、忘れ去られていった。その後の経過を回顧するのは、気が進まない。恐れた破局が確実に現実化してゆく過程は、人間の愚かさをたどるだけで、元気の出ないものである。

大国の利のために武力や謀略が横行し、無数の犠牲を出した。そして、犠牲の殆どが罪のない弱者であった。この愚行が正当化され、拡大して現在に連続している。信ずべき「正義」は死んだ。

怪しげな進歩発展を謳歌する時代は終わった。今や人がカネを使うのではなく、カネが人を動かしているように見える。一国が滅びようと、生命が犠牲にされようと、利のためならなりふり構わない姿は、自滅の道を驀進《ばくしん》する恐怖の戯画だ。

そして、この破滅への運動は、容易に私たちを誘惑する。刹那《せつな》的な繁栄で物欲が刺激され、人為の架空が独り歩きする。この「注文の多い料理店」〔56頁＝76号参照〕にとどまる限り、表裏にある暗い不安も消えないだろう。

医学を含め、今日私たちに突きつけられている最大の課題は、「自然と人間の共存」である。私たちは自然を操作し、人の意に従えるよう努力してきた。それが文明の発展であり、豊かさをもたらす最善の道だと教えられてきた。

だが、アフガニスタンで見る限り、事態はそうでもない。自然とは人の命運をも支配する摂理であり、人の意識の触れることができない一線を画して厳存する。

私たちは荒唐無稽なカルト集団の考えを笑うが、時代が共有する迷信や倒錯から誰も自由ではない。近代技術が長足の進歩を遂げた今日、ともすれば、科学技術が万能で、人間の至福を約束するかのような錯覚に陥りがちではなかったただろうか。また自然を無限大に搾取できる対象として生活を考え、謙虚さを失っていなかっただろうか。自然はそれ自身の理によって動き、人間同士の合意や決まり事と無関係である。

大震災を経て、市場経済の破綻が世界中でささやかれる今、命はただ単に経済発展や技術進歩だけで守られないというのが、ささやかな確信である。

その一方で、新たな模索もまた、あらゆる分野で静かに始まっている。その声は今でこそ小さくとも、やがては人類生存をかけた大きな潮流にならざるを得ないだろう。

必要なものは多くはない。恐らく、変わらずに輝き続けるのは、命を愛惜し、身を削って弱者に与える配慮、自然に対する謙虚さである。現地事業がその思いに支えられる限り、恐れるものは何もない。

この一年間、立場を超えて人の温もりと良心に励まされ、無事経過したことを、感謝を以《もっ》て報告し、二〇一二年度も更に力を尽くしてゆきたい。

◎二〇一一年度の概況

気候変動

二〇一〇年八月に発生した空前の大洪水はインダス河流域で甚大な被害を与えた。PMS〔平和医療団《ピース・ジャパン・メディカル・サービス》・日本〕の取水設備も至る所で改修を余儀なくされた。しかし、一一年秋から河の水位が急速に下降、逆に渇水状態に見舞われた。このため、小麦の作付けを断念した農家が多かった。

ヒンズークッシュ山麓全体で、従来はなかった気候変化が明らかに進行している。秋十月の局地的豪雨や春五月の台風並みの砂嵐などは、以前は見られなかった。全体に動きが大きく、予測しがたいものになっている。

二〇一二年二月には渇水から一転、久々の豪雪と寒気がヒンズークッシュ山脈の東南部を襲った。だが、これは旱《かん》魃《ばつ》の終息を意味しない。気温上昇や夏の長雨で容易に河川が氾濫《はんらん》する。主にカーブル河本川で春の雪解けが洪水を成し、一二年四月二〇日、ジャララバードが記録的な洪水に襲われた。同市は一〇年八月の洪水にも影響がなかった地域である。

アフガニスタン全土の気候変化＝渇水と洪水の極端な同居、それに伴う取水困難と農業生産の低下が、直面する最大問題であることを改めて印象づけた。

加速する欧米軍撤退への動き

二〇一一年は欧米軍撤退への動きが加速した。民間人の犠牲者が急増する一方で、外国軍兵士も規律の弛緩や自殺が目立ち、末期状態を印象づけた。欧州軍を中心に撤退ムードが徐々に高まり、「治安権限移譲」地域が更に増えた。東部アフガンのナンガラハル州では、ＰＭＳの活動地の殆どが対象地区となった。

しかし、地上軍の移動が減っても、「誤爆」は日常的に続いており、市民の犠牲は減っていない。また、イスラム教を冒瀆《ぼうとく》する心ない事件が相次ぎ、外国兵に対する反感はいっそう強くなっている。

国軍や警察、官僚の育成は、欧米軍が浮き足立ち、即席にはできない現実がある。少なくとも東部農村では、国家機能がマヒ状態に近く、都市部の治安も更に悪化している。東部農村のプロジェクトは更に少なくなった。

無人機攻撃、パキスタン北西部の混乱

二〇一一年五月、〔オサマ・〕ビンラディン被疑者が殺害される頃、パキスタン国境沿いを中心に無人機爆撃が活発となった。反政府指導者が潜む場所だと判断されると、家屋や集落ごと葬り去るもので、巻き添えを食らった家族や市民の犠牲は膨大になると思われる。

二〇一一年秋、「友軍」であるはずのパキスタン部隊が国境付近で無人機に攻撃され、多大の犠牲を出した。パキスタン政府はＮＡＴＯ（北大西洋条約機構）の軍需物資の輸送拒否を以て応じ、無人機に対する抗議の声を強めた。これによってＮＡＴＯの軍事行動が著しく制約され、代ってタジキスタン経由の輸送が増加した。カイバル峠を越える補給路をめぐって、ＮＡＴＯとパキスタン政府との関係が一時緊張した。

無政府状態の拡大と農村自治

反政府勢力との交渉では、米軍が一転してアフガン政府の頭越しにタリバン代表と交渉し始め、情勢を複雑にした。

もともと和平交渉はアフガン政府が以前から提唱していて、このための定期委員会も発足させていたが、この渦中で政府側代表（前大統領ラバニ師）が暗殺された。タリバン側は「外国軍引き上げを条件」とする姿勢を崩していない。

軍規も弛緩しがちで、外国兵による猟奇的な殺人事件、日常的な誤爆、無意味な虐待などが横行した。これに対し、激怒したアフガン軍兵士や警察官が、欧米兵を狙撃する事件も相次いだ。

一般農民とタリバン兵を区別するのはもはや不可能であり、「タリバン対国際軍」という図式も不明確である。反政府勢力は、アフガン系、パキスタン系が入り乱れた上、旧軍閥や犯罪者、タリバンを名乗る謀略が加わり、分かりにくいものになっている。「要するに秩序と平和が欲しい」と述べる者が普通で、外国の軍事干渉が混乱の元凶だと皆思っている。

この中で東部アフガン農村は、従来からあった自治性（＝地縁による結束）を一層強める傾向にある。各自治会を中心に、この地縁関係は党派を超えて成立し、農村秩序の唯一の拠り所となっている。都市近郊では大っぴらな買収工作、投機的な土地の売買などで富裕層が潤って格差が広がり、自治の力が弱まっているものの、大半の農村では長老会が健在である。ＰＭＳ現地活動の実質的な安全保障もまた、地域自治会との関係を抜きに考えられない。

□ＰＭＳ事業の概況

東日本大震災の影響で、ペシャワール会＝ＰＭＳの予算は縮小を余儀なくされたが、二〇一〇年度からのＪＩＣＡ（国際協力機構）共同事業の河川工事が継続されたため、規模は発足以来最大となった。治安悪化は事業進行に殆ど影響しなかった。

ダラエヌール診療所は変わらずに続けられ、ハンセン病患者の治療の場を再建することが課題になってきた。

灌漑《かんがい》事業は、マルワリード用水路の最終段階である保全体制に着手すると共に、隣接地域の安定灌漑をめざし、取水堰《ぜき》及び一連の取水システム（取水門・主幹水路・調節池・送排水門・関連護岸など）の建設が次々と進められた。

ガンベリ沙漠開墾は、二〇一一年五月の砂嵐と同年十月の鉄砲水、十一月のクナール河渇水で一時中断を余儀なくされたが、防砂林の植樹を活発化し、給排水路の整備が更に行われた。用水路は事実上シギ村落まで延長されることになり、一二年四月、洪水路横断工事が始められた。

長い対立が続いていたマルワリード対岸のカシコート地域は、二〇一一年十月に和解が実現し、一二年二月、大洪水で破壊された主幹水路復旧と取水堰と一連の取水システム建設をめざして護岸工事が開始された。この結果、ジャララバード北部穀倉地帯（耕地一万六五〇〇ヘクタール、六五万人）の復活と安定灌漑をめざす「緑の大地計画」は、ほぼ仕上げの段階に入った。

1. 医療事業

最後の拠点――ダラエヌール診療所とハンセン病問題

ＰＭＳに残った唯一の診療所がダラエヌール（ナンガラハル州）である。ダラエピーチ（クナール州）、ワマ（ヌーリスタン州）は戦場となって久しく、再開の目途は立っていない。

二〇一二年、同渓谷は「ダラエヌール郡」として、独立した行政区画となった。旧シェイワ郡の人口が爆発的に増え、管理が行き届かなくなったためである。このため、診療所から小病院への格上げが問題になったが、行政手続きが煩瑣《はんさ》な割に実が伴わないと判断、時期をうかがっている。

ペシャワールの旧ＰＭＳ病院は、唯一残されたハンセン病診療施設として重きをなしていた。だが、戦乱で同病院をも失った現在、同病の治療は大きな課題である。

二〇一二年三月、ペシャワール側から照会があり、未治療の患者が送られてきた。アフガン東部、とくにクナール州はハンセン病最多発地帯の一つである。しかし、無政府状態で本格的な動きができず、とりあえずダラエヌール診療所の一角を使用するよう検討された。

ハンセン病や結核の未治療患者の菌検査をする中村医師（12年3月、ジャララバード宿舎にて）

治療薬はナンガラハル州保健省の倉庫に眠っている状態だったが、行政側に訴え、その出方を見ている。アフガン側では、結核と統合した対策が表向き掲げられているが、診断・治療できる医療関係者が皆無で、事実上放置されている。カーブルとバーミヤンで長く活動していたドイツ系医療団体は既になく、期待がＰＭＳに集中した。

州保健省は興味を示し、その主催で指導的な医師層を対象に私中村が講義を行なったものの、実態は殆ど知られていない。しかし、この政情下で「ハンセン病どころでない」というのも本当で、ＰＭＳとて下手《へた》に動けば現地活動全局に影響が出る。しばらくダラエヌール診療所で小規模な診療を始めて静観し、患者数が無視できない状態になれば、再度行政側に打診、何らかの方策を立てる。

二〇一一年度の診療内容は表1の通り。

2. 灌漑事業

⑴取水堰と護岸

二〇一〇年の大洪水に引き続き、季節外れの集中豪雨、記録的な砂嵐被害、渇水、豪雪、春先の洪水と、目まぐるしい自然の変化に振り回され、昨年度以上の努力を余儀なくされた。

二〇一〇年九月に立てた計画は以下の通りで、マルワリード取水堰だけを除き、一一年度末までに予定工事を全て完了した。

①マルワリード取水堰・水門の全面改修
②カマI取水門補修・堰の全面改修
③カマII取水口の建設
④カマII用水路・主幹一km建設
⑤カマ用水路対岸の護岸工事と取水堰
⑥ベスードI取水堰及び一連の取水システム（カーブル河）建設
⑦シェイワ取水堰の河道回復工事
⑧ダラエヌール土石流路の護岸工事

◎カマ郡・ベスード郡の安定灌漑

この結果、カマ郡とベスード郡全域で安定灌漑を実現した。これは長年の悲願であったが、難航すると見られたカマII、ベスードI取水堰及び一連の取水システムの建設は、JICA共同事業として実現したものである。

ベスード郡のうちクナール河沿いでは、三・五kmの護岸工事が完了した。河道変遷で日常的に洪水にさらされていたタプー地域が守られ、タプー堰*の建設で安定灌漑をも保障した。

「渇水・洪水の両者に耐える堰」は、現地農民の夢であり、「緑の大地計画」発足以来の最大の課題であった。だが、これら一連の工事によって、日本の伝統技術を範として完成度が高くなり、現在の程度の水位変動なら十分に機能することが立証された。

今後、この取水システムを他の場所に拡大すれば、相当の農業復興が期待できると思われる。

◎カシコート取水堰・用水路計画

二〇一一年十月、長く対立が続いた対岸・カシコート自治会との和解が成立した。対立の原因は河川工事をめぐるもので、クナール河右岸のマルワリード側ばかりに恩恵が及ぶ

表1 2011年度 診療数及び検査件数

国名	アフガニスタン
施設名	ダラエヌール
外来患者総数	49,500
【内訳】　一般	43,268
ハンセン病	1
てんかん	524
結核	295
マラリア	5,412
外傷治療総数	2,920
入院患者総数	1
検査総数	11,998
【内訳】血液一般	811
尿	2,257
便	2,842
らい菌塗沫検査	2
抗酸性桿菌	250
マラリア	5,372
リーシュマニア	246
その他	218
心電図	-
超音波検査	-

不公平感があった。実際、カシコートは最貧困地帯の一つで、「緑の大地計画」の筆頭に挙げられていたが、著しい交通不便もあって、事業が開始できないでいた〈251頁＝180号参照〉。

二〇一〇年の大洪水は、カシコートでも猛威をふるった。加えて前年〇九年、PRT（米軍地域復興チーム）の橋がクナール河の極めて狭い場所に架けられたため、激しい堰《せ》き上がり〈11頁の用語集参照〉を生じて広範囲が冠水、橋は折れ、主幹水路が濁流に消えた。主要河道が大きく村落に侵入し、年々浸食が進んでいたうえ、自力で取水口や主幹水路の復旧を行うのは不可能であった。十ヵ村のうち六ヵ村がパキスタンへの難民化を決定していた。

二〇一一年十月、窮したカシコート自治会がPMSに救援を求めて謝罪、PMS側が支援を確約した。翌一二年二月、予備工事の河道回復が大々的に開始され、取水堰、主幹水路の本工事は一二年十月に始められる。これによって難民化を決めていた村々は、留《とど》まるに至った。

その後の再調査で、マルワリード取水堰と連結して堰を築き、約一・五kmの主幹水路を建設すれば、十ヵ村・約三千ヘクタールの安定灌漑が実現することを確認した。

実現すれば、ジャララバード北部三郡（ベスード・カマ・シェイワ）計一万六五〇〇ヘクタール全域の安定を保障すると共に、対岸工事に悩んできたマルワリード堰の保全も容易になる。ここに「緑の大地計画」が大詰めを迎えた。

⑵マルワリード用水路

◎マルワリード用水路流域の保全体制

用水路は完成しても、保全体制の確立が最大の難関だと見ている。二〇一一年度は、マルワリードを襲ったジャリババ渓谷（取水口から約五五〇〇m地点）の鉄砲水で用水路約二〇mが破壊され、送水が三週間中断した。

洪水通過路の幅を倍増し、積年の懸案を払拭《ふっしょく》した。だが、この災害で流域農民は危機感を共有し、協力態勢を強めた。二五・五km全域で、浚渫《しゅんせつ》作業を各村が担い、定例行事として定着させようとしている。

また、貧しい村々を主眼に分水路の整備、揚水水車〈292頁＝117号参照〉の設置などが計画され、各村会と協力が進んでいる。この背景には、政治に対するあきらめと、支援が及ばぬ現実がある。皮肉なことに、外国支援の期待感が薄れるにつれ、自力更生の意欲が高まっている。

当分はPMSが水主《みずぬし》〈11頁の用語集参照〉の役割を担い、小水利施設などを整備し、流量調整や村落間抗争を収める。公的機関による管理は時期尚早である。

◎シギ地域の灌漑

シギ村落群はシェイワ郡の約半分を占める。シギ取水口は長く荒廃していたが、マルワリード用水路が開通すると大半の農地を回復したものの、隣接するシェイワ村落群との抗争が頻発するようになった。

これは地勢上、平皿状の低地を通過して送水されるため、湿害の発生が起きやすいのである。そこで、シギ上流側はクナール河の小取水口から直接潤し、下流側はマルワリード用水路末端からガンベリ沙漠経由で送水すれば解決する。だが、沙漠西端の幅広い自然洪水路に阻まれて、計画が棚上げされていた。

二〇一一年十一月、クナール河沿いで渇水が深刻となり、マルワリード用水路も一時水不足に陥った。PMSが手掛けたシェイワ取水口も河道変化で涸れ、シェイワ・シギ間で激しい対立が起きた。

元来、この取水口はマルワリード用水路を補足するために修復され、シギなどの他の村落も恩恵に浴する筈であった。しかし、シェイワの水番〔11頁の用語集参照〕が適切な水量調節を行わず、他の村々を考慮しなかったので、気まぐれな送水で湿害が起き、渇水となれば真っ先に被害を受けた。

二〇一一年十一月、PMSは多大の労力を割いて旧河道約八〇〇mを、四回目の工事で回復し、シェイワ取水口をPMSの直接管理下に置いた。しかし、対立は根深く、シギ住民はシェイワ取水口の共有を頑《かたく》なに拒否、河道さえも別にすることを主張した。PMSは、現場に集結して圧力をかける住民を一喝、河道を共有して無駄を省くべく説得、予定工事を断行したが、取水門は、やむを得ずシェイワ取水口に隣接して新設する計画を立てた。

一方で、一二年四月、ガンベリ沙漠経由の送水のため、二六〇mの洪水路横断サイフォン〔上図ならびに11頁の用語集参照〕が着工した。

これによって地域同士の対立は解消したが、アフガン農村を束ねることが容易でないことを改めて痛感した。今後もPMSが現地と一体化し、地縁社会の重要な構成員となる以外に道はない。だが、このような実際的な処置を通じてのみ、現地の結束が実現する。実事業そのものが「自立定着村構想」の基礎だといえよう。

3. 農業・ガンベリ沙漠開拓

PMS試験農場は現在、約四五ヘクタールが開墾されているが、二〇一一年度は猛烈な砂嵐に見舞われて中断した。

防砂林の拡張の必要が痛感され、植林に重点が置かれた。このために給水塔二基を建設、四㎞に及ぶ林が保全・拡張されている。

ガンベリ沙漠の開墾可能地は、全体で約一千ヘクタール、隣接する村落間で一応の縄張りができ、現在のところ安定している。ＰＭＳぬきに開墾ができないので、他の勢力もＰＭＳを介してまとまり、ナンガラハル州では最も治安の良い場所となっている。

なお、二〇一一年一月から十二月までの植樹は十一万七〇二八本で、〇三年から一二年五月までの総植樹数は約七〇万本に達した。そのうち、ほとんどが活着、枯れたものは補植している。

表2　2011年度現地派遣ワーカー

1	村井光義	事務・現地連絡員	2005年3月〜
2	村上　楽	医師	2011年10月〜12年4月

4．ワーカー派遣・その他

二〇一一年度は、表2のワーカーが事業に参加した。しかし、治安情勢を考慮し、現場に中村一名、ジャララバード事務所に村井一名で臨んでいる。

二〇一二年二月十八日、カシコート・サルバンド村の作業地で、米軍ヘリが突然旋回して女子学童を機銃掃射、十数名が重軽傷（うち重傷六名）を負い、ＰＭＳが救援活動を行なった（263頁＝111号参照）。父兄や教師から懇請があり、安全のための校舎建設（約一六〇名収容）が予定されている。今秋の用水路工事期間に資機材を輸送して始める。

□二〇一二年度の計画

年度報告に述べた通り。

マルワリード用水路関係では、流域農民の結束で保全体制を築くことが最大の課題となる。その他農地開拓、小水利施設、給排水路整備、植樹等、基本的にこれまでの連続。小水利施設の中では、シギ村落群へのサイフォン建設、流域の最貧困地帯のカンレイ村の揚水水車設置が大きなものである。

二〇一〇年に予定したマルワリード取水門の全面的改修は、「カシコート以後」となる。一三年度に実施される可能性が大きい。

全体ではカシコート取水堰・主幹水路一・五㎞、同護岸工事が規模としては大きく、ＪＩＣＡ共同事業として実施される。これまでで最大の難工事となるが、実現すれば、マルワリード堰と一体化され、両岸の安定をもたらす。

女子学童校舎は、河川工事が難航すれば延期があり得る。

＊二〇一二年三月、ベスード郡タプー地域に造られた比較的小規模な堰だが、取水が不安定な立地だったため二〇一五年春、やや上流に完成したミラーン（ベスードⅡ）堰からの取水によって灌漑されることとなったため、ＰＭＳの管理を外れた。

113号 ２０１２・10

目的と精神は変らず、「生命」が主題です
——時流に乗らない心ある人々の思いに支えられ

みなさん、お元気でしょうか。

現地は再び、河川工事の季節が巡ってまいりました。昨年の今頃は、ベスード郡の堰《せき》や護岸工事が中心で、ずいぶんと急《せ》かされた気持ちでいました。おかげで、この一年、ベスード郡三千ヘクタールの安定灌漑《かんがい》を実現し、全郡の安定は近いと考えています（残されたタンギトゥクチ堰の灌漑面積は約六五〇ヘクタール。こちらは手が出せないのが現状ですが、他団体が実施しなければ、ＰＭＳ（平和医療団・日本《ピース・ジャパン・メディカル・サービス》）がいずれ手がけることになります）。

さて今秋は特別な大攻勢です。ＰＭＳは現在、二つの地域を新たに潤そうとしています。二〇一二年から五年をかけ、私たちの「緑の大地計画」は大詰めを迎えます。

1．シギ地域への送水

規模としてはカシコートが大きく、最大の努力が払われますが、シギ地方も劣らず重要なところです。ＰＭＳガンベリ農場の開墾と同時に進められているのが、同地域への送水路です。これは事実上マルワリード用水路延長で、全長約二・二km、ガンベリ沙漠末端から二六〇ｍのサイフォンで自然洪水路をくぐらせ、同地域約一二〇〇ヘクタールの安定灌漑を実現しようとするものです。

既に今年四月以来、サイフォン両端から工事が進められてきましたが、集中豪雨の危険がない今冬中に開通、送水が始まります。これにて、マルワリード用水路の主要分水路の工事は終局を迎えます。

2．カシコート地域

河川工事で見ると、今秋の最大標的は、何といってもカシコートです。わが主力は間もなく、マルワリード用水路対岸の同地域に展開します。

同地の灌漑計画の経緯については、昨年十月から会報でも再々お知らせしたとおりです。これが成れば、マルワリード堰と連続した六五〇ｍの記録的な「石張り斜め堰」となり、両岸共に維持が非常に容易となります。

今秋に始まる本工事に先立って、既に今年二月の段階で準備工事が本格的に進められてきました。主幹用水路約二kmが川沿いを走っていましたが、二年前の大洪水で破壊され、大きく湾曲した主要河道が村々を奥深くえぐっていた

カシコートの護岸・復旧工事（12年4月）

のです。六ヵ村は昨年十月の段階でパキスタンへの難民化を決めていました。

ＰＭＳはペシャワール会の多大の協力を得て（二〇一一年十月）、緊急に河道変更工事を実施、難民化を食い止めました。作るべき用水路本幹が流失していて、急流の底に消えていたのです。これまた大規模な河道復旧工事となり、失地を回復、辛うじて秋の工事の備えが成りました。

この間、ＩＳＡＦ（国際治安支援部隊）による女子学童への銃撃事件があり、重軽傷十数名を出しました（263頁＝111号参照）。そこで、村民の懇請に従い、校舎建設をも同時に行うことになっています。「緑の大地計画」は、このカシコートを以《もっ》て、仕上げの段階に入ったと言ってよいと思います。

ベスード、カマ、シェイワ三郡（カシコートを含む）の耕地は計一万六五〇〇町歩《ちょうぶ》（約一六五km²）、六五万人の農民の生活を支えることになります。これは、ほぼ福岡県南部の筑後平野の復活に等しく、人々が生きる基礎を提供することになります。

ガンベリ沙漠の変化（上は09年、下は12年）

3．マルワリード用水路の「一斉浚渫《しゅんせつ》」

建設事業は確かに多大の費用、労力、技術や工夫を凝《こ》らし、目に見える結果を残します。しかし実は、維持保全体制の確立がないと、完成とは言えません。目立ちませんが、建設以上にはるかに忍耐と努力が要ります。

二年前からの計画は、大約すると、二本柱からなっています。

①用水路流域農民の結束と協力
②熟練作業集団の確保と自活

前者は、二五・五km全線にわたり、受益村落が責任を以て特定区間の維持に協力する。先ずは全線の浚渫《しゅんせつ》を年二回、定例行事化する。こうして、流域農民共通の財産としての意識を定着させることです。

後者は、洪水による破壊、新たな給排水路の建設、堰や水門の補修等で工事が必要になった時、即時に着工ができるように待機させる。待機といっても給与を与えることができないので、ガンベリ沙漠開拓をしながら自活させ、普段は農耕に携わる。これが「自立定着村構想」で、いわば屯田《とんでん》兵村に近いものです。このための居住地と開墾地の確保、その合法性の獲得が間もなく実現の見通しとなります。

マルワリード用水路の一斉浚渫。流域村落の代表がマドラサ校庭に集結（12年9月）

最近の大ニュースは、PMS副院長ジア医師らの根気づよい折衝で、遂に流域全村自治会の協力を獲得、去る九月九日、用水路の「一斉浚渫」が行事として敢行されたことです。

マルワリード用水路は他と異なり、全くの新設でしたから、新しい移住者や数十年ぶりに戻った農民が多く、まとまりを欠くきらいがあったのです。これは長年の悲願であり、完工式に劣らず嬉しいものでした。

「緑の大地計画」十年の節目

ペシャワール会が発足して二九年、現地活動は二八年を経過しました。ハンセン病診療に始まり、東部アフガンの山村医療、そして大きな転機が十二年前から始まる大旱魃《かんばつ》でした。その後アフガン空爆、引き続く内戦の激烈化の中で今日に至っています。

この間、ペシャワールにあったPMSは、政治混乱と内戦の余波を受け、二〇〇八年に中心がジャララバードに移りました。しかし、日本側では「ペシャワール会」という名称は変えず、依然として強力な現地支援団体として働き続けています。

パキスタン領のペシャワールからアフガン領のジャララバードへ、医療中心から水利事業中心へ、PMSの現地活動は一見、大きな変身をしたようですが、目的と精神は変わりません。「生命」が主題です。

それでも、ほんの数年前まではカイバル峠を自由に越えて仕事が進んでいたことを振り返ると、不吉とも言える時の流れを思わずにはおれません。戦火は多くのものを奪いました。不寛容な殺伐さが増し、カネと武力が、人と人、人と自然の仲を裂いてきたような気がします。

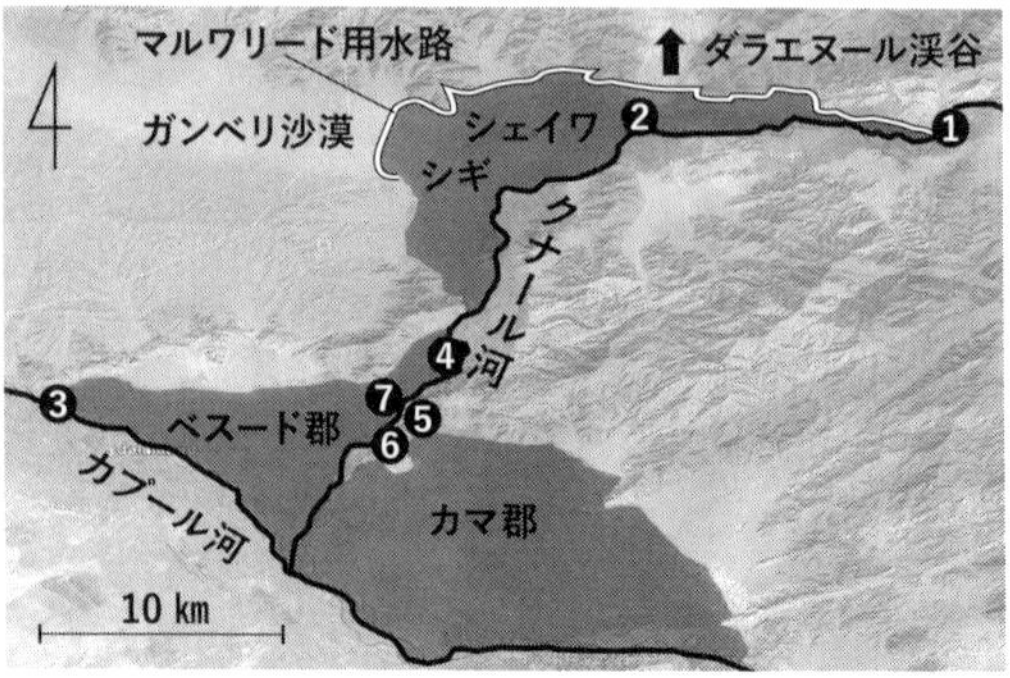

PMSによる取水堰の建設で潤される地域（～2012年4月）
❶マルワリード　❷シェイワ　❸カシマバード（ベスードⅠ）
❹ミラーン（ベスードⅡ）　❺カマⅠ　❻カマⅡ　❼タプー

だからこそ、時流に乗らない心ある人々の思いに支えられ、心ない論評や妨害を超え、ＰＭＳの活動は脈々と続いています。どんな状況にあろうと、規模の大小を問わず、時と場所を問わず、行動を問わず、この世界を辛うじて支えているのは誰にもある人の温もりだと、感慨を深くします。

内戦は激しくなる一方で、政情は混乱の一途をたどっています。しかし、殆どの人々の真情――戦と外国人の干渉は、もうたくさんだ。故郷で家族と三度の食事がとれさえすれば、それ以上のものは要らない――という、この無欲な願いが、誤りのない普遍的な人の営みでしょう。そして、これこそが、活動の基礎であり、活力の源泉であり、ゆるぎない平和につながるでしょう。

理念や政局の問題ではなかったのです。平和とは座して待つものでなく、体で戦いとることを学びました。時には軍閥や買弁《ばいべん》政治家と対決し、時には自らの欲望＝過大な豊かさへの固執・我欲と対峙し、人の分限を超えた過信を排し、天意を尊んで恵みに感謝することなのです。

最近、アフガン軍兵士や警官が外国兵を射殺する事件が更に増えています。その大半が非政治的なものです。十一年前、米軍の「報復爆撃」で、罪のないアフガン人が大量に死にました。あの頃、散乱した肉親の死体を無表情に集めていた子供たち、空腹を抱えて硝煙の中を逃げまどい、死んだ両親に取りすがって泣いていた子供たち、彼らが今、血気盛んな青年です。追いつめられた彼らの心情を思えば、非は何《いず》れにあるのか、断ずるのに躊躇《ちゅうちょ》します。「剣で立つ者は剣で倒される」。真理です。

他人事ではありません。私たちもまた、大きな転換点を生きています。人同士の関係だけでなく、人と自然の関係においても、アフガンで起きたことは、形を変えて世界中で起きます。

日本自身が苦しいにも拘《かか》わらず、大きなお支えをいただいたことに感謝し、「緑の大地計画」十年の節目に当たり、変わらぬご支援をお願い申し上げます。

平成二四年九月　記

chapter

V

114号 (2012.12) ～121号 (2014.10)

2013 (67歳)	**ガンベリ沙漠の開墾地約50ヘクタールを合法的な所有地とした(40年間借用)。ベスード郡にも職員居住のための土地をPMS私有地として確保**
	4月、パキスタンの総選挙でシャリーフ元首相が圧勝
	ダラエヌール診療所敷地内に職員宿泊所を建設
	5月、ジャララバードの国際赤十字支部が襲撃を受ける
	6月、ジャララバードで記録的な洪水、8月まで断続的に発生
	カタールのドーハで米国、タリバン、アフガン政府の三者による和平協議が開催される
	6～8月にかけ大洪水が断続的に発生。カマ堰対岸にあたるベスード郡の護岸が一部決壊。シギ取水口、カマII取水口にも甚大な被害
	9月、中村医師が福岡アジア文化賞大賞を受賞
2014	**3月、マルワリード=カシコート連続堰が完工(追加工事の後、10月に竣工式)**
	4月、アフガニスタンの大統領選挙でガニ氏が当選するも組閣が遅延し、治安は悪化。6月に2回目の決選投票(9月に当選確定)
	8月、米国などがIS(自称「イスラム国」)の制圧地に空爆開始
	10月、JICA(国際協力機構)との共同事業でミラーン(ベスードII)堰建設に着工
	秋、WFP(世界食糧計画)などが「アフガンでは760万人が飢餓線上」と伝える

114号 2012・12

「緑の大地計画」の天王山

——私たちを支えるのは人の温もりと和やかさ

カシコート堰工事に邁進《まいしん》

みなさん、お元気でしょうか。

当地も初冬にさしかかり、高山が薄化粧をしてきました。川筋の風が冷たくなり、防寒具が要る季節になりました。相も変わらず、河の工事に追われています。アフガンでは、渇水期です。河の水位が思いきり下がり、毎年今頃でないと取水堰《ぜき》や護岸の工事ができないのです。

今年はまた、特別です。昨年十月から準備してきたカシコート取水堰工事が、のるかそるかの段階に差しかかっているからです。

ＰＭＳ《ピース・ジャパン・メディカル・サービス》〔平和医療団・日本〕とペシャワール会では、カシコート復興を「緑の大地計画」の天王山と位置づけ、大規模な工事が進んでいます。

本工事が過去十年の「緑の大地計画」の最大の挑戦だと考えて差し支えありません。対岸四〇〇m先には、マルワリード用水路の取水口が見えます。対岸では同水路の灌漑《かんがい》によって、二五・五㎞全流域が殆ど無駄のない土地によみがえり、十五万人以上の人々が故郷に戻り、自活できるようになっています。しかし、取水口は一昨年の大洪水で相当傷み、改修を余儀なくされていましたが、両岸の対立が根深く、対岸からのアプローチが出来ずにいました。

マルワリード堰との一体化

ところが、昨年秋、カシコート自治会とＰＭＳとの和解・協約が成り、同地域の灌漑計画が動き出しました。計画が成功すれば、陸の孤島であるカシコート全域が難民化から免れ、同時にマルワリード堰の安定が保障されることになります。つまり、マルワリードとカシコートの堰が一体化され、維持が約束されるからです。

しかし実際の工事は、相手が大自然です。連続堰の長さ約五〇〇m、それも二〇一〇年夏の大洪水で流失した砂州を復旧しながら、大河クナールを横断する作りです。生易しいものではありませんが、十二月中旬で大勢《たいせい》が決すると見ています。

現場はさながら戦場です。重機九台とダンプカー十六台、精鋭の作業員二〇〇名を集中、必死の作業が整然と行われています。

緊迫した努力

長い間ＰＭＳの工事に携わってきた彼らは、取水堰が地域の生命を握ることを知っています。成功すればカシコート二五〇〇ヘクタールもまた、マルワリード流域と同様、多くの農民が戻って生活を維持できる。失敗すれば……逆にマルワリード側が再び沙漠に戻り、十数万人が路頭に迷うのは確実です。その分かれ目が、ここ数週間に迫っています。詳しくは、追って紹介します。

建設中のカシコート堰と対岸のマルワリード堰（12年10月）

当方は覚悟して総力を結集、過去最大規模の工事となりました。事務所と現場、ＰＭＳと地域が一体となり、文字通り命綱を守るべく、緊迫した努力が傾けられています。まともな救援が寒村に届かぬことを誰もが知っています。おそらく、これほど組織化され、熟練した集団の動きを見ることは無いでしょう。戦局や政治の行方など、とっくの昔に興味を失いました。

悪意ある噂——理屈も評論も虚ろ

去る十一月五日、工事現場の対岸で小さな戦闘らしきものがあり、建設中の水門付近に対戦車砲弾が三つ着弾しました。米軍の空爆演習もサルバンド村で日常化し、時々怪我人が出ます。迷惑な話です。作業員はそれを殆ど無表情に眺めていましたが、「ＰＭＳが狙われた」という悪意ある噂が流される気配があったので、ジア先生が治安関係、地方政府筋と事実を確認し、誤報を打ち消しました。

地域自治会は、「ＰＭＳの邪魔をすれば、カシコート八万家族を敵にする」と異例の宣言、工事は何事もなく進められています。ＰＭＳが勇敢だとか、地域農民の情が厚いとかいう話ではなく、皆がそれほどの瀬戸際に立たされているということなのです。

時々流されるアフガン情勢は、戦局や危険情報、復興支援をめぐる報でなければ、それに対する評論ばかりです。いくら安全や人権が主張されても、一般のアフガン人の生命や人権は含まれていないようです。

もう静かにしておいて頂きたい。そう思います。見捨てられた人々の声が届くことは、今後もないでしょう。あっても、情報の洪水と議論の中で薄められ、伝わることはないと思います。ここでは、どんな理屈も評論も虚《うつ》ろです。それよりも、餓《う》えた人々に温かいパンの一切れを分かち合お

クナール河を筏《いかだ》で行き来する作業員（12年12月）

うとする真心だけが、励みであり、信ずるに足ることです。

生殺与奪の権を握る自然の大河は、轟々《ごうごう》と流れ、真っ白な水しぶきをあげて岩に砕け散る。それが何かを語るようです。人を欺かぬメッセージに耳を傾けます。

何もアフガンだけが困っている訳ではありません。しかし、平和とは生きた力です。どんな事情にあっても、私たちを根底から支えるのは、そんな人の温もりと和やかさであって、批評や「情報」ではありません。まして暴力や政略は論外です。

日本も寒々とした状態が続いていると聞きましたが、これまでの温かい支えと、変わらぬご理解に感謝申し上げます。

良いクリスマスと新年をお迎え下さい。

ジャララバードにて

115号

2013・4

マルワリード＝カシコート連続堰、完成の日途

――推定六五万人が安心して暮らせる土地に

三郡の安定灌漑

再び春がめぐり、柳の新緑が輝く季節となりました。皆さん、お元気でしょうか。

昨年十二月の会報〔114号〕で報告したように、今冬はこの十年で最大の山場を迎えました。「緑の大地計画」が重要な段階に差しかかったのです。

ジャララバード北部の穀倉地帯、シェイワ、カマ、ベスード三郡の安定灌漑《かんがい》によって、一万六五〇〇ヘクタール（推定人口六五万人）が安心して暮らせる土地になる――夢のような話ですが、実現に向けて確実な歩を進めました。

最難関と見られたマルワリード＝カシコート連続堰《ぜき》は、完成の目途が立ち、ひと夏を経てから最後の詰めの工事が行われます。これによって、マルワリード用水路側三五〇〇、カシコート側二五〇〇、計六千ヘクタールが安定灌漑の恩恵に浴し、同時に悩まされ続けてきた洪水の恐怖からも解

放されます。

しかし、皆の協力と天運がなければ、この仕事は成り立たなかったと、この一年をしみじみと振り返っています。クナール河は聞きしに勝る暴れ川で、水量が筑後川の数倍、大規模な流れです。

「これで生きていける！」

昨年二月に行政と住民を集めて工事宣言した直後、後悔の念が起きないではありませんでした。調査を進めれば進めるほど、容易な工事でないことを悟りました。主要河道が大きく村へ蛇行して進入、主幹水路となる土地が川底に沈み、灌漑だけでなく洪水対策をも同時に行わなければならなかったのです。

このため、ペシャワール会に頼んで緊急予算を組み、大掛かりな河道変更工事が一年前に行われました。昨秋に本格的な連続堰建設が始められ、同時に取水門―主幹水路―調節池と、一連の取水設備が間もなく完成いたします。

連続堰に最大の精力が費やされました。堰長五〇五m、石張り面積は約二万五千㎡（約七五〇〇坪）、今回ばかりはモデルであった山田堰（福岡県朝倉市）の資料を丹念に読み、工法もそれを踏襲しました。

予算の大半が堰造成につぎこまれました。石材の量が半端でないのです。今でこそ、ダンプカーやショベルカーを駆使して仕事ができますが、それでも大変です。二二〇年前、牛馬と人力だけで仕上げた先人は、どんなだったでしょう。それも渇水期の限られた期間で仕上げるのは、相当の覚悟と努力が要ったことでしょう。改めて、日本の先達の偉業を想い、その延長に現在の私たちの生活があることを知りました。

過去最長となるカシコート主幹水路（13年3月）

去る十二月中旬、河の水を流し、この巨大な堰の全貌が見えた時、皆がしばし作業の手を休め、うっとりと眺め入りました。敷きつめた巨礫《きょれき》を流れる水が余りに美しいのです。説明抜きに、誰にでも分る美しさです。それは人と自然が和解した瞬間でもあったでしょう。また、命に直結する清らかな美です。「これで生きていける！」。多くの村民は、そう思ったと言います。以後、安堵感が地域に拡がり、難民となっていた人々が続々と帰郷し始めました。

「護岸」とは――人の安全を確保すること

その後も河との戦いは続きました。渇水期の間に、必要

堤防の河側をヤナギで、裏側をユーカリによって保護した植樹の例（カマ堰対岸、13年5月）

な護岸を進めねばなりません。この二ヵ月間は洪水浸入部の処置が焦点でした。詳細は割愛しますが、結局護岸線を総計四㎞に延ばし、堰《せ》き上がり（11頁の用語集参照）地点の水位上昇を抑える工事を行い、一年にわたる激闘に終止符を打ちました。「護岸」と言っても、壁を高くすれば済むことではありません。人の安全を確保することです。万一浸水があっても、最低限の犠牲で済むよう、努力が払われました。先ずは危険な場所を遊水地として耕作だけを許し、人が住まぬことです。強力な護岸といえども過信せぬことを徹底しました。

技術的には、洪水の抜け道を大きく取って堰き上がりを最低限に抑え、予想を超える水位に対しては力ずくで守らず、越流を許すことです。洪水浸入部に長さ二〇〇ｍにわたり、堤防というよりは長い小山を築き、河の表法《おもてのり》にヤナギ、裏法にユーカリの樹林帯を厚く造成します。何《いず》れも根が深くて水になじみ、激流でもさらわれることがありません。万一洪水が来ても、流水が林をくぐる間に速度が落ち、破壊力を減らすことができます。

この手法は、古くから九州でも治水に広く用いられてきました。ガンベリ沙漠を襲う洪水対策でＰＭＳ（平和医療《ピース・ジャパン・》団・日本《メディカル・サービス》）が採用、見事な有効性を確認しています。

自然を制御できると思うのは錯覚であり、破局への道です。ただ与えられた恩恵に浴すべく、人の分限を見極めることです。最近の日本の世相を見るにつけ、ますます自然から遠ざかっているように思えてなりません。足りないのは、敵意を煽《あお》る寸土の領有や目先のカネ回りではありません。自然に対する謙虚さと祈り、先人たちが営々と汗で築いた国土への愛惜、そこに息づく多様な生命との共生です。

私たちには時間がある

同時に進行していたシギ地域の灌漑計画は、去る二月二日、長さ二六〇ｍの洪水路横断サイフォンが完成、シギ分水路一・八㎞のうち、半ばを造成、何とか稲作に間に合うよう、努力が続けられています。

更に、開拓団の居住地の確保、開墾地の合法的な所有などが進められ、マルワリード用水路沿いの保全体制も大きく前進しました。外国軍の謀略や犯罪集団の横行で治安が乱れる中、開拓地は最も安全な場所として、地域行政側も認めるようになっています。また、農業計画が質量ともに拡大

シギ地区の自然洪水路を潜らせて横断する260mのサイフォン埋立作業（13年3月）

する中、新たにチームが再編され、開拓・農産物の管理・作付け計画などを一括して実施する態勢が整いつつあります。

先はまだ長いですが、「緑の大地計画」の悲願実現に向けて確実な動きがあった一年間でした。アフガンのニュースと言えば、外国軍の撤退時期、軍規や治安の乱れ、汚職、危険情報ばかりが伝わります。しかし、焦ることはありません。私たちには時間があります。どこから何を見ようとするかで、ずいぶん印象が異なります。騒々しい情報世界を離れ、悠久の自然と人の営みに焦点を当て、今後も歩いて行きたいと思っています。

詳しくは次回の会報でお伝えしますが、各方面の協力を得てここまで来れたことを、感謝を以《もっ》て報告いたします。どうも有難うございました。

平成二五年三月十四日　ジャララバードにて

116号
2013・7

天・地・人の構図の中で「自然と人間の関係」を問い続ける
――二〇一二年度現地事業報告

回二〇一二年度を振り返って

二〇一三年九月にペシャワール会、翌年五月には、現地活動三〇年を迎えます。

かつての青年医師は、初老の工事現場監督となり、この間のめまぐるしい変転を思うと、波瀾万丈とはこんな事をいうのかと不思議な気がしています。めまぐるしい動きにも拘《かかわ》らず、一貫する縦糸は、天・地・人の構図の中で「自然と人間の関係」を問い続けることだったような気がしています。

医療現場、河川工事、農業に至るまで、このことは変わりません。

大きな転機が何度かありましたが、最後のものは二〇一〇年八月の大洪水でした。ごみクズのように流されるはかない人間の営みを見ながら、思うところがありました。それまで、人の都合で自然を眺める未練がましさを拭《ぬぐ》えませんでしたが、自然の摂理から人を眺めるようになってきました。

人は大自然の中で、身を寄せ合って生きています。そして、人もまた自然の一部です。このことを忘れると、私たちの考えは宙に浮いてしまいます。科学技術で自然を制御できると錯覚し、不老不死の夢が叶うかのように考える。目先の満足のためなら、暴力も厭《いと》わず、生死さえ軽く考える。生かされている恩恵を忘れ、暗い妬みや不安に支配される――現地で見ていると、大は戦争から小はいじめや自殺まで、この錯覚が影を落としているように思えます。

アフガニスタンの現場から見る限り、時代は明らかに一つの破局に向かっています。人がこの巨大な錯覚の体系にとどまる限り、希望はありません。希望を演出することはできても、本当ではありません。

干ばつ対策に奔走した立場から見ると、日本ほど豊かな国土に恵まれた国はありません。敗戦直後、飢餓から立ち直らせ、戦で傷ついた人々を慰めたのは、郷土の山河と自然でした。その恵みによって生かされてきたことは、学校で教えられませんでした。おそらく、郷土を築いてきた祖先たちは、このことを知っていました。

株価や経済成長率は、恵みを語りません。武力は、郷土や国民を守りません。三〇年間の日本の変化を回顧すると、哀しいものがあります。

「身を寄せ合う」とは、人が和し、弱者を労《いた》わることです。平和して同ぜず、ここに積極的な価値と希望があります。平凡ですが、これが三〇年の結論です。

現地活動はなおも続きます。「緑の大地計画」を以《もっ》て日本の良心の気力を示したいと思います。三〇年の支えに感謝します。

▣二〇一二年度の概況

連続する大洪水と渇水

二〇一〇年八月に発生した大洪水と続く渇水は、気候変動による農地の乾燥化を更に進行させた。近年は、冬の降雪が遅めになり、春から初夏にかけて雪解けが一挙に起きる傾向が観察される。

またかつて局地の水循環の一端を担っていた夕立が少なくなり、大規模な局地集中豪雨になりやすくなっている。このため、地表水の滞留時間が短くなり、地下水位も下がっている。ヒンズークシ山脈の南麓では、二〇一二年に続き、一三年も晩冬になって降雪があり、例年より早期に洪水が到来した。ジャララバードでは、一二年四月下旬に続いて、一三年六月初旬に記録的な洪水に見舞われた。

このため、各地で堤防決壊や溢水《いっすい》が起き、大河川沿いの取水が一時的に麻痺状態に陥った。ＰＭＳ（平和医療団《ピース・ジャパン・メディカル》・

日本《サービス》）の作業地では、カシコートの護岸工事が寸前で完了していたので大禍を免れたが、二〇一一年に完成したベスード護岸の一部が決壊した。

無政府状態と国際団体の撤退

政情混乱は更に大きくなる中、欧米軍の撤退が進められている。二〇一三年六月現在、公式発表では二万人が引き上げ、九万数千人の外国兵が駐留している。「治安権限移譲」は一部の州を残して、八割以上が完了したと伝えられた。

二〇一二年度の著しい傾向は、自ら育成した警察官や国軍兵士が銃口を外国兵に向ける事件が多発、他方で内訌《ないこう》を煽《あお》るとしか思えないアフガン人同士の衝突が増えている。

また外国軍の軍規弛緩が目立ち、非戦闘員を無闇に殺傷したり、宗教を冒瀆《ぼうとく》する事件が増えている。二〇一二年度は、兵員の自殺が戦死と同数と伝えられた。

大都市の一部を除けば、ほぼ完全な無政府状態である。総選挙が予定されているものの、正常な投票が危ぶまれている。

ジャララバードでは、二〇一三年五月、ＩＣＲＣ（国際赤十字）支部が何者かの手によって襲撃された。同組織はタリバン勢力とも交渉があり、捕虜を看護師として養成するなど、一貫して中立を堅持してきたが、これによって同事務所は閉鎖され、重要な仲介者を失い、国際団体は東部から消えた。

パキスタン国境地帯の混乱とアフガン和平の行方

国境付近では、二〇一一年五月のオサマ（・ビンラディン）氏の殺害と前後して、米軍無人機による攻撃が活発となっている。これをめぐって米国とパキスタン政府との間に緊張状態が続いていたが、一三年四月、これ（米国）に反発するナワーズ・シャリーフ氏が総選挙で圧勝した。無人機攻撃とパキスタン・タリバン運動の活発化で、ペシャワールの治安は過去最悪となっている。

同月、パキスタン軍が国境を越えて基地を作ったとして、アフガン国軍と衝突、アフガン側は国民的キャンペーンを張ったが、国境住民は動かず大きな紛争には至らなかった。

和平交渉では、二〇一一年、米軍がアフガン政府の頭越しにタリバン代表と交渉し始め、混乱した。カルザイ政権は以前から定期委員会を開いていたが、政府代表のラバニ前大統領が暗殺されて頓挫していた。

二〇一三年六月、カタールのドーハで米国、タリバン、アフガン政府の三者で合意が成り、交渉が再開された。しかし、先行きはまだよく見えない。

□ＰＭＳ事業の概況

マルワリード用水路建設の仕上げとして、ガンベリ沙漠開拓、給排水路の整備、流域住民の協力態勢、農業部の発足、自立定着村の建設が進められ、シギ分水路が完工した。カシコートでは、取水設備の建設がＪＩＣＡ（国際協力機構）共同事業の一環として進められた。これによって対岸マルワリード取水口の安定灌漑《かんがい》も同時に保障された。

なお、ＰＭＳの関わる安定灌漑地の全域で、水稲栽培が爆発的に拡大したのも、この一年の顕著な傾向である。

ダラエヌール診療所は増改築を行い、事実上残る唯一の医療機関として地域で重きを成している。

1．医療事業

二〇一二年度のダラエヌール診療所での診療内容は別表の通り。

二〇一三年四月、職員宿泊所を診療所敷地内に建設した。これによって借家を手放し、女性の診療に力を入れるなど、内容は充実している。ＩＣＲＣ診療所など、他のＮＧＯは事実上消え、地域で更に重きをなすようになった。診療内容は、感染症と小外科が圧倒的に多い。

ハンセン病問題は、「飢えと渇水（洪水）対策に追われ、本格的に取り組む余裕がない」というのが実情で、事態を静観している。

表　2012年度 診療数及び検査件数

国名	アフガニスタン
施設名	ダラエヌール
外来患者総数	51,212
【内訳】　一般	45,399
ハンセン病	26
てんかん	544
結核	324
マラリア	4,919
外傷治療総数	3,767
入院患者総数	-
検査総数	12,478
【内訳】　血液一般	873
尿	2,608
便	3,019
らい菌塗沫検査	7
抗酸性桿菌	362
マラリア	4,881
リーシュマニア	309
その他	419

2．灌漑事業

①取水堰と護岸

二〇一〇年の大洪水後、ほぼ予定通り事業を進め、一二年度内に以下の工事を二年がかりで完了した。

・カマＩ取水門補修・堰《せき》の全面改修
・カマⅡ取水口の建設
・カマⅡ用水路・主幹一㎞建設
・カマ用水路対岸の護岸工事と取水堰（タプー堰〈272頁＝112号の注参照〉）
・ベスードＩ取水堰（カブール河）

これらは一一年度に事実上終えていたが、植樹、小改修等が残っていたものである。なお、二〇一三年六月には一〇年八月を上回る洪水に襲われ、カマ対岸のベスード護岸数百ｍが決壊、現在緊急工事が進められている。

一二年度に力が注がれたのは以下である。
・マルワリード・シギ分水路建設
・カシコート堰（〔マルワリードとの〕連続堰）と主幹水路

◎カシコート取水堰・用水路計画

建設に至る経過は、これまでの会報に詳しい。この取水堰建設（マルワリード＝カシコート連続堰）を以《もっ》て、「緑の大地計画」は最難関を越えたと言える。

計画は、これまでの取水堰の中で最大規模かつ難工事となった。二〇一二年二月～九月、蛇行浸入する河道の変更、旧河道回復と二kmの護岸、交通路敷設等の予備工事が進められ、一二年十月、本工事が開始された。

最大の焦点は、対岸マルワリードと繋がる長大な連続堰で、堰長五〇五m、堰幅五〇～一二〇m、石張り堰の総面積は約二万五千㎡、PMSが建設した堰では記録的なものとなった。夏の高水位期の状態を観察し、二〇一三年十月から最終仕上げに入る。

これによって、改修をくり返してきたマルワリード側は安定灌漑を得て、もはや大きな改修はなくなると考えている。

護岸は、上流サルバンド村の洪水進入点まで延長、計三・五kmに及んだ。一〇年八月の大洪水で同村の半分以上が冠水、農地を失った多くの村民はパキスタンに難民化していた。洪水進入地点は、大洪水レベルを想定して建設され、クナール河の狭窄《きょうさく》部を一・五kmにわたって開放、洪水流を遠ざける措置をとった。

二〇一三年六月の洪水高は一〇年八月を上回るものだったが、大禍なかった。カシコートの村民は続々と帰還し始め、耕地は以前より大幅に拡大した。

主幹水路は全長一七七五mを二〇一三年四月までに開通、現在主幹水路上段の施工、既存水路と連結すべく、工事が進められている。

完成したカシコート取水門（13年5月）

②マルワリード用水路

◎マルワリード用水路流域の保全体制

念願の保全体制は、二〇一二年九月、第一回定期浚渫《しゅんせつ》が行政・地域自治会の協力で実現した。用水路建設は確かに大きな事業ではあったが、保全体制を作るのは、もっと困難な仕事である。しかも行政がまともに機能しない中での組織化は、三年がかりの努力が必要だった。

特に民族や部族が入り乱れるマルワリード用水路流域は

大きな忍耐を要した。これはジア副院長以下、地元勢の功績である。

今後も工夫と努力が求められるが、記念すべき出来事だったと言える。

◎シギ地域の灌漑

この経過もこれまでの報告（270頁＝112号ならびに273頁＝113号参照）を参照されたい。約一千ヘクタールの安定灌漑を保障するシギ分水路は、他の工事に忙殺されていた上、幅二〇〇m以上の自然洪水路に阻まれて、なかなか施工に踏み切れなかった。

二〇一二年四月に始まった洪水路横断サイフォンは、マルワリード用水路末端（二五・五km地点）から二六〇mをくぐり、分水路は、新開地約一八〇ヘクタールを潤しながら二kmを進み、シギ地域を潤す。

サイフォンは二〇一三年二月、送水路は一三年六月に開通した。水路規模は小さいとはいえ、鉄砲水の通過地点が多く、大小九つのサイフォンをくぐる。最大送水可能量は毎秒一・六㎥（一日約十四万トン）、まだ小さな工事は残っているが、一三年度内に全ての工事を終える。ここでも多くの難民の帰郷が進み、人口が爆発的に増えている。

地元では農耕地を優先するので、同村落群は一斉に分水路沿いに移動し、耕地面積を更に広げると思われる。

◎自立定着村

年々規模を増すシェイワ郡の日曜市（13年2月）

ガンベリ沙漠で開墾した耕地、実質約五〇ヘクタールを四〇年間貸与で、合法的な所有地として得た。開拓を進めるにつれ徐々に拡大する方針である。

居住地が法的に問題にされたので、近接するベスード郡に約七〇家族が居住する土地をPMS私有地として確保した。これは、今後政権がどんなに変わっても、安定した居住と自給を目指すべきとの配慮である。

3．農業・ガンベリ沙漠開拓

PMS試験農場は現在、約五〇ヘクタールが開墾されているが、砂防林の成長を待たねばならない。

砂防林は拡張を続け、二〇一三年五月までに長さ五km、幅一〇〇〜三〇〇mの樹林帯を成している。ガズ（紅柳）とユーカリが砂防林に使われているが、固有植生と思われるビエラ（乾燥に強い中低木）、シーシャム（マメ科の高木）

を大量に育苗、将来的にユーカリと交代させる方針である。

ガンベリ沙漠の開墾地は、全体で約一千ヘクタール、いくつもの村ができる。だがPMS抜きに開墾ができないので、他の勢力もPMSを介してまとまり、ナンガラハル州では最も治安の良い場所となっている。水利用は、多数派のラグマン州出身の指導者がPMSの傘下で取り仕切っている。

ザクロ、メロン等の果樹の成長も旺盛で、ザクロは早ければ二〇一三年度から出荷が可能。穀類（米、小麦）の増産、特に小麦も一三年度に自給を目指し、作付面積を増やす。アルファルファは、ほぼ自生に近いほど定着、窒素肥料を著しく減じると共に、小規模な畜産も可能となった。

なお、二〇一二年一月から十二月までの植樹は八万五一三四本で、〇三年から一三年五月までの総植樹数は七五万本を突破した。ほとんどが活着、枯れたものは補植している。ベスード護岸沿いの植林のうち、約一二〇〇本が六月の洪水で失われたが、復旧後、年内に補植する予定。

4．ワーカー派遣・その他

二〇一二年度は、現場に中村一名、ジャララバード事務所に村井光義一名が常駐した。

カシコート・サルバンド村の女子校舎は、緊急の河川工事が著しく難航したため余裕なく、着工に至らなかった。二〇一三年度に着工を延期した。

揚水水車は試作品が間もなく完成する。二〇一三年六月に試験設置して改良、最終的に秋になる可能性が強い。これは用水路を干してコンクリート構造物を置かねばならないからで、稲刈り後となる。

回二〇一三年度の計画

今年度も、二〇一二年度からの連続である。

マルワリード用水路関係では、農地開拓、小水利施設、給排水路整備、植樹等、基本的にこれまでの連続。小水利施設の中では、カンレイ村の揚水水車設置が実現する。

最大のものは、マルワリード＝カシコート連続堰の完成、カシコート主幹水路を既存水路に連結する工事である。PMSの職員宿舎をシギ村（現ガンベリ出張所）からベスードに移転することも急がれている。

「緑の大地計画」は、ベスードⅡ取水堰（タンギトゥクチー）が次の標的となって、ほぼジャララバード北部穀倉地帯全域の安定灌漑に見通しをつける。事態を静観しながら、調査を進めている。

117号 2013・10

たびたびの大洪水の中、最大懸案のカシコート安定灌漑に見通し

皆さん、お元気でしょうか。

今夏の帰国は長く、暑い二ヵ月が過ぎようとしています。留守中、現地では大洪水の後始末が黙々と続けられていました。

まもなく現場へ戻ります。

今秋も例年のごとく、河周りの工事が目白押しです。最大のものは、何といっても「マルワリード＝カシコート連続堰《ぜき》」の完成です。昨冬基礎工事を終えたものの、今夏の大洪水の影響で、かなりの修正を迫られそうです。これは良いことで、洪水通過を十分に考慮し、丈夫で長持ちするものが出来ると思います。

この半年を振り返ると、仕事は更に多様かつ大規模になっています。上半期を見ると、カシコート、ベスードの護岸工事（改修）、カマI取水堰のかさ上げ、ベスードI堰改修が洪水後に行われています。こうして、堰や護岸も年々強靭になっていきます。

シギ地域の安定灌漑

二〇一二年四月に始められたシギ分水路（洪水路横断サイフォン二六〇mを含む約二㎞）が去る六月に開通、約一年半の小さからぬ仕事となりました。同工事区間は鉄砲水の通過地点が至る所にあり、最終的に大小七ヵ所のサイフォン建設を含む難工事となりました（271頁＝112号参照）。

総出で畑を耕すカシコートの帰還難民(13年2月)

これは事実上、「マルワリード用水路延長」と呼べるもので、シギ村落群下流域約一千町歩《ちょうぶ》（約十㎢）を潤し、不安定な灌水《かんすい》を解消し、安定した農業生産を約束しました。

これまで同地方は、既存のシギ用水路の取水量を調整できず、過剰送水で上流側の湿害が起こるため、農家は途方に暮れていました。今秋にシギ取水堰改修と水門の基礎が成れば、上流側の悩みも解決、シギ地方全域で安定灌漑《かんがい》を保障、シェイワ郡全域の灌漑計画が終局に向かいます。

「連続堰」とカシコート用水路

カシコートでは連続堰の基礎を終え、六月には既存水路への送水を実現しています。

今冬には一気に堰を完成させ、「緑の大地計画」の最大懸案に見通しをつけたいと思っています。二〇一〇年を超える今夏の大洪水で、小さな変更はありますが、ほぼ予想通り機能することが分かりました。八月下旬、増水時の山田堰〔福岡県朝倉市〕を日本でつぶさに観察でき、確信を深めました。

連続堰の基本構造は、ちょうど旧大石堰〔同うきは市〕・山田堰をつなげたような平面形状です。堰長五〇五m、堰中央に二本の「舟通し」を造れば、完成します。

主幹水路（約一・八km）の上段施工も進み、今秋から用水路沿いの植樹が始まります。調節池は七月に完成し、まもなく既存水路との連結部（サイフォンなど）の本格的な施工が行われます。

安定灌漑と稲作事情

問題になったのは、既存水路の送水可能量が小さいことです。取水量毎秒四～五m³に対し、一・五m³以下です。順番制で小麦や野菜は何とかなりますが、稲作は上流の村で終わってしまいます。

麦作だけでは土地が荒れるので、連作できる水稲栽培を何とか全域で実現したいところです。現地の人々はコメが大好きですが、これまで不安定な灌漑で思うように作れませんでした。単に水不足だけでなく、必要な時に必要な水量が得られなかったのです。コメは初秋まで田圃に十分な水を張っておかねばなりません。それが今まで不可能でした。小麦もそうで、雨の少ない現地では、熟成前の数週間に降雨がないと、収穫は一撃でダメになってしまいます。

しかし、安定灌漑で必要な時に十分灌水し、稲作ができるようになると、事態は一変します。コメは連作が可能で、栄養価も高い上、水田は土地を肥やします。小麦に使う肥料も著しく減らすことができます。

現地の食糧事情を考えると、これは大きな出来事です。農業生産は、飛躍的に増加します。同じ面積の耕地で、何倍もの人々を養うことができるのです。

また日本と違って、普通の農家は化学肥料や殺虫剤をほとんど使いません。買うカネがないこともありますが、現地品種は発育が旺盛で、強烈な日光の殺菌力も手伝ってか、思ったより病害虫に強いのです。

カシコート既存水路の拡張計画

このような事情で、PMS〔平和医療団・日本《ピース・ジャパン・メディカル・サービス》〕は現在、住民と協力して既存水路の拡張、水稲栽培の拡大を計画しています。測量では、主幹水路約一・八kmに加え、約九・五kmを拡張すれば、カシコートの人口が集中する大半の地域を豊かにできると考えています。

こちらの事業は、ＰＭＳ＝ペシャワール会単独事業で数年をかけて進め、せっかく難工事で得た取水設備を生かしたいと考えています。これについては、十分な立案の後、次号でお伝えしたいと思います。

揚水水車設置

これも長い宿題でしたが、マルワリード用水路沿いで一号機が今秋、設置されます。先ず一ヵ所・一基で実現し、有効であれば二連、三連水車を検討します。

六月に行なった試験では、直径四ｍの水車で、水面から三ｍ高い土地を潤せ、一基で一日約三〇〇トンを汲み上げることができます。水稲はさすがに無理ですが、小麦や野菜なら一基で数十町歩を潤せます。

現地では木材が高価なうえ、耐久性に劣ります。そこで、木製水車と重量を同じにし、全て鉄とジュラルミンを使用、ＰＭＳ事務所が制作しました。腕の良い溶接職人と修理工に作らせたものです。ここまで半年、本体はできましたが、周辺の堰《せ》き上がり（11頁の用語集参照）による影響、水路の洗掘を考え、軸受けや水受けのしっかりしたものを置かねばなりません。今秋は用水路内に基礎を施し、やっと設置できます。

これは、用水路保全に村人を協力させる意義もあります。水の恩恵を受けぬ村は、当然協力しないからです。技術的には、改良を重ねながら、次第に優れたものになってゆくと考えています。

試験設置した揚水水車（13年6月）

こうして、まるで賽《さい》の河原のようですが、大小の努力を積み重ね、少しずつ緑が増えていきます。

今、世を見渡せば、「収穫は多いが、働き人が少ない」＊というのが現実です。意外に思われるかもしれませんが、恵みは溢れているのに、それが見えにくい世界になっている。そんな気がしています。

確かにアフガン報道を見る限り、爆破事件や欧米軍の撤退、政治的かけひきなどの話ばかりで、絶望的にさえ思われます。しかし、少なくとも私たちは、希望を以《もっ》て歩んでいます。

三〇年もの長きにわたる支えに感謝し、今後も「働き人」であり続け、喜びを分かちたいと思います。

皆さんもどうぞお元気で。

＊新約聖書「マタイによる福音書」九章三七節のイエスの言葉。

「精神と道義の貧困」が蔓延《まんえん》する世界の中で

——福岡アジア文化賞（大賞）授賞式でのスピーチ

◎中村医師は二〇一三年九月、福岡アジア文化賞大賞（福岡市、公益財団法人よかトピア記念国際財団主催）を受賞しました。

「福岡アジア文化賞」を授与される栄誉に、感謝と喜びを申し述べます。

　私がこのような賞に相応《ふさわ》しいか、正直なところ自信がありません。私の世界は、九州とアフガン東部だけです。いわゆる「国際人」ではありません。

　しかし、三〇年間の現地活動を通して、アジア世界全体に共通する苦悩を多少分かち合えるかも知れません。

　アフガニスタンは過去三五年間に及ぶ戦乱、外国の干渉に悩まされると共に、大規模に進行する干ばつと洪水で、人々は生存する空間を失いつつあります。現地の気候変化＝温暖化による影響は生やさしいものではありません。かつて完全に近い食料自給を誇っていた農業立国は、自給率が半減し、瀕死の状態です。国民の殆どが現金収入のない農民であることを思えば、これは恐るべき事態です。

　報道で伝わる「アフガン問題」は、政治や戦争でなければ、アフガン伝統社会の暗黒面ばかりで、自然の猛威が大きく取り上げられることは余りなかったと思います。

　こう述べる私たちも、初めは気づきませんでした。私たちＰＭＳ（平和医療団・日本《ピース・ジャパン・メディカル・サービス》）は名前の通り医療団体ですが、二〇〇〇年に大干ばつが顕在化したとき、清潔な飲料水と十分な食糧があれば多くの患者が死なずに済んだという苦い体験がありました。

　国際支援の中で、水欠乏＝干ばつによる食糧不足はあまり重視されなかったので、自ら飲料水源、大小の水利設備の充実、とりわけ取水設備に力を入れてきました。多くの地域で地下水の枯渇と共に、大河川からの取水困難が起きているからです。

　現在私たちは、アフガン東部の穀倉地帯の一角で、一万六五〇〇ヘクタールで暮らす六五万人の農民たちの生存空間を確保し、ひとつの「復興モデル」を完成しようとしています。戦は解決になりません。軍事干渉は、事態をいっそう悪くしてきました。

　翻《ひるがえ》って見ると、これはアフガニスタンだけの問題ではないようです。世界を席巻する国際社会の暴力化、多様性を許さぬ画一化の中で、アジア世界全体が貧困にあえいでい

定例の用水路浚渫行事で。用水路を造るのは簡単ではないが、維持はもっと努力が要ると説く中村医師（13年10月）

ます。その日の糧《かて》に窮するだけでなく、固有の伝統文化を失い、故郷を失い、人間の誇りを失い、和を失い、経済発展のためなら手段を選ばぬ「精神と道義の貧困」が蔓延《まんえん》しています。加えて、自然を思いのまま操作できるような錯覚は、世界に致命的な荒廃をもたらそうとしています。気候変動＝自然に対する関心のなさ自身が、現代の病理を表しているような気がしてなりません。

他人事ではありません。やがて、自然から遊離するバベルの塔は倒れるでしょう。

人も自然の一部です。科学技術や医学、あらゆる人の営みが、自然と人、人と人とが和する道を探る以外、生き延びる道はないでしょう。でも今回、過去の受賞者の方々が温めてきた主張を見ると、驚くほど共感できるものが多く、自分が決して孤立してはいないことを知りました。これは大きな励みです。この声が今は小さくとも、やがて大きな潮流となることを祈り、感謝の言葉といたします。

遠くの高松先生へ

——第二代会長高松勇雄先生を悼《いた》んで

高松先生、偲ぶ会に間に合いそうにないので、遠くからお便り申し上げます。

もう四〇年ほど前に初めてお会いしました。先生が五〇代半ばで大牟田労災病院にお出でになった時でした。その後、病院長に就任され、小生はその配下で五年間働き、神経学や神経病理学を学びました。大脳病理学がまだ草分けの時代でした。

当時、病院は大きな転換期にあり、ごたごたが絶えない中、巧みに体制を整えていかれました。

どうなる事かと思いましたが、先生持ち前の、ユーモアと、中庸と筋を通す美学、まっすぐな姿勢に惹かれ、喜んで手足となりました。飄々《ひょうひょう》として温かい、人間らしい感触は、しっかりと心に刻まれています。互いにひどい愛煙家でした。二人で医局で話していると、部屋が煙突のように曇り、大きな灰皿に吸い殻の山がたちまちでき、驚き合ったものです。

　大牟田労災病院を去った後も、ひとかたならずお世話になりました。もともと精神科畑だったので、後藤〈哲也。第三代会長〉先生を初め、多くの知友を得ました。また、その後に大きくお世話になった脳神経外科の馬場先生との付き合いも、先生の時代に始められた「神経カンファレンス」でした。中沢先生から脳波の手ほどきも受け、その後、臨床家としてどれだけ役に立ったか計り知れません。神経病理で先生から習った標本作成や染色技術も、現地で求められた細菌検査で大活躍しました。

　また、問田《といだ》〈直幹《なおき》〉先生がペシャワール会の会長を退かれたあと、快く任を引き継がれ、現地の重要な時期に、陰に陽にお世話になりました。大牟田の料亭、「山査子《さんざし》」を覚えておられますか。小生が帰国した時は、先生の名で、好物の「うなぎのせいろ蒸し」が家に届けられ、一家で美味しくいただきました。この料亭との付き合いもまだ続いています。

　先生が仲人となり、身を固めたのも、労災病院との縁でありました。おかげでというべきか、小生は大牟田市の三池に居着いてしまいました。

　最後にお会いした昨年六月、お元気そうに見え、「物忘れがひどくなった」と、頻《しき》りにおっしゃっていましたが、そうも思えず、労災病院の話になると生き生きと思い出を語っておられたのを覚えています。

　もう一度お会いしたかったですが、先生らしい身の引き方だったと思いました。

　いつも遠くにいたせいか、何だか実感がわきません。帰国すれば、ひょっこりと現れて、「山査子」でせいろ蒸しを食べながら、病院改革の謀《はか》りごとを巡らしているような、そんな気がしてなりません。先生は遠くへ行かれましたが、先生との縁は生きて続いています。そうはいっても、もう会えないとなれば、やはり寂しいです。

　長い間、この世の務め、ご苦労さまでした。そして、この四〇年間、本当にありがとうございました。

平成二五年七月十一日　ジャララバードにて

ペシャワールのPMS基地病院を訪れた際の髙松氏（後列左から2人目、02年4月）

118号 2013・12

シギ堰取水口消失、カマⅡ堰全壊

——重圧の中で黙々と復旧作業

修復に全力投入

皆さん、お元気でしょうか。

当地は寒くなり、河の水位が急に落ちました。つい最近まで洪水の濁流と格闘していたのに、今度は渇水との戦いです。

しかし、河川工事は今が黄金のタイミングです。例年のことながら、十一月になって、俄《にわ》かにめまぐるしい日々が続いています。今年は過去最大の洪水に見舞われ、その後始末と共に、新たな取水堰《ぜき》の完成をめざし、多忙な毎日です。

洪水の爪痕が水位の低下と共に明らかになり、さすがに戦慄しました。今冬予定したシギ堰取水口が基礎地盤もろとも消え、力を注いできたカマⅡ堰が全壊に近い打撃を受けました。一時は住民が不穏、村落同士の水争いが頻発し、これを鎮めるためにも、ＰＭＳ（平和医療団・日本《ピース・ジャパン・メディカル・サービス》）は復旧作業に全力を傾けました。

カマ郡は今や三〇万人以上を擁する東部最大の穀倉地帯、修復に全力を投入しました。シギ地方は気の毒で、取水口から流域約五㎞にわたり、耕地幅数百ｍが河の藻屑《もくず》と消えました。従って、今冬の「シギ堰取水口建設」の予定はなくなり、住民の動揺は大変なものでした。でも良くしたもので、マルワリード用水路の延長（シギ分水路・約二㎞）が完成しており、これが命綱となりました。用水路全体の保全と管理を強化して全開で送水、何とか安定灌漑《かんがい》を維持しています。現在、小麦の播種《はしゅ》は、以前よりもスムースに全域で行われ、住民は胸をなでおろしています。

ベスードⅡ取水口は決壊寸前で地域を守ったが、洪水後、今度は急激な渇水に陥った（13年8月）

三十数万農民の自活保障

こうして、現地と日本側の並々ならぬ協力で、少しずつ回復してきています。十一月中にはカマ堰が二ヵ月の難工事の末に復旧、マルワリード＝カシコート連続堰は決壊部分を修復・強化し、今冬中の完成が確実となりました。この連続堰が、「緑の大地計画」の大きな山だと再々述べてきた通りです。カシコート側だけでなく、マルワリード側の安定灌漑が実現すれば、渇水の恐怖から免れるからです。一昨年十月からの気の長い努力で、全力が注がれてきました。成れば、両岸約五千ヘクタール以上、三十数万農民の自活が保障されます。シギ地方が同用水路に全面依存するに及び、重要性を更に帯びています。

シギ地方の命綱となった分水路（13年9月）

河との折り合い

十一月下旬、同連続堰の河道整備が進み、最後の難所に差しかかりました。崩壊したマルワリード堰の先端です。詳細は別に報告しますが、その時の喜びと興奮は、例えようのないものでした。幅五〇mの河道の直下が滝壺のようにえぐれ、年々崩壊が進んでいました。ここを失えば、心血を注いだ用水路全体が干上がり、再沙漠化する――これが長年の恐怖と重圧でありました。それが今、各河道の流量を調整し、カシコート側からの交通路を確保、悠々と巨礫《きょれき》を大量輸送、抜本的な改修ができる。当面の不安にとどめを刺し、河との折り合いがつきます。

冬の清流が落差三mの急流を作り、巨礫に激突して真っ白な水しぶきを上げる。それは暴れる巨大な白鯨のようです。河を宥《なだ》め、人々に安堵をもたらす。これほどの緊迫は最近あまりないことです。

畏《おそ》れるのは天と良心のみ

現場は気を引き締め、ジャララバード事務所は、ジア先生を筆頭に現場を頻繁に訪れて激励、悪路をものともせず、遅滞なく資機材を送ります。カシコート自治会は戦闘地に神経をとがらせ、「作業地に着弾すればカシコート三〇万家族を敵に回す」と檄《げき》をとばし、両軍の戦闘員に圧力をかけます（実際は数千家族ですが、多数を「三〇万」と表現します。また、貧しい寒村は、両軍に出稼ぎ傭兵《ようへい》を送って生計を立てざるを得ない事情があります。戦の圧倒的犠牲は、貧困にあえぐ者同士が戦わされることによります。「故郷で耕して生きられるなら、兵隊や警官にはならない」。みな、そう言います）。

カシコート取水口の洪水による決壊部の改修工事。河の中での作業は厳しい（13年12月）

この事情で、天と良心以外に、何を畏《おそ》れるものがありましょう。数百名の作業員は迷いなく、みな心をひとつに、黙々と作業が進められています。

連続堰完成後は、カシコート全域（二五〇〇ヘクタール）の安定灌漑を目指し、ＰＭＳは九・五㎞の主幹水路延長と拡幅を決定、去る十一月二〇日、ＰＭＳ＝ペシャワール会の仕事として、六年がかりで実施することが住民との間で話し合われました。

窮乏は依然として進行

最近、日本の皆さんから「用水路ができて緑がよみがえり、多くの人が帰農して良かったですね。まだやることがあるのですか」と、しばしば尋ねられます。

実はアフガン全土で農地の乾燥化と農村の窮乏は、依然として進行しています。政治的混乱も、収まる気配がありません。報道が消えただけなのです。

ＰＭＳは現在、マルワリード用水路建設に一応の区切りをつけ、新たな挑戦を続けており、〔アフガニスタン〕東部の穀倉地帯・ナンガラハル州北部三郡（六五万人）全体の安定灌漑をめざしています。取水堰の新設や改修がその最大のカギです。この数年、大半の時間を川辺で費やしているのはこのためで、貧しい農村にとって、近年の気候変化に対応して生き延びる道は、これ以外に考えられないからです。

確かに政情は絶望的で、ニュースを追う限りは、元気の出ないことばかりです。アフガンと言わず、日本国内、いや身の回りでもそうでしょう。でも、現地に居て確かなことは、地味とも思われがちな相互の思いやりこそが、辛うじて世界の破局を食い止めているのだと思い当たります。明日の糧《かて》も分からぬ人々にとって、無数の議論より、一片のパンを与える行為の方が、どれだけ温かい励みになるか計り知れません。

私たちの活動は、更に規模を広げながら、営々と続けられています。みなさんの心ある支えで三〇年を経過、かくも長く希望を分かち合えたことに感謝し、今後も更に大きな実りと平和を目指して、変わらぬお支えを切にお願い申し上げます。

良いクリスマスと新年をお迎えください。

二〇一三年十二月　ジャララバードにて

カシコート主幹水路延長計画

カシコートは東部アフガンでも最貧困地帯のひとつで、人口約５万人以上、耕地2500ヘクタールを有する。「陸の孤島」と呼べるところで、放置されてきた農村地帯である。

2012年に始まった取水設備の建設（取水堰、主幹水路約1.7㎞）は、難工事の末、一応の終止符が打たれようとしている。しかし、取水が可能になっても、既存水路の送水量が小さく、必要量を送水できないでいる。

連続堰・主幹水路の建設は、ペシャワール会の多大の努力による河道変更工事を基礎に、「JICA共同事業」として成りつつあるが、既存水路の流量を増さねば、全域の安定灌漑は実現しない。現在、帰郷難民で人口が爆発的に増えている。

PMSとしては、既存水路の改造は多大の時間と労力がかかると見ている。しかし、計画が実現すれば、稲作を含む集約的な農業と耕地拡大を可能にし、小麦と野菜の作付けしかできなかった地域で、完全自給と更に豊かな生産を期待できる。

付言すれば、同地域は兵員の供給地帯である。水欠乏と洪水で田畑が荒れて農業ができず、住民の大半が難民化し、残った者も「出稼ぎ傭兵」として、警察官、国軍兵士、反政府側の兵員を生み出し続けてきた。吾々は、このような状態の解消をめざして「緑の大地計画」を始めたいきさつを思うと、カシコートは計画上の重要目標として、努力を注ぐべきかと思われる。

他方で干ばつ・洪水は収まる兆しなく、不安定な水供給はアフガン農村を壊滅的な状態に追い込もうとしている。だが、適切な手段で安定灌漑を実現すれば農村復興が可能であることを吾々は実証してきた。同地域の復興は、最善の実例を加えるものと思われる。

工事の概要

[工事の場所] ナンガラハル州シェイワ郡クズカシコート

[期間] 2013年12月から2019年11月

[工事内容] 既存水路9.5㎞を全面改修、鉄砲水通過地点のサイフォン、架橋などを含む。送水可能量を1.2㎥/秒から4.0㎥/秒に増加、クズクナール全域で安定灌漑を実現、耕地拡大や水稲栽培を可能にする。

[潤う村落・人口と面積] クズクナール村、アズバーグ村、バンガウ村、ゴレーク村などカシコート下流域、計約2000ヘクタール、現在約５万人以上が居住。

[設計および施工者] PMS（平和医療団・日本《ピース・ジャパン・メディカル・サービス》）

119号　２０１４・４

連続堰の完工、両岸の安定灌漑を保障
――名状しがたい焦燥の中での用水路工事

みなさん、お元気でしょうか。

私たちは相変わらず河の中です。増水期を前に、工事を急いでいます。

この一年間はまた特別でした。「緑の大地計画」の最大の山場と見たマルワリード＝カシコート連続堰《ぜき》を完成し、昨夏に大暴れした大洪水の爪痕を修復するのに追いまくられてきました。職員・作業員共々にへとへとになっていますが、もう一息です。

再沙漠化の懸念

「連続堰」については二年前からしばしば会報でも触れてきました。マルワリード用水路に年々用水が乗らなくなり、再沙漠化の懸念が重くのしかかっていたのです。二〇一〇年の大洪水で堰をかけた中州が流失し、深刻な状態が続きました。これが以前の沙漠化した状態であれば、さほど問題にならなかったでしょう。今や用水路流域には十数万の人々が帰農し、生活しています。それが無くなるのです。いくら長大な用水路でも、水が流れなければ無用の長物です。あれほど希望をかきたてた「ガンベリ沙漠の緑化」の努力も、露と消えます。「アフガン農村の復興のカギは取水技術の改善にある」と叫んでも、肝心のマルワリード堰が機能不全に陥れば、取り返しのつかぬことになります。

カシコートという壁

その時の焦燥《しょうそう》は名状しがたいものがありました。他方でカマ郡、ベスード郡の主な取水堰と水門を手掛けながら、カシコート側との和解を進めてきました。

堰の完成は、どうしても対岸からのアプローチを必要とします。しかし、対岸カシコート地域との対立がそれを阻んでいたのです。カシコートは陸の孤島と呼べるところで、閉鎖的な世界を作ってきました。もっともアフガン農村社会はどこもそうで、険峻な山岳地帯の隙間で、まるで荒波に洗われるカキ殻のように村落群がはりつき、それぞれの世界を作っています。同地域は交通の便が乏しいことも手伝って、特にその色彩が濃厚でした。誰も恐れて近づこうとしません。

この近づきがたい壁に転機をもたらしたのが二〇一〇年夏の大洪水でした。長くなるので、以下出来事を羅列していきさつを伝えます。年表を見てください。

二〇〇三年三月	マルワリード用水路着工。
二〇〇四年六月	ＥＵの団体がカシコート側の要請でクナール河主流を閉塞、右岸マルワリード側に主流が移動。
二〇〇五年夏	河沿いのマルワリード用水路が各地点で決壊。
二〇〇六年夏	沈砂池が決壊。護岸工事をめぐって両岸が対立。
十二月	マルワリード堰、第四次改修で河道全面堰《せ》き上げを敢行。
二〇〇七年	主要河道の変化でシェイワ堰取水困難。同用水路全域で渇水。マルワリードＧ区間が部分崩落。大規模な河道回復と護岸工事。
二〇一〇年二月	マルワリード用水路全線開通。ガンベリ沙漠開拓が始まる。
八月	カシコート全域で洪水被害甚大、クナール河の主流が蛇行進入し、広範な地域が水面下に没す。マルワリード用水路、洪水で一部決壊。取水堰のかかる中州が消失。流域で深刻な水不足。
二〇一一年一月	マルワリード堰第五次改修のためカシコートに渡った重機・ダンプが拿捕《だほ》され、一部指導者が「支援」を要求。ＰＭＳ、要求を拒絶して車両を奪回。
十月	カシコート自治会が謝罪、ＰＭＳ側と和解。復興を約す。
二〇一二年二月	ＰＭＳと自治会、州行政の首脳をカシコートに招いて「行政側の指示」として着工。第一期工事を開始。以後三ヵ月間、総動員態勢で蛇行河道を旧に復し、取水堰工事の基礎を置く。
十月	連続堰建設が開始される。
十二月	カシコート取水門完工。中州を復旧して第一期基礎工事を完了。
二〇一三年夏	断続的に大洪水来襲、堰の一部決壊。
十月	第二期取水堰工事を開始。
十二月	主幹水路一・八km通水。連続堰を通過する河道の分割・固定と交通路確保を完了。
二〇一四年三月	連続堰完工。主幹水路二km、堰前後の護岸四kmをほぼ終了。

和解の果実

最終的に完成したのは、三月に入ってからでしたが、その決定的瞬間は、去る十二月十九日のことでした。夏の洪水時に大量の水を吐き出すため、復旧した中州の中に河道を造成、交通路を設けた時でした。これでマルワリード側の堰改修が容易になり、取水量を制御できるに至りました。専門的なことは割愛しますが、暴れ川を六つの河道に分割して固定、各河道に橋をかけ、改修時に資機材を輸送できます。巨大なクナール河の水を分け、一つ一つを処理する方法でした。

堰長五〇五m、堰幅五〇～一二〇m、全面石張りで面積二万五千㎡、夢のような構想がここに現実となりました。「再沙漠化」の脅威が消え、両岸の安定灌漑《かんがい》が保障され、恵みが約束された瞬間でした。しかも、汗と泥にまみれ、彼ら自身の手で成し遂げた仕事です。当日、全ての現場職員は涙を流し、抱き合って喜び、互いに労苦をねぎらいました。尋常でない喜びの様子は、知らぬ者が見れば、気の狂った集団かと思えたでしょう。それ程、みながこの連続堰の大切さを知り、一丸となって仕事に当たったということです。この瞬間に垣間見た輝きは、どんな対立も忘れさせる圧倒的なものでありました。和解から二年、マルワリード用水路着工から十年余の月日が流れていました。

年月をかけてカシコート既存水路を拡張

本連続堰が「緑の大地計画」の頂点と呼べるものでした。これによって、地元勢自身の手で「安定した取水灌漑」、「気候変化に適応できる技術」が完成に近づいたと言えるからです。用水路末端にあるガンベリ沙漠の開拓は、不動の基礎を得ました。

一方、最貧困地帯のカシコートには、緑が押し寄せようとしていて、人々が続々と帰郷しています。ＰＭＳ（平和医療団・日本《ピース・ジャパン・メディカル・サービス》）では、これから年月をかけて既存水路九・五㎞を拡張し、耕地を更に増やし、水稲栽培を一般化する試みを実行しようとしています。

知られない「国内難民」――水位は過去最低を記録

この間、アフガンの戦局や政局はめまぐるしく変化しました。そして今、外国軍の完全撤退を控え、著しい混沌と治安悪化に多くの者が脅えています。その背景には、進行する農地の乾燥化と、農村から叩き出された膨大な「国内難民」の存在があることは余り知られることがありませんでした。実際、ジャララバード南部に拡がっていた一大穀倉地帯が消滅し、人々は不安に駆られています。でもそれはずっと前から予測されていたことです。だからこそ、私たちの努力があったのです。「もう、だまされない」。みな、そう感じ始めています。

今冬のアフガンの少雨は政局以上に暗雲です。高山に雪が余りありません。気候変化は年々規模が大きくなり、未《み》曾《ぞう》有の洪水が頻発すると同時に、河川の冬の低水位は、二〇〇二年に記録を始めてから最低となりました。飢饉が〇〇年を上回る可能性もあります。政変と重なれば、手におえない状況になるでしょう。

知の傲慢は暴力

人も世も様々です。今さら無理解の壁を嘆いても悲しいばかりです。せめて東部アフガンの一角で人々が生き延びる望みを得たこと、その実証に祈りを託すのみです。

確かに私たちはアフガン人に成れないし、アフガン人は日本人に成れません。だが、その壁を厚くするような昨今の風潮――自然を無視して宗教や文化、生活様式まで裁き、そのためには戦争も肯定しかねない流れ――は危険です。知の傲慢が暴力ともなります。

違いや矛盾をあげつらって拳を上げるよりも、血の通った共通の人間を見出す努力が先だと思います。私たちの活動が、このような壁を超えようとする努力と、温かい他者への関心の結実だとすれば、これに勝る喜びはありません。そして、これが譲れぬ一線でもあります。

仕事はまだまだ続きますが、これまでの支えに心から感謝します。

二〇一四年三月　　ジャラライバードにて

120号
2014・6

滅びは「文明の無知と貪欲《どんよく》と傲慢」による
――二〇一三年度現地事業報告

□二〇一三年度を振り返って

ペシャワールに赴任したのが、ちょうど三〇年前の一九八四年五月でした。その後、ハンセン病診療からアフガン難民の診療、アフガン東部無医地区の診療所建設、大旱魃《かんばつ》を機に水利事業が中心となり、現在に至りました。

まさかここまで来るとは、初め思っていませんでした。その都度、逃げるに逃げられず、力を尽くしてきました。戦争、難民、飢餓、旱魃、そしてその渦中で生きる人々の生死……いろんなことが鮮やかに思い出されます。その中には、言葉で描けぬことも沢山あります。

分かりにくいのは、私たちをとりまく情報空間そのものが人工的だからです。この壁は容易ではありません。とくに戦争や政治などの事象が、いかようにも情報を加工して虚像を生むことを知りました。

それでも、敢えて声を大にして伝えたいのは、今も現地で進行する気候変化＝大旱魃です。私たちを包む自然について目をそらすことは、もはや限界に近づいていると考えます。アフガニスタンは戦争で滅びません。旱魃で滅びます。もっと正確に言えば、自然を無視する「文明の無知と貪欲《どんよく》と傲慢」によって滅びます。

　この三〇年で、日本と世界も大きく変わりました。アフガンで起きたことは決して他人事でありません。この間の象徴的事件では、ソ連の崩壊（一九九一年）、同時多発テロとアフガン侵攻（二〇〇一年）を間近に経験し、日本では東日本大震災（一一年）がありました。経済的には米国で金融破綻、ＥＵ圏の東方拡大と周辺国の凋落《ちょうらく》、中東の混乱、アジア世界の急速な工業化、アフリカの大規模開発が同時期に起きています。今思うと、アフガンの悲劇が世界的な激変の余波であったことに思い当たります。

　私たちは自然さえ科学技術で制御でき、不老不死が夢でなく、カネさえあれば豊かになれ、武力を持てば安全とする錯覚の中で暮らしています。そして世の中は、自然から無限大に搾取できるという前提で動いています。疑いなく、ひとつの時代が終わりました。カネと暴力が支配する世界は、自滅への道を歩んでいるように思えます。

　この中にあって、「文明の辺境」で見える悠然たるヒンズークッシュの純白の山並みは、私たちに別の道を告げるようです。バスに乗り遅れまいと急ぐ必要はありません。たかだか数万年、僅かな時間、地上に生を許された人間です。動かぬ現実は、逆らえない摂理と自然の中で、身を寄せ合って生きていることです。

　変転する世情から距離を置き、動かぬものを求め、三〇年を現地で過ごせたことを天に感謝します。この事業に賛同し、様々な立場から支え続けてきた日本とアフガニスタンの良心と真心に感謝します。

　そして戦争と飢餓で逝った無数の犠牲者の冥福を祈ります。これを節目に、改めて「緑の大地計画」の完遂と意義を訴え、人としての節を全うしたいと思います。

□二〇一三年度の概況

自然災害と農村の荒廃

　インダス河流域で二〇一三年に発生した大洪水は、二〇一〇年を上回る規模のものであった。ヒンズークッシュ山脈南麓では、五月下旬から断続的、かつ長期に降雨があり、カブール河本川、クナール河流域の各地で溢水《いっすい》して決壊、数百名が犠牲となった。

　六月、ジャラバード市内が浸水、クナール河流域の作業地でも、大規模な砂州移動と河道変化が発生した。これまで築いてきた各取水堰《ぜき》・堤防のうち、カマ堰と対岸付近に被害が集中した。洪水は八月まで断続的に起き、ＰＭＳ

〔平和医療団・日本〕《ピース・ジャパン・メディカル・サービス》では全取水堰と護岸の改修を迫られた。

ジャララバード南部穀倉地帯（スピンガル山脈北麓）は早くから渇水に悩んでいたが、二〇一四年一月、ソルフロッド郡の農業生産壊滅が伝えられ、人々の間で危機感が高まった。前後してアフガン北部のバダクシャンで大きな地滑りが起き、数百名が犠牲となった。

こうして荒廃してゆく農村から大都市に逃れる者が後を絶たず、失業者があふれ、社会不安の一大要因を成している。

外国軍撤退に向けた動きと大統領選

大統領選挙をめぐって混乱が続いた。治安が過去最悪となる中、欧米軍の撤退が進められた。二〇一四年六月現在、五万数千名のＩＳＡＦ（国際治安支援部隊）が残っており年内完全撤退をめざし、続々と引き上げている。外国兵の戦死者は三千数百名とされているが、アフガン国軍・警察や民間人の死者はこれをはるかに上回ると見られている。

水不足で壊滅したソルフロッド郡の果樹園から大量の苗木をガンベリに移植（14年2月）

二〇一三年の外国兵の戦死者は減少しているが、これは犠牲者が減ったということではない。外国兵の数が往時の三分の一に減り、基地外に出る機会を少なくしたからで、無人機攻撃は収まる気配がなく、誤爆、内紛工作等によるアフガン人の死傷者はむしろ増加している。

二〇一四年四月に行われた大統領選挙には、混乱にも拘《かか》わらず多くの住民が投票に参加した。最終結果が六月中に明らかとなる。長い戦乱に疲れた人々は、決して多くを期待していない。最低限「治安回復と身の安全」が願いである。〔パキスタンとの〕国境付近では、米軍によるミサイル攻撃がパキスタン領内から行われ、パキスタン政府、米国、アフガン政府との間で緊張が高まっている。和平交渉では、二〇一一年以後、米軍がタリバン代表と直接交渉してきている。捕虜交換もアフガン政府抜きに行われている。米軍駐留をめぐって議論があり、政情は先行きが見えない。

危惧される撤退後の食糧欠乏

我々が危惧するのは、撤退後の欠乏である。食料自給率は既に半分以下に落ちており、農業生産は低下の一途をたどっている。元来アフガン国民のほとんどが農民である。旱魃は収束していない。何とか凌《しの》げたのは、軍事活動と海外援助による莫大な外貨流入で、国外から食糧を買えたからだ。それがなくなれば、国民の半分が飢えることになる。

戦争の罪は殺戮《さつりく》だけではない。実質的な生産よりも現金収入が重視され、消費が徒《いたずら》に煽《あお》られたからで、この十年で貧富の差が著しく拡大した。ある意味では、戦争以上に危機的状況を覚悟せねばならない。外国軍が去っても、アフガン政府は経済支援に頼らざるを得ず、諸外国から容易にコントロールされる危険性を抱えている。

□PMS事業の概況

大洪水の後始末で、主要な各取水堰の抜本的な改修と護岸の強化が行われ、「緑の大地計画」の頂点と見たマルワリード＝カシコート連続堰が完工した。これによって、ＰＭＳは一つの「取水技術体系」を完成したと思われる。今後、作業地域の完全な安定灌漑が実現すれば、復興というよりは「生存する方法」が実証できる。計画は総仕上げの段階に入った。

この気候変動は並みのものではない。農地の沙漠化は止《とど》まるところを知らない。我々は取水技術（ＰＭＳ方式）の拡大を提唱する。少なくとも東部アフガンの大河川沿い（カブール河本川、クナール河）で相当な成果を上げ得ると信ずる（詳細を次号で紹介予定）。

マルワリード用水路は本格的な維持保全体制の確立に力が注がれた。ガンベリ沙漠は四年を経た防砂林が効果を現わし、ようやく農業生産に力を入れ、開拓事業が軌道に乗ろうとしている。

ダラエヌール診療所は従来通り運営され、地域で重きをなしている。ＰＭＳは全体的に、勤倹節約を徹底、将来への自立を目指しつつある。

表1 2013年度診療数及び検査件数

国名	アフガニスタン
施設名	ダラエヌール
外来患者総数	47,493
【内訳】 一般	42,541
ハンセン病	24
てんかん	486
結核	193
マラリア	4,249
外傷治療総数	4,726
入院患者総数	-
検査総数	12,401
【内訳】血液一般	725
尿	2,842
便	3,662
らい菌塗沫検査	1
抗酸性桿菌	205
マラリア	4,216
リーシュマニア	322
その他	428

1. 医療事業

二〇一三年度の診療内容は表1の通り。

二〇一三年四月、職員宿泊所を〈ダラエヌール〉診療所敷地内に建設した。感染症と小外科が多いが、菌検査や消毒措置など、基本的な技術はよく受け継がれている。猖獗《しょうけつ》を極めたマラリアは患者数が激減している。おそらく、栄養状態の改善と共に、流行が慢性安定期に入ったためと考えられる。

2. 灌漑事業

表2　2013年度上半期・下半期経過（▒＝JICA共同事業、□＝PMS単独事業、░＝未定）

		上半期の経過	下半期の経過
ベスード郡	ベスードⅠ堰	大洪水後の改修	改修工事終了
	ベスード護岸（カマ郡対岸）維持	始点150mの決壊・改修	全工事を完了
		1700m地点の決壊・補修	
		2500m地点（しめきり堤）の強化	
	タプー堰	河道再生	
	ベスードⅡ取水堰	調査中（洪水で崩壊）	再調査を開始
カマ郡	カマⅠ取水堰	河道変化による部分崩壊	河道回復と全面改修完了
	カマⅡ取水堰		
カシコート	カシコート連続堰	河道変化の観察と対策	完工
	サルバンド村（堰の上流）護岸	石出し水制による強化	完了
	主幹水路（2㎞）上段部の造成	進行中	完工
	沈砂池（調節池）造成	進行中	
	既存水路の拡大（9.8㎞）	調査中	連結部完工
	女子校舎（8教室）	待機中	工期延長
マルワリード	シギ分水路（シギ下流）	260m洪水路横断サイフォン完工	マルワリード取水量を増加
		分水路（計2㎞）完工	
	シギ取水堰（シギ上流）	洪水で崩壊、臨時取水路造成	堰建設中止（基礎地面消失）
	カンレイ・クナデイ村揚水水車	試験設置	2ヵ村に設置完了
	ガンベリ開拓	オリーブ園造成	継続
		水稲栽培の増加	
		防砂林の拡張	
		固有植生の育苗	
		排水路拡張	
ダラエヌール	診療所	医療職員宿舎完工	特記なし

主な工事は表2の通り。二〇一三年度は、大洪水の影響で過去最大規模の河川工事が行われた。

◎カマ堰と対岸の護岸

「緑の大地計画」の中で最大の人口を擁するカマ郡（約三〇万人・七千ヘクタール）を潤す二つの取水堰を改修・強化すると共に、対岸ベスード郡の護岸工事とタプー堰（272頁＝112号の注参照）の改修が行われた。

クナール河は相当な暴れ川で、予期せぬ事態が頻発する。大洪水に伴う砂州と河道の変化は想像を超えるものがあった。分割した河道の一部に土砂が堆積して閉塞《へいそく》され、逃げ場を失った大量の流れが、堰を部分崩壊させていた。結局、カマⅡ取水堰を新設に近い形で強化し、河道を再分割して中心へ主流を集め、土砂堆積で堰付近の河道が閉塞されぬよう、工夫が凝《こ》らされた（231頁＝106号ならびに236頁＝107号参照）。

カマⅠ堰。対岸砂州へ斜めに堰をかけ200mの越流幅を得、水位も安定している（13年2月）

◎カシコート＝マルワリード連続堰

既に前年度、大方の工事を終了していたが、カマ堰と類似の変化で部分的に決壊していた。予測されたことではあったが、上下流の経年的な変化から動向をつかみ、最終工事が行われた。堰長五〇五ｍ、堰幅五〇～一二〇ｍ、石張り堰の総面積は約二万五千㎡の長大な堰が二〇一四年三月、二年がかりで完工した。

上下流の護岸三・五㎞を併せ、ＰＭＳの手掛けた取水堰としては最大の難工事となったが、これによって、ＰＭＳの提唱する「取水システム」の中で最も困難な取水堰の完成度が高くなった。小さな改修はあろうが、もはや大禍は当分ないと見ている。

◎カシコート用水路の開通

主幹水路（約一・八㎞）は二〇一三年夏、既に送水を始め、両水路壁上段部の蛇籠《じゃかご》造成と柳枝工《りゅうし》が進められた。既存水路との連結部が鉄砲水の通過地点であったため、三〇ｍのサイフォンを含む約二〇〇ｍの送水路を新たに延長した。また堤防建設と排水路の造成で新たな耕地が拓かれるため、沈砂池（調節池）に送水門を加えている。一四年九月までに全工事が終了する。

しかし、取水量（毎秒三～五トン）に比べ、既存水路の容量が小さく（毎秒一・〇～一・五トン）、末端まで潤せる送水量ではない。これまで順番制で灌水《かんすい》してきたが水稲栽培は不可能である。ＰＭＳでは、既存水路約九・八㎞の拡張を計画している。

カシコート＝マルワリード連続堰（14年4月）

◎シギ地域の安定灌漑

シギ地域は半沙漠の荒野と湿地が混在し、面積の割に生産性に乏しかった。ＰＭＳでは二〇一二年三月に計画を実施、マルワリード用水路末端から約二六〇ｍのサイフォンで大きな洪水路を横断してシギ下流域を潤し、上流域は水量調整が可能な取水堰を建設する予定であった。

下流域については、二〇一三年六月までに全長約二㎞の送水路（マルワリード延長路）を完成させたが、上流域は悲劇的な事態に遭遇した。一三年六月～八月、断続的に襲った洪水が、調節機能のないシギ取水口に流入、取水口から同用水路約二・七㎞まで侵入、約六〇ヘクタールの耕地もろとも濁流に消えた。このため十月に予定した工事は不可能となり、急遽《きゅうきょ》マルワリード用水路十三㎞地点から分水して潤している。

◎揚水水車の設置

マルワリード用水路流域では、ポンプで揚水しなければ

自ら重機を操り石出し水制を造成（14年2月）

ならない村落がいくつかあった。ガソリン燃料は高価で、とても貧しい村落では手が出ない。長い懸案であったが、二〇一三年度になって着工された。福岡県朝倉市の水車を模したもので、二ヵ所に設置された。製作はPMS独自に行なった。一日揚水量一二〇〇～一六〇〇トン、二つの村が恩恵を受けた。水稲は無理だが、小麦やトウモロコシなら数十ヘクタールを潤し、村民の自給を保障した。

3. 農業・ガンベリ沙漠開拓

◎植樹と砂防林の効果

ガンベリ開拓地の悩みは突然襲う鉄砲水と砂嵐であった。このため、二〇〇八年秋に沙漠横断水路の建設開始と同時に、砂防林の造成が進められてきた。植林は主に乾燥に強い紅柳（ガズ）が使われ、開拓地を囲むように全長約五㎞（岩盤周りを含むと計七㎞）、幅一〇〇～二〇〇mで植えられた。五年を経て、ようやくその効果が表れ始めた。紅柳は高いもので十数mに成長、激しい砂嵐を避けただけでなく、鉄砲水も樹林をくぐる間に大人しくなり、破壊的な被害はなくなった。草地の拡大と相まって、厳しい沙漠の熱風も、樹間をくぐる涼風となり、土地が保水性を増して作物に好影響を与えるようになった。

◎ガンベリ農場の増産

これを受けて二〇一三年度は「食糧増産・自給体制確立」を合言葉に、耕作地を飛躍的に拡大した。コメ、コムギ等の穀類、柑橘《かんきつ》類、ザクロ、モモ、ブドウなどの果物、野菜、豆類、オリーブなど、ほぼ職員の自給を満たしつつある。小規模ながら畜産も始められ、乳製品が生産されている。

新たに造成されたオレンジ園やオリーブ園を入れると、農地は約八〇ヘクタールを超える。事務所内に「農業部」を置き、集荷された収穫物を職員に分配する仕組みが導入された。将来的にPMSの独立体制をめざし、皆の士気は高い。

◎農業協力の結論

「緑の大地計画」の柱の一つであった農業協力は、幾多の試行錯誤を経て支援の方法を会得したと言える。アフガン農業の特性は、商品性でなく自給性を重視、地域の自然循環の営みに位置づける点である。

数百年、数千年の時間をかけて成った農業は、既に確立された伝統技術と文化である。PMSの目指すのは、新技

ガンベリ農場で穫れた麦の脱穀（14年5月）

術の導入ではなく、「復元」に近い。実際、アフガン人は全て有能な農業技術者であり、勤勉な農場経営者でもある。我々が持ち込んだもので例外的に成功を収めたのはアルファルファの普及だけで、かれらが述べるように、「水と土さえあれば生きられる」。農業生産は、全て彼らの流儀で行われるようになった。

単位面積の収量が多少落ちても、彼らは「自給性」を重視する。肥料も自分で作り、化学肥料は最低限に抑える。それで自活できれば、外国人がとやかく指導することはないと我々は考えている。

なお、二〇一三年一月から十二月までの植樹は五万九四三六本で、〇三年三月から一四年三月までの総植樹数は八一万本を超えた。半分以上が水路や護岸沿いの柳枝工に使われたヤナギで、次に防砂林の紅柳（ガズ）やユーカリが多い。最近の傾向はシーシャム等の土着種、果樹が少しずつ増えている。

◎「ガンベリ村」発足に向けて

ガンベリ開拓地（約三km四方、九〇〇ヘクタール）には、周辺から様々な集団が移住して「棲み分け」が進んでいる。最も有力なのがケシュマンド山系から移住してきたパシャイ族（160頁＝96号の注参照）の集団で、クナール州、ローガル州からのパシュトゥ族、定住化した遊牧民、隣接するシギ・シェイワ村落住民と、雑多である。二〇一四年一月、各集団が一堂に会し、今後が協議された。

これによってＰＭＳは、より組織的に給排水路の整備を進めると共に、「ガンベリ地域共同体」の一角を占め、「土着化」の道を選んだ。他方、ＰＭＳ農場（約二〇〇ヘクタール）を合法的に得るべく、「四〇年間借用」の契約が行政との間で取り交わされた。今後、ＰＭＳの事業を介して地域がまとまり、安定した農村共同体ができてゆく過程にあると考えられる。

合法性を維持するため、ガンベリに近いベスード郡の一角に職員居住地を「ＰＭＳ私有地」として確保、計画は徐々に進められている。

4．ワーカー派遣・その他

二〇一三年度は、現場に中村一名が常駐、ジャララバード事務所に村井光義、石橋忠明の二名が赴いた。

カシコート・サルバンド村の女子校舎は、緊急の河川工事が再び難航し、治安の悪化で近づけず、着工延期を余儀なくされた。

◎二〇一四年度計画

年度報告に述べた通り、二〇一四年度も「緑の大地計画」実現へ向けて更に努力は続く。

マルワリード用水路関係では、農地開拓、小水利施設、給排水路整備、植樹等、基本的にこれまでの連続だが、全体に農業生産に大きく移行する。

河川・用水路工事では、

・ベスードⅡ取水堰（ミラーン地区）
・カシコート既存水路九・八㎞の拡張
・ベスード郡タプー堰〔272頁＝112号の注参照〕の改修
・ガンベリ開拓地の排水路整備

以上が成れば、ほぼジャララバード北部穀倉地帯全域の安定灌漑に見通しをつけることができる。

最大のものがベスードⅡ取水堰で、何とか二〇一四年十月に着工し、一六年三月までに完工したい。とくに調節機能のない取水がいかに危険か、シギ堰で痛感した。既に一四年五月までに工事に必要な調査と測量を完了した（詳細を次号で紹介）。

カシコートは現在、国道上の治安が悪く、数年をかけて少しずつ進める。女子校舎建設は、その段階で予定している。

121号　2014・10

アフガン東部の干ばつの現状と対策
——東部アフガン農村から見る一考察

ニュースの死角

アフガン東部の乾燥化は止《とど》まる様子がありません。二〇〇〇年夏以来の大干ばつは、決して一度のものでなく、常に動揺しながら進行しています。このことがアフガン農民にとって死活問題であることは、繰り返し訴えてきました。過去ＷＨＯ（世界保健機関）、ＵＳＡＩＤ（米国国際開発庁）、ＷＦＰ（世界食糧計画）らが散発的に注意を喚起しましたが、正確な統計や調査が乏しい上に、戦争や政治のように話題性がありません。慢性的な気候変化（一般的に変動と言うが、旧に復することが難しい状態であるため、あえて変化と記す）はニュースの死角で、多くの人々にとって死活問題であるにも拘《かかわ》らず、その重大性の割に今後も殆ど話題にならないだろうと思います。

以下、二〇〇〇年から一四年にかけて、東部アフガンのジャララバード周辺で観察された事態をもとに、干ばつの機序を推測し、ＰＭＳ〔平和医療団・日本〕《ピース・ジャパン・メディカル・サービス》がとってきた対策を述べ、改めて事の重大さを理解する一助とします。もとより東部アフガンに限られた局面で、素人の推測ですから、専門の方々はじめ、大方の助言を乞いたいと思います。

ナンガラハル州における干ばつ地帯

同州では、大きく二つの地域が深刻な影響を受けました。

⑴スピンガル山脈北麓：ホギャニ、ソルフロッド、ロダト、チャプラハル、アチン、トルハムの各郡（人口約五〇～六〇万人以上）

⑵ダラエヌール渓谷下流域：カライシャヒ、アムラ、ソリジ、ブディアライの各村（人口約二～三万人）、および周辺の村落：シギ、クナデイ、スランプール、シェトラウ（人口約五万人以上）

両者に共通するのは、以下の点です。

①標高四千ｍ前後の山脈を戴き、標高一五〇〇ｍ以下の山麓地帯であること。

②中小河川からの「ジューイ」と呼ばれる小水路、または「カレーズ」という地下水利用の灌漑《かんがい》で潤されること。

今考えると、予兆は一九九〇年代後半から進む井戸水の涸渇でした。ダラエヌール、ダラエピーチのＰＭＳ診療所が井戸の再生を繰返しています。水位下降に抗しえず、離村が本格化したのが二〇〇〇年以降でした。地下水位は場所によって異なりますが、総じて下降を続けました。水位が低下したまま安定してきたのは〇四年頃からでしたが、ダラエヌールを例外に、旧に復することは遂にありませんでした。ソルフロッド郡、アチン郡では地下八〇～一〇〇ｍに留《とど》まっているものさえあります。こうして〇六年までに、同地域で一六〇〇ヵ所の飲料水源を確保したものの、大半は三回、四回と再掘削を繰返してきました。

地下水位をかなり正確に、目に見える形で反映するのがカレーズです。ＰＭＳはダラエヌール渓谷で三八ヵ所のカレーズを復活させましたが、井戸と同様、例外なく何回もの作業が繰返されています。カルザイ政権が二〇〇四年に「飲料以外の地下水利用禁止」を布告しましたが、当時の危機感が表れていると思います。本格的な農業用水は、当面大河川からの取水に依《よ》らざるを得ないと判断されました。

二〇〇二年に「緑の大地計画」の第一弾として、ダラエヌール〔渓谷の〕下流域とシェイワ郡の広範な地域を潤す計画が立案されました。これが「マルワリード用水路」（二五㎞）の建設です。ジューイやカレーズの地下水は、もう望みがないと思ったのです。

だが、ここでも難しい問題に出くわしました。もともと地下水でなく、大河川のクナール河、カブール河本川から水を得ていた地域でも、灌漑用水の欠乏に喘《あえ》いでいたのです。川の水量は豊富でも、取水方法に問題がありました。

大河川の水に頼る地域では、渇水だけでなく洪水の来襲があります。近年の不安定な気象は、急激な雪解けで初夏に洪水が押し寄せたのち、晩秋の寒さがやって来ると極端な低水位となります。夏冬の水位差が著しくなり、旧来の方式が通用しなくなっていました。

私たちは初めて、気候変化の及ぼす深刻な影響を悟りました。中小河川沿いでは地下水位の低下、大河川沿いでは洪水と渇水の同居で、水利用が困難になっていたからです。

干ばつの発生機序

◎温暖化と雪線上昇

推測されるのは世界的な気候変化の影響です。ヒンズークシュ山脈の夏の雪線〔山頂に見える万年雪の下端〕上昇は、隣接するカラコルム・ヒマラヤ山脈でも、ずっと前から観察されています。例えばチトラール〔パキスタン北西部〕に至るロワリ峠（標高三五〇〇m）では、一九七八年まで真夏でも十m以上の積雪を越えねばなりませんでしたが、徐々に雪が薄くなり、車が通過できるようになりました。雪線は二〇〇八年までに標高四千m以上となり、三〇年間で実に五〇〇m以上もの上昇が起きています。

これを裏付けるように、前後してチトラールで著しい氷河の後退が起きました。場所によっては崩れた氷河が河川を塞《ふさ》いで水が溢れ、地滑りなどの原因となりました（一九九九年）。似たようなことが、隣のカラコルム山脈でも起きています。フンザ地方〔パキスタン北部〕では氷河の崩落による水害が起き、もうずいぶん前から、バルトロ氷河の後退、パスー氷河の消失、ナンガパルバット〔八一二六m〕の雪線上昇が登山家たちを驚かせました。

単なる降雪・降雨の減少だけとも考えにくいのです。二〇〇〇年のように、半年近くも雨がない年があるかと思えば、一〇年、一三年のように、長雨が数ヵ月続くこともあります。平均すれば絶対的な降雨・降雪量はそれ程減っていない印象を受けます。インド洋から水をもたらすアジア・モンスーンの全貌については詳しく知りませんが、アフガン東部（ヒンズークシュ山脈南東部）に限って言えば、降雨が確かに不安定ではあっても、それが近年突然起きるようになったという確証はありません。

◎高気温と貯水・保水力の低下

高気温が、より直接の影響を与えると私は考えます。急な気温上昇が起きると、それまで徐々に解けていた雪が一挙に流れ下り、各地の中小河川で洪水を起します。五月から八月にかけて急激な増水が大河川で見られ、近年記録的な洪水が頻発しています。一方、気温が下がり始める秋、高山で氷結が始まると、急速に河川の水位が低下します。かつては初冬までかかって解けていた雪が、初秋までになくなってしまうのです（図1－1、1－2）。

　高気温はまた、夏の夕立を少なくします。地表からの蒸散水は、上昇気流に混じって上空で冷やされ、夕立となって降り、局地の水循環に大きな役割を果たして来ました。しかし最近の傾向は、雨雲（積乱雲）がより高空に留まるようになり、他地域に流れていきます。すると、降雨面積が少なくてまばらになります。降れば激しい集中豪雨で局地的に大被害を起こし、他方で降らない地域は乾燥してしまいます。つまり、広範囲に小分けされて降っていた夕立が、限られた地域に集中して鉄砲水や洪水となって、一挙に地表から消え去ることを意味します。

　この傾向は日本でも同じですが、絶対的降雨量が極端に少ないアフガニスタンでは、地域によっては致命的な乾燥化をもたらします。

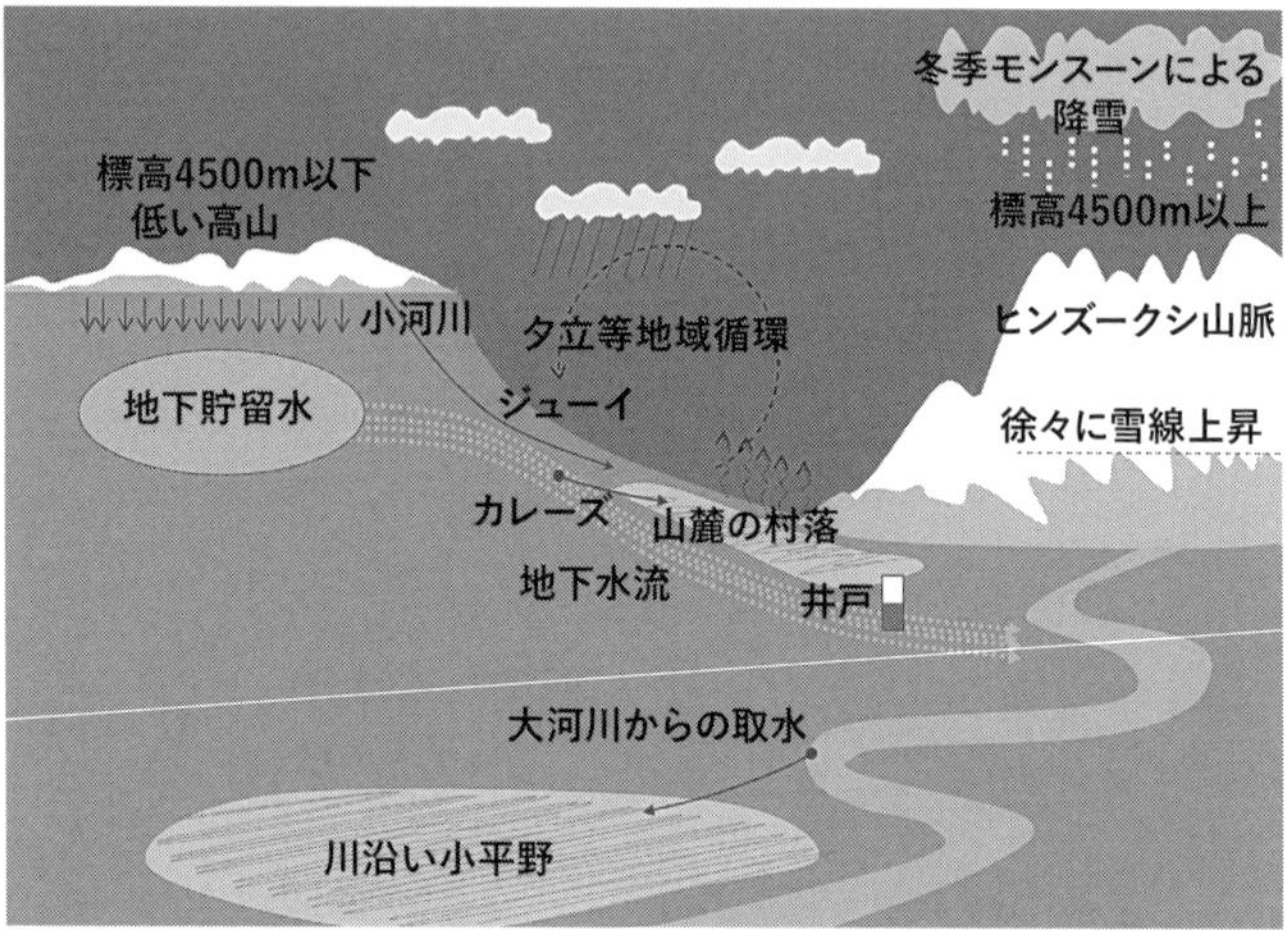

図1-1 アフガニスタンの水循環・水利用（気候変化前）

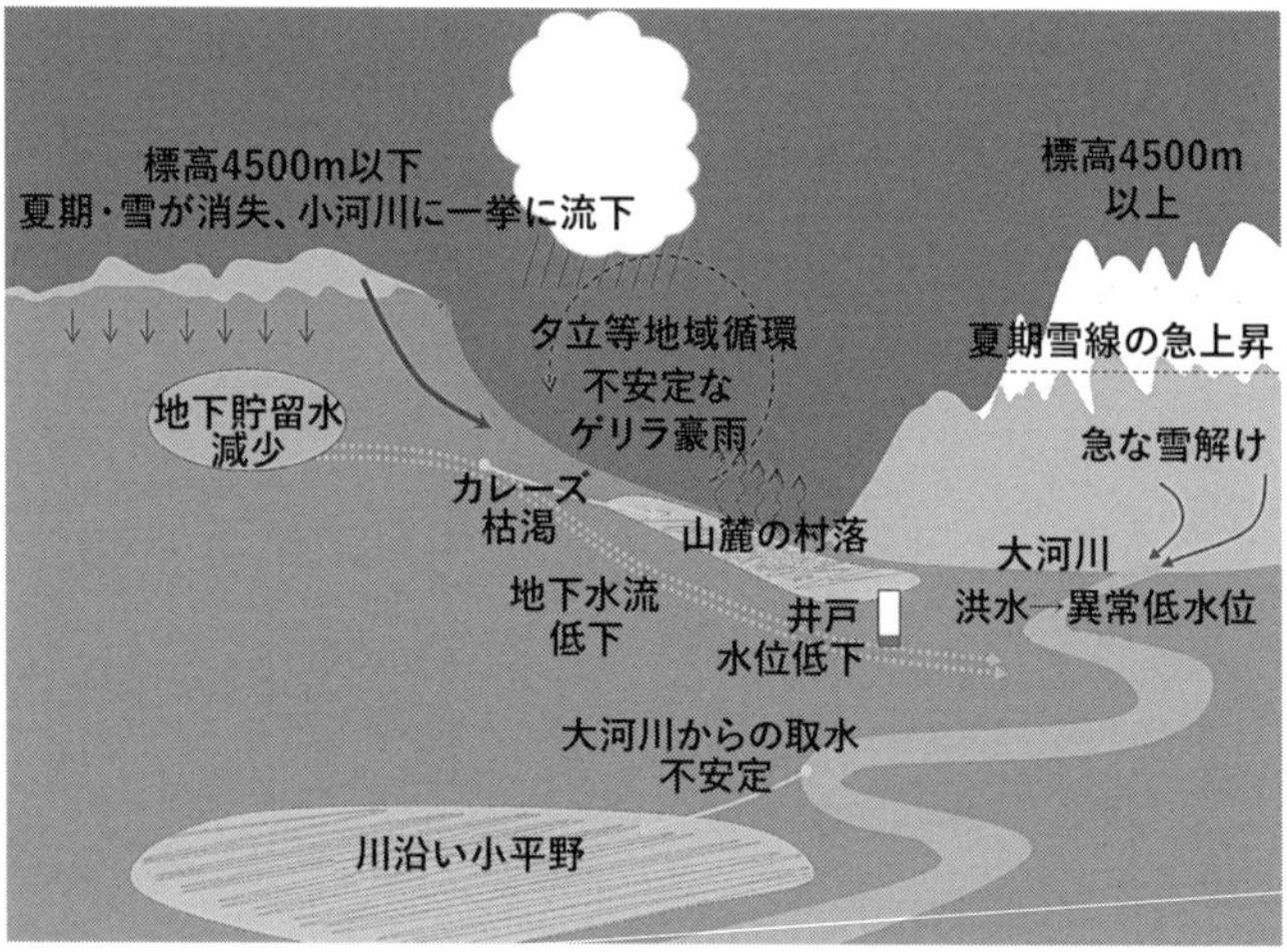

図1-2　気候変化後

　また、森林に覆われる日本列島と対照的に、強い陽ざしが直接、むき出しの岩盤や地面を更に温めて夜間まで冷えず、地表の結露を妨げ、乾燥化を加速します。

　こうした悪循環で、地表に水が留まる時間が短くなり、地下に浸透する量が減少します。これを、「地域全体の貯水力・保水力の低下」と言い換えてもよいでしょう。

ナンガラハル州では、スピンガル山脈の北麓、ケシュマンド山系ダラエヌール渓谷で、この状態が顕著です。おそらく、他の州でも似たようなことが起きているのではないかと推測しています。

中小河川沿い地域の問題と対策

◎雪線の上昇と乾燥化

東部アフガンで「中小河川流域」というとき、源流の高山を標高四五〇〇m辺りで分けて考えるのが妥当だと思います。スピンガル山系は独立した山脈、ケシュマンド山系はヒンズークシュ山脈の支脈ですが、いずれも最高峰は四五〇〇m前後の連山です。もっと北にあるチトラールやヌーリスタンは六千～七千m級の山々を源流とします。とりあえず問題になるのは、四五〇〇m以下の高山です。つまり、夏の雪線の標高です。例外はありますが、それ以下だと規模の小さい涸れ川となり、夏の集中豪雨の時だけ鉄砲水を流します。

当然ですが、「低い高山」は、夏季に雪が完全に解けた時点で川が涸れます。多少残っていても氷結が始まると、たちまち途切れてしまいます。こうした地域の農耕は、地下水（カレーズ）、雨水と結露に依存します。以前ならカレーズがなくとも、雨水・結露だけで麦作ができる地域もありました。たとい一時的に地表が乾いても、緩やかな雪解けが地下水脈の高さ（浸潤線）を上げ、地下を湿らせて地面の冷却に一役買っていました。少雨でも地面の湿り気が長く残り、小麦を収穫できる機会がありました。しかし近年、気候変化でそれができなくなっています。

農作物だけでなく、植物全体が影響を受けます。例えば、ソルフロッド郡は以前、柑橘《かんきつ》類の一大産地でした。特にオレンジが有名で、花の咲く春分の頃、「オレンジ会」というパシュトゥ語の詩会が開かれていた程です。しかし、この十年で柑橘類が急速に枯死してゆき、二〇一四年までには絶滅に近い状態となっています。

もちろん柑橘類だけでなく、他の自然植生もそうです。かつて雪線付近にベルト状に広がっていたヒマラヤスギやクルミの自然林が薄くなり、川沿いの小平野で見られたシーシャムなどの樹木が激減しました。樹林帯が土地の保水力を増すことは、日本でもよく知られています。自然林・人工林を問わず、樹木の激減は保水力を更に低下させ、土地乾燥の悪循環を作っています。先に述べた夕立や結露の減少も影響していると思います。

◎山麓地帯と山間部の高地

こうした地域が生き残るには、二つの方法しかないと私は思います。①大河川に近い平野であればその上流からの取水、②標高がより高い地域なら多数の貯水池を作ることです。樹林造成は何《いず》れの場合でも必須です。

このうち即効性があるのは、①です。マルワリード用水路の建設がそうでした。しかし、それでも潤せぬ高地は、②以外に考えられません。

◎貯水池の効用と可能性

貯水池は単に用水を貯めるだけではありません。中小河川の水を引き込むことによって、地表水の滞留時間を延ばせます。例えば、一回の集中豪雨の水が数時間、数日の短期で下り去るとします。いくら降水量が多くとも、水が土に浸み込む時間のゆとりを与えません。あっという間に地表から消えてしまいます。

だが、沢山のため池があれば、かなりの水が池に引き込まれて地表に留《とど》まり、地下に浸透水を送ります。たとい池が乾いても、その分地下水になって地中の浸潤線（地中の湿った土のレベル）を上げることになります。「滞留水」の総量が増えれば増えるほど、流下時間を延ばして地下水が増します。数日で消える一回の地表水を数週間かけて下るようにすれば、土地の湿潤性が上がってきます。即ち「貯水力・保水力」を高めるということです。

このことは、ガンベリ沙漠の開拓で経験しました。マルワリード用水路は山麓沿いを這うように作られ、大小の谷を横切ります。当然、激しい鉄砲水にさらされます。このため、小さな谷は貯水池を作り、大きな谷はサイフォンをくぐらせて通しました。ガンベリ沙漠では、岩盤沿いに大きな貯水池が防災用にいくつも建設されました（写真①）。この沙漠は、単に雨が少ないから荒野になったのではなく、時折襲う洪水でも人が住めなかったのです。

すると面白いことが起きました。貯水池は谷を堰《せ》き止めて作り、構造は日本の堤と同じです。ガンベリ沙漠では、地上から平均約十五ｍの高さに池が並んでいます。大きいものは三五〇〇ｍの堤防で三万㎡の池の広さがあり、水深五～七ｍです。堤防については別の機会に述べますが、広い範囲で池底から水が浸みこみ、堤防外法《そとのり》の根方から少しずつ湧き出してきました。造成直後、一時的に湿地化する所さえあったのです。落差のために、浸透水が地表に現れて見

写真①ガンベリ沙漠の岩盤沿いのQ３貯水池
（上は09年6月、下は14年5月）

えた訳です。これを「湧水」や「泉」と呼んでいます。この浸透は、池や水路なら当然起きるのですが、同一平面上にあれば地下の現象ですから、普通目に見えません。

おそらく、この浸透が用水路沿いで広範囲に生じ、井戸水の高さが急激に増しました。また、次第に浸潤線が上がり、わずかな降雨でもいつまでも土地の湿り気が残るようになり、草地が急速に広がったのです。もちろん、用水路からの灌水《かんすい》量は年々少なくて済むようになりました。それまで半死半生だった樹木も、生き生きと育ち始めました。

中小河川に数多くの「堰」を設けることも、同じ効果を生みます。日本で至る所に見られる「砂防ダム」は本来、土砂被害を防ぐ目的で作られ、国内では賛否があります。*だがアフガンでは、この技術を使って地表水の滞留時間を延ばす効果が期待できると思います。言い換えると、極端な急流を緩やかな流れに変え、地下に水が浸透する余裕を与えることです。

地下水位が増せば、涸れたカレーズが復活することは十分にあり得ると思います。根気のいる仕事ですが、植樹と組み合わせ、やってみる価値はあると思います。先進国のように大きなダム建設が資金さえあれば手っ取り早いのでしょうが、これには建設に伴う土地の買収、維持管理、環境や安全、隣の国との紛争など、様々な問題があり、現地に向いているとは思えません。「小規模かつ維持容易なものを数多く」が最善だと思えます。

◎大河川沿いの問題とPMS取水方式　従来式が追いつかぬ気候変化

今PMSが積極的に取り組んでいるのが「大河川からの取水」です。地勢上、主にクナール河からのものです。問題は、「洪水被害を最小限に抑え、安定した取水量をいかに確保するか」に尽きます。

クナール河はヒンズークシュ山脈南東の山麓から水を集め、ジャララバードでカブール河本川に注ぎます。カブール河は国境を越えてパキスタンのカイバル・パクトゥンクワ州（旧北西辺境州）に至り、アトックというところで、カラコルム山脈を源流とするインダス河本川と合流します。

クナール河の流域面積（約二万六千㎢）は、福岡県・筑後川の約九倍以上、水量もそれに比例する大河川です。夏冬の差が激しく、厳冬期で毎秒五〇〇㎥以下、夏期で毎秒三千～四千㎥以上になります。

気候変化によって、この差がますます激しくなっていることは先に述べた通りですが、旧来の取水技術では間に合わなくなってきているのは確かです。夏期、川の水かさが増え過ぎると、洪水が用水路内に流入し、畑や民家を押し流してしまいます。逆に冬期、水かさが下がり過ぎると取水できず、主食の小麦収穫に大打撃を与えます。

かつて東部アフガンでは、真冬に土嚢《どのう》や丸太を組み合わせ、突堤《とってい》のように取水口から張り出し、そこだけ堰《せ》き上げて取水していました。もちろん夏は流されますが、簡単な構造なので、毎年作ればよかったのです。ところが近年、冬の異常な低水位で、この方法では水がとれなくなっている場所が増えています。

これに拍車をかけたのが、重機やダンプカーなどによる物量動員です。物量動員が悪いわけではありません。その方法です。旧来の「突堤方式」をやたらに強化しても、事態は却って悪化します。丸太や土嚢《どのう》の代わりに巨石やコンクリートの突堤を置けば、確かに流され難《にく》くはなりますが、強靭な突堤の先端で激しい渦流が発生、川底を抉《えぐ》って深くしてしまいます（洗掘による川床低下）。その結果、次の冬には取水口付近の水位が更に下がり、突堤を伸ばすか、別の場所から新たな取水場所を作らねばならなくなります。

◎**川際で取水量を調整**

もう一つ重要な点は、川際で取水量を調整する着想が現地に乏しかったことです。もっとも村民たち自身で取水門を作るには財政的にも無理でした。そこで導入されていたのが、「過剰水の排水設備」です。まるで自然の川の分流のように、一旦取水口で川の水を全てとりこみ、過剰な水を中途で捨てて排水する考えです。このため、川に近い主幹用水路の川側土手の一部を低くしておいて、水路の水かさ

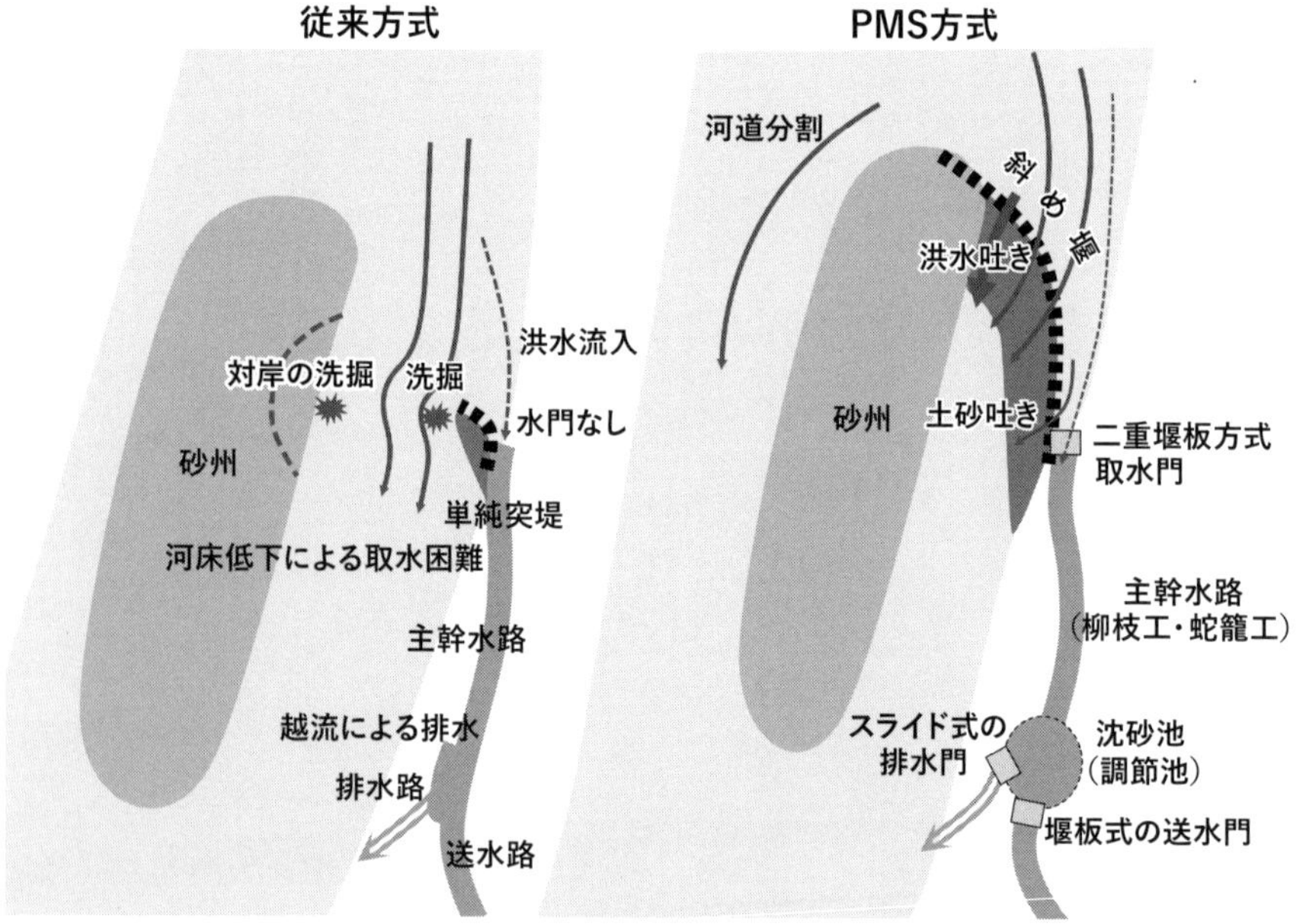

図2　PMS方式と従来方式の取水システム

が増せば、自動的に溢れて落ちるという仕組みです。

着想は悪くないのですが、予想された水量が取水口に流れ込むとは限りません。洪水が流れ込むと、ひとたまりもありません。普通、この排水設備は村落から離れた場所にありますが、よほど上手《じょうず》に作らないと危険です。

例えば二〇一三年の大洪水で、シギ取水口が流失したことがあります。洪水レベルの水位がそのまま用水路内に流入、取水口から約二・七㎞まで侵入し、数十ヘクタールの農地もろとも川の一部になって消滅してしまいました。同じことが今秋手がけようとするベスードⅡ堰で起こり、多くの被災者を出しています。おそらく同様なことが、各地で起きてきたのだと思います。適切な水門で取水量を調整するのが日本では普通ですが、まだアフガンで一般的ではないのです。

◎取水量の調節と土砂流入を防ぐ工夫

川際で取水量を調整する努力は皆無ではありませんでした。場所によってちらほら見られます。しかし、全て手動のスライド式水門です。例えば、旧カマ堰があります。私たちが手掛ける二〇〇八年以前に、旧ソ連、アラブ系団体、ＰＲＴ（米軍・地方復興チーム）などが試みています。しかし、どれも不成功に終わりました。堰き上げ方法に不備があると共に、土砂流入を抑えきれなかったのです。また、真夏に水かさが上がると、高い水圧で開閉が難しく、洪水流入を避けることができませんでした。おそらく、欧米やロシアではこのような急流河川からの取水が少なく、考えつきにくかったこともあると思います。

クナール河は夏期、大量の土砂を上流から運んできます。その量は日本の比ではありません。水路の条件次第では、たちまち泥土で埋めつぶされてしまいます。土砂は当然、川底に近いほど多く、上澄みになるほど少なくなります。スライド門は底水を引き入れるので、大量の土砂も一緒に入ってきます。

また、水門部の水深が三ｍ、四ｍともなれば、高い水圧が鉄板にかかり、スライド式門の開閉が手動では困難となります。日本ではスライド式が大部分ですが、ほとんどが油圧・電動式で、コンピューター制御です。しかし現地には、まともに電気を使用できる農村がないので、現状では不向きだと言えます。

以上のような状態を考慮して、ＰＭＳでは「二重堰板《せきいた》方式」が最適だとの結論です。これは水門を二列に並べ、川の水位と必要量に応じて、堰板で調整するものです。交替で水門番を置き、急な増水の時や農事に応じ、人力で堰板の上げ下ろしを行うものです。二列にしたのは、大洪水で川の水位が増すと、水圧で堰板が折れる恐れがあるからで、階段状に水を落とし、川に面する水門の下段にかかる水圧を減殺《げんさい》できます（写真②、③）。

写真②前後２列の堰板式取水門と堰板（写真右）

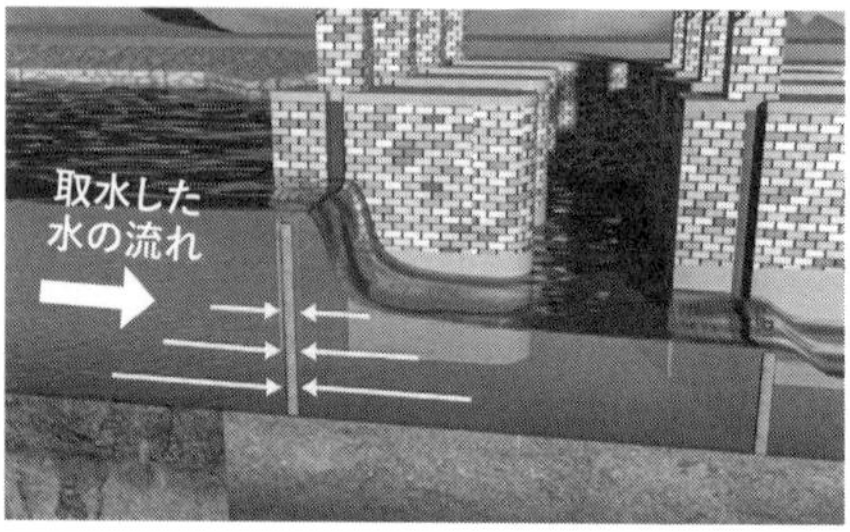

写真③二重堰板方式取水門の模式図。水門の前後に二列設置し、堰板間に貯水槽を作る。河側下段堰板にかかる水圧を減殺し、堰板が折れることを防ぐ

写真④調整池（沈砂池）

それでも粒子の細かい土砂の流入は防ぎきれません。そこで、取水門直前の堰に溝を設け（土砂吐き）、さらに急傾斜の主幹水路を通して沈砂池に導きます。池のスライド門で底水を低い位置から排水して川に戻し、送水門を再び堰板方式にして、上水《うわみず》を人里に送ります。こうすることで、土砂堆積を相当抑えることが出来るようになりました（写真④）。

◎アフガンに適した技術——斜め堰

さて、取水堰の問題です。既に述べたように、従来の堰き上げ方式が気候変化に追いつかず、単に突堤構造をやたらに強固にしても、却って被害を増すことを強調してきました。実は、この取水堰こそが最大の難関、かつ最も本質的なものでした。どんなに用水路が立派でも、取水できないと、「血液が流れない血管」と同じだからです。

取水しやすい場所が同時に洪水に襲われやすい場所であることは、過去多くの人々が体験してきました。欲望と安全は両立しません。「洪水を防ぎながら、欲しいだけ水を取る」というのは、相矛盾することを同時に得ようとする虫のいい話なのです。

この難題を見事に解決して自然と折り合いをつけたのが、日本近世に確立した治水技術、「石張り式斜め堰」です。現在日本では次々とコンクリートの直角堰に替えられていきましたが、九州では一つだけ、「山田堰」という堰が、筑後川流域（福岡県朝倉市）に貴重な遺産として残っています（184頁写真参照）。一七九〇年に現在の形で完成し、今も現役です。

郷土史によれば、先人たちも飢饉や洪水に苦しみ、突堤型の堰先端に発生する洗掘→川床の低下に悩んでいました。

完成に至るまでの経過を読むと、全く今のアフガンと同様です。要は河道全体に巨礫《きょれき》を敷き詰めて堰き上げ、石張りの平面形状を上流側に向けて斜めに取り、越流幅をできるだけ広くすることです。また、洪水時の負荷を避けるため、上流側から河道を分割して傍流を作ります。ＰＭＳではその模倣を目指し、試行錯誤を繰返してきました。詳細は割愛しますが、この「石張り式斜め堰」がＰＭＳ方式の重要部分として定着しました。

◎体系的な取水システムの提唱

こうして、一連のＰＭＳ取水システムは、「ＪＩＣＡ〈国際協力機構〉＝ＰＭＳ共同事業」として二〇一一年カマⅡ堰で最初に実現しました。

①取水堰（斜め堰による河道全面堰き上げ、取水門前の土砂吐き、河道分割による堰体《えんたい》の保護、対岸の護岸）

②取水門（三連または四連、間口幅総計を広くとる二重堰板方式）

③主幹水路（柳枝《りゅうし》工・蛇籠《じゃかご》工の護岸、土砂を押し流せる傾斜のライニング〈11頁の用語集参照〉）

④沈砂池（堰板方式の送水門とスライド式排水門を装備）

それまで、マルワリード堰、シェイワ堰、カマＩ堰が完成してはいましたが、体系的に設計されたのは初めてのものでした。同郡は耕地面積約七千ヘクタール、人口三〇万人と言われ、かつてソルフロッド郡と並ぶ最大の穀倉でした。しかし、夏の洪水と冬の渇水で農業生産が致命的な打撃を受けていたのです。人口の半分が難民化したと言います。当初、「カマ堰は絶対に成功しない」と信ぜられ、農民は諦めていましたが、この取水方式でたちまち耕地がよみがえり、この三年間で殆どが帰農しています。

◎完成度を増した取水堰

その後、ベスードＩ堰（二〇一二年）、カシコート＝マルワリード連続堰（一四年）が、次々と建設されていきました。この間、一〇年、一三年と記録的な洪水に見舞われて、これらの堰も多少の改修を余儀なくされましたが、基本構造はよく保たれ、逆に強靭さが実証されたと思います。最新のカシコート連続堰は、クナール河全体を堰き上げ、堰幅五〇五ｍ、石張り面積二万五千㎡、完成度の高いものとなりました。

こうしてジャララバード北部三郡、シェイワ、カマ、ベスードは、隈《くま》なく安定灌漑の恩恵が行き届こうとしています。次の標的であるベスードⅡ堰（ミラーン）と周辺の小取水堰が成ると、「緑の大地計画」で掲げた「ジャララバード北部穀倉地帯の復活」が完成に近づきます。実現すれば、耕地面積一万六五〇〇ヘクタール、六十数万農民の生活を保障し、余剰生産物をアフガン国内〈の他の地域〉に送ることが夢でなくなります。

最も経済的な「投資」――干ばつと難民、干ばつと治安

◎「耕せない農民」の現実、水がもたらす安定と恵み

私たちの作業地、カマ郡、ベスード郡、シェイワ郡は、他の地域に比べて抜群に治安が良い所です。おそらく、安定灌漑で農地がよみがえり、食べ物を自給できるようになった事と無関係ではないと思います。対照的に、ジャララバード南部の穀倉地帯（スピンガル山麓）は渇水で自給できず、多くの失業者を生み出しました。現金収入を求めて、やむを得ず兵士、警察官、武装勢力の傭兵《ようへい》になる者が後を絶ちません。治安は最悪になりました。つい十数年前まで、最も民心が温和で争いが少ない地域だったのです。

多くの者が職を求めて、ジャララバードやカブールの市街をさまよい、場合によっては国外に難民化しますが、満足な職にありつける人はごく僅かです。現金収入を得るため、やむを得ず麻薬や売春などの犯罪に手を染める者も少なくありません。こうして刹那《せつな》的な風潮がはびこって風紀が乱れ、地域安定の要《かなめ》だった伝統的な農村共同体の秩序も崩れていきます。治安悪化の背景は、単に過激思想だとか、武器の流入、外国軍の侵入だけではないと考えます。

運よく時流に乗り、都市生活を堪能できる人々はごく一握りです。大都市では派手なショッピング・モールができ、乗用車が増え、テレビが普及し、一見華やかな生活が目につくようになっていますが、その背後に膨大な貧困層が飢餓すれすれの生活を送っていることは、日本で余り知られていないと思います。

水利施設の建設は、確かにお金も時間もかかります。しかし、その後の恩恵を考えると計り知れないものがあります。例えば、ジャララバードで小麦一kgの値段は約四〇～五〇円です。年間一人当たりの必要量（アフガン政府基準）が約一五〇kgですから、年間八千円前後の支出になります。農村の家族は普通十人を下ることがないので、家計から年間八万円くらいが主食だけに消える勘定です。でも、これだけではカロリーが足りないので、コメやトウモロコシ、豆類や肉などを加えると、年間十五～二〇万円の食費となります。

普通の農民が農業以外の仕事をするのは案外限られていて、軍閥や武装組織の傭兵、国軍兵士、警察官、現場作業員、リキシャの運転手、バザールの零細小売などです。現場作業員の場合、日当が四五〇～五〇〇円（ジャララバード）、運よく年間三〇〇日働けても、年収十四～十五万円にしかなりません。ほとんど食費だけで収入が消えてしまいます。警察官は年収二〇～二五万円ですが、年齢などの制限があり、外国援助が止まれば失業します。しかも食糧価格は不安定で、輸入元の国々で異変が起きると国際市場に振り回され、突然高騰することが普通です。慢性的な栄養失調の背景は、こうして出来上がっていくと考えます。

◎戦争と援助で食をしのげるか

では、もう何年も前に食料自給率の半減が伝えられたのに、何故二〇〇〇年の大干ばつの時のように多大の餓死者が出なかったのでしょうか。食糧生産が上がったとは思えません。戦争や援助で莫大な外貨が注ぎ込み、不足分を他の国から買えたからだと思います。

確かにごく限られた一部の品目、国産のオリーブや蜂蜜などは出荷が増えています。しかし、食糧の大部分は国外から買っています。それも、農業どころか、これといった商工業が興されていないままです。普通なら他のアジア諸国では、先進国が生産拠点を移すという形で、工業化が進みます。すると、良くも悪くも、そこに近代的な教育や価値観が浸透する基盤が作られます。ところがアフガニスタンでは、このような段階を経ず、国際金融経済の嵐が、一足飛びに流れ込んだと言えるかも知れません。生産基盤がない所で今風の流通と消費だけが奨励されると、混乱は当然起こります。

大きく見れば、「生産性なき富」で通貨の流通が一時的に保障されるという、不安定な経済が続いているということです。強いて「売れるもの」を挙げれば、「人命と麻薬が二大商品」という物騒なものです。ここに「アフガン復興」の厄介な問題があります。

しかし、経済発展のために人間がある訳ではありません。「経済」とは本来、人間がより良く生きるためのものである筈です。農業立国・アフガンは、独自の生きる道があると私は考えます。

◎安定灌漑――偉大な「投資」

小麦の生産は、アフガンでは普通ヘクタール当たり四トン前後です（肥料や農薬をつぎ込めば一時的に収量が増えますが、長い目で見れば土壌が荒れる上、コスト高になります。現地で主流の自然循環型農業での標準です）。仮にマルワリード用水路流域三千ヘクタールが全て小麦を栽培できたとすると、一・二万トンの生産で約五億円に相当し、成人八万人分（年間）の小麦を賄《まかな》えます。それだけでなく、米、トウモロコシ、野菜、果物や、草地の増加による畜産などを加えると、優にその数倍になるでしょう。それだけの富と生きる糧《かて》を毎年享受できることになります。「緑の大地計画」領域全体となれば、更に膨大です。

例えば、一つの取水設備に三億円という巨額を投じても、一千ヘクタール程の安定灌漑を実現すれば、一年で元が取れ、毎年それが続くということです。ただ私たち援助側が儲《もう》からないだけの話で、アフガン全体と人類全体からすれば、偉大な「投資」と言わざるを得ません。もちろん分配や輪作の問題があるので、計算通りには行かないでしょうが、不安定な世界金融経済の周辺部で、援助や戦争がもたらす外貨に頼る今の状態よりは、はるかにマシな筈です。

「自らの生産共同体」の手で糧が得られるようになれば、少なくともアフガン人を律する倫理的規範の枠内で、富者にも弱者への配慮を期待できるからです。

加えて治安の安定や病気の減少に寄与するなら、膨大な公的負担を軽減することにもつながります。増産で食料価格が下がると、農家の名目上の収入や国全体のＧＤＰは下がりますが、専ら《もっぱ》国内消費（自給）ですから人々の暮らしは却って安定します。「物価にかかわらず、とりあえず食える」。これは他国と異なる特殊事情かも知れませんが、大きなことではないでしょうか。

アフガン人にとって、食料自給は独立の基礎でもあります。

◎他人事でない自然との関わり

ＰＭＳは、モデル地域の自給を実現し、復興への一つの道を実例で示そうとしています。それはまた、自然との関わり方において、私たち自身の将来をも暗示するものかも知れません。「気候変化の危機」を訴え、「緑の大地計画」に力を入れる理由は、ここにもあります。そして、それは夢でなく、少し目を開いて努力さえすれば、多くの地域で手に入る恵みだと思います。

人間の経済活動によって引き起こされた自然の反応——温暖化による災害は、必然かつ不可避のものです。全世界が節度ある生産・消費活動に至り、温暖化が収まるまで、幾多の難局と破局があり、五〇年、一〇〇年と、非常に長い年月がかかるでしょう。

しかし、その渦中にあっても、私たちは生きていかねばなりません。人倫を重んじて自然の恩恵を見出し、とりあえず平和に生き残る現実策を模索するのが道だと考えます。大震災を経て、科学技術の限界を体験した日本にとっても、決して他人事ではないでしょう。

ガンベリ沙漠に造成中の公園（14年6月）

本計画が、やがて大きなモデルとなってアフガン各地に広がり、少しでも多くの農民たちが生きる基礎を得ることを祈ってやみません。

会員の皆さんの、いっそうの御協力をお願い申し上げます。

＊砂防ダムについては、土石流による被害防止を重要視するか、魚の遡上阻害などの環境面を重要視するかで賛否が分かれる。特に日本の砂防ダムは土石が流下するのを軽減する目的で設置されており、貯留効果や地下水の涵養効果は少ない。

chapter

VI

122号 (2014.12) ～131号 (2017.4)

2014 (68歳)	12月、欧米軍、戦闘任務を終了し撤収開始（米軍は引き続き約1万人の将兵が支援部隊として駐留）
	ガンベリ農場内の記念公園にPMS農業事務所を設置
2015	**2月、新シギ堰、ミラーン（ベスードⅡ）堰の通水に成功（3月完工）**
	同月24日、真冬の大洪水によりカブール河が氾濫、カシマバード（ベスードⅠ）堰が損壊
	3月、アフガニスタンの農村復興開発大臣が福岡県朝倉市の山田堰を視察
	気候変動の影響や治安悪化を考慮して「広域展開」の準備を進める
	アフガニスタン東部スピンガル山麓方面でIS（イスラム国）の動きが活発化
	夏、集中豪雨が多発、クナール河、カブール河沿いの各所で氾濫が起きる
2016	**2月、ガンベリ沙漠開墾地(PMS農場) 約235ヘクタールを20年借用(合法所有)する政府との契約に署名。ガンベリ主幹排水路の建設に着工**
	4月、熊本地震発生（14日）。死傷者3千人以上
	ガンベリ農場にてナツメヤシ園の植樹式
	10月、ミラーン（ベスードⅡ）堰竣工。PMS方式灌漑技術の普及を担う人材育成のための訓練所建設開始
	アフガン政府、パキスタンから送還される難民100万人以上をジャララバードに滞留させ、急激に人口が増加
	ペシャワール会事務局内に「PMS支援室」を設置
	マルワリードⅡ堰・用水路の第1期工事着工
2017	**3月、ガンベリ主幹排水路が開通**
	PMS、「長期継続・20年体制」へ向けての組織再編を開始

122号　2014・12

食糧危機とオレンジの花

――PMS・住民・行政が一体となって体当り工事

二つの取水堰の工事

みなさん、お元気でしょうか。日本は年の瀬の選挙だと聞きましたが、遠い遠い出来事のように思えます。

ここアフガニスタンのジャララバードでは、外国軍の撤退に伴って、少しずつ治安回復の兆しも見え、仕事は例年以上に活発に続けられています。

この季節はいつものように川辺で、護岸と堰《せき》の工事が進んでいます。昨年のカシコート＝マルワリード連続堰の建設が「緑の大地計画」の頂点だと伝えたものの、自然はヤワなものではありませんでした。

現在、ジャララバードの北部にあるミラーン、シギというところで、二つの取水堰の建設に追われています。

大きな工事は「ミラーン（ベスードⅡ堰）」で、ベスード郡三五〇〇ヘクタールのうち、約一一〇〇ヘクタールを潤します。先に完工したベスードI堰（二〇一二年）二千ヘクタールと併せると、これで同郡の八割以上をカバーすることができます。

ミラーン（ベスードⅡ）堰をつなぐ中州の補強工事（14年12月）

シギ堰については、先の会報〔118号〕で触れたように、昨年の大洪水で取水口から約三㎞までの流域が、河の藻屑《もくず》と化して消滅しました。現在、旧取水口から五㎞下流の地点に「新シギ堰」を建設中です。

両堰が成れば、「緑の大地計画」で予定するジャララバード北部穀倉地帯一万六五〇〇ヘクタールのうち、約九〇％の安定灌漑《かんがい》を達成することになり、実現に向けて大きな前進となります。

二つの大きな工事を抱える羽目となりましたが、PMS〔平和医療団・日本《ピース・ジャパン・メディカル・サービス》〕職員・作業員一同、はつらつと働いています。

しかし、二つの場所での同時作業は、今冬が初めてです。これを可能にしたのは、PMS全体が技術的な練度が高くなり、現場を任せられる人材が育ってきていることがあります。また、地域農民の圧倒的な支持と地方行政の好意的な協力が背景にあります。

農村の復活に欠かせない「安定灌漑」の重要性については、先の会報〈121号〉で詳しく触れた通りです。WFP（世界食糧計画）は、アフガンが世界最悪の食糧危機に直面し、現在国民の四分の一に相当する七六〇万人が飢餓線上にあると警鐘を鳴らしています。私たちもまた、食料自給がアフガンの生命線と見て、各方面と協力し、最悪の事態を乗り切る実例としたいと思います。

取水口予定地が浸食され消滅

しかし、取水堰は大自然が相手で、こちらの希望通りにはいきません。特にミラーン取水堰の建設は、我々でさえ予測できぬ事態の連続です。

十月に着工した際、今年七月に最後の調査をした折に観察された場所が消滅しているではありませんか。新たな河道が発生し、予定した取水口から約一三〇mが河の一部となり、目前で村落の浸食が進んでいました。この間わずか三カ月で、大した洪水もなく、楽観的にさえ考えていたのです。

交通路である護岸も倒壊したり、浸食されたりで、予定作業地に近づけません。これには驚きました。最終的に護岸線を約二・五kmとし、取水口建設予定地まで一・四kmの護岸＝交通路確保を天王山と見て、全力が傾注されました。

この間、村民の死者・行方不明五名、目の前で村落が崩されていきました。やっと交通路が確保され、護岸工事の基礎が始められたのは十一月も下旬のことでした。記録的な超突貫工事で、PMS・住民・行政が一体となっての体当たり工事で交通路が確保された時は、みな虚脱状態でした。

しかし、自然が与える時間は限られています。増水の始まる二月下旬には主な見通しをつけておかねばなりません。へとへとになった職員たちを叱咤激励し、やっと取水堰・取水門の着工に至り、現在、着々と仕事が進められています。

「見通し」とはよく言ったもので、取水堰が着工すると、工事の全体像が皆に見えるようになり、元気が出てきます。取り込んだ水の扱いは、何とかなるからです。工事の山は去りつつあり、一同元気を取り戻しています。一時は絶望視する向きもあったのです。

オレンジの花・詩会

悲惨な出来事ばかりではありません。来年の「オレンジの花・詩会」開催が、ガンベリ農場で決まりそうです。この詩会は、数百年前からずっと続いてきた文化行事です。パシュトゥ人は皆、詩が好きです。

南部カンダハルの「ざくろの花・詩会」と並んで、ジャ

ガンベリ農場。レタス、大根、カブ他。一部の野菜以外は自給できるようになった（14年10月）

ララバードの詩会が有名で、詩人たちが花の季節に集い、詩を朗読し合います。

　これは身分や貧富、地域・国境どころか、政府・反政府という立場も超えるもので、政治性が全くないものです。即興詩の掛け合いという点で、昔の日本の和歌（歌合せ）に似ています。パキスタン側のペシャワールやワジリスタンからも人々が集います。読み書きができないことさえ問題になりません。

　でも背景には、私たちが訴え続けてきた干ばつ問題があります。かつてジャララバードの早春の象徴であった柑橘《かんきつ》類が絶滅に近く、近年、開催が危ぶまれるようになっていました。そこで、開拓地・ガンベリ農場を柑橘類の一大出荷地とし、復活の象徴としようということです。現在約五千本の苗が移植されていて、最終的に数万本をめざしています。

レシャード先生の訪問

先日、珍しいお客さんが現地を訪問されました。四五年間日本に在住するアフガン人医師のレシャード先生です。アフガンの荒廃に胸を痛め、静岡で「カレーズの会」を主宰しておられます。お父上が有名なカンダハルの詩人だということが分かり、一同最大の尊敬でお迎えしました。

　詩会開催の話を聞くと目を輝かされ、すっかり緑に包まれたガンベリ「沙漠」を、いつまでも眺めておられました。

　悲惨なこともありますが、心温まる出来事もあります。少なくとも、現地事業には希望があります。飢餓と戦乱の中でひと時の人間らしさを味わえる文化的な空間があります。それは大地に根ざす悠久の流れと一体で、今後も変わらないものの一つでしょう。

　皆さんの変わらぬ支えでここまで来られたことを、心から感謝します。

　人はパンのみにて生きるにあらず。冬の河川工事は厳しいですが、それが人々の物心両面に潤いをもたらすと思えば、ずいぶんと励みになります。

　良いクリスマスと正月をお迎えください。

二〇一四年十二月　　ジャララバードにて

123号　２０１５・４

人と自然との和解を問い続ける仕事

――ミラーン堰の建設と新シギ堰の完成

みなさん、お元気でしょうか。

相変わらず、河辺の仕事です。今年は、これまでの大きな仕上げとして、「現地に適した取水技術の拡大」が大きなテーマになっています。治安も良くはありませんが、気候変化はもっと激しくなっています。

この数ヵ月は波瀾万丈、今まで経験したことがない出来事に次々と遭遇し、何年も経ったような気がしています。何から述べていいか分かりませんが、思いつくままを報告し、ご理解いただきたいと思います。

ミラーン堰（ベスードⅡ堰）

昨年の「マルワリード＝カシコート連続堰《ぜき》」に次いで、現在ベスード郡のミラーン堰という所で取水堰の建設を進めています。

ベスード郡はジャララバードの北部で、西をカブール河、東をクナール河で接し、両川に挟まれる三角地帯を成し、耕地約三五〇〇ヘクタール、大きな農村地帯です。二〇一二年にＰＭＳ（平和医療団・日本《ピース・ジャパン・メディカル・サービス》）がカブール河沿いでベスードＩ堰を建設、同郡の約六割が安定した灌漑《かんがい》の恩恵に浴しました。それまで、洪水が流れ込んだり、逆に取水できなかったりで、一見緑地に見えても農業生産の実《じつ》が少しも上がらなかったのです。

近年の気候変動で、従来式の取水技術が追いつかなくなっていることは、これまで何回も述べてきた通りです。クナール河沿いの取水口はもっと悲惨でした。この途方もない暴れ川は、「狂った河」の異名があり、誰も手が出せませんでした。ＰＭＳの取水堰建設は、ベスードＩ堰を除けば、全てこの川沿いに集中していますが、このミラーン堰ができると、ベスード郡の八割以上が安定灌漑領域となり、「緑の大地計画」が大きく前進します。

取水口予定地が消失

昨年十月に着工する直前まで、実はタカをくくっていました。二〇一三年秋に上流で難工事の末に「（マルワリード＝カシコート）連続堰」ができたので、ミラーン堰がよほど容易に思えたからです。しかし、いざ着工してみて驚きました。昨年七月の調査で確認した地形が、全く変っているではありませんか。護岸予定線の岸辺、約二kmがことごとく激流に洗われて崩れ、取水口予定地が消失しています。予定していた岸辺の交通路がなくなって、近づけません。おまけに、それ程の水量ではないのに、河の一部が大きく蛇行して村落に浸入しています。目の前で、家屋がボロボロと濁流に消えていきました。

ペシャワール会に緊急の追加予算を頼み、ともかく護岸線と交通路の確保に全力が挙げられました。最大一日三〇台ほどの大型ダンプカーが稼働し、やっと護岸始点から一四〇〇m先の取水口建設予定地に到着したのは、十一月も下旬のことでした。この間、村民に五名の死者・行方不明を出しました。

ミラーン（ベスードⅡ）堰送水開始の瞬間（15年2月）

その後の展開は速やかで、十二月下旬には取水堰と取水門基礎ができ、今年二月初旬には主幹水路約四五〇mの下段と沈砂池を造成、既存水路へ送水を始めたのが二月十七日のことでした。まだまだ仕事は残っていますが、これによって、ベスード郡の約三分の一に相当する一一〇〇ヘクタール、四万人農民の生活が守られることになります。

みなへとへとになるまで働きました。通水を確認した時、作業員、職員、住民こぞって大きな喜びをかみしめました。短期間に達成した仕事としては記録的なものでした。図らずも、PMS職員・作業員たちの熟練を実証する結果となり、大いに意気が上がりました。

新シギ堰の完成と水争いの歴史

これだけではありません。これと併行して「新シギ堰」の建設が進められました。一昨年予定していた工事ですが、夏の洪水で取水口から約二・七㎞が流失し、工事が遅れていたのです。以前に報告したように〔270頁＝112号、273頁＝113号ほか参照〕、マルワリード用水路の二㎞延長と組み合わせ、長い懸案だったシギ地域の安定灌漑を完成するものでした。工事規模こそミラーン堰より小さいですが、地域安定に大きな意義をもつものでした。

まだマルワリード用水路が建設中の二〇〇七年、シェイワ郡全域が渇水に陥り、一時的に全郡が工事中の用水路に依存していた時期がありました。当時、ガンベリ沙漠開拓が現実味を帯び始めていた時期で、やがて水量が不足する事態が予測されました。そこで、完全に干上がった旧シェイワ用水路を復活すべく、「シェイワ堰」が建設されました。これによって、土地所有や高低差の問題で灌水《かんすい》できない地域を、隈《くま》なく潤せると考えたのです。

しかし、二〇一〇年夏の大洪水でクナール河の河道が大きく変化し、シェイワ堰の水が途絶すると、水争いが更に激しくなりました。ＰＭＳはこの時、水量を豊富にすれば解決すると信じ、同年十月、多大の労力を払って約二kmの河道回復工事を行いました。

だが既存のシェイワ用水路は、水系と土地所有が一体です。シェイワ村落は他地域への送水を拒否し、熾烈《しれつ》な水争いが起きました。渇水の恐怖に脅えるシェイワ、シェトラウ、シギの各地域は、シェイワ取水口付近に村民を集結して対峙、あわや流血の惨事寸前となりました。

結局、シェトラウ村落にはマルワリード用水路からの既設分水路の送水を増やして安定させましたが、シギ村落へは多量の送水で湿地が発生するため、別に計画を立てました。これが「シギ計画」（二〇一二年）です。

しかし、一年間も腹を減らして待てません。シギ上流の村民が勝手にシェイワ堰の下流直下に土管を入れ、自分たちで取水口を設け、送水を始めました。「取水量の調節がなくては危険だ」と、ＰＭＳが取水門を別に設置しようとした矢先（二〇一三年）、夏の大洪水がシギ水路に浸入、同流域二・七kmもろとも濁流に消えました。ＰＭＳは当時、カシコート堰（連続堰）建設に忙殺されて動きがつかず、緊急に夏の仮取水路を設けて凌いだものの、冬までに涸れてしまいました。

神がＰＭＳを遣わした

このような泥沼の経過を述べると、「住民同士の協力のなさ」を嘆かれるかも知れません。でも人間とはそれほど強いものではありません。抗争の方が普通なのです。いつ襲うか分からぬ渇水、いつ引揚げられるか分からぬ支援を思えば、誰もが自分の家族を守ろうとします。干ばつの中の灌漑事業とは、時に飢えた狼の群に肉を投げ込むような事態を惹き起こすことを知りました。――こうして、今冬の「新シギ堰」建設が始められました。ミラーンの難工事を併せ、敢えて二正面作戦を決行せざるを得なかったのです。

二月八日、ミラーンに先立って同堰の通水試験が成功裏に終わったとき、飢えから解放された喜びだけでなく、長い抗争から自由になった解放感は、誰にとっても安堵を与えるものでした。

この時、同地域の長老たちが一堂に集い、作業員たちの労をねぎらって口々に礼を述べました。

「日本、万歳！　慈悲深い神がＰＭＳを遣わし、この地に平安をもたらしたのだ」

あながち間違いではありません。水を扱う仕事は、決して「テロ対策」や「平和運動」ではなく、医療と同様、人間の生命を扱う仕事です。そして、人と人、人と自然との和解を問い続ける仕事でもあります。平和とは実体であり、観念の問題でないことを改めて知りました。

このところ、巷《ちまた》ではまるで劇場のような復讐劇が徒《いたずら》に憎悪と不安をかきたて、勇ましく拳を振り上げる人々が世界中で増えています。しかし、騙《だま》されてはなりません。その姿は芝居じみて見え、滑稽かつ危険です。大地に根ざして動かぬ人と自然がありますす。少なくともここは対照的です。大地に根ざして動かぬ人と自然があります。そして、世を惑わす情報世界から自由であることに感謝しています。


（追記）二月二四日、あざ笑うように、渇水から一転、今度は「真冬の大洪水」が襲いました。この日、カブール河が記録的な瞬間水位で氾濫《はんらん》し、ジャラランバード市内も浸水しました。上流では数百名が雪崩と鉄砲水で犠牲になりました。安定したと見られていたベスードI堰が破綻し、水門番小屋が全壊して流失しました。このような災害は誰に聞いても初めてだそうです。しかも普段なら水不足に悩む真冬です。現在、緊急の復旧作業が続けられていますが、PMSの作業地だけは辛うじて護られています。

仕事は営々と続けられます。しかし、皆さんの理解と支援があっての話です。閉塞感の漂う暗い世相であればこそ、現地と力を合わせ、備えられた恵みに思いを致し、良心の気力をいっそう示したいと思います。

124号 ―― 2015・7

戦や目先の利に依らずとも多くの恵みが約束されている

――二〇一四年度現地事業報告

□二〇一四年度を振り返って

「緑の大地計画」が立案されたのが確か二〇〇二年でした。当時「アフガン復興支援」で世界中が沸いていましたが、私たちの訴え続ける干ばつと飢餓はあまり重視されなかったと覚えています。

二〇一四年十二月、破壊と大混乱を残して欧米軍が去っていきました。あの軍事介入が何だったのか、「対テロ戦争」とは何であったのか、心穏やかにはなれません。「テロとの戦い」と言いさえすれば何でも正当化されるような狂気が、この十数年の世界を支配してきました。実際アフガニスタンでは、異を唱える者がテロリストの烙印を押され、容赦なく抹殺されていきました。その多くが国際テロ組織とは無関係な、弱い立場の人々でした。無差別爆撃による膨大な犠牲は、「二次被害」と呼ばれました。

イスラム教徒に対する偏見が意図的にあおられ、人々の間に多くの敵対が作り出されました。病的な残虐行為や拷問は日常でした。だが、欧米軍兵士もまた犠牲者でした。その多くは貧しい階層の出身で、社会的事情で志願し、半ば駆り出された人々でした。少しでも良心を持つ者の一部は、自殺に追い込まれました。

これが現地で見た「テロとの戦い」でした。細々とでも保たれてきた人間の英知とモラルは、これによって一挙に後退しました。欧米では預言者を揶揄《やゆ》することが流行り、*それが表現の自由であるとされました。世界全体が、露わな暴力主義と排外主義の毒に侵されて行くように思われました。利権を主張して弱者を圧するのが当然のように言われ始めたのです。

このような世界をためらいつつ歩んできた日本もまた、良心の誇りを捨て、人間の気品を失い、同様に愚かな時流に乗ろうとしているように思えます。先は見えています。アフガニスタンを破壊した同盟者にならぬことを願うばかりです。

しかし、現地事業のおかげで垣間見える世界は、全く逆のものです。少し目を開けば、戦や目先の利に依らずとも、多くの恵みが約束されていることが解るからです。

今、次の段階への飛躍に当たり、立場を超えて実に多くの人々が協力しています。ここに希望と平和の基礎を見るからです。

先は長い道程ですが、このオアシスこそ、飢餓に苦しむ人々だけでなく、私たち自身をも励ます力であることを訴え、変わらぬ協力に感謝いたします。

◎二〇一四年度の概況

不安定な気候と災害

二〇一四年度もまた、不安定な気候に悩まされた。今回は、クナール河よりも比較的安定したカブール河本川流域で、洪水が多発した。一四年二月～三月にかけての遅い降雪は、急速な雪解けで各地に雪崩を発生させ、カブール河の流域各地で氾濫した。翌一五年二月には再び遅い降雪・降雨があり、二月下旬、真冬にもかかわらず、記録的な水位がジャララバードを襲った。

ベスードI堰《ぜき》の取水口付近も直撃され、流域（約二五〇〇ヘクタール）の浸水が危惧されたが、取水門は持ちこたえ、惨事を免れた。洪水はスピンガル南麓でも猛威をふるい、ソルフロッド川が氾濫した。

だが、これによって大河川沿いの取水口と護岸の重要性が改めて痛感された。農地の荒廃は治まる気配なく、農村から叩き出された失業者で大都市があふれている。

二〇一四年秋、WFP（世界食糧計画）らの国際団体が「七六〇万人が飢餓線上」と伝えたが、大きな関心を集めず、戦争と政情だけが徒《いたず》らに伝えられている。

外国軍撤退と大統領選挙・無政府状態

大統領選挙をめぐって混乱が続いた。二〇一四年四月に始まった選挙は、半年以上をかけて一応の落着を見た。ガニ氏とアブドゥラ氏との決選投票となったが、ガニ氏優勢と伝えられるや、対立候補が不正を申し立て、国家分裂の危機がささやかれた。国連の選挙管理委員会は投票結果を公表せず、結局、米国らの「仲介」で事実上の「混合内閣」となった。旧政権の利権体質の一部が温存され、組閣の遅延で権力の空白が生まれ、治安はいっそう悪化した。

欧米軍は二〇一四年十二月、正式に「戦闘任務終了」を伝えて撤収したものの、米軍は約一万人の将兵を「支援」部隊として駐留させている。組閣を終えたのは、一五年春のことである。「初の総選挙」に希望を寄せた大方のアフガン国民は、深い失望に陥った。

欧米軍の撤退と前後して、勢力をふるい始めたのが「イスラム国」（以下ＩＳ）である。既に二〇〇八年前後からグァンタナモ収容所出身者**を中心とする「パキスタン・タリバン運動（ＴＴＰ）」が活発となり、各地で混乱が大きくなっていた。一四年、ＴＴＰによる学校爆破で多数の学童が死亡すると、旧タリバン（アフガニスタン）勢力はこれを非難、両者間で衝突が起きた。過激化したＴＴＰの一部がＩＳを支持、二〇一五年五月、アフガン旧タリバン勢力と軍事衝突し、多数の犠牲が出た。国境沿いの地区では米軍による無人機攻撃も続き、情勢はいよいよ混迷の度を深めている。

□PMS事業の概況

カシコート＝マルワリード連続堰建設は二〇一四年九月に正式に完工、ミラーン（ベスードⅡ）堰が十月に着工した。ガンベリ沙漠開拓も次第に充実し、農業部を発足、食糧増産態勢に入った。

だが、依然として作業地の周辺は食糧難が続いている。アフガン新政権下で「飢饉対策と水利事業の重要性」が漸《ようや》く認識されるようになり、ＰＭＳ（平和医療団・日本《ピース・ジャパン・メディカル・サービス》）と連携し、将来に向けて布石が打たれようとしている。

1. 医療事業

二〇一四年度の診療内容は別表の通り（表１）。大方の国際団体が撤退する中、ダラエヌール郡で重きをなしている。

2. 灌漑事業

二〇一四年度は将来の広域展開へ向け、準備段階に入ったと認識、事業評価と技術の体系化が進められた。

表1　2014年度 診療数及び検査件数

国名	アフガニスタン
施設名	ダラエヌール
外来患者総数	41,632
【内訳】　一般	35,075
ハンセン病	24
てんかん	507
結核	106
マラリア	5,920
外傷治療総数	4,490
入院患者総数	-
検査総数	12,651
【内訳】 血液一般	674
尿	2,109
便	3,077
らい菌塗沫検査	1
抗酸性桿菌	140
マラリア	5,941
リーシュマニア	290
その他	419

二〇〇二年に立案された「緑の大地計画」は、多少の変更はあるが二〇年までに予定地域をカバーし、安定灌漑《かんがい》面積一万六五〇〇ヘクタール、人口六五万人の生活を保障するモデル・ケースとなる見通しがつきかけている。

アフガン全国の耕地は三六〇万ヘクタールで、そのうち灌漑地はわずか五十数%といわれる。二〇一四年度は、アフガン政府やＪＩＣＡ（国際協力機構）とも協力し、大規模な広域展開が俎上《そじょう》にのぼった。

◎カシコート=マルワリード連続堰

連続堰は、既に完成していたが、洪水期の観察を経て、最後の追加工事を行い、二〇一四年十月、竣工式を行なった。堰長五〇五ｍ、堰幅五〇～一二〇ｍ、石張り堰の総面積は約二万五千㎡、これによって技術的に完成度の高いものとなった。

それ以上に意義があったのは、職員・作業員たちの自信と矜持《きょうじ》である。難攻不落と思えた巨大な暴れ川から、安定した取水が可能であることを地域に印象付け、希望を与えるものであった。

堰、取水門、急傾斜主幹水路、沈砂池という一連の取水設備（ＰＭＳ方式）が、ほぼ地域に定着したと思われる。

地元勢の強い希望で「中村方式」と銘打たれたカシコート取水門の石板（15年2月）

◎シギ地域の安定灌漑

シギ地域は半沙漠の荒野と湿地が混在し、面積の割に生産性に乏しかった。

ＰＭＳでは二〇一二年三月に計画を実施、マルワリード用水路末端から約二六〇ｍのサイフォンで大きな洪水路を横断してシギ下流域を潤し、上流域は水量調整が可能な取水堰を建設する予定であった。

下流域については、二〇一三年六月までに全長約二㎞のマルワリード延長路を完成させたが、上流域の取水設備は一三年夏の洪水で延期されていた。

二〇一四年十月、予定地から約三㎞下流に取水設備の建

巨礫で造成した新シギ堰（15年2月）

設を開始、一五年三月に完工した。この間六ヵ月、一連の取水設備は「PMS方式」である。施工は完全に地元技師に任せて試験例とし、ほぼ自力で出来ることを確認した。現在、シギ堰だけで五〇〇～六〇〇ヘクタールを潤し、シギ全域約一千ヘクタールが安定灌漑の恩恵に浴した。

これによってシェイワ郡全体の水争いに終止符を打った。

◎ミラーン堰（ベスードⅡ堰）

住民たちの嘆願から三年、二〇一四年十月、JICA共同事業として、ミラーン堰が着工した。同取水口は度重なる洪水にさらされて年ごとに流失地が増加、流域の灌水《かんすい》が不安定で農業生産が低下し、水争いが絶えない地域であった。

予想外の出来事は、洪水による浸食が甚だしく、村落流失の危機の中で工事を開始したことである。住民の死者・行方不明五名という緊急事態で、大幅に設計を変え、計二六七〇mの護岸と交通路確保を余儀なくされた。急遽《きゅうきょ》ペシャワール会の協力を得て、ダンプカー三〇台を含む機械力を総動員し、総力を挙げて工事が進められた。

この結果、翌二〇一五年三月までに基礎工事を終え、増水期に用水路を開通させた。堰や護岸などの河川工事は、増水期に入った夏も続けられている。堰の完成を一六年三月までに予定している。

完成すれば一一〇〇ヘクタールの耕地を潤し、（ベスード）Ⅰ堰と併せると、ベスード郡の大半が安定灌漑の恩恵に浴する。難工事ではあったが、「洪水にも渇水にも強い取水システム」の本領を発揮した。これによって、河川工事でもPMSの護岸方法がほぼ定着した。

◎事業調査と広域拡大の準備

JICA共同事業調査に協力し、PMSの過去の実績と評価が行われた***。結果は二〇一五年六月以降に公にされる。

これを機に過去のPMS事業の「技術編」がまとめられて英訳され、近い将来の広域拡大へ向け、資料が整理された。また行政側の理解が深まり、二〇一五年三月、アフガニスタンのドゥラニ農村復興開発省大臣が山田堰（福岡県朝倉市）を視察訪問し、飢饉対策の緊急性と灌漑の適正技術について意見が交換された。

だが、全国拡大は急にはできるものではない。

一、文化や地勢・気候の類似した東部アフガンを中心に徐々に、かつ確実に拡大すること。

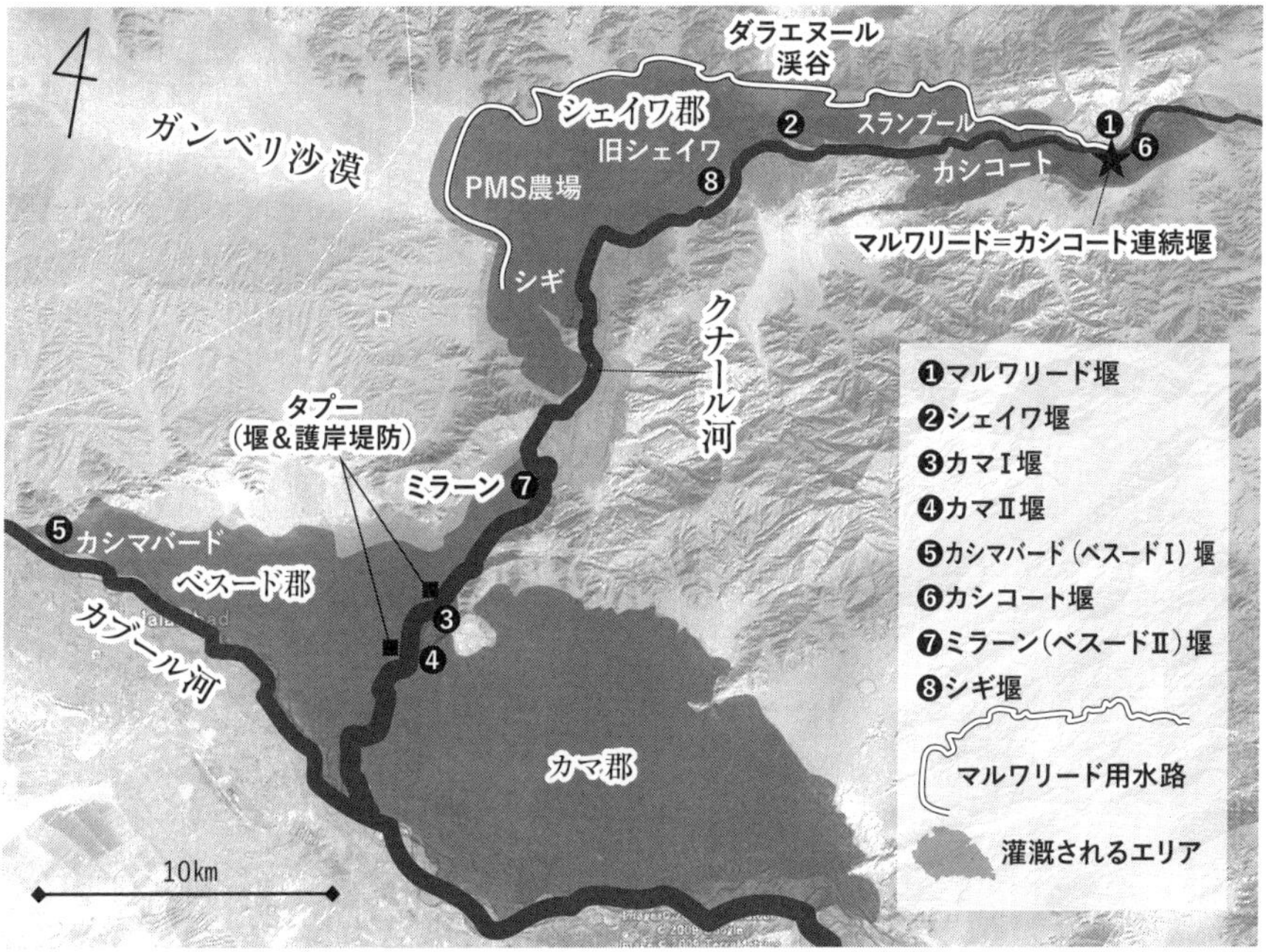

二、実事業を継続しながら、その中で「土着の実戦部隊」（現場技術者・監督）を組織的に育成すること。

三、このため日本側事務局の機能を強化し、ＰＭＳ事務所と一体化すること。

四、中央集権的な方法はアフガンに適さない。地域中心、かつ住民の自主性が尊重されるべきであること。

以上が基本方針、かつ絶対条件であるとＰＭＳは考えている。「事業によって事業を養う」という方針は変わらない。現下の不穏情勢等を考慮し、「緑の大地計画」が区切りを迎える二〇二〇年頃までには態勢を整え、次の展開に備えたい。

3．農業・ガンベリ沙漠開拓

◎ＰＭＳ・ガンベリ支所の設立

二〇一三年より砂防林計五㎞（岩盤周りを含むと計七㎞）の効果が現われ始め、開墾が急速に進んでいる。

新開地は約一千ヘクタール前後で、うち二〇〇ヘクタールをＰＭＳが受け持っている。新開地は全て政府公用地であるため、ＰＭＳでは土地を貸与されるという形を取ろうとしている。

二〇一四年度は、オリーブや柑橘《かんきつ》類栽培の拡大、サトウキビ栽培の開始が行われた。水稲栽培は土地改良の目的で継続している。小麦は四〇ヘクタールで収穫された。牧畜では乳牛を増やし、チーズやヨーグルト等の乳製品も生産されている。

ガンベリ沙漠ではこれまでの給排水路整備と共に、農業事業が大きな比重を占めるようになったので、農業部と灌漑部を統合して「PMS・ガンベリ支所」が開設された。以後、同地開拓の中心となり、将来的に「出荷センター」等の構想も上がっている。

◎ガンベリ記念公園と資材生産工房

資材生産工房が移転し、跡地に「記念公園」が造成中である。公園は、集会だけでなく近い将来の「オレンジ詩会」開催等を目的とし、ガンベリ支所は建設中の記念塔内に置かれている。

資材では蛇籠《じゃかご》やRCCパイプ〔鉄筋コンクリート製の土管〕などの需要が増してきたため、常時四〇名が工房で働いている。

◎その他

二〇一四年一月〜十二月の植樹数は三万八八八五本、大半が新設用水路沿いの柳枝《りゅうし》工とガンベリ農園の果樹で占められる。一五年三月までの総植樹数は八四万六〇四九本である。

4. ワーカー派遣・その他

現場に中村一名が常駐、ジャラランバード事務所に村井光義、鈴木祐治、石橋忠明の三名が随時赴いた。

カシコート・サルバンド村の女子校舎建設は、更に治安が悪化したため延期した。

▣二〇一五年度計画

基本的に二〇一四年度の連続である。

河川・用水路工事では、ミラーン（ベスードⅡ）取水堰の完成に全力を挙げる。

カシコート既存水路九・八㎞の拡張は治安情勢の安定を待って開始する。

農業事業では、州政府と協力、換金作物としてナツメヤシ数千本の大規模栽培が計画されており、既に準備段階にある。

広域展開の準備では、必要なら「養成所」も視野に入れ、現場を学校とする方針を崩さない。また、広く飢餓・干ばつ問題を訴える資料を整える。

＊二〇一五年一月、預言者ムハンマドの風刺画を転載したフランスの週刊紙「シャルリー・エブド」が武装勢力に襲撃された。

＊＊二〇〇二年、キューバのグァンタナモ米軍基地に設置された収容所。アフガニスタンやイラクでテロに関与していると疑われた人物を連行し、拘禁。

＊＊＊調査結果はＪＩＣＡ国際協力専門員・永田謙二氏によって「アフガニスタンにおける水資源・灌漑政策」として総論がまとめられ、のちに『アフガン・緑の大地計画』（中村哲著）にも収録された。

125号 2015・9

「広域展開」の準備、着々と進む

——復興モデルの完成と訓練所の開設

皆さん、お元気でしょうか。今夏は異例の長さで日本に居て、二カ月間があっという間に過ぎてしまいました。しかし、講演会等を通じ、各地の支援者の方々と触れる機会に恵まれ、意を強くしました。

中には「『緑の大地計画』が終わり、中村も引き上げるのか」と誤解、落胆されていた方々も居たりして、驚きました。また、平和の問題や中東全体の混乱で、アフガニスタンの現状が余り知られなくなったことにも、ずいぶん戸惑いました。

ここで私たちの計画の現状を伝え、先の長い話であることを再確認し、今後を理解する参考に供したいと思います。

二〇〇三年に始まった「緑の大地計画」は現在、安定灌《かん》漑《がい》地域の目標一万六五〇〇ヘクタールのうち、約九割に迫っており、このまま努力を続ければ、数年後に目標に達すると思われます。多くの支援者の方々の心配は、その後どうするかということです。

しかし実は、まだまだ問題が山積しています。十数年前に比べて気候変化の影響がさらに進み、治安の悪化が著しくなる中、今後に予定される「広域展開」の準備を着々と進めています。

具体的には、以下が大目標です。

①今後数十年間を見据え、既に建設した取水堰《ぜき》や用水路の維持体制を確立、復興モデルを完成すること

②広域展開に備えて、人員（技師、現場監督、重機運転手、事務職、作業員ら）の訓練所を開設、他地域の調査を始めること

すなわち、「緑の大地計画」の途上で、同時に次の飛躍を準備することです。述べれば簡単ですが、これには多大の努力が必要になってきます。

「維持体制」とは、単に技術面だけでなく、地域社会に密着した人間関係、行政との協力と適切な距離など、地域農民との絆を盤石《ばんじゃく》にすると共に、この仕事に従事するＰＭＳ（平和医療団・日本《ピース・ジャパン・メディカル・サービス》）の安定があります。膨大かつ複雑となった事務量をこなすことも不可欠で、日本側事務局との密な協力が求められています。

「広域展開」に備える訓練所は現場に置き、予定地での実戦部隊を育成するものです。現地に即した技術を、紙上でなく、実際に一定期間を現場で働きながら習得する方針で

重機を誘導する中村医師(12年2月)

す。医療と同様、灌漑の仕事は、河川など自然を相手にするので、臨機応変に対処せねばなりません。徹底した経験に基づく現場感覚が必要です。実際の事業に当たり、石積み、ダンプカーの誘導、蛇籠《じゃかご》の編み方等の単純作業から設計や全体の管理に至るまで、経験を積まねば習得できません。過去、医療活動の場合も殆ど同様な方法で人員を育成しています。早ければ年度内に着手する予定です。

　広域拡大は一朝一夕にできませんが、余り悠長にできぬ事情があります。農地の乾燥化で農業生産が急速に減少している現実です。飢餓人口は、アフガン全国で四〇〇万人（二〇〇〇年・WHO（世界保健機関））から七六〇万人（二〇一四年・WFP（世界食糧計画））へ増加しています。この数字を裏づけるように、ジャララバード周辺のスピンガル山脈方面で、農地がことごとく荒れ果ててしまいました。

　こういった地域では、生活の道を絶たれた農民層が、家族を養う糧《かて》を求めてIS（イスラム国）の勢力下に入り、その範囲は今やナンガラハル州の三分の二を覆うまでに至っています。干ばつ地帯と紛争地域の分布が完全に一致することは、訴える価値があります。そして、干ばつと紛争の相乗効果で犠牲が増加しています。

「緑の大地計画」は決して小さな仕事ではないものの、アフガン全土の耕地の数％に過ぎません。我々だけでは当然無理です。各方面の協力が必要と見て、アフガン政府筋はもちろん、全ての勢力に問題を訴え続けています。

　しかし、報道の運命的な性格上、どうしても戦争や政治的事件ばかりに耳目が集中しやすく、背景にある気候変化による農地荒廃＝飢餓と貧困は、余り話題になりません。自然の猛威が世界中でささやかれても、戦乱との密接な関係は殆ど意識されないことが多いと思います。この傾向は、改善するどころか、ますます進んでいるようで、不気味です。おそらく世界中で進む都市化で、人間が自然から遠ざかっていることと無関係でない気がしています。

　危機的事態を知る者は、早くから警鐘を打ち鳴らしてきました。戦争や難民を自然との関わりから見る視点は、国際的に大きく広がっています。しかし、どうしても目先の経済繁栄に目が行きやすく、具体策が乏しいのも現状でしょう。

　現地から我が国を見ると、絶望的な気分に襲われます。字面をいじる非平和的・非現実的な主張は哀しく、さすがに呆然とします。

　私たちの目の前で起きている事態は、生やさしいものではありません。そして、平和と言い、気候変化と言い、他人事ではなくなりつつあります。

「緑の大地計画」は決して「テロ対策」でも「平和運動」でもありませんが、人が平和に生存する確実な現実策だと考えます。

先は長い道程ですが、これまでのご協力に心から感謝し、今後も変わらず、このフロンティアを守りたいと思います。

平成二七年九月　記

（追記）今夏の洪水は例年になく激しいものでした。しかも、予測できない不安定な気象が増えています。マルワリード用水路全流域が鉄砲水に襲われ、カマ郡、ベスード郡の取水設備や護岸も改修を余儀なくされました。

建設中のミラーン堰では、洪水の直後に渇水状態となり、今冬の工事に向けて調査が進められ、かなり大規模な取水堰建設が予定されています。

今秋から、同時に多数地点での工事を進めざるを得ず、相当な難局と見ています。でも、私たちには希望があります。現地ＰＭＳの実戦部隊が着実に力をつけ、突発的な緊急事態への対応が迅速かつ適切になっているからです。

何とかこの流れを維持し、さらに他地域への展開を現実化したいと思います。いっそうの祈りとご支援をお願い申し上げます。

126号
2015・12

今こそ、この灯りを絶やしてはならぬ

——技術を絶対視せず、忍耐を重ねて自然と共存

堰が機能停止

皆さん、お元気でしょうか。

現在、マルワリード用水路の更に下流にある「ミラーン堰《ぜき》＝ベスードⅡ堰」（灌漑《かんがい》面積一一〇〇ヘクタール、約四万人）の建設に忙殺されています。着工から一年、今春までに、取水口近傍の村落を保護する堤防をかろうじて築き、臨時の取水堰を作りましたが、予想せぬ洪水で地形が変わり、大幅に設計を変えています。

今年二月の「真冬の大洪水」の突発、七月の熱波に続く集中豪雨で堰が機能を停止、予想を超える大きな工事になっています。他方で干ばつはなお進行中、飢餓人口が増え続け、国民の四分の一の七六〇万人以上が飢餓線上にあると言われています。ＰＭＳ〔平和医療団・日本〕《ピース・ジャパン・メディカル・サービス》では、「戦より食料自給」を掲げ、灌漑設備の充実による飢餓対策を各方面に訴え続けていることは、これまで報告してきた通

りです。

大洪水で地形が変化

しかし、大河を相手の仕事は、計画通りに進まないことの方が多く、自然は制御できないことを思い知りました。クナール河沿いの作業地は、急流の大河です。問題になってきた新局面は、洪水流に伴う砂州移動や河道の変化でした。

技術的には、昨年度に竣工したマルワリード＝カシコート連続堰の完成度が高く、「現状では適正技術」と宣言し、「PMS方式（斜め堰）の拡大による農村救済」を提唱した矢先でした。そこに今回の災害です。一筋縄ではいかぬことが分かり、出ばなをくじかれた思いでした。これでは「緑の大地計画」が掲げるモデル地域が、モデルでなくなってしまいます。

八月の第二波の大洪水で三㎞上流に分流が発生すると、作業地では、七月の第一波で溢水《いっすい》寸前まで迫った川の水位が一転、今度は異常に低くなり、一時は流域の渇水さえ危惧されたのです。

一年前の着工時は、浸食される村落を目前にしつつ、堤防約三㎞の護岸工事で精力を使い果たし、堰造成を楽観視していました。そこに来た大洪水と地形変化は、さすがに絶望的で、まるで底なし沼に引き込まれたようでした。ミラーン堰をめぐる一連の建設過程で、世界観が変わってしまったようにさえ思われました。

だが川の流れは、そんな人間の感情など頓着しません。次々と新たな対応を迫ってきます。既設の取水口や護岸線も、あちこちで緊急の改修を余儀なくされました。営々と築いてきた取水堰の、流域六〇万農民はどうなるのか。その思いと気迫だけが皆の胸の内に生きていました。

不思議なほど迷いなし

そうするうちに秋が来ました。水が引いた状態で、濁流に覆われていた河川敷が露《あら》わになると、変化した河道や砂州がくっきりと見えます。やっと再設計の測量が始められたのは、九月も下旬のことでした。

その結果、（ミラーン）堰造成は、予定した堰幅二〇〇ｍから四五〇ｍに延長、三つの砂州にまたがる大工事となりました。その上に、上流の措置、既設の各取水口の改修、マルワリード用水路・沈砂池の再建などを余儀なくされています。

それでも、果たして出来るのかという迷いは、不思議なほど現地にはありません。「他に方法がなければやる。それで失敗すれば神の思し召し」という達観があるからで、全地域農民が祈る中、粛々と仕事が進められています。

自治性の伝統

なかなか伝わりにくいのは、アフガン農村に国家管理を拒む自治性が強く、政府の側でも公共事業をまともに執行できる予算や組織がないことです。支配も受けつけない代わりに、地域のことは地域自ら行うという体質です。

取水堰は日本の近世に完成した「斜め堰（山田堰）」（福岡県朝倉市）の構造を取り入れ、現地風に焼き直したものですが、おそらく二〇〇年以上の昔、飢饉や一揆が日常であった時代、わが国の農村も似たような状態であったろうと想像しています。知れば知るほど、先人たちの知恵と忍耐に驚かされます。

その偉さは、堰の設計と工事を自ら行なったというだけではありません。改修を村民自らが行い、用水路という自らの生命線を二〇〇年以上、維持してきたことです。

とすれば、私たちも似たような苦労をたどっていることになります。一時帰国時に、山田堰土地改良区や河川・灌漑方面の厚意で、改めて土砂吐きの構造を見学できました。細かい点は割愛しますが、見事です。土砂堆積を避け、上下流に影響を与えない工夫がきちんと凝《こ》らされています。

しかし、それ以上に、「壊れなければ強くならない」という、地域に遺された言葉は、胸を刺すものがあります。技術を絶対視せず、自然の中で人間の分を弁《わきま》え、忍耐を重ねて共存していくことです。近代で置き去りにされた先人の謙虚な逞しさが、ここにあります。この点こそが、はるかアフガニスタン東部の農村事情と直結し、水利施設を維持して郷土を護る力になるのだと思いました。

生きるための戦い

かくて川沿いの寒風を衝《つ》き、工事は続けられています。私たちが掲げるのは、生きるための戦いです。巷《ちまた》ではテロや空爆、難民の噂が絶えませんが、私たちは「対テロ戦争」などという、おぞましい戦列には加わりません。それこそが果てしない暴力の応酬を生み出してきたからです。

水が善人・悪人を区別しないように、誰とでも協力し、世界がどうなろうと、他所《よそ》に逃れようのない人々が人間らしく生きられるよう、ここで力を尽くします。内外で暗い争いが頻発する今でこそ、この灯りを絶やしてはならぬと思います。

今年もいろんなことがありましたが、変わらぬ温かい祈りと支援に支えられ、現地は希望をもって歩んでいます。困難な事情にもかかわらず、ここまで来れたことを感謝します。日本も大変ですが、どうぞ工事の成功をお祈り下さい。

良いクリスマスと正月をお迎えください。

二〇一五年十二月　ジャララバードにて

127号
2016・4

飢饉が確実視される中、PMS作業地では作物の増産
——ミラーン堰は事実上完成、ガンベリ農場は合法的所有地に

みなさん、お元気ですか。アフガニスタンは春分を控え、日に日に暖かくなっています。用水路沿いの柳の新緑が鮮やかです。増水が間もなく始まり、河川工事が一息つくことになります。

異例の少雨

ここは冬が雨季で、例年なら高山に雪が積り、低地は湿気を帯びます。積雪は貯水槽で、その年の川の水量を決めると共に、低地の雨は主食の小麦の収穫を保障します。

しかし、今冬は異例の少雨でした。〔アフガニスタン〕東部では、冬中を通して、わずか一週間前後の雨しか降らず、天水に頼る麦作が全滅しました。河川も異常に水位が下がり、細々と川の水に頼ってきた地域も取水できず、灌水《かんすい》を諦めた地域が沢山ありました。飢饉が確実視されています。

しかし、ＰＭＳ《ピース・ジャパン・メディカル・サービス》〔平和医療団・日本〕の作業地では、カマＩ堰《ぜき》で臨時堰《せ》き上げを余儀なくされたものの、総じてよく機能しており、渇水を乗り切りました。このため、ナンガラハル州北部ジャラルバードは民心が安定し、人口が爆発的に集中しています。北にあるクナール州は飢饉が広がり、土漠《どばく》と化したナンガラハル州南部、スピンガル山麓では外国から来た武装グループが跋扈《ばっこ》、市内に難民が急増しています。

この中にあって、ＰＭＳ作業地周辺では、農業生産が増したためゆとりがあり、多くの難民に職を与える場にもなっているようです。沿道には所狭しとバザールが広がり、野菜果物などの農産物が売られています。人々が行き交い、降ってわいたような賑わいが到る所で見られるようになりました。「もしここが沙漠地帯のままだったら、大混乱だったろう」と人々は感謝します。このところ、以前のようにパキスタン側へ難民化することさえできない状態が続いているからです。

河から人里を見る視点

これまで報告したように、「緑の大地計画」は、「二〇二〇年までに安定灌漑《かんがい》地域一万六五〇〇ヘクタール〔六五万人〕」を目標に掲げ、努力が続けられています。現在ＪＩＣ

Ａ（国際協力機構）共同事業で建設中のミラーン堰が完成すると、その約九〇％以上をカバーすることになります。

　ミラーン堰は事実上完成し、今年秋に全作業を終えます。着工以来一年半、苦難の連続でしたが、職員・作業員たちの根気と気力で乗り切ろうとしています。

　河川は何が起きるか予測がつきません。昨夏の大洪水で上流に大きな支流が発生、対岸村落の数百ヘクタールが耕地を失った上、主流が二分されて建設中の堰に十分な水量が来なくなったのです。このため、低水位の冬を待ち、分流をしめきって水量を回復しました。このしめきり堤建設がまた、泥沼の難工事となりました。上がってくる河の水位に焦りながら、現在約二㎞に及ぶ堤防建設が続けられています。

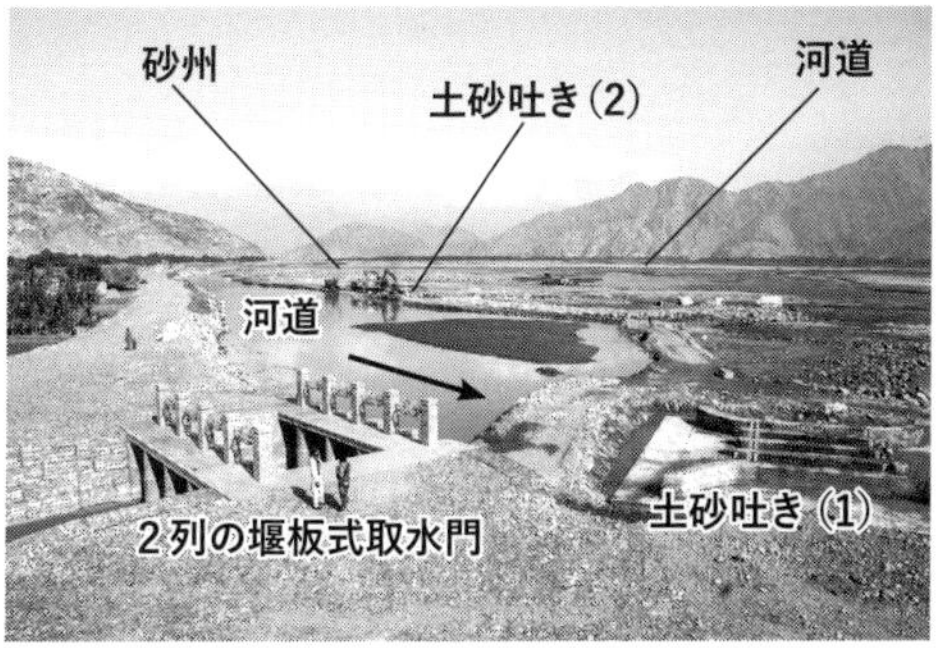

ミラーン堰の構造（15年11月）

　取水堰の建設は、周辺河川の治水、洪水対策と切り離せません。日本では、河川局と農政局が協力し、この種の工事が行われますが、現地では、そういった行政組織そのものがまともにありません。また、この情勢下で、当分実現する見通しはないと思います。いきおい、自分たちで地域行政や自治会と力を併せてやらざるを得ません。この辺りが、日本側で理解されにくいことの一つです。しかし、逆に言うと、国家間援助が機能しにくいが故に、地域に根ざす私たちの役割があるのでしょう。

　今回のミラーン堰建設は、様々な教訓を残しました。技術的には、急流河川の治水＝河道整備と適切な護岸です。今まで人里から河を見てきましたが、河から人里を見る視点です。今回の事業で更に鍛えられ、私たちなりに一つの適正技術が確立されたと考えています。

広域普及と訓練所設立

「地元で維持可能」、「現場主義」と口で言うのは簡単ですが、実際に手を染めれば、相手は大自然と、日本人になじみの薄い風土や文化、そう思い通りにはいきません。近代的な都市空間で暮らしていると、ますます自然から遠ざかり、ことばや情報だけで事が進むような錯覚に陥ってしまいます。日本だけでなく、ここアフガニスタンも同じで、「取水堰の重要性」を理屈で納得してもらうのは五分で済み、取水堰を作るのは五年以上かかります。ＰＭＳ方式の取水技術を他地域へ普及する模索が始まっていますが、技術者らを講義ではなく、現場作業で長期的に育成する方針です。

とはいえ、他の地域では農地荒廃の進行が予想以上に早く、見るに忍びないものがあります。PMSは、これまでの行きがかりを捨てて、心ある全勢力と大同、当面は訓練所設立が課題になっています。その教材の一環として、PMSの灌漑技術を紹介する書籍の出版や、斜め堰の模型製作なども計画されています。

しかし、この動きに関連して、殺人的な渉外・事務処理に追われてきました。それも緊急工事に忙殺される中です。この方面で日本側の協力がなければ長続きしないことを身にしみて痛感、その目的で最近日本側で発足した「現地支援室」(仮称)の充実が、今後のカギを握ると見ています。

第二マルワリード用水路（対岸への展開）

また、今回の事業は、計画地の中で残る聖域であった対岸地帯へのアプローチを容易にしました。この地域を今秋着工の予定地に選び、対岸四ヵ村（約三万名・耕地面積八五〇ヘクタール）の復興を手がけます。おそらく、マルワリード用水路建設に次ぐ大仕事になります。同時にカシコート用水路九・八㎞の建設、ガンベリ地域の排水路網の建設を進めます。

かくて「緑の大地計画」は、長い仕上げ段階に入ります。詳細は追って紹介します。

無条件に現地の生命を考える

「日本が困っているのに」と批評する声、逆に平和運動の一環と見なして支持する声も聞きます。だが、逃げ場のない現地の人々の生命を無条件に考える評者は、少なかったと思います。この火急の折、つまらない争いや議論に巻き込まれず、着実に歩みたいと考えています。健康な者に医者は要りません。本当に窮している今でこそ、力添えが必要だからです。

殺伐な話が多い中、ここには希望と人間らしい喜びがあります。困った人々を救済するという美談ではありません。私たちもまた、人の温もりに触れ、自然の恵みを知り、生きる気力を養ってきました。

皆様の協力なしに、本事業はありませんでした。変わらぬ温かいご関心に感謝し、引き続き、力を尽くしたいと思います。

平成二八年三月　ジャララバードにて

追伸。

「自立定着村構想」は、行政側の新規定で方針を変え、その第一歩として、「ガンベリ農場の合法的所有」が、この三年間の最大懸案でした。最近、ペシャワール会や大使館初め、各方面の協力を得て、落着いてきました。去る二月二

ガンベリ農場の土地貸与契約式（16年2月）

〇日、カブール政府の土地管理局で署名式が行われました。
　これによってPMSは自立と存続の基礎を得ました。ジア先生以下、地元の努力は大変なもので、血のにじむようなやり取りでしたが、二二〇町歩《ちょうぶ》〔約二㎢〕を合法所有、二〇年間自由に農地として使え、PMSが続く限り二〇年毎《ごと》に更新できます。小生はそんなに長く生きませんが、モデル農場は、職員の自活だけでなく、きっと地域の農業振興の上で、大きな働きをすると思います。今後の焦点は、いかにPMSを継続させるかになってきました。
　先ずは、感謝を以《もっ》て、お伝えします。

128号
2016・7

「緑の大地計画」を仕上げ、他地域にも希望を
——二〇一五年度現地事業報告

□二〇一五年度の概況

常態化した異常気象と洪水

二〇一五年七月中旬、アフガン東部全域が熱波に襲われ、五〇度を超える気温となった。七月下旬から八月初旬にかけてクナール河流域に集中豪雨が多発、クナール河、カブール河沿いの各所で氾濫《はんらん》がおきた。「記録的洪水」は、もはや珍しい現象ではなくなったように思われる。

　最近の傾向は、異常高気温、集中豪雨、河川の氾濫等が気まぐれで、かつてのように決まった季節に来襲せず、常に備えをしなければならぬことである。

　二〇一五年度は、マルワリード＝カシコート連続堰《ぜき》を除く全ての堰の改修が行われた。今後を予想し、河川周りの工事（堰と護岸）に機動部隊を常時置き、「緑の大地計画」

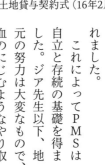

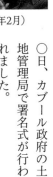

全域に速やかに展開すべく、緊急事態に備えている。

権力の空白が生んだ混乱

二〇一四年四月に始まった大統領選挙は、半年以上をかけて行われ、組閣を終えたのは、一五年春のことであった。長い権力の空白のため、治安はいっそう悪化した。米軍約一万人が駐留を続けているが、改善の兆しが見られない。

二〇一五年は、スピンガル山麓方面でIS（イスラム国）の動きが活発化し、ジャララバードを一時恐怖に陥れた。住民が自らタリバン軍と連合してこれを撃破したものの、外国勢の暗躍も絡み、混沌たる情勢が続いている。

欧州へ逃れる都市青年層が増え、大きな問題となっている。他方で貧富の格差が一層拡大し、農民層は更に困窮している。飢餓線上にある者は年々増加、七六〇万人（二〇一四年・WFP（世界食糧計画））と伝えられる。

回PMS事業のあらまし

二〇一四年十月に始まったミラーン堰（ベスードⅡ堰）は二回の洪水期を経て、漸《ようや》く完成しつつあるが、技術的に困難な地形で工事が進められ、新たな挑戦となった。しかし、これに伴って、同河川（クナール河）沿いに適した洪水対策（護岸法）がほぼ確立され、今後に明るい見通しを残した。

農地の乾燥化は依然として進行中で、内外に危機感が高まった。ここに至り、PMS（平和医療団・日本《ピース・ジャパン・メディカル・サービス》）に対する事業評価に伴い、各方面でPMS方式の取水設備を採用する動きが高まり、将来の広域展開が日程に上った。

事態は次の段階へさしかかっている。

ガンベリ沙漠開拓では、各方面の協力で合法的農地の貸与が成り、排水路網完成の見通しと相俟《あいま》って、開拓が急ピッチで進む可能性が出てきた。職員の自給態勢が整いつつある。

1. 医療事業

二〇一五年度の診療内容は別表の通り（表1）。

ダラエヌールのPMS診療所は対岸のJVC（日本国際ボランティアセンター）診療所とともに、ナンガラハル州から国際救援組織が消える中、地域で重きをなしている。

表1　2015年度診療数及び検査件数

国名	アフガニスタン
施設名	ダラエヌール
外来患者総数	38,870
【内訳】　一般	32,529
ハンセン病	6
てんかん	930
結核	238
マラリア	5,067
外傷治療総数	3,942
入院患者総数	-
検査総数	9,772
【内訳】　血液一般	467
尿	1,367
便	1,902
らい菌塗沫検査	0
抗酸性桿菌	132
マラリア	5,254
リーシュマニア	271
その他	379

2. 灌漑事業

主な工事は表2の通り。二〇一五年度は将来の広域展開へ向け、準備段階に入った。

「緑の大地計画」は、二〇二〇年までに計画地域（安定灌《かん》漑《がい》面積一万六五〇〇ヘクタール、人口六五万人）を完成し、モデル・ケースとする予定である。

アフガン全国の耕地は三六〇万ヘクタール、そのうち灌漑地はわずか半数に過ぎず、それも減少していると言われる。近年の気候変化と戦乱が大きく関与しているのは、これまで我々が述べてきた通りである。飢餓人口は、二〇〇〇年の四〇〇万人（WHO（世界保健機関））から、七六〇万（二〇一四年・WFP）に増加し、深刻な状態を作り出している。

完成したミラーン取水口。水量は豊富に取れ、予定の1100ヘクタール以上を潤せる（16年2月）

灌漑地の減少は、決して技術的な問題だけではない。アフガン復興から十五年、干ばつ問題が余り重視されず、現地に適した方法の模

表2 「緑の大地計画」の経過と予定表　■建設　■維持観察

堰の名称	所在地／西暦	'03~10	'11	'12	'13	'14	'15	'16	'17	'18	'19	'20
マルワリードＩ堰	シェイワ郡・ジャリババ	建設	維持観察	維持観察	維持観察	沈砂池改修	維持観察	取水門改修	維持観察	維持観察	維持観察	維持観察
シェイワ堰	シェイワ郡・カンレイ村	建設	維持観察	維持観察	維持観察	維持観察	維持観察	維持観察				
カマI堰	カマ郡・上流域	建設	建設	維持観察	維持観察	維持観察	維持観察	維持観察				
カマII堰	カマ郡・中流域	建設	建設	建設	維持観察	維持観察	維持観察	維持観察	維持観察			
ベスードＩ堰	ベスード郡・カシマバード		建設	建設	維持観察	維持観察	維持観察	維持観察	維持観察			
タプー堰	ベスード郡・タプー地域			建設	維持観察	維持観察	維持観察	廃止／ミラーン堰へ統合				
カシコート連続堰	シェイワ郡・カシコート				建設	建設	維持観察	維持観察	維持観察	維持観察	維持観察	
ベスードII堰	ベスード郡・ミラーン					建設	建設	維持観察	維持観察	維持観察	維持観察	維持観察
新シギ堰	シェイワ郡・シギ地域					建設	建設	維持観察	維持観察	維持観察	維持観察	維持観察
マルワリードII堰	シェイワ郡・コーティ村							建設	建設	建設	建設	建設
バルカシコート堰	シェイワ郡・バルカシコート									建設	維持観察	維持観察
シギ分水路	シェイワ郡			建設	建設	維持観察	維持観察	維持観察	維持観察	維持観察		
クズカシコート主水路	シェイワ郡							建設	維持観察	維持観察	維持観察	維持観察
ガンベリ給排水路	シェイワ郡	建設	建設	建設	建設	建設	建設	建設	維持観察	維持観察	維持観察	維持観察
ガンベリ農場	シェイワ郡	維持観察	建設	建設	建設	建設	建設	建設	建設	建設	建設	建設
訓練所(他地域展開への準備)	ベスード郡・ミラーン							建設	建設	建設	建設	建設

索や、長期の取り組みが行われてきたとは言えないからだ。農業、灌漑、治水の取り組みは総合的かつ長期的なもので、地域の社会特性が濃厚に関わってくる。ＰＭＳの場合、日本の支えを背景に、住民と一体に仕事を進め得たことが、力になってきた。

特にペシャワール会からの継続的な支えが大きかったことは、疑い得ない。設計、施工、維持管理、改修、住民との交渉に至るまで、自在な動きが保障されてきたからである。このことは示唆的で、今後の広域展開でも、「地域中心」のスタイルを崩すことはできない。

◎ミラーン堰（ベスードⅡ堰）と対岸

二〇一四年十月に着工した本堰は、ベスード郡クナール河沿いの大半一一〇〇ヘクタールを潤す重要なものである。しかし、これまでの斜め堰と地形が異なり、建設が難航した。一五年夏の洪水で大量の土砂が堆積した上、上流に分流が発生して、一時的に機能が停止した。

二〇一五年十月、大幅な設計の見直しを行い、翌一六年三月までに完成したが、新たな対応を迫られるものであった。もともとＰＭＳ方式の取水堰は、岩盤を背に安定した単砂州に置かれる例が殆どであった。ミラーン堰の場合、多列砂州の連なる不安定河道である上、激しい浸食に抗して軟弱地層に取水堰を置かざるを得なかった。

しかし、これによって技術的に新局面が開かれた。砂州を連結した堰造成、連続堤防と植生工を利用した河道固定、分流の処置、土砂吐きの適切な配置などで、ほぼ完成に近づいている。洪水期の観察を経て、二〇一六年九月に竣工する。

ベスード護岸堤に施された植生工（増水期）。河に面しているのは柳、その後方はユーカリ（15年7月）

分流の発生で冠水した対岸（コーティ、タラーン、ベラ、カチャラ村）は、村落の半分以上が被災、村民は一斉にパキスタンへ難民化した。ＰＭＳが新河道の閉塞と約三㎞の護岸を行うと帰還し始めた。

両岸の協力がなければ堰の維持は困難である。二〇一六年二月、対岸自治会とＰＭＳとの間で協約が成って調査を開始、州行政やＪＩＣＡ〔国際協力機構〕が協力、一六年十月から四年間をかける対岸地域の復興計画（マルワリードⅡ）が策定された〔354頁参照〕。

◎シェイワ郡全域の湿地処理の完成

マルワリード用水路建設に伴う湿地処理は、長い懸案であった。ガンベリ沙漠およびその下流は、全体が平皿状の地形である。長い間同地は貯水池として利用されていたが、

ＰＭＳがマルワリード用水路（二〇一〇年）とシェイワ堰（〇八年）を完成すると過剰灌水で沼地が急速に拡大、数百ヘクタールが水中に没した。

二〇一五年までに大小約六〇㎞を超える排水路網で湿地が処理されたものの、排水力が限界に迫り、ガンベリ沙漠開拓が危ぶまれていた。また、シギ上流域全体が低地で、ガンベリ開拓による湿地化が懸念されていた。ＰＭＳはクナール河へ戻る主幹排水路を拡張し、一挙に全地域の湿地を処理する抜本的解決を提案してきた。しかし、各村の抗争と軍閥の妨害で阻まれ、問題は再三棚上げにされた。

柔らかい土質の場所が多い排水路。水路床にU字溝を置き根固め工と組み合わせる（16年5月）

この間、新シギ堰（二〇一五年）、マルワリード・シギ延長路（一四年）が完成、ガンベリ主幹排水路の効果が実証され、住民の間で協力の機運が高まった。一六年三月一日、シェイワ下流域とシギ流域の全村の自治会が集結、ジルガ（長老会）を開催、衆議一決で「ＰＭＳの保護」が決定された。アフガン農村では、行政以上の強い拘束力で自治会の決定が遵守《じゅんしゅ》される。

ＰＭＳの計画はガンベリ沙漠からクナール河に至る旧排水路（約一・七㎞）の大改修で排水力を数倍に増し、ガンベリ開拓における後顧《こうこ》の憂いを絶つものであった。これに伴って、既存の湿害が一掃され、水稲栽培が飛躍的に拡大するので、全村がもろ手をあげて賛同したのである。

計画は直ちに実行され、年余をかけて工事を進める予定である。排水路の恩恵はシェイワ郡約二千ヘクタールに及び、これによって「マルワリード用水路」が名実共に完成するに至る。

◎ＰＭＳ方式（取水設備）拡大への準備

二〇一四年度の継続である。

二〇一五年度は、ＦＡＯ（国連食糧農業機関）が関与してミラーン堰付近の研修所設立が計画され、ＪＩＣＡ関係者やアフガン政府の山田堰（福岡県朝倉市）の訪問が活発になった。関連機関の関心が高まったことを意味する。日本側では、山田堰土地改良区とペシャワール会（福岡）が協力し、訓練のための教材作成が進められた。

ＰＭＳ側の方針を再度まとめると、

一、文化や地勢・気候の類似した東部アフガンを中心に、徐々に且《か》つ確実に拡大。

二、実事業を継続しながら、その中で「土着の実戦部隊」を組織的に育成。

三、日本側事務局の機能を強化し、PMS事務所と一体化する。

四、中央集権的な方法でなく、地域中心、かつ住民の自主性を尊重。

以上が基本方針、かつ絶対条件である。ただし現下の不穏情勢を考慮し、「緑の大地計画」が区切りを迎える二〇二〇年頃までには態勢を整える。

可能性が十分あると思えるのは、PMS配下の作業員数百名（潜在的労働力を併せると千名以上）、現場監督数十名が熟練工の域に達しているからである。地域でこのような熟練労働者と現場の技師を増やすことが大きな目標である。

◎緊急改修班の常設

近年、予期せぬ洪水が頻発し、その都度、護岸や堰の補強・改修が行われてきた。もとより河川周りの工事は竣工の公式通知から五年の観察期間を置き、自然の変化に応じながら強化する方針を採っていた。

だが最近、頻回の洪水が日常化し、各所で速やかな対応を迫られるようになった。二〇一五年度は、常設の班を置き、機動的に作業地全体にいつでも展開できる態勢をとった。

◎バルカシコート上流への関与

ミラーン堰対岸と共に、カシコートの更に上流側の調査と仮堰の建設が行われた。「マルワリードⅡ」と排水路工事の見通しが立つ段階で、本工事が計画される。

3. 農業・ガンベリ沙漠開拓

◎PMSガンベリ農場の土地問題解決

ガンベリ沙漠では二〇〇九年、用水路の開通と同時にガンベリ農場を拓き、PMSの自給体制を整え、用水路維持に役立てようとした。これが「自立定着村」構想である。その後土地所有をめぐって問題が発生し、居住地をベスード郡の一角に移動した。

PMSでは合法的な土地の取得を目指し、難航の末に二〇一六年三月、アフガン政府と協力、開墾地二三五ヘクタールを農地として将来にわたり借用する契約が成立した。これによってPMSは、自立に向かって不動の位地を得た。契約は二〇年毎《ごと》に更新され、PMSの解散がない限り継続される。

ガンベリ公園。記念塔内に事務所を設置（16年3月）

排水路問題が解決した現在、急速に開墾が進むと期待されている。農場に至る交通路の整備とナツメヤシ園造成が日本外務省の「草の根無償資金協力」で進められている。

　ガンベリ記念公園は建設を終え、農業部の事務所が置かれている。現在、「干ばつ・水問題」を訴える上で象徴的存在となり、二〇一五年度は国連機関やアフガン政府等、公的筋の訪問者が増えた。農場では、果樹や穀類を中心に多様な生産が試みられている。畜産も拡大しており、モデル農場を目指して開墾が更に進んでいる。

◎資材生産工房

　資材生産工房の移転が完了、ふとん籠《かご》（蛇籠《じゃかご》）、ＲＣＣパイプ（鉄筋コンクリート製の土管）、Ｕ字溝《こう》等の生産が大がかりに行われ、育苗場の充実で、灌漑事業に必要な資材がほぼ自前で調達できるようになった。常時四〇名が工房で働いている。

ガンベリ農場で行われたナツメヤシ園の植樹式（16年4月）

◎植樹

　二〇一五年一月～十二月の植樹数は四万六二五〇本、大半が新設用水路沿いの柳枝《りゅうし》工（約六〇％）とガンベリ農園の果樹、護岸工事に伴う樹林帯造成で占められる。一六年三月までの総植樹数は八八万八六九七本である。

4．ワーカー派遣・その他

　現場に中村一名が常駐、ジャララバード事務所に鈴木祐治、石橋忠明の二名が赴いた。しかし、事務量が膨大となり、ペシャワール会事務局内に「ＰＭＳ支援室」が設置された。専従四名を置き、現地と密な連絡を取りながら業務を分担している。

　灌漑・農業事業は極めて長い年月を要する。今後、後続の育成を視野に、現地を支援していく。

□二〇一六年度の計画

　二〇一五年度の連続である。

　河川・用水路工事では、ミラーン堰建設を二〇一六年九月までに完了、ＪＩＣＡとも協力して対岸コーティ、タラーン、ベラ、カチャラの四カ村の復興に力を注ぐ。計画は「マルワリードⅡ」とし、約八五〇〇ヘクタール、三万名が恩恵を受ける（次頁参照）。

　本計画の意義は、「緑の大地計画」全体で（クナール河）両岸からのアプローチが可能になり、維持補修が極めて容易になることである。また、これまで培ってきたＰＭＳの灌漑・治水技術（堰などの取水設備、用水路、護岸、河道固定、サイフォン、揚水水車など）が全て投入され、他地域

ミラーン堰対岸の灌漑計画（マルワリード第Ⅱ堰）

趣　旨

JICAとの共同事業で完成したミラーン堰の対岸（クナール河左岸）には、４ヵ村に約3万人が居住する。同地はナンガラハル州の中でも辺地にあり、援助が行き届きにくい貧困地域である。同地域はクナール河左岸にあり、上流はカシコート地方（2014年・共同事業で取水堰建設）、下流はカマ地方（2012年・取水堰建設）に連続し、上下流約8㎞のベルト地帯を成している。かつては耕地850ヘクタールを擁する大きな村落群であった。

しかし、近年頻発する夏の洪水や冬の低水位で取水・灌漑に困難が続き、次第に荒れていった。特に2010年、2013年、2015年と立て続けに起きた記録的な洪水で、耕地の約60％に相当する500ヘクタールを失い、一時は村民の大半が難民化した。

2015年の洪水では、分流が発生してクナール河を二分、下流にあるミラーン堰（当時PMSが建設中）の水量が激減して取水に困難を来たした。取水方法にも問題があり、洪水流入と表土の流失を促し、近年の気候変動による河川の変化（洪水と極端な低水位）に適応できないと思われる。

同地の取水設備を整備して適切な護岸を行えば、難民化した村民の帰農を促し、同地4ヵ村の復興を約束すると共に、対岸（右岸）にあるミラーン堰、シギ村落の安定に大きく寄与することは疑いない。加えて、本事業ではこれまで培ってきた技術・経験が全て活かされ、人員の訓練の場を提供して、次の飛躍を期待できると思われる。

水はアフガン農民にとって生命線である。長引く戦乱に加え、気候変動による農地荒廃は、致命的な打撃を与えてきた。同地の復興によって、PMSが実施してきた「緑の大地計画」が完成に近づき、以《もっ》て東部アフガンで農村復興の範となることを期待する。

◎用水路・堰の名称：マルワリード第Ⅱ堰（村落間抗争を避けるため、特定村落の名を冠せず）
◎期間（第1期）：2016年10月から2018年9月（２年間）
◎場所：クナール河左岸のカチャラ、コーティ、タラーン、ベラ村落
　　シェイワ郡・ナンガラハル州・アフガニスタン国
◎工事内容（第1期）：
・取水堰（石張り式斜め堰、堰幅約250m）
・取水門（二重堰板《せきいた》方式、取水量2～5㎥/秒）
・主幹水路（ソイルセメント・ライニング、水路壁に柳枝《りゅうし》工・ふとん籠《かご》〔蛇籠〕工、全長4.9㎞のうち、第1期・約1.7㎞）
・沈砂池（送水門2、排水門2を備える）
・護岸工事（根固め工を伴う連続堤防、全長8.4㎞のうち約5㎞）
・植樹（堤防沿い樹林帯）
◎裨益《ひえき》人口：約28,000名（同地域住民）、対岸の安定を入れると更に大きい。
◎灌漑面積：約850ヘクタール（既存耕作地を含む）
◎設計者：PMS
◎施工者：PMS
◎推定総工費：約7億円
◎全建設後の観察期間：５年間（2020年～2025年）、現地PMSの責任で実施

展開への訓練の場所を提供できる。当面の最大目標である。訓練所の設立はいまだ準備段階であるが、二〇一六年度内には着工が期待される。

なお、二〇二〇年までに完了が予定される他の計画は表2〈349頁〉の通り。

何《いず》れも数年以内に機を見て開始し、各年度計画と併行して進められる。

□二〇一五年度を振り返って

最近PMSの「緑の大地計画」が注目を集めているのは、必ずしも喜ぶべきことではありません。アフガン農村の荒廃が更に進み、飢餓人口が依然として増え続けているからです。

それでも、多くの心ある人々が干ばつと食糧問題に目を向け始めたのは、この一年の大きな進展でした。次の段階は、良き訓練の場を提供し、如何にして他地域に希望を分かつかにあります。そのためには、やはり成就に近づいた「緑の大地計画」を確実に仕上げ、地域から流れを起こすことだろうと思います。

進行する事態は生やさしいものではありませんが、私たちは絶望しません。神を信ずる者にも、信じない者にも、等しく恵みが備えられていることを知っているからです。

虚飾の時代です。利を得るに手段を選ばず、欺き、殺してまで目先の富を守ろうとする風潮が、世界中で目につきます。「近代」は実《じつ》を失い、道義の上で既に廃頽《はいたい》しました。経済成長という怪しげな錬金術にすがり、不老不死の夢を追い、自然現象まで科学技術で制御できるかのような進歩信仰は虚しく、人間の品性と知性は却って退化したようにさえ思われます。

ツケは既にきています。「テロとの戦い」は、世界中で宗教的偏見を煽《あお》り、狂気を呼び起こしました。アフガン報復爆撃から十五年、今国際世界は暴力化し、得体のしれぬテロの恐怖に脅えています。豊かさを求めて原子力に慄《おのの》き、貪《どん》欲《よく》に富を求めてカネの下僕になっていくようです。GDPも防衛力も、恵みを語りません。「景気回復」は至福を約束しません。戦で死者は増えても、貧困と飢餓はなくなりません。

東部アフガンという辺境の一角で、世界の流行に惑わされず、ここまで来れたことに感謝します。今後も変わらず心ある人々と協力し、実のある歩みを続けていきたいと思います。そのことが、次の時代を拓く確実な手がかりだと信ずるからです。

温かいご協力により、無事に一年の歩みを経たことに感謝します。

平成二八年六月　記

129号 2016・10

今秋から広域かつ大規模な事業展開

――「緑の大地計画」の仕上げ、ミラーン堰対岸工事と研修所の設立

皆さん、お疲れさまです。

今年は異例に長い夏の帰国で、暑い暑いと言っているうちに、秋になりました。やっと現場に戻れますが、日本列島の気候も、ずいぶん以前と変わってきていることを思い知りました。熊本地震に次いで、集中豪雨、一転して極端な少雨、大型台風、河川の氾濫《はんらん》と、まるで現地アフガニスタンの大自然を見るような思いでした。温暖化をめぐり、少しずつ私たちの訴えが理解されるようになってきていると思いました。

ミラーン堰の仕上げと対岸マルワリードⅡの工事

さて、今秋から今冬にかけての工事は、例年以上に広域にわたって行われます。今秋は、ミラーン堰《ぜき》の仕上げに区切りをつけ、その対岸、コーティ、タラーン、ベラ、カチャラの村々で、八・四km にわたる大規模な護岸工事が始まり、最上流では取水堰の建設が行われます。

この工事は各方面とも協力して、四年がかりで行われます。「緑の大地計画」の仕上げであると同時に、その後の広域展開に向け、人員養成を行うことに、大きな意義があります。

また、これまで近づけなかった対岸（クナール河左岸）のベルト地帯全域が作業地に入り、カシコートからカマ地域まで、クナール河沿い約三〇km、両岸から自在にアプローチできます。両岸からの作業は日本では当然ですが、今まで両岸の仲が悪く、片側だけから無理な工事を進めることが多かったのです。これで河川工事や取水堰建設が非常に円滑に行われることになります。将来の維持改修を考えると、このことは更に重要です。実は建設だけでなく、むしろ維持改修の方が根気も努力も要るからです。次に述べる研修所で、この点を実

建設中のマルワリードⅡ取水口（16年10月）

地に学ぶことを主眼の一つとしています。

研修所の準備

研修所の設立も、大きな課題です。今秋にはＦＡＯ（国連食糧農業機関）やナンガラハル州の地域行政とも協力し、将来に向けて建築が始まります。しかし、大切なのは中身です。

当方では、先ずＰＭＳ（平和医療団・日本《ピース・ジャパン・メディカル・サービス》）職員を「現場の先生」として更に訓練し、次第に他地域の人々を受け入れていく方針を採っています。これまで、地域参加が徹底しないと無責任に流れやすく、根づかないという、過去の苦い体験があるからです。

マルワリードⅡ用水路建設地であるコーティ、タラーンなど各村代表とPMSの合同協議（16年9月）

もう一つの特徴は、徹底した現場での訓練です。技術者は往々にして、頭の中で卒業してしまい、設計図と測量だけで全てできると錯覚しがちです。取水設備の構造は一時間で学べますが、実際に作るのは五年かかります。現場で働ける者を増やすことがカギになります。ＰＭＳは研修所を「実働部隊の養成所」と位置づけ、時間をかけて築きたいと考えています。

既設の取水堰の改修

ＰＭＳはこれまで、クナール河沿いに八ヵ所、カブール河本川に一ヵ所、取水堰を建設しました。しかし、年々改良され、最近の（マルワリードⅡ）カシコート連続堰、ミラーン堰が最善のものとなっています。

ミラーン用水路近くで余剰の野菜を売る農民達。オクラ、玉ねぎ、ジャガイモが並ぶ（16年9月）

現在問題となっているのが河道変化、砂利堆積、砂州移動です。クナール河のような急流河川では運命的なものですが、取水堰前後の河道が安定しないと、安定した取水ができません。二〇一六年度を皮切りに、ひとつひとつ改修を施し、耐久性のあるものにし

主幹排水路工事。重機を操りU字溝を設置(16年7月)

ていく予定です。

二〇一六年・秋の陣

こうして今秋と今冬は、ミラーン堰を仕上げて区切りをつけ、対岸に主力を集中、その最上流で取水堰（マルワリードII）の造成を開始します。

同時併行でベスードI堰とカマII堰の改修を行い、ガンベリ排水路網の整備、PMS農場の開墾はペースを落とさずに進められます。おそらく今冬が、今までになく広域、かつ大規模なものとなります。

§

アフガン報復空爆から十五年、「緑の大地計画」が始まって十三年が経ちました。この間、対テロ戦争、内戦の泥沼化、アラブの春、民主化運動とその挫折、欧米主要都市での爆破事件、危険情報の氾濫、過激組織の世界拡大……もう、まっぴらです。

「テロとの戦い」を声高に叫ぶほどに、犠牲者が増えました。そして、その犠牲は、拳をあげて戦を語る者たちではなく、もの言わぬ無名の人々にのしかかりました。干ばつに斃《たお》れ、空爆にさらされ、戦場に傭兵《ようへい》として命を落とす――アフガン農民たちの膨大な犠牲は、今後も語られることはないでしょう。

夏の洪水を体験したミラーン堰。堰や河道、砂州の観察後、改修工事が行われる(16年8月)

私たちは、このような人々にこそ恩恵が与えられるべきだとの方針を崩さず、現在に至っています。多くの良心的な人々の支持を得て、事業は着実に進められてきました。PMSは、誰とも敵対せず、仕事を進めて参ります。

際限のない話ですが、決して賽《さい》の河原ではありません。長年の努力によって、次の飛躍に向けて、確実に見通しを得ようとしているからです。これまでのご厚意に感謝し、事業が氷河の水の尽きるまで継続されることを祈ります。

平成二八年九月十五日　記

130号
2016・12

事業は氷河の水が絶えるまで続きます
――予定を前倒しで「緑の大地計画」完遂急ぐ

みなさん、お元気でしょうか。当地は急に冷え込み始め、川沿いの水は冷たいです。

相も変わらず河の仕事ですが、今年は特別に寒風が骨身に沁みます。

異常気象です。昨冬は降雪量が非常に少なく、春先に少し降ったものの、洪水となって消えてしまいました。五月から現在までほとんど雨がありません。そのため、川の水が極端に少なくなり、小麦の播種《はしゅ》ができない地域が増えています。既に十月には、厳冬期並みの低水位を記録し、天水に頼る地域の収穫はことごとく壊滅、大河川沿いでは取水できず、飢饉がささやかれています。大干ばつが襲った二〇〇〇年の状態に酷似しています。

送還された難民であふれるジャララバード

悪いことに、パキスタンから送還される難民の問題があります。その数、一〇〇万から一五〇万人と言われ、トルハム国境だけで毎日七千家族が送還されると伝えられました。十月、アフガン政府は、これら難民をいったんジャララバードに留め置く方針を打ち出しました。これに加え、北部のクナール州やナンガラハル州南部・スピンガル山麓からの国内避難民があります。

ジャララバード市内は人であふれています。難民キャンプから買物にくる人、職を求める人、知り合いを訪ねる人、物乞いをする人、借家を探す人、とりあえず動き回る人、これらを客にする露天商やリキシャが加わり、信じられないような雑踏が出来あがっています。

市の近郊、特に北部のベスード、シェイワ、カマ郡は、たちまち人口密集地帯となってしまいました。川沿いやガンベリ沙漠でも、避難民のテントが林立し始めています。

送還難民で溢れるジャララバード（16年12月）

難民流入で治安が悪くなった訳ではありませんが、無政府状態です。麻薬生産は、「アフガン全体で約四割増加」と伝えられ、少しお金と教育がある都会の若者は、祖国を

洪水で崩壊したバルカシコートの既存取水堰（15年10月）

見捨て、欧米諸国へ逃れていきます。

ＰＭＳでは、この動きを危機的にとらえ、予定を前倒しで「緑の大地計画」完遂を急ぎ始めています。新たに着工したミラーン堰《ぜき》対岸地域（マルワリードⅡ）だけでなく、計画が延期されてきたカシコート延長水路（九・八㎞）、バルカシコート堰等の早期実現を目指しています。

「いつでも帰れて、暮らせる故郷！」

しかし、悲惨なことばかりでもありません。現在の作業地（ミラーン対岸地域）では、着々と取水堰と用水路の建設が進められ、八〇〇ヘクタールの農地回復を目指し、多くの村民に安堵感を与えています。多くの難民が帰農し始めました。

「いつでも帰れて、暮らせる故郷！」

この状況の中では、それが贅沢と思えるほど貴重なものです。パキスタンから戻った難民たちは、口をそろえて感謝します。

同地の四ヵ村（コーティ、タラーン、カチャラ、ベラ）の三万人は、ＰＭＳに将来を託し、強い協力態勢が築かれています。特に、今冬に取水堰の仮工事が成れば、長い間苦しめられてきた洪水の危険が遠のき、耕作地が倍増、安定した農業が全域で保障されるからです。

ミラーン堰完工の祝賀式（16年10月）

この作業地の対岸では、マルワリード用水路の最後の仕上げとも言える工事が行われています。全長一・五㎞の主幹排水路で、年内に開通予定です。既に数百ヘクタールの湿害地が一掃され、小麦の作付けが保障されています。足かけ六年の難工事でしたが、決着が近づいています。完成後に詳細を報告します。

堰板方式の砂吐きが威力

去る十月に竣工したミラーン堰は、異常気象による渇水で、竣工直後に取水困難に陥りました。しかし、堰板《せきいた》方式の砂吐きが絶大な威力を発揮しました。わずか二段の堰板（四〇cm）でたちまち水位を回復、流域一一〇〇ヘクタールが隈《くま》なく潤された上、新たに同流域に加わったタプー（五〇〇ヘクタール）にも行きわたったのです。これで、冬小麦の収穫に不安なく、ミラーン流域とタプー流域の水争いは消滅しました。見かけは野暮ったいけれど、これは紛れもなく「可動堰」、この時ばかりは、改めて先人の知恵に感謝しました。異常低水位にも拘《かか》わらず、ＰＭＳの建設した八カ所の取水堰・用水路は、全て正常に機能し、住民に動揺はありません。

オレンジ園で。実りを喜ぶスタッフ（16年4月）

二万本のオレンジに希望

ガンベリ農場のオレンジ園では、五年目にして、やっと〝結果〟が始まりました。「二万本分が出荷できるようになれば、さぞ壮観」と、農業部は胸を膨らませています。

　アフガニスタンといえば、爆破事件、治安悪化、米軍の誤爆、政局の混乱、テロ対策、国際支援の失敗、欧州への「難民」――等々の報道ばかりで、このところ辟易《へきえき》しています。大きな元凶である旱魃《かんばつ》と飢餓は、余り問題になりません。きっと私たちは、報道で合成される世界とは別のところに居ます。

　飢えた人々に必要なのは、政治議論やテロ対策ではなく、パンと水です。私たちの仕事が、行き場もなく途方に暮れる人々にとって、一つの希望となり、励ましを与え続けることを祈ります。

　ここで目にする水路も堰も、豊かな実りも、全て良心的協力の結晶です。それがどれだけ人々に安らぎを与えているか、貧しい言葉では伝えきれません。日本も決して明るい世相ではありませんが、ほとんど見捨てられた人々への、変わらぬ祈りと温かいご関心に感謝します。

　事業は世代から世代へ、氷河の水が絶えるまで続けられます。現地ＰＭＳ一同もまた、祈りを合わせ、この仕事を自らの励みとし、更に意気軒昂です。

　良いクリスマスと新年をお迎え下さい。

二〇一六年十二月　ジャララバードにて

131号
2017・4

パキスタンからの送還難民一〇〇万人、今こそ最も支援が必要な時

みなさん、お元気でしょうか。

昨秋からの動きは非常に大きなものがありました。何から伝えてよいか戸惑うほどですが、現状を紹介し、今PMS〔平和医療団・日本《ピース・ジャパン・メディカル・サービス》〕が置かれている緊急事態を、少しでもご理解いただければと存じます。

送還難民の激増と作業地の人口集中

昨年六月から十二月まで、アフガン東部は殆ど雨がなく、干ばつの危機が蔓延《まんえん》していました。今年になってから突然の降雨が続き、当面干ばつは和らぎました。

だがジャララバード（ナンガラハル州）は、現在最悪の時を経過しています。日本で大きな報道がないので、伝わっていないだけです。内戦だけでなく、犯罪集団の動きが活発となり、市内も統制がきかなくなりつつあります。昨年から一〇〇万人を超える難民がパキスタンから強制送還され、ジャララバードは大混乱に陥りました。冬の到来で送還が中断したものの、今春、間もなく再開されます。この中でPMS〔平和医療団・日本《ピース・ジャパン・メディカル・サービス》〕は自治会や地方行政と結んで防衛を強化、地域の生存をかけて全力を投入しています。

まさかこれ程だとは思いませんでした。パキスタンからの送還難民に加え、スピンガル山麓方面（アチン郡、ロダット郡、エサラク郡等）は荒廃して居住環境も治安も悪く、外国から送られる武装組織が蟠踞《ばんきょ》しています。多くの者がジャララバード北部へ逃れ、作業地一帯は、たちまち人口密集地帯となりました。少なくともここには安定した農地があり、食べ物があり、水があり、爆破事件が少なく、贅沢を言わなければ少なからず職にありつけるからです。北部四郡（ダラエヌール、シェイワ、カマ、ベスード）の作業地がなければ、ジャララバードは大混乱で手がつけられない状態になっただろうと、囁かれています。

私たちの存在が混乱回避の防波堤になっているのは事実で、事業はますます重要性を増していると考えています。至る所で、村落の人口が二倍、三倍と、爆発的に増えています。帰農できない者は市内に繰り出して職を探し、野菜などの露天商、リキシャの運転手、現場作業員などで生計を立てているようです。このため、国道クナール線は「バザール街道」となって雑踏があちこちに出現、ペシャワールなどから移動してきたリキシャで道路が埋まっています。ガンベリ沙漠、マルワリード用水路付近にも、三千家族の難

民コロニーが生まれ、数を増しています。国連関係によれば、帰還難民の七〇%がナンガラハル州出身で、アフガン政府は難民を東部にとどめる方針を採っています。

計画は新たな段階に

帰国時、折に触れてこのことを訴えた積りでしたが、率直なところ、当方の説明不足もあって、日本側の現状認識と大きな隔たりがあると感じています。今が最も支援が必要な時だと再度強調します。少しお金や地位がある者は欧米諸国へ逃れることができます。しかし、殆どの地元農民はどこに逃げるあてもなく、この状態でも生き延びなければなりません。これを見捨てず、多少の労苦を伴っても力を尽くすべきだと判断しています。安全や政情への配慮は当然ですが、時には死守すべき人間としての道義と誇りがあります。

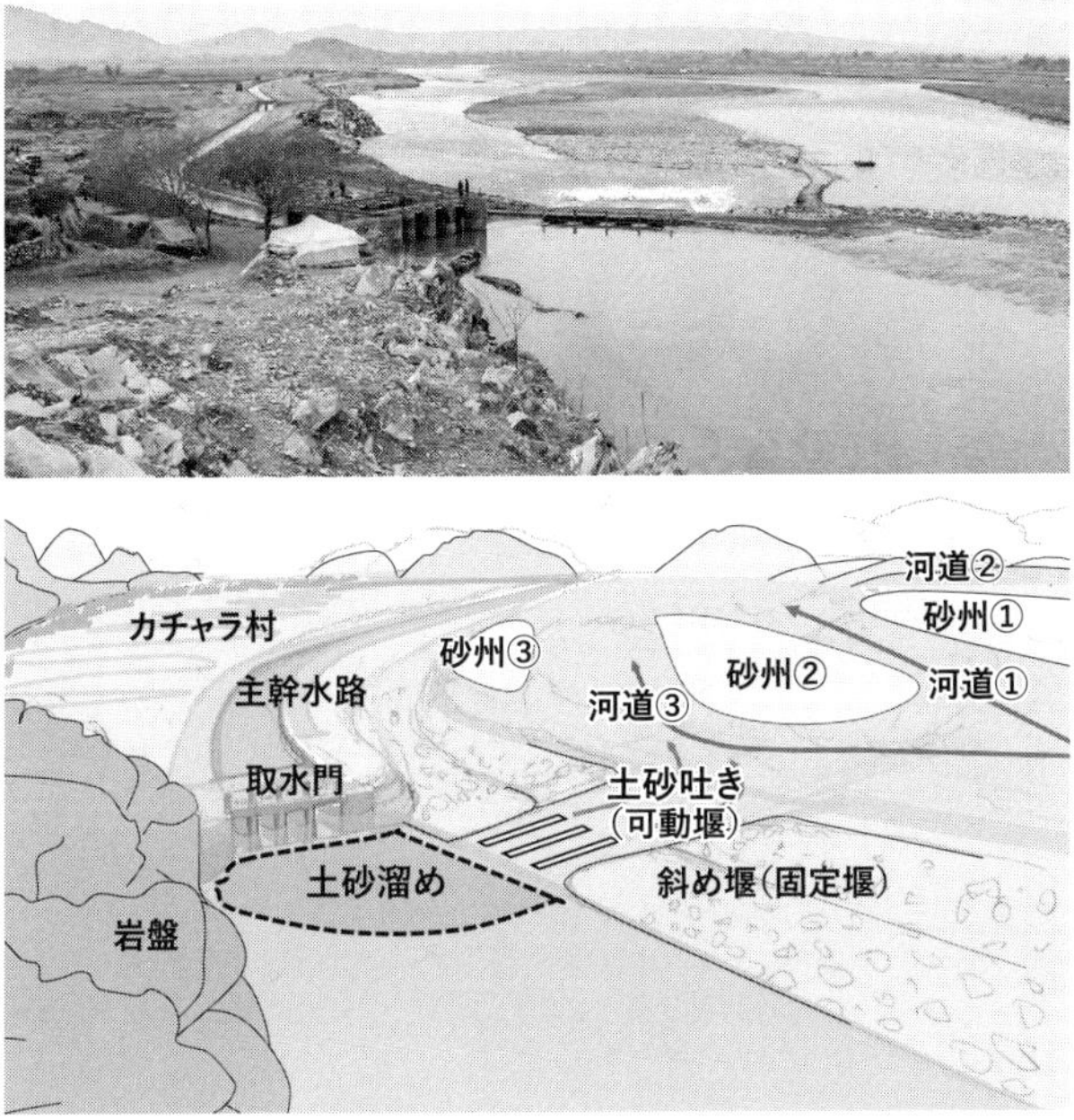

マルワリードⅡ堰と取水口（17年1月）

計画は新たな段階に入り、「PMS二〇年体制」の確立に向け、現地は必死です。何しろ地域の死活問題なので、事情を理解する国際組織や地方行政も、夫々《それぞれ》の立場で、惜しまず協力をしてくれています。植樹を奨励する武装組織さえあります。それほど、誰の目にも過酷な事態だということです。

マルワリードⅡ、送還難民の受皿

さて、パキスタン国内で起きた爆破事件を受け、二月十七日にトルハム国境が閉鎖され、三週間が過ぎました。ジャララバードは工事資材の流通が滞っていますが、事務所の機転でセメント六千袋を速やかに確保し、今のところ作業全体に大きな影響は出ていません。

マルワリードⅡ堰の試験通水（17年1月）

この冬の最大の仕事がミラーン堰《ぜき》対岸地帯（マルワリードⅡ）の取水堰建設でした。この事業は、先に紹介したように、これまで活動が及びにくかったクナール河左岸に展開し、将来の治水と取水堰維持を両岸から可能にするもので、「緑の大地計画」の要衝です。昨年十月に着工、一気に取水堰の仮工事を完了、主幹水路一㎞を開通、現在、灌漑《かんがい》路の整備と沈砂池の最後の詰めの工事が行われています。

送還難民が続々と戻ってくる中です。農地回復＝帰農を早急に促すべく、異例の速さで工事が進められました。このため、極度の疲労で一時は虚脱状態に陥りましたが、現在、態勢を立て直し、春の増水期を前に、護岸工事に力を注いでいます。また、なるべく人海戦術を採用し、雇用機会を増やすよう配慮しています。

今年一月下旬に水門を開放し、送水試験を行いました。これまでにない美しい堰です。各村代表が集まってささやかな祝賀会を開き、喜びを共にしました。洪水で多大の耕作地を失った人々が、これで生きられます。九死に一生を得た思いだったと言います。技術的にも完成度が高くなり、村民とＰＭＳとの絆が更に強まりました。この様子は、また別の機会に報告します。

試験通水の翌日、マルワリードⅡ用水路流域の４ヵ村代表とともに催された祝賀会（17年1月）

ガンベリ主幹排水路工事と訓練所建設

対岸では、ガンベリ主幹排水路工事が進められています。この工事は「マルワリード用水路事業」の延長です。実際には二〇〇九年に計画が開始され、一四年までに約八〇㎞の排水路網を築いた後、主幹排水路再建が必要となりました。その後、各村の利害調整で延期され、昨年三月、やっと流域全体の自治会が衆議一決、着工に至りました。排水路が貫通する各村は、収穫の犠牲を払って交通路を提供（これは現地で異例の出来事です）、この一年で約一・八㎞中

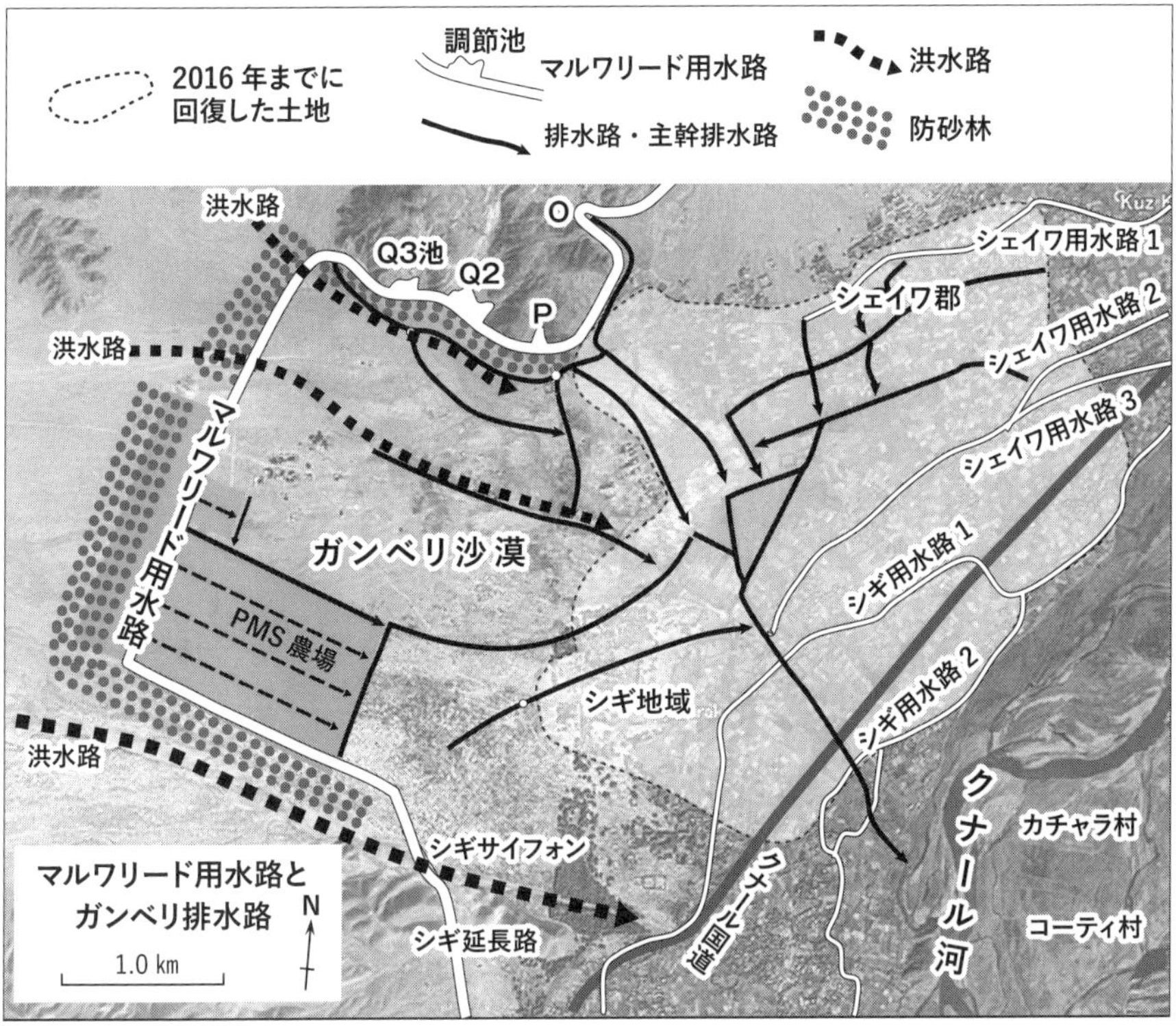

一・六kmを開通しました。難工事ですが、あと少しです。

ここでも帰還難民が村にあふれ、工事が急がれました。しかし、昨年末までに全ての湿害地を一掃、数百町歩《ちょうぶ》を回復しました。それまでの仕事を併せると、一千町歩〔約十km²〕に迫る広大なものです。また、この排水路がないとガンベリの新開地の開墾が進められません。主幹排水路の完成を以《もっ》て、マルワリード用水路二七kmが事実上成ると言えます。

この二つだけでも大工事ですが、今冬はこれに訓

工事中のガンベリ主幹排水路（17年1月）

ミラーン堰近くに建設中の訓練所（17年4月）

練所の建設が加わりました。負担ではありましたが、時期的に始めておくべきものです。これにはＦＡＯ（国連食糧農業機関）が協力し、日本側でも教材の作成が進められています。しかし、専門家を増やすのではなく、実戦部隊の養成を主眼にしています。これには学歴や読み書き能力は関係なく、写真、画像、ビデオ等の教材を備え、実際的な技術習得を目的としています。夏までには宿泊できるようにしたいと思います。

ここに遺す一つの種子は……

以上のように、私たちを取り巻く事業環境は、一昔前と比べて一変しております。

一方、灌漑と農業の必要性は増すばかりです。とても一代で終わらず、幾世代にもわたって継続されるものです。そして、それが可能だと見ています。

現地ＰＭＳでは「長期継続・二〇年体制」へ向け、着々と内部改善が進められています。ペシャワール会事務局もこの動きに合わせ、業務態勢をさらに強化、継続性を目指して決意を新たにしています。

——完成した美しい堰と大河の流れは、悠久の自然と、一瞬の人生を告げます。この世界に生を受け、自然の恵みと先人たちの努力の上に現在があります。ここに遺す一つの種子*は、その御礼です。それが確実に芽生え、より平和な世界につながるよう祈ります。言葉だけが空転する軽薄な世相と当地の絶望的な状況にあればこそ、実《じつ》を以て報いたいと思います。

これまでの多大な協力に感謝します。

平成二九年三月　ジャララバードにて

＊新約聖書「ヨハネによる福音書」十二章二四節のイエスの言葉「一粒の麦が地に落ちて死なければ、それはただ一粒のままである。しかし、もし死んだなら、豊かに実を結ぶようになる」や「マルコによる福音書」四章の「種」の譬話を踏まえた表現か。

chapter

VII

132号（2017.6）〜142号・号外（2019.12）

2017（71歳）
4月、JICA共同事業の一環で、PMSの技術者とジア医師が来日
7月、九州北部豪雨。福岡県朝倉市、大分県日田市などが被災
11月、ミラーン訓練所落成。カマ堰・取水口の改修工事着工
中村医師の著書『アフガン・緑の大地計画』の英語版刊行
「イスラム国・ホラサン州」を名乗るＩＳ系の武装集団の動きが活発化
12月、ガンベリ主幹排水路1.7㎞の再建工事が完了

2018
2月、中村医師とPMS、アフガニスタン大統領より勲章を授与される
ミラーン訓練所開講
マルワリードⅡ用水路、主幹水路約4.9㎞開通（6月までに流域各村への分水路も開通）
4月、カマⅡ堰・取水口の大改修工事完了
3年続きの少雨により干ばつが深刻化。国連機関は「餓死線上100万人」と警告
6月、中村医師、土木学会技術賞を受賞
28日から7月8日にかけて西日本を中心に広域を集中豪雨が襲う
10月、タリバン指導部が国際支援団体に難民の緊急救済を要請
マルワリードⅡ用水路、第2期工事着工
11月16日、中村医師、干ばつを訴える記者会見をジア医師らと共に福岡市で行う

2019
1月、ガンベリ下流域のシギ分枝排水路建設に着工
2月、9年にわたるカマ堰の再建工事完工
3月、2003年以来の植樹が100万本を突破
9月、アフガン政府関係者、PMS職員が来日し、山田堰などを視察
10月、中村医師、「アフガニスタン・イスラム共和国国民証」を授与される
用水路建設予定地の一つであったゴレーク村を訪問
12月4日朝、ジャララバード市内で凶弾に倒れ、逝去。ＰＭＳの運転手ザイヌッラー モーサムさん、政府派遣の護衛4名も殉職
11日、福岡市内で葬儀

2020
1月25日、西南学院大学チャペルで「お別れ会」。約5千人が参列

132号
2017・6

「二〇年継続体制」に向けて

——二〇一六年度現地事業報告

□二〇一六年度の概要

異常気象と送還難民

二〇一六年六月から六カ月間、アフガニスタン東部は極端な少雨が続き、大干ばつの再来が危ぶまれた。天水に頼る農地は作付けできなかった。現在、全アフガンの耕作地のうち灌漑《かんがい》可能な土地は半分に満たず、相当な打撃があったと見られている。

二〇一七年一月になって降雨があったものの、降雪量が少なく、水不足は依然として続くものと思われる。

追い打ちをかけるようにパキスタンからのアフガン人難民の強制送還の動きが活発化し、一年間で一〇〇万人以上が東部方面に戻ったと報ぜられた。アフガン政府は難民を東部にとどめ置く方針を発表、受け入れ準備を進めた。だが全土で治安が悪化、作業地のあるナンガラハル州でもIS（イスラム国）の動きが活発化した。対する米軍は専《もっぱ》ら空爆に頼り、誤爆で各地に被害が出ている。この間隙《かんげき》で犯罪者の動きも激しくなり、警察と軍が監視できるのは点と線になっている。

送還難民の約七〇％が東部（ラグマン州、ナンガラハル州、クナール州）出身と言われ、大半が農村地帯である。しかし、凶作も重なって難民を吸収する余力なく、多くの人々がジャララバード市内とその北部に集中した。PMS（平和《ピース・》医療団・日本《ジャパン・メディカル・サービス》）作業地では各村の爆発的な人口増加が起き、国道沿いは至る所にバザールが林立、想像を超える雑踏が俄《にわ》かに出現した。難民だけでなく、他地域の不作や治安悪化によって多くの者が逃れてきたからである。

このため、PMS作業地は人口密集地帯となり、交通渋滞で移動にさえ困難をきたす状態である。それでも作業地の治安はさほど荒れておらず、住民とよく一致協力、仕事は遅滞なく進められた。

□PMS年度事業のあらまし

二〇一四年十月に始まったミラーン堰《ぜき》（ベスードⅡ堰）は二回の洪水期を経て、〔一六年〕十月に竣工、第四次JICA〔国際協力機構〕＝PMS共同事業（マルワリードⅡ）が、ミラーン堰対岸地域で開始された。これまで蓄積された経験が活かされ、一七年三月までに、予定の工程を完了した。

ガンベリ沙漠方面では、最大の懸案であった主幹排水路の再建が軌道に乗り、二〇一七年三月までに全線一・七㎞を開通した。これによりPMSはマルワリード用水路沿いの水紛争に完全に終止符を打ち、ガンベリ地域の灌漑が保障された。湿害の軽度のものを含めると、シギ、シェイワ両村落群で約一千ヘクタールを超える広大なものである。安定灌漑農地が全村で飛躍的に増加、地域との絆はさらに深まった。〇三年からのマルワリード用水路建設は、これを以《もっ》て名実共に完成する。

「緑の大地計画」二〇年継続体制

PMSでは、今後二〇二〇年までに予定地域の安定灌漑を実現すると共に、次の展開を見据えて維持体制の確立を図る。このため、一六年二月にガンベリ試験農場の貸与契約を二〇年として、アフガン政府と協約を結んだ。

次の二〇年間（二〇三六年まで）に新たな展開を予測し、これに備えるためである。見通しがつかない政情の中で、いつでも変化に即応できる態勢をとり、水利施設＝地域の護りを固める。こうして農村社会に土着化し、維持の上で予期せぬ事態に備え、将来的に「モデル」としての役割を発揮する。広域展開に際して、これが不可欠の基礎だと思われる。

日本のペシャワール会側も既にPMSJAPAN（PMS支援室）を設置、この動きに歩調を合わせて強化を図り、長期継続体制を目指すに至った。

1. 医療事業

国際救援組織が殆ど撤退する中、地域で重きをなしている。二〇一六年度の診療内容は別表の通り（表1）。

2. 灌漑事業

二〇一六年度は将来の広域展開と、そのための「二〇年継続体制」へ向け、準備段階に入った。

「緑の大地計画」は、二〇二〇年までに計画地域（安定灌漑面積一万六五〇〇ヘクタール、人口六五万人）を完成し、広域展開のためのモデルケースとする予定である。

表1　2016年度 診療数及び検査件数

国名	アフガニスタン
施設名	ダラエヌール
外来患者総数	39,752
【内訳】　一般	32,079
ハンセン病	0
てんかん	573
結核	187
マラリア	6,913
外傷治療総数	3,860
入院患者総数	-
検査総数	12,046
【内訳】血液一般	752
尿	1,497
便	2,078
らい菌塗沫検査	0
抗酸性桿菌	170
マラリア	6,884
リーシュマニア	207
その他	458

◎ミラーン堰（ベスードⅡ堰）

二〇一四年十月に着工したミラーン堰は、一六年十月に竣工した。技術的には以下が新局面で、新たな工夫が凝《こ》らされた。

①浸食されやすい軟弱地盤での堰造成
②砂州移動と膨大な土砂堆積の対策
③石出し水制を組み込む護岸方式
④不安定河道＝砂州の固定

今後も観察を続け、改修を重ねて強化していく。特に土砂堆積を避ける「部分可動堰」は、既にカシコート堰で試みられていたが、ミラーン堰でスタイルが決定し、有用性が実証されたと思われる。

なお本堰はベスード郡クナール河沿いの一一〇〇ヘクタールを潤すが、安定した本堰にタプー流域五〇〇ヘクタールを統合した。タプー堰（272頁＝112号の注参照）を廃止し、現在ミラーン堰の灌漑面積は一六〇〇ヘクタールである。

◎マルワリードⅡの着工

ミラーン堰対岸は、四ヵ村に三万人が居住する。二〇一五年夏の出水で同堰対岸上流に分流が発生、堰を通過する水量が激減してミラーン側が取水困難に陥ると共に、対岸村落（コーティ、タラーン、ベラ）では耕地の半分が冠水または流失した。対岸の村民は一斉にパキスタンへ難民化したが、ＰＭＳが新河道の閉塞と約二・五㎞の護岸を行なって洪水被害の進行を食い止めた。

マルワリードⅡ用水路の植樹。ポンプを使うと土を洗い流してしまうためバケツで水やり（17年6月）

ミラーン堰維持のためにも同地域の安定は欠かせない。二〇一六年二月、対岸自治会とＰＭＳとの間で協約が成り調査を開始、州行政やＪＩＣＡが協力、一六年十月から四年間をかける対岸地域の復興計画（マルワリードⅡ）が計画された（354頁「ミラーン堰対岸の灌漑計画」参照）。

二〇一六年十月に第一期二ヵ年の工事が最上流のカチャラ村で始まった。一七年三月までに堰の仮工事を終了、沈砂池まで約一㎞の主幹水路に送水を開始した。これによって、最上流のカチャラ村の灌漑農地が倍増し、帰還難民の爆発的増加に悩む同村に大きな安堵を与えた。また、洪水対策で護岸の緊急仮工事が急ピッチで進められ、一七年六月現在、護岸線は予定八・五㎞のうち、六㎞地点を工事中である（うち約二・五㎞はミラーン堰工事の一環で行われた分流のしめきり堤）。

技術的にはこれまでの経験が大いに活かされ、「部分可動堰」＋固定堰（湾曲斜め堰）のスタイルが確立、完成度が最も高いものとなっている。土砂堆積がミラーン堰と同様、大きな課題であったが、本堰の建設によって決着が期待されている。

また、現場と事務所が一体となって工事の手順に慣れ、異例の速さで建設が進められたことも、特筆すべきである。折よく難民の帰郷時期に重なったことは、地域にとって大きな意味を持った。臨時ではあるが、村々は数百名の雇用を得て農地拡大に寄与し、難民の帰農が促された。

※部分可動堰＋湾曲斜め堰について……日本では可動堰を河道全体に設置し、倒伏式のゲートで油圧電動式、コンピューター制御である。冬の低水位期に水位を上げて取水を安定させる便がある。現地では建設が不可能なので、堰板手動式で増水期前にゲートを開放する。また、コンクリートの特性を活かし、深い急流を作れば土砂対策に極めて有効。ＰＭＳでは、岩盤を背にした取水堰で土砂吐きと兼用で斜め堰（固定堰）と組み合わせる方式が定着した。堰造成に際して架橋し、交通路を確保でき、工期を著しく短縮することができる。カシコート堰で試され、ミラーン堰で実用化された。湾曲斜め堰は、一昔前まで日本でも行われた固定堰の工法である。斜め堰上流側を湾曲させて越流する水を河道中央に集め、対岸への影響を防ぐ。

◎シェイワ郡全域の湿地処理＝
マルワリード用水路は名実共に完成

一年四ヵ月にわたる主幹排水路工事約一・七㎞が間もなく完了する（詳細は二〇一五年度報告（128号）参照）。

マルワリード用水路建設に伴う湿地処理は、長い間の懸案であった。二〇一五年までに大小約六〇㎞を超える排水路網で湿地が処理されてはいたが、排水力が限界に達してガンベリ沙漠開拓が危ぶまれていた。主幹排水路の通過するシギ上流域全体が低地で、沙漠開拓に伴う湿地化が懸念されていたからだ。遅くとも一七年八月までに同工事が終了するのは確実である。

ここでも帰郷難民があふれ、ＰＭＳは可能な限り人海戦術を採用、数百名の作業員の雇用を確保した。

排水路の恩恵はシェイワ郡約二千ヘクタールに及び、これによって「マルワリード用水路建設」が名実共に完成、ガンベリ沙漠開拓を保障した。

◎他地域展開への準備

ＰＭＳは以後の工事を「他地域展開への準備」と位置づけ、ＦＡＯ（国連食糧農業機関）とも協力、以下が二〇一六年度に行われた。

①訓練所の建設
②実習教材の準備

訓練所はミラーン堰の空き地に建設され、ＰＭＳの各取水設備にアプローチしやすく、今後の維持の上で利便性が高い。訓練所は宿泊施設に簡単な教室を併設したもので、現場で働きながら学ぶ者を対象とする。一般的な河川工学や灌漑技術の知識を教えるのではなく、ＰＭＳの取水設備を実際に体得することを主な目的としている。各村の農民、地主、水主《みずぬし》〈11頁の用語集参照〉らが対象で、読み書きの能力を問わない。

二〇一七年三月までに基礎と一階部分が成り、現在二階部分を建設中である。約六〇名が宿泊可能である。

日本側では、山田堰土地改良区〈福岡県朝倉市〉とペシャワール会が協力し、山田堰の模型やビデオなど、訓練のための教材作成が進められた。

基本方針の要約は以下の通り。

一、文化や地勢・気候の類似した東部アフガンを中心に、徐々に且つ確実に拡大。

二、実事業を継続しながら、その中で「土着の実戦部隊」を組織的に育成。

三、中央集権的な方法でなく、地域中心、かつ住民の自主性を尊重。

現下の不穏情勢を考慮し、「緑の大地計画」が区切りを迎える二〇二〇年頃までには体制を整える予定である。

◎カシコート方面の工事を延期、カマⅠ・Ⅱ堰の改修

「マルワリードⅡ」と排水路工事の見通しが立つ段階で、カ

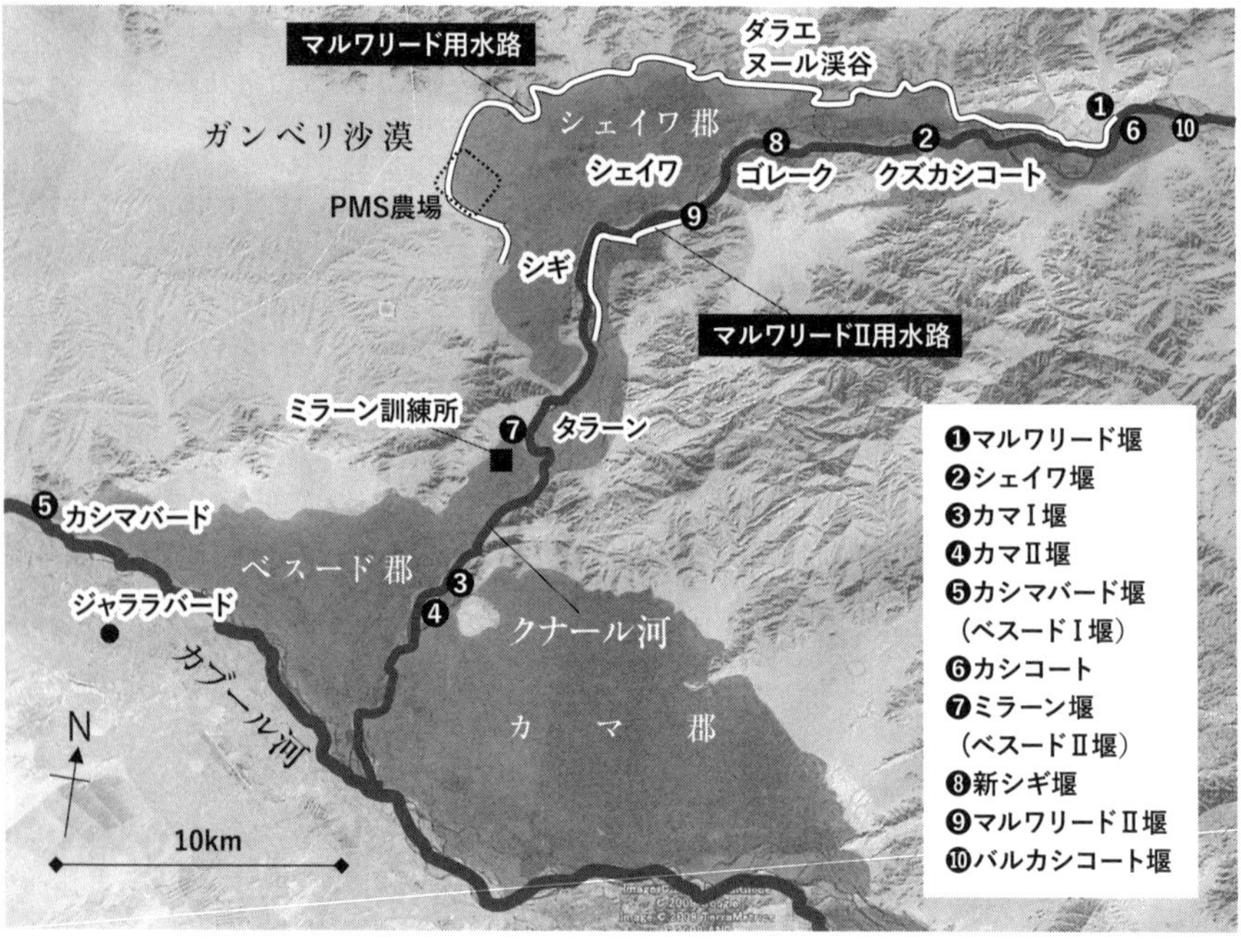

シコート方面の工事が計画されていたが、難民の急増と治安の悪化で動きがつかなかった。広域で複数にまたがる作業地は管理困難と判断、当面の計画を延期した。

代ってマルワリードⅡの下流に隣接するカマ堰の最終的な改修を計画している。カマ堰は「緑の大地計画」の中で耕地面積が最大で、Ⅰ、Ⅱ堰併せて約七千ヘクタール、全体の約半分を占める。年々の小改修で安定してはいるが、砂州移動の及ぼす影響が問題になっている。かつ帰還難民の最大の吸収地である。万一の混乱に備えて部分可動堰を設置、安定給水を更に確実なものにする。二〇一六年度は測量を繰り返し、一七年に施工すべく計画された。

3．農業・ガンベリ沙漠開拓

◎ＰＭＳガンベリ農場

ガンベリ沙漠では、二〇〇九年、用水路の開通と同時にガンベリ農場を拓き、ＰＭＳの自給体制を整え、用水路維持に役立てようとした。これが「自立定着村」構想である。その後農地法の改正で居住区ができなくなり、ベスード郡の一角に移した。

二〇一六年二月、アフガン政府と協約、開墾地二三五ヘクタールを農地として半永久的に借用する契約が成った。契約は二〇年毎に更新され、ＰＭＳの解散がない限り、継続される。

排水路問題が解決した現在、急速に開墾が進むことが予想される。

◎オレンジの出荷

二〇一六年度の最大の成果は、柑橘《かんきつ》類の〝結果〟が観察され始めたことで、移植したオレンジ約一万二千本のうち数パーセントで結果を確認した。出荷に向けて期待が高まっている。小麦は約六〇ヘクタールで作付けが行われ、ヘクタールあたり約二トン、米はヘクタールあたり二・三トンの収穫を得ている。ザクロは品質が今一つで、苗木の植え替えまたは柑橘類への変更を検討している。畜産関係で進展が見られ乳牛十一頭、子牛二〇頭となり、わずかではあるが生乳からの収入が毎月発生している。

日本大使館が協力したナツメヤシ園の造成〔352頁＝128号参照〕は、早生種の苗を移植、二〇一七年三月に完了した。

◎植樹

二〇一六年一月～十二月の植樹数は二万三五三八本、大半が新設用水路沿いの柳枝《りゅうし》工と護岸工事に伴う樹林帯造成で占められる。一七年三月までの総植樹数は九〇万一六七七本である。

4．ワーカー派遣・その他

◎支援室の強化と二〇年継続体制

現場に中村一名が常駐した。事務量が膨大となり、ペ

山田堰を訪れたPMSスタッフ一行（17年4月）

シャワール会事務局内に「PMS支援室」が設置されたが追いつかず、更に専従の増員強化が計画されている。

支援室は事実上ジャララバード事務所と一体化し、円滑な業務を遂行する。

今後「二〇年体制」の日本側の要《かなめ》として機能すべく、基金団体であるペシャワール会と、現地事業体であるPMSとの役割分担が明確にされた。

また、実情を知る上で現地との交流を活発にすることの必要性が痛感され、二〇一七年四月、ジア副院長一行の歓迎会が催された。長期継続のためには、今後も交流の機会を増やすこと、将来に備えて基金を蓄積することが、ペシャワール会とPMSの間で確認された。

回二〇一七年度計画

二〇一六年度の連続である。

河川・灌漑関係では、〔マルワリード堰の〕対岸コーティ、タラーン、ベラ、カチャラの四ヵ村の復興に力を注ぐ〔マルワリードII〕。約八五〇ヘクタールのうちカチャラ村二〇〇ヘクタールの安定灌漑、全既存耕地の送水路確保、洪水対策を計画している。

カマ堰改修は二〇一七年十月に準備を開始、同年十一月から一八年二月までの四ヵ月間で一気に部分可動堰設置を進める。

訓練所の建設はFAO〔国連食糧農業機関〕と協力して二〇一七年十月までに竣工予定。教材も同時期にそろえ、訓練計画の日程が作成される。しかし、泥沼の治安情勢の中で小さくない工事を抱え、計画通りに進めるのは困難であるため、柔軟に対処する予定である。

最大のものは「二〇年継続体制」の準備である。PMSジャララバード事務所の改組、日本側PMS JAPAN（PMS支援室）の拡充を実行し、長期に備える。

なお、カシコート方面は当分大きな工事は無理と判断され、情勢の安定する時機まで待機する。全体に現下の情勢は予断を許さず、短期的に計画の変更や延期があり得るので、事態を注視して頂きたい。

回二〇一六年度を振り返って

ゆく者は斯《か》くの如《ごと》しか。昼夜をおかず。*

ペシャワール赴任から三三年が経ちました。歳をとったせいか、川の流れを見ながら、この間の出来事を夢のように思い返すことが多くなってきました。多くの友人や仲間、先輩たちも他界し、ここまで生き延びて事業が続いていることを奇跡のように感じています。

最近アフガニスタンの報道が絶え、偶《たま》に日本に伝わるのは爆破事件、テロ、誤爆や難民など、恐ろしいことや悲しいことばかりです。いつの間にか「テロ」という言葉が人々の頭脳に定着し、対テロと言えば何でも正当化できるような錯覚が流布しています。しかし、今世界が脅えるテロの恐怖は、十六年前の二〇〇一年、「アフガン報復爆撃」に始まりました。

あの時が分岐点でした。飢餓に苦しむ瀕死の小国に対し、世界中の強国が集まってとどめを刺しました。無論、罪のない大勢のアフガン人が死にました。そして「二次被害」の一言で、おびただしい犠牲は「仕方ない」とされました。まるで魔女狩りのようにテロリスト狩りが横行し、どんな残虐な仕打ちも黙認されました。平和を求める声も冷たい視線を浴び、武力が現実的解決であるかのような論調が横行しました。

文明は倫理的な歯止めを失い、弱い立場の者を大勢で虐待することが世界中で流行り始めたのです。別の道は本当になかったのでしょうか。

他方、干ばつと飢餓はやまず、多くの人々が依然として飢餓と貧困にあえいでいます。

アフガニスタンで起きた出来事から今の世界を眺めるとき、世界は末期的状態にさしかかっているようにさえ見えます。無差別の暴力は過去の自分たちの姿です。敵は外にあるのではありません。私たちの中に潜む欲望や偏見、残虐性が束になるとき、正気を持つ個人が消え、主語のない狂気と臆病が力を振るうことを見てきました。

このような状況だからこそ、人と人、人と自然の和解を訴え、私たちの事業も営々と続けられます。ここは祈りを込め、道を探る以外にありません。祈りがその通りに実現するとは限りませんが、それで正気と人間らしさを保つことはできます。

そして、この祈りを共有する多くの日本人とアフガン人の手で事業が支えられてきたこと、そのことに救いを見るような気がしています。

今また二〇年継続体制を打ち出し、事業を次の代に引き継ぐ時がやってきました。この良心の絆を絶やさず、最後の体当たりのつもりで臨みたいと考えています。これまでの温かいご関心に感謝し、ご協力を切にお願い申し上げます。

＊孔子の言葉。「子、川の上《ほとり》に在りて曰く、逝く者は……」(論語「子罕」)。

133号 2017・10

朝倉の豪雨災害とアフガニスタン

――「故郷の回復」、これが国境を超える共通のスローガン

暑く長い夏が終り、やっと秋の気配です。皆さん、お元気でしょうか。

酷似する災害パターン

今夏日本で、いろんなことに遭遇しました。七月五日の福岡県朝倉市の洪水被害（九州北部豪雨災害）は寝耳に水で、まさかと思いましたが、帰国後訪れて驚きました。災害のパターンがアフガニスタンに似てきているのです。現地PMS《ピース・ジャパン・メディカル・サービス》（平和医療団・日本）にとって、朝倉は伝統技術のモデルを提供してくれた地でもあり、典型的な「日本の故郷」の一つです。無関心ではおれません。

第一に、支流域の大被害です。これは集中豪雨が特定の地域（渓谷）に限局して大きな被害を起こし、他の地域では時に水不足さえ起こすほど、降雨が少ないことです。以前から知られていた「ゲリラ豪雨」の巨大化です。私たちがマルワリード用水路流域で悩まされてきたパターンに酷似しており、現地ではいかに土石流や鉄砲水を避けるかで多大の労力を割きました。

元来「水害」といえば、本川の水があふれて、流域に被害をもたらすものが大半でした。治水の重点は本川の堤防強化に置かれていました。それが、いつ何時《なんどき》、背後をつかれるか分からない状態になったということです。

第二に、膨大な流木です。日本は森の国です。国土の三分の二を占める森林は、アフガニスタンの万年雪に比肩されるほど貯水能力が高く、河川水の安定に寄与してきました。それがあっけなく削り取られ、尋常でない量の流木を生み、凶器として人里を荒らしたことが印象に残りました。

敗戦直後に植林されたスギやヒノキ等の針葉樹は、今や森林の半分以上を覆っています。自然の雑木林と異なり、手を加えないと根が浅くなり、保安林として機能し難《にく》くなります。治山が治水と一体であることは、以前から強調されてきたことですが、これほどの被害を体験したのはおそらく近年なかったことです。

植生に乏しいアフガニスタンは流木こそありませんが、巨《きょ》礫《れき》の塊《かたまり》が音をたてて鉄砲水と共に谷を下ってきます。朝倉の被害地の流木の山は、それを彷彿《ほうふつ》させるものがありました。

里山の衰退、郷土の荒廃

以上が気候変化=温暖化に由来することは間違いなく、危機的な状況は日本も同じだと感じています。更に、飢饉こそないものの、日本では深刻な問題が加わります。里山の衰退です。アフガニスタンのように、水さえ引けば多くが回復するという単純な図式ではなくなっています。

象徴的なものが流木の処理で、これには改めて愕然としました。アフガニスタンでは流木も大変な貴重品で、洪水となれば村落は活気づき、一家総出で流木拾いに熱中する光景が普通です。薪や建材を「収穫する」絶好のチャンスだからです。

対照的に日本では、ゴミとしかみなされない現実があります。加工すれば十分に材木や薪として使用できますが、加工や輸送に高い費用がかかり、安い輸入木材に太刀打ちできないのです。ここ数十年、外材輸入が林業に従事する人々の生計を圧迫し、日本の林業は大打撃を受けました。最近になり、やっと三割の自給率を維持する程度なのです。

しかも、大量の外材は南米や東南アジアなど熱帯雨林のある国々から来ます。熱帯雨林の急速な減少が温暖化を加速していることは、以前から危機的に述べられています。しかし、商業上の利益や市場（消費）の動向だけで「国の富」が考えられがちな世情で、このような流通のあり方こそが危機的な悪循環を作っていると言えます。おそらく農業も同様な構造であろうと思われます。安い、儲かると言っているうちに、自分たちの古巣を壊し、食べ物を作る人が居なくなってしまう事態になりかねません。

このところ北朝鮮のミサイル騒ぎや世界的なテロ事件の広がりで、危機管理や国防が頻《しき》りに語られます。しかし、長い目で見れば、本当に怖いのは郷土の荒廃です。

私たちの先祖が営々と築いてきた郷土は、単なる「日本の領土」ではありません。そこで息づいてきた文化——自然と折合って生きる知恵、多様性を許す寛容さの源泉であり、戻る者なら誰をも慰め、受け容れる故郷です。どうしていいかわからぬ時に、とりあえず戻れる拠り所、大地と人間を結ぶ接点、それが伝統や故郷であって、決して売り渡せないものです。

世界は、更に加速度を増しながら変貌し、破局への道を歩んでいるようにさえ見えます。生半可な手段や慰めでなく、郷土回復への真剣な努力が、今こそ必要なのは、アフガニスタンでなく、日本の方なのかもしれないと思いました。

目白押しの事業

さて、現地の方も「二〇二〇年存続体制」へ向けて努力が続けられています。今秋・今冬の大きな取組みは、先の年度報告で述べたように、以下の通りです。

一、マルワリードⅡ（カチャラ村）取水設備の完成。前年度に大きな工事は終えていますが、洪水期を経て観察、仕上げを行います。また、村民（帰還難民）の急増に備え、仮灌漑《かんがい》を急ぎ、年度内に流域全体（約八〇〇ヘクタール）の耕地回復を図ります。このために、全長八・四㎞の仮送水路を早急に確保する予定です。

二、カマ堰《ぜき》の最終改修。観察期間五年を経て、これまでの知見を活かし、維持がより容易になるよう、二つの堰の大掛かりな改修工事を行います。今冬最大の仕事なので、詳細は次号で紹介致します。

三、ガンベリ主幹排水路（約一・七㎞）の完工。事実上十分機能していますが、仕上げに蛇籠《じゃかご》工と柳枝《りゅうし》工が行われます。

四、ガンベリ農場の事業。懸案であったサツマイモ栽培拡大の試みを再開します。農場の整備に追われて中断していましたが、水稲栽培と並び、大きな目標として掲げたいと考えています。

五、JICA（国際協力機構）アフガン事務所との共同調査。これも将来に備え、不可欠のものです。技術的調査と社会的調査に分かれていて、何《いず》れもこれまでの活動の総合評価となり、灌漑地拡大に向けて、「PMS方式」の確立につながるものです〈394頁の注参照〉。

六、FAO（国連食糧農業機関）関連事業。訓練所の建設を完了、教材として「技術手引書」の英訳出版、技術解説DVD（英語およびダリ語版）の出版、斜め堰の模型製作などが年度内に完了します。

PMS改組と今後

これらの動きに関連して、現地PMSを中心とする改組が進められています。日本側ではどうしても現地活動を支えている「ペシャワール会」の名が中心になりますが、実戦部隊である「PMS」を前面に押し出し、「二〇年存続体制」を明確にしようとしています。日本側では、PMS・JAPAN（支援室）の発足で、ようやく現地事業の新局面が理解され、実質的な取り組みが始まったと見ています。治安悪化で現地への渡航がむずかしくなっているため、今後折を見て交流の機会を増やす工夫が必要となっています。

§

自然相手の灌漑事業、それも戦乱と気候変化という二重に不利な条件の中で、長い時間を覚悟しなければなりません。世界全体で見ても、人間の新局面に挑むフロンティアと呼んで過言ではないと思います。国家ではなく、故郷を思う気持ちは世界中同じです。「故郷（ふるさと）の回復」、これが国境を超える共通のスローガンです。

アフガニスタンの「緑の大地計画」は、こうして普遍性を帯び、真の共同作業になっていくと確信しています。

これまでと変わらぬご協力をお願い申し上げます。

134号 2017・12

干ばつに追い打ちをかける戦火

——着工から十五年、マルワリード用水路実質完工

異常少雨と河川水減少

みなさん、お元気でしょうか。相も変わらず川辺の工事で、冬は冷えます。

今アフガン東部は、異例の水不足に悩まされています。昨年に続いて、今年も極端な少雨で、降雪もわずかでした。十一月中旬になってモンスーンの第一陣が到来し、やっと小雨が見られるようになりましたが、何と四月からこのかた、わずか数日の降雨でした。

このため、天水に頼る農地はことごとく壊滅、ジャララバードでは、パキスタンからの強制送還難民約一〇〇万人に加え、主にクナール州やナンガラハル州東部から逃れてくる避難民が増加、市内は見たこともない混雑となっています。

有数の大河であるクナール河でも、異常低水位が各所で記録されました。九月下旬には既に厳冬期なみの低水位となり、川沿いの村々は取水ができず、荒れ地が急速に広がりました。カブール河支川では、これまで唯一豊富な水量を保っていたパンジシェール河が干上がり、関係者に衝撃を与えました。

ＰＭＳ〔平和医療団・日本〕《ピース・ジャパン・メディカル・サービス》では全作業地の取水堰《ぜき》九ヵ所を点検し、緊急態勢をとっています。そもそも、このような事態に備えてこその取水堰なので、その働きが試される絶好の機会と見ています。今のところ十分な送水量を確保し、作業地全域で渇水は起きていません。

戦火は主にジャララバード北部のクナール州、スピンガル山脈東部方面で広がり、干ばつに追い打ちをかけています。治安は日を追って悪くなり、既に行政がまともに機能しなくなっています。武装勢力以上に、犯罪集団の動きも活発ですが、警察や情報局が上からの圧力でまともに動けず、事態を悪くしています。この中で、ＰＭＳ職員は誰一人不服を述べる者なく、黙々と作業が続けられています。作業の放棄が住民を見殺しにするに等しいことを承知しており、明るい話がない中で、この仕事を自らの励みにしているように思えます。作業地での安全対策が最大の課題の一つで、地域自治会との絆を更に強め、防衛態勢を固めています。

現行作業の進捗状況

ＰＭＳは現在、大きな作業地を三ヵ所に抱えています。

①マルワリードⅡ堰（カチャラ村）流域

昨年パキスタンからの難民大量送還のあおりで、新作業地のコーティ、タラーン、カチャラ、ベラの各村の人口が突然増加（推定約四万人）、早急に帰農を促すべく、予定をくりあげて早期全域灌漑《かんがい》を目指しています。「水さえあれば何とかなる」を合言葉に、十月下旬、総力をあげて突貫工事態勢に入りました。万一の工事中断に備え、先ずは生き延びられるようにしておくのです。

既に十一月中には、主幹水路四・八kmのうち工事先端は四kmを突破して最終地点に迫り、早ければ年内、遅くとも二〇一八年二月までには全域灌漑が実現する見通しです。また、今回同地に建設された取水堰は完成度が高く、超低水位の異常事態でも豊富な送水ができ、人々に安心感を与えました。最近まで「最悪の危険地帯」との折り紙つきだった当地は、ジャララバード市内よりはるかに安定した地域になっています。主要分水路のカチャラ分水路1、同分水路2、コーティ分水路は既に完成、現在タラーン分水路の工事が急ピッチで進められています。

②カマ堰改修事業

カマ地域は「緑の大地計画」の中で最大の耕地と人口（約七千ヘクタール、三〇万人）を抱える重要な場所です。ＰＭＳの最近の仕事は「取水堰建設」が最も重視され、既存水路の復活が主な目的です。普通、完成後五年間の観察を経て地域自治会に引き渡されます。五年間のうちには渇水や洪水が起き、工事や計画の弱点が明らかになり、改修を重ねて安定するからです。観察・改修はＰＭＳの責任で地域自治会（行政ではない）と協力して行われます。

マルワリードⅡ流域の早期灌漑を目指して必死の工事が続く（17年11月）

カマⅡ堰はＪＩＣＡ（国際協力機構）—ＰＭＳ共同事業として最初に組織的に設計されたＰＭＳ方式の取水堰です。二〇一一年に竣工後、六年間のうちに三回の小規模改修が行われて現在に至っています。実は今でも十分に機能してはいますが、今回は譲渡に当たり、最後の改修工事で万全を期し、住民の負担と不安を減らすことが主眼です（おそらく公的機関からの有効な助力はなく、住民自身だけで維持せざるを得ない体質は今後も変わりません）。

もう一つの目的は、同取水堰の地形が、私たちのモデルとしてきた斜め堰（福岡県朝倉市の山田堰）のそれに似ており、「生きた模型」を再現、今後の技術拡大に役立てようというものです。カマ地域は治安が良く、人の往来も多いので目につきやすいということもあります。もちろん、全くのコピーではなく、現地の地理条件、使える技術にずいぶん違いがあるので、現地風に換骨奪胎《かんこつだったい》したものです。これまでのＰＭＳの経験と観察の粋《すい》を集め、完成度の高いものを目指しています。

二〇一七年十一月にカマⅡ堰に取り掛かりました。工事は、全てペシャワール会の募金に頼り、二年間かけて行われます。詳細は次号で紹介いたします。

③ガンベリ主幹排水路

二〇一六年三月から一年九カ月、主幹排水路の全工事を終了しました！　長さこそ一・七㎞、決して長いものではありませんが、使用したセメント約一万袋、ふとん籠《かご》（蛇《じゃ》籠《かご》）五千個以上、延べ作業員約三万人、膨大な物量を投入しました。短期の工事としては記録的なものとなっています。

ＰＭＳは、これを「マルワリード用水路の実質的な仕上げ」と位置づけ、シェイワ、シギの全村と力を合わせ、全力を投入しました。再々報告しましたが、これによって湿害から免れた地域は約九〇〇ヘクタール、ガンベリの開拓地に匹敵します。この排水路の完成によって、沙漠の開拓が他地域に湿害を起こさず、安心して進められることになりました。マルワリード用水路と併せた総工費は二十数億円、全て募金でまかなわれています。紙面を借りて、衷心からの感謝と完工の喜びをお伝えいたします。

思えば二〇〇三年の着工から十五年、当時若者であった者も父親となり、古参の熟練工として腕を振るっています。技師として来た者はディダール、ファヒームの両技師を残して皆去り、気鋭の指導層は長老格となりました。中には、他界した者、病気や高齢で退いた者も少なからず、時の流れを感じています。

左からファヒーム技師、ディダール技師、中村医師、パチャグル事務責任者（15年12月）

――この間、アフガニスタンの治安は年を追って悪くなりました。マーシャルプラン*を上回る資金をつぎ込んだ「復興支援ブーム」も、膨大な犠牲者と大混乱、そして錯覚と恐怖心を残したまま、嘘のように去りつつあります。そしてこの事情は、遂に伝わることがありませんでした。

「対テロ戦争」の始まりもアフガニスタンでした。多くの国が是認した暴力的解決の結末も、私たちは眺めてきました。排外主義と狂気、テロの不安で溢れる現在の混乱は、あの時に種がまかれました。

今、多勢を頼み、武力を頼み、こぶしを振り上げて敵意や憎悪を叫ぶ人たちを見ると、何だか悲しい気分に襲われます。それが一時の満足や姑息《こそく》な政治的動機から来るものだとしても、そのツケは小さくないでありましょう。まるでゲームのように戦争を語る論調もある現在こそ、平和の尊さを輝せるべきだとの思いを深くします。

寒風の中で震え、飢えている者に必要なのは、弾丸ではありません。温かい食べ物と温かい慰めです。これまでのご協力に感謝し、一層の力を尽くしたいと存じます。

どうぞ飢えに瀕した人々と、悪条件の中で働くPMS職員・作業員のためにお祈り下さい。

良いクリスマスとお正月をお迎え下さい。

平成二九年十一月　ジャララバードにて

＊第二次世界大戦で疲弊した西欧諸国へのアメリカによる援助計画。一〇〇億ドル以上（物資が大半）が費やされたとされる。

135号
2018・4

「生きた模型」カマⅡ堰の改修完了

——難民の帰農を目指し緊急突貫工事

準突貫工事態勢

みなさん、お元気でしょうか。

三月になりました。冬の間中、異常少雨でハラハラしていましたが、最近になってやっと小雨がぱらつくようになりました。十分ではないですが、河の水位も上昇し始めました。人々は落ち着きを取り戻し始めています。

今冬はアフガニスタン中治安が悪く、作業現場でも緊張して仕事が進められました。その上、異常少雨がここ二年連続して起き、PMS（平和医療団・日本《ピース・ジャパン・メディカル・サービス》）は「緊急事態」と見て、準突貫工事態勢で臨んできました。現作業地区（マルワリードⅡ）の四・九㎞の主幹水路の造成（二〇一六年着工）、カマⅡ堰《ぜき》改修（一七年十一月着工）が、これまでにない速さで進められました。

村々はパキスタンからの送還難民で膨れ上がっており、少雨が重なって帰農が困難、すばやく農地を回復して働けるようにしなければなりません。ともかく全地域に灌漑《かんがい》を行き渡らせることが当地の「難民対策」と確信し、作業を急いだのです。

この結果、二月下旬までに（マルワリードⅡの）主幹水路全長四・九㎞を開通、カマⅡ堰も同じ頃第一期改修を終えました。この上に一昨年から進めてきたガンベリ排水路の工事を進めながらの話です。事務所と現場が一体となり、職員たちの働きは八面六臂《はちめんろっぴ》、猛烈な努力の賜物《たまもの》でありました。犠牲者が出なかったのが不思議なくらいです。

改修を終えたカマⅡ取水口。通水の瞬間を見守る（18年1月）

現作業地のコーティ、タラーン、ベラ、カチャラの四ヵ村は、繰り返す洪水被害、渇水、湿地化で人が住めなくなり、村民の多くがパキスタンへ難民化していた地域です。昨年からの大量送還の煽《あお》りで失業者があふれ、危機的な様相を呈していました。普通このような所が、警官、傭兵《ようへい》、国軍兵士などの武装要員を供給します。食うに困った村民が傭兵として出稼ぎに出るのです。実際、治安の悪くなったジャララバードから見ても危険地帯とされ、恐れて誰も寄りつきませんでした。

工事中断の可能性もありました。昨年七月以来、「水さえあれば百姓仕事で生きられる。先ずは灌漑だ」と唱え、村民との全面協力で作業が進められました。今年二月の主幹水路の開通は、全地域住民に安心感を与え、荒れ地は急速に緑が回復してきています。洪水対策で施工された約六㎞の堤防も壮観、記録的な物量が投ぜられました。まだ終わった訳ではなく、仕事はたくさん残っていますが、後は年余をかけ、仕上げを確実に行うことができると見ています。

カマⅡ堰大改修

カマⅡ堰改修も苦戦しましたが、こちらの方もカマ自治会の並々ならぬ協力で、無事改修を終えました。カマはナンガラハル州最大の耕地（約七千ヘクタール）と人口（三〇万）を擁し、「緑の大地計画」の最重要地点です。同堰はJICA（国際協力機構）共同事業の第一弾として二〇一一年に竣工しましたが、今回はＰＭＳ単独の事業で、その後の観察で得た知見をもとに、より耐久性のあるものに仕上げて住民に譲渡する計画でした。改修の要点は、これまで脆弱《ぜいじゃく》だった砂吐きを鉄筋コンクリート製の部分可動堰に変え、周囲の自然地形になじませると共に、堰体全体の強化を図って異常低水位に備えることでした。ＰＭＳ方式の取水設備も年々完成度が高くなり、その粋《すい》が生かされています。

ここでも悪条件が重なりました。異常低水位と無政府状態です。治安悪化で困るのは何もテロや犯罪の横行だけではありません。内部の秩序の弛緩で組織が解体することです。まるで工兵隊のようなＰＭＳにとっては致命的です。着工直後、相次ぐ緊急工事で疲労が見られた現場には多少の緩みが見られ、工事が大幅に遅れていました。一方、河は人を待たず、増水期の三月初めまでに仕上げなければ、工期を一年延長しなければなりません。非常事態とまではいきませんが、この時ばかりは全作業地に号令をかけ、全力をカマⅡ堰に集中しました。重機・ダンプカー約三〇台をまる一カ月総動員し、約三千台分の石材採取と運搬を達成、コンクリート作業班が異例の速さで工事を行いました。

カマ側もこの努力に呼応し、地域挙げて工事現場を見守りました。異常少雨と河川水の減少で、大干ばつの再来が人々の間で悪夢となっていたのです。ＰＭＳ側では、昨年十二月二六日の住民集会までに基礎工事を終え、今年一月二二日の住民大会で送水を開始、堰造成を二月二二日までに完了するという、離れ業《わざ》のような進行でありました。

この結果、カマⅡ堰はＰＭＳ方式の堰の中で最も完成度が高いものとなり、全住民に安心感を与えました。堰幅二〇〇ｍ、堰長四五～一三五ｍ、石積み面積一万一千㎡、堂々たるものです。堰の開放で水を流した時、美しい流水の姿にみな息を呑み、涙を流す以外に、言葉もありませんでした。堰の形状や機能も、驚くほど福岡県朝倉市の山田堰に類似したものとなり、「生きた模型」として今後の普及活動にも大いに役立つでしょう。

より多くの地域に希望を

一連の動きを通じて思えることは、職員全体の機敏かつ組織的な動きです。今後二〇年の継続体制は、このＰＭＳという集団がある限り実現します。ペシャワール会の変わらぬ尽力によって、より多くの地域に希望を与えることになります。ことは単に地域の復興にとどまらず、全アフガニスタンの温暖化＝沙漠化の中で、具体的な局面での対応策として裨益《ひえき》するところがあろうかと考えています。アフガニスタンは戦では滅びず、干ばつで滅び得ます。ＰＭＳが敵味方を超えて協力を呼びかけている理由もここにあります。

これまでの多大なご協力に対し、住民一同と共に深い感謝をお伝え致します。

二〇一八年三月　　ジャララバードにて

◎中村医師、アフガニスタン大統領より勲章
この叙勲がさらなる協力の輪に

◇中村医師は二〇一八年二月、ガニ大統領（当時）より、対英戦争の英雄名を冠した「ガジ ミール マスジッド カーン勲章」を授与された。

二月七日、ガニ大統領から会見の希望があり、カブールの大統領官邸に赴きました。干ばつの現実を強く訴えるつもりで行くと、既にガニ大統領は熟知されており、「私は問題のカギを探していた」とおっしゃるのです。これは意外でした。そして「君の仕事がカギだ。会いたかった」とおっしゃいます。ひと月ほど前『緑の大地計画（英文）』がＦＡＯ（国連食糧農業機関）経由で届き、六時間かけて一気に熟読したそうです。その後、閣僚たちを叱咤して「全力を挙げてこれを学べ」と伝達、二月四日に農業省＝ＦＡＯで説明会が開かれています。農業省の灌漑《かんがい》専門技術者、ジア医師とディダール技師が出席し、出版された教材を元に、今までになく突っ込んだ内容の検討がありました。技術書は「単純に見えても深い内容」との評でした。厳しい情勢の中、和やかな雰囲気で夕食会が催されました。

大統領は小生と同年配、パシュトゥン遊牧部族出身、見識のあるかたでした。

声が為政の中枢に届く

今回の叙勲は、私たちＰＭＳにとって、特別嬉しいもので、全職員、大いに励まされました。長年の灌漑の仕事が地元で評価され、私たちの声が為政の中枢にも届いたからです。二〇〇〇年の大干ばつ以来、私たちは干ばつと飢餓の克服を訴え、「緑の大地計画」実現に努力を傾けてきました。

この間、世の流れはあまりに急であり、戦争や政治的な話題ばかりが伝えられ、話題が去ると恐怖だけを残して忘れ去られていきました。この四〇年間、ずっとそれが繰り返されてきました。しかし、戦乱や干ばつの中にあっても、人は生きていかねばなりません。多くのアフガン農民にとって、先ず生存することが目前の課題でした。「アフガン復興」の明るい報道と、「対テロ戦争」の勇ましい掛け声の陰で、多くの人々が餓死に直面し、難民化していきました。その実態は国際社会に伝わらなかったのです。

悠久のアフガニスタンは、戦では滅びませんが、温暖化による干ばつで滅び得ます。水の仕事は自然が相手で、効果を得るまで長い時間がかかります。一世代で解決できる

事ではありません。幸い多くの内外の良心に支えられて、東部の一角に確かな実例が築かれようとしています。私たちにできることは、この確かな希望を身を以《もっ》て守り育て、将来に備えることです。この叙勲がアフガニスタンの官民を問わず、敵味方を問わず、さらに大きく協力の輪を広げる動きであることを祈ります。

アフガニスタン・イスラム共和国

我が国の兄弟国の日本国出身であるPMS代表にガジ ミール マスジッド カーン勲章の授与

我が国の兄弟国である日本国出身でPMS代表である中村哲医師は、我が国で人々のために医療、灌漑、農業の分野で専門的な支援を長年行なってきた。特に、ナンガラハル州およびクナール州においては、医療センターを設立し、農業および灌漑の分野でも最善を尽くして支援を行なった。このような活動によって、彼は保健および農業の分野においてわが国の人々に多大な影響を与えた。中村哲医師のこのような功績を讃え、我が国の憲法第19条64項に基づいて、ガジ ミール マスジッド カーン勲章を授与する。

中村哲医師のご健勝と今後の活動におけるご成功を祈念致します。

アフガニスタン・イスラム共和国大統領
モハンマド アシュラフ ガニ

◎水のよもやま話(1)

ザムザムの水

水は人間を律する神の手

水の存在感は空気と同様であって、生命のある所どこにでもあり、身近すぎて気づきにくいものである。故に古い時代から、水は万物の根源的な構成要素と見なされてきた。水はまた千変万化して、一つとして同じ形をとらない。凍れば固体であり、蒸気になれば気体である。水は人知を超えて人間と多様に関わる。沙漠で喉が渇いたときに飲む水は命を支える恵みであり、洪水で押し寄せる水は生命を脅《おびや》かす恐怖である。生命の営みは水の介在なしに起こりえない。しかし、水が一つの物質（H_2O）として理解されるようになったのはごく最近で、ここ二〇〇年程度に過ぎない。

川の工事をしていていつも浮かぶ疑問は、古い時代の人々がこの水をどう感じ、どう理解していたのかということである。体系的知識は、今より余程少なかったであろう。それでも、科学以前から水は人間生活に深く関わり、それなりの深い理解があった筈だ。治水によって古代中国を治めた聖人も、満濃池《まんのういけ》*を改修した弘法大師《こうぼうだいし》も、山田堰《ぜき》を完成した古賀百工《ひゃくこう》（一七一八〜九八）も、河川工学や水理学など知らなかった筈だ。

水は人間を律する神の手である。どんな宗教でも、水を清めの媒体とすることが普通であった。神社では手を清める場所があり、キリスト教会では洗礼の際に水で清める。イスラム教でも礼拝所には必ず体を洗う場所が備えられている。メッカの湧水（ザムザムの水）は特別な恵みがあると解され、巡礼の際に持ち帰る信徒が多いという。

巡礼の水

もう十七年前になるが、九歳の次男が悪性の脳腫瘍《しゅよう》に罹《かか》り、余命一年と宣告された。折から現地は空前の大干ばつで、栄養失調で弱った子供たちが次々と感染症で倒れていた。それを必死で訴えていた矢先である。

忘れもしない二〇〇一年夏、帰宅したとき、「左手が動かない」との訴えを初めて子供から聞いた。左上肢だけの単マヒで、当初は肩関節の脱臼かと思った。整形外科では診断がつかなかったので、自分で診察すると、脳内病変が疑われた。当時勤務していた脳外科の病院で検査をした結果、右頭頂葉の皮質に病変を認め、間違いないと判断された。専門が脳神経であることが苦痛であった（悪性膠腫《こうしゅ》という脳腫瘍は子供ではまれであるが、当時二年生存率はゼロとされていた）。末期の状態は分かり切っていた。病院では死が隠される。本人の姿ではなくモニターの画面を囲み、心肺停止を待つ臨終は受け入れがたい。なるべく自宅に置き、家族皆で看病した。

そのことを伝え聞いたペシャワールのＰＭＳ病院の事務長が、後生大事に小瓶に詰めた「ザムザムの水」を届けてくれた。メッカ巡礼の際に持ち帰り、大切に保存しておいたものだ。彼は陸軍の退役少佐（major）であった。軍人でありながら深い信心の持ち主で、額にたこがあった（礼拝の際に額を地面にすりつけるので、これは相当な熱心さを意味する）。曲がったことが嫌いで職員に対しても厳格だったから、口の悪い者は「原理主義者」などと陰口をたたく程であった。

「聖水」

おそらく普段なら、「苦しい時の神頼み」とか、「縁起かつぎの御利益」くらいにしか考えなかったであろう。だが、このときばかりは、そんな他人事のような言葉の方が白々しく思えた。対照的に、退役少佐の贈り物には、特別の響きがあった。神癒《しんゆ》があり得るかという、神がかり的な話ではない。彼は他人の子供のために、心魂を込めて奇跡を祈ったのだ。その心情自体が尊く、理屈はなかった。当方も一縷《いちる》の望みを託して、毎日数滴ずつをジュースに混ぜて与え、回復を祈った。

PMSの井戸水を喜ぶ子ども達（17年8月）

医師生活の最後の奉公と見て手を尽くしたが、次男は宣告された通りに死んだ。享年十歳であった。ザムザム水の効き目がなかったではないかと、のちに心ない冗談を言う者もいたが、胸中に残る温かい余韻を忘れることができない。我々の持つ世界観、いわゆる「科学的常識」は、しばしば味気ない理屈と計算で構成されている。水を届けた者のまごころが嬉しかっただけではない。あの水は、紛れもなく「聖水」であったと思っている。さかしい理屈の世界から解放され、その奥に厳然とある温かい摂理を垣間見られたことに、今でも感謝している——今日も川のほとりで眺める水は、天空を映してあくまで青く、真っ白に砕ける水しぶきが凛として、とりとめもなく何かを語る。

二〇一八年三月

＊香川県仲多度郡にある溜池。八世紀初めに築造され、八二一年に弘法大師空海が改修したと伝わる。

136号
2018・6

干ばつと戦乱が収まらない中、人の和を大切に力を尽くす
——二〇一七年度現地事業報告

□二〇一七年度の概要

続く少雨、灌漑地周辺に人口集中

二〇一七年を通してアフガン東部は、昨年に連続して極端な少雨となり、大干ばつの再来が危ぶまれた。春季の少雨は二年続きで、小麦生産が致命的な打撃を受けた。昨年からの難民強制送還と重なり、農村部はさらに荒廃した。このため、ジャララバード北部（ＰＭＳ（平和医療団・日本《ピース・ジャパン・メディカル・サービス》）作業地）に州内の人口が集中して現在に至っている。

大規模な爆破事件がジャララバードとカブールで頻発するようになり、人々に恐怖感を与えたが、作業地は対照的に安定を見せている。ほぼ無政府状態に近い。「イスラム国・ホラサン州」を名乗る集団の浸透が活発となったが、見るべき掃討作戦は実施されていない。東部で

実際に対峙して戦闘を行なっているのは農民層の圧倒的支持を背景とするタリバン軍である。周辺諸国と米露の思惑も絡み、武装勢力の間で著しい混乱があり、実態がつかみにくい状態になっている。

二〇一八年五月、ジャララバードの治安悪化の責任を問われて州知事、警察（内務省）関係の更迭《こうてつ》が行われ、治安維持に国軍が前面に出てきている。

年度事業のあらまし

二〇一六年十月に始まった第四次ＪＩＣＡ（国際協力機構）―ＰＭＳ共同事業（マルワリードⅡ）は、これまで蓄積した経験が生かされ、完成度が高くなった。一八年九月までに、第一期一・六㎞を完工する予定であったが、パキスタンからの難民送還と急速な治安悪化の情勢を受け、緊急事態と判断、工期を繰り上げて、難民の帰農促進が図られた。一八年三月までに、主幹水路四・九㎞全線を開通、各村への給水態勢を整えた。

カマⅡ堰主幹水路の柳並木。五十数ヵ村を潤す水量はPMS取水堰のうち最大（18年4月）

ガンベリ沙漠方面では、最大の懸案であった主幹排水路一・七㎞の再建を二〇一七年十二月までに完了した。

カマⅡ堰《ぜき》再建は予定通り二〇一七年十一月に着工、一八年四月、第一期工事を終えた。

普及活動ではＦＡＯ（国連食糧農業機関）との協力が進み、二〇一七年十一月に訓練所が落成、一八年二月から第一グループの受講が始まった。

ＪＩＣＡ共同事業の調査も始められ、その一環として二〇一七年四月と十月に現地ＰＭＳ技師とジア副院長を日本（東京・福岡）に迎え、交流を深めた。

「緑の大地計画」二〇年継続体制

二〇年継続体制は、①既設のＰＭＳ水利施設の維持、②隣接地域へのＰＭＳ方式普及を目的とする。

マルワリードⅡの開通、カマⅡ堰改修によって計画地域の安定灌漑《かんがい》は目標を達成しつつある。二〇一七年度は次の段階である「訓練計画＝普及活動」が動き始めた。

二〇一七年十一月に訓練所が落成、一八年二月から第一弾として「ＰＭＳ方式の紹介・解説」をテーマとし、開講した。

日本側ペシャワール会事務局でも、この事態に呼応して、「ＰＭＳ ＪＡＰＡＮ（支援室）」を発足させ、事務作業の円滑化に力を注いできた。二〇一七年度は更に業務が増え、少しずつ充実してはいるが、将来に備えてさらに強化が必要である。

資金面では、「基金設立」が提唱され、二〇一六年度より実行されている。

1．医療事業

二〇一七年度の診療内容は左表の通り。ダラエヌール診療所は、地域で残る唯一の診療所となり、重きをなしている。

2．灌漑事業

二〇一七年度は昨年に引き続き、将来の広域展開と、そのための「二〇年継続体制」へ向け、努力が傾けられた。既設の堰は、五年観察後に住民に譲渡となっているが、この間の経験で多少の改修が必要になってきた堰もあり、改良型に改修して譲渡する方針である。一七年度はカマⅡ堰の改修が行われた。

二〇一六年十月に着工したマルワリードⅡ（カチャラ堰流域）は工事の規模が大きく、四カ年の長期を予定していたが、パキスタンからの大量難民送還、治安の急速な悪化で工事の一時中断も危惧された。このため一七年七月、非常事態ととらえ、早期灌漑で地域に隈《くま》なく給水を行い、帰還難民の帰農を促すべく、準突貫工事態勢に入った。この結果、予定を二年短縮して、全流域灌漑の達成が目前に迫っている。

ガンベリ主幹排水路一・七㎞は、二〇一七年十二月に一応の区切りをつけて完工した。

訓練所は二〇一七年十一月、ミラーン堰の空き地に建物ができあがり、一八年二月から「訓練プログラム」が始められた。今後の普及活動で大きな役割を果たす。

◎マルワリードⅡの経過

本地域はミラーン堰対岸にあり、四カ村に三万人が居住する。川沿いに長いベルト地帯で、河道が安定せず、沿岸はしばしば洪水が襲って大被害を繰り返してきた。村民の大半が難民化した状態で、農地荒廃が進むばかりであった。PMSは本地域の安定が今後の水利施設維持の上でも要《かなめ》となると判断、二〇一六年十月に第四次JICA共同事業として開始された（詳細は一六年度報告〔132号〕参照）。

表　2017年度 診療数及び検査件数

国名	アフガニスタン
施設名	ダラエヌール
外来患者総数	40,739
【内訳】　一般	34,490
ハンセン病	2
てんかん	602
結核	102
マラリア	5,543
外傷治療総数	3,767
入院患者総数	-
検査総数	11,145
【内訳】血液一般	902
尿	1,654
便	2,206
らい菌塗沫検査	0
抗酸性桿菌	146
マラリア	5,519
リーシュマニア	258
その他	460

着工時、四ヵ年をかけて八・五kmの堤防と四・九kmの主幹水路を築く予定であったが、先述のように急速な治安悪化と大量帰還難民発生があり、急遽《きゅうきょ》全域の早期灌漑を目指した（一七年七月）。

この結果、二〇一八年三月までに主幹水路四・九km全線、カチャラⅠ、Ⅱ、Ⅲ、コーティ、タラーンの各分水路を完工、送水を開始した。ベラ村は六月に送水予定である。ただし、送水を優先したので用水路の上部施工や植樹は後回しとなったが、これは時間をかけて今後行われる。

マルワリードⅡ用水路に造成中の４段の強化堤防（18年4月）

本流域のもう一つの重要点は、洪水対策であった。八・五kmの堤防工事は膨大な物量を要したが、現在六km地点までが完成し、護岸法も完成度を増したと思われる。

取水堰は従来の湾曲斜め堰に加えて、鉄筋コンクリート製の砂吐きが設置され、土砂堆積を大幅に軽減した。これを以《もっ》て一応の完成形とし、その形式がカマ堰の改修に採用された。建設後二回の洪水期を経て、極めて安定している。

◎ガンベリ主幹排水路の完成とシェイワ郡全域の湿地処理

一年十ヵ月にわたる主幹排水路工事（約一・七km）は二〇一七年十二月に完工した（詳細は一五年度報告（128号）を参照）。

一時、泥沼の様相を呈したが、地形、住民をよく知る職員たちの奮闘で切り抜けた。残るはガンベリ排水路下流、約二kmの中排水路の措置で、二〇一八年度に予定されている。

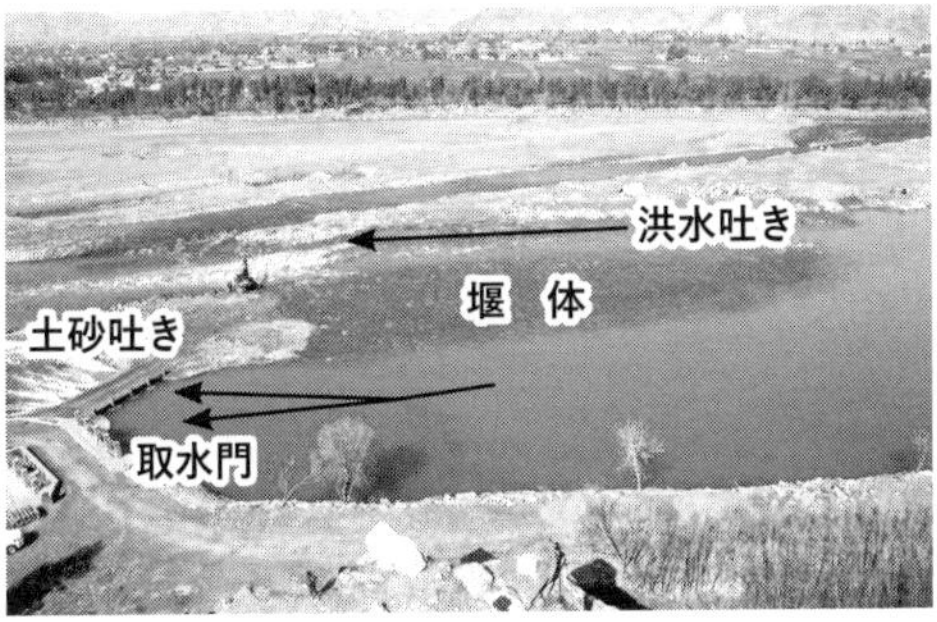

改修を終えたカマⅡ堰（18年2月）

◎カマⅠ・Ⅱ堰の改修

カマはPMS方式の堰としては最大で、二つの取水口で五十数ヵ村、約七千ヘクタール以上を潤す。特にカマⅡ堰は取水量が多い。

ＪＩＣＡ共同事業の第一弾として二〇一二年に竣工したが、その後の経過の中で砂吐き部の改修の必要性が痛感されていた。ちょうど、ミラーン堰横の訓練所で普及計画が始まり、堰のモデルとしても「実物大教材」として研修に供すべく、改修に踏み切った（ミラーン堰はカマ堰と至近距離にある）。

カマⅡ堰の全面改修は二〇一七年十一月に着工し、一八年四月に第一期工事を終えた。また、交通路確保のため、対岸から中州への架橋工事を行なった。この結果、既存の堰の中では、形・機能共に、山田堰に酷似したものとなった。住民の協力と支持も圧倒的であり、カマ堰流域全体が模範例として他に示し得るものである。

二〇一八年十月からカマⅠ堰の全面改修を第二期工事として行う。

◎普及活動への準備

ＰＭＳは以後の工事を「他地域展開への準備」と位置づけ、ＦＡＯ（国連食糧農業機関）と協力、訓練所の建設と教材の準備が二〇一六年度から進められてきた。

日本側では、山田堰土地改良区（福岡県朝倉市）とペシャワール会が協力し、山田堰の模型やビデオなど、訓練のための教材作成が進められた。教材は普及の上でかなり力があり、特に『緑の大地計画』英訳版は、関心のある多くの人々に親しまれ、希望を与えた。

訓練所は二〇一八年二月に開講、予定通りに受講グループを、ＰＭＳ職員、作業地の農民指導者や水番（11頁の用語集参照）、作業地外の農民指導者や政府の技術者らに分けて実施、地域指導層の理解が深まった。現段階は事実上、見学にとどまっているが、好評であり、今後少しずつ具体的な項目で技術拡大を図る予定である。また、「水の使い方」なども伝える場となり、「地域農業技術指導センター」の役目も期待されている。

ミラーン訓練所で講義中の中村医師（18年2月）

3．農業・ガンベリ沙漠開拓

◎ＰＭＳガンベリ農場

開拓は主に小麦と果樹に力が注がれた。二〇一七年度の小麦生産は約四七ヘクタールで七九トン、収穫量を増している（単位面積ヘクタール当たり一・七トンで、目標には及ばないが、新開地の栽培であり、経過を観察）。

水稲は五・八ヘクタールで十八トンを収穫した。ヘクタール当りの収量は、開墾直後の土地なので、何《いず》れも目標に及ばない。肥沃な土地にするためには、まだまだ努力が必要である。その他、季節の野菜、落花生、スイカなど多様に栽培されている。

オレンジが実をつけ始めているが、果樹園が広大なため、作業は出遅れている。現在集荷態勢を整備中。

◎植樹

二〇一七年一月〜十二月の植樹数は四万八六九本、大半が新設用水路沿いの柳枝工《りゅうしこう》と護岸工事に伴う樹林帯造成で占められる。一八年三月までの総植樹数は九五万二二一一本である。うち六割がヤナギで、果樹は二一九七本、果樹のすべてが柑橘《かんきつ》類である。

4. ワーカー派遣・その他

◎現地PMSとの交流

現場に中村一名が常駐した。

実情を知る上で現地との交流を活発にすることの必要性が痛感され、二〇一七年四月、十月の二度にわたり、JICA共同調査の一環として、ジア副院長、ディダール、ファヒーム土木技師、アジュマル農業技師が来日し、交流を深めた。

◎共同調査

JICA共同調査*は、各方面の協力を得て、二〇一七年四月から始まり、一八年十二月に結論が提出される。評価は「緑の大地計画」全体のもので、灌漑前後の農村の変化、水利施設の機能について行われている。

□二〇一八年度の計画

二〇一七年度の連続である。

河川・灌漑関係では、予定通りカマ堰改修を完了する。マルワリードⅡでは、①四ヵ村の完全灌漑を早期に終え、②護岸堤防八・五㎞の完成、③植樹の完了を目指す。

ゆとりがあればカチャラ上流のゴレーク堰の調査を始める。

普及計画では、隣接地域（ラグマン州、クナール州など）の指導者や水主《みずぬし》〔11頁の用語集参照〕との接触を始め、将来の可能性を探る。他の河川流域についても、小規模な交流と研究を始める。

全体に現下の情勢は予断を許さず、短期的に計画の変更や延期が臨機応変にあり得るので、事態を注視して頂きたい。

□二〇一七年度を振り返って

この一年も波瀾万丈でした。無事に一年が過ぎたことに感謝します。

どこで区切りをつけたらいいのやら、次々と色んなことが起きてきます。二〇一七年度は「将来に向けての体制づくり」が全体の大きなテーマでした。干ばつと戦乱が収まる気配はなく、かつ有効な対策が皆無に等しい現在、PM

Sが過去築いてきた水利施設を地域と共に維持し、これを一つの範として、隣接地域に徐々にPMS方式を普及していくという方針が出されました。このためにミラーン訓練所が発足し、日本側でも「二〇年継続体制」、PMS支援室強化が打ち出され、現在に至っています。

一方、「マルワリードⅡ計画」やカマ堰改修などは着実に行われ、安定灌漑領域は目標に達しつつあります。

だが干ばつと飢餓はやまず、多くの人々が依然として飢餓と貧困にあえいでいます。そのためのPMS方式の普及計画ですが、この終末的と言ってよい状態の中で、この事業が変わらずに続いている、そのことに希望があるような気がしています。

こんな時にこそ、人の気持ちが分かります。現場でまじめに働く作業員から、政府高官に至るまで、この仕事を貴いと感ずる人々の共感と心意気が継続の主なエネルギーだと感じています。戦乱の中にあっても、この人の和を大切に、最後まで力を尽くしたいと思います。

変わらぬご支援に感謝します。

平成三〇年五月　記

＊この際の調査は二〇一九年八月、JICA南アジア部が「アフガニスタンにおけるPMS灌漑事業の技術的および事業効果に関する調査報告」として、「水利科学」誌に投稿した。

◎水のよもやま話(2)

河と文明　スランプールの水と金貨

河と文明が密接な関係にあることは、よく知られている。インダス文明とインダス河、ナイル河とエジプト文明、チグリス・ユーフラテス河とメソポタミア文明、黄河と中国文明など、川沿いの沃野で農業が発達し、多くの人口を養えるようになったことと関係が深い。しかし大河は大規模な氾濫原《はんらんげん》を伴い、開拓は容易でなかったと思われる。

日本人が本格的に川と関わるのは江戸時代で、現在の農地の九割以上が江戸時代に開拓されたといわれる。人口増加と重い年貢、飢饉に悩む農民が、積極的に新田開発を行なった結果、農業生産の中心が山間部から平野部に移ったらしい。

平野部と言っても大半が氾濫原で、それまで人が住める場所ではなかった。開拓は必然的に洪水との戦いであり、堤防を築いて里を守り、取水堰《ぜき》を作って灌漑《かんがい》地を増やした。「治水」という言葉を簡単に使うが、厳密な意味で「川を治める」ことは神以外に不可能だ。人が自由にできるのは取り込んだ水だけであって、川の仕事は人為と自然の危うい接点である。だからご先祖たちは祈りを尽くして恵みを請い、安全への配慮も生まれた。最近の水害の様子を見るにつけ、人の業《ごう》の限界は常に意識されるべきだと考えている。

二千数百年前の金貨

我々が相手にするクナール河は、インダス河の支流で、ヒンズークシ山脈を源流とする大河である。この地にはいくつもの古代王朝の盛衰があった。「民族の十字路だ」という解説はよく聞くが、いつ頃、どんな民族がとなると、案外知らないことが多い。

発端は、スランプールという用水路沿いの地域から出た一枚の金貨である。二〇年ほど前、職員の一人が金貨を持ってきた。売ってお金に換えたいという。「困ったら役立てるように」と、母親からの形見分けだったそうだ。彼女はスランプール出身、嫁入り時に代々の家宝として持っていたものらしい。見ると、王族と思われる人物の像とギリシャ文字らしいものが刻まれていた。キズも錆《さび》もなく、新品同様だった。偽物かと思ったが興味が湧き、岡山の倉敷美術館で鑑定してもらった。

当時、ハンセン病療養所・邑久光明《おくこうみょう》園から助っ人に来ていた松本繁雄検査技師が紹介してくれ、鑑定の専門家と話すことができた。さすがにプロで、金貨はギリシャ＝バクトリア王朝時代のものだと即座に言い当て、刻まれた人物は「第十一代王子ベルローザ二世（だったと思う）」だという。同様の摩耗した金貨を見せてくれ、「こんなきれいなのは滅多にない」という話だった。金という金属が全く錆びないことも初めて実感した。

ただし売買はできず、日本では違法だと知って返したが、おかげでこの地方の歴史の一端を知ることができた。バクトリアとは、現在のアフガニスタンの北の地域名で、歴史はかなり古い。紀元前六世紀にゾロアスター教の中心地として栄え、前四世紀にアレキサンダー大王の侵略に抵抗、その後ギリシャ＝バクトリア王国が生まれ、アレキサンダーの後継王朝であるセレウコス朝と対立した。北インドに版図を拡大、現在のパキスタン北部からパンジャーブ地方までを支配したと記されている。この話はそれまでで、その後すっかり忘れていた。

工事ルートに遺跡多数

二〇〇〇年夏、記録的な大干ばつに衝撃を受けた我々は、「緑の大地計画」を掲げ、二〇〇三年から用水路建設工事に乗り出した。奇しくも、金貨が出たスランプールを通過するルートである。この話を思い出し、予期しなかった遺跡との出会いに思いを馳せた。工事ルートの至る所で、古い墳墓と埋葬遺体に遭遇したのである。

墳墓は空洞になっていて、副葬品と思われる素焼きの陶器が多数発見された。概《おおむ》ね川沿いの小盆地で谷の入り口にあり、十数体が塊《かたまり》を成して埋葬されていた。地元民の話では、埋葬の様式から「イスラム以前のものであろう」とのことで、それ以上は分からなかった。

この他にも、クナール河沿いに多数の洞窟が発見され、我々の想像を掻き立てた。ジャララバードからカブール河沿いにも岩壁に洞窟が点在し、「イスラム以前、女王が支配していた」という言い伝えがある。

歴史書でPMSの作業地をたどると、アレキサンダー帝国（紀元前四世紀）からセレウコス朝、バクトリア王国、マウリヤ朝のアショーカ王（紀元前三世紀）、クシャン朝（大《だい》月氏《げっし》）のカニシカ王（紀元二世紀）と続き、更にイスラム勢力、トルコ系王朝、モンゴリア、チムール――目もくらむような歴史の重層である。単に中国、ペルシャ、ギリシャ、インド世界の衝突の場であるだけではない。世界宗教の仏教、拝火教、イスラム教とがダイナミックに交差した場所でもあった。玄奘《げんじょう》三蔵も仏典を携えてジャララバードに滞在している。

八世紀にイスラム帝国が興ると、この一帯はホラサン州と呼ばれ、現在のイラン西部から中央アジアの広範な地域の呼び名となった。現在「イスラム国〈IS〉」が領有を主張する範囲である。十一世紀以降にはセルジュク・トルコ帝国の支配下に入り、次いでモンゴリア、更にチムール帝国の版図となる。

工事中に遭遇した墓地については、金貨を除けば、どの時代のものか同定する資料がない。その金貨も、ほとんど摩耗してないところを見ると、流通せずに貴重品として扱われ、ずっと後代の豪族の装飾品として使用された可能性もある。金貨だけでバクトリア王朝時代の集落だとは言えない。時代が幾重にも重なり、古層にバクトリア時代があるとした方が自然である。シェイワで見られた盗掘後の墳墓には柱の一部が残っていて、赤や青の唐草模様に似たデザインが垣間見られた。その後は専門家に相談する暇もなく、現在に至っている。

ガンベリの伝説

古代王朝はともかく、昔この地一帯が豊かな農業地帯であったことを確信したのは、二〇〇八年、用水路がガンベリ沙漠に達してからである。シギ村に残る伝説によれば――ガンベリ沙漠には昔、豊かな農地が広がっていた。ケシュマンド山脈からの水が常に流れ、沃野を成していた。しかし、次第に水が不足するようになって内部争いが発生、地域が分裂抗争して共倒れとなり、ガンベリは無人の荒野に帰した――この話を現地で聞くと意外に現実感があり、全くの空想とは思われない。割拠の気風と速やかな沙漠化である。

バラなどが満開のガンベリ公園（18年4月）

　ガンベリ沙漠の砂層は思ったより薄く、厚い場所でもせいぜい三〜四ｍ、その下に分厚いシルト層が出てくる。保水性がよく、わずかな灌水《かんすい》で樹木が成長した。その後の開拓で、この地層が整然と平面を成して、地域全体を覆っていることも分かってきた。沙漠化以前、大きな耕作地があったとしても不思議はない。現在、時折襲うケシュマンド山脈からの洪水も、かつて恒常的な小河川であった可能性が高い。シギ村の伝説は信憑性《しんぴょう》があり、そう昔のことでもないと考えている（ＰＭＳ診療所があるダラエヌール渓谷の東側で、実際に水量豊富な自然の小川があり、わずか十年足らずで急速に涸れ川になった例を目撃した）。

温暖化＝アフガニスタンの危機

　かくて作業地は、自然史と文明史の織り成す絢爛《けんらん》たる一大絵巻である。二千数百年の歴史が凝縮されていたわけで、我々が復興しようとしていた村落自身が、文明の廃墟の上に築かれていたことも知った。ここでは文明と川の消長は軌を一《いつ》にする。

　今我々は温暖化の危機を内外に訴え、その備えを呼び掛けている。干ばつと沙漠化は明らかに温暖化と密接な関係があり、まさに「文明の産物」に苦しめられる構図である。近代的な大量生産はCO_2や人為的な廃棄物を大量に自然界にあふれさせる。最近の研究によると、アフガニスタンの温暖化はこの六〇年間で約一・八度の上昇、他の地域の実に二倍の速度で進行しているという、恐るべき報告＊もある。確かに事態はこの二〇年ほどで一気に悪化し、特に中小河川流域は見る影もない。至る所に乾燥化がもたらされ、現在なお難民を生み出し続けていることは知られるべきだ。

　だが人間は業《ごう》なものだ。遠いユートピアより、目先の快適さと欲望に訴える方が力を持つ。自然を恰《あたか》も自由にできるような技術信仰がバラ色の錯覚を振りまき、無限に消費・生産を拡大するのが当然であるかのような、ほとんど非現実に近い考えさえ世界に溢れている。

　我々の仕事は自然を相手にはするが、自然とは戦わない。戦いがあるとすれば、人間の内部に潜む驕《おご》りと錯覚、技術文明そのものへの過度の期待である気がしてならない。

＊河野仁「アフガニスタン東部の干ばつ原因について」二〇一七年、ｋｏｎｏ気象・大気環境研究所

137号 2018・9

温暖化と干ばつと戦乱は密接に関連

――絶望を希望に変えるＰＭＳ方式の普及活動

熱波と農地の乾燥化

暑い夏でした。世界中で温暖化と気候変化が実感された夏でした。

作業地のナンガラハル州は六月に記録的な猛暑となり、室内気温が連日、四十数度を記録しました。熱波でずいぶん犠牲が出たようです。五、六月のラマザン（断食月）中は日本で過ごすつもりで、逃れるように帰国すると、日本でも異常高気温が続き、激しい集中豪雨で異例の災害が起きていることを知りました。西日本では、広範囲にわたる豪雨で二〇〇人以上が亡くなり、普段氾濫《はんらん》が考えられない川が溢れました。昨年七月、山田堰《ぜき》のある朝倉（福岡県）で激しい水害があったばかりです。これには驚きました。

またエアコンなしには過ごせないような暑気が二ヵ月以上続くなど、以前では考えられなかったことです。他人事ではなくなってきたと思いました。

気候変化はアフガニスタンにおいて、全体に土地の乾燥化＝沙漠化を促します。集中豪雨や洪水被害も頻発しますが、全体としてはこの乾燥化が最大の問題です。東部アフガンでは、地下水を利用する灌漑《かんがい》がほぼ不可能になり、クナール河などの大河川からの取水に頼らざるを得ません。ナンガラハル州では全農地のうち、天水に頼るもの六五％、灌漑農地三五％とされ、そのうち地下水利用のカレーズ灌漑が五％とされています。今年の異常乾燥で天水と地下水に依存する地域が全滅したので、全体で七〇％の耕地を失ったことになります。残る農地はカブール河、クナール河等大河川からの取水によるものです。

普及活動へ向けて――ＰＭＳ方式と訓練所

この取水の際に障害となるのが、不安定な川の水量です。急流河川に加えて、気候変化によって渇水と洪水が同居する状態で、取水口がすぐ壊されて一年と保《も》つ例はなく、技術的に難しくなっていたのです。

これまでＰＭＳ（平和医療団・日本《ピース・ジャパン・メディカル・サービス》）は、「実際に使える単純構造の取水設備」をめざしてきました。アフガンの実情に照らし、地域で維持できるよう、低コスト・単純でありながら十分機能するものを理想としてきました。この結果、最近ではかなり完成度が高くなり、多くの地域で成功しています。初めの頃と比べると、格段に強く機能的で、かつ安定したものになっています。建設の手順や材料と石材輸送等も定式化し、より一般化した形で設計ができるようになりました。

ＰＭＳでは、今後設計条件などを詳しく検討し、ある程度の柔軟性を持たせ、どこでも使えるものにしていきます。この普及活動の一環で、今年一月から「訓練コース」が始まっています。現在は、ＰＭＳ方式の紹介と現場見学で、地域の農民指導者、水主《みずぬし》（11頁の用語集参照）、地方自治体の技術者らを対象にしています。「種まき」が始まったばかりですが、大変好評です。

ミラーン訓練所にて。日本から持ち帰った土木学会賞の盾を手に受賞を祝福（18年8月）

干ばつは至る所で厳しく、受講生はみな、水のある農地を夢見て参加します。その結果、絶望的な気持ちで来たところが、「これでやれば、何とかなる」と、確信に近い希望を得て、村に帰ります。次の段階では、実際に石の並べ方、用水路のライニング（床面敷設（11頁の用語集参照））、蛇籠《じゃかご》の作り方や詰め方、植樹管理などの実作業をしながら訓練する計画を立てています。

堰の教材は山田堰の模型と写真の多い手引書が活躍しています。また、最近改修を終えたカマⅡ堰は機能的にも形の上でも山田堰に近く、見学時に説明しやすくなっています。普及は水系が同じ隣接地域から行うのが効率的で、現在近隣のラグマン州、クナール州などに働きかけています。

計画はＦＡＯ（国連食糧農業機関）とＰＭＳの共同企画で行われ、少しずつですが現実味を帯び始めています。

秋には現在のマルワリードⅡ堰（カチャラ流域）の継続と共に、カマⅠ堰の改修が始まります。マルワリードⅡは、主幹水路五・五㎞と五ヵ所の主要分水路を完成、全域が灌漑可能となっていますが、十㎞以上の植樹、三・五㎞の護岸など大きな工事が残っており、今後約二年をかけて仕上げていきます。カマⅠ堰はⅡ堰と同様な作りですが、これによってカマ郡七千ヘクタールは安定灌漑を長期に保証できるものとなります。

問題の先送りは許されない

最近の研究で、東部アフガンの過去六〇年間の気温上昇は約一・八度、他の地域の約二倍の速さで温暖化が進行しているという恐るべき報告もあります。

今思い返すと、二〇〇〇年に始まる大干ばつの顕在化は、世界を席巻する「気候災害」の前ぶれでした。既に海水面上昇による島嶼《とうしょ》の水没、氷河の世界的後退、北極海の氷原融解などが伝えられ、陸上では台風とハリケーンの巨大化、森林火災の頻発、大規模な洪水と干ばつなどが各地で報ぜられていました。それでも、責任の所在がはっきりしない「気候変化」は真剣に問題にされにくく、CO_2削減を敵視する経済至上主義も、依然として根強いものがあります。それは自然を無限大に搾取できる対象と見なし、科学技術信仰の上に成り立つ強固な確信です。実際、近代的生活は、産業革命以来の大量生産＝大量消費の流れの上にあり、それを一挙に覆す考えは、多くの人々にとって俄《にわ》かには受け入れ難いものがあるからです。

だが問題の先送りはおそらく許されないでしょう。放置すれば事態は不可逆の変化になり得ます。温暖化と干ばつと戦乱の関係は、もはや推論ではありません。治安悪化の著しい地帯は、完全に干ばつ地図と一致します。その日の食にも窮した人々が、犯罪に手を染め、兵員ともなります。そうしないと家族が飢えるからです。――一連の動向は世界の終末さえ連想する絶望的なものがあります。干ばつの克服は、生易しいものではありませんが、力を尽くして水の恩恵を実証し、希望を灯し続けたいと考えています。

ご協力のほどを切にお願い申し上げます。

◎水のよもやま話(3)

クナール河と河童

川にまつわる話で昔から登場するのが河童《かっぱ》である。その存在を信ずる人々もまだ九州では多い。小さい頃、川や堤で泳ぐと、河童に溺れさせられると脅された。人間のお尻には「尻子玉《しりこだま》」という栓があって、水に漬かっても体に水が入らないようになっている。河童は泳ぐ子供に川底から近づき、悪戯《いたずら》にこの尻子玉を抜き取って溺れさせるのだそうだ。

九州の発祥地は球磨《くま》川で、九千匹の河童の頭領、「九千《くせん》坊《ぼう》」が有名だ。加藤清正公は九千坊を嫌って筑後川の田主《たぬし》丸《まる》に追放、その後河童が川の守護神となり、水天宮《すいてんぐう》に祭られたとも言われる。北九州では東郷や修多羅《すたら》で河童の大群が争い、里人《さとびと》を苦しめたので堂丸総学《どうまるそうがく》という山伏が、生命をなげうって地蔵の中に封じ込めたという伝説が若松にある。その他、相撲を取ったとか、腕が水神社に奉納されているという逸話も残っている。九州には何故か、河童の話が非常に多い。その他、酒とキュウリを好むとか、仲良くなって助けてもらったとか、必ずしも恐ろしいイメージではない。カワウソ説や水子説もあるが、ここではご先祖さまの想像力を尊重して扱う。

河童は比較的新しい水の神で、中国からの渡来だと思っていた。中国の河童と言えば「沙悟浄《さごじょう》」が余りにも有名だ。西遊記で三蔵法師（玄奘《げんじょう》）のお供をして、サルの孫悟空《そんごくう》、ブタの猪八戒《ちょはっかい》と共に活躍する。

三蔵法師は唐の時代に仏典を求めてインドに入り、現在のパキスタン北部のギルギットへ立ち寄り、アフガニスタンを通って帰国する。とすれば、クナール河を横切ってカブール方面へ渡った筈だ――ここが空想の始まりだった。カッパの沙悟浄は水の妖怪で、人を呑み込む暴れ川、クナール河が棲家《すみか》に相応《ふさわ》しい。孫悟空の話もある。筋斗雲《きんとうん》に乗って世界の果てまで飛び、そこにあった棒に来訪の証拠を記した悟空は、お釈迦さまに得意げに伝えた。ところが、それは釈迦の指だったという話がある。この「世界の果て」は、明らかにヒンズークシの山並みだ。沙悟浄ゆかりの地がこの近くにあってもいい。

毎日働きに出るクナール河こそは、筑後川に連続する河童の世界ではないか。河童と言い、山田堰《ぜき》と言い、これも不思議なご縁だ。おまけに田主丸から嫁に来た家族もいるとなれば、いやがうえにも空想が空想を呼ぶ――これが「知らぬが仏」というもので、少し得々として、幸せな気分だったのである。

日本でこの話をしたところ、「沙悟浄は河童ではない」という人がいて、調べて驚いた。西遊記の原作では、天帝の守護将軍だったが、ヘマをして天界を追われ、鞭打ち八〇〇回、七日に一度は鋭い剣で脇腹を突き刺されるという罰を受け続け、遂には流沙河《りゅうさが》という沙漠の川で人喰いの妖怪となって九人の高僧を殺すという、かなりひどい話。日本の河童とは違う。河童の別名、「河伯《かはく》*」の方は黄河の水神で、溺死した人が天帝から黄河の管理を任されたもので、機嫌が悪いと洪水を起こし、美人の生贄《いけにえ》を好んだ。この好色と乱暴さは、どうもカッパではない。

河童は日本生まれらしく、西遊記の沙悟浄となったのは戦前の昭和九年、少年向けの講談で「河童の沙悟浄」とされたのが最初だという。「水の妖怪で、河童のようなもの」ということだったらしい。確かに京劇の沙悟浄は、河童とは似ても似つかぬものである。

修了したミラーンの訓練生に記念品の農具などを手渡す中村医師（18年7月）

こうして「クナール河―筑後川の河童道」のロマンはあえなく潰《つい》えた。しかし、大昔から川が人間の身近にあ

クナール河で40年以上渡しを営む船頭（16年6月）

り、妖怪や水神を通して広く語られ、至る所で、人々に畏《おそ》れと崇拝の対象であったことがわかる。水の妖怪も河童も、人為の及ばぬ神聖な世界からの遣いであった。クナール河に建設された九つの山田堰モデルは厳然としてあり、人里に恩恵を与え続けている。ＰＭＳと河童がうまくいっている証拠だ。沙悟浄に殺された九人の僧は、九つの取水堰に姿を変えて人々に救いの手を差し伸べているという話もできる。

このところ、日本の川も河童の影が薄くなっていた。明治維新以来の治水が奏功したと見られ、科学技術が河童たちを遠ざけていたのだ。しかし、それも限界を露呈した現在、もう少し足繁く出てきて、人間に川の怖さと恩恵を伝えて欲しいと考えている。

＊中村医師の伯父で作家の火野葦平は河童を愛し、北九州市若松の旧居が「河伯洞」として保存されている。

138号　２０１８・12

深刻化する沙漠化と豪雨の中、灌漑地が唯一の希望に

空前の規模の干ばつの再来

みなさん、お元気でしょうか。

今年は日本も世界も災害で荒れました。私たちの周りでも、集中豪雨、異常高気温、大型化した台風が襲い、自然の猛威を肌身に感ずる時代を印象づけました。国外でもあらゆる場所で天変地異が起こりました。

これまで会報等で訴えてきたように、アフガニスタンでも気候変化は深刻化し、今年はまるでダメ押しのように、空前の規模の干ばつの再来となっています。国連筋によれば被災者が一千万人を超え、餓死の危険百数十万と見積もられています。すでに今春から国連機関・アフガン政府を筆頭に、必死の救援が続けられていますが、冬を目前に犠牲が増す可能性が高くなっています。

用水路も保全に青息吐息

二〇〇〇年以来、私たちＰＭＳ（平和医療団・日本《ピース・ジャパン・メディカル・サービス》）はペシャワール会の全面支援の下、「一〇〇の診療所より一本の用水路」を合言葉に、その備えに力を尽くしてきました。その結果、東部アフガンの一角に安心して住める地域を復活させたのは確かですが、圧倒的な自然の前には力不足を感ぜざるを得ません。沙漠化だけでなく豪雨被害も勢いを増しているのが近年の特徴で、既存のマルワリード用水路も保全に青息吐息の状態となりました。

しかし、私たちが「緑の大地計画」で築いてきた安定灌《かん》漑《がい》地＝六〇万人の農村地帯は、周辺農民の唯一ともいえる希望となっています。更に、アフガン東部で多くの周辺被災者がこの地域に逃げ込み、かろうじて職を得て生きているのを見ると、責任の大きさを自覚せざるを得ません。災害の質量に変化の兆しがある現在、ＰＭＳは新たな保全体制を敷くと共に、敵対よりも協力を呼びかけ、安全な生活圏拡大を目指し、干ばつと対峙し続けます。力を合わせれば、決して不可能なことではありません。

温暖化による災害が世界中で起き、アフガニスタンだけが被災地ではありませんが、人間共通の課題としてこの問題に向き合い、ご理解を賜りたいと存じます。

これまでの温かいご関心と多大のお支えに感謝します。

良いクリスマスと新年をお迎えください。

二〇一八年十二月

ジャララバードにて

作業場から見るケシュマンド山脈。10月6日（上）の降水が雪化粧をもたらしたが10日後（下）には消失

2018年10月6日と11月1日の２度にわたり集中豪雨が発生。国道が冠水した（18年11月）

◎緊急報告

アフガニスタン、空前の規模の食糧危機

三年続きの少雨

「アフガニスタンではカネがなくとも暮らせるが、雪がなくては暮らせない」とは、有名な諺《ことわざ》である。アフガニスタンは山の国で、ヒマラヤ・カラコルム山脈に連続する世界の屋根の西端に当たり、国土の大部分が七千m級の高山をいただくヒンズークシ山脈に覆われる。三五〇〇万人といわれる国民の八割が農民で、山間部の狭い土地でオアシス的な農業が営まれる。農業を支える水の大半は高山の雪解け水で、川沿いに豊かな恵みを約束する。雪は巨大な貯水槽で、アフガニスタンの生命線である。冬の積雪次第でその年の水の状態が決まる。冬の厳しさの分だけ、夏の恵みを期待できるのだ。

二〇一八年春も、暖冬に加えて少雨が続いた。すでに三年目である。人々は不安気に高山の白雪を仰ぎ始めた。既に起きていた大地の乾燥化が加速度を増していた。四月、ユニセフ〈国連児童基金〉、WFP（世界食糧計画）などの国連機関が一斉に注意を呼びかけた。「餓死線上一〇〇万人」、「数十年に一度の規模の大干ばつ」で、アフガン国民の三分の一に相当する九〇〇万人～一二〇〇万人に影響が出ると警告、国際NGOらが救援を訴え始めた。

実際には二〇一四年の段階で「飢餓人口七六〇万」（WFP）とされ、飢餓は慢性化していた。そこに一六年、一七年、一八年と連続して異常少雨による不作が重なり、問題が俄《にわ》かに急性化したのである。

雨は殆ど降らず、大都市カブールも深刻な水不足に陥った。犠牲と被害予測は月を追って増え、十月、OCHA〈国連人道問題調整事務所〉は、「緊急層」三三〇万、「危機的状況」八三〇万人と飢餓の急増を訴えた。水不足は全国に及び、全土の三分の二、三四州中二〇州に食糧危機警報が発せられている。空前の規模である。

ここで東部を中心に、現在までの動きを概観し、我々の展望を伝えておきたい。

西部・南部で難民化二六万人

今回、少雨の影響をじかに被ったのは大河川のない〈アフガニスタン〉南部と西部である。六月から七月にかけて、アフガン全土が熱波に見舞われ、連日観測記録が更新された。西部のヘラート周辺、南部のヘルマンド、ファラー、ニムローズ州などの各地で住民が村を捨てて難民化し始め、そ

の数二六万人とＢＢＣ放送〔英国放送協会〕が報じた。現在ヘラート周辺でテント生活を余儀なくされているのはこの集団であるが、これは氷山の一角で、その何倍もの予備軍が農村にとどまっている。

南部全域の水源を成すヘルマンド河の水量が激減し、同流域であるカンダハルの地下水利用のカレーズも影響が伝えられ始めた。地下水位は軒並み一〇〇ｍ以上、場所によっては二〇〇ｍに下降、飲料水の欠乏も起き始めている。十月、反政府武装勢力のタリバン指導部が異例の布告を出し、国際支援団体に難民の緊急救済を訴えた（タリバン農業牧畜ザカート〔喜捨の意〕委員会・二〇一八年十月）。これも今までになかったことだ。

パクティア、パクティカ等の他の東南部諸州も長い間水不足に悩んでおり、難民を受け入れるゆとりがないのが現実である。ＷＦＰを筆頭とする国連団体とアフガン政府が緊急食糧配布を実施しているが、被害は拡大しつつあり、焼け石に水であるのが実情である。

東部に被災地から人口集中

東部のナンガラハル州では、既に十八年前の大干ばつ以来進んでいた農地の乾燥化が更に進んだ。スピンガル山脈・ケシュマンド山脈方面の農村地帯――アチン、ロダット、ツァプラハル、ソルフロッドの各郡の大半が沙漠と化したが、これらは四五〇〇ｍ以下の「低い高山」の現象であり、ヒンズークシ山脈の七千ｍ級の山々を源流とする大河、クナール河は安泰であろうと考えられていた。しかし、昨冬の段階から河川水量の異常パターンが記録され、高山の融雪に異変が起きていることが示唆されていた。前後してヒンズークシ山麓のヌーリスタン各地で湧水が涸れ始め、食糧危機が発生したことが伝えられた（ＦＡＯ＝国連食糧農業機関・二〇一八年二月フィールド報告）。

十八年前に大干ばつを体験していた我々は、ジャラランバード北部農村地帯で「緑の大地計画」（二〇〇三年～）を実施、現在までに九ヵ所の取水堰《ぜき》と計数十㎞の主幹水路を建設し、広範な地域で安定灌漑《かんがい》による干ばつの備えをしてきた。この結果、ベスード、カマ、シェイワ各郡で計約一万六千ヘクタールの安定灌漑地を確保し、六〇万人の生活を保障した。

これを範として隣接地域で農地の回復を計画していた矢先、三年ほど前から同地域内で人口の異常な集中が観察されていた。州内の被災地からたたき出された人々が、隣のラグマン州、クナール州からの人の流れと合し、職を求めて殺到した。ジャラランバード北部の十数㎞の国道は、突如出現したバザールが林立し、閑静だった郊外に雑踏を作り出している。零細の露天商、季節農業労働者、作業員、リキシャの運転手など、不十分ではあっても、なにがしかの職にありつけるからだ。いつもなら多くの者がパキスタンに職を求めていくが、パキスタン自身も記録的な干ばつで窮し、二年前からアフガン難民の強制送還を進めている状態だ。ジャララバード周辺に流入した東部の国内避難民は、優に一〇〇万人を超えると思われる。

最近の一連の人の流れは、もはや他に逃れる場所がないことを示している。今や東部最大の人口を擁するナンガラハル州でも、高山のごく限られた小村落、ソ連時代に建設されたカブール河のドゥルンタ・ダム流域、PMSが建設したクナール河沿いの堰周辺のみが辛うじて残り、これ以外にまともに耕せる農地が消滅してしまった。我々の不安は恐怖に変わりつつある。

干ばつはニュースの死角

かくて二〇〇〇年夏の大干ばつを凌駕する大災害が次第に明らかになってきている。一連の出来事は、事情を知る者にとって世界の終末さえ彷彿《ほうふつ》とさせる。しかし、干ばつはニュースの死角で、あまり外部に知られることがない。

干ばつは時に国家の存立さえ脅《おびや》かすが、地震や戦災のような緊急のイメージに乏しい。怒濤のような難民の群や、バタバタと目の前で人が斃《たお》れるような衝撃的な場面がなく、人口移動が緩慢に起きる。人々はすぐに村を空けるのではなく、先ずは外部への出稼ぎで家族を養い、飢餓を解消しようと努める。死亡は栄養失調が背景にあり、病死とされることが多く、餓死という病名はない。これら数ヵ月、時に数年をかける緩慢な過程は、事件としては報道されにくい。

さらに、アフガニスタンは気候の統計記録がほとんどなく、温暖化被害の例としては説得力に乏しく、報道関係者が短期滞在しても、それ以前の変化が分からないから、「こんなものだ」で済まされる例が少なくない。実際に飢饉を体験したことのない人々には、干ばつはなじみが薄く、想像しにくい。

我々PMS〔平和医療団・日本《ピース・ジャパン・メディカル・サービス》〕の灌漑事業でさえ、「沙漠の緑化」という牧歌的なイメージで見られる。公園作りに来ているのではないが、「飢餓対策」という切羽《せっぱ》詰まった事情は、都市空間で育った人々にはしばしば伝わり難い。干ばつといっても、オーストラリアや北米の大農園が不作だったというのと意味が違う。食糧という商品が失われるのではなく、生活と生命が失われるのである。

伝わらない干ばつの悲劇

戦争の報道も紛らわしい。二〇〇一年九月十一日のアメリカ同時多発テロ以来、アフガニスタンは「対テロ最前線」と位置づけられてきた。かつてアルカイダを匿《かくま》った旧タリバン政権が敵視され、同年十月米国が報復爆撃を強行、欧米軍がタリバン政権を駆逐してカルザイ政権を擁立した。その後「アフガン復興」が世界的な話題となり、巨額の資金がつぎ込まれたが、期待された成果には至らず、治安が一層悪化し、一時は外国軍兵力十二万人まで膨れ上がった。二〇一六年に約一万人を残して欧米軍（国際治安支援部隊）はひきあげたが、内戦はいよいよ激しく、過去最悪の状態にある。人々の困窮が専《もっぱ》ら戦火によってのみもたらされたような印象を与えたことは否めない。

最近では危険地帯として報道関係者の出入りが制限され、安全対策を強調する余り、実情が更に伝わり難くなっている。復興を阻む主な理由が内戦による治安悪化とされ、干ばつに焦点が当てられなかったのは、アフガン人にとって悲劇であった。実際には、二〇〇〇年以来、干ばつは動揺しながら進行していた。かつてタリバン政権の弱体化も干ばつが大きく関与していたが、このことは当時から殆ど問題にされなかった。麻薬地帯や治安の悪い地域は完全に干ばつ地図に一致している。出稼ぎの仕事の一つが傭兵《ようへい》で、みな家族を養うために、仕方なく銃を握らざるを得ないのだ。

PMSの対策と現状

既述のように、PMSの転機は二〇〇〇年に発生した大干ばつで、二〇〇三年から「緑の大地計画」を打ち出してジャララバード北部穀倉地帯の復活を計画、第一弾として二五kmの用水路建設を開始、沙漠化した農地の復興に努めた。初めはカレーズの復旧を手掛けたが、地下水位の著しい低下に遭遇、大河川クナール河からの取水が主な取組みとなった。

ところが気候変化の影響は地下水減少だけではなかった。川沿いで洪水と渇水が同居し、各地で取水困難が続いていることを知った。急流の大河川は更に暴れ川となり、しばしば洪水が村々を襲った。水が豊富なはずの川沿いでも、農民が難民化し、廃村が拡大しつつあったことを知った。このため二〇一〇年からは既存水路の復活と洪水対策を大きな課題とし、クナール河沿いに八ヵ所、カブール河沿いに一ヵ所、取水堰を建設し、併せて洪水対策にも力が注がれた。この結果、一八年現在までに計一万六千ヘクタールの農地に安定送水できるようになり、六〇万人の生活を保障できるようになった。

これを範としてアフガン政府、JICA（国際協力機構）やFAOのアフガン事務所とも協力して、更に安定灌漑地を拡大すべく、「戦よりも食料自給」をスローガンに掲げ、PMS方式の取水堰の普及計画が進められてきた。一NGOの手には負えぬ問題だと思われたのである。

温暖化で進行する乾燥化

確かに今回のように、少雨が干ばつに直結する傾向は当然あるが、必ずしもそれだけではない。過去、少雨が続いてもこれほど酷《ひど》い事態が頻繁かつ長期に起きた訳ではなかった。我々が二〇〇〇年に川沿いの廃村の調査をした時、乾燥化は一般に五年、十年をかけて徐々に進行しており、少雨の続く時期に一気に荒廃したように見える例が多かった。いったん村民が難民化すると灌漑路の整備が放棄され、村は更に荒れる。原因はひとえに灌漑用水の欠乏である。

一般に農地の灌漑水源は、以下に分けられる。①カレーズ（地下水利用の灌漑路）、②ジューイ（小河川からの小水路）、③大河川からの取水堰に大別される。このうち、標高の低い山脈から流れる川が涸れるとジューイの水が失われ、次いで地下水の減少が起きてカレーズが枯渇する。一方、七千m級の高山を源流とする大河川では、取水困難は水量の減少ではなく、流れの不安定化――洪水や河床・河道の変化によって生ずる。渇水よりも、記録的な洪水が頻発して取水口や村落が荒廃し、村民が難民化した例も多かった。干ばつが洪水を伴って発生するのだ。

我々の観察では、高気温が少雨の影響を増幅する。局地の夕立や結露が減少し、広範な地域の水分がわずかな場所に偏在する。その結果、大部分の地域が乾燥し、ごく限られた地域に激しい豪雨がしばしば鉄砲水を発生させ、地下に浸透するゆとりを与えない。雪線の上昇（313頁＝121号参照）と急激な融雪が加わり、地域の保水力が著しく低下、これに少雨が重なると乾燥化が一気に進む。ある程度は回復しても二度とは戻らない。そんな動揺をくり返しながら沙漠化が進んできた。今回の干ばつも、突然現れたものではなく、「長い過程の中の急性増悪《ぞうあく》」と考えるのが自然である。

アフガニスタンの年間降雨量は約二〇〇㎜前後とされ、非常に少ないが、降雨降雪の絶対量が近年になって減少したという確証はなく、偏在と言う方が正しい。ヒンズークシ山脈やカラコルム山脈の雪線の著しい上昇と低い山脈の地下水の枯渇は、少雨よりも高気温による可能性が強い。最近の研究で、アフガン東部の温暖化は過去六〇年で一・八℃、実に他の二倍の速度で進んでいるという恐るべき報告もある。

当面の対策（東部の例を中心に）

先ずは広く干ばつ問題の重要性が認識され、十分な研究と取組みが提唱されるべきだ。問題があまりに大きく、かつ捉えどころがないので、ややもすれば政治的ポーズや議論で終わってしまう。アフガン国内で出来ること、国際的に協力すべきことを分け、計画を具体化すべきかと思われる。どこに消えたか分からないような支援はもう止《や》めるべきだ。

干ばつを直ちに解決するのは不可能である。これ以上の気温上昇を抑えることさえ危ぶまれている。世界中がCO_2排出規制で協力するのは当然だが、それに加えてアフガニスタンのような事例に何らかの救済措置を以《もっ》て臨むべきかと思われる。つまり援助内容を温暖化被害の脈絡の中で焦点を当て、当面をいかに凌ぐかという試みに取り組むべきだ。

対策は地域によって大きく異なるが、アフガン東部に関する限り、大河川の水量はそれほど減ってはいない。隣国に大きな影響を与えない規模の灌漑施設で、農業生産を回復することがまず試みられるべきだ。いわば地域の延命策である。全部が水の恩恵に与《あずか》らなくとも、健在な地域があれば、そこでなにがしかの職を得ることができる。国外への流出を減らし、食糧価格高騰の防波堤となり得るのは、我々の試みが示す通りである。

この他、我々が望みをつなぐ手段として、乾燥に強い作付がある。荒れ地でも簡単に栽培できるサツマイモを試みているが、いまだ研究・試行の段階にとどまっている。

人と人、人と自然の和解

確かに温暖化については異論があり、「それほどの危機はない」とする意見も根強い。我々は地獄の淵に立っているのか、アフガンで垣間見る終末的な現状が果たして日本の将来になるかどうかは、その時になってみないと分からない。しかし、それを否定して世界とアフガニスタンの現状を放置することが正しいとは思えない。たとい温暖化の極端な推論が誤っていたにせよ、現在世界中で描かれる対策は、単にCO_2排出を規制して気温を下げるにとどまらない。化石燃料を基礎に作られてきた近代的生産を問い直し、大量消費＝大量生産のいたちごっこを絶ち、持続可能な安定した社会と安全な自然環境を実現しようとする建設的なものである。また、それ以外に未来を描き得ないほどに、切迫した事態が伝えられている。そして、それは努力次第で可能だと多くの識者は述べている。

ここまで相互依存が深まった世界で、アフガン内戦の平和的解決も重要である。戦争は最大の消費かつ浪費である。紛争の遠因が経済活動や地球温暖化、干ばつと関係しあっているなら、その取り組みを通して、世界の融和と安定に寄与することにもなる。「テロに屈せず」と称して徒《いたずら》に拳をあげるのはもはや時代遅れで、解決にならない。

地球規模で進行する将来の危機を考えるとき、我々の進むベクトルが何《いず》れに向いているかで、破滅か安定かの道筋が決まっていくのであろう。その意味では、アフガニスタンの大干ばつは極東の我々にとっても、決して他人事ではない。我々が干ばつのアフガニスタンで「人と人の和解、人と自然の和解」を説く理由もここにある。

139号
2019・4

悲願の山田堰モデル、完成へ
――九年の試行錯誤を経てカマ堰完工

お元気でしょうか。当地はまともな雨が三年間降らず、干ばつによる飢餓が蔓延《まんえん》、多くの国内避難民が発生していましたが、昨年暮れから断続的に雨が降り、北部山岳地帯は豪雪に見舞われました。このため、干ばつは一時緩和し、心なしか人々に安堵の表情が読み取れます。

　しかし、過去にもこのような動揺をくり返しながら深刻化していた干ばつです。気を緩めず、備えを続けたいと思います。

PMS方式とカマ堰完成の意義

　現地事業の流れは、二〇〇三年から始まった「緑の大地計画」がほぼ予定通り進行、現在その後に備えて準備が進められています。多少の時間的ずれはありますが、具体的には灌漑《かんがい》事業を三期に分けると理解しやすいです。

Ⅰ　マルワリード用水路建設（二〇〇三～二〇一〇）
Ⅱ　ナンガラハル州北部穀倉地帯の復活・取水堰の研究と建設（二〇〇八～現在）
Ⅲ　PMS方式の他地域への応用、普及活動（二〇一八～現在）

　現在、安定灌漑はナンガラハル州の三郡（クズクナール＝シェイワ、カマ、ベスード）のほぼ全域、約一万六千ヘクタールをカバーし、一部の地域で最終的な改修工事が行われ、水利施設がPMS《ピース・ジャパン・メディカル・サービス》〈平和医療団・日本〉の管理から離れ、地域（住民と関連行政組織）に引き渡されます。

　他方、ミラーン訓練所建設（二〇一八年竣工）に始まる動きが今後の普及活動です。こちらはFAO（国連食糧農業機関）との共同事業で、一八年二月からPMS方式の紹介、実地見学が行われています。この一年で、地域農民指導者、各州レベルの技官、地域の伝統的水主《みずぬし》〈11頁の用語集参照〉らを対象に、二二〇名が受講、干ばつ克服の切り札として高い関心を集めました。

　この普及活動の大前提が、「PMS方式の完成」でした。PMS方式とは、取水堰《ぜき》・取水門・主幹用水路・沈砂池からなる一連の取水設備（＝頭首工《とうしゅこう》〈川を堰き止めて取水する設備を指す専門用語〉）、および護岸方法です。とくに最大の構造物である斜め堰は多大の時間と労力をかけ、昨年から改修されたカマ堰を以《もっ》て「完成形」となるに至っています。多少説明が要ります。

温暖化による河川の変化と村落の荒廃

二〇〇三年に建設が始まったマルワリード用水路は、初期の頃、殆ど取水堰に関心が払われていませんでした。それほど厄介なものだとは思わなかったのです。しかし、年月が経つうち、最大の難関は取水堰だと身に染みて分かってきました。大河川もまた気候変動の影響で、手のつけられぬ暴れ川になっていたからです。

マルワリード用水路流域は、かつて小河川からのジューイ（伝統的な小水路）、地下水由来のカレーズで潤されていましたが、小河川・地下水共に涸れ、残るは大河川からの取水以外にありませんでした。初め、要するに水を引けばよいと考え、用水路はどんどん延ばされていきました。ところが、灌漑によって緑が広がり、村々が復活し始めるところまでは嬉しいのですが、取水堰は毎年改修が必要な状態で、とても住民へ譲渡できるものではありませんでした。住民自身の手で維持できることが絶対条件の一つだったので、この取水堰の技術的完成が大きな課題となりました。復活した村々が繁栄すればするほど、取水堰の不備が悪夢となりました。

用水路工事の際、ギリシャ系王朝時代の農村跡〔394頁＝136号「河と文明」参照〕に何度も遭遇しました。何《いず》れも河川の変化で取水できず、遺跡となって埋もれていったものでした。用水路は取り込んだ水を運ぶので、自在に作り、維持できます。しかし、自然の猛威と直接対峙する設備はそうはいきません。特に温暖化の影響はクナール河でも激烈で、渇水と大洪水が極端な形で同居していました。厳密には降雨減少ではなく、「降雨偏在」です。つまり、全体としては乾燥化でも、時間的・場所的に少ないスポットに激烈な集中豪雨が襲い、降れば記録的な雨量でしばしば大被害が発生します。

このため、昔からあった川沿いの村落でも取水が困難となると同時に洪水被害が頻発し、廃村が広がっていたのでした。

悲願、安定した取水設備！

カマ堰建設と試行錯誤

取水堰は二〇〇八年以後、次々と建設されましたが、実際には改修を繰り返し、泥沼の様相を呈していました。朝倉市〔福岡県〕の山田堰をモデルとすることが初めからの目標でした。電力が利用できず、土木資機材の搬入が困難で、単純機械による建設、地元住民自身による維持を考えたとき、これに優るものはないと思われたからです。

しかし、事はそれほど簡単ではありません。研究と建設が同時などとは日本では考えられませんが、作った堰を水理実験モデルのように扱い、改修を重ねながら改良、完成度を高めていきました。クナールの大河を相手に、要するに試行錯誤です。毎年夏の増水期に洪水が襲って壊し、冬

これまで得た知見を集大成し、モデルとした山田堰に形状、機能が類似したものとなったカマⅠ堰（19年2月）

の渇水期に弱点を見ながら改修するのです。

二〇一〇年に着工したカマ堰で、ＰＭＳ方式が最初に組織的に導入されました。同堰は二つの堰からなり、流域は農地面積が七千ヘクタール、三〇万人が住むアフガン東部最大の農村地帯です。しかし、ここも廃村が広がり、着工時は農地の半分以上が沙漠化し、住民の多くが難民化していたのです。この工事は過去多くの者が努力したものの成功例がなく、「取水堰は不可能」とされていました。旧ソ連（ロシア）、米国やアラブ系、国連系など、多くの者が挑んで結局失敗しています。夏の濁流が堰を壊すと同時に、大量の土砂が流入、水路を埋め潰してしまうからです。ダムを作るほどの技術はあるのに、取水堰はうまくゆきませんでした。

二〇一一年、ＰＭＳは斜め堰方式を採用して一時的に成功を収めました。三年のうちに全流域が復活し、住民の殆どが戻っています。しかし、堰の不備を補うべく、地元への譲渡まで五年以上の観察期間を置き、改善を重ねていきました。作っては壊れ、壊れては直し、賽《さい》の河原のような努力が続きました。その間、気が気ではありませんでした。

技術も向上、「標準設計」を確立

それでも、経験を重ねるにつれ、ＰＭＳの施工技術が向上し、クナール河の動きが明らかになり、これまでの堰の弱点が少しずつ克服されていきました。自然河川を相手にする堰に厳密には完成はありませんが、やっと最近になってある程度の耐久性と機能を備えたものができるようになり、これを「標準設計」とするに至りました。詳細は割愛しますが、専門家筋とも協力しながら、図面上の標準化を進めています。

堰は鉄筋コンクリート製の砂吐きと巨礫《きょれき》による人工河道（洪水吐き）を持ち、異常渇水時には堰板《せきいた》で水門付近の水位調整を図ることができる、一種の「部分可動堰」です。堰幅は約二二〇ｍ、河道幅の二倍以上をとって越流水深を浅くし、水の破壊力を減らします。堰長は五〇〜一四〇ｍ、石張り面積一万四千㎡の強靭なもので、大量の巨礫を積み重ねています。堰に投ぜられた石量は、今回の改修では十トン積み大型ダンプカーで約四五〇〇台分、過去のものを合わせると約八千台分以上となります。総工費の半分がこの石材輸送に使われ、その成否も工事に影響します。

「おお、これはヤマダの！」

二〇一九年二月、二つの堰は最終工事を終了、美しい姿を現しました。冬のクナール河は清流です。一万四千㎡の堰の表面は一枚の板の如く、透明な流水が洗っていきます。晴れた日は天空の色を映して青く、真っ白な荒瀬が踊ります。

「おお、これはヤマダの！」

既に朝倉の地を訪れて山田堰を見た職員、ジア先生やファヒーム技師が思わず叫びました。山田堰の機能を徹底的に模倣したせいか、形が非常に似ています。この一年、彼らもまた普及活動に奔走し、現地で確実なＰＭＳ方式を公的機関に訴えようとしていたところでした。折よく最後の難関であった堰の標準設計が成り、これによってＰＭＳの活動は一つの段階を超え、次に備えたと言えます。

カマ堰着工の二〇一〇年から、事実上の竣工まで九年の歳月が流れていました。事は技術だけではありません。普通、このような試行錯誤はよほどのことがないと許されません。この忍耐を支えたのは、住民たちの協力と日本からの支援でした。山田堰を造った先人たちの悲願がここに漂っている気がしてなりませんでした。

みなさんのご厚意にこころから感謝し、更に恩恵が広がるべく、力を尽くします。

◎水のよもやま話・番外

飢餓の国 vs 飽食の国

〝共通の体験〟が薄れて

最近、「水や川の話ばかりで、ほかに話題はないのか」との声が身の周りであった。さもあろう、浦島太郎なのだ。日本に居ない時間が多く、共通の話題が少なくなっている。現地でも水や川のこと以外は余り考えない。干ばつの危機、治安の悪化――現地の緊迫した動きは戦場にも等しく、ついゆとりがなくなる。

だが、日本の世情を思えば無理もない。水道の蛇口をひねれば水が出て来るし、コンビニに行けば懐《ふところ》具合に応じて好きな食べ物が手に入る。テレビの番組は四六時中、美食の作り方や、評判の店や料理を紹介する。味見をして「うーん、おいしい！」と叫ぶ場面が頻繁に登場する。悪いことではないが、飢餓の世界から突然戻ってくる者は、違和感を覚える。しかし、それを日本で言うと座がしらけるから、調子を合わせて仲間外れになるまいとする。すると芝居じみた会話が空疎になり、自分の言葉が失われていくのだ。

これに情報の洪水が重なり、ペットの死も人間さまの餓

荷台一杯に積んだ枝木を運ぶ子ども達（19年4月）

死も同列に聞こえる。何とか理解を得ようと説明を試みて、よく通じないことも多い。極端な場合、「日本でも栄養失調の子が問題になっているのに、アフガニスタンどころか」と言う者もある。干ばつと飢餓の関係が分からない者もある。つい怒り心頭、日本の豊かさや便利さを呪う発言が飛び出し、孤立していく。性格が悪ければ犯罪者かテロリストのコースだ。これも良くない。自分だって江戸時代の飢饉の惨状を読んでも、芯から分かっているとは思えない。

かつては飢餓を体験した世代が社会の中堅に居た。今なら凡《およ》そ八〇代から上の方々で、男は兵隊に取られ、女は勤労奉仕に駆り出された。戦中戦後は食糧欠乏に悩み、財産を食糧に換え、農村にあっては汗して食糧増産に励みながら、生き延びてきた世代だ。彼らが社会の中堅であった時代、飢餓の問題は多くを語ることなく同情と支援の手が差し伸べられた。空腹を抱えることの苦痛を身に染みて知っているからである。「敗戦直後のことを思えば……」と言いさえすればよかった。途上国の飢餓の実態が今ひとつ伝わり難いのは、時代が共有した体験が薄れていることも確かにある。

都市化による自然認識のつまずき

しかし、それだけなら問題は永久に解決されない。共感しにくくなったもう一つの背景は、全世界的な都市化である。農業生産に直接かかわる機会がなく、食べ物の生産から口に入るまでの過程——生産し、集荷し、食する、そのパターンが実感し難くなってきている。正確に言うと、それを観念の上で処理して特別視しないのだ。これを解剖学者の養老孟司さんは「脳化」と呼び、人間の思考の必然の帰結だが、自然認識のつまずきの開始と見る。自然相手の仕事は思い通りにならないが、観念は容易に操作できる。出来ないことでも出来ると思い込みやすい。水泳の本を読めば泳ぎができる、情報を集めれば全世界が分かる、差別語を言い換えれば差別がなくなる、危機管理マニュアルを作成すれば事故を減らせる——この倒錯はキリがない。市場で実物取引がわずかになったように、現代は言葉の洪水の時代で、実《じつ》が失われていく時代だ。自分の経験で確認しない知識は偽モノになりやすいということだ。

かつて日本人の大半が農村にルーツを持っていた。職を辞して「邦《くに》に帰る」とは、援農で暮らしを立てることであって、無職になることではなかった。行き詰ったとき、いつでも温かく迎えるのが故郷であった。既婚女性の場合は穏やかではないが、「里に帰る」とは、ひとり身になることではなく、婚姻前の家族に戻ることであった。故郷に戻りさえすれば最低限の食べ物には困らず、変わらぬ人間関係が温かく迎え、貧乏でも飢え死にしないという安心感があった。アフガニスタンではないが、生きていく上でカネが余りかからなかったのである。現在のような都市化は農村の衰退と表裏にあり、日本人のふるさと喪失と一体である。

ミラーン訓練所敷地の整地中、子ども達が大喜びで乾燥した草木（着火用）を集めにきた（17年10月）

しかし、サービス業だけで社会は成り立たないから、誰かが農業や漁業を営まなければならない。労働力が足りなくはないが、知識を崇拝する都市化社会では身体を使う仕事が低く見られる。高学歴の者の仕事ではないような言い方をする向きもある。3K（汚い、きつい、危険）と言い、できるだけ手を汚さず、安全な仕事が良しとされる風潮も根強い。つまり農漁業は敬遠され、その分を外国人に頼ることになる。健全な社会とは思えないが、世の中の流れはそうなっている。さらに、交通手段が発達し、お金や物の移動が速やかになった現在、「必要なら外国から買えばいい」という意見が一般的だ。第一、「経済成長」が現金収入の多寡で量られ、それを増やすのが善だと指導されるから、抗いようがない。

農民を支配した昔の武士や貴族でさえ、こんな考えは持たなかった。豊作の祈願は重要な神事であり、武士の大半は農業をも生業《なりわい》とした。亡国などと大袈裟なことを言いたくないが、ご先祖さまが営々と築いてきた遺産をないがしろにするのは、大切なものを失うようで、何だか合点が行かない。

かつて「晴耕雨読」とは知識人の理想の生活だった。耕すとは、自然相手の農の営みで、知識に実を伴わせる知恵があったと思われる。人が自然の一部である限り、不自然な都市化は長続きしない。やがて人々がスピードや競争、派手な自己宣伝や奇抜さに疲れ、その空虚さに気づくとき、静かな郷愁を伴って本来の自然との関係が姿を現すような気がしてならない。

140号 2019・7

植樹一〇〇万本達成！

――二〇一八年度現地事業報告

◎二〇一八年度の概要

二〇一六年から三年間連続して少雨が重なり、アフガン全土が渇水と干ばつに見舞われた。特にヘラートやカンダハル周辺の諸州で著しく、西部で二〇万人など、大量の国内避難民が発生した。キャンプ生活をしない避難民を入れると、実数は発表を上回る。

だが二〇一八年十月中旬から、今度は洪水が発生するほどの多雨となった。豊富な降雨降雪は翌一九年四月まで続き、干ばつは一時的に解消した。

この経過を通じて「安定灌漑《かんがい》」の重要性が認識されるようになり、全土で灌漑への関心が高まった。

依然として都市部で治安が悪く、農村部では秩序維持のためにタリバン勢力に頼る村落が圧倒的多数を占めている。人々の間で厭戦《えんせん》気分が広がり、和平への動きが活発化している。二〇一八年六月、内戦が始まって以来初の「ラマザーン明け休戦」が政府とタリバン勢力の間で実現、東部では完全に協定が順守され、和平への動きを加速した。同年十月、タリバンの「農業・牧畜ザカート〔喜捨の意〕委員会」が干ばつ避難民救済を呼びかけ、国際団体の保護を要請した。一九年四月には和平国民大会議（ロヤ・ジルガ）が開催された。

東部を根拠地にしようとするＩＳ（イスラム国）は、政府軍やタリバン軍との戦闘に圧されて下火に向かい、限局した動きとなっている。

年度事業のあらまし

全体としてＰＭＳ〔平和医療団・日本〕《ピース・ジャパン・メディカル・サービス》の動きは、水利施設の普及活動へ向けて大きな舵が切られようとしている。

第四次ＪＩＣＡ（国際協力機構）―ＰＭＳ共同事業（マルワリードⅡ）はＪＩＣＡ側の止むを得ざる事情によって第一期工事の二年間で終了、第二期工事二年間（二〇一八年十月～二〇年九月）はペシャワール会の資金によって引き継がれた。既に緊急工事で全流域に用水路網がいきわたってはいたが、大掛かりな護岸工事、排水路網整備などは残され、現在工事が進められている。これによって、二〇一〇年から八年間続けられてきたＪＩＣＡ―ＰＭＳ共同事業は、広大な地域の安定灌漑と取水設備の技術的完成を成果として残し、新たな段階に入った。

カマ堰《ぜき》再建は二〇一九年二月に終わり、カマ地方七千ヘクタールを潤す安定灌漑の態勢が整った。同時に取水堰の「完成形＝標準設計」が成り、普及事業へ向けて大きな歩みとなった。一方、ＦＡＯ（国連食糧農業機関）と継続してきたミラーン訓練所が軌道に乗り、次の展開が模索された。一八年度は二二〇名が受講、アフガニスタン全国各州の技官レベルが参加して現場を実見、大きな希望を与えた。

現地ＰＭＳと日本側との交流は継続され、二〇一八年七月と十一月にＰＭＳ首脳陣が来日、一九年四月にはＦＡＯ事業の一環で山田堰土地改良区〔福岡県朝倉市〕の徳永哲也理事長が現地を訪問した。

「緑の大地計画」二〇年継続体制

一昨年度に打ち出された二〇年体制は、①既設のＰＭＳ水利施設の維持、②隣接地域へのＰＭＳ方式普及、を目的とする。この方針のもとに、二〇一八年十二月以来、マルワリード用水路改修が進められ、同流域住民の結束による水管理が整えられてきた。

これと関連してＰＭＳの自立を促進するべく、ガンベリ農場の整備に力が注がれた。

日本側もこの事態に呼応して、二〇一六年に「ＰＭＳ ＪＡＰＡＮ（支援室）」が発足、事務作業の円滑化と現地連絡が大幅に改善したが、更に充実が期待される。

1. 医療事業

二〇一八年度の診療内容は表1の通り。地域で残る数少ない診療所となり、重きをなしている。

2. 灌漑事業

◎マルワリードⅡ堰（カチャラ流域）・第二期工事

本地域はミラーン堰対岸にあり、四カ村に三万人が居住する。川沿いに長いベルト地帯で、河道が安定せず、沿岸はしばしば洪水が襲って大被害を繰り返し、村民の大半が難民化していた。本地域の安定が今後の全体の維持の上で要《かなめ》となると判断、二〇一六年十月に第四次ＪＩＣＡ共同事業として開始された（詳細は一六年度〔132号〕、一七年度〔136号〕報告参照）。

表1　2018年度 診療数及び検査件数

国名	アフガニスタン
施設名	ダラエヌール
外来患者総数	43,717
【内訳】　一般	38,516
ハンセン病	0
てんかん	503
結核	80
マラリア	4,618
外傷治療総数	3,411
入院患者総数	-
検査総数	11,205
【内訳】血液一般	1,111
尿	1,688
便	2,527
らい菌塗沫検査	0
抗酸性桿菌	167
マラリア	4,596
リーシュマニア	610
その他	506

当初四年をかける予定であったが、急速な治安悪化と大量帰還難民の発生が起き、急遽《きゅうきょ》方針を変更、全域の早期灌漑によって帰還難民の帰農を目指した。二〇一八年九月までに主幹水路五・六km全線、カチャラⅠ、Ⅱ、Ⅲ、コーティ、タラーン、ベラの各分水路を完工、送水を開始、全域灌漑を実現した。

二〇一八年十月、第二期工事（二〇年九月まで二年間）はPMS単独で、総工費二億円はペシャワール会の資金で行われることになった。本流域のもう一つの重要点は、洪水対策＝護岸工事である。灌漑と並び、大河川沿いの村落復興には欠かせぬ事業として、八・五km全線で本格的な工事が進められている。また、下流域の対岸はミラーン堰があり、河道整備によって同堰を安定させることも大きな目的である。

◎ガンベリ排水路網の完成

主幹排水路工事（約一・七km）は二〇一七年十二月に完工したが、ガンベリ下流域、約一・九kmの主排水路は一九年一月、住民間の合意が成立して着工した。これでガンベリ地域の湿地は完全に処理される。

現在までに処理された湿地または湿害地は約千ヘクタールを超え、これによってマルワリード用水路の全流域は給排水分離を整え、完全に耕地を取り戻したと言える。

二〇〇三年から続くマルワリード用水路はこれによって全作業を終え、新たな段階に入る。代わって、一昨年の集中豪雨による被害の復旧、建設時の不備を補う補修工事が着々と進められている。一九年度には取水堰の改修が行われ、「完成形」が建設される予定。

◎カマ堰改修を完了

カマ堰は二〇一一年に竣工していたが、より完成された形を求めて改修が繰り返されていた。最終工事は一七年十一月から一九年二月まで、約二年をかけて行われた。これによって、流域五十数ヵ村、七千ヘクタールを潤す二つの堰の完成形が成り、住民に安堵感を与えると共に、今後の普及活動の基礎を作った。

技術的には堰の砂吐きと洪水吐きの工夫が残された課題であったが、成功したミラーン堰の方法を取り入れ、一応の完成形とするに至った。より安定した本堰の設計を、「部分可動堰を伴う石張り式斜め堰」の標準として提唱、気候変化で困難になっていたクナール河などの暴れ川からの取水に、今後役立てることが期待される。JICA―PMS共同事業の最大の成果である。

◎PMS方式の普及活動

FAOと協力して完成した訓練所（二〇一七年十一月落成）で、地域農民指導者、水番（11頁の用語集参照）、州の技官らを対象に研修態勢が整えられ、一八年度は二二〇名が受講した。

日本では、ペシャワール会と山田堰土地改良区（福岡県朝倉市）、テクノ社（同久留米市）、日本電波ニュース社等が協力した。堰の模型やビデオなどの教材作成が行われた他、JICAとの共同調査に加わって研修事業にも貢献した。

FAOとは他地域展開を視野に、共同調査も進められている。二〇一八年度はクナール州、ラグマン州の候補地三カ所に絞り、第一次調査が進められた。カブール政府、農業省も関心を寄せ、協力態勢を強めている。

3．農業事業　ガンベリ沙漠開拓

◎PMSガンベリ農場

全体の開墾はまだ八〇ヘクタール前後が未開墾で努力が続けられている。これまで小麦や水稲栽培に力が入り、サツマイモ、トウモロコシ、サトウキビ、旬の野菜など、多様な試みが行われてきた。

二〇一八年度は、二〇年継続体制の中で計画的な備えが痛感された。オレンジについては、将来の主要な出荷品目に加え、管理態勢整備に着手した。二万五千本の柑橘《かんきつ》類は移植後二〜七年を経過、少しずつ結果し始めている。計画的な剪定《せんてい》や施肥、無駄のない出荷を実現し、明確にPMSの自活の一助とする方針が打ち出され、農場経営に焦点があてられた。このために数kmのフェンスを巡らすなど、区画の整備が行われた。

畜産は現在乳牛四七頭を有し、一日一〇〇ℓの原乳を供給している。広い牧草地を確保できるため、今後も順調な伸びが期待されている。

懸案の養蜂業は、四月、FAOジャララバード支部の協力を得て集蜜が開始された。農場の一角に育てたビエラ約二千本が成長して森を作り、優良な蜂蜜生産が確実視されている（注・ビエラは沙漠に自生する低木で、糖度が極めて高い花実をつける。ビエラの蜂蜜はアフガン特産で、優良な食材である）。既に巣箱五〇、二ヵ月で三〇〇kgを収穫、良好な結果を得ている。二〇一九年度には巣箱一〇〇まで増やし、オレンジからの集蜜も試みられる。

「平和ヶ丘」からガンベリ農場を望む（19年4月）

その他牧草のアルファルファが半ば野生化して畜産に大きく貢献したが、土壌のpH調整を要する茶やレンゲの栽培は不可能と見て中止した。全体に、穀類では水稲栽培に力を入れ、果樹、養蜂、畜産を主力とする路線が敷かれた。

◎植樹

二〇一八年一月〜十二月の植樹数は四万八六九本、

ガンベリ農場の養蜂所開所式（19年4月）

一九年三月までの集計で、〇三年以来の総植樹数は一〇〇万本を超えた。

　柳枝《りゅうし》工に用いられるヤナギが約六割と圧倒的多数を占めるとはいえ、壮挙である。この間、現地で入手できる樹木の育苗、防砂林の造成、護岸の樹林帯、斜面保護など、様々な試みが行われた。ユーカリは成長は早いが他の植生に与える影響があり、他の高木（乾燥地のガズ＝紅柳、川沿いのシーシャム）に置き換えている。

　最も乾燥に強いのはビエラ、ガズ、オリーブで、湿地はヤナギまたはユーカリが適している。総植樹数は一〇〇万七四四八本である。果樹は三万四三一六本、内訳は表2の通り。

4．その他

◎現地PMSとの交流

　現場に中村一名が常駐した。

　実情を知る上で現地との交流が不可欠であるが、依然として邦人が渡航しにくい状態が続いている。二〇一七年に続

表2　植樹総数（2003年3月から19年3月まで）

種類	場所	2003〜'07年	'08年	'09年	'10年	'11年	'12年	'13年	'14年	'15年	'16年	'17年	'18年	'19年（〜3月）	合計
ヤナギ	用水路の両岸 河川工事	116,050	55,380	97,380	60,750	73,315	23,650	37,073	18,400	39,650	14,700	30,250	51,750	10,400	628,748
クワ	用水路土手	7,000	2,750	8,578	4,430	140	292	0	0	0	0	0	0	0	23,190
オリーブ	用水路土手、オリーブ園	2,000	0	840	0	0	0	1,424	1,275	240	136	0	5	0	5,920
ユーカリ	砂防林 護岸 樹林帯	2,500	1,000	11,478	39,584	22,350	28,196	7,150	7,500	2,611	500	4,659	2,010	2,180	131,718
ビエラ	ガンベリ沙漠	0	300	600	1,165	165	2,083	175	75	0	0	0	0	0	4,563
ガズ	砂防林	0	15,100	71,300	14,356	9,887	22,317	3,573	780	265	0	0	0	2,000	139,578
シーシャム	護岸 樹林帯	0	0	0	0	0	0	4,614	1,400	2,000	6,270	516	660	2,350	17,810
ポプラ	ガンベリ沙漠	0	0	0	4,900	10,786	1,850	0	220	0	0	0	0	0	17,756
イトスギ	モスク、学校、公園	0	0	0	60	195	300	0	0	0	110	0	200	0	865
果樹	ガンベリ果樹園	600	0	0	193	0	6,034	5,283	9,185	1,458	1,822	4,348	4,884	509	34,316
その他		0	0	0	132	190	412	144	50	26	0	1096	597	337	2,984
		128,150	74,530	190,176	125,570	117,028	85,134	59,436	38,885	46,250	23,538	40,869	60,106	17,776	1,007,448

き、七月、十一月と二度にわたり、ＦＡＯとＪＩＣＡ共同調査の一環として、ジア院長補佐、ディダール、ファヒーム（土木技師）、アジュマル（農業技師）、ハニフッラー、サブール（事務会計）が来日、交流を通して相互に理解を深めた。

◎共同調査

ＪＩＣＡ共同調査〔394頁の注参照〕は、各方面の協力を得て、二〇一七年四月から始まったが、二〇年十二月まで継続される。評価は「緑の大地計画」全体のもので、灌漑前後の農村の変化、水利施設の機能について行われるが、今後の改善点等についても議論が進められている。

調査とは別に、専門家の手で取水設備の標準化と建設基準がまとめられる予定で、今後の普及活動に備える。

◎その他

四月中旬、異常な降雨でクナール河が一部で氾濫《はんらん》、ＰＭＳ作業地ではバルカシコート村、ベラ村で溢水《いっすい》し、村落を脅《おびや》かした。被害は軽微であったが、緊急事態と見て護岸工事を行い、それ以上の被害を防いだ。カブール河流域ではカシマバード堰（ベスードⅠ堰）で溢水寸前まで水位が上昇したが、事なきを得た。

□二〇一九年度の計画

二〇一八年度の連続である（表３）。

灌漑関係では、①マルワリードⅡ堰（カチャラ流域）は、護岸八・五㎞の建設を継続、②マルワリード用水路は、取水堰の改修と四・八㎞地点までの再ライニング（水路床覆工〔11頁の用語集参照〕）、③カマ堰対岸（ベスード側）堤防のかさ上げ、④バルカシコート村の堤防強化、⑤ガンベリ排水路・シギ分枝（一・九㎞）の完成が予定されている。

取水設備普及のための研修は、二月、ＦＡＯとの提携が成り、主にカブール政府や自治体の技官を中心に行われ、各論の作業工程の習得も行われる予定である。また、引き続きラグマン州の灌漑計画調査をＦＡＯ技術陣と進める。

ＰＭＳ農場では、オレンジ園の計画的なケア、養蜂の研究と蜂蜜増産、牧草地の確保と牛舎の拡張が、大きな課題である。

表３　2019年度の予定事業の概要

		2016	2017	2018	2019
マルワリード用水路流域	ガンベリ排水路網	主幹排水路			シギ分枝
	用水路再ライニング			1.5㎞	約2.5㎞
	取水堰改修				
マルワリードⅡ（2017年度までJICA共同事業）	用水路	堰造成	全域送水	排水路網と植樹	
	護岸				ミラーン付近河道整備
FAO共同事業			ミラーン訓練所落成		候補地調査
JICA共同事業		（マルワリードⅡ堰建設）		共同調査	

※マルワリードⅡ堰（カチャラ）は2018年10月からペシャワール会単独資金による事業
※ミラーン付近河道整備：ミラーン堰河道の流れを安定させるため、河道固定堰を建設

ガンベリ沙漠のガズ防砂林。全体の14%にあたる約14万本を植樹（上は09年1月、下は15年10月）

□二〇一八年度を振り返って

無事に一年が過ぎました。現地赴任から三五年が経ち、いまだに事業が進められていることに不思議な気がしています。

正確には一九八四年ペシャワール赴任、八八年のソ連軍撤退開始と同時にアフガン東部の山岳地帯へ活動を広げ、二〇〇〇年の大干ばつに遭遇、その惨状に医療の無力を骨身に覚え、診療所周辺の村落救済に奔走、飲料水確保で井戸の掘削、次いで灌漑による農業復興、大河クナールからの取水、暴れ川と対峙するうちに年月が経ち、気づいたらお爺さん――という訳です。この間、〇一年にアフガン空爆、米軍の進駐、そして撤退開始、振り返れば慌ただしいことです。

日本でもバブルとやらが膨らんでは消え、失われた二〇年などと言い、右往左往するうちに昭和→平成→令和と時代がかわり、慌ただしくなりました。しかし、通信・交通の便だけ、悪いことも沢山、速やかに起きるようになりました。

現地事業はまるでこのような世相を無視するように、続けられています。医療から始まり、大干ばつで灌漑・農業に力を注ぎ、そして今、温暖化による沙漠化と対峙して河川からの取水技術に集中しています。しかし、追いかけ続けてきたものは変わりません。むしろ、ここでは必然の成り行きだったと思われます。

更に竿頭《かんとう》一歩を進め*、この事業の恩恵を拡大すると共に、私たちの軌跡が人々を励まし、神意に適うものであることを祈ります。併せて、これまでの温かいご関心とご協力に感謝致します。

二〇一九年六月　記

＊努力の上に努力を重ねること。

自然相手は　ただ根気
何があっても　ただ水やり
褒められても　くさされても　ただ水やり
誰が去っても　倒れても　ただ水やり
嬉しくても　疲れていても　ただ水やり
風が吹いても　日照りでも　ただ水やり
邪魔されても　協力されても　ただ水やり
誰が何と言おうと　ただ水やり
魔法の薬はありません

中村　哲

写真＝ガンベリ沙漠に植樹したガズ。炎天下、ただひたすら水やりをする作業員たち（二〇〇九年六月）。
※この詩は現地からの報告書（二〇一一年七月付週報）の中に記されていた。

◎水のよもやま話(4)

「治水」と「洪水制御」　東洋における水

人類が農業という技術を手に入れてから、灌漑《かんがい》は社会の中心的な営みであった。文明は川沿いに発展し、河や泉からの取水、水施設の完備は、為政者の権威に関わるものであった。日本でも弘法大師《こうぼうだいし》から江戸時代の無名の庄屋たちに至るまで、治水・灌漑の業績は末代まで語り継がれた。日本で最も親しまれた古典である論語は、孔子の生きた時代、二五〇〇年前の古代中国社会の消息を伝えている。古代の中国人が水や灌漑をどう考えていたかをうかがい知ることができる。古代の水の事業がいかに重大事だったか、我々の想像を超える。

禹《う》は間然《かんぜん》することなし

子曰く、
禹《う》は吾れ間然《かんぜん》することなし。
飲食を菲《うす》くして孝を鬼神に致し、
衣服を悪しくして美を黻冕《ふつべん》（祭壇）に致し、
宮室を卑《ひく》くして力を溝洫《こうきょく》（灌漑）に盡《つく》す。
禹は吾れ間然することなし。
（泰伯《たいはく》第八）

禹は尭《ぎょう》、舜《しゅん》と並び称せられ、中国史上の伝説的な皇帝である。孔子が最も敬愛する人物の一人で、「間然（批難）することなし」が二度も出てきて、並々ならぬ賞賛である。

禹は五皇帝時代の聖王・舜に仕え、困難な治水灌漑工事を行なって尊敬を集め、禅譲によって皇帝となり、後に夏《か》王朝（紀元前二〇五〇年頃）を開いたと言われる。相当苦労した人らしく、その父・鯀《こん》も同様に舜の下で灌漑事業に従事して失敗、咎《とが》めを受けて処刑されている。遺志を継いだ禹は、十三年間家に帰らず、全国の河川を治め、灌漑で国土を豊かにしたと司馬遷《しばせん》の史記に記されている。

灌漑の失敗で処刑されるという記述を見ると、為政者側の権威にも関わる厳しい事情があったに違いない。農業社会における灌漑は、それほど重要であった。

「衣服を悪しくして美を祭壇に致す」とは、自分の身の回りは質素にして、天を尊び称えることである。これは論語全体を貫く基本的な道徳観の一つで、実以上に飾ることを忌避すると共に、自然を司《つかさど》る者（天）への感謝と祈りを欠かさないことである。

質実と水理

衣服や住まいに執着しない質素さは、儒教文化の中で一つの徳目とされ、長く日本人の感じ方・考え方に影響を与えてきた。禹は特にこの点が目立ったらしい。今、川の工事に従事しながら思うと、納得できるものがある。おそらく彼は徹底した現場人間で、直接工事を指導していたのだろう（史記によれば、禹は日焼けして手がカサカサで、水に浸かっていた脚は脱毛していたという）。川の現場にある者は、言葉にごまかされない。水の脅威も恩恵も、ただ水の理を司る神意によって成ることを知っているからである。

理屈より実を重んじ、無用な飾りは意味がないから、衣服なども無頓着である。また、いくら技術や経験を尽くしても、究極的には天意にすがらざるを得ないので、祈りを尽くす。自然の支配者である天、それに対する人間の謙虚さ、その関係に於いてこそ、倫理の基礎がある――と昔の聖人は考えたのかもしれない。

「減災」と「祈り」

実際、東洋的な「治水」とは、決してflood control（洪水制御）と同義ではない。「治水」の語は、その自然観を含みにもつが故に、英訳できない語の一つである。これに対してflood controlは純然たる技術用語で、自然を操作の対象としか眺めない。たかが言葉の問題と言えばそれまでだが、我々近代人の意識から自然が遠ざかったのは、言葉の問題も少なからず関与していると思われる。そこで自然とは三人称の物質であり、二人称で語る祈りや対話の相手ではなくなっている。

中村医師が「総合的に見て、他の対策は考えられない」と述べた半越流型の石出し水制（19年7月）

東洋的な治水は、一般的に自然地形に則《のっと》り、人と自然、彼我の立場を総合的にみて、徹底した減災を目指している。流水には必ず逃げ道を与え、災難をかわすのであって、力で対抗しない。生命財産の全てを守るよりは、生命など貴重なものを護るために、ある程度の損失はやむを得ないと考える。津波の高さが十六mだったから、十六m以上の防潮堤を作れば安全だとは考えない。先ずは危険な場所を極力避ける。もっと言えば、安全と欲望は両立しないので、欲望を減らして危険な冒険を極力避け、力を尽くして天に祈る。そこには単なる技術ではなく、ある種の倫理観が息づいている。

知者は水を楽しむ

子曰く、知者は水を楽しみ、仁者は山を楽しむ。
知者は動き、仁者は静かなり。
知者は楽しみ、仁者は寿《いのちなが》し。

（雍《よう》也《や》第六）

カマ堰対岸のベスード護岸。ユーカリは7年で10mの高さになった（19年4月）

これも有名なくだりである。川はしばしば生生《せいせい》流転《るてん》する世界の象徴として登場するが、ここでは流転の中を生きる知恵者の描写である。静と動の対比で、水は動を代表し、一つとして同じ形をとらず、常に動く。人の知恵もそうあるべきで、大元《おおもと》を見て臨機応変に対処すべきことを説く。マニュアルで固定したり、白黒の定義で決めつけたりしない。「君子は器《き》ならず」*という言葉も、似たような意味が込められている。

川の仕事もそうで、究極には定式化できないものを取り扱っている。しかし、動がその時の様態とすれば、静は動を律する不動の倫理を象徴する。それが仁で、知と対立するのではなく、ここでは両者がバランスを以《もっ》てあるべきことを詩的表現で述べているのである。

現代は西洋的な合理主義の時代だ。儒教だの論語だのと述べれば、すぐに封建社会、男性優位、家族制度などを連想し、負のイメージを抱く者が増えている。しかし、東洋思想に親しんだ老世代の一人として言い遺しておきたいのは、我々の先人たちが大陸からの文化を吸収し、長い長い時間をかけて自らの精神的な血肉としてきた、その歴史的な奥行きである。それが伝統や文化というもので、我々がこの世界で考え、行動する精神的な土壌をも提供してきた。外国人や現代人が不合理とする表現も、その奥の意味を尋ねるべきで、字面《じづら》の判断だけで一概に切り捨てるべきものではない。それは政治思想とも無縁のものだ。

人間中心主義の錯覚と矛盾

我々の一般的な考え方の根底にある近代的な人間中心主義は、しばしば技術文明への絶対的な信頼に裏づけられている。しかし、ややもすれば、技術だけが先行し、「温故知新」とは逆に、旧《ふる》きを完全に否定して新しきを作りだせるような錯覚がなかったとは言えない。

一口に自然科学と言っても、自然のどの相を対象にするかでずいぶん異なってくる。例えば原子の世界を問題にするなら、画一的に数学のような法則で割り切ることができるが、時間・場所によって千変万化する河川科学はそうはいかない。

科学技術の危険性はその限界を忘れたところから生まれ、人間の欲望・願望と科学信仰とが互いに高め合いながら、恩恵の大きさと比例して、危険をも生み出していく。例えば、我々が優れた堰《せき》を作り、強力な護岸法を確立すると、安定した灌漑で村の生活面積と食糧生産が増える。分配の問題はさておき、人口が増えて全体の富が増し、豊かさをもたらした技術が抵抗なく受け容れられていく。だが一旦得たものは手放せない。維持に、より大きなエネルギーを投入せねばならない。当たり前のことだが、自然との関係から見ると、ここに人間の運命的な矛盾がある。技術は基本的に人間の都合を優先するもので、必ずしも自然の動きに適うものではない。

河川に関わった者なら、このことはよく分かっている。自然史を大きく見れば、プレートが動き、海底が隆起し、地震や洪水で山が均《なら》され、私たちの住まう場所ができた。日本列島の平野ができたのは、たかだかここ一万年ほどのことで、川は地表を削る彫刻刀だ。洪水がなければ我々が住まう場所もなかったのである。洪水制御とは、天体の運行を制御することに等しい。気の遠くなるような長い自然史の中の、瞬時を私たちは生きている。だが大きな動きは人間に見えにくいので、近視眼的になりやすい。自然の生成―発展―消滅のサイクルの中で、人間だけが無限に発展するかのように思ってしまうのだ。

倫理なき科学技術と人間の悲劇

自ら省みない技術は危険である。神に代わって人間が万能であるかのような増長、自然からの暴力的な搾取、大量消費と大量生産――これらが自然環境の破壊や核戦争の恐怖を生み、人間の生存まで脅《おびや》かしている現実は動かしがたい。

かつて我々の世代は、学校で次のように教えられた。「東洋の文化は自然と融和し、西洋は自然を征服する」

河川に関する限り、現在は逆転してしまった。過去の文明の反省から、自然と同居する努力が最も行われているのはヨーロッパであり、日本はやっと伝統工法の見直しが、それも西欧の動きを流行的に模倣し始めたばかりなのだ。今、気候変化による河川災害の現場で暴れ川と対峙し、温暖化（＝沙漠化）による干ばつ対策に奔走していると、否《いや》が応でも「技術の倫理性・精神性」について考えざるを得ない。伝統に帰るとは過去の形の再現ではない。その精神の依るところから現在を見、自然と和し、最善のものを生み出す努力である。我々に遺し得る最大のもの**がこの精神のように思われてならない。

＊論語「為政」に見える孔子の言葉。

＊＊中村医師が愛読した内村鑑三『後世への最大遺物』と通底する表現。

141号　２０１９・９

「緑の大地計画」を希望の灯に

——農地を回復する動きが本格化

みなさん、お元気ですか。

今年の夏は日本で長く過ごし、台風や集中豪雨を目の当たりにし、温暖化がアフガニスタンだけの問題でないことを実感しました。以前にも報告したように、「降雨の偏在」が共通する顕著な現象です。日本の予報は驚くほど精細で、「線状降水帯」という言葉も、広く知られるようになりましたが、おそらく類似のことがアフガニスタンでも起きています。アフガニスタンの場合は、大気中の水分の絶対量が少ないので、降水の偏在は、大部分の地域で少雨をもたらし、干ばつの危機が日常化していると言えます。

維持方法も含めたＰＭＳ方式の普及

カマの二つの堰《せき》の改修が一段落し、焦点は今冬の工事に移ってきました。大きなものは、マルワリード堰の改修とマルワリードⅡ堰（カチャラ）流域の護岸工事最終点です。

事業内容について、概要を説明します。灌漑《かんがい》事業の大きな流れは、二〇〇三年に始まった「緑の大地計画」が予定通り区切りを迎えます。初期はマルワリード用水路に力が注がれ、〇八年前後からほかの取水堰の研究と建設が主な努力の対象となりました。前者は完全にペシャワール会の支援によって賄《まかな》われ、後者はＪＩＣＡ（国際協力機構）共同事業として実施されました。マルワリード用水路の開通は一〇年でしたが、その後も排水路整備や植林などが継続され、現在に至っています。この間、安定灌漑地域を広げ、日本側の粘り強い支えで、ジャララバード北部の穀倉地帯復活が現実のものとなりました。

二〇二〇年までに目標を達成した後は、「二〇二〇年継続体制」を目指し、水利設備維持、ＰＭＳ《ピース・ジャパン・メディカル・サービス》（平和医療団・日本）方式取水設備の普及、農業計画が連続して行われます。

設備維持は、この十六年の間の不備を補い、改修のやり方も伝えながら、地域への譲渡を実現することです。維持方法の伝授は、ある意味で建設以上に重要です。また、「緑の大地計画」の成果をきちんと示すことで、他地域の人々の励みと希望になり、普及事業を確実にすることを意図しています。

普及事業は、ＦＡＯ（国連食糧農業機関）らと協力、政府の技官や地域指導者を対象に実地研修を行うと共に、主に隣接地域で次の堰・用水路建設候補地の選定、調査を行うものです。将来的にPMSの参加する新規事業になる可能性もあります。

PMS方式は優れて地域性が濃いのが特徴です。誰でもできるように標準化するのが理想的ですが、河道特性に合った設計、地域の協力という点が最も重要です。そこで、JICAとの共同事業として「灌漑事業ガイドライン」の作成が進められる予定になっています。

なお、「緑の大地計画」全体の調査（社会的効果および技術上の評価）が終わり（394頁の注参照）、結論も出揃ってきているので、詳細を次号で紹介いたします。

農業は今年から明確に「経営」を意識し、現地PMSの経済的自立に役立てることを目指しています。そのために、オレンジ園の整備と養蜂の準備が今年の大きな仕事になっています（注1「養蜂について」参照）。

河川工事、冬の陣

低水位期の河川工事では、やはり、①マルワリード堰（カシコートとの連続堰）改修と、②マルワリードⅡ堰（カチャラ）流域護岸の八km地点（ミラーン堰上流）の河道安定工事が大物です。既に石材の蓄積が始められていますが、調査を重ねたうえ、あまりに大規模で無理な場合は、いずれかを一年延期して当たります。

マルワリード堰については、取水門の拡張、鉄筋コンクリート製の砂吐きの設置、四・八km地点までの用水路の再ライニング（水路床覆工（11頁の用語集参照））を目指します。これは、昨年秋の集中豪雨被害の復旧を兼ねると共に、同流域の水稲栽培が盛んになって不足気味になってきた水量を増す目的もあります。改修というより、一つの大きな計画なので、「カマ堰改修」と同様、州政府に申請し、全面的にペシャワール会の支援で行われます。マルワリード用水路流域はシェイワ郡三五〇〇ヘクタールの命綱です。他の小さな堰のある河道が不安定で、将来途絶える可能性もあり、万全を期すべきだと考えます。

ミラーン堰上流の河道安定は、原理的には筑後川の恵利《えり》

沙漠から緑豊かな耕地となったスランプール平野
（上＝03年2月／下＝19年7月）

堰（山田堰の下流（福岡県朝倉市））に先例があり、目下調査中です（注２「ミラーン堰上流の河道安定」参照）。

川からの取水、灌漑の仕事はキリがないものですが、以後の工事はなるべく政府技官たちも実習で参加、研修にも役立てたいと考えています。

少しずつではありますが、この「緑の大地計画」を範として、農地を回復する動きが本格化しているようです。我々としては、東部で唯一ともいえる希望の灯を護ると共に、何とかこの流れを定着させ、祈りをあわせて飢餓の現実に対処したいと思います。

重ねて、これまでの長期かつ多大なご支持に感謝申し上げます。

［注１］養蜂について

養蜂業は、干ばつで下火になっていたが、ＰＭＳ作業地（「緑の大地計画」領域）で再び活発化している。

アフガン特産はビエラの蜂蜜だが、三～四月のレモン・オレンジ等の柑橘《かんきつ》類、五～六月のユーカリ、九～十月のビエラと、三期にわたって純粋に近い蜜が得られる。蜂の種類はイタリア産のセイヨウミツバチで、病気を除けば日本のスズメバチのような天敵はいない。一部に野生化が見られ、ニホンミツバチの近縁在来種と混在する。

ガンベリ農場の西北端にあるビエラの森の近くに巣箱が置かれる。幹線道路から三km外れ、涼しい場所にあり、農場では農薬を全く使用しないため、安全性が高いと思われる（日本の場合、柑橘類の蜂蜜が出回りにくい理由は主に農薬使用による）。

既に今年の四月に試験的に五〇の巣箱を設置、二カ月間で約三〇〇kgのユーカリの蜜を得ている。巣箱は六月中旬からダラエヌールの涼しい場所で夏越しさせ、九月中旬からはビエラの集蜜が始まる。ガンベリ農場周辺（巣箱から半径約一kmの範囲）の柑橘類はオレンジを筆頭に約三万本、ユーカリは約十万本、ビエラは約四五〇〇本で、蜜源の花は十分。ビエラは沙漠に自生する灌《かん》木《ぼく》で、砂防林の一部として農場に植えられたもの。

将来的に大きな増産が可能と見ており、日本への販路も期待される。

ミツバチの管理だけでなく、製品化の課題もあり、今後一年をかけて研究、試験生産する。現地には昔から養蜂家集団の国境を越えた協力関係があり、ＰＭＳも協力を得る。

［注２］ミラーン堰上流の河道安定

ミラーン堰は二〇一四～一六年、ＪＩＣＡ共同事業として建設され、現在二五〇〇ヘクタールの農地を安定して潤す。それまでの斜め堰と異なり、河道変化が激しい場所での難工事であった。取水堰の設置場所は浸蝕が激しく、年々数百ｍ後退しながら、遂に村落まで至り、約三kmに及ぶ護岸工事に加え、河道安定の工夫が凝《こ》らされた。この間、上流で分流が発生したり、砂州が移動したりで、河道整備の完成は延期されていた。

現在のマルワリードⅡ堰（カチャラ）が約十㎞上流に置かれると、観察を続けながら計画が練られてきた。不安定河道の焦点は、ミラーン堰上流、約七〇〇ｍ（カチャラ護岸八㎞地点）にある河床である。二〇一〇年の大洪水の際、膨大な砂利堆積が発生、幅二〇〇ｍの河床が著しく高くなり、ここを頂点として扇状地に類似した複数の河道、多列砂州が形成された。現ミラーン堰は、その比較的浅い河道の一つを固定させて取水している。このため、砂州を連続させて全体を堰に見立て、河岸側は膨大な巨礫《きょれき》で水制護岸を施し、水制端に沿って発生する深掘れを利用、小河道の安定を図った。

この「八㎞地点」は年々、対岸カチャラ堰流域のベラ村側で氾《はん》濫《らん》をくりかえし、新たな分流を作る傾向が見られる。この傾向を放置すれば、やがて大きな流れがベラ村を貫通し、ミラーン堰の取水が途絶える可能性が高い。

完璧なものでないにせよ、対岸の氾濫と砂利堆積を避け、現河道の状態を維持するには、砂利吐き（＝洪水吐き）を備えた斜め堰が最も優れている。筑後川の恵利堰が、本河道の状態に酷似している。江戸時代に作られたが、山田堰と異なり、膨大な石材を主流に投じて、取水というよりは、引き込み河道の水位を保とうとしたものらしい。複数の砂州を連結した点もよく似ている。現在はコンクリートの堰に変わっている。

実際の施工技術の上では、斜め堰の建設と大差はない。

用水路と女性たち
――過酷な労働と感染症からの解放

外圧でなく、納得できる言葉で

「報告に女性が登場しない」とよく言われるが、述べにくいのには訳がある。

二〇〇一年、米軍がアフガニスタンに進駐して間もなく、性差別の問題が盛んに論議された時期があった。女性の地位向上が叫ばれ、女子児童の就学率から職業まで見直され、「イスラムの後進性」が盛んに攻撃された。国連や外国NGO（非政府組織）は女性職員の割り当てを増やし、率先して範を垂れた。

その直前までタリバン旧政権が女学校を禁止し、医師以外の女性の就労を制限していたからだ。折から性差別が世界的な問題になった時期だったので、権力を得て勢いに乗った外国勢のキャンペーンは凄まじいものがあった。まるでイスラム教徒であることが悪いことであるかのような雰囲気さえ横行した。

我々ＰＭＳ〔平和医療団・日本《ピース・ジャパン・メディカル・サービス》〕は「生命と水」を前面に

掲げ、このような思想・文化方面の動きとは別の次元で動いていた。米軍進駐を経た後、多くの「アフガン復興」の主題は「物心両面における近代化」と言えたが、旧ソ連の侵攻（一九七九年）以来、当地で進められた近代化の実態を眺めてきた身には、どこかで見た光景に思え、素直に同調できなかったのだ。

アフガン人にとってイスラム教とは人間の皮膚以上に密接なもので、生活の隅々までを律する精神文化だ。その中に女性の地位向上を肯定する考えがない訳ではない。外圧でなく、彼女たちが納得できる言葉で語られるべきだ。また、二〇〇〇年の大干ばつ後に襲ったあの飢餓地獄の中で、時流に乗り、権力を背景にこぶしを振り上げることに快からぬものを感じていた。

地縁と血縁が社会の全て

我々の作業地は、パシュトゥン（パターン）民族の世界である。パシュトゥンはアフガニスタン最大の民族で、人口二千万とも言われ、パキスタン北西部にも一千万人が国境を挟んで住む世界最大の部族社会だ。少数山岳民族もいるが、圧倒的多数のパシュトゥンと共に一つの文化圏を成す。「ワタン（故郷＝地縁）とカオミ（血縁）が社会の全て」と評されるほど、部族社会の様相を色濃く反映し、閉鎖的な農村は自治性が強く、実態は外部に伝わり難い。

このパシュトゥン民族の女性の外出着が「ブルカ」で、顔付近に網目の窓を残した布で全身をすっぽりと覆う。厳しい男女隔離の掟《おきて》があり、日本では刑が軽すぎる婦女暴行は普通、死罪である。

かつてパシュトゥン民族で構成されるタリバンが、この衣装を首都カブールで強制して物議を醸《かも》した。西側では「女性抑圧の象徴」として一大キャンペーンが張られて過熱、パリなどでは公園の彫像にブルカを被せて揶揄《やゆ》し、被り物一切が禁止された。だが実はアフガン東部の女性の伝統的な外出着にすぎない。

元々「個人」や「自由」という考えはアフガン農村で薄かった。血縁・地縁社会の中で、いかに家族全体の安泰を図るかが関心事だ。男も女も、子供も、それぞれに役割を担ってその文化の中で生きていた。それを性急に変えようとした旧ソ連は反発を招き、大混乱を残して撤退した。一方、抵抗勢力を「自由の戦士」と呼び、大量の武器援助で内戦を泥沼化させた西側のマキャベリズム（目的のために手段を選ばないやり方）は、人道支援にさえ不信を招いた。

重要なのは、温かい人間的関心

カブールのような大都市を除き、多数の女性たちが自ら権利を求めて叫ぶことは少なかったと思う。物言わぬ農村の女性にとって、最も過酷な労働は水運びである。炎天下、水がめを頭に乗せ、時には数㎞の道程を一日中徒歩で往来する。泉があちこちで涸れた現在、遠くの川まで行くが、濁流はすぐには使えない。大きな水がめに入れて一晩泥を沈澱させてから利用する。貴重な水は煮沸して料理や茶に使う。薪は高価なので、のどが渇けば川の水をすくって飲む。赤痢や腸チフスなど致命的な感染症も起こしやすい。

我々が手掛ける用水路はこの水汲み労働と感染症の危険から女性たちを解放した。用水路沿いの地下水位が上がり、涸れ井戸が悉《ことごと》く復旧し、木がのびのびと育つ。家の近くから何度でも水が汲め、育つ木々は薪を提供する。用水路事業を誰よりも支持したのが彼女たちだった。実際、作業中に近所の家から「母からです」と子供たちが茶を届ける光景がしばしば見られた。気軽に異性に話しかける風習がないので、主婦たちが子供を代役に感謝を表したのである。

診察室で診療するとき以外、我々が彼女たちと親しく話す機会はない。おそらく、いつ実現するか分からぬ「権利」よりは、目前の生存の方が重要であったのだろう。必要なのは思想ではなく、温かい人間的関心であった。

全ての者が和し、よく生きるためにこそ人権があるとすれば、男女差を超え、善人や悪人、敵味方さえ超え、人に与えられた恵みと倫理の普遍性を、我々は訴え続ける。

初出：「西日本新聞」二〇一九年六月十七日朝刊

142号
2019・12

凄まじい温暖化の影響
――とまれ、この仕事が新たな世界に通ずることを祈り、来たる年も力を尽くしたい

全ての力を川周りへ

川とにらめっこしているうちに寒くなり、河川工事の季節が再び巡ってきました。みなさん、お元気でしょうか。

今冬の川の工事は、カマI堰《ぜき》対岸の補強工事に加え、マルワリード堰の抜本的な改修があります。既に七月から準備し、川の水が下がる十月下旬、「全ての力を川周りへ」と、一気に取りかかりました。カマI堰は最新の堰でしたが、対岸に予期せぬ浸蝕が発生したため、急遽《きゅうきょ》決定したものです。増水期の三月までに、全ての必要な工事を速やかに終えねばなりません。

最大の標的はマルワリード堰で、堰だけでなく用水路の本格的な改修が予定されています。これは建設後十六年を経て、ある程度の補強が必要になった部分があり、昨年秋の鉄砲水被害からの復旧もあります。また、何よりも今後

カンレイ村の水田。中村医師は「土壌改良の上でも効果がある」として水稲栽培を奨励していた（19年7月）

の維持の上で、私たちが範を垂れておく必要があります。

人々の生活の安全を

マルワリード用水路は山腹を這うように作られています。鉄砲水や土石流が通る谷をいくつも通過します。谷といっても、四千m級の山から流れてくる洪水や土石が、信じられないような勢いで下ってきます。日常的に通過する所はある程度対策が立てられますが、最近の降雨は予測が不可能で、大丈夫と思っていた箇所が鉄砲水で決壊したり、通過水量が予想をはるかに超えたりで、その都度マメに補修しながら守る以外にないのです。

普通の国なら行政が責任をもって保全するのでしょうが、まだまだ途上のようです。ここでは安全とはテロ対策のことばかりで、人々の生活の安全が考慮されてきたとは思えません。今は地元民と協力しながら、将来の河川行政の確立を待つ他はないようです。

猛烈な勢いの沙漠化に抗して、今はとにかくこの希望を守り育てるべきだと考えています。

「緑の大地計画」は更に拡大の勢いで、来年からはバルカシコート堰、ゴレーク堰が着手されます。

バザールが立ち並んで大混雑

このところ、作業現場までの道路が信じがたい大混雑で、いつの間にか延々とバザールが立ち並び、それが常態となってしまいました。以前には考えられないことです。特にジャララバードからカマ郡に至る約二〇km区間がひどい状態です。

考えれば当然で、農地が復活した私たちの作業地（ジャララバードの北部三郡）が州内で最も住みやすい場所になっているうえ、これまで最大の避難先であったパキスタンが難民の越境を厳しく取り締まり、もう逃げていく場所がないからです（パキスタン自身が何年も不作と不況に喘《あえ》いでいます）。

干ばつは確実に進行

水の仕事を始めてから十九年、干ばつは動揺しながら確実に進行しているように思われます。かつて豊かな農村地帯で聞こえたソルフロッド郡は沙漠化で見る影もなく、スピンガル山麓一帯は僅かにドゥルンタ・ダムからの用水路

鉄砲水で塞がれた国道（19年7月）

が細々と潤すにとどまっています。川沿いも気候変化で渇水と洪水が併存し、年々荒れていきます。温暖化の影響はここアフガニスタンでも凄まじく、急速に国土を破壊しています。

　それでも依然として、「テロとの戦い」と拳を振り上げ、「経済力さえつけば」と札束が舞う世界は、沙漠以上に危険で面妖《めんよう》なものに映ります。こうして温暖化も進み、世界がゴミの山になり、人の心も荒れていくのでしょう。一つの時代が終わりました。

　とまれ、この仕事が新たな世界に通ずることを祈り、真っ白に砕け散るクナール河の、はつらつたる清流を胸に、来たる年も力を尽くしたいと思います。

　良いクリスマスとお正月をお迎えください。

二〇一九年十二月　ジャララバードにて

◎中村医師、アフガニスタン名誉国民証を授与される「これがアフガニスタン復興のカギ」

――事業への深い理解を感じた授与式

十月七日午後五時三〇分から三〇分間、名誉国民証の受け渡し式が大統領官邸で行われました。日本大使館から高橋副大使以下二名、アフガン政府側から報道官、直属の秘書数名が列席されました。質素な集まりで、報道関係者は招かれませんでした。

　式は終始和やかな雰囲気で行われました。印象的だったのは大統領の喜び方で、初めから長い抱擁の挨拶で始まり、よほど嬉しかったのでしょう、最大の英雄、最も勇敢な男、最大の貢献、などなどと私たちの仕事に対する激賞の言葉が続きました。四月に市民証の発行を指示してから、選挙や内外の政治的変化で忙しく、やっと願いがかなったという感じでした。

　以前経済大臣をしていた頃、水と農業の問題をずいぶん考えたことがあるそうです。しかし、どの援助も話や理論ばかりで、成功したものはなかったとのこと。昨年、英語で書かれた、ＰＭＳ事業の技術書『緑の大地計画』を手に

ガニ大統領（当時）からアフガニスタンの名誉国民証を授与された中村医師（19年10月）

取り、何度も熟読し、「これがアフガニスタン復興のカギだ」と思ったそうです。普段六時間以上続けて読書をしたことはなかったが、引き込まれて八時間以上をかけて読んだとのことでした。

既にPMS方式の一部は大統領指示で、クナール河流域で行われており、小生らも協力を約しました。小生らの主張のエッセンスもよく理解されており、「実際の経験を以《もっ》て成功させた」ことが何度も称賛されました。やはり実を重んじ、勇気と実行を美徳とする古風なパシュトゥンの面影があります。

大統領はどこか高貴な感じがする好々爺《こうこうや》で、ユーモアのセンスがある方です。「狂った川を愛を以《もっ》て制したのですな。川から離れられませんな」とも述べられました。

最後に、大統領官邸にはいつでも来てよろしい、何か困ったことがあれば知らせてくれるようにと、秘書官たちにも言いつけ、再会を約してお別れしました。破格の待遇に、ジア先生も喜んでいました。

◎名誉国民証受証後のメッセージ

絶望的な状況の中、人々の希望と国土の回復を目指す

今回、アフガニスタン大統領から直接、このアフガン名誉国民の地位が与えられました。ペシャワール会＝PMS(Peace Japan Medical Services)は、これで文字通り現地に溶け込んだ活動になります。これは一人小生の活躍ではなく、長年にわたる日本側の良心的支援、現地のアフガン人職員、地域の指導者による協力の成果だと理解します。

それと同時に、私たちが努力を傾けてきた灌漑《かんがい》事業が、この国で重要な意味があることが背景にあります。アフガニスタンは年々農地の乾燥化が進み、農業不振で危機的な状況が生み出されつつあります。温暖化による最大の犠牲者の一つがアフガニスタンです。私たちの試みが、この絶望的な状況の中で、多くの人々に希望を与えると共に、少しでも悲劇を緩和し、より大きな規模で国土の回復が行われることを希望します。

二〇一九年十月七日

◎水のよもやま話(5)

柳の話

我々が用水路建設で行う柳枝《りゅうし》工は、すっかり定番となって、柳のない水路は物足りなく思えるほどになった。今年四月、二〇〇三年にはじまる「緑の大地計画」でＰＭＳが行なった植樹が一〇〇〇万本を記録、そのうち六〇万本が柳だ。つきあいも長くなったので、ここで紹介しておきたい。

水辺で元気

たいていの樹木は水に浸かり続けると死ぬ。湿地に木が生えないのはそのためだ。柳は不思議な木で、水腐れを起こさず、むしろ水辺で元気がよい。流水からも酸素をとり込む水草のような性質があるからだ。初夏、柳の根方《ねかた》を見ると、岸辺から張り出す毛根が観察される。まるで赤い毛《もう》氈《せん》のように、鮮やかだ。古くから岸辺の保護に用いられ、日本でも「川端やなぎ」は馴染み深い。日本で一般的なのは「しだれやなぎ」で、幽霊の姿を連想させ、怪談によく登場する。しだれやなぎは中国原産で、奈良時代に渡来して全国に広がったと言われている。実際、日本の地名や人名には柳が頻繁に登場する。

河岸から盛んに根を出す柳（カマＩ堰）

世界に三〇〇種とも言われ、中間種もあるので、実際は分類できないほど多いらしい。日本の在来種はネコヤナギが有名だ。アフガニスタンでは「しだれ」を殆ど見かけず、我々が現地で使用するものは「コリヤナギ」の近縁種と思われ、枝はピンと張っている。そのせいか、柳にまつわる怪談話はない。

柳もおしべとめしべがあり、一応は虫媒花《ちゅうばいか》である。但し、花雌雄が別々の枝に着く。春三月、芽吹く若葉に混じって、花が観察される。ネコヤナギのふっくらした花はおなじみだ。日本のしだれやなぎに雌花がないことはよく知られ、専《もっぱ》ら挿し木で広がったらしい。

色彩の魅力――詩歌の柳

鮮やかで柔らかい独特の緑色が印象的で、昔から詩歌に登場する。万葉集などでも謳《うた》われ、中国の古典には、そのまま「柳色」という表現で登場する。春から初夏、たおやかで、かつ夢のように鮮やかな色彩は、何故か郷愁を誘い、一度見ると忘れない。

やはらかに　柳あをめる　北上の
岸辺目に見ゆ　泣けとごとくに
石川啄木

これは望郷の詩である。おそらく柳の群落は、どこの里でも見られた故郷の風物でもあったのだろう。

渭城《いじょう》の朝雨《ちょうう》　軽塵《けいじん》を浥《うるお》す
客舎青々柳色《せいせいりゅうしょく》新たなり
君に勧む更に尽せ一杯の酒
西の方陽関《ようかん》を出《い》ずれば故人なからん
「元二《げんに》の安西《あんせい》に使いするを送る」　王維《おうい》

これは唐代の有名な漢詩で、かつて送別会で盛んに謡《うた》われた。たいていが酒の席だったから、「一杯の酒」に力が入り、前の「柳色」まで深く想像できなかった。しかし、アフガニスタンで灌漑《かんがい》の仕事を始めてから、やっとこの詩の情感が理解できるようになった。前の二行がないと、「もう会えない」という後半の切々たる思いは伝わらない。細かい砂漠の塵《ちり》で覆われる内陸の乾燥地帯は、時折朝方に霧雨が下る。雨が去ると空気が澄み渡り、木の葉の緑が鮮やかに表れる。特にこの季節の柳の色は目が覚めるように美しい。故郷を偲ばせる情景の中で、遠くへ旅立つ親友を送るのである。

柳の精・聖なる木

縁起をかつぐ人は、柳を庭に植えない。三途の川など、川の岸辺は昔からこの世とあの世の境界と考えられ、柳がそれを連想させるからだ。幽霊の姿も、しだれ柳から想像されやすい。

柳はそのしなやかさから女性が想像され、柳腰という言葉もある。古くから柳の精が女に化けて男をたぶらかすという話が各地にあるが、必ずしも恐ろしい妖怪ではなく、小泉八雲《やくも》の怪談の「青柳《あおやぎ》の話」は、可憐な娘が登場する悲恋の物語だ。

キリスト教では、縁起の良い木として扱われる。切り口から旺盛に新たな枝を出すさまが、復活の象徴として理解されるらしい。福音書のクライマックス、イエスのエルサレム入城の際、民衆が路上にシュロの枝を敷いて迎えたという故事がある。これを記念する「シュロの主日*」には、早春に芽吹くネコヤナギが世界中で広く使われている。

折れない柳の枝

「柳の枝に雪折れなし」というように、新鮮な柳の枝は、曲げることはできても、決して折れない。中国では弓矢の矢に使われ、日本語のやなぎという言葉も矢に由来する。曲げてもすぐ戻るので、かつて別れの際に柳の枝を手向《たむ》けるという風習もあったらしい。

アフガニスタンでは細い枝を集めて編み、手籠《てかご》を作る。最近では見かけなくなったが、日本では柳行李《ごうり》が有名で、古くから旅行や行商の荷物入れとして、今の旅行カバンのように用いられた。

鞭《むち》にも使われたらしく、童謡「かなりや」（西條八十《やそ》・作詞）に出てくる。その中に、「歌を忘れたカナリヤは――柳のムチでぶちましょか」と穏やかでない一節がある。「いえいえ、それはかわいそう――象牙の船に銀の櫂《かい》、月夜の海に浮べれば、忘れた歌をおもいだす」と続く。子供の頃からこの歌が好きで、この齢になっても覚えている。叩いたり責めたりしても、人は良くならない。心和む情景の中に置けばよい。その通りだ。第一美しい柳を鞭に使うなど、よろしくない。

河川工法の中の柳（柳枝工）

ヤナギは岸辺で旺盛に成長して根を張るので、古くから護岸に用いられてきた。我々の現場では、主に用水路壁のふとん籠工（蛇籠《じゃかご》工）と併せて行われる。石の隙間に細かい根が入り込み、生きた籠として石垣の構造を保つ。

しかし、クナール河のような急流の自然河川では柳枝工は使えない。主に緩やかな川で用いられる。粗朶《そだ》沈床《ちんしょう》は、生きた柳枝で編んだ網を沈めて水辺で根を張らせ、岸辺を守る本格的な伝統工法だ。我々もずいぶん試みたが、水位差が激しいクナール河には向かない。そこで、独立したふとん籠周囲に編み込んで叢生《そうせい》させ、河原に多数を埋設、砂州表面の保護に用いた。形が生け花の剣山に似ているので、「剣山粗朶柵」などと称している。この他、河辺の水制間に植え、土留《どど》めとして斜面保護に使うことも多い。

群落の維持と植樹

条件が良ければ、ヤナギは十mを超える大木になるが、寿命は案外短い。昆虫たちには人気の樹の一つで、ガ、ハムシの幼虫が葉を好み、カイガラムシが小枝の樹液を吸い、カミキリムシやゾウムシが幹に穴をあけて棲みつき、産卵する。たいていは共生しているが、古くなると樹に元気がなくなって、シロアリがつくと枯れることもある。

維持するのは定期的な刈りこみか伐採がよい。切株から盛んにシュート（若い枝）を発し、普通五年以上経った群落なら、二年で完全に回復する。殺虫剤は厳禁だ。ひどい食害でも群落全体がやられることは先ずない。駆除は天敵の鳥やテントウムシに任せ、古くなったら伐採して新枝に更新するのが一番良い。

　植樹は全て挿し木で、適期は晩冬、水やりはバケツによる手作業だ。以前、能率を上げるために水ポンプを使っていたが、活着率は芳しくなかった。十年ほど前、来ていた梅本霊邦ワーカーがバケツの方が確実と言い出し、試しに実行したところ、活着率九九％という驚くべき結果が出て、以来それを採用している。幼木は手作業で大事に扱う方がよく、ポンプでは土が洗い流され、木が固定しにくいと考えられる。

　最近では、作業員が更に考えて、補水を工夫した「挿し木床《どこ》」が大成功、季節を問わず、いつでも植えられるようになった。限られた工期では画期的なことである。

　こうしてヤナギは最も身近な植物となり、作業地内の至る所で柳の群落が見られるようになった。ＰＭＳの用水路工、排水路工、護岸工、法面工《のりめんこう》には必ず柳の群落があり、その長さを合計すると優に一〇〇㎞を超えるだろう。

　至る所で、美しい緑が道行く人たちの心を和ます。着工以来六〇万本、柳の精たちが多数現れることを待ち望んでいる。

＊復活祭直前の日曜日をいう。「聖枝祭」とも。

追悼
緒方貞子さんの思い出

緒方貞子さんは最も親近感を覚えてきた大先輩の一人です。国連難民高等弁務官時代はペシャワールのアフガン難民キャンプで、ＪＩＣＡ〔国際協力機構〕理事長時代はアフガン復興をめぐって、ジャララバードや東京で何度もお話をする機会に恵まれました。

ペシャワール近郊の難民キャンプで診療中の中村医師（1987年ごろ）

　我々が二〇〇三年以来行なっている灌漑《かんがい》事業、「緑の大地計画」についても強力な支持者で、陰に陽に声援を惜しまれませんでした。用水路が要所を開通した時は必ず祝電が届き、職を退かれたのちもその後の様子を気にかけておられました。

JICAの招聘によりPMS職員やアフガン政府関係省が来日し、山田堰などを訪問（19年9月）

二〇一〇年から八年間続いたＪＩＣＡ—ＰＭＳ共同事業では取水堰《ぜき》の技術的完成を目指すものでしたが、緒方さんの背後からの支えが大きな力になっていました。

氏は理念の人道・平和主義者ではなく、その主張する「人間の安全」が光彩を放つのは、現場で話ができる方だからでした。その言動は常に実際的、行動的でありました。「国際貢献」という抽象論を嫌い、「置かれた位置が国際環境そのもの」ととらえ、そこから可能性と責任を問うという一貫した姿勢で、多くの人々を励ましてきました。温かい大きな火が消えた気がしています。

天にある御霊の平安を心からお祈り申し上げます。

初出：「カトリック新聞」二〇一九年十一月十日（一部加筆）

号外
2019・12

絶筆
信じて生きる山の民
——アフガニスタンは何を啓示するのか

◇中村医師は二〇〇九年より年に四回、西日本新聞に「アフガンの地で　中村医師からの報告」と題した連載を続けていました。絶筆となった十二月二日朝刊掲載分をここに転載します。

「緑の大地計画」は最終段階へ

我々の「緑の大地計画」はアフガニスタン東部の中心地・ジャララバード北部農村を潤し、二〇二〇年、その最終段階に入る。大部分がヒンズークシュ山脈を源流とするクナール河流域で、村落は大小の険峻な峡谷に散在する。辺《へん》鄙《ぴ》で孤立した村も少なくない。

比較的大きな半平野部は人口が多く、公的事業も行われるが、小さな村はしばしば関心をひかず、昔と変わらぬ生活を送っていることが少なくない。我々の灌漑《かんがい》計画もそうで、「経済効果」を考えて後回しにしてきた村もある。こう

ゴレーク村の長老達と（19年10月）

した村は旧来の文化風習を堅持する傾向が強く、過激な宗教主義の温床ともなる。当然、治安当局が警戒し、外国人はもちろん、政府関係者でさえも恐れて近寄らない。

忠誠集める英雄

ゴレーク*はそうした村の一つで、人口約五千人、耕地面積は二〇〇ヘクタールに満たない。これまで、日本の非政府組織（NGO）である日本国際ボランティアセンターが診療所を運営したことがあるだけで、まともな事業は行われたことがなかった。PMS〔平和医療団・日本《ピース・ジャパン・メディカル・サービス》〕としては、計画の完成に当たり、このような例を拾い上げ、計画地域全体に恩恵を行き渡らせる方針を立てている。

同村はジャララバード市内から半日、クナール河対岸のダラエヌールから筏《いかだ》で渡るか、我々が三年前から工事中の村から遡行《そこう》する。周辺と交流の少ない村で、地域では特異な存在だ。圧倒的多数のパシュトゥン民族の中にあって、唯一パシャイ族の一支族で構成され、家父長的な封建秩序の下にある。

パシャイはヌーリスタン族と並ぶ東部の山岳民族で、同村の指導者はカカ・マリク・ジャンダール。伝説的な英雄で、村民は彼への忠誠で結束が成り立っている。他部族にも聞こえ、同村には手を出さない。

十月中旬、我々は予備調査を兼ねて、初の訪問を行なった。クナール河をはさんで対岸にPMSが作った堰《せき》があり、年々の河道変化で取水困難に陥っていた。ゴレーク側からも工事を行わないと回復の見通しが立たない。ゴレークの方でも取水口が働かず、度重なる鉄砲水にも脅《おびや》かされ、耕地は荒れ放題である。この際、一挙に工事を進め、両岸の問題を解決しようとした。

「諸君の誠実を信じます」

最初に通されたのは村のゲストハウスで、各家長約二〇〇名が集まって我々を歓待した。他で見かける山の集落とさして変わらないが、貧困にもかかわらず、こざっぱりしていて、惨めな様子は少しも感ぜられなかった。

ジャンダールは年齢八〇歳、村を代表して応対した。彼と対面するのは初めてで、厳《いか》めしい偉丈夫を想像していたが、意外に小柄で人懐《なつ》っこく、温厚な紳士だ。威あって猛《たけ》からず、周囲の者を目配せ一つで動かす。

ＰＭＳの仕事はよく知られていた。同村上下流は、既に計画完了間際で、ここだけが残されていたからである。

「水や収穫のことで、困ったことはありませんか」

「専門家の諸君にお任せします。諸君の誠実を信じます。お迎えできたことだけで、村はうれしいのです」

終末的世相の中

こんな言葉はめったに聞けない。彼らは神と人を信じることでしか、この厳しい世界を生きられないのだ。かつて一般的であった倫理観の神髄を懐かしく聞き、対照的な都市部の民心の変化を思い浮かべていた。――約十八年前（二〇〇一年）の軍事介入とその後の近代化は、結末が明らかになり始めている。アフガン人の中にさえ、農村部の後進性を笑い、忠誠だの信義だのは時代遅れとする風潮が台頭している。

誠実な人柄で中村医師の運転手を務めたザイヌッラーさん（左）。中村医師とともに殉職した（19年4月）

近代化と民主化はしばしば同義である。巨大都市カブールでは、上流層の間で東京やロンドンとさして変わらぬファッションが流行する。見たこともない交通ラッシュ、霞《かすみ》のように街路を覆う排ガス。人権は叫ばれても、街路にうずくまる行き倒れや流民たちへの温かい視線は薄れた。泡立つカブール河の汚濁はもはや河とは言えず、両岸はプラスチックごみが堆積する。

国土をかえりみぬ無責任な主張、華やかな消費生活への憧れ、終わりのない内戦、襲いかかる温暖化による干ばつ――終末的な世相の中で、アフガニスタンは何を啓示するのか。

見捨てられた小世界で心温まる絆を見いだす意味を問い、近代化のさらに彼方《かなた》を見つめる。

＊中村医師がこれまで「陸の孤島」として気にかけてきた、マルワリード用水路対岸のカシコートのやや下流にある村。さらに、近接するサルバンド村はかつて悪性マラリアとの闘いで薬が尽きた、因縁の深い村として紹介された（261頁＝111号）。

巻末付録1　中村哲医師からの最後の「週報」

◎本稿は、中村医師が現地事業の進捗状況を日本の事務局宛にレポートしていたもののうち、最後となった二〇一九年十一月三日付の通信である。当初、週毎に送られていたが、後には不定期となった。毎回、現場の写真や自作の図面などが添付されていた。

事務局のみなさん、後藤、村上先生

「今年出なければもう会えないかも知れない」という文句に脅かされ、十月二〇日の〈九州大学医学部〉同窓会にこっそり帰っていましたが、とんぼ返りで再び川の中です。

今年も、というべきか、現地では次々といろんな出来事が重なります。十月下旬、カシコート堰《ぜき》の下流一㎞地点の谷で、巨大な土石流と鉄砲水が下り、付近集落と共に、カシコート用水路が数百mにわたって埋め潰されました。復旧に約十日かかり、やっと本日開通しています。

これとは別に、カマ第一堰では七月の洪水で右岸の浸蝕が発生、水位下降と共に被害状況が明らかになり、去る十月二六日に改修作業に取り掛かっています。被害は致命的なものではありませんが、完成度の高さを誇っていただけに、一同天狗の鼻が折れております。砂州接合部の措置で、岸辺の地層の調査不足だったといえます。この際重機を総動員し、惜しみなく物量を投じ、徹底的な措置を講じております。

今冬最大の計画であるマルワリード堰改修事業は、旧水門の一部を壊して準備を進め、対岸からの交通路を確保しようとしたところでした。そこに、カシコートの大被害が発生、復旧作業にはりつけとなっています。来週から少しずつ進め、カマ堰が一段落する十一月中旬を期して、一気に取りかかる予定でおります。こちらは四年がかりですが、今冬は堰水門の改修、四・八㎞までの用水路床傾斜の修正を含み、やはり大工事です。

バルカシコートは、カシコート堰の約一㎞上流にあり、これまでPMSが応急措置だけを手伝っていたところです。こちらは規模も小さく、それほど緊急性はなかったのですが、PMS職員たちが自発的に意欲を燃やし、小生が「練習のつもりで存分にやれ」と是認していたものです。技師たちが大方の技術を会得したとはいえ、やはり川の工事が泣き所で、いい機会だと考えたのです。また近い将来、クナール州方面に遡上するなら、格好の先端地域になります。

ゴレーク村は先の報告の通りですが、本格的な調査はこれからです。こちらは、対岸のシギ堰の安定も考え、かなり大きな河川工事となります。着工は来年秋ですが、十分

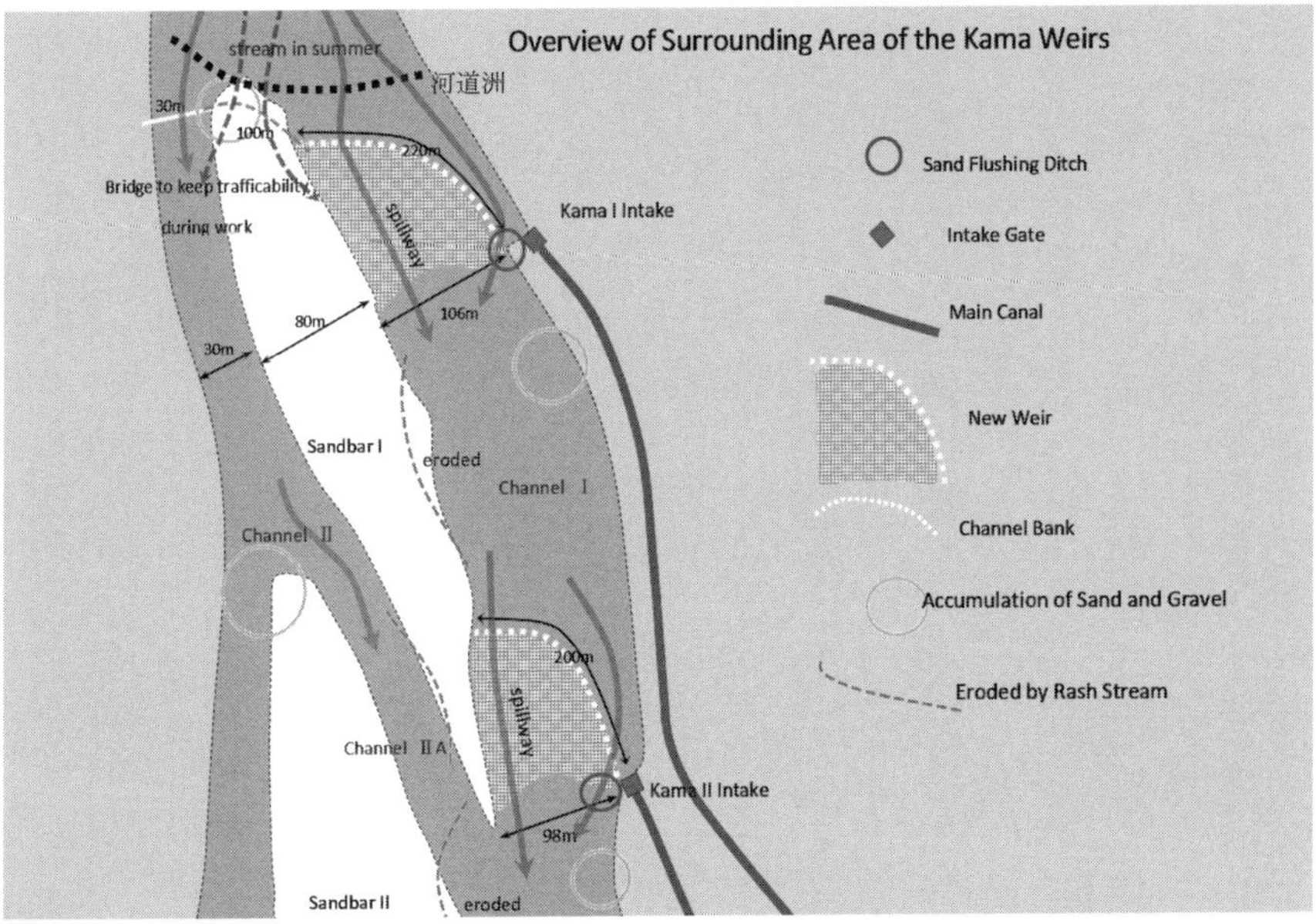

「週報」添付の図面に対する中村医師の説明文：この砂州先端に特別な関心を払うのは、同部にかかる河道州の動向で流れが大きく左右されるからだ。河道州とは河道にかかる砂利堆積線のことで、砂州移動や大量の砂利堆積、前後の浸蝕発生と関係が深い。過去9年間の観察で、先端に大量の砂利堆積が起きると、河道Ⅱが塞がり、河道Ⅰの水量が増してカマ第一堰、第二堰の両者に大きな負荷がかかり、カマ第一堰の接合部が破綻する。これを繰り返してきた。今回の措置は土砂吐き・洪水吐きに加え、橋脚間を土砂吐きの一種と見立て、堰上流側の土砂堆積を軽減し、河道安定を図るべく行われた。結果は、河道州の形状変化として、目に見える形で反映される筈だ。

な調査を今冬に開始せねば設計ができないと思われます。シギ堰も十月中旬、河道変化で水量が途切れ、復旧したばかりでした。川の変化に対応するにはゴレーク側と堰を一体化するのが早道ですが、カシコート＝マルワリード連続堰と同様、大工事を覚悟しています。

こうした動きが重なって、ラグマン州の「イリアスヘール計画」は余りにゆとりなく、今は関与できない状態だと考えます。この際、実際的かつ確実な「緑の大地計画」周辺部に力を入れるべきだと考え、その旨を職員たちに伝えました。それでも、バルカシコート、ゴレーク、マルワリード、カマ第一堰、シギ堰と、こうもいっぺんに来ると、小グループで対処せざるを得ない我々には、芸当のような動きを強いられます。整理して負担を減じながら、着実に処理していこうと考えております。冬の工事は限られた期間で行わざるを得ないので、やはりこの時期は用心して動くべきだと思いました。

以下、少しずつ事情をお伝えします。

みなさん、お元気で。

二〇一九年十一月三日　記

巻末付録2　中村哲医師　ペシャワール赴任までの足跡

一九四六年	九月十五日、福岡市内にて、中村勉と秀子（旧姓玉井）の、長女に続く長男として生まれる。母・秀子の兄は作家・火野葦平（本名・玉井勝則）。母方の祖父・金五郎と祖母・マンは石炭積出港として栄えた北九州・若松（現北九州市若松区）の沖仲仕《おきなかし》（港湾の荷役労働者）を束ねる「玉井組」を率いた。父・勉は戦前からの社会活動家で、火野葦平とは雑誌『九州文化』の同人だった。二歳のころ、若松市恵比寿に転居。同市本町の火野葦平宅（「河伯洞《かはくどう》」）によく通い、特に祖母・マンの教えに大きな影響を受けた。また父からはよく論語を素読させられた
一九五一年	若松市堺町のカトリック幼稚園「若松天使園」に入園
一九五二年	四月、若松市・浜町小学校に入学。十月、福岡市近郊の古賀町立（現・古賀市立）古賀西小学校に転校。三年生の時、近所の郵便局長で同級生の父であった人物の影響で昆虫や自然に興味を抱き、昆虫採集に明け暮れる（特に蝶類、甲虫類などを好み、九州大学農学部昆虫学科への進学を夢見ていた）
一九五九年	四月、福岡市内の西南学院中学校に入学（古賀町より通学）。二年時はほぼ毎週山登り（三郡山～宝満山の縦走）に勤しむ。卓球部に在籍
一九六一年	キリスト教思想家の内村鑑三の『後世への最大遺物』等の影響を受け、中学三年時、香住ヶ丘教会の藤井健児牧師より受洗（伯父である火野葦平の影響で当時は文学を志していた）
一九六二年	四月、福岡県立福岡高校に入学。卓球部に在籍しながら山登りに熱中
一九六三年	十一月、三井三池炭鉱（大牟田市）で炭塵爆発事故（死者四五八名、一酸化炭素中毒患者八〇〇名以上）
一九六四年	三月、体調不良を理由に修学旅行に参加せず、霧島～阿蘇を七日間かけ縦走
一九六五年	四月、福岡高校付属の予備校である「研修学園」に通学。大晦日、雪中の夜間に三郡縦走を敢行
一九六六年	四月、九州大学医学部に入学。一年時より自治会委員を務める傍ら「ＫＳＣＡ（九州大学学生キリスト者アソシエーション、後のＹＭＣＡ）」に在籍。当時の理事長だった哲学者の滝沢克己教授を通じ、カール・バルトの「インマヌエル論」を主としたキリスト教神学に親しむ
一九六八年	一月、米軍の原子力空母エンタープライズが佐世保に入港。佐世保での抗議行動に参加 六月、九州大学構内に米軍ファントム戦闘機が墜落。機体の搬出阻止闘争に参加

一九六九年	医学部を休学。数ヵ月の間、地元のサッシ工場に勤めた後、復学
一九七三年	三月、医学部卒業。四月より国立肥前療養所（精神科）の研修医となり、ＫＳＣＡ時代以来の友人で後にペシャワール会初代事務局長となる佐藤雄二氏や、医学部の後輩で佐藤氏の没後事務局長を継ぐ村上優氏（現会長）らと共に診療に従事（精神科を志望した背景には『夜と霧』『死と愛』で知られるヴィクトール・フランクルの影響があった）
一九七四 ～七九年	神経内科の研修を希望し大牟田労災病院に移籍。後にペシャワール会第二代会長となる髙松勇雄氏の指導を受ける。在籍中は三池炭鉱事故の後遺症患者の診療に携わる
一九七八年	六月、福岡登高会（会長・新貝勲氏）の同行医師としてパキスタンの高峰ティリチミール山遠征隊に参加（七七〇八ｍ、隊長・池邉勝利氏）
一九七九年	六月、大牟田労災病院を退職。八女郡広川町の脳神経外科病院の副院長となり、一九八二年まで勤める 前出の村上優氏、池邉勝利氏とパキスタンを再訪（当初はアフガニスタンにも訪れる予定であったが政情不安のため断念） 十一月、大牟田労災病院時代の同僚だった尚子さんと結婚（新婚旅行でもパキスタンを訪れる）
一九八二年	三月、パキスタンのペシャワール・ミッション病院が、ＪＯＣＳ（日本キリスト教海外医療協力会、会長・隅谷三喜男氏）に医師の派遣を要請。理事の一人である岩村昇医師の話を聞き、「働いてみたい」と申し出る。ＪＯＣＳ主事の奈良常五郎氏や長崎太郎理事、後にペシャワール会初代会長となるＫＳＣＡ理事長で九州大学医学部名誉教授の問田直幹氏等が尽力 四月、中村医師の派遣が決定される 十二月、ペシャワール・ミッション病院を訪問
一九八三年	四月、ペシャワール・ミッション病院を再訪 五月、中村哲医師を支援する会の第一回準備会が開催され、名称を「ペシャワール会」とし、趣意書、会則が作成され、会長に問田直幹氏、事務局長に佐藤雄二氏が就任。事務局は福岡ＹＭＣＡの厚意で福岡市中央区天神にあった同会館に置かれた 六月、岡山の国立ハンセン病療養所・邑久光明園（園長・原田禹雄氏）で三ヵ月に亘り研修を受ける 九月、ペシャワール会発会式（於・福岡市中央市民センター）。約三〇〇名が参加。発足時の会員は約六二〇名 十二月、ロンドンでの語学研修とリヴァプールの熱帯医学校での研修のため渡英
一九八四年	五月、ペシャワール会第一回総会（於・福岡市中央市民センター） 同月二八日、ペシャワール・ミッション病院に着任（一九九〇年まで家族とともに生活）

巻末付録3　中村哲医師の詩歌

◎漢詩・自由詩

開拓地に寄せる

沙漠朝雨潤軽塵　沙漠の朝雨軽塵《けいじん》を潤す
耕田溝渠新柳色　耕田溝渠《こうきょ》柳色新たなり
聴百論喧於巷間　百論巷間《こうかん》に喧《やかま》しきを聴けど
郷民何計得安心　郷民何を計って心安めるを得ん
不能成和以刀剣　刀剣を以て和を成すは能《あた》わず
相凌糊口而仰天　糊口を相凌いで天を仰げば
神意煌顕於一隅　神意は煌《きら》めいて一隅に顕わる
願此永代的先鞭　願わくば此永代の先鞭たれ
平和可輝至月滅　平和は月の滅びるまで輝くべし

（二〇一二年七月十四日の報告書）

七年の日月、夢幻しならず。汝剣を取りて剣に倒れよ。
我らは鍬を取りて自然の恵みを顕さん。

（70頁＝77号参照）

◎和歌

柿の葉の
散りて荒れ地に
緋の千畳
ひとの生きるもかくなれば
なんぞ墜つるを恐れなむ

平成十五年十月

人の世も　麦の彼方の地平線
麦の青さに濡れてゆく

風寒けれど　春なれば
良きおとずれを　届けなむ

平成十六年三月

◎俳句

小春日に　河も驚く　騒ぎかな
（クナール河のカワセミ）

麦秋の　水面に映る　陽の恵み

濁流に　沃野夢見る　河童かな

陽だまりで　何を語らう　菊のむれ

（二〇一一年十二月三日の報告書）

巻末付録4　中村哲医師の著作・映像作品等

★印は九州大学附属図書館「中村哲著述アーカイブ」で本文の一部又は全文を公開中

◎単著

★『ペシャワールにて　癩《らい》そしてアフガン難民』一九八九年三月（一九九二年三月増補版）、石風社

『ペシャワールからの報告　現地医療現場で考える』（河合ブックレット）一九九〇年七月、河合文化教育研究所

★『Hansen's Disease : in NWFP, Pakistan & Afghanistan for comedical workers』二〇〇五年一月、編集・発行：中村哲＆ＰＭＳ／制作：石風社

『アフガニスタンの診療所から』（ちくまプリマーブックス）一九九三年二月、筑摩書房（二〇〇五年二月、ちくま文庫）

★『ダラエ・ヌールへの道』一九九三年十一月、石風社

★『医は国境を越えて』一九九九年十二月、石風社

★『医者 井戸を掘る　アフガン旱魃との闘い』二〇〇一年十月、石風社

『ほんとうのアフガニスタン』二〇〇二年二月、光文社

★『辺境で診る　辺境から見る』二〇〇三年五月、石風社

『医者よ、信念はいらないまず命を救え！　アフガニスタンで「井戸を掘る」医者』二〇〇三年十月、羊土社

★『空爆と復興　アフガン最前線報告』（ペシャワール会編）二〇〇四年五月、石風社

『アフガニスタンで考える　国際貢献と憲法九条』（岩波ブックレット）二〇〇六年四月、岩波書店

『アフガニスタン・命の水を求めて　ある日本人医師の苦闘』（ＮＨＫ教育テレビのテキスト）二〇〇六年五月、ＮＨＫ出版

★『医者、用水路を拓く　アフガンの大地から世界の虚構に挑む』二〇〇七年十一月、石風社

『人は愛するに足り、真心は信ずるに足る　アフガンとの約束』澤地久枝（聞き手）二〇一〇年二月、岩波書店（二〇二一年九月、岩波現代文庫）

★『アフガン・緑の大地計画　伝統に学ぶ灌漑工法と甦る農業』二〇一七年六月、石風社／**【改訂版】**二〇一八年七月、Peace(Japan)Medical Services＆ペシャワール会

『天、共に在り　アフガニスタン三十年の闘い』二〇一三年十月、ＮＨＫ出版

『PROVIDENCE WAS WITH US　How a Japanese Doctor Turned the Afghan Desert Green』（『天、共に在り』の英訳版）二〇二一年二月、出版文化産業振興財団

『希望の一滴　中村哲、アフガン最期の言葉』二〇二一年二月、西日本新聞社

『わたしは「セロ弾きのゴーシュ」中村哲が本当に伝えたかったこと』二〇二一年十月、ＮＨＫ出版

『中村哲　思索と行動　「ペシャワール会報」現地活動報告集成（上）』二〇二三年六月、ペシャワール会

◎中村医師の文章・インタビュー・対談が収録された主な書籍

『人類の未来と開発 岩波講座　開発と文化7』一九九八年四月、岩波書店

『学び・未来・NGO　NGOに携わるとは何か』二〇〇一年四月、新評論

★『中村哲さん講演録　平和の井戸を掘る　アフガニスタンからの報告』二〇〇二年五月、ピースウォーク京都

『なぜ医師たちは行くのか？　国際医療ボランティアガイド』二〇〇三年十月、羊土社

『君 今この寂しい夜に目覚めている灯よ　佐高信対談集』二〇〇三年十二月、七つ森書館

『ペシャワール会報　合本』（発刊に寄せて）二〇〇四年七月、石風社

原寮『ミステリオーソ』（対談、ハヤカワ文庫）二〇〇五年四月、早川書房

『憲法を変えて戦争へ行こうという世の中にしないための18人の発言』（岩波ブックレット）二〇〇五年八月、岩波書店

『ニッポンを解剖する　養老孟司対談集』二〇〇六年三月、講談社

★中村哲編、ペシャワール会日本人ワーカー著『丸腰のボランティア　すべて現場から学んだ』（まえがき）、二〇〇六年九月、石風社

高橋修編著『アフガン農業支援奮闘記』（まえがきにかえて）二〇一〇年三月、石風社

大澤真幸『THINKINNG「O」創刊号』（対談）二〇一〇年三月、左右社

『命の水を求めて』（講演）二〇一〇年三月、同志社大学キリスト教文化センター

宮沢輝夫編著『大人になった虫とり少年』二〇一二年六月、朝日出版社

『新しい風土記へ　鶴見俊輔座談』（朝日新書）二〇一〇年七月、朝日新聞出版

『私の「戦後民主主義」』二〇一六年一月、岩波書店

『やわらかく、ときに劇的に』（井上ひさし特集　文藝別冊）二〇一三年三月、河出書房新社

『ほとんど人力　菅原文太と免許皆伝の達人たち』（対談）二〇一三年、七月、小学館

『伝える正造魂』（インタビュー）二〇一四年二月、随想舎

稲泉連『こんな家に住んできた　17人の越境者たち』二〇一九年二月、文藝春秋

半藤一利『墨子よみがえる』（対談、平凡社ライブラリー）二〇二一年五月、平凡社

◎映像

『アフガンに命の水を　ペシャワール会26年目の闘い』二〇〇九年、企画：ペシャワール会／製作：日本電波ニュース社

『アフガニスタン干ばつの大地に用水路を拓く　治水技術7年の記録』二〇一二年、企画：ペシャワール会／製作：日本電波ニュース社

『アフガニスタン　用水路が運ぶ恵みと平和』二〇一六年、企画：ペシャワール会／製作：日本電波ニュース社

『荒野に希望の灯をともす　医師・中村哲　現地活動35年の軌跡』二〇二一年、企画：ペシャワール会／製作：日本電波ニュース社

『医師中村哲の仕事・働くということ』二〇二一年、提供：日本労働者協同組合（ワーカーズコープ）連合会センター／製作：日本電波ニュース社（以上ＤＶＤ）

映画『劇場版　荒野に希望の灯をともす』二〇二二年、企画：ペシャワール会／製作：日本電波ニュース社（撮影・監督：谷津賢二）

◎デジタル（特別サイト等）

ペシャワール会ホームページ（会報・メールでの報告等）

▼https://www.peshawar-pms.com/

九州大学附属図書館「中村哲著述アーカイブ」

▼https://www.lib.kyushu-u.ac.jp/ja/nakamuratetsu

西日本新聞・中村哲医師特別サイト「一隅を照らす」（過去の寄稿・連載記事等）

▼https://specials.nishinippon.co.jp/tetsu_nakamura/

雑誌『ＳＩＧＨＴ』（過去のインタビュー記事）

▼https://www.rockinon.co.jp/sight/nakamura-tetsu/

「週刊エコノミストonline　創刊１００年特集アーカイブ」（過去の寄稿）

▼https://weekly-economist.mainichi.jp/articles/20221013/se1/00m/020/001000d

編集後記

ペシャワール会副会長　城尾邦隆

目的と精神は〝生命〟

下巻では、灌漑事業「緑の大地計画」が展開されます。灌漑は、取水堰、用水路、排水路、護岸、洪水対応、農地開拓とつづく一連の事業で、作業地はクナール河両岸におよびました。現地と支援者を結ぶ中村医師の年四回の報告は、微に入り細にわたる周到なものでした。私たちは、その進展を一喜一憂しながら追い、緑野の広がりを喜び、土木工学の実務的能力や胆力に驚きながら、彼の信念や哲学に触れていくことになりました。

帰国した折には、度々講演会が催され、直に現地活動を報告しました。二〇〇〇年以降をみると、六月～九月のクナール河増水期には国内に滞在、二〇〇七年度は約七〇回の講演を行なっています。多くの支援者が、作業の中心が医療活動から灌漑・農地回復に移行しても、「目的と精神は変わりません。『生命』が主題です」（113号、二〇一二年）という言葉に共感、支援は広がっていきました。

講演後の中村は、主催者との懇親会を可能な限り辞退し、当日帰宅を常としていました。あの二〇一九年十一月末、北九州市のＪＩＣＡ九州で、アフガン研修生の指導とＪＩＣＡとの事業拡大協議に立ち会い、十七時すぎに小倉駅新幹線口まで車で送った時のことです。

慎重に運転するわたしの隣で中村は携帯電話をとりだし、「おかあさん、今から帰るけど家に着くのは遅いので、食事はすませておいて」と、これまでに聞いたことのないような優しい声で話していました。ご家族によれば、「日本にいるときはこまめに電話してきましたよ」とのことです。

子どもとトンボ、水と青空

中村は、活動前期には会報を補うように十冊を超える書籍を発刊しています。しかし、後期には現地活動が厳しく時間がなかったのでしょう、生前の著書としては二〇一三年の『天、共に在り』が最後になりました。

「水のよもやま話(1) ザムザムの水」(135号、二〇一八年)では、「もう十七年前になるが」と、次男の病気のことが語られています。会報にはプライベートなことを記さなかった中村ですが、語るときが来たと感じたのでしょうか。

「医師生活の最後の奉公」について、『医者、用水路を拓く』(75〜76頁)からの引用をお許しください。

「人は行き詰ると、藁をもつかむ気になる。当時入手したかったのは『サリドマイド』である。…ハンセン病の施設では『らい反応』に劇的に効くので、特効薬として特別に許可されていた。最近見直され始め、骨髄腫…さらに『神経膠腫《こうしゅ》』に効くという記載があり…炎症性の激痛を速やかに鎮める。一刻も早く欲しかった」。八方手を尽くして入手できた薬を与えたところ、「期待通り、翌日、激痛が嘘のようにピタリと止まった。死の二週間前である。せめて安らかに残りの命を過ごせたのはありがたかった」(本書上巻224頁の注も参照)

同書(『医者、用水路を拓く』)には二〇〇五年十一月十日の出来事が記されています。

「クナール河の水は冷たい。恐る恐る浅瀬から浅瀬へと歩いてゆく。…なぜか子供の頃浜辺で砂遊びした光景が懐かしく思い出される。腰まで浸りながら対岸を眺めると、あくまで青い空が川面に映って、一面の空色の海である。この美しい水をめぐって行われた暗闘をふと回顧する。すると、『お父さん、お父さん』と幻聴のように、明るい子供の声が、川のせせらぎと共に聞こえる。二年前に夭逝した次男の声だ」(258頁)

さらに二〇〇七年四月十六日の通水時の「名状しがたい感慨」が語られています。

「勢いよく水が注ぎ込む。これが命の源だ。例によって早くも駆けつけるのは、トンボと子供たちである。水のにおいを本能的にかぎつけるのか、トンボの編隊が出現したかと思うと、子供たちが寄ってきて水溜りを泳ぎ始める。…水遊びする群の中に、十歳前後、どこかで見た懐かしい背格好の子がいる。あり得ないとは知りつつも、四年前

〈右〉パキスタン最北部のPMS診療所へ向かう中村医師とPMS一行（1998年ごろ）。〈左〉ジャララバードにあった中村医師の宿舎（2014年）。書斎にはステレオ装置と愛聴したクラシックのCDが並んでいた。音楽鑑賞は現地での数少ない楽しみの一つだった。中村医師は当時、部屋を訪れた日本電波ニュース社・谷津賢二氏に、「仕事終わりや静かに過ごしたい休日には、心穏やかで明るい気持ちになるバッハやモーツァルトの曲がいいですね」と語っている。

に夭逝した次男ではないかと、幾度も確かめた」（339頁。91号、二〇〇七年も参照）

子どもとトンボ、水と青空は中村の内面で繰り返される通奏低音と言えるでしょう。

癒しの音楽

自宅の書斎には音楽CD約五〇〇枚、バッハ（一二二枚）とモーツァルト（九八枚）が彼を待っていました。私たちは中村の音楽好きを、あるエピソードから知っています。会報五〇、五一号（一九九六、九七年）にラシュト・マスツジへの巡回診療が記されていますが（上巻の巻頭カラー写真参照）、そこでの出来事です。当時の中村は、「難題があまりに重なり過ぎていたので、ひとりで何かをせねばならぬような錯覚に陥って、楽天的な思いを失っていた」（『医は国境を越えて』271頁）。

「一つの事故が私を救った。ヤルクン河下流の河原で、乗っていた馬が突然暴れだした。アブミに足がからまったまま落馬したので、鞍から宙づりの姿勢になった。天地が逆さになったとき、雪山を背景にする空の青さが美しく目に染みた。暴れ馬が岩石だらけの川床を走り回ってくれれば脳挫傷で意識を失うだろう。『天地終始なく、人生死あり』※である。…だが生死もまた、天が決する。…何事もなく受け身の姿勢で着地した。私はまだ生きなければならなかった。これも天命である」（※内村鑑三『後世への最大遺物』に紹介されている頼山陽の漢詩の一節「天地無始終　人生有生死」）

中村は転落する際に、煙草とカセットテープを大事そうに抱えて離さなかった。それを見ていた職員のアミールが、笑いをこらえながら、調子をつけて歌ったのである。

「わが勇敢なる司令官殿は、死ぬ目に遭っても煙草を手から離さない

片手に煙草、片手に音楽、死すとも変わらぬこの勇姿」

大笑いの渦と安堵で、中村の「暗い戸惑いも霧のように消えた」そうです。その時聴いていたのは、モーツァルトのピアノ曲『トルコ行進曲』でした。

中村に、自ら育成し信頼した現地ＰＭＳ職員との交流を自在に語る時がなかったことが残念でなりません。

終わりに

ペシャワール赴任から三三年、「ゆく者は斯《か》くの如しか。昼夜をおかず」と振り返り、「このような状況だからこそ、…祈りを込め、道を探る以外にありません。祈りがその通りに実現するとは限りませんが、それで正気と人間らしさを保つことはできます。…事業を次の代に引き継ぐ時がやってきました。この良心の絆を絶やさず、最後の体当たりのつもりで臨みたいと考えています」（132号、二〇一七年）と記した中村は、精神科医ヴィクトール・フランクルの言う「確かに厳在する良心」（107号、二〇一一年）を信じていました。私たちは、彼の信頼を裏切ることのないよう事業を継続していきます。

『中村哲　思索と行動』（上・下）の編集は、中村秋子、首藤一之、田中輝子、西岡和子、湊典子、山下隼人さんたちとの「中村哲　言葉の会」につづく四年間の共同作業でした。事務局での忙しい作業の中、気にかけてご意見をいただいたボランティアの皆さんに感謝します。とくに、専門的知識と経験豊富な水藤節子さんと藤村興晴さんの多大な尽力があったことを記しておきます。

二〇二四年三月

ペシャワール会への入会・寄付について

以下の①～③いずれかの方法でご入金ください。

会員・支援者の方には「ペシャワール会報」を年4回お送りしております。

［年会費］

一般会員	3,000円より
学生会員	1,000円より
維持会員	10,000円より
団体会員	30,000円より

（会計年度4月1日～翌年3月31日）

※会費以外の寄付も随時お受けしております。

［会費・寄付の納入方法］

① 払込取扱票（ゆうちょ銀行）

郵便局備え付けの払込取扱票に、以下の口座記号番号を記入し、通信欄に「会費」「寄付」「入会希望」等をご明記ください。

口座記号番号：01790－7－6559

加入者名：ペシャワール会

② クレジットカード（ホームページ）

クレジットカードにて会費や寄付を入金いただく方法です。1回のみの決済と、毎年の継続決済がお選びいただけます。当会ホームページからお手続きできます。

③ ゆうちょ銀行以外の金融機関やネットバンキング

事務局までご連絡ください。

ペシャワール会事務局

〒810－0003　福岡市中央区春吉1－16－8　VEGA天神南601号

電話 092（731）2372／FAX 092（731）2373

中村　哲（なかむら・てつ）

1946年（昭和21年）福岡県生まれ。医師。PMS（平和医療団・日本）総院長／ペシャワール会現地代表。

九州大学医学部卒業。日本国内の病院勤務を経て、84年にパキスタンのペシャワールに赴任。以来、ハンセン病を中心とした貧困層の診療に携わる。87年よりアフガニスタン難民のための医療チームを結成し、山岳無医地区での診療を開始。91年よりアフガニスタン東部山岳地帯に三つの診療所を開設し、98年にはペシャワールに基地病院を設立。2000年からは診療活動と同時に、大干ばつに見舞われたアフガニスタン国内の水源確保のために井戸掘削とカレーズ（伝統的な地下水路）の修復を行う。03年、「緑の大地計画」に着手、ナンガラハル州に全長27キロメートルに及ぶ灌漑用水路を建設。その後も砂嵐や洪水と闘いながら、沙漠化した農地を復旧した。マグサイサイ賞「平和と国際理解部門」、福岡アジア文化賞大賞など受賞多数。19年10月にはアフガニスタン政府から名誉国民証を授与される。

2019年12月4日、アフガニスタンのジャララバードで凶弾に倒れる。

著書 :『ペシャワールにて』『ダラエ・ヌールへの道』『医者 井戸を掘る』『医は国境を越えて』『医者、用水路を拓く』（以上、石風社）、『天、共に在り』『わたしは「セロ弾きのゴーシュ」』（以上、NHK出版）、『アフガン・緑の大地計画』（PMS＆ペシャワール会）、『希望の一滴』（西日本新聞社）など。

中村哲《なかむらてつ》 思索《しさく》と行動《こうどう》
「ペシャワール会報」現地活動報告集成［下］ 2002〜2019

2024年6月1日　初版第1刷発行
著　者　中《なか》 村《むら》　哲《てつ》
発　行　ペシャワール会
〒810-0003　福岡市中央区春吉1-16-8
電　話 092-731-2372　FAX 092-731-2373
発　売　忘《ぼう》　羊《よう》　社《しゃ》
〒810-0022　福岡市中央区薬院4-8-28
電　話 092-406-2036　FAX 092-406-2093
印刷・製本　シナノ・パブリッシングプレス

ISBN978-4-907902-35-3